审计全流程技术操作实务指南

王鹰武 胡潘婷◎编著

人民邮电出版社
北京

图书在版编目（CIP）数据

审计全流程技术操作实务指南 / 王鹰武，胡潘婷编著. -- 北京 : 人民邮电出版社，2022.5
ISBN 978-7-115-58779-4

Ⅰ. ①审… Ⅱ. ①王… ②胡… Ⅲ. ①审计—业务流程—指南 Ⅳ. ①F239.0-62

中国版本图书馆CIP数据核字(2022)第037246号

内容提要

审计是监督经济活动的有效手段，审计工作的开展有助于提高企业管理效率，维护市场经济秩序，确保国家经济安全。本书在解读我国现行审计准则的基础上，对具体审计工作的开展流程进行了详细的解释，将一些复杂难懂的审计知识以简单易懂的语言介绍，并配备了相应的实务操作案例，供读者在理解审计知识与解决实际审计问题时进行参考。本书适合审计专业人士、企业经营管理者、企业培训及咨询人员、高校审计专业的师生阅读和使用。

◆ 编　　著　王鹰武　胡潘婷
　责任编辑　李士振
　责任印制　周昇亮
◆ 人民邮电出版社出版发行　　北京市丰台区成寿寺路 11 号
　邮编　100164　　电子邮件　315@ptpress.com.cn
　网址　https://www.ptpress.com.cn
　涿州市京南印刷厂印刷
◆ 开本：700×1000　1/16
　印张：51　　2022 年 5 月第 1 版
　字数：998 千字　　2022 年 5 月河北第 1 次印刷

定价：298.00 元

读者服务热线：(010)81055296　印装质量热线：(010)81055316
反盗版热线：(010)81055315
广告经营许可证：京东市监广登字 20170147 号

前言
PREFACE

本书写作目的

本书基于法律法规，对法律法规进行详细的解读，采用简单易懂的语言风格使读者理解并掌握相关的专业基础知识。本书配备了丰富的实务操作案例，体系科学、内容与时俱进、切合实践要求，可使读者更加深入地了解审计工作中遇到的具体问题与应对策略。本书可以帮助读者了解审计工作的基本原理与具体流程，帮助广大审计工作者更好地适应新的形势和工作任务，对审计工作具有重要借鉴意义。

本书内容

本书根据当前经济发展阶段的特点及我国审计相关法律法规的精神，阐述了在我国的具体情况下如何进行审计监督的理论和实务的相关基础知识。

本书包括 41 章。首先，为审计基础理论，对审计的相关基础知识做了系统的介绍。其次，为审计技术方法，对现代审计所涉及的各类审计技术予以全面的讲解。最后，为社会审计实务操作，对社会审计、内部审计、政府审计中所需要的各类实务操作流程、常见问题及解决措施进行了梳理解读。本书以审计准则为依据，并结合其他相关的审计法规，对审计准则进行了多维度的展开和深度的解读。对于重要的逻辑节点，本书给出了契合的案例，通过对案例进行实务处理和深度分析，帮助读者深刻理解相关内容。

通过对本书的学习，读者可以了解审计的基本理论与方法、熟悉不同审计主体活动的各个业务环节和过程，全面且系统地掌握各类审计的实务操作技能。

本书特色

本书紧扣新法律法规、会计与审计准则的相关要求，立足于当前各类审计业务的实际需要，内容翔实、逻辑清晰、案例翔实，是审计工作者全面了解审计实务工作、系统学习审计方法的重要工具。本书主要具有以下几方面的特色。

第一，通俗易懂。目前我国审计准则内容繁多且逻辑关系复杂，审计工作新手的确难以理解。

而了解审计准则是每个审计工作者开展审计工作的基础。本书对具体审计流程进行了讲解，示范审计业务具体处理过程，并配上相关的具体案例，便于读者了解开展审计工作的流程。此外，本书语言简洁明了，将复杂的审计准则变得通俗易懂。

第二，案例丰富。本书不仅对审计准则进行了展开解释，还针对重要的准则原文，进行深度解析，进行实务案例的展示和精解，既保证了读者对准则原文的准确理解，又给有需要的读者提供了深度理解与合理扩展准则原文的空间。

第三，突出实务。本书在对审计准则进行分析的过程中，突出重点，详略得当。各类审计实务工作所需的程序、注意事项、常见问题的解决方法、审计工作报告的编制等，审计工作者都可以在本书中找到答案。

本书作用

本书行文层层递进，且语言简洁明了，内容详略得当，以审计准则的原文为基础，对条文进行了深度解读和案例解析，且选取的案例较经典，解析比较到位，是从事审计工作的人员必备的工具书。本书适合审计专业人士、企业经营管理者、企业培训及咨询人员、高校审计专业的师生阅读和使用。

编者在编写本书过程中，得到了多位企业财务人员、专家学者的热情支持，在此一并表示感谢。由于水平有限，书中难免存在不足之处，恳请广大读者不吝指正。编者期待与大家共同努力，争取将审计的理论与实践推向更高的境界。

2022 年 3 月

编者

目录
CONTENTS

第 8 章 制度基础审计技术方法

第 9 章 风险基础审计技术方法

第 10 章 错弊审计方法

第 11 章 管理审计方法

第 12 章 计算机审计

第 28 章 内部经济责任审计

第 29 章 绩效审计

第 30 章 公司治理审计

第 31 章 经营决策审计

第 32 章 内部审计报告

第 33 章 政府审计常用技术方法

第 34 章 财政审计（一）

第 38 章 金融审计

第 39 章 政府绩效审计

第 40 章 政府信息系统审计

第 41 章 政府审计报告

第 1 章 审计概述

1.1 审计的概念与独立性

1.1.1 审计概念

审计是一项独立客观的经济监督、确认和鉴证活动。它是由独立的专职机构或人员接受委托或授权，对被审计单位特定时期的财务报表及其他有关资料以及经济和管理活动的真实性、合法性、合规性、公允性、有效性和效益性进行监督、确认和鉴证的活动，其目的在于确定或解除被审计单位的受托经济责任，帮助被审计单位实现其目标。

1.1.2 审计的独立性

独立性是审计的灵魂，独立性是审计的内涵，经济监督、确认和鉴证是审计的职能。为了充分体现审计的内涵，在审计机构的设置和审计工作过程中，必须遵循独立性原则，具体包括以下方面。

1. 机构独立

为确保审计机构独立地行使审计监督权，对监督、确认和鉴证的事项做出客观公正的评价和鉴证，充分发挥审计的作用，审计机构应当独立于被审计单位，这样才能更有效地进行经济监督、确认和鉴证。民间审计既独立于审计委托者，又独立于被审计者，因此称为双向独立。政府审计与公司、非营利组织的内部审计，仅独立于被审计者，因此称为单向独立。

2. 经济独立

审计机构或人员从事审计业务活动，必须要有一定的经济收入和经费来源，以保证其生存和发展的需要。经济独立指审计机构或人员的经济来源应有法律法规提供保障，不受被审计单位的制约。即使是对民间审计组织，也规定除了正常的业务收费外，不允许与被审计单位有其他经济往来关系。

3. 精神独立

审计人员执行审计业务，必须按照审计准则、审计对象、审计程序独立进行审计，坚持客观公正、实事求是的精神，做出公允、合理的评价和结论，不受任何部门、单位和个人的干涉。

1.2 审计的目标和对象

1.2.1 审计的目标

审计的目标是指监督、确认和鉴证审计对象所要达到的目的和要求，是指导审计工作的指南。审计目标可分为总体审计目标和具体审计目标。总体审计目标是审计人员所要达到的目的和要求，具体审计目标是总体审计目标的具体化。

审计目标的确定，除受审计对象的制约以外，还取决于审计的种类、审计的职能和审计委托者对审计工作的要求。不同种类的审计，其审计目标不尽相同，如民间审计的审计目标与政府审计的目标就有所不同。总体审计目标概括起来，就是指审查和评价审计对象的真实性和公允性、合法性和合规性、合理性和效益性、适当性和有效性。

1. 真实性和公允性

审计的目标是审查和评价被审计单位财务报表和其他有关资料的真实性和公允性。审查财务报表和其他有关资料的目的在于评价财务数据和其他经济数据的真实性和公允性，说明是否如实、恰当地反映了被审计单位的财务收支状况及其结果以及与其有关的其他经济活动的事实，说明其记录和计算是否准确无误，所有经济业务是否全部入账或记录，从中发现问题，纠错揭弊，并给出纠正的意见和建议。政府审计和内部审计侧重于审查真实性，民间审计侧重于审查公允性。

2. 合法性和合规性

审计的目标是审查和评价被审计单位的财务收支及有关的经营管理活动的合法性和合规性。审查被审计单位的财务收支及其有关经营管理活动的目的在于评价被审计单位财务收支及其有关的经营管理活动是否符合国家的法律法规，揭露和查处违法乱纪行为，保护资产的安全、完整，保证财务报表的可靠性，正确处理被审计单位所有者、经营管理者、员工之间的经济利益关系，确保被审计单位经济活动健康和谐地发展。

3. 合理性和效益性

审计的目标是审查和评价被审计单位的财务收支和经营管理活动的合理性和效益性。审查被审计单位财务收支及其有关经营管理活动的合理性的目的在于评价被审计单位的经济活动是否正常、是否符合事物发展的常理、是否符合企业经营管理的规律和发展趋势。审查被审计单位财务收支及其有关的经营管理活动效益性的目的在于评价被审计单位的供产销等各项经营活动和人财物等资源利用是否经济、是否讲究效率，经营目标、决策、计划方案是否可行、是否讲求效果，经济活动有无经济效益，并找出其原因和薄弱环节，提出建设性的意见，促使被审计单位改善经营管理，提高经济效益。

4. 适当性和有效性

审计的目标是审查和评价内部控制设计的适当性，审查和评价为实现控制目标所必需的内部控制要素是否都存在并且设计恰当，从而判断被审计单位是否存在设计缺陷、是否缺少为实现控制目标所必需的控制。审查和评价内部控制运行的有效性，就是审查和评价设定的内部控制系统是否按照规定程序得到了正确执行，是否存在设计完好的内部控制未按设计意图运行，或执行者是否获得必要授权或具备胜任能力。

1.2.2 审计的对象

审计对象是指审计监督的客体，即对审计监督的内容和范围的概括。正确认识审计的对象，有利于对审计概念的正确理解、对审计方法的正确运用和对审计职能的进一步发挥。

描述审计的对象，必须明确与审计对象有关的基本问题：一是审计的主体，审计的主体是指审计机构和审计人员，即实施审计监督的执行者；二是审计的范围，审计的范围是指审计监督客体的外延，它是审计对象的组成部分，具体而言就是被审计单位；三是审计的主要内容，审计的主要内容构成审计对象的内涵，即财务收支及其经营管理活动；四是审计所依据的信息来源，审计所依据的信息是指形成审计证据的各种文字、数据以及电子计算机存储的信息等。

综上所述，审计的对象可以概括为被审计单位的财务收支及其经营管理活动。具体来说，审计对象包括下列两个方面的内容。

1. 被审计单位的财务收支及其有关的经营管理活动

不论是传统账表导向审计还是现代风险导向审计，不论是政府审计还是民间审计、内部审计，都要求以被审计单位客观存在的财务收支、内部控制及其有关的经营管理活动为审计对象，对其是否真实、合法、有效进行审查和评价，以便对其所负受托经济责任是否认真履行进行确定或解除。

政府审计的对象为国务院各部门和地方各级政府及其各部门的财政收支、国有金融机构和企事业单位的财务收支。内部审计的对象为本部门、本单位的财务收支以及其他有关的经济活动。民间审计的对象为委托人指定的被审计单位的财务收支及其有关经营管理活动。

2. 被审计单位的财务报表、内部控制和其他有关资料

内部控制和其他被审计单位的财务收支及其有关经营管理需要通过财务报表、有关资料等信息载体反映出来。因此审计对象还包括记载和反映被审计单位财务收支、作为财务信息载体的会计凭证、账簿、财务报表、与财务报表相关的内部控制等资料以及有关计划、预算、经济合同等其他资料。作为被审计单位的经营管理活动信息的载体，除上述资料外，还有经营目标、预测及决策方案、经济活动分析资料、技术资料等其他资料，电子计算机存储的信息、存储在网络或者云端的信息等，这些都构成审计的具体对象。

综上所述，审计的对象是指被审计单位的财务收支、内部控制及其有关的经营管理活动以及作为这些经济活动信息载体的财务报表和其他有关资料。因此，财务报表和其他有关资料是审计对象的现象，其所反映的被审计单位的财务收支、内部控制及其有关的经营管理活动才是审计对象的本质。

1.3 审计的职能和作用

1.3.1 审计的职能

审计职能是指审计本身所固有的内在功能。目前，关于审计职能的论述，多种多样。通过总结各种审计实践，我们认为，审计具有经济监督、经济确认和经济鉴证的基本职能。

1. 经济监督

监督是指监察和督促。经济监督是指监察和督促被审计单位的全部经济活动或其某特定方面是否在规定的标准以内，在正常的轨道上进行。

2. 经济确认

经济确认就是通过审核检查，确定被审计单位的计划、预算、决策、方案是否具有可行性，经济活动是否按照既定的决策和目标进行，经济效益的高低，以及内部控制系统是否适当有效等，从而有针对性地提出意见和建议，以促使被审计单位改善经营管理，提高经济效益。

3. 经济鉴证

鉴证是指鉴定和证明。经济鉴证是指通过对被审计单位的财务报表及有关经济资料所反映的财务收支和有关经济活动的合法性、公允性进行审核检查，确定其可信赖的程度，并做出书面报告，以取得审计委托人或其他有关方面的信任。经济鉴证职能是随着现代审计的发展而出现的一项职能，它逐渐受到人们的重视，并表现出重要的作用。

不同的审计组织形式的审计职能的侧重点有所不同，政府审计侧重于经济监督，内部审计侧重于经济确认，民间审计则侧重于经济鉴证。

1.3.2 审计的作用

审计的作用是履行审计职能、实现审计目标过程中所产生的社会效果。总结古今中外的审计实践，审计具有制约性和促进性两大作用。

1. 制约性作用

审计的制约性作用主要表现在：通过对被审计单位的财务收支、内部控制及其有关经营管理活动进行监督、确认和鉴证，揭露贪污舞弊、弄虚作假等违法乱纪、严重损失及浪费等行为，依法提请追究相关单位和人员的责任，从而纠错揭弊，保证国家的法律、法规、方针、政策、计划和预算的贯彻执行，维护财经纪律和各项规章制度，保证财务资料及其他资料的真实、可靠，保护国家财产的安全和完整，维护社会主义市场经济秩序，巩固社会主义法制。制约性作用可以概括为以下两方面。

（1）揭示错误和舞弊。审计人员通过审查取证可以揭示错误和舞弊，这不仅可以纠正核算错误，提高会计工作质量，还可以揭露舞弊，保护财产安全、堵塞漏洞、避免损失。

（2）维护财经法纪。在审查取证、揭示各种违规违法行为的基础上，审计可发现过失人或犯罪嫌疑人，有助于纠正违法行为，维护财经法纪。

2. 促进性作用

审计通过审核检查，对被审计单位的经营管理制度及经营管理活动进行评价，确认其合理性，以便继续推广；指出其不合理性，并提出建议，以便改进，促进被审计单位加强经营管理。审计对经济活动所实现的经济效益进行评价，指出潜力所在，促进被审计单位进一步挖掘潜力，不断提高经济效益和社会效益。促进性作用可以概括为以下两方面。

（1）改善经营管理。通过审查取证、揭示经营管理中的问题和管理制度上的薄弱环节，提出改进建议，促进改善经营管理。

（2）提高经济效益。通过对被审计单位财务收支、内部控制及其有关经营管理活动效益性的审查，评价受托经济责任，总结经验，指出效益低下的环节，提出改进意见和建议，改进经营管理和内部控制工作，促进提高经济效益。

第 2 章 审计种类、方法和程序

2.1 审计种类

2.1.1 社会审计

社会审计是指由经财政部门审核批准成立的民间审计组织所实施的审计，如经财政部门审核批准成立的会计师事务所实施的审计。民间审计的特点是受托审计。民间审计组织接受政府审计机关、国家行政机关、企事业单位和个人的委托，依法对被审计单位的财务收支、内部控制及其经济效益承办经济监督、经济鉴证、经济确认等业务。民间审计在我国亦称社会审计、注册会计师审计。

2.1.2 内部审计

内部审计是指由被审计单位内部专职的审计机构或人员所实施的审计，包括部门内部审计和单位内部审计两大类。这种内部专职的审计机构或人员独立于财会部门，直接接受本部门、本单位董事会下设的审计委员会或本部门、本单位主要负责人的领导，依法对本部门、本单位及其下属单位的财务收支、经营管理活动及其经济效益进行内部审计监督。内部审计的主要目的是纠错防弊，促使被审计单位加强风险管理，提高公司治理水平。

2.1.3 政府审计

政府审计是指由政府审计机关执行的审计。政府审计，在我国亦称国家审计。政府审计机关包括按我国宪法规定由国务院设置的审计署，由地方各级政府设置的审计局和政府在地方或中央各部委设置的派出审计机关。政府审计机关主要是依法对国务院各部门和地方各级人民政府及其各部门、国有金融机构、国有企事业单位以及其他有国有资产的单位的财政、财务收支及其经济效益进行审计监督。

2.2 审计方法

2.2.1 审计方法的选用

审计方法是指审计人员检查和分析审计对象、收集审计证据，并对照审计依据形成审计结论和意见的各种专门手段的总称。

现代审计方法已经超越了传统的事后查账技术，发展到广泛运用审计调查、审计分析、内部控制系统评审及经营风险导向等技术方法，日趋多样化和现代化。现今，已形成了一个完整的审计方法体系，包括审计的基本方法和技术方法。

在审计过程中，如果选用恰当的审计方法，便能提高审计工作的效率，事半功倍；相反，如果采用的审计方法不恰当，不但不能以一定的人力、物力取得必要的审计证据，而且可能陷入误区，导致错误的审计意见和结论。因此，审计方法的选用应当符合以下要求。

（1）审计方法的选用要适应审计的目的。审计方法是达到审计目的的手段，要达到不同的审计目的，就要用不同的审计方法。如在财经法纪审计中，可根据有关线索，对有关方面进行详细审查；在财政财务审计中，则应在评价被审计单位内部控制系统的基础上，决定是进行详查还是抽查；等等。

（2）审计方法的选用要适合审计方式。不同的审计方式，所需审计证据不同，可以取证的途径不同，就要采取不同的审计方法。如对被审计单位进行财务审计时，若采用报送审计的方式，就无法选用盘点法、观察法；而若采取实地审计方式，就可以选用盘点法、观察法。

（3）审计方法的选用要联系被审计单位的实际。若被审计单位经营管理良好、内部控制健全有效，就可选用抽查的方法。相反，若被审计单经营管理较差、内部控制不健全、财会工作混乱，则应选用详查的方法。

科学、合理地选用审计方法，对做好审计工作，提高审计工作质量具有重要意义。

2.2.2　审计的技术方法

审计的技术方法，一般由审查书面资料的方法和证实客观事物的方法组成。

2.2.3　审查书面资料的方法

审查书面资料的方法是审计最基本的方法。采取这类方法审查的对象主要是会计凭证、会计账簿和财务报表，因此审查书面资料的方法也叫查账法。

审查书面资料的方法，可以按不同的标准划分为下列各种方法。

1. 按审查书面资料的技术可分为审阅法、核对法、询征法、比较法和分析法

（1）审阅法。审阅法是指仔细地审查和翻阅会计凭证、会计账簿和财务报表以及计划、预算、决策方案、合同等书面资料，借以查明书面资料及经济业务的公允性、合法性、合规性，从中发现错弊或疑点，收集书面证据的一种审查方法。

审阅法在财政财务审计中运用最为广泛，主要是审阅会计凭证、会计账簿和财务报表。

对原始凭证的审阅，首先要看原始凭证上反映的经济业务是否符合规定。其次看凭证上的抬头、日期、数量、单价、金额等方面的字迹是否清晰，数字是否相符。如有不符合规定的情况或有涂改字迹、数字的情况，就有可能存在舞弊行为。最后要审阅填发原始凭证的单位名称、地址和图章，审查凭证的各项手续是否完备。

对记账凭证的审阅，主要包括以下方面：审阅记账凭证是否附有合法的原始凭证；记账凭证的记载是否符合会计准则的规定，是否符合会计原理，所记账户名称和会计分录是否正确，有无错用账户或错记方向的情况。

对账簿的审阅，主要是审阅记录的内容是否真实、正确，账户对应关系是否正确、合理，有无错误或舞弊，特别要注意审阅应收应付账款、材料成本差异、管理费用、制造费用、销售费用、财务费用等容易掩盖错弊和经常反映会计转账事项的账户。

对财务报表的审阅，主要包括以下方面：审阅报表项目是否按会计准则规定编制；报表项目的对应关系是否正确，双方合计数是否相符；按各报表有关项目的勾稽关系核对相关的数据是否一致；审阅各项目是否合理、合规、合法，有无异常变化现象。

除此之外，还应审阅计划资料、合同和其他有关经济资料，以便掌握情况，发现问题，获取证据。

在实际工作中，可以把审阅法与核对法结合起来运用。

（2）核对法。核对法是指对会计凭证、会计账簿和财务报表等书面资料之间的有关数据进行相互对照检查，借以查明证证、账证、账账、账表、表表之间是否相符，从而取得有无错弊的书面证据的一种复核查对的方法。

在核对会计资料时，一般主要核对下列内容。

①核对原始凭证的数量、单价、金额和合计数是否相符。

②核对记账凭证与其所附原始凭证是否相符、原始凭证的合计数与记账凭证的合计数是否相符、原始凭证的张数与记账凭证的记录是否相符。

③核对记账凭证是否已记入有关明细账和总账。

④核对各明细账户的余额合计数与总账中有关账户的余额是否相符。

⑤核对总账中各账户的期初余额、本期发生额和期末余额的计算是否正确，各账户的借方余额合计与贷方余额合计是否平衡。

⑥核对财务报表的数字是否与总账余额或明细账余额相符。

⑦核对银行对账单、客户往来清单等外来对账单是否与被审计单位有关账项的记载相符。

⑧核对资产负债表、利润表、股东权益变动表、现金流量表上的金额是否正确无误。

⑨核对资产负债表、利润表、股东权益变动表、现金流量表之间以及利润表与营业收支明细表之间的相关金额是否相符。

⑩核对账卡上所反映的实物余额是否与实际存在的实物余额相符。

通过上述详细核对之后，可以发现会计资料中存在的差错和问题，然后再进一步分析其性质。有的可能是一般工作的差错，有的则可能是违法乱纪行为，审计人员应依据问题的性质及其严重程度进行处理。

审计人员在核对过程中应认真细致、有条不紊，这样才不会遗漏和重复。为了使这项工作井然有序，就需要使用一些符号，符号多种多样，既可用本书提供的，也可以自己创造。一般使用的符号有以下几种。

√——表示已经核对，$\surd_2$——表示已核对二次，$\surd_3$——表示已核对三次，等等。

X——表示所核对的资料有错误。

？——表示所核对的资料可能有问题，待查。

！——表示所核对的数据有待调整。

\——表示有待详查。

？√——表示疑点已经消除。

5/2——表示已核对至 5 月 2 日。

（3）询证法。询证法是指审计人员对审计过程中所发现的疑点和问题，通过向被审计单位内外有关人员调查和询问，弄清事实并取得审计证据的一种方法。

询证法又分为面询和函询两种。面询是审计人员向被审计单位内外的有关人员当面征询意见、核实情况的一种方法。征询意见的方式有面谈，也有书面回答。函询是通过向有关单位发函来了解情况、取得证据的一种方法。这种方法一般用于往来款项的查证。

运用询证法时，审计人员要讲究方式方法，谋求被询证单位和人员的真诚合作，获取真实有用的审计证据。

（4）比较法。比较法是指将被审计单位的被审计项目的书面资料同相关的标准进行比较，确定它们之间的差异，从中发现问题、取得审计证据的一种方法。

比较法大多是对有关指标进行比较，包括指标绝对数比较和相对数比较。

指标绝对数比较适用于同质指标数额的对比。绝对数比较法的主要内容有：实际指标与计划指标比较；本期实际指标与上期实际指标或历史最高水平比较；被审计单位的指标与同行业先进单位的同质指标比较；等等。比较后得出的差异，可用作审计证据，并据以做进一步分析。

指标相对数比较是指对不能直接比较的指标，先将其数值换算为相对企业之间的利润水平、可利用各数，然后比较各种比率。如考核和比较规模不同的企业的经济效益，将企业资本金利润率进行比较，借以评价被审计单位的财务状况和经济效益。

（5）分析法。分析法是通过对会计资料的有关指标进行逻辑推理、分解和综合，以揭示其本质和了解其构成要素的相互关系的审计方法。

分析法在审计工作中运用得较为广泛。通过分析发现存在的差距和问题以后，需进一步分析原因，提出改进的方法。

审计分析法按分析的技术，可以分为比较法、比率分析、账户分析、账龄分析、平衡分析和因素分析等方法。

2. 按审查书面资料的顺序可以分为顺查法和逆查法

（1）顺查法。顺查法又称为正查法，是按照会计核算的处理顺序，依次对证、账、表各个环节进行检查核对的一种方法。

顺查法的特征：一是从审查原始凭证出发，着重审查和分析经济业务是否真实、正确、合法、合规；二是审查记账凭证，查明会计科目处理、数额计算是否正确、合规，核对证证是否相符；三是审查会计账簿，查明记账、过账是否正确，核对账证、账账是否相符；四是审查和分析财务报表，查明报表各项目是否正确完整，核对账表、表表是否相符。

顺查法的最大优点是系统、全面，可以避免遗漏。其缺点是面面俱到，不能突出重点，工作量太大，耗费的人力和时间太多。因此，只有对那些业务十分简单，或已经发现有严重问题的单位或单位中的某些部门进行审计时，才使用这种方法，以便查清全部问题。

（2）逆查法。逆查法又称为倒查法，是按照与会计核算相反的处理程序，依次对表、账、证各个环节进行检查核对的一种方法。

逆查法的特征：一是从审查和分析被审计单位财务报表出发，从中发现并找出异常的和有错弊的项目，据以确定下一步审查的线索和重点；二是根据所确定的可疑账项和重要项目，追溯审查会计账簿，进行账表、账账核对；三是进一步追查记账凭证和原始凭证，进行账证、证证核对，以便查明主要问题的真相、原因及结果。

逆查法的优点是便于抓住问题的实质，节省人力和时间。其缺点是不能全面地审查问题，易有遗漏。对于规模较大、业务较多的大中型企业和凭证较多的行政事业单位，都可以采用这种方法。

3. 按审查书面资料所涉及的数量可以分为详查法和抽查法

（1）详查法。详查法是指对被审计单位一定时期内的所有会计凭证、会计账簿和财务报表或某一项目的全部会计资料进行详细审查的方法。

详查法的特征是：对被审计单位一定时期的会计凭证、会计账簿和财务报表等会计资料和其所反映的财务收支及有关经济活动做全面详细的审查，以查明被审计单位或被审计项目存在的各种差错和舞弊。

详查法的主要优点是能查清被审计单位所有舞弊等违反财经法纪的行为，一般不会遗漏存在的问题，能够保证审计质量。其缺点是耗费的人力和时间过多，审计成本高，故其适用范围较小，只能用于规模较小的企业。

（2）抽查法。抽查法又称抽样法，是指从被审计单位审查期的全部会计资料中抽取一部分进行审查，并根据审查结果推断总体的一种方法。

抽查法的特征是：根据被审计单位审查期的具体情况、审计目的与要求，选取具有代表性的样本，然后根据抽取样本的审查结果推断总体，或推断未抽查部分。

抽查法的主要优点是能明确审查重点，省时省力，具有效率高、成本低的效果。其缺点是审计结果过分依赖抽查样本的合理性，如果抽样不合理，或缺乏代表性，则往往不能发现问题，甚至以偏概全，得出错误的审计结论。采用抽查法较难发现发生频率较低的舞弊行为。因此，抽查法仅适用于内部控制系统有效、会计基础较好的企事业单位。

从详查法到抽查法，是现代审计的一大重要发展。现代审计的一大进步就是在评审被审计单位内部控制系统的基础上实施抽样审计。

2.2.4　证实客观事物的方法

证实客观事物的方法，是审计人员收集书面资料以外的审计证据，证明和查实客观事物的形态、性质、存放地点、数量和价值等的方法。这类方法包括盘点法、调节法、观察法和鉴定法。

（1）盘点法。盘点法又称实物清查法，是指对被审计单位各项财产物资进行实地盘点，以确定其数量、品种、规格及其金额等实际状况，借以证实有关实物账户的余额是否真实、正确，从中收集实物证据的一种方法。

盘点法按其组织方式，分为直接盘点和监督盘点两种。

直接盘点是审计人员到现场盘点实物，证实书面资料与有关的财产物资是否相符的方法。审计人员一般不采用直接盘点。

监督盘点是指为了明确责任，审计人员不亲自进行盘点，而是由经管财产的人员及其他有关人员进行实物盘点清查，审计人员只是在一旁对实物盘点进行监督，如发现疑点可以要求复盘核实。在监督盘点方式下，审计人员可以采用突击性盘点和抽查性盘点。突击性盘点是指事先不告知经管财产的人员在什么时间进行盘点，以防止其在盘点前对财产保管工作中的挪用、盗窃及其他弊端加以掩饰。对于大宗原材料、产成品等，应采用抽查性盘点。抽查性盘点是指不对所有的财产物资进行盘点，只是对部分财产物资进行抽查核实，以便检查日常盘点工作质量的优劣，检验盘点记录是否真实和正确，查明财产物资是否安全、完整，有无损坏或被挪用、贪污和盗窃等情况。

（2）调节法。调节法是指在审查某个项目时，通过调整有关数据，求得需要证实的数据的方法。

在审计过程中，往往出现现成的数据和需要证实的数据不一致的情况，为了证实数据是否正确，可采用调节法。如对银行存款实存数的审查，通常运用调节法编制银行存款余额调节表，对被审计单位与开户银行双方所发生的“未达账项”进行增减调节，以便根据银行对账单的余额来验证银行存款账户的余额是否正确。

运用调节法还可以证实财产物资是否账实相符。当盘点日与书面资料结存日不同时，结合实物盘点，将盘点日与结存日之间新发生的出入数量、结存日有关财产物资的结存数进行调节，以验证或推算结存日有关财产物资的应结存数，其计算公式为：

结存日（书面资料日期）数量＝盘点日盘点数量＋结存日至盘点日发出数量－结存日至盘点日收入数量

【例 2-1】某企业 2018 年 12 月 31 日账面库存 A 材料 2 000 千克，通过审阅和核对并无错弊。2019 年 1 月 1 日—15 日收入 35 000 千克，发出 34 500 千克，1 月 1 日期初余额及收发数额均经核对、审阅和复算无误。2019 年 1 月 15 日下班后监督盘点实存量为 2 800 千克。调节计算如下：

结存日数量 =2 800+34 500−35 000=2 300（千克）

经过上述调节计算，2018 年 12 月 31 日的实存数为 2 300 千克，与账面记录的材料 2 000 千克不一致。审计人员应要求有关人员说明原因，并进行核实。如有故意歪曲事实者，应进一步查明责任人员，并提请追究其责任。

（3）观察法。观察法是指审计人员进驻被审计单位后，对生产经营管理工作的环境、财产物资的保管情况、内部控制系统的执行情况等，进行实地观察，借以查明被审计单位经济活动和内部控制的真相，核实是否符合有关标准和书面资料的记载，以取得审计证据的方法。

进行财政财务审计和经济责任审计时，一般要运用观察法进行广泛的实地观察，以收集书面资料以外的审计证据。审计人员应深入被审计单位的仓库、车间等现场，对其内部控制系统的执行情况、财产物资的保管和利用情况、工人的劳动效率和劳动态度等生产经营管理活动情况进行直接观察，从中发现薄弱环节以及存在的问题，以便收集审计证据，提出建议和意见，促进被审计单位改进经营管理，提高经济效益。

应用观察法时，要与询证法等其他审计方法结合起来，这样才能取得更好的效果，必要时，可视具体情况和要求，对现场进行摄像或拍照，作为审计证据。

（4）鉴定法。鉴定法是指对书面资料、实物和经济活动等的分析、鉴别，因超过一般审计人员的能力和知识水平而邀请专门部门或人员运用专门技术进行确定和识别的方法。

鉴定法可应用于财政财务审计、财经法纪审计、经济效益和经济责任审计，如对实物性能、质量、价值的鉴定，涉及书面资料真伪的鉴定，以及对经济活动的合理性和有效性的鉴定等。如伪造凭证的人不承认其违法行为，可通过公安部门鉴定其笔迹以确定其违法行为；又如对质次价高的商品材料的质量情况难以确定，请商检部门通过检查化验确定商品质量和实际价值等；再如邀请基建方面的专家，对基建工程进行质量检查；等等。这是通过观察法不能取证时必须使用的一种方法。

鉴定法的实施过程应详细地记入审计工作底稿。鉴定法的鉴定结论必须是具体的、客观的和准确的，并能作为一种独立的审计证据。

2.2.5　数据挖掘和分析的方法

随着科学技术的快速发展，审计新技术得到广泛运用，出现了数据计量分析法、大数据审计法和联网实时审计法等。

（1）数据计量分析法。在现代审计过程中，无论是在审计前期准备阶段，还是在事中和事后审计阶段，审计人员应采集积累这些不同时期的各种审计数据，运用比较分析方法，与前期历史数据、同行业单位、竞争对手等开展比较分析，以掌握被审计单位的“前因后果”，了解被审计单位与其他企业的差距。审计人员也可以运用因素分析法、趋势分析法等数据计量分析法，在分析多种因素影响的变动时，观察某一因素变动的影响而将其他因素固定下来，如此逐项分析、逐项替代，以分析各因素对被审计单位产生的影响，使审计工作更具科学性和准确性。

（2）大数据审计法。在审计工作中，审计人员面对的审计对象比较复杂，被审计单位的产品、业务流程和信息内容也千差万别。因此，审计人员应创新审计组织方式和技术方法等，凭着接触单位多、审计领域广的特点，及时整合各类信息资源，构建审计大数据分析平台，深入开展数据关联分析，不断拓展审计的广度和深度。借助大数据审计平台，审计人员应多角度、多层次收集与被审计单位相关的数据和资料，拓宽审计思路，关注各类财务、业务电子数据及资料间的关联关系，充分运用云计算进行数据筛查和分析，找出被审计单位的疑点或问题，严实求证，以大数据得出客观、公正的审计结论。

（3）联网实时审计法。对被审计单位进行审计，审计人员可采用联网实时的审计方法，主要通过建立联网审计数据中心，与被审计单位数据中心通过专门通道实现实时联网，审计人员通过与被审计单位数据中心相连，由被审计单位开放权限，最终实现与被审计单位数据和信息的实时联网。这样审计人员就可以根据需要，定期对新增数据运用审计方法体系或模型开展全部扫描和系统体检，及时发现倾向性问题。联网实时审计法是指审计人员通过网络对被审计单位进行实时审计，有助于审计人员提高对被审计单位生产经营的了解和掌握的全面性和时效性，有助于审计人员及时发现被审计单位生产经营中存在的问题、疑点和异常，以便在实地现场审计中加以核实。

2.3　审计程序

为了使审计工作有组织、有计划、有步骤地进行，保证审计工作的质量和提高审计工作效率，审计人员在执行审计业务时，必须遵循一定的审计程序，选用一定的审计方法来获取审计证据，以支持其对被审计单位的财务状况和经营成果发表审计意见和得出审计结论。

审计程序包括总体审计程序和具体审计程序。

总体审计程序是审计人员对审计项目从开始到结束的整个过程中所采取的系统性工作步骤。总体审计程序一般包括准备、实施和完成三个阶段，每个阶段又包括若干具体的工作内容。具体审计程序是指风险评估程序、控制测试程序和实质性测试程序。本节主要说明民间审计组织（会计师事务所）在实地审计方式下进行财务报表审计的审计程序及其特点。

2.3.1 审计的准备阶段

审计的准备阶段是整个审计过程的起点，其工作主要包括了解被审计单位的基本情况，初步评价被审计单位的内部控制系统，分析审计风险，签订审计业务约定书，编制审计计划等。

1. 了解被审计单位的基本情况

会计师事务所通过初步调查，在接受被审计单位的委托之前，应对被审计单位的基本情况做初步的了解，包括被审计单位行业状况、法律环境与监管环境以及其他外部因素，被审计单位的性质，被审计单位对会计政策的选择和运用，被审计单位的目标、战略以及相关经营风险，被审计单位的财务业绩，被审计单位的内部控制，等等。审计人员了解了被审计单位基本情况后，以此决定是否接受审计委托。

2. 初步评价被审计单位的内部控制系统

在审计工作开始前，必须初步了解和评价被审计单位的内部控制系统，包括了解和评价被审计单位有关的规章制度、业务处理程序和人员职责分工等是否合理，处理每项经济业务的程序和手续是否科学等情况。只有初步评价了被审计单位的内部控制系统，才能确定审计工作的重点。

3. 分析审计风险

审计风险是在审计准备阶段必须认真分析的一个重要问题。所谓审计风险，是指审计人员通过审计工作未能发现财务报表中存在的重大错报而发表不恰当审计意见的风险。

一般而言，审计风险由重大错报风险和检查风险组成，它们之间的关系是：

审计风险 = 重大错报风险 × 检查风险

重大错报风险是指财务报表在审计前存在重大错报的可能性。在设计审计程序以确定财务报表整体是否存在重大错报时，审计人员应当从财务报表层次和各类交易、账户余额、列报认定层次考虑重大错报风险。审计人员应当评估财务报表层次的重大错报风险，并根据评估结果确定总体应对措施。审计人员应当评估认定层次的重大错报风险，并根据既定审计风险评估的认定层次重大错报风险确定可接受的检查风险。

4. 签订审计业务约定书

审计业务约定书是指会计师事务所在接受被审计单位委托的审计项目时提交给被审计单位的正式文件，以此来明确委托项目的接受以及对约定事项的理解。审计业务约定书具有合同的性质，一经签字认可，即成为会计师事务所与被审计单位之间在法律上生效的合同。

会计师事务所在签约之前，应当与被审计单位就审计项目的性质和目的、审计范围有无限制、审计收费以及被审计单位应协助的主要工作等问题进行商谈。

审计业务约定书的具体内容可能因被审计单位的不同而存在差异，但一般而言，应当包括以下方面。

（1）财务报表的审计目标。

（2）管理层对财务报表的责任。

（3）管理层编制财务报表采用的会计准则。

（4）审计责任与审计范围，包括在执行财务报表审计业务时应遵守的审计准则。

（5）执行审计工作的安排，包括出具审计报告的时间要求。

（6）审计报告格式以及对审计结果的其他沟通形式。

（7）由于测试的性质和审计的固有限制以及内部控制的固有限制，不可避免地存在着某些重大错报可能未被发现的风险。

（8）管理层为审计人员提供的必要工作条件和协助。

（9）审计人员不受限制地接触任何与审计有关的记录、文件以及所需要的其他信息。

（10）管理层对其做出的与审计有关的声明予以书面确认。

（11）审计人员对执业过程中获知的信息保密。

（12）审计收费，包括收费的计算基础和收费安排。

（13）违约责任。

（14）解决争议的方法。

（15）签约双方法定代表人或其授权人的签字盖章，以及签约双方加盖的公章。

（16）签约的日期。

5. 编制审计计划

经过上述工作后，会计师事务所和审计人员便可以制定审计计划。审计计划是根据审计任务和具体情况所制定的审计工作的具体步骤。其内容一般包括：被审计单位的人员、被审计单位的概况、被审计单位委托审计的目的和出具报告的要求、审计组的人员、审计重要性考虑、审计风险评价、审计范围、为被审计单位提供其他服务的性质和内容、时间预算等。审计计划一般包括总体审计策略和具体审计计划。

2.3.2　审计的实施阶段

审计的实施阶段是审计全过程的中心环节，其主要工作是按照审计计划的要求，对被审计单位内部控制系统的建立及其遵守情况进行检查，对财务报表项目实施重点、细致的检查，收集审计证据。

1. 进驻被审计单位

注册会计师在实施审计之前，要进驻被审计单位。进驻以后，应通过与被审计单位的管理人员和其他员工的接触，进一步了解被审计单位的情况，并使相关员工了解审计的目的、内容、起止时间等，争取员工的信任、支持和协助。

2. 测试和评价内部控制系统

对内部控制系统的测试和评价是实施审计的基础。因此，在执行审计业务时必须首先对被审计单位的内部控制系统进行检查并做出评价，这有利于促进被审计单位内部控制系统的改进，加强管理，有利于注册会计师确定下一步审计工作的范围和重点内容。对内部控制系统的检查和评价包括：检查和评价被审计单位的内部控制系统设计是否有效；检查和评价被审计单位的内部控制系统执行是否有效。

3. 测试财务报表及其所反映的经济活动

注册会计师通过测试财务报表，对被审计单位财务收支及其他经济活动的合法性和公允性进行全面或重点检查，这是审计实施阶段的一项重要工作。对财务报表的实质性测试，注册会计师主要通过审查、复核财务报表内相关数据填列是否符合要求，抽查核对财务报表项目金额是否与总账、明细账、会计凭证和实物相一致，分析财务报表项目所反映的内容是否真实正确，揭示财务报表项目中违反会计准则的重大错报等进行。

4. 收集审计证据

审计证据是注册会计师对审计对象的实际情况做出判断、表明意见，并得出审计结论的依据。事实上，注册会计师执行审计业务的过程就是一系列收集、评价审计证据的活动过程。收集审计证据，一是通过测试被审计单位的财务报表，取得必要的证据；二是通过审查其他有关资料，获取相关证据；三是通过查阅有关文件，取得审计证据。

2.3.3 审计的完成阶段

审计完成阶段的主要工作有：整理、评价审计过程中收集到的审计证据，复核审计工作底稿，编写审计报告，后续跟踪。

1. 整理、评价审计证据

为了使在审计实施阶段收集的、分散的证据结合起来形成具有充分证明力的证据，有效地用来评价被审计单位的经营管理活动，得出正确的审计意见和结论，注册会计师必须对收集的证据进行整理和评价。整理和评价审计证据的过程，从根本上来说，也是注册会计师依据法规、专业知识和个人实践经验对证据进行分析研究的过程。注册会计师应通过整理和评价，选出若干最适宜、最有说服力的证据，将其作为编制审计报告的依据。

2. 复核审计工作底稿

审计工作底稿是注册会计师在审计工作中汇总、综合分析、整理与审计问题有关的资料所形成的书面文件。当审计程序进入审计的完成阶段时，审计工作底稿已编写完成，但尚不能形成最后结论。审计工作底稿是注册会计师根据自己的取证记录独立编写的，因而在一定程度上存在着主观性与片面性，其质量受注册会计师素质的影响很大。为此，必须对注册会计师编写的审计工作底稿进行复核，然后根据审计工作底稿反映的有关问题，与被审计单位进行商议，听取对审计证据的真实性与准确性予以认可的反馈意见，复核审计工作底稿，这对形成正确的审计结论有着重要的意义。

3. 编写审计报告

审计报告是审计工作的最终成果，是注册会计师完成审计任务、向被审计单位提出审计情况、形成审计意见的书面文件。注册会计师应根据审计证据和审计工作底稿，通过对各类审计资料认真加以整理、分析和综合，选择其中与审计目的和重点有关的素材，并按编制要求与规定格式编写审计报告。

4. 后续跟踪

审计报告发出后，会计师事务所和注册会计师还应对影响审计报告的后续事项进行追踪，会计师事务所和注册会计师应关注被审计单位的期后事项，视其对审计报告的影响程度，决定是否修改审计报告。

2.4　信息技术对审计的影响

信息技术是指利用电子计算机和现代通信手段实现获取信息、传递信息、存储信息、处理信息、显示信息、分配信息等的相关技术。现代信息技术是指 20 世纪 70 年代以来，随着微电子技术、计算机技术和通信技术的发展，围绕信息的产生、收集、存储、处理、检索和传递，形成的一个全新的、用以开发和利用信息资源的技术系统。

2.4.1　信息技术对审计过程的影响

伴随着会计信息化的发展，企业信息系统已不仅是一个孤立的系统，而是集财务、人事、供销、生产力于一体的综合系统，财务信息只是这个系统所处理的信息的一部分，因此，审计人员必须在规划和执行审计工作时对企业信息技术进行全面考虑。应该指出的是，信息技术在被审计单位中的应用并不改变审计人员制定审计目标、进行风险评估和了解内部控制的原则性要求，审计准则和财务报告审计目标在所有情况下都适用。但是，审计人员必须更深入了解被审计单位的信息技术应用范围和性质，因为系统的设计和运行直接影响对审计风险的评价、对业务流程和控制的了解、审计工作的执行以及需要收集的审计证据的性质。具体地说，信息技术对审计过程的影响主要体现在以下几个方面。

1. 对审计线索的影响

审计线索对审计来说极其重要。传统的手工会计系统，审计线索包括凭证、日记账、分类账和报表。审计人员通过顺查和逆查的方法来审查记录，检查和确定记录是否正确地反映了被审计单位的经济业务，检查被审计单位的会计核算是否合理、合规。而在信息技术环境下，从业务数据的具体处理过程到财务报表的输出都由计算机按照程序指令完成，数据均保存在磁性介质上，从而会影响审计线索，如数据存储介质、存取方式以及处理程序等。

2. 对审计技术手段的影响

过去，审计人员实施审计都是手工进行的，但随着信息技术的广泛应用，若仍以手工方式进行审计，则难以满足工作的需要，难以达到审计的目的，因此，审计人员需要掌握相关信息技术，把信息技术当作一种有力的审计手段。

3. 对内部控制的影响

现代审计技术中，审计人员会对被审计单位的内部控制进行审查与评价，以此作为制定审计方案和决定抽样范围的依据。随着信息技术的发展，内部控制在形式及内涵方面发生了变化，在高度电算化的信息环境中，业务活动和业务流程引发了新的风险，具体控制活动的性质有所改变。

4. 对审计内容的影响

在信息化条件下，审计内容发生了相应的变化。在信息化的会计系统中，各项审计事项都是由计算机按照程序进行自动处理的，信息系统的特点及固有风险决定了信息化环境下审计的内容包括对信息化系统数据的处理和对相关控制功能的审查。对于特定的财务报表审计项目，审计人员必须考虑数据准确性以支持相关审计结论，因而需要对被审计单位基于信息系统的数据来源及处理过程进行审查。

5. 对审计人员的影响

信息技术在被审计单位的广泛应用要求审计人员一定要具备信息技术方面的

知识。因此，审计人员要成为知识全面的复合型人才，不仅要有丰富的会计、审计、经济、法律、管理等方面的知识和技能，还要熟悉信息系统的应用技术、结构和运行原理，有必要对信息化环境下的内部控制做出适当的评价。

因此，审计人员必须对信息系统的风险和控制都非常熟悉，对审计的策略、范围、方法和手段做出相应的调整，以获取充分、适当的审计证据，出具审计报告。

2.4.2 信息技术对确定审计范围的影响

不同被审计单位的业务流程和信息系统可能具有不同的特点，因此审计人员应按被审计单位各自的特点确定审计计划中包含的信息技术审计内容。另外，审计人员如果计划依赖自动控制或自动信息系统生成的信息，那么就需要适当扩大信息技术审计范围。

因此，审计人员在确定审计范围时，需要结合被审计单位业务流程复杂程度、信息系统复杂程度、系统生成的交易数量、信息和复杂计算的数量、信息技术环境规模和复杂程度等五个方面，对信息技术审计范围进行重点考虑。信息技术审计范围的确定，与被审计单位在业务流程及信息系统相关方面的复杂程度成正向变动关系。在具体评估复杂程度时，可以从以下几个方面予以考虑。

1. 评估业务流程的复杂程度

对业务流程复杂程度的评估并不是一个纯粹客观的过程，需要审计人员运用职业判断。审计人员可以通过考虑某流程涉及的人员及部门间的界限、某流程涉及的操作及决策活动、某流程的数据处理过程涉及的公式和数据录入操作、某流程需要对信息进行手工处理，以及对系统生成的报告的依赖程度等来对业务流程的复杂程度做出适当判断。

2. 评估信息系统的复杂程度

与评估业务流程的复杂程度相类似，对企业信息系统复杂程度的评估也不是一个纯粹客观的过程，评估过程包含大量的职业判断，也受到所使用系统类型（如商业软件或自行研发系统）的影响。具体来说，评估商业软件的复杂程度时应当考虑系统复杂程度、市场份额、系统实施和运行所需的参数设置范围以及企业化程度。对于自行研发系统复杂程度的评估，应当考虑系统复杂程度、上一次系统架构发生重大变更的时间、系统变更对财务系统的影响，以及系统变更之后的运行情况及运行期间。

3. 评估信息技术环境的规模和复杂程度

评估信息技术环境的规模和复杂程度，主要应当考虑产生财务数据的信息系统数量、信息部门的结构与规模、网络规模、用户数量、外包及访问方式。信息技术环境复杂并不一定意味着信息系统是复杂的。在具体审计过程中，审计人员除了考虑上述复杂程度外，还需要充分考虑系统在实际应用中存在的问题，评价这些问题对审计范围的影响程度。

2.4.3 信息技术对内部控制评价的影响

在信息技术环境下，传统的手工控制越来越多地被自动控制替代。同时，对自动控制的依赖也可能给企业带来财务报告的下列重大错报风险：信息系统或相关系统程序可能会对数据进行错误处理，也可能会处理那些本身就错误的数据；自动信息系统、数据库及操作系统的相关安全控制如果无效，会增加对数据信息非授权访问的风险；数据丢失风险或数据无法访问风险，如系统瘫痪；不适当的人工干预，或人为绕过自动控制。

在信息技术环境下，手工控制的基本原理与方式并不会发生实质性的改变，审计人员仍需要按照标准执行相关的审计程序，而对于自动控制，审计人员应从信息技术一般性控制与信息技术应用控制两方面考虑对内部控制评价的影响。

1. 信息技术一般性控制对内部控制评价的影响

信息技术一般性控制包括程序开发、程序变更、程序和数据访问以及计算机运行四个方面，审计人员应对这四个方面的内部控制进行评价。

（1）程序开发。程序开发领域的目标是确保系统的开发、配置和实施能够实现管理层的应用控制目标。程序开发控制的一般要素包括：对开发和实施活动的管理，项目启动、分析和设计，对程序开发实施过程的控制软件包的选择，测试和质量确保，数据迁移，程序实施，记录和培训，职责分离。

（2）程序变更。程序变更领域的目标是确保对程序和相关基础组件的变更是经过请求、授权、执行、测试和实施的，以达到管理层的应用控制目标。程序变更控制一般包括以下要素：对维护活动的管理，对变更请求的规范、授权与跟踪，测试和质量确保，程序实施，记录和培训，职责分离。

（3）程序和数据访问。程序和数据访问领域的控制程序和数据的权限是经过用户身份认证并经过授权的。程序和数据访问的子组件一般包括安全活动管理、安全管理、数据安全、操作系统安全、网络安全和物理安全。

（4）计算机运行。计算机运行领域的目标是确保生产系统根据管理层的控制目标完整准确地运行，确保运行问题被完整准确地识别并解决，以维护财务数据的完整性。计算机运行的子组件一般包括对计算机运行活动的总体管理、审批调度和审批处理、实时处理、备份和问题管理以及灾难恢复。

2. 信息技术应用控制对内部控制评价的影响

信息技术应用控制一般要经过输入、处理及输出等环节。和手工控制一样，自动系统应用控制同样关注信息处理目标的四个要素，即完整性、准确性、授权以及访问权限。

（1）完整性控制，包括顺序编号，可以保证系统每笔日记账都是唯一的，并且系统不会接受相同编号，或者在编号范围外的凭证。完整性控制还包括编辑检查，以确保无重复交易录入，比如发票付款的时候，检查发票编号。

（2）准确性控制，包括编辑检查，即限制检查、合理性检查、存在性检查和格式检查等，将客户、供应商、发票和采购订单等信息与现有数据进行比较。

（3）授权控制，包括交易流程中必须包含恰当的授权，将客户、供应商、发票和采购订单等信息与现有数据进行比较。

（4）访问权限控制，包括以下几方面：一是对某些特殊的会计记录的访问，必须经过数据所有者的正式授权，管理层必须定期检查系统的访问权限，以确保只有经过授权的用户才能够访问，并且符合职责分离原则。二是访问权限控制必须满足适当的职责分离，如交易的审批和处理必须由不同的人员来完成。三是对每个系统的访问权限控制都要单独考虑，密码必须定期更换，并且在规定期间内不能重复；定期生成多次登录失败导致用户账号锁定的报告，管理层必须调查登录失败的具体原因。

2.4.4　计算机辅助审计技术和电子表格的运用

1. 计算机辅助审计技术

计算机辅助审计技术，是指用计算机和相关软件，使审计测试工作实现自动化的技术。计算机辅助审计技术可以在现有手工能执行的审计测试自动化、手工方式不可能执行的测试或分析等方面使审计工作更富效率和效果。

计算机辅助审计技术不仅能够提高审查大量交易的效率，而且计算机不会受到过度工作的影响。从这个意义上讲，计算机辅助审计技术可以使审计工作更具效果，还可以减少审计人员的工作量，节省审计时间和成本。

最广泛地应用计算机辅助审计技术的领域是实质性测试，特别是在与分析程序相关的方面。除此以外，计算机辅助审计技术还能用于详细测试以及对审计抽样的处理。计算机辅助审计技术使得对系统中的每一笔交易进行测试成为可能，用于在交易样本量很大的情况下替代手工测试。

与其他控制测试相同，计算机辅助审计技术也可用于测试内部控制的有效性，也可选择少量的交易，在系统中进行穿行测试，或是开发一套集成的测试工具，用于测试系统中的某些交易。在控制测试中使用计算机辅助审计技术的优势是，可以对每一笔交易进行测试，从而确定是否存在内部控制失效的情况。

2. 电子表格

在信息化程度很高的环境下，由于系统限制等，财务信息和财务报表的生成往往还需要借助电子表格。

所谓电子表格，是指利用计算机作为表格处理工具，以实现制表工具、计算工具以及表格结果保存的综合电子化的软件。目前普遍使用的电子表格包括Excel等软件。通过电子表格，审计人员可以进行数据记录、计算与分析，能对输入的数据进行各种复杂的统计运算，并显示为可视性极佳的表格。因此，审计人员在对信息系统进行审计时，需要谨慎地考虑电子表格中的控制，以及电子表格控制设计与执行的有效性，从而确保这些内嵌控制持续的完整性。电子表格的特性以及编制使用电子表格的环境特性，增加了电子表格生成的数据存在错误的风险，从而对审计工作产生影响。

在高度信息化的企业中，重要的财务电子表格用来在重要的流程（即自动控制或步骤）中生成财务数据，或用来生成用于关键手工控制的财务或其他数据。因此，审计人员应该了解评估范围内重要的流程和账户，并识别用来支持这些流程或账户的相关的电子表格的可靠性。

信息技术的广泛应用对审计所包含的内容产生了重大影响。随着信息技术的发展，审计一定会越来越依赖先进的信息技术，其服务的内容也将从传统审计扩展为包括财务信息、内部控制等在内的综合信息。这一切都将给审计人员带来挑战，审计人员不仅需要具备专业知识，而且需要具备信息技术知识，同时，这还要求审计机构配备信息技术专业人员，以更好地开展审计工作。

第 3 章 我国审计的组织形式

我国的审计组织形式，主要有政府审计机关、内部审计机构以及民间审计组织。

3.1 民间审计组织

3.1.1 民间审计组织及人员

民间审计也称注册会计师审计或者独立审计，是商品经济发展到一定阶段的必然产物。只要商品经济发展到一定阶段，公司中存在所有权与经营权分离、存在不同利益的集团和阶层，民间审计就有存在和发展的必要。

在我国，民间审计组织是指会计师事务所，民间审计人员是指注册会计师。

1. 会计师事务所

会计师事务所是指经国家批准、注册登记，依法独立承办审计业务和会计咨询业务的单位。会计师事务所由注册会计师组成，是承办审计业务的工作机构，它不是国家机关的职能部门，经济上也不依赖国家或其他任何单位。

会计师事务所实行自收自支、独立核算、依法纳税，具有法人资格。但合伙设立和特殊普通合伙设立的会计师事务所不具有法人资格。注册会计师必须加入会计师事务所才能承办业务。按规定，成立会计师事务所应报经财政部或省级财政厅（局）审查批准，并向当地工商行政管理机关办理登记，领取执照后，方能开业。注册会计师和会计师事务所的行业管理机关，在全国为财政部，在各地方为省、自治区、直辖市财政厅（局）。注册会计师职业实行行业自律，成立了行业组织。全国性的注册会计师行业组织为中国注册会计师协会。

2. 注册会计师

在我国，执业注册会计师资格主要通过考试和考核实际工作年限两方面确定。

《中华人民共和国注册会计师法》及《注册会计师全国统一考试办法》规定，具有下列条件之一的中国公民，可报名参加考试：①高等专科以上学历：②具有会计或者相关专业（指审计、统计、经济）中级以上专业技术职称。

目前，注册会计师资格考试分为两个阶段：第一阶段为专业考试，考试科目有：会计、审计、财务成本管理、经济法、税法和公司战略与风险管理；第二阶段为综合考试。专业考试和综合考试每年进行一次。专业考试部分科目合格者，取得由全国注册会计师考试委员会统一印制的单科合格证明，其合格成绩在取得单科成绩合格凭证后的 5 年内有效。专业考试全科合格成绩长期有效。专业考试全科合格者可以参加综合考试。综合考试合格者取得由全国注册会计师考试委员会统一印制的全科合格证书。取得全科合格证书者，可申请成为中国注册会计师协会非执业会员；具有两年以上实际工作经验的取得全科合格证书者，可申请注册成为执业注册会计师。

在我国，注册会计师考试合格者只取得成为注册会计师的资格，只有加入会计师事务所，从事审计业务两年以上，并具备相应的业务能力，才能准予注册成为执业注册会计师。所以，经注册会计师考试合格的人员，应由其申请加入的会计师事务所报财政部或省级财政厅（局）批准注册。经批准注册的注册会计师，由财政部统一制发注册会计师证书。

3. 中国注册会计师协会

中国注册会计师协会是在财政部领导下，经政府批准成立的注册会计师的职业组织，成立于 1988 年。一方面，它对会计师事务所和注册会计师进行自我教育和自我管理；另一方面，它是联系政府机关和会计师事务所、注册会计师的桥梁。中国注册会计师协会作为一个独立的社会团体，对外发展与外国和国际会计职业组织之间的相互交往，为我国注册会计师步入国际舞台发挥作用；对内拟订会计师事务所管理制度和注册会计师专业标准，组织注册会计师业务培训和考试等方面的工作。

3.1.2　注册会计师的业务范围

注册会计师的业务范围十分广泛，涉及经济生活的各个方面，主要包括以下方面。

1. 鉴证业务

鉴证业务是指注册会计师对某一主体负责编制的书面认定资料的可靠性进行查证。注册会计师查证后，要签发一份书面报告，以反映鉴证结果。鉴证业务可进一步分为四种。

（1）审计业务。审计业务是取得和评价某一会计主体历史财务报表的相关资料，以便对该主体在这些财务报表中所做的认定是否按照会计准则公允地表达发表审计意见的业务。注册会计师从事的主要审计业务是财务报表审计。审计准则规定，注册会计师在完成必要的审计程序，取得相应的审计证据后，应编制和出具审计报告。审计报告主要表述注册会计师的审计意见，具有法定证明效力。注册会计师及其所在的会计师事务所对其出具的审计报告要承担相应的法律责任。

（2）审阅业务。审阅业务是指注册会计师对某一会计主体所做的认定是否符合既定标准或惯例进行查证，并发表意见的业务。这类业务包括以下方面。

①审查未来财务信息（如财务预测或计划）所依据的假设是否合理，未来财务信息是否根据这种假设编制，未来财务信息与历史财务信息的基础是否一致。

②审查确定某一会计主体的内部控制系统是否科学，是否符合政府或管理当局所建立的标准，等等。一般来说，审阅的范围通常比审计小，审阅实施的程序比审计少。

（3）复核业务。复核业务主要涉及复核某财务报表、比较分析财务信息等。复核业务的范围比审计和审阅的范围小。不同于审计所提供的“积极保证”，复核的目的是为认定的可靠性提供“消极保证”。因此，复核人员复核财务报表后，在所提出的意见中，不是说“财务报表按照会计准则公允地表达……”，而是说“没有发现财务报表不符合会计准则公允表达……”。一般情况下，对非公开上市公司的财务报表，为了特定目的需要，可以进行复核。

（4）保证业务。美国注册会计师协会的审计保证业务特别委员会将保证业务定义为“为企业或个体决策者提供的能改进信息质量或内容的独立专业业务的总称”。信息技术的发展与创新，特别是互联网技术的发展，使得注册会计师的工作对象有了较大的变化，因此，美国注册会计师协会强调今后的保证业务不限于财务报表和传统报告，并提出了它认为有推广潜在新业务的可能性的几个领域：电子商务保证、保鉴效果评估、经营主体绩效评估、信息系统质量评估、综合风险估量、养老工作保证等。

2. 管理咨询业务

管理咨询业务是指注册会计师为客户提供管理建议与技术协助，以帮助客户提升能力和合理利用资源，并实现其预定的目标。在执行管理咨询业务时，注册会计师扮演的是公司外部专家或顾问的角色。因此，注册会计师不能替代董事会和经理层做任何管理决策。规模较大的会计师事务所都设有单独的管理咨询部门。目前，管理咨询业务所获得的收入，已成为很多会计师事务所总收入中重要且占比逐渐增大的部分。为指导注册会计师执行管理咨询业务，不少国家的注册会计师职业团体制定了从事管理咨询业务的准则或说明书。

3. 税务服务业务

各国政府为了实现其职能，通过了很多税收法规，税收法规使注册会计师和其他税务专家的服务业务必不可少。纳税人，特别是公司的法人纳税人，一方面要依法纳税，认真履行纳税义务，另一方面应充分享受纳税人的权利，还要关注自己的外税负担是否合理合法，能否享受本国以及外国税收优惠政策，考虑税收筹划，为提高公司的利润水平服务。

很多国家都明确规定，注册会计师可以从事税务服务业务。税务服务是注册会计师的重要业务之一，是会计师事务所的业务收入来源之一。

4. 会计服务业务

会计服务业务是各国中小会计师事务所的主要业务，主要包括代理记账、编制财务报表、工资单处理等。

近年来，法务会计服务成为会计师事务所的重要业务。由于企业财务舞弊是各国企业的一种通病，因此，借助注册会计师的专业能力来减少企业财务舞弊现象的发生，也成为市场经济中的热点问题。与此同时，市场经济本质上就是法制经济，由于会计本身具有的经济后果性，会计解释上的法律争端也成为令人头痛的问题。在此背景下，法务会计服务应运而生。

5. 其他服务业务

注册会计师提供的服务业务很多，除上述业务外，还包括以下业务。

（1）商定程序服务。对财务信息执行商定程序的目标是注册会计师对特定财务数据、单一财务报表或整套财务报表等财务信息执行与特定主体商定的具有审计性质的程序，并就执行的商定程序及其结果出具报告。

（2）其他服务业务。其他服务业务主要包括个人理财服务、诉讼支持服务（专家证人）等。为了更好地提供个人理财和诉讼支持服务，有些国家设立了相关的资格证书。

3.1.3　会计师事务所的组织形式及出名的会计师事务所

会计师事务所是注册会计师依法承办业务的组织。纵观注册会计师行业在各国的发展，会计师事务所主要有独资、普通合伙、有限责任公司、有限责任合伙等组织形式，我国的会计师事务所有普通合伙、有限责任公司和特殊普通合伙等组织形式。

1. 独资会计师事务所

独资会计师事务所由具有注册会计师执业资格的个人独立开业，承担无限责任。它的优点是，对执业人员的需求不多、容易设立、执业灵活、能够在代理记账和代理纳税等方面很好地满足小型企业对注册会计师服务的需求，虽然承担无限责任，但实际发生风险的可能性相对较低；缺点是，无力承担大中型企业的鉴证业务和咨询业务、缺乏发展后劲。

2. 普通合伙会计师事务所

普通合伙会计师事务所是由两位或两位以上注册会计师组成的合伙组织，合伙人以各自的财产对会计师事务所的债务承担无限连带责任。它的优点是，在风险牵制和共同利益的驱动下，促使会计师事务所强化专业发展，扩大规模，提升规避风险的能力；缺点是，建立一个跨地区、跨国界的大型会计师事务所要经历一个漫长的过程，同时，任何一个合伙人执业中的错误与舞弊行为，都可能会使会计师事务所倒闭。

3. 有限责任公司会计师事务所

有限责任公司会计师事务所是由注册会计师认购会计师事务所股份，并以其所购股份对会计师事务所承担有限责任。会计师事务所以其全部资产对其债务承担有限责任。它的优点是，可以通过公司制形式迅速聚集一批注册会计师，有利于扩大规模，能承办大中型企业的鉴证和咨询业务；缺点是，降低了风险责任对执业行为的制约，弱化了注册会计师的个人责任。

4. 有限责任合伙会计师事务所

有限责任合伙会计师事务所是会计师事务所以全部资产对其债务承担有限责任，各合伙人对个人执业行为承担无限责任。它的最大特点在于，既融入了普通合伙和有限责任公司会计师事务所的优点，又摒弃了它们的不足。这种组织形式是为顺应经济发展对注册会计师行业的要求，于20世纪90年代初期兴起的。到1995年年底，原六大国际会计师事务所（以下简称“原‘六大’”）在美国的执业机构已完成了向有限责任合伙的转型，在其他国家或地区的执业机构的转型也基本完成。同时，在它们的主导下，许多国家或地区的大中型会计师事务所也陆续开始转型。有限责任合伙会计师事务所已成为当前的发展趋势。

5. 特殊普通合伙会计师事务所

我国现行的特殊普通合伙会计师事务所，在性质上相当于其他国家的有限责任合伙会计师事务所。2010年7月发布的《财政部 工商总局关于推动大中型会计师事务所采用特殊普通合伙组织形式的暂行规定》指出：采用特殊普通合伙组织形式的会计师事务所，一个合伙人或数个合伙人在执业活动中因故意或重大过失造成企业债务的，应当承担无限责任或者无限连带责任，其他合伙人以其在合伙企业中的财产份额为限承担责任。合伙人在执业活动非因故意或者非重大过失造成的合伙企业债务以及合伙企业的其他债务，由全体合伙人承担无限连带责任。

6. 国际四大会计师事务所

在会计师事务所前冠“国际”两字，主要原因是：①这些会计师事务所为大部分跨国公司提供以审计业务为主的专业服务；②这些会计师事务所雇用的注册会计师来自各个国家；③这些会计师事务所被认为是除跨国公司以外的另一股重要的经济力量。

国际会计师事务所是世界先进会计师事务所的代表。当今活跃在国际民间审计舞台上的“超级大所”，主要是四大会计师事务所，它们几乎垄断了所有跨国公司的审计业务。早在20世纪80年代末，就有人提出，在全世界，原“六大”几乎无处不在：在欧洲每一个重要的商业城市中都可以找到至少一家属于原“六大”的会计师事务所。原“六大”的成员机构遍布全世界，业务范围从早期的代理记账、审计、税务服务发展到如今的业务开发、合同谈判、公司改造、安排上市、管理顾问、公司秘书等，几乎包揽了各种商务活动。各大会计师事务所在服务对象上也各有侧重，形成了专门化。如解体前的安达信以员工训练和公用事业业务著称，客户多为石油和天然气工业等单位；德勤在政府业务和大型项目服务上有特色；安永在医疗保健及财务服务方面占很大优势；毕马威在银行方面具有很强的竞争力；永道在通信电子工业中称雄；普华则以处理国际性事业机构业务为优。

1998年，原“六大”之中的永道、普华宣布合并成为普华永道国际会计师事务所，原“六大”变成了“五大”。2002年，因涉嫌美国安然公司财务欺诈案，安达信会计师事务所被撤销。至此，著名的“五大”变成“四大”。

目前，国际四大会计师事务所如下。

（1）德勤会计师事务所（Deloitte Touche Tohmatsu）。

（2）普华永道会计师事务所（Price Waterhouse Coopers）。

（3）安永会计师事务所（Ernst & Young）。

（4）毕马威会计师事务所（KPMG）。

3.2 内部审计机构

3.2.1 内部审计机构及其特征

内部审计是指由部门或单位内部相对独立的审计机构和审计人员对本部门或本单位的财政财务收支、经营管理活动及经济效益进行审核和评价，查明其真实性、正确性、合法性、合规性和有效性，提出意见和建议的一种专门活动。其主要目的是通过审计加强风险管理、健全内部控制系统、查错揭弊、改善经营管理和提高经济效益。

1. 内部审计机构

我国的内部审计机构是根据审计法规和其他财经法规设置的，主要包括部门内部审计机构和单位内部审计机构。

（1）部门内部审计机构。国务院和县级以上地方人民政府各部门，应当配备审计人员，在部门内部建立审计监督制度，根据审计业务需要，分别设立审计机构。部门内部审计机构在主要负责人的领导下，负责本部门的财务收支及其经济效益的审计。

（2）单位内部审计机构。大中型企事业单位应当建立内部审计监督制度，设立审计机构。单位内部审计机构在本单位董事会下设的审计委员会或本单位主要负责人的领导下，负责本单位的财务收支及其经济效益的审计，在董事会下设的审计委员会或本单位主要负责人的领导下开展内部审计工作。审计业务少的单位和小型企事业单位，可设置专职的内部审计人员，而不设独立的内部审计机构。

不管是部门内部审计机构，还是单位内部审计机构，都有其专职业务，其性质与会计检查和其他专业检查并不相同，因此必须单独设立，并受单位党组织、董事会下设的审计委员会或本单位主要负责人的领导。内部审计机构不应设在财会部门之内，不应受财会负责人的领导，因为这样设置的机构难以有效开展内部审计工作。

2. 内部审计的特征

我国内部审计的特征，有些是与国外企业的内部审计基本相似的，有些则是中国特色社会主义市场经济体制下特有的。我国内部审计一般具有以下特征。

（1）服务上的内向性。内部审计是为加强内部经济管理和控制服务的，内部审计人员是部门、单位领导在经济管理和经济监督方面的参谋和助手。服务上的内向性是国内外内部审计共同的基本特征。无论是国外企业的内部审计，还是我国企业的内部审计，其主要职责都是代表董事会或主要负责人监督企业及其各部门贯彻管理层的意图，维护本企业的利益，为实现企业目标服务。

（2）审查范围的广泛性。内部审计人员是作为部门、单位领导在经济管理和经济监督方面的参谋和助手来开展工作的，其审计报告不具有法律效力。内部审计既可进行内部财务审计、经济责任审计和经济效益审计，又可对下属单位进行财经法纪审计；既有制约作用，又有促进作用。而且，内部审计一般都能满足管理层的要求，管理层要求审什么，内部审计人员就查什么。与外部审计相比，内部审计的审查范围更广，是国内和国外内部审计的共同特征。

（3）作用的稳定性。随着经济的发展，国外的内部审计已不仅起制约作用，还具有改善经营管理和提高风险控制水平等促进作用。我国内部审计亦如此：一方面它必须以法律为准绳，履行财务审计的监督职能，发挥审计的制约作用；另一方面它还要履行经济责任审计和经济效益审计的评价职能，促使部门或单位改善经营管理，提升风险控制能力，提高经济效益，充分发挥审计的促进作用。我国内部审计的制约性和促进性两项作用，在相当长的时间内会同时存在。所以，审计作用的稳定性也是国内外内部审计的共同特征。

（4）微观监督与宏观监督的统一性。我国内部审计代表部门、单位的管理层执行审计监督，防止出现差错弊端，为加强内部管理服务，这是微观监督的性质，也是我国内部审计的主要工作内容。与此同时，内部审计还应该从党和国家的利益出发，对党和国家重大决策部署的执行情况，本部门、本单位是否遵守国家的政策、法律、法令和规章制度进行审查，从这一方面讲，我国内部审计又具有宏观监督的性质。所以，微观监督与宏观监督的统一，是我国内部审计独有的特征。

3.2.2　内部审计机构的职责、权限及责任追究

我国部门和单位内部审计机构是依据审计法规和其他财经法规建立的，为了便于其行使审计监督权，相关法规对其职责权限也做了明确规定。

1. 内部审计机构的权限

2018 年 1 月 12 日，修订后的《审计署关于内部审计工作的规定》正式发布，其规定了现代内部审计的权限。内部审计机构或者履行内部审计职责的内设机构应有下列权限。

（1）要求被审计单位按时报送发展规划、战略决策、重大措施、内部控制、风险管理、财政财务收支等有关资料（含相关电子数据，下同），以及必要的计算机技术文档。

（2）参加单位有关会议，召开与审计事项有关的会议。

（3）参与研究制定有关的规章制度，提出制定内部审计规章制度的建议。

（4）检查有关财政财务收支、经济活动、内部控制、风险管理的资料、文件和现场勘察实物。

（5）检查有关计算机系统及其电子数据和资料。

（6）就审计事项中的有关问题向有关单位和个人开展调查和询问，取得相关证明材料。

（7）对正在进行的严重违法违规、严重损失浪费行为及时向单位主要负责人报告，经同意做出临时制止决定。

（8）对可能转移、隐匿、篡改、毁弃会计凭证、会计账簿、会计报表以及与经济活动有关的资料，经批准，有权予以暂时封存。

（9）提出纠正、处理违法违规行为的意见和改进管理、提高绩效的建议。

（10）对违法违规和造成损失浪费的被审计单位和人员，给予通报批评或者提出追究责任的建议。

（11）对严格遵守财经法规、经济效益显著、贡献突出的被审计单位和个人，可以向单位党组织、董事会（或者主要负责人）提出表彰建议。

2. 内部审计机构的权限

单位党组织、董事会及其审计委员会或者主要负责人在管理权限范围内，授予内部审计机构以下必要的处理、处罚权。

（1）被审计单位不配合内部审计工作、拒绝审计或者提供资料、提供虚假资料、拒不执行审计结论或者报复陷害内部审计人员的，单位董事会及其审计委员会或者主要负责人应当及时予以处理。构成犯罪的，移交司法机关追究刑事责任。

（2）被审计单位无正当理由拒不执行审计结论的，内部审计机构应当责令其限期改正。拒不改正的，报请单位董事会及其审计委员会或主要负责人依照有关规定予以处理。

（3）对被审计单位违反财经法规、造成严重损失浪费行为负有直接责任的主管人员和其他直接责任人员，构成犯罪的，依法追究刑事责任。不构成犯罪的，依照有关规定予以处理。

（4）报复陷害内部审计人员，构成犯罪的，依法追究刑事责任。不构成犯罪的，依照有关规定予以处理。

3. 对被审计单位和内部审计机构的责任追究

被审计单位有下列情形之一的，由单位党组织、董事会（或者主要负责人）责令改正，并对直接负责的主管人员和其他直接责任人员进行处理。

（1）拒绝接受或者不配合内部审计工作的。

（2）拒绝、拖延提供与内部审计事项有关的资料，或者提供资料不真实、不完整的。

（3）拒不纠正审计发现问题的。

（4）整改不力、屡审屡犯的。

（5）违反国家规定或者本单位内部规定的其他情形。

内部审计机构或者履行内部审计职责的内设机构和内部审计人员有下列情形之一的，由单位对直接负责的主管人员和其他直接责任人员进行处理；涉嫌犯罪的，移送司法机关依法追究刑事责任。

（1）未按有关法律法规和内部审计职业规范实施审计导致应当发现的问题未被发现并造成严重后果的。

（2）隐瞒审计查出的问题或者提供虚假审计报告的。

（3）泄露国家秘密或者商业秘密的。

（4）利用职权谋取私利的。

（5）违反国家规定或者本单位内部规定的其他情形。

内部审计人员因履行职责受到打击、报复、陷害的，单位党组织、董事会（或者主要负责人）应当及时采取保护措施，并对相关责任人员进行处理；涉嫌犯罪的，移送司法机关依法追究刑事责任。

3.2.3　国际内部审计机构

国外很多部门和企业都设有内部审计机构。如美国联邦各部以及很多大中型企业都设有内部审计机构：英国设有内部审计机构，日本、加拿大等国家也很重视内部审计，很多单位不仅进行财务审计，还进行绩效审计和风险管理审计。国外的内部审计机构的隶属关系，一般有以下几种类型。

（1）受本单位主计长领导。

（2）受本单位总裁或总经理领导。

（3）受本单位董事会下属的审计委员会领导。

（4）受本单位董事会下属的审计委员会和主计长双重领导。

内部审计师协会（Institute of Internal Auditors，IIA），也称国际内部审计师协会，在联合国经济和社会理事会中享有顾问地位，是最高审计机关国际组织的常任观察员，是国际政府财政管理委员会、国际会计师联合会的团体会员。IIA 自 1974 年起在全球指定地点举行注册内部审计师资格考试，为考试合格者颁发注册内部审计师证书，授予“注册内部审计师”称号。CIA 是国际注册内部审计师（Certified Internal Auditor）的英文简称，它不仅是国际内部审计领域专家的标志，也是目前国际审计界唯一公认的职业资格。1998 年中国内部审计协会与 IIA 签订协议，将 IIA 在国际上举办的国际注册内部审计师资格考试引入中国。

国际内部审计师协会的机构主要有理事会、执行委员会、国际委员部和总部，总部设在美国佛罗里达州。

3.3 政府审计机关

3.3.1 政府审计机关及其人员

政府审计机关是代表政府依法行使审计监督权的行政机关，它具有宪法赋予的独立性和权威性。现行《中华人民共和国宪法》（以下简称《宪法》）第九十一条规定：“国务院设立审计机关，对国务院各部门和地方各级政府的财政收支，对国家的财政金融机构和企业事业组织的财务收支，进行审计监督。审计机关在国务院总理领导下，依照法律规定独立行使审计监督权，不受其他行政机关、社会团体和个人的干涉。”

政府审计机关实行统一领导、分级负责的原则，国务院设审计署，在总理领导下，负责组织领导全国的审计工作，对国务院负责并报告工作。审计署设审计长一人，副审计长若干人。审计长由国务院总理提名，全国人民代表大会决定，国家主席任命，副审计长由国务院任命。

县级以上各级人民政府设立审计机关。地方各级审计机关分别在省长、自治区主席、市长、州长、县长、区长和上一级审计机关的领导下，组织领导本行政区的审计工作，负责领导本级审计机关审计范围内的审计事项，对上一级审计机关和本级人民政府负责并报告工作。地方各级审计机关负责人的任免，应当事先征求上一级审计机关的意见。

审计署根据工作需要，可以在重点地区、部门设立派出机构，进行审计监督。审计署向重点地区、城市和计划单列市派出人员，在该地区和城市组成审计特派员办事处，代表审计署执行审计业务，监督某些地方审计局难以监督的审计项目。

审计署根据工作需要，可以在重点地区、城市、部门设立派出机构，进行审计监督。审计署还可按工作内容和范围分设财政、金融、外贸外资、农林水利、基本建设、科教卫生等职能审计部门，开展对行政机关、企业、事业、团体、军队等各种专业性审计工作。另外，审计署还可设置审计科研培训机构，开展审计科学研究和培训审计人员。审计署对地方各级审计机关（包括审计特派员办事处）实行业务上的领导，主要包括以下方面。

（1）地方各级审计机关对本级人民政府和上一级审计机关负责并报告工作，审计业务以上级审计机关领导为主。

（2）审计署根据国家方针、政策做出的审计工作决定和颁发的审计规章，地方各级审计机关要遵照执行。

（3）审计署制定的工作计划，组织的全国性行业审计、专项审计，交办和委托办理的审计任务，地方各级审计机关要认真办理。

（4）各省、自治区、直辖市和计划单列市审计局的审计工作情况，查出的重要违纪问题以及其他有关文件资料，应及时向审计署报告和提供。

（5）审计署有权纠正地方审计机关做出的不适当的审计结论和处理决定。

（6）地方审计机关在审计监督中，对涉及中央财政收支的审计项目以及办理审计署委托的审计项目所做出的审计结论、处理决定，必须报审计署备案，重大的必须报经审计署同意。

3.3.2　政府审计机关的职责、权限和遵循的原则

政府审计机关是依照宪法规定建立的，实行的是法定审计，承担着繁重的审计任务，为此，《中华人民共和国审计法》（以下简称《审计法》）明确规定了政府审计机关的职责、权限和遵循的原则。

1. 政府审计机关的主要职责

中央审计委员会第一次会议强调了政府审计的定位是“党和国家监督体系的重要组成部分”，要求审计机关自觉在思想和行动上与中央保持一致，拓展审计监督的广度和深度，消除监督盲区，加大对党中央重大政策措施贯彻落实情况跟踪审计的力度，加大对经济社会运行中各类风险隐患揭示的力度，加大对重点民生资金和项目审计的力度。

政府审计机关应按有关法律法规规定的审计客体的范围，对各单位的下列事项进行审计监督。

（1）审计机关对本级各部门（含直属单位）和下级政府的预算执行情况和决算以及其他财政收支情况，进行审计监督。

（2）审计署在国务院总理的领导下，对中央预算执行情况和其他财政收支情况进行审计监督，向国务院总理提出审计结果报告。地方各级审计机关分别在省长、自治区主席、市长、州长、县长、区长和上一级审计机关的领导下，对本级预算执行情况和其他财政收支情况进行审计监督，向本级人民政府和上一级审计机关提出审计结果报告。

（3）审计署对中央银行的财务收支，进行审计监督。审计机关对国有金融机构的资产、负债、损益，进行审计监督。

（4）审计机关对国家的事业组织以及使用财政资金的其他事业组织的财务收支，进行审计监督。

（5）审计机关对国有企业的资产、负债、损益，进行审计监督。

（6）对国有资产占控股地位或者占主导地位的金融机构的审计监督，由国务院规定。

（7）审计机关对政府投资和以政府投资为主的建设项目的预算执行情况和决算，进行审计监督。

（8）审计机关对政府部门管理的和其他单位受政府委托管理的社会保障基金、社会捐赠资金以及其他有关基金、资金的财务收支，进行审计监督。

（9）审计机关对国际组织和外国政府援助、贷款项目的财务收支，进行审计监督。

（10）审计机关按照国家有关规定，对国家机关和依法属于审计机关监督对象的其他单位的主要负责人，在任职期间由本地区、本部门或者本单位的财政收支、财务收支以及有关经济活动应负经济责任的履行情况，进行审计监督。

（11）除《审计法》规定的审计事项外，审计机关对其他法律、行政法规规定的应当由审计机关进行审计的事项，依照《审计法》和有关法律、行政法规的规定进行审计监督。

（12）审计机关有权对与国家财政收支有关的特定事项，向有关地方、部门、单位进行专项审计调查，并向本级人民政府和上一级审计机关报告审计调查结果。

（13）审计机关根据被审计单位的财政、财务隶属关系或者国有资产监督管理关系，确定审计管辖范围。

（14）依法属于审计机关审计监督对象的单位，应当按照国家有关规定建立健全内部审计制度，其内部审计工作应当接受审计机关的业务指导和监督，

（15）社会审计机构审计的单位依法属于审计机关监督对象的，审计机关按照国务院的规定，有权对该社会审计机构出具的相关审计报告进行核查。

2. 政府审计机关的权限

政府审计机关在审计过程中，行使下列权限。

（1）审计机关有权要求被审计单位按照审计机关的规定提供预算或者财务收支计划、预算执行情况、决算、财务会计报告，运用电子计算机存储、处理的财政收支、财务收支电子数据和必要的电子计算机技术文档，在金融机构开立账户的情况，社会审计机构出具的审计报告，以及其他与财政收支或者财务收支有关的资料，被审计单位不得拒绝、拖延、谎报。

（2）审计机关进行审计时，有权检查被审计单位的会计凭证、会计账簿、财务会计报告和运用电子计算机管理财政收支、财务收支电子数据的系统，以及其他与财政收支或财务收支有关的资料和资产，被审计单位不得拒绝。

（3）审计机关进行审计时，有权就审计事项的有关问题向有关单位和个人进行调查，并取得有关证明材料。有关单位和个人应当支持、协助审计机关工作，如实向审计机关反映情况，提供有关证明材料。

（4）审计机关进行审计时，被审计单位不得转移、隐匿、篡改、毁弃会计凭证、会计账簿、财务会计报告以及其他与财政收支或者财务收支有关的资料，不得转移、隐匿所持有的违反国家规定取得的资产。

审计机关对被审计单位正在进行的违反国家规定的财政收支、财务收支行为，有权予以制止；制止无效的，经县级以上审计机关负责人批准，通知财政部

门和有关主管部门暂停拨付与违反国家规定的财政收支、财务收支行为直接有关的款项，已经拨付的，暂停使用。采取该项措施不得影响被审计单位的合法业务活动和生产经营活动。

（5）审计机关认为被审计单位所执行的上级主管部门有关财政收支、财务收支的规定与法律、行政法规相抵触的，应当建议有关主管部门纠正；有关主管部门不予纠正的，审计机关应该提请有权处理的机关依法处理。

（6）审计机关可以向政府有关部门通报或者向社会公布审计结果。

审计机关公布或者通报审计结果，应当依法保守国家秘密和被审计单位的商业秘密，遵守国务院的有关规定。

（7）审计机关履行审计监督职责，可以提请公安、监察、财政、税务、海关、价格、工商行政管理等机关予以协助。

对违反财经法规的被审计单位，应按下列规定处理。

（1）被审计单位违反《审计法》规定，拒绝或者拖延提供与审计事项有关的资料的，或者提供的资料不真实、不完整的，或者拒绝、阻碍检查的，审计机关责令改正，可以通报批评，给予警告；拒不改正的，依法追究责任。

（2）被审计单位违反《审计法》规定，转移、隐匿、篡改、毁弃会计凭证、会计账簿、财务会计报告以及其他与财政收支、财务收支有关的资料，或者转移、隐匿所持有的违反国家规定取得的资产，审计机关认为对直接负责的主管人员以及其他直接责任人员依法应当给予处分的，应当提出给予处分的建议，被审计单位或者其上级机关、监察机关应当依法及时做出决定，并将结果书面通知审计机关；构成犯罪的，依法追究刑事责任。

（3）对本级各部门（含直属单位）和下级政府违反预算的行为或者其他违反国家规定的财政收支行为，审计机关、人民政府或者有关主管部门在法定授权范围内，依照法律、行政法规的规定，区别情况采取下列处理措施：

①责令限期缴纳应当上缴的款项；

②责令限期退还被侵占的国有资产；

③责令限期退还违法所得；

④责令按照国家统一的会计制度的有关规定进行处理；

⑤其他处理措施。

（4）对被审计单位违反国家规定的财务收支行为，审计机关、人民政府或者有关主管部门在法定职权范围内，依照法律、行政法规的规定，区别情况采取前条规定的处理措施，并可以依法给予处罚。

（5）审计机关在法定职权范围内做出的审计决定，被审计单位应当执行。审计机关应当依法责令被审计单位上缴应当上缴的款项，被审计单位拒不执行的，审计机关应当通报有关主管部门，有关部门应当按照有关法律、行政法规的规定予以扣缴或者采取其他处理措施，并将结果书面通知审计机关。

（6）被审计单位对审计机关做出的有关财务收支的审计决定不服的，可以依法申请行政复议或者提起行政诉讼。被审计单位对审计机关做出的有关财政收支的审计决定不服的，可以提请审计机关的本级人民政府裁决，本级人民政府的裁决为最终决定。

（7）被审计单位的财政收支、财务收支违反国家规定，审计机关认为对直接负责的主管人员和其他直接责任人员依法应当给予处分的，应当提出给予处分的建议，被审计单位或者其上级机关、监察机关应当依法及时做出决定，并将结果书面通知审计机关。

（8）被审计单位的财政收支、财务收支违反法律、行政法规的规定，构成犯罪的，依法追究刑事责任。

（9）报复陷害审计人员的，依法给予处分；构成犯罪的，依法追究刑事责任。

（10）审计人员滥用职权、徇私舞弊、玩忽职守或者泄露所知悉的国家秘密、商业秘密的，依法给予处分；构成犯罪的，依法追究刑事责任。

3. 政府审计机关审计监督活动的原则

（1）合法性原则。审计工作从开始到送交审计报告整个过程应按照审计法规的规定进行；审计机关在审计时应按照法律规定的权限，依法取证，保证所取得的审计证据的合法性；审计工作以国家法规、制度为监督依据；审计机关在法律规定的权限内，根据以事实为依据、以法律为准绳的原则，依法做出审计决定。

（2）独立性原则。审计机关不参与被审计单位的经济活动，与被审计者没有任何经济利害关系，所处地位比较客观、公正，具有职能上的独立性。我国《宪法》第九十一条规定："审计机关在国务院总理领导下，依照法律规定独立行使审计监督权，不受其他行政机关、社会团体和个人的干涉。"这就从组织上、法律上为政府审计的独立性提供了保证。

（3）强制性原则。审计机关的审计活动是具有强制性的国家经济监督活动，被审计单位和有关人员必须积极配合审计机关的工作：审计机关做出的审计结论和决定，被审计单位和有关人员必须执行；审计结论和决定涉及其他有关单位的，有关单位应当协助执行。

3.3.3 最高审计机关国际组织

截至 2018 年年底，世界上已有 200 多个国家和地区设置了适应各自国情的政府审计机关，有 189 个国家和地区的政府审计机关加入了国际性的审计组织——最高审计机关国际组织。

最高审计机关国际组织是联合国经济和社会理事会下属的一个由联合国成员国的最高审计机关组成的非政府间的永久性国际审计组织。这个组织是经过长期筹备才建立的，由一些国家的政府审计机关发起的，先后于 1953 年、1956 年、1959 年、1962 年和 1965 年，在哈瓦那、布鲁塞尔、里约热内卢、维也纳和耶路撒冷等地召开会议的，筹建政府审计机关的国际组织。1968 年该组织在东京举行大会，制定了组织章程，正式宣布最高审计机关国际组织成立。

最高审计机关国际组织规定联合国组织及其任何一个专门机构中的所有成员国的最高审计机关均可参加，但各国政府对国际审计组织不承担任何义务。该组织的宗旨是互相介绍情况、交流经验、推动和促进各国最高审计组织更好地完成该国的审计工作。该组织每三年召开一次代表大会，各国可将有关问题、意见和建议提交大会讨论。经国务院批准，我国于 1982 年派代表参加了该组织在马尼拉召开的第十届代表大会，并于 1983 年我国审计署成立后正式加入了该组织。我国审计署加入该国际组织，有利于与国外审计机关交流经验、互通信息，有利于借鉴国外审计理论和方法，加速我国审计事业的发展。2013 年 10 月，最高审计机关国际组织在北京召开第二十一届代表大会，通过了《北京宣言》。

最高审计机关国际组织设有代表大会、理事会、秘书处等机构。总部设在奥地利首都维也纳。该组织的机关刊物是《国际政府审计杂志》，创于 1974 年 1 月，由美国、加拿大和委内瑞拉三国合办，编辑部设在美国华盛顿特区，以英、法、西班牙、德、阿拉伯五种文字向世界各国出版发行。

最高审计机关国际组织目前主要有 9 个专业委员会和 3 个工作小组。9 个专业委员会为：①审计准则委员会；②会计准则委员会；③内部控制准则委员会；④数据处理委员会；⑤公共债务委员会；⑥计算机审计委员会；⑦财务与管理委员会；⑧知识分享委员会；⑨能力建设委员会。3 个工作小组为：①环境审计工作小组；②项目评估工作小组；③民营化工作小组。

最高审计机关国际组织目前拥有以下 7 个区域组织：①最高审计机关拉丁美洲和加勒比海组织；②最高审计机关非洲组织；③最高审计机关阿拉伯组织；④最高审计机关亚洲组织；⑤最高审计机关南太平洋联盟；⑥最高审计机关加勒比海组织；⑦最高审计机关欧洲组织。

第 4 章 审计准则和审计依据

4.1 审计准则

审计准则是审计理论的重要组成部分，它反映了审计工作的基本要求，是人们在长期的审计实践中摸索、总结出来的，它既是一个审计范畴，又是一个历史范畴。它是对审计实践的理论总结，又指导审计实践，服务于审计实践，成为指导审计工作的原则和规范。

4.1.1 审计准则的含义和作用

1. 审计准则的含义

审计准则，又称审计标准，或称执业准则，是专业审计人员在实施审计工作时必须恪守的最高行为准则，它是对审计工作质量的权威性判断标准。

审计准则的概念包括以下含义。

（1）审计准则是制约审计人员的行为准则。审计人员在工作过程中，围绕审计任务，在选择和确定审计程序时，应明确哪些是可以做的，哪些是不能做的，哪些是应该加强和深入做的，哪些是可以只做了解的。审计准则正起到了衡量标准的作用。

（2）审计准则既对审计人员的素质提出要求，也对社会提供审计工作质量保证。一般的审计准则无不对审计人员的业务技能和职业道德提出较高的标准，而且把独立性视为审计工作的灵魂。这对树立审计人员在社会上的公正、正直、客观形象有重要的作用，有利于社会信任审计工作的质量。

（3）审计准则是通过审计人员执行审计程序体现的。所以，审计准则对审计人员的专业知识、业务能力、工作行为和应该实施的审计程序提出了严格要求。

（4）审计准则是审计人员签署最终审计意见时的客观保证。一般来说，审计人员在形成审计意见之后，会主动地与被审计单位交换意见，然后才签发自己的审计报告，其目的是希望较快地完成审计任务。但是，如果双方发生意见分歧，审计准则就为审计人员坚持自己的意见提供了客观上的保证。

2. 审计准则的作用

实施审计准则使审计人员在从事审计工作时有了规范和指南，便于考核审计工作质量，推动了审计职业的发展。审计准则的主要作用包括以下方面。

（1）实施审计准则可以赢得社会公众的信任。审计人员在财务报表审计报告中，一般要写明“我们的审计工作是根据审计准则的要求进行的”，这也就是向委托单位的股东、债权人和其他利益相关者等有关方面表明，审计工作已达到了规定的质量标准，审计结论是可以充分信赖的，以取信于社会。

（2）实施审计准则可以提高审计工作质量。审计准则一般都规定了审计人员的任职条件及其在工作中应保持的态度、审计工作的基本程序和方法以及审计报告的撰写方式和要求等，这就可以促使审计人员谨慎工作，依照审计准则办事，有助于提高审计工作质量。

（3）实施审计准则可以维护审计组织和人员的合法权益。审计准则规定了审计人员的工作范围，审计人员只要按照审计准则的要求办理，就算是尽到了职责。当审计委托人与审计组织对审计意见发生纠纷，审计人员受到不公正的指责和控告时，审计人员即可运用审计准则维护自己的合法权益。

（4）实施审计准则可以促进国际审计经验交流。审计准则是对审计实践经验的总结和升华，已成为审计理论的一个重要部分。审计准则的实施和发展，促进了审计理论水平的提高。各国审计准则的协调，便于开展国际审计经验交流，特别是国际审计准则的制定和协调工作，对各国审计经验和学术交流都起到了重要的推动作用。

4.1.2 审计准则的结构内容

从世界各国现行的审计准则来看，其内容大体上包括一般准则、工作准则和报告准则三个部分。有些国家和国际组织所制定的审计准则虽然章节和标题不一，但主要内容都是上述三大部分。国外民间审计的审计准则大都是以美国的审计准则为蓝本加以补充、修正而成的；民间审计国际组织和地区组织制定的审计准则，以国际会计师联合会的国际审计实务委员会制定的国际审计准则最具代表性。

国际审计准则为国际会计师联合会（IFAC）所颁布。国际会计师联合会是世界上的主要民间审计组织，成立于1977年10月14日，代表澳大利亚、加拿大、法国、日本、墨西哥、荷兰、菲律宾、爱尔兰等49个国家的63个职业审计团体。该联合会下设国际审计实务委员会（现改为国际审计与鉴证准则理事会），代表联合会的理事会负责拟订并颁布国际审计准则。自1980年6月至今，已先后颁布了数十项国际审计准则文件。这些文件可分为一般准则、工作准则和报告准则三个部分。

（1）一般准则。一般准则是关于审计人员资格条件和执业行为的准则，主要包括以下几方面的内容。

①对审计人员应具备的技术条件所做的规定。其包括：专业知识规定了审计人员从事审计工作必须具备的学历和职业培训；实践经验要求审计人员具有一定年限的工作经验并通过专门考试；工作能力规定了审计人员应具备的分析、判断和表达能力。

②对审计人员应具备的身份条件所做的规定。其主要是要求审计人员必须具备超然、独立的立场，在陈述与表达意见时持公正态度；等等。

③对审计人员应遵守的职业道德所做的规定。

（2）工作准则，工作准则是审计人员在执行财务报表审计过程中应遵守的准则，主要包括以下几方面的内容。

①对制定审计计划所做的规定，包括：审计计划的可行性研究；审计的工作程序；审计的人员与工作分工；等等。

②对确立审计范围所做的规定，包括：审计财务报表；了解被审计单位的环境；了解、研究内部控制系统；确定扩大、深入检查或采用其他审计方法的时间和范围；等等。

③对获取审计证据所做的规定，包括：采用各种有效的方法以获取充分适当的证据；充分考虑审计对象的重要性、风险程度及其他影响因素，为财务报表审计和提出公正的审计意见提供合理的依据；等等。

④对实施审计行为所做的规定，包括执行审计的必要条件和手续、实际执行的审计业务等。

在国际审计准则中，有关工作准则的说明和解释占了相当大的比例。工作准则涉及面广、弹性较大，因而往往需要根据不同的情况加以判断。

（3）报告准则，报告准则是审计人员编制审计报告、选择表达方式和记载必要事项的准则，主要包括以下几方面的内容。

①对审计报告应记载事项的规定。

②对发表审计意见的规定。

③对补充记载事项的规定。

④对审计报告报送对象及报送时间的规定。

国际审计准则任何时候都可以应用于民间审计的审计进程中。这就是说，在对任何单位的财务会计资料进行审计时，不论这个单位是否以营利为目的，不论其规模大小也不论其法定组织形式，凡进行的审计是以发表审计意见为目的的，均适合使用国际审计准则，在适当的情况下，国际审计准则也可应用于审计人员的其他有关活动。21 世纪初，出现了一系列上市公司财务欺诈案，投资者遭受重大损失，严重动摇了社会公众对民间审计组织和人员的信任。因此，世界银行及其他国际组织极力促使国际会计师联合会更加积极地关注公共利益问题、扮演监管者角色，国际会计师联合会对此给予了积极的回应。2002 年 3 月，国际会计师联合会将国际审计实务委员会改组为国际审计与鉴证准则理事会（IAASB）。国际审计与鉴证准则理事会的目标主要包括：针对财务报表制定审计准则和指南，使其能够在世界范围内被审计人员、政府、证券监管者等接受，从而加强公众对全球审计职业的信心；针对财务信息和非财务信息制定鉴证准则；发布关于审计和鉴证业务的其他文告，促使公众了解审计人员的作用和责任。

国际审计与鉴证准则理事会已将审计纳入鉴证业务，将审计人员的业务分为鉴证业务和相关服务。鉴证业务的对象主要包括财务报表和财务信息、非财务信息、系统与过程、行为等。针对财务报表的鉴证业务，有财务报表审计和审阅业务；针对财务信息的鉴证业务，有财务信息审阅和复核业务。上述业务提供的保证程度有所不同，审计提供的保证程度最高。相关服务的对象是财务信息，包括商定程序以及信息编制业务，两者不提供鉴证意见。为了加强社会公众对注册会计师行业的信心、降低审计风险、提高审计质量，国际审计与鉴证准则理事会正在修订和起草一系列审计准则。

4.1.3 中国注册会计师执业准则

我国的注册会计师执业准则作为规范注册会计师执行业务的权威性标准，对提高注册会计师的执业质量、降低执业风险、维护社会公众利益具有重要的作用，其建设经历了四个阶段。

1. 制定执业规则阶段（1988—1993 年）

中国注册会计师协会成立后，非常重视执业规则的建设。1988—1993 年，该协会先后发布了《注册会计师检查验证会计报表规则（试行）》等 7 个执业规则。这些执业规则对我国注册会计师行业走向正规化、法制化和专业化起到了积极作用。

2. 建立审计准则体系阶段（1994—2005 年）

到 2005 年，中国注册会计师协会先后制定了 6 批独立审计准则，包括 1 个审计准则序言、1 个独立审计基本准则、28 个独立审计具体准则和 10 个独立审计实务公告、5 个执业规范指南，此外，还包括 3 个相关基本准则（职业道德基本准则、质量控制基本准则和后续教育基本准则），共计 48 个项目。

3. 与国际审计与鉴证准则趋同阶段（2006—2010 年）

为完善我国注册会计师执业准则体系，加速实现与国际审计与鉴证准则趋同，中国注册会计师协会遵循科学、民主、公开的准则制定程序，拟订了 22 项新准则，并对 26 项已颁布的准则进行了必要的修订和完善，于 2006 年 2 月 15 日由财政部发布。这 48 个准则项目自 2007 年 1 月 1 日起在所有会计师事务所施行。这些准则的发布标志着我国已建立起一套适应社会主义市场经济发展要求，顺应国际大势的中国注册会计师执业准则体系。

4. 与国际审计与鉴证准则全面趋同阶段（2012 年至今）

中国注册会计师审计准则体系自 2007 年正式实施以来，总体运行情况良好，但由于审计环境不断变化，注册会计师审计实务面临一些新问题和新困难，同时，我国执业准则也需要和国际准则实行持续全面趋同。中国注册会计师协会

2009 年着手研究并启动中国审计准则的修订工作。2010 年 11 月 1 日，由财政部发布修订后的 38 项中国注册会计师执业准则，自 2012 年 1 月 1 日起施行。

为了提高注册会计师审计报告的信息质量，满足资本市场改革与发展对高质量会计信息的需求，保证我国审计准则与国际准则的持续全面趋同，2016 年 12 月 23 日财政部发布了《中国注册会计师审计准则第 1504 号——在审计报告中沟通关键审计事项》等 12 项准则。对于 A+H 股公司出具的审计报告，应于 2017 年 1 月 1 日起执行本批准则。对于股票在沪深交易所交易的上市公司，其财务报表审计业务，应于 2018 年 1 月 1 日起执行本批准则。对于股票在全国中小企业股份转让系统公开转让的非上市公众公司（新三板公司）中的创新层挂牌公司、面向公众投资者公开发行债券的公司，其财务报表审计业务，应于 2018 年 1 月 1 日起执行本批准则。

在审计与鉴证准则的内容上，我国审计与鉴证准则体系充分采用了国际审计与鉴证准则的基本原则和核心程序，在审计的目标与原则、风险的评估与应对、审计证据的获取和分析、审计结论的形成和报告，以及注册会计师执业责任的设定等所有重大方面，均与国际审计与鉴证准则保持一致。

4.1.4　我国政府审计准则

我国政府审计准则的研究和制定始于 20 世纪 90 年代，1996 年审计署发布了 38 个审计规范，2000 年审计署修订、发布了《中华人民共和国国家审计基本准则》和一系列通用审计准则、专业审计准则，2004 年审计署颁布了《审计机关审计项目质量控制办法（试行）》。

这一时期，政府审计准则体系由一个政府审计基本准则、若干个通用审计准则和专业审计准则构成，这种体系结构比较松散，相关准则间的内容存在交叉，不利于审计人员系统学习和掌握。

2010 年 9 月，审计署公布新修订的《中华人民共和国国家审计准则》。修订后的《中华人民共和国国家审计准则》包括总则、审计机关和审计人员、审计计划、审计实施、审计报告、审计质量控制和责任、附则，共七章，修订后的国家审计准则于 2011 年 1 月 1 日起施行。

此次修订，将原有政府审计基本准则和通用审计准则规范的内容统一纳入政府审计准则，形成了一个完整单一的政府审计准则。在政府审计准则下研究开发的政府审计指南，进一步细化了相关审计业务操作的具体要求。

4.1.5 中国内部审计准则

中国内部审计协会自成立以来，致力于内部审计工作的规范化和法制化，不断研究和探索建立中国内部审计准则体系。

2003 年 3 月 4 日，审计署发布了新的《审计署关于内部审计工作的规定》，要求中国内部审计协会、各企事业单位及社会团体自 5 月 1 日起遵照执行。根据此规定、《审计法》及相关法律法规，中国内部审计协会组织有关方面的专家、内部审计实务工作者、法律工作者，制定了一套既符合国际内部审计惯例，又适合我国国情的内部审计准则。

近年来，国际内部审计师协会根据内部审计实务的新发展变化，多次对内部审计实务框架的结构和内容进行更新和调整。这些修订和完善充分反映了内部审计发展的新理念——更加重视内部审计在促进组织改善治理、风险管理和内部控制中发挥作用，以及重视内部审计的价值增值功能等。为此，中国内部审计协会根据我国内部审计的发展情况和国际内部审计的发展变化情况，对以前发布的中国内部审计准则做了大规模的修订、补充和完善，于 2013 年 8 月制定了新的中国内部审计准则体系，该准则体系自 2014 年 1 月 1 日起施行。修订后的中国内部审计准则体系由内部审计基本准则、内部审计人员职业道德规范、具体准则、实务指南构成。

近年来，中国内部审计协会陆续发布经济责任审计、审计档案、内部审计外包管理等方面的具体审计准则和审计报告指南、经济责任审计指南等应用指南，极大地丰富了内部审计执业规范。

4.2 审计依据

审计是一项客观、公正的工作，提出审计意见、得出审计结论，必须有明确的依据。审计依据是提出审计意见、得出审计结论的衡量尺度。

4.2.1 审计依据的含义

所谓审计依据，是指对所查明的被审计单位的行为和事实做出判断的根据，是得出审计结论、提出审计意见的标准。

审计依据与审计准则是两个既有联系又有区别的概念。审计准则解决如何进行审计的问题，是审计人员行动的指南和规范；审计依据则解决审计人员根据什么标准判别被审计单位的财务状况、经营成果和现金流量的合法性、公允性，并得出审计结论、提出审计意见和建议。

在整个审计工作过程中，都存在评价判断问题，特别是在审计工作从实施阶段转入完成阶段，审计人员必须对被审计单位的经济活动及其结果进行评价、判断，得出结论，提出有益的意见和建议。在审计实施阶段，必须有一套合适的审计依据，帮助审计人员对已经查清查实的审计事项进行评价，判断其真实性、合性法、合理性。审计人员只有根据审计依据提出审计意见、得出审计结论，才能取信于社会公众，提高审计组织和审计人员的威望，助推审计事业的发展。

4.2.2 审计依据的种类

由于审计的目的不同，各种类型的审计所遵循的审计依据也不相同。不同种类的审计依据有不同的用途，进行适当的分类，有利于审计人员选用。

审计依据可以按不同标准进行分类，如按来源可分为被审计单位内部制定的审计依据和被审计单位外部制定的审计依据；按性质可分为宪法、法律、法规政策、规章制度；按内容则可分为预算、计划、经济合同、业务规范、技术经济标准等。但是，从审计实践看，审计依据主要是按审计目的进行分类，可以分为评价经济活动合法性的审计依据、评价经营管理活动效益性的审计依据和评价内部控制系统有效性的审计依据。

1. 评价经济活动合法性的审计依据

（1）强制执行的行为规则。国家颁布的法律和各种财经法规，法律是指由国家立法机关颁布的。在我国用作审计依据的国家颁布的法律、财经法规主要有民法典、外商投资企业法、各种所得税法、会计法、公司法、企业破产法、民事诉讼法等，此外，还有企业会计准则等国务院及其所属部门颁发的规范性文件等。国际机构所制定的各种适用的经济法规则是涉外经济审计的重要审计依据。

（2）地方和主管部门颁布的财经法规。地方财经法规是由地方各级立法机构和政府依照国家颁布的经济法规，结合本地区的实际情况加以制定的财经法规；主管部门财经法规是国务院各主管部门和地方各级主管部门，根据本部门的实际情况制定的有关的经济政策、指示和规定。

（3）规章制度。规章制度包括两种：一种是政府主管部门和上级单位制定的规章制度，如行业性的财务管理制度及各种管理办法等；另一种是被审计单位根据国家财经法规、地方财经法规并结合本企业生产经营管理的特点自行制定的规章制度。

2. 评价经营管理活动效益性的审计依据

除合法性审计外，现代审计的另一个重要活动领域是对被审计单位的经营管理活动的效益性进行评价。这方面的审计依据主要包括以下方面。

（1）可比较的历史数据。可比较的历史数据包括两种：一种是反映被审计单位经营管理活动效益性的历史数据，如资本金利润率、存货周转率、应收账款回收率等，可以用作判断和评价被审计期间经营管理活动效益性的依据；另一种是与被审计单位同行业中的经营性质、规模与其相近的单位的历史数据，可以作为判断和评价被审计单位经营管理活动效益性的重要依据之一。

（2）计划、预算和经济合同。被审计单位编制的计划和预算、被审计单位与其他单位签订的经济合同的完成情况，都是判断被审计单位经营管理活动效益性的重要依据。

（3）业务规范、技术经济标准。被审计单位制定的原材料消耗定额、能源消耗定额、工时定额、生产设备利用定额、废品率、各种技术标准、产品质量标准等，都可以作为判断和评价被审计单位经营管理活动效益性的重要依据。

3. 评价内部控制系统有效性的审计依据

审计人员在进行审计时，要审查和评价被审计单位的内部控制系统的有效性，这是现代审计的一个重要特征。评价内部控制系统有效性方面的审计依据主要如下。

（1）内部管理控制制度。内部管理控制制度是指根据规定的经营方针，为合理有效地进行经济活动而建立的各种控制制度，主要包括预算控制制度、信息管理制度、责权控制制度等。这些制度是否科学有效地实施，是评价内部控制系统有效性的重要依据。

（2）财务报告内部控制制度。建立财务报告内部控制制度，设置凭证的传递程序、账簿的核对制度、实物的盘点制度等都是为了保证财务报告资料的正确性和可靠性。这些制度是评价内部控制系统有效性的重要依据，

（3）内部审计制度。内部审计具有控制的功能，它既要检查和评价其他各项内部控制要素的质量与效果，又作为整个内部控制系统的一个组成部分，与其他各项内部控制，共同实现内部控制的各项目标。因此，内部审计制度也成为评价内部控制系统有效性的依据。

4.2.3　审计依据的特点

审计依据既不是捉摸不定的，又不是固定不变的。在一定的时间、地域和范围内，审计依据会随着形势的发展、时间的推移和环境的变化而发展变化。因此，掌握审计依据的特点，有利于更好地开展审计工作。审计依据的特点如下。

1. 层次性

根据适用范围和效力大小、制定单位管辖区域的大小，审计依据具有不同层次，顺序如下。

（1）党和国家颁布的法律、法规，如法律、条例、政策部署等。

（2）国务院各部门颁布的各种规章和制度。

（3）地方各级人民政府制定和颁发的地方性法规等。

（4）被审计单位上级主管部门制定的规章制度、下达的计划和提出的技术经济指标等。

（5）被审计单位的股东代表大会、董事会等所做的决议，以及本单位各职能部门所制定的规章制度、做出的计划和决议。

从法规和规章制度的制定过程来看，低层次的法规、制度不能违反高层次的法规，只能在高层次法规的基础上，结合本地区和本部门的具体情况加以补充和具体化。这就是说，层次越高的法规，覆盖面就越大，而层次越低的法规和制度等，其具体适用性却越强。因此，审计人员应注意尽量完整地收集有关被审计单位的具体法规和规章制度，这样有利于正确地判断所查明事实的是非曲直。但如遇低层次的规定与高层次的规定相抵触，则应以高层次的规定为准，做出评价和判断。

2. 相关性

审计依据的相关性，是指审计依据要与审计结论相关联，审计人员可以利用

审计依据提出审计意见和建议，并做出审计结论。审计依据的相关性是由审计工作的本质特性所决定的。因为审计工作的目的是对被审计单位所承担的受托经济责任做出评价，如果审计依据不利于审计人员评价受托经济责任，与审计结论无关，则审计依据就失去了意义，因此，审计人员选用的审计依据，一定要与得出的审计结论以及提出的审计意见和建议密切相关。如果有多种审计依据可供选择，必须认真分析，深入分析矛盾，抓住主要矛盾和矛盾的主要方面，选用最能揭示被审计单位有关事项本质的审计依据。

3. 时效性

各种审计依据都有一定的时效性，不是任何时期和任何条件下都能适用的。作为经济业务行为规范的各种审计依据，属于上层建筑的范畴。上层建筑要根据经济基础的不断发展变化而相应发展变化，各种审计依据不可能是一成不变的，必须随着时间的推移而修订和变更。作为经济业务技术规范的各种审计依据，也会随着科技水平的发展而发生变化。这就要求审计人员在从事业务活动时，要密切关注各审计依据的变化，注意其时效性，切忌用旧的审计依据来否定现行的经济活动，也不能用新的审计依据来否定过去的经济活动。

4. 地域性

从空间上看，许多审计依据还要受到地域的限制。各个国家的社会经济制度和生产力发展水平不同，其审计依据的内容当然各不相同。因此，我们不能不加分析地照搬别国的审计依据。即使在国内，不同地区、不同行业部门的发展水平也不尽相同，各地区、各行业部门都根据自己的实际情况和特点，制定了只适用于本地区、本行业部门的政策和规章。所以，审计人员在进行判断时，应当注意地区和行业的差别，要以对应地区、对应行业的有效法令、规定、技术标准等为根据，得出审计结论，提出审计意见和建议。

4.2.4 运用审计依据的原则

审计人员选用审计依据时，除应注意审计依据的层次性、相关性、时效性和地域性等特点外，还应注意掌握下列各项原则。

1. 具体问题具体分析的原则

在社会主义市场经济条件下，企业经济活动日益多样化和复杂化，合法的经济活动不一定是合理的，有些突破了现有规章制度的合理的改革措施可能是不合法的。所以，审计人员选用审计依据时，必须从实际出发，具体问题具体分析，做出客观公正的评价。在遇到问题时，应坚持三个原则。

（1）有法依法。有法律法规作为审计依据的，应该严格遵守法律。

（2）无法可依则从理。没有法律法规作为审计依据的，要重视一些经济行为的合理性和创造性的依据。判断一个单位的经济行为是否合理，应看其是否符合科学发展的大方向，是否促进了生产的发展和经济效益的提高。

（3）地方法规与国家法规发生矛盾时要慎重处理。正常情况下，应将国家法规作为最主要的审计依据。如当地方法规与国家法规不一致时，应贯彻凡是符合改革精神、有利于促进地区经济繁荣、有利于调动各方面的积极性、对宏观经济和全局利益无妨碍的地方法规应作为审计依据的原则；凡是违背国家法规、损害国家利益或侵犯企业合法权益的要坚决抵制。

2. 辩证分析问题的原则

企业经济活动是错综复杂的，经济情况也是瞬息万变的，影响经济活动的因素是多方面的、可变的。对某项被审计的经济活动，如果几种审计依据均适用，就要认真仔细地进行研究、辩证地分析问题，分析该经济活动的主要影响因素和主要影响因素的主要方面，并分析该经济活动的结果和影响，要善于抓住主要矛盾，把握问题的实质，然后决定选用哪一种审计依据，并据以提出审计意见和建议，得出审计结论。

3. 利益兼顾原则

在运用审计依据时，要贯彻利益兼顾的原则，全面地分析问题。利益兼顾原则主要包括以下方面。

（1）国家、企业和个人利益兼顾。在审查、评价被审计单位受托经济责任时，选择审计依据时必须坚持国家、企业和个人利益兼顾的原则，维护各方的合法权益，处理好各方面的经济利益关系。为此，对企业自己制定的审计依据，就应进行适当选择，如果审计依据有弹性，要注意掌握分寸。

（2）短期利益与长远利益兼顾。选用审计依据，不能只考虑短期利益，还要考虑长远利益。如在选用成本、费用开支标准和分配利润时，不能只考虑目前的经济利益，还要考虑企业今后的发展。只有处理好短期利益和长远利益之间的关系，才能保证企业的发展和职工的长远利益，才能使企业更好地发展。

（3）企业经济效益与社会效益兼顾。在评价企业利润完成情况时，不能只考虑企业销售利润率、资本金利润率和成本费用利润率，还应考虑使企业利润增加的营业项目和生产的产品是否有社会效益。因此，在选用审计依据时，不能机械地照搬，而应遵循企业经济效益与社会效益相结合的原则。

4. 真实可靠原则

审计依据必须真实可靠，数字要准确。凡是引用的数字，审计人员一定要亲自核对，切忌照抄照搬；凡列举的技术标准，必须查证核实，均有文件资料依据，切勿主观推测；对于内部管理控制的各项制度，要深入查对，如无真凭实据，均不能作为审计依据；凡是法律法规，一定要找到原文，认真领会其精神，并抄录文字，切不可断章取义、盲目推论；一般的决议、指示等，如有必要还要复印并列示于审计工作底稿中。

总之，合理地运用审计依据，对于做出客观公正的评价和正确的结论、对于促进审计质量的提高，都有重要的意义。审计依据运用不当，将会造成判断失误、结论错误，影响审计工作质量。

第 5 章 审计证据和审计工作底稿

审计的整个工作过程，就是收集审计证据，并根据审计证据形成审计结论和审计意见的过程。因此，收集、鉴定和综合审计证据，是审计工作的核心。审计工作底稿则是审计过程和结果的书面证明，也是汇集审计证据和编写审计报告的依据。

5.1 审计证据

5.1.1 审计证据的含义和特性

1. 审计证据的含义

审计证据是审计人员在审计过程中采用各种方法获取的真实凭据，是用于证实或否定被审计单位财务报表所反映的财务状况以及经营成果的合法性和公允性的一切资料。

审计证据是审计理论的一个重要组成部分，它是指审计人员在审计过程中取得的，可为自己对被审计单位的评价和审计结论提供证明的一系列事实凭据和资料。审计人员对被审计单位的财务报表及其反映的经济活动所做的分析、判断和评价，不仅要依靠各种审计依据，而且必须依靠一定的事实凭据，这种证据来源于被审计单位经济行为本身，反映被审计单位经济活动的客观事实。

审计人员实施审计工作的最终目的是根据充分、适当的审计证据对被审计单位所负的受托经济责任发表意见。而审计人员发表的意见要令人信服，必须要有充分、适当的证据作为根据。从一定意义上讲，审计证据是审计成败的关键，实施审计的过程实质上就是收集和评价审计证据的过程。审计人员运用适当的审计程序，采用各种审计方法，无非都是围绕着收集审计证据这一目的进行的。审计人员通过审计证据的收集和评价以证明被审计单位财务报表的合法性和公允性、证明经济活动的合理性和效益性，并证明得出的结论和所提意见的正确性。总之，充分、适当的审计证据是做好审计工作、合理提出审计报告、达到审计目标的重要条件。

2. 审计证据的特性

审计人员对被审计单位所做出的评价和所提出的审计结论是否客观、公平，取决于是否取得具有说服力的充分的审计证据。可见，为了正确评价被审计单位的受托经济责任，审计人员必须注重审计证据，这是审计人员的重要职责。有用的审计证据必须具有以下特性。

（1）客观性。审计证据的客观性是指审计证据是客观事实的真实反映，不是臆断、猜测、估计、虚构的主观产物。审计证据作为审计人员发表审计意见的依据，应该保证本身必须是客观存在的经济事实，应是可靠的，不以人的意志为转移，凭主观臆断、推理、猜测和想当然的资料都不是独立存在的客观事物，不能作为审计证据。审计证据的客观性是审计证据能够佐证审计报告和审计意见的先决和必备的条件。

（2）相关性。审计证据的相关性是指用作审计证据的事实凭据和资料必须与审计目标和应证事项之间有一定的逻辑关系。审计证据的客观性是先决条件，但并不是所有的客观真实的资料都能作为审计证据。事实和资料的客观性仅仅为成为审计证据提供了可能性，而成为审计证据的必要条件则是事实和资料与应证明的审计事项有着必然的联系。在审计工作中，客观的事实和资料有些是与审计事项相关联的，有些则与审计事项毫无联系。如果把与审计事项不相关，或者形式上有联系但实际上不具备相关性的事实和资料作为审计证据，就可能导致审计人员判断上的错误，得出缺乏公允性的审计结论，甚至产生更严重的后果。因此，只有把与审计事项存在内在联系的证据作为审计证据，才能反映审计事项的真实情况，才能得出正确的审计结论。

（3）合法性。审计证据的合法性是指审计人员必须依照审计准则和有关法规规定的审计程序收集审计证据。有些经济事实和资料，虽然具有客观性，并与审计事项具有相关性，但未依照规定的审计程序收集和取得时，均不能作为审计证据。在审计工作中规定必要的审计程序，是取得合法性审计证据的保证。

只有同时具备上述三个特性的审计证据，才能帮助审计人员对种类繁多的经济事实和资料做出正确的判断，防止主观性和片面性。

5.1.2　审计证据的分类

审计证据分类的目的，在于找出更合理、更有效、更具有证明力的证据，以达到较好的证明效果，从而有利于审计工作的顺利完成。审计证据按照不同的标准，可以进行多种分类。

1. 按审计证据的表现形态分类

按审计证据的表现形态，审计证据可以分为实物证据、书面证据、口头证据和环境证据。

（1）实物证据。实物证据是指以实物的外部特征和内含性来证明事物真相的各种财产物资。实物证据主要用以查明实物存在的实在性、数量和计价的正确性，如现金、存货、固定资产、在建工程等，实物证据的存在本身就具有很强的可靠性，所以实物证据具有较强的证明力。但审计人员应防止伪造和混淆实物证据，如核实物资的所有权是否转移，有无外单位寄存的材料、产品等物资，以及有无经营租入的固定资产等情况。

（2）书面证据。书面证据是以文字记载的内容来证明被审计事项的各种书面资料，如有关被审计事项的会计凭证、会计账簿和财务报表以及各种会议记录和合同等。审计工作过程中，收集得到的最多的就是书面证据。书面证据的来源比较广泛，有由被审计单位以外的单位提供，且直接送交审计人员的书面证据，如询证函等；由被审计单位以外的单位提供，但为被审计单位所持有的书面证据，如银行对账单、各种发票等；被审计单位自行编制并持有的书面证据，如工资发放表、会计记录、被审计单位声明书等。对这些书面证据，审计人员需要进行整理归类，其效用也需要进一步证实。

（3）口头证据。口头证据是指以视听资料，证人证词，有关人员的陈述、意见，说明和答复等形式存在的审计证据。审计人员以知情人陈述的事实来证明审计事项的真相。一般情况下，口头证据本身并不足以证明事物的真相，但审计人员往往通过口头证据发掘出一些重要线索，从而有利于对某些情况和事实做进一步的调查，以收集到其他更为可靠的审计证据。

（4）环境证据。环境证据是指对审计事项产生影响的各种环境事实。如当审计人员获知被审计单位有着良好的内部控制系统，并且日常经营管理又一贯严格遵守各项规定时，就可认为被审计单位现行的内部控制系统为财务报表项目的合法性、公允性提供了强有力的环境证据。环境证据一般不属于主要的审计证据，但它有助于审计人员了解被审计单位、被审计事项所处的环境，是进行判断必须掌握的资料。

2. 按审计证据的相关程度分类

按审计证据的相关程度，审计证据可以分为直接证据和间接证据。

（1）直接证据。直接证据是指对审计事项有直接证明作用的资料和事实。如审计人员在亲自监督实物和现金盘点情况下取得盘点实物和现金记录，就是证明实物和现金实存数的直接证据。审计人员有了直接证据就能根据直接证据做出判断，进而得出审计事项的结论。

（2）间接证据。间接证据又称旁证，是指对审计事项只起间接证明作用，需要与其他证据结合起来，经过分析、判断、核实才能证明审计事项真相的资料和事实。如应证事项是销售收入的公允性，就应收账款而言，虽然应收账款是与销售收入相关的资料，但仅凭应收账款还不能证明销售收入的合法性和公允性，还须结合销售合同、产成品出库单和运输单据等证据，所以应收账款是能证明销售收入合法性和公允性的间接证据。

3. 按获取审计证据的来源分类

按获取审计证据的来源，审计证据可以分为自然证据和加工证据。

（1）自然证据。自然证据是指审计人员在其审计过程中获得的不需要加工的资料和事实。自然证据既可以从被审计单位内部获得，如被审计单位的会计凭证、会计账簿、财务报表和记录等，又可以从被审计单位以外的单位或个人获得，如向外询证的答复资料和购货发票等。

（2）加工证据。加工证据是指审计人员在审计过程中对书面证据、实物证据等进行分析、整理、归类和制作所形成的较系统和明晰的资料，如应收账款函证回函表、审计差异调整表等。加工证据的可靠性和证明力比较强，也无须再做过多的检查和验证。但是，加工证据也不可避免地存在着人为的不确定性，审计证据的质量主要取决于审计人员的业务水平和判断能力。

4. 按审计证据的重要性分类

按审计证据的重要性，审计证据可以分为基本证据、辅助证据和矛盾证据。

（1）基本证据。基本证据是指对审计人员形成审计意见、得出审计结论具有直接影响的审计证据。如证明被审计单位财务状况时，被审计单位的财务报表、会计账簿等就是基本证据。审计人员如果离开了基本证据，就无法提出审计意见和得出审计结论。

（2）辅助证据。辅助证据是对基本证据做必要补充的一种审计证据。如要证明账簿记录的真实性，各种记账凭证是基本证据。而附在记账凭证后面的各种原始凭证，是编制记账凭证的依据，它们通过补充说明记账凭证来证明账簿的真实性，因而它们是辅助证据。

（3）矛盾证据。矛盾证据是指证明的方向与基本证据相反，或证明的内容与基本证据不一致的证据。如被审计单位财务报表上的“固定资产”是 10 亿元，而会计账簿上的“固定资产”只有 9 亿元，那么会计账簿上的“固定资产”就是财务报表的矛盾证据。如有矛盾证据，审计人员必须进一步收集审计证据，并深入分析和鉴定，以肯定或否定审计证据间的矛盾。

5.1.3　审计证据的收集

审计的主要工作是通过实质性测试来收集和整理审计证据，以此作为审计人员对被审计单位财务报表发表审计意见的基础。因此，收集审计证据是审计工作的核心，也是考核审计工作质量的重要环节，关系到审计工作的成败。

收集审计证据的途径有很多，常见的有以下几种。

1. 监盘

监盘就是指审计人员通过实地监督盘点取得审计证据。如审计人员对库存现金、材料、固定资产等实物的监盘，确定其实有额，证明情况，这是取得实物证据的重要途径，但也有其局限性，它只能对实物资产是否真实存在提供有力的审计证据，并不能保证被审计单位对该资产拥有所有权，也不能对该资产的价值和完整性提供审计证据。

2. 观察

观察是指审计人员亲赴现场，对被审计单位的环境状况和实施状况进行实地观察从而取得审计证据。比如，审计人员对生产经营管理、财产物资保管、内部控制系统的遵守和工作纪律等情况进行观察。审计人员通过看见的事实、资源的利用、劳动效率可以获得较为可信的审计证据。

3. 询问

询问是指审计人员以书面或口头方式，向被审计单位内部或外部的知情人员获取财务信息和非财务信息，并对答复进行评价的过程。口头询问时，审计人员应做书面记录，并要求被询问人员签字。

4. 函证

函证是指审计人员为获取审计证据而向被审计单位以外的第三者发函，要求对方回函确认被审计单位的某一账户金额或某一笔业务是否真实的一种取证途径。采用函证收集审计证据时，审计人员应事先列个详尽的函证提纲，做好充分准备。对于函证，应要求对方将书面答复签章后直接寄给审计人员。

5. 检查

检查是指审计人员通过对被审计单位的书面资料和有形资产的审阅和复核，而获得审计证据的途径。在实际工作中，检查包括检查记录或文件和检查有形资产。检查记录或文件是指审计人员对被审计单位内部或外部生成的，以纸质、电子或其他介质形式存在的记录或文件进行检查。检查记录或文件可提供可靠程度不同的审计证据，审计证据的可靠性取决于记录或文件的来源和性质。

检查有形资产是指审计人员对资产实物进行检查。检查有形资产可为其存在提供可靠的审计证据，但不一定能够为权利和义务、计价认定提供可靠的审计证据。

6. 重新计算

重新计算是指审计人员对被审计单位的原始凭证及会计记录中的数额进行的验算或另行计算。一般而言，重新计算不仅包括对被审计的会计凭证、会计账簿和财务报表中有关数字的验算，而且包括对会计资料中有关项目的加总或其他运算。

7. 重新执行

重新执行是指审计人员以人工方式或使用计算机辅助审计技术，重新独立执行原本作为被审计单位内部控制组成部分的控制程序或控制流程。

8. 分析程序

分析程序是指审计人员对财务报表和其他会计资料中的重要比率或金额及其变动趋势进行分析、研究，并对发现的异常项目及异常变动进行调查，以获取审计证据。分析的内容主要包括：将本期与上期或前期的会计数据进行比较；将实际数与计划数或同行业平均数进行比较；对财务报表各重要项目间的关系进行分析；等等。分析程序贯穿审计人员收集审计证据的整个过程。

审计证据是帮助审计人员对审计事项得出审计结论的事实和资料。这些事实和资料必须在得出审计结论之前收集齐全。此外，收集审计证据时必须注意审计证据的目的性。

5.1.4　审计证据的鉴定

审计人员采取一定方法取得审计证据以后，接下来的工作是根据审计目标选择适当的审计证据，也就是要对审计证据的强弱作出鉴定。衡量审计证据强弱的标准主要如下。

1. 审计证据的真实性

审计证据的真实性，主要是指审计证据是对客观存在的经济活动及其变化的真实描写，具体包括以下方面。

（1）审计证据必须是对经济活动完全真实的描写，不能夹杂审计人员的主观意见。

（2）审计证据中的时间、地点、事实、当事人等都要正确无误。

（3）审计证据所描述的经济活动变化的环境、条件、因果关系也必须真实可靠。

（4）审计证据中各种数字、计量单位必须正确。

（5）审计证据的语言要明晰、简洁。

2. 审计证据的重要性

审计证据的重要性是鉴定审计质量的重要标准。审计证据的重要性与该审计证据影响审计结论的程度有关，重要的审计证据能影响审计人员的审计结论，重要性也是审计人员取舍审计证据的标准。判断审计证据的重要性往往以价值（金额的大小）作为依据。假如审计人员在对价值 10 万元的材料进行审查时，发现短缺的价值为 50 元，则通常认为这种情况是微不足道和不重要的，也不会影响审计人员关于存货管理的有关结论。事实上，价值的大小只是重要性的一个方面，并不是决定审计证据重要性的唯一因素。除价值因素之外，审计人员还应考虑审计证据本身的质量问题。审计证据的重要性是相对的，没有一个明确的划分标准可以告诉审计人员什么是重要的，什么是不重要的。鉴定审计证据是否重要的最高原则是看审计事项是否足以影响被审计单位财务报表使用者的判断。

3. 审计证据的可信性

审计证据的来源不同，其可信性也不同，证据的可信性与提供证据的来源有关。审计证据的可信性包括两个方面的内容：一是审计证据的来源必须可靠；二是审计证据本身是可靠的。

通常确定审计证据的可信性有以下审计假定。

（1）来自独立第三方的审计证据的可信性要比从被审计单位内部取得的证据大得多，因为这种审计证据不受被审计单位的影响，被修改、加工、伪造的可能性较小。

（2）来自有效的内部控制系统的审计证据的可信性要比来自无效的内部控制系统的审计证据更为可信。

（3）来自经过审计人员实地检查、观察、复核、调查等的第一手审计证据的可信性比间接取得的审计证据要大。

（4）以文件形式存在的审计证据比口头证据更可信。

（5）作为审计证据的原始文件要比复印本、草本更为可信。

4. 审计证据的充分性、适当性

审计证据的充分性是对审计证据数量的衡量，是指审计结论具有说服力而使人们完全相信（不存在任何怀疑）所需的审计证据的数量，即究竟需要多少审计证据才能得出审计结论？这在很大程度上取决于审计人员的主观判断和准备承担的审计风险。

审计证据的适当性是对审计证据质量的衡量，即审计证据在支持各类交易、账户余额、列报与披露的相关认定，或发现其中存在重大错报方面具有相关性和可靠性。

审计证据的充分性与适当性密切相关。审计人员所需获取的审计证据的数量不仅受到重大错报风险的影响，还受到审计证据质量的影响。重大错报风险越大，需要的审计证据可能越多；审计证据质量越高，需要的审计证据可能越少。对应证事项而言，仅仅靠获取更多的审计证据，可能难以弥补审计证据质量上的缺陷。

5. 审计证据的证明力

审计证据的证明力是在其真实性、重要性、可信性和充分性、适当性的基础之上形成的。审计证据的证明力不仅来自真实性，而且来自可信性、重要性、充分性和适当性，审计人员为支持其审计意见，就必须决定需要何种审计证据，这迫使审计人员首先考虑审计证据证明力的强度。审计证据的种类是多种多样的，由于审计证据的种类不同，审计证据的证明力也不同，即便是同一类审计证据，也会由于收集的目的及收集时的环境不同而使证明力存在差异，审计证据有直接的，也有间接的，有证明力强的，也有弱的。如果审计人员对证明力不能加以正确鉴定，那么所收集的审计证据有可能存在证明力不足的问题。因此经验丰富、有能力的审计人员首先应该知道的是：对于审计事项，哪些审计证据具有较强的证明力，哪些审计证据的证明力是较弱的。审计人员的主要目标应放在收集证明力强的审计证据上。不仅如此，审计人员还应该对强弱不同的审计证据加以综合，既考虑作为审计证据的条件和取得的难易程度，又考虑审计事项的重要性、可信性及其他要素，使审计证据成为具有实质证明价值的、有用的、综合性的审计证据。

一般来说，被审计单位对审计证据的支配力越小，其证明力越强；反之，被审计单位对审计证据的支配力越大，其证明力就越弱。审计人员了解不同类型审计证据证明力的强弱，有助于其在选择审计证据时做出正确的判断。

6. 审计证据的经济性

从理论上讲，为了支持审计结论，审计人员应该取得较多的具有说服力的审计证据；从另一方面讲，审计人员不得不考虑审计证据的效用与收集、鉴定这些审计证据的成本之间的关系，即考虑审计证据的经济性。有时往往考虑到收集和鉴定审计证据所需成本过高，审计人员不得不放弃“理想的审计证据”而选用不很理想但仍可使用的证据。审计人员应该使用最有效又最经济的方法，从可以收集到的审计证据中挑选出合适的审计证据以支持其审计结论和审计意见。

5.2 审计工作底稿

5.2.1 审计工作底稿的含义

审计工作底稿，是指审计人员对制定的审计计划、实施的审计程序、获取的相关审计证据，以及得出的审计结论做出的记录。审计工作底稿是审计人员将在审计工作过程中所采用的方法、步骤和收集的用来证明审计事项真实情况的经济事实和资料，按照一定的格式编制的档案性原始文件。审计工作底稿是审计证据的汇集，可作为审计过程和结果的书面证明，也是形成审计结论的依据。

5.2.2 审计工作底稿的作用

审计工作底稿，对审计人员执行审计任务，明确审计人员的责任，保证审计报告的质量具有十分重要的作用。

1. 有利于组织协调审计工作

审计人员在执行具体的审计业务时，审计工作小组内部均有明确的分工。如何在分工的基础上协调统一，提高审计工作小组的效率，圆满完成审计任务，关键在于编好审计工作底稿。审计工作小组的人员借助审计工作底稿，如实记录审计过程中出现的问题，可以提醒审计工作小组中其他成员注意；审计工作小组负责人借助审计工作底稿，可以掌握全组情况，协调小组的工作，使审计顺利进行；审计组织的负责人借助审计工作底稿，可以了解各审计工作小组的工作进展情况，有利于全面、系统地安排审计工作。编制审计工作底稿还有利于工作衔接，在执行审计业务过程中，有的审计人员由于特殊原因不得不中途停止工作，借助审计工作底稿，接替这一工作的审计人员能较快地熟悉情况，避免人员变动影响整个审计工作的及时完成。

2. 有利于控制审计工作质量

审计人员执行审计业务，必须制定审计计划，并根据审计计划调查和评价内部控制系统，有序地实施审计程序并充分指导和监督助理人员。但是，这一切只有在正确地编制审计工作底稿的基础上才能完成。审计业务是否开始就能按照审计计划执行，审计人员的审计结论是否有必要、充分的证据，助理人员能否得到指定的审计人员的有效指导和监督从而正确执行其承担的业务等有关审计业务的所有问题，审计工作底稿中都有明确记载。所以，审计人员可以根据审计工作底稿采取适当的措施控制审计工作质量，审计组织也可以根据审计工作底稿来检查审计工作质量，便于进一步提高审计工作质量。

3. 有利于考核审计工作业绩

审计工作底稿是审计工作情况的真实写照，通过对审计工作底稿的复核和检查，审计组织的负责人可以考核审计人员的工作业绩。对审计人员工作的评价，如果没有审计工作底稿作为依据，仅凭日常观察，甚至只凭印象，难免以偏概全，以致影响审计人员的积极性。编制审计工作底稿，审计组织的负责人就能据以对审计人员的工作业绩做出比较客观的评价。如考核审计人员的技术水平，审计组织负责人根据审计工作底稿，查阅审计人员所使用的审计方法与采取的步骤、所发现的问题以及对问题的看法与建议等方面的记录，才有可能对其工作和能力做出比较客观的评价。如果审计人员在审计工作底稿中记载的问题不实，在追究责任时，也有一个客观依据。综上所述，审计工作底稿有利于对审计人员工作业绩的考核，促使审计人员提高审计工作质量。

4. 有利于编制、佐证和解释审计报告

审计人员提供的审计报告中所记载的任何事项都必须有审计工作底稿上所包含的资料予以支持。审计工作底稿既是将审计人员的工作过程和审计报告联系起来的纽带，又是被审计单位的会计记录和审计报告之间的桥梁。审计报告记载着审计人员对被审计单位的财务报表及其所反映的财务状况所做出的审计结论和审计意见。不管是审计结论还是审计意见，都必须以充分和适当的审计证据作为根据，而这些审计证据均必须由审计工作底稿来提供。另外，审计报告的综合性和概括性的特征，决定了在审计报告中所揭示问题的陈述意见不可能非常详细、具体，这就有必要借助审计工作底稿加以补充说明。审计工作底稿不仅可以佐证和解释审计报告所记载的事项，而且有利于审计人员编制审计报告。审计报告所需的资料全部来自审计工作底稿，如果没有审计工作底稿，就很难编制出审计报告。

5. 有利于制定以后各期的审计计划

审计工作底稿能提供永久性的历史记录以及采用过的审计程序和方法。在审计工作底稿中，既记录着审计人员所采用的具体方法与步骤，也收集了被审计单位的一些重要资料，如股权结构、职工编制、内部控制系统状况等。这些信息不仅对同一性质的审计事项具有参考价值，而且可为再一次审计该具体审计事项提供指南，避免走弯路，便于掌握审计重点，提高审计工作效率。通常，被审计单位对审计组织审计业务的委托具有一定的连续性。因此，对某一被审计单位某一年度财务报表的审计所形成的审计工作底稿，能够为以后各期审计提供丰富的、具有重要参考价值的资料，为制定以后各期的审计计划提供参考。

5.2.3 审计工作底稿的内容和格式

1. 审计工作底稿的内容

审计工作底稿可以以纸质、电子或其他介质形式存在。审计工作底稿通常包括总体审计策略、具体审计计划、分析表、问题备忘录、重大事项概要、询证函回函、管理层声明书、核对表、有关重大事项的往来信件（包括电子邮件），以及对被审计单位文件记录的摘要或复印件等。审计工作底稿通常不包括已被取代的审计工作底稿的草稿或财务报表的草稿、对不全面事项或初步思考的记录、因印刷错误或其他错误而作废的文本，以及重复的文件记录等。

审计工作底稿包括审计人员记录、编制和收集的与审计事项相关的资料和文件等。具体的审计事项由于性质、目的要求以及采取的方法不同，与之相应的审计工作底稿也不尽相同。审计工作底稿的具体内容与审计工作底稿的种类有着密切关系。审计工作底稿的内容按稳定性和使用期限可以分为当期档案和永久性档案。

审计工作底稿的基本内容经常变动，只供当期审计使用和下期审计参考的资料，列入当期档案。审计工作底稿的当期档案包括组织管理、试算编报、金额验证、内部管理制度考核和综合分析等。

审计工作底稿中内容较少变动，具有长期使用价值，对以后审计具有重要参考价值的部分应列入永久性档案。审计工作底稿的永久性档案应当包括被审计单位基本情况、章程、重要合同与协议副本、有关的内部控制系统副本等。

此外，审计工作底稿按类型可以分为工作事项表、内部控制测试表、试算工作底稿、调整底稿、分析表、计算表和备忘录等。这些审计工作底稿所包含的内容，各有侧重、各不相同。

2. 审计工作底稿的格式

审计人员编制的审计工作底稿应包括下列基本内容。

（1）被审计单位名称。

（2）审计项目名称。

（3）审计项目时点或期间。

（4）审计过程记录。

（5）审计标志及其说明。

（6）审计结论。

（7）索引号及页次。

（8）编制者姓名及编制日期。

（9）复核者姓名及复核日期。

（10）其他应说明事项。

审计工作底稿的格式和繁简程度是审计工作详略程度的具体表现，合理确定其格式和繁简程度是保证审计工作质量的重要方面。在确定审计工作底稿格式以及内容的繁简程度时，应根据实际工作需要，针对不同情况，采用多种格式。下面是各种主要审计工作底稿的常见格式。

（1）工作事项表。工作事项表是以笔记方式记载审计过程中发现的问题及疑点、线索、尚未查证事项的评语等的一种审计工作底稿。这些都必须在审计工作完成前予以澄清，并将处理经过或参考其他审计工作底稿的详情在工作事项表中做充分说明。工作事项表的格式详见表 5-1。

表 5-1　工作事项表

被审计单位名称：　　　　编制人：

审计期间：　　　　　　　复核人：　　　　　　　　（　　）年审字第　　号

年		审查项目	账页或凭证号码	发现的问题或线索	查证核实的经过情况	处理意见
月	日					

（2）内部控制测试表。内部控制测试表是主要就被审计单位内部控制的实施情况逐一列出，通过“是”或“否”的回答来评价被审计单位内部控制的完善程度和有效程度的一种审计工作底稿。测试题的设计往往是分门别类的，如以现金支出为标题设计一张测试表，则这张表包括该项制度的控制目标、控制范围、由谁来控制、怎样控制以及这项控制制度在整个制度中的重要程度等。

（3）试算表。试算表是一张列有各分类账目的金额、应调整的科目、调整的金额等的表格。试算表的格式详见表 5-2。

表 5-2 试算表

被审计单位名称： 编制人：

日期： 复核人： 底稿号码：

会计科目	原试算表记录		审计人员调整科目		调整后试算表	
	借	贷	借	贷	借	贷

（4）调整工作底稿。审计人员在审计过程中对发现的被审计单位的重大会计处理错误都必须加以调整，如会计分录编错应调整、成本计算不正确应调整。这类调整有的可以在试算表中得到反映，有的则不能。所以，审计人员除了编制试算表外，还需编制调整工作底稿，这既是审计证据，又是被审计单位改正的依据。调整工作底稿常采用一般分类登记方式，对需调整的事项，审计人员应逐笔记录并加以说明。

（5）分析表、计算表。分析表和计算表是重要的审计工作底稿，涉及的内容主要是对异常事项的分析及对重要数据的复算。例如，对账户的分析使审计人员确定账户的性质及内容是否正常，诸如债权类账户出现贷差、债务类账户出现借差等，审计人员对此类情况应详细分析发生差错的原因，并做出判断和评价。

（6）盘点表。盘点表主要用于对财产物资的清查盘点，检查其账存数和实存数是否一致，并说明原因。常用的盘点表有现金盘点表、材料盘点表和固定资产盘点表等。盘点表的格式详见表 5-3。

表 5-3 盘点表

被审计单位名称： 编制人：

日期： 复核人： 底稿号码：

<table>
<tr><td rowspan="2">编号</td><td rowspan="2">规格品种</td><td rowspan="2" colspan="2">计量单位</td><td rowspan="2">单价</td><td colspan="2">账存</td><td colspan="2">实存</td><td colspan="2">盘盈</td><td colspan="2">盘亏</td></tr>
<tr><td>数量</td><td>金额</td><td>数量</td><td>金额</td><td>数量</td><td>金额</td><td>数量</td><td>金额</td></tr>
<tr><td></td><td></td><td></td><td></td><td></td><td></td><td></td><td></td><td></td><td></td><td></td><td></td><td></td></tr>
<tr><td colspan="13">原因分析：
盘盈： 盘亏：
账外物资： 其他：</td></tr>
</table>

审计负责人： 审计员： 会计主管： 保管：

（7）备忘录。审计过程中常遇到一些不能立即确定性质的问题或不能立即查明真相的情况，此时必须将问题摘录下来，待以后查证，以便在审计工作结束前加以处理。

5.2.4　审计工作底稿的编制

在我国，编制审计工作底稿的文字应当是中文。少数民族自治地区可以同时使用少数民族文字。境内的中外合作会计师事务所、国际会计师事务所的成员所和联系所可以同时使用某种外国文字。会计师事务所执行涉外业务时可以同时使用某种外国文字。

1. 审计工作底稿的编制原则

根据审计业务编制符合需要的审计工作底稿，这是审计人员执行审计业务的一项重要内容。为了保证审计人员编制的审计工作底稿符合审计业务要求，在编制审计工作底稿时应遵循以下原则。

（1）完整性原则。审计人员对已经收集的被审计单位概况资料、经济业务情况、内部控制系统及会计记录等，连同自己制定的审计计划、审计程序、审计日程表以及所采用的审计步骤、审计方法，都必须逐项编入审计工作底稿。每份审计工作底稿的内容也必须完整，适当的标题、编制日期、资料来源及资料性质等基本要素都不得遗漏。

（2）重要性原则。遵循完整性原则的目的在于保证审计资料的完整无缺，然而并非所有资料对审计报告都具有重要的意义。因此，审计人员必须根据审计资料的性质去芜存菁，并在审计工作底稿中明确注明资料的性质及其与审计报告之间的关系，使一些重要事实在审计工作底稿中处于突出的地位，便于编制审计报告和提出审计意见时运用。审计人员在编制审计工作底稿时，应首先注重所有的重要资料，对可以用来证实会计记录的合法性、公允性，支持审计报告所载事项的各项资料也都必须列入审计工作底稿，而对不重要的以及与审计事项没有必然联系的各种资料则可舍弃。

（3）真实性与相关性原则。审计工作底稿是支持审计结论和审计意见的支柱。因此，审计工作底稿的真实性与相关性直接影响审计结论的可信性和审计工作的成败。为此，审计人员在编制审计工作底稿时，必须将已确认为真实、客观的审计工作底稿，根据与审计结论和意见相关联的原则，作为支持审计结论和发表审计意见的主要依据。

（4）明确责任原则。审计工作底稿必须由审计人员、制表人签名盖章，并由审计项目负责人审批核实，以明确各自的责任。审计工作底稿是审计组织的内部工作资料，审计人员负有不向被审计单位和外单位泄露的责任。

2. 审计工作底稿的编制要求

一份较完整的审计工作底稿应该做到：内容清楚、标题完整、一切资料来源均有说明；所列事项都应经过复核，而且有条理、有顺序、注意细节；重要事项和非重要事项有明确的区分。为提高审计工作底稿的质量，审计人员在编制审计工作底稿时，应注意以下方面。

（1）每一具体审计事项均应单独编制一份审计工作底稿，并在表头标明被审计事项的全称。

（2）审计过程中取得的所有审计证据、询问过的人员、观察过的场所等均应明确列示。编制人和复核者均应在审计工作底稿上签字。

（3）应编制一份工作备忘录，列明尚待解决的问题。因为在审计过程中，很可能在解决某一问题时发现其他问题，为使正在解决的问题不被中断又不遗忘新发现的问题，审计人员有必要填制一份工作备忘录，将新发现的问题先记录下来，再统筹安排、适时查处，使每个问题均无遗漏。

（4）为了便于查阅，审计工作底稿应编制索引。编制索引的方法因不同的会计师事务所而异，并无定式。通常，首先列出审计报告底稿，其次列出财务报表草稿，再次列出计划工作底稿，然后列出内部控制系统测试底稿，最后列出各种测算表、试算表等。一般格式如下。

A. 审计报告底稿

B. 财务报表草稿

B-1 资产负债表草稿

B-2 利润表草稿

B-3 所有者权益变动表草稿

B-4 现金流量表草稿

C. 计划工作底稿

C-1 审计业务约定书

C-2 审计计划

C-2-1 审计工作小组

C-2-2 时间安排

C-2-3 工作事项

D. 内部控制系统测试底稿

D-1 现金管理测试

D-2 存货管理测试

E. 试算表工作底稿

（5）审计人员在编制审计工作底稿时，对发现的问题要中肯地表述自己的意见。

（6）审计人员在出具审计报告后，应将审计工作底稿归入审计档案并妥善保管。

5.2.5　审计工作底稿的复核和保管

审计工作底稿由执行审计工作的人员填制后，负责人员必须进行复核。审计工作底稿是出具审计报告的依据，审计人员可据此得出审计结论和发表审计意见。审计工作底稿如有错误，会导致审计结论和意见不正确、不合理。所以，审计工作小组务必十分重视审计工作底稿，进行层层复核，通过对审计工作底稿的复核，考核具体审计工作的质量。

会计师事务所对审计工作底稿的复核，可以分为会计师事务所的主任会计师或主管合伙人、项目负责人和审计人员三个层次的复核。

审计人员对审计工作底稿的复核属于技术性的复核，通常在每一份审计工作底稿完成后进行，复核的内容包括核实重要程序、步骤、数字，了解助理人员是否按规定的程序进行审计，审计的方法是否正确，做出的判断是否正确，结论表达是否清楚等。

项目负责人的复核一般在审计业务接近尾声时实施。复核的内容不仅包括对各个审计人员编制的审计工作底稿进行综合分析，还要对审计人员在审计中是否遵守了国家有关规定进行检查。

会计师事务所的主任会计师或主管合伙人应对审计工作底稿进行最终复核。复核的内容主要是检查审计人员是否遵循了会计师事务所的内部管理制度、审计过程中是否存在重大遗漏、审计证据与审计结论是否存在不一致等情况。

审计工作底稿记录有被审计单位一些尚不宜公之于众的信息和机密，这就要求会计师事务所和审计人员必须妥善保管审计工作底稿，防止泄密。审计人员应当按照会计师事务所质量控制政策和程序的规定，及时将审计工作底稿归整为审计档案。审计工作底稿的归档期限为审计报告日后60天内。如果审计人员未能完成审计业务，审计工作底稿的归档期限为审计业务中止后的60天内。

在审计报告日后将审计工作底稿归整为审计档案是一项事务性的工作，不涉及实施新的审计程序或得出新的结论。会计师事务所应当自审计报告日起，对审计工作底稿至少保存10年。如果审计人员未能完成审计业务，会计师事务所应当自审计业务中止日起，对审计工作底稿至少保存10年。

审计工作底稿的所有权属于接受委托或委派进行审计的会计师事务所。对于保管期限届满的审计档案，会计师事务所可以决定将其销毁。销毁时，应履行必要的手续。

第 6 章 账目审计基本方式

6.1 顺查法

1. 顺查法的定义

顺查法又称正查法，是指根据会计业务处理程序，按照所有原始凭证的发生时间顺序进行检查，逐一核对。

顺查法的审查顺序与会计核算程序的顺序完全一致，审查时首先审查原始凭证，着重审查和分析经济业务是否真实、正确、合法、合规，核对证证是否相符；其次，审查和分析记账凭证，查明会计科目处理和数据计算是否正确、合规；再次，审查各类会计账簿的记账和过账是否正确，核对账证是否相符；最后，审查和分析会计报表的各个项目是否正确、完整和合规，核对账表、表表是否相符。

顺查法适用于业务规模不大或者凭证较少的企业。对于大中型企业，审计人员可以根据实际情况对部分账簿选择顺查法。例如，我国不少企业采用分割式记账凭证，将收款、付款、转账等三种凭证分开，单独编号，分别装订。因此对于现金、银行存款等收付业务的分类记账凭证，可以选择顺查法。顺查法也适用于会计工作混乱的单位。

2. 顺查法的特征

（1）从审查原始凭证出发，着重审查和分析经济业务是否真实、正确、合法、合规，核对证证是否相符。

（2）审查记账凭证，查明会计科目处理、数额计算是否正确、合规，核对证证是否相符。

（3）审查会计账簿，查明记账、过账是否正确，核对账证、账账是否相符。

（4）审查和分析会计报表，查明报表各项目是否正确完整，核对账表、表表是否相符。

6.2 逆查法

1. 逆查法的定义

逆查法就是审计取证的顺序与反映经济业务的会计资料形成过程相反的方法。逆查法是审计中常用的重要方法，审计功效较高而且范围较广，对审计人员要求比较高，是体现审计人员业务素质高低的一种方法。

逆查法需要遵循一定的审计程序和方法。一般程序方法如下：审计人员应首先分析检查财务报表，然后追查至相关的日记账、明细账和总账，接着核对记账凭证，最后再核对原始凭证。

2. 逆查法的优缺点

逆查法有其优点和缺点。其优点是可从被审计事项的总体上把握重点，在发现问题的基础上明确主攻方向，目的性、针对性比较强；由于突出重点，因而可以节省人力和时间，提高审计工作效率。其缺点是由于逆查法一般不要求对被审计事项进行全面的审查，因此可能遗漏重要错弊事项；此外，在技术上逆查法比顺查法要复杂，掌握起来难度比较大，因此，对审计人员业务素质的要求也是比较高的。

鉴于逆查法的优缺点，逆查法有一定的适用范围，一般适用于业务规模较大，内部控制系统比较健全，管理基础较好的被审计单位。

6.3　直查法

1. 直查法的定义

直查法是相对于顺查法和逆查法而言的，它是直接从有关明细账的审阅和分析开始的一种审计方法。

2. 直查法的步骤

（1）根据审计的具体目标，确定需要审查的明细账种类。

（2）审阅并分析明细账。

（3）核对记账凭证及其所附的原始凭证，或核对账账、账表。

（4）审阅分析凭证或账表。

（5）根据需要再对存有疑问的债权债务关系进行证实、对实物进行盘点，以核实全部内容，取得充分可靠的证据。

3. 直查法的优点

直查法最大的优点是，应用起来灵活方便，根据需要可以向前后审计程序延伸，又能抓住重点，从而能较快地查出问题，提高工作效率。运用直查法能克服顺查法事无巨细地审查所造成的低效率，以及不能从大处着手把握问题从而导致审计效果不佳的缺陷。

4. 根据实际情况，综合利用直查法同其他审查方式：顺查法、逆查法及直查法的应用选择

顺查法、逆查法和直查法不是彼此孤立的，而是相互结合运用的，这样有利于提高工作效率和工作质量。如果需要检查的资料众多，而且审查的范围又广，那就适宜采用逆查法或直查法，在采用逆查法或直查法的同时，还应局部兼用顺查法；如果需要检查的资料不多，审查时间又短，又希望获得非常具体的情况，则宜采用顺查法，并且，在使用顺查法的同时，亦可局部兼用逆查法或直查法；直查法则在大多数情况下都能应用，并且在具体使用时，既要应用顺查法，又要应用逆查法。

6.4 详查法

1. 详查法的定义

详查法亦称详细审计法、精查法、抽查法，是对受审事项的全部账目和全部业务毫无遗漏地进行逐一审查的一种审计方法。对于传统的财务审计来说，详查法实质上是由审计人员将原来由被审计单位会计人员负责的工作从头至尾地重复一遍。详查法的优点是结论可靠、审计不足的风险小、不存在推断误差、实施过程比较简单机械。其缺点在于工作量大、工作效率低。早期的财务审计工作大都采用详查法，后来，随着社会经济的发展，企业规模的扩大和业务的复杂化，这种方法越来越不能满足需要。因此，详查法一般只适用于一些业务比较简单的小型企业。

2. 详查法的适用范围

在稽核工作中，详查法大多应用于经济业务较少、会计核算简单的企业或者为了揭露重大问题而进行的专案审查，对管理混乱、业务复杂的企业以及财经法纪审计项目十分适用，并能取得满意的效果。对规模较大、经济业务量大、经济资料多的大中型企事业单位，一般不宜采用此法。现代稽核以抽查法为主，只是在使用抽查法的过程中，根据被查对象的重要程度及危险、复杂程度，适当地使用详查法。

3. 详查法的种类

详查法与全面审查不同。全面审查指审查的种类，是按审查范围的大小对审查进行的具体分类；详查法指审查的方法，是按稽核手续对稽核方法的分类；而且，在全面审查中的某些审查项目，根据需要既可以进行详查，也可以不进行详查。

4. 详查法的优缺点

（1）详查法的优点。

在审查会计资料的规模上，它是对整个企业或某类业务期间内会计记录和凭证等全部资料进行逐一验证，既要核对凭证、账簿、报表，又要审查有关的经济资料并加以分析，所以能全面揭露会计工作中的错弊行为，能较全面地查明问题并做出精确的稽核结论。

（2）详查法的缺点。

因为要审查全部账、表、凭证，所以详查法工作量极大，相当于重复一次全面的会计核算工作，费时费力，成本太高，而且工作效率低。

5. 详查法的特征

对被审计单位一定时期的凭证、账簿和报表等会计资料和其所反映的财务收支及有关经济活动做全面、详细的审查，巨细无遗，以查明被审计单位或被审计项目存在的各种差错和舞弊。

6.5　抽查法

1. 抽查法的定义

抽查法亦称抽样审计法，是与详查法相对的一种方法，即从被审计单位的全部账目和业务中抽取一部分作为样本进行审查，并根据样本审查的结果对总体的特征进行推断的一种审计方法。在采用抽查法时应注意解决以下主要问题。①明确界定总体的范围，即解决“审什么”的问题，其基本要求是构成一个总体的每个单位应该具有同质性。②合理确定样本容量，即解决“抽多少”的问题，这要求从抽样结果的精确度、可靠性，总体自身的特点，以及审计人员的主观判断等诸多方面进行权衡和分析。③正确运用选样方法，即解决“抽哪些”的问题，要求根据不同情况选用适当的随机选样法或非随机选样法。④正确地解释抽查的结果，推断总体的特征。

正确地运用抽查法，可以大大减少审计工作量，提高审计工作效率。所以，现代审计多以抽样审计为主，全面审计只在特殊情况下才运用。但是，由于抽查不可避免地要产生抽样误差，抽查法的结果不如详查法那么可靠。所以，抽查法的运用要以审计人员正确的职业判断为前提。另外，在财经法纪审计及经济案件鉴定中，一般不宜采用抽查法。

2. 抽查法的分类

抽查法包括任意抽查法、判断抽查法和统计抽查法（又称随机抽查法）三类。

（1）任意抽查法。

任意抽查法是从详查法向抽查法演变时最先运用的一种抽样方法。最初审计人员运用这种抽样方法的目的是减少工作量，对于抽样的规模、技术和内容等均无规律，只是任意抽取样本。由于任意抽查法是任意地抽取样本，故审查结果缺乏科学性和可靠性，所以，这一方法很快就被判断抽查法替代。

（2）判断抽查法。

判断抽查法是审计人员根据自己的主观判断，在遵循有关原则的基础上，有重点地从检查总体中选出样本，进而通过对样本的检查结果推断总体存在的问题。采用这种方法能否取得检查成效，取决于审计人员的实际经验和判断能力。为此审计人员只有深入实际地调查研究，掌握各方面的情况，才能做出正确的判断。

（3）统计抽查法。

统计抽查法是运用概率论原理，遵循随机原则，从总体中抽出样本进行检查，并根据对样本的检查结果推断总体的一种抽样检查方法。这里所指的总体是被做出结论的自然综合体，如对某一时期的全部购入材料的银行存款付款凭证进行抽样检查，则该时期全部购入材料的银行存款付款凭证就构成了一个总体。这里所指的样本是从总体中抽出的若干抽样单位的集合，如从某一时期全部购入材料的银行付款凭证这一总体中，抽取每一本银行存款付款凭证的第一张凭证组成一个集合，则这个集合就是样本。抽样单位是指总体的组成要素，所有抽样单位的总和就是总体。

统计抽查法在审计工作中的具体应用，主要有属性抽查法和变量抽查法。

①属性抽查法。

属性抽查法是以测定总体质量特征为基本目标的统计抽查法。

在查账工作中，属性抽查法用于测定被审查总体的质量特征，具体应用于符合性测试领域。被查总体的质量特征，一般指被审查业务或被审查内部控制系统是否遵守了既定的标准（是否具备某种属性），以及存在的错误或偏差的水平。运用属性抽查法对样本检查，结论只有两种：是与否或者正确与错误。属性抽查法包括各种不同的技术方法，如固定样本规模抽查法、连续抽查法、验收型抽查法、发现型抽查法等。

②变量抽查法。

在实质性测试中运用的抽查技术，主要是变量抽查法。变量抽查法是指对稽查对象总体的货币金额进行实质性测试所采用的抽查方法。

变量抽查法可用于确定账户金额是多是少、是否存在重大误差等。变量抽查法通常用于：检查应收账款的金额；检查存货的数量与金额；检查工资费用；检查交易活动，以确定未经适当批准的交易金额。

变量抽查法的主要形式有均值估计抽样法、差异估计抽样法、分层抽样法、货币单位抽样法。

3. 抽查法的特征

根据被审查期的审计对象总体的具体情况和审计的目的和要求选取具有代表性的样本，然后根据对样本的审查结果来推断总体的正确性，或推断未抽查部分有无错误和弊端。

4. 抽查法的优缺点

（1）抽查法的优点。

抽查法的主要优点是能明确审查重点，省时省力，具有效率高、成本低和事半功倍的效果。抽查法摆脱了详查法不分巨细、一律审核的大量而繁重的工作，具有高效率、低费用、省时省力的优点，能够收到事半功倍的效果。

（2）抽查法的缺点。

抽查法的缺点是审计结果过分依赖抽查样本的合理性，如果抽样不合理，或样本缺乏代表性，则审计往往不能发现问题，甚至以偏概全，导致审计人员得出错误的审计结论。因此，这种方法仅适用于内部控制制度较健全、会计基础较好的企业事业单位。

通常，审计人员除了对特定业务进行详细审计，或从审计对象总体中选择有特殊重要性的项目进行全部审查外，均应采用抽查法进行审查。

6.6 重制法

1. 重制法的定义

重制法也称重记法，是在不能使用详查法和抽查法时所采取的审计方法。重制法是审计人员在对被审计单位应审经济资料进行整理和重记的基础上，根据需要而进行检查的一种方法。

2. 重制法的一般步骤

（1）在调查了解情况的基础上，确定需要重制的范围或项目。

（2）按照审查的期间和经济业务发生当时的有关会计制度规定，整理有关资料。

（3）与被审计单位原来的有关资料进行对照，确定差异。

（4）根据比较确定的情况，分析和确定需要进一步检查的内容。

第 7 章
账目基础审计技术方法

7.1 审阅方法

7.1.1 审阅法的定义

审阅法是一种十分有效的查账技术。通过使用审阅法，审计人员不仅可以取得一些直接证据，还可以取得一些间接证据，如通过审阅可以找出可能存在的问题和疑点，将其作为进一步审查的线索。审阅法主要用于对各种书面资料的审查，以取得书面证据。书面资料主要包括会计资料和其他经济信息资料及管理资料。

7.1.2 审阅的要点

审阅法主要用于对各种书面资料的审查。从查账中检查的书面资料内容看，书面资料大致可分为两类：一类是与会计核算组织有关的会计资料，会计资料是审阅的重要内容；另一类是除会计资料以外的其他经济信息资料及相关资料。现代审计除了进行传统的财务查账以外，还要进行经济效益查账。因此，若只对会计资料进行检查，则难以实现现代查账的目标。所以除会计资料以外的其他资料，亦是审阅的重要内容。

1. 会计资料的审阅

会计资料包括会计凭证、会计账簿和会计报表。

（1）原始凭证的审阅。

审阅原始凭证时，应注意有无涂改或伪造现象，记录的经济业务是否符合会计管理的要求和有关会计制度的规定，是否有业务负责人的签字等。在检查有关会计记录有无合法的原始凭证时，应重点查看书写是否整洁，有无涂改、刮擦等情况，各种冲销、更正记录是否正常等。具体来说主要有以下审阅要点。

①审阅凭证格式是否规范，要素是否完整。如发票上有无税务局发票监制盖章，抬头（即户名）、日期、数量、单价、金额、经手人签章、单位公章等是否齐备。

②审阅凭证上的文字、数字是否清晰，有无刮、擦、涂改的痕迹。复写的凭证，可看反面复写字迹的颜色是否一致、图章是否清晰。如凭证的某些内容有更正，应审查更正方法是否符合规定。

③审阅填制凭证日期与付款日期是否相近。如发现几个月以前的凭证，应检查原因。

④审阅填制凭证的单位是否确实存在，防止利用已合并、撤销单位的作废凭证来报销。

⑤审阅凭证的抬头是否即被审计单位。如抬头不符，应检查原因。

⑥审阅凭证的审批传递是否符合规定，有关人员是否都已正式签章。

⑦审阅收款、付款原始凭证是否有财务公章或收讫、付讫的图章。如发现没有财务公章，而只有单位或业务公章，应深入检查。

⑧审阅凭证的经济业务内容是否合法、合规、合理。例如，控购商品是否经过控购界定审批、有无不该用公款开支的项目、报销差旅费是否超过规定的标准等。

⑨被审计单位自制的凭证如已交其他单位，应审阅其存根是否连续编号、存根上书写是否正常。

⑩自制凭证的印刷是否经过审批，保管、领用有无手续。

例如，用转账支票购入材料的经济业务，其主要单据是盖有收款公章的发货票，或收款收据、支票存根，其他有关单据应有验收单，如不通过仓库，应有领用人在发票上的收料证明。如有支票存根，但发票上未有收款公章或收据，则不能确定已经付款。如有以上单据，但无验收单或发货票上无领用人的收料证明，则不能确定收到材料。如有以上单据，而无批准的请购单，则为采购的内部控制失效，可能购入了并非生产所需的材料。即使单据具备，审计人员仍需要根据情况查询有关人员，了解真实情况，以查证是否有购买紧缺物资转手销售从中牟利等行为。如有该行为，则经济业务虽然真实、正确，但并非合理合法，其后一系列会计处理即使正确，仍然违背财经纪律、破坏市场管理。从上可知，审阅原始凭证必须将有关单据全面地、相互联系地审阅才能取得充分可靠的证据，才能作为提出审阅意见的基础。

（2）记账凭证的审阅。

审阅记账凭证时，应注意是否符合企业会计准则及国家统一会计制度的规定，将审阅过的原始凭证同记账凭证上的会计科目、金额对照观察，看其是否如实反映，有无错误，记账凭证上编制、复核、记账、批准等签字是否齐全。

例如，记账凭证所附的原始凭证为产品销售发票的记账联，并且银行结算户已收款，但记账凭证的贷方科目并非主营业务收入，而为其他应付款，摘要中的说明是预收账款，这种原始凭证和记账凭证不符的情况，查账人员必须向被审计单位经办人员查询。如通过查询，得知是由被审计单位领导示意这样做的，并获悉其意图是少记本期主营业务收入，以少记本期利润，人为地调节不同会计期间的利润，则这种行为属于弄虚作假，不是技术上的错误。

（3）账簿的审阅。

审阅会计账簿时，应注意是否符合企业会计准则及国家统一会计制度的规定，包括以下方面：审阅被审计单位据以入账的原始凭证是否整齐完备；账簿有关内容与原始凭证的记载是否一致；会计分录的编制或账户的运用是否恰当；货币收支的金额有无不正常现象；成本核算是否符合国家有关会计制度的规定；是否符合查账目标的其他要求等。

例如，一张记账凭证，应有填制单位的名称、凭证的名称、填制的日期、凭证编号、所附原始凭证数量、有关经济业务的摘要或说明、应借应贷会计科目名称及金额和会计主管人员、审核人员、记账人员、填制人员的签名等要素。审阅时，要看各要素是否都已填列齐全、字迹是否清楚。若有明显违反会计原理或有关制度的情况，则可能有隐藏问题。例如，开红字销售发票冲销贷款，从表面上看，销售退回合情合理，但经过冲销，被查单位可以达到套取现金、截留收入或贪污的目的。再如，通过对专用基金明细账的审阅，发现某项专用基金的增加，是由于转入了某应付款，这就说明，该单位存在截留收入的问题。

对账簿的审阅除审阅总账与明细账、账簿与凭证是否相符外，重点应审阅明细分类账，主要如下。

①明细分类账记载的经济业务内容是否合法、合规，有无使不应列支的费用列入费用账户的情况。在审阅时，根据摘要栏记载的内容，对照金额栏的数额进行审阅。

②账簿记录的小计数和合计数是否与发生数相符，借、贷方是否记反方向，是否登错栏次。

③账簿记录摘要栏所记载的内容是否真实，有无例外情况。

④账簿启用、期初和期末余额的结转、承前页、转下页、月结和年结是否符合会计制度的规定，应登记入账的内容是否登记，是否根据更正错账的方法予以更正错账等。

例如，银行结算户存款日记账中短期内有两笔收付金额相同的业务，其对方科目均为其他应付款，则这就有可能是用实现收款代为购进紧俏的原材料的方法非法盈利。因此，审计人员必须采用审阅技术。又如，材料明细账某账户发出栏单价应按加权平均法计算，现却按购进最高价计算，经审阅发现，就要进一步查询，以了解这样做的意图。

（4）会计报表的审阅。

审阅会计报表时，应注意会计报表的编制是否符合企业会计准则及国家统一会计制度的规定；各报表中有关项目是否对应相符；资产总额与负债及所有者权益总额是否相符；固定资产净值是否等于固定资产原值减累计折旧的差额；表与表之间的有关项目是否一致；会计资料反映的经济活动是否真实、正常、合法和合理；会计报表的附注是否对应予以揭示的重大问题做了充分的披露等，这是审阅的实质内容。

检查有关资料，不局限于对资料本身的评价，更主要的是要对资料反映的经济活动过程和结果做出评价。每项经济活动，都有一定的活动范围，若超出了这个范围，则该项活动可能是不真实、不合法、不合理的。例如，利润表中主营业务收入比上月增加，但利润总额比上月减少不符合增加收入的正常情况。这时，就要追查产品销售明细账及有关记账凭证和原始凭证，以明确有无故意少计主营业务收入，多计主营业务成本、销售费用，甚至多计管理费用、财务费用、营业外支出等虚假情节。又如，资产负债表上存货总产品的数额超过计划数甚大，应审阅是否存在故意多计在产品、少计产品成本，从而少计主营业务成本、多计产品销售利润等虚假情节。

2. 其他资料的审阅

审计人员在复核会计记录及其他文件时，应注意审查各种书面文件是否一致、书面资料之间的勾稽关系是否存在。由于会计资料是根据复式记账的原理记录的，因此许多资料之间都存在一种对应关系，即勾稽关系。审阅时，应注意这些勾稽关系是否存在。若不存在，则说明会计核算可能存在错误或舞弊。

对会计资料以外的其他资料进行审阅，往往是为了获取进一步的信息，至于需要审阅哪些资料，则应视查账时的具体情况而定。如在审阅产品成本核算资料时，发现实际耗用工时与定额耗用工时相去甚远，则应审阅考勤记录和派工单（或生产任务通知单）等资料，以查明该单位是否存在弄虚作假、变相发放奖金或加大成本以逃避税费、截留收入的舞弊行为。必要时，应审阅的其他资料通常包括有关法规文件、内部规章制度、计划预算资料、经济合同、协议书、委托书、考勤记录、生产记录、各种消耗定额、出车记录等，具体如下。

①在查账过程中，除了审查会计资料外，常需要审查其他有关的各种资料，如经济合同、加工收发记录、托运记录、计划资料、预算、统计资料等。审阅这些资料时一般应着重注意反映的内容是否真实、合法、合规、合理。

②对于计划、预算，除审阅计划、预算本身的合法性、合规性、合理性外，还可联系执行的记录和会计资料进行审阅。

③资料的日期与经济业务发生日期和会计记账的日期是否一致或接近，其他资料记载的数量、金额是否与会计记录一致。

7.1.3　审阅的技巧

审阅的主要目的是通过对有关资料的仔细观察和阅读，发现一些疑点和线索，以抓住重点、缩小检查范围，这就要求掌握一定的审阅技巧。

（1）通过判断有关数据的增减变动有无异常来鉴别被审计单位可能在哪些方面存在问题。有异常情况的数据，通常称为异常数，它是指某些数据资料违反了会计原理的要求，或是违反了经济活动实际情况而在正常情况下不应有的现象。如库存商品、现金、材料等财务明细账出现赤字金额。

运用审阅法从异常数方面来发现有无问题时，具体可从以下三个方面来衡量。

①从数据增减变动幅度的大小来衡量。从这方面着手发现问题，关键是要把

握各项经济活动本身的数量界限。例如，工资费用、管理费用发生了巨额的增减变化，一般都隐藏了一定的问题。

②从数据本身的正负方向上来衡量。会计数字的正负方向，反映了会计账户表示的属性，如财产物资类账户余额出了负数，则表示违背了该类账户的属性，一般来说均有问题。

③从相关数据之间的变化关系来衡量。相关的会计账户存在着一定的关系，一个账户的变动必然引起某个或某些账户的相应变动，如果变动的方向及变动的幅度不匹配，则说明这种变动存在一定的问题。如对外投资金额有了巨额增加，但投资收益增加很少甚至减少，这就说明与这种变化不匹配，可能存在某种问题。

（2）通过判断会计资料和其他资料反映经济活动的真实程度来鉴别被审计单位有无问题。会计资料及其他资料理应真实、准确地反映单位各项经营活动的过程和结果，如果会计资料反映的情况和实际活动不符，则被审计单位就有弄虚作假的可能。

（3）通过判断会计账户对应关系的正确性来鉴别被审计单位有无问题。相关的会计账户都有明确的对应关系，而每个账户都有固定的核算内容，如果任意变动某个账户的核算内容，甚至将不相关的账户对应起来，一般都存在造假行为。如将应收款账户与费用账户对应、收入账户与应付款账户对应，则可能存在转移收入或支出的行为。

（4）通过判断时间上有无异常来分析被审计单位是否存在问题。每项经济业务从开始执行到结束的整个过程所持续的时间，都有一定的限度。若在有关资料上没有载明业务发生时间，或是虽载明了时间，但从发生日至记账日（或结转日）之间的时间较长，则可能隐藏着某种问题。

（5）通过判断单位购销活动有无异常来鉴别被审计单位有无问题。审计人员可通过审阅书面资料发现被审计单位在购销活动方面有无舍近求远、舍优购劣的现象，以及购销活动内容、物流方向、购销价格、结算方式等是否正常、合理、合法。

（6）通过判断业务经办人的业务能力、工作态度以及思想品德来鉴别可能存在的问题。审计人员可以从审阅书面资料入手，进一步了解重要业务经办人的政治、业务素质情况，将其作为判断有无问题的参考。

（7）从资料本身应具备的要素内容入手来鉴别问题存在的可能性。任何资料都应该具备所要求的要素，如果要素内容不全，则应进一步查明原因，以证实有无问题。

要有效地运用审阅法，就必须结合使用复核、核对的方法以便于及时证实审阅中发现的问题。审阅时应认真仔细，不要放过任何一个要素，更不要放过任何一个数字，要边审阅，边思考，善于发现疑点和线索，并进行完整的记录。为了避免重复和疏漏，审阅时应运用符号标准，以区别已审阅和未审阅的资料。

7.2　核对方法

核对是审计过程中经常采用的又一种重要方法，通常包括两层含义：复核与核对。复核，亦称复算或验算，是指通过对有关数据指标进行重新计算，来验证其是否正确可靠的审计技术。核对，通常是指将书面资料相关记录，或书面资料的记录与实物进行互相勾对，以验证其是否相符的一种常用审计技术。目前，从被审计单位采用的记账方法看，绝大多数被审计单位采用的都是复式记账方法，按照复式记账的原理，每项经济业务发生以后，都必须在彼此相关的两个（或两个以上）账户中进行记录，且金额相等。

7.2.1　核对的要点

1. 复核技术的要点

一般而言，审计中主要在两个方面应用复核技术：会计数据的复核和其他数据的复核。

（1）会计数据的复核。会计数据的复核主要是指对有关会计资料提供的数据指标进行复核。

会计凭证上的数据复核主要包括以下方面。

①复核原始凭证上的数量、单价与金额的计算有无错误；涉及多个事项的原始凭证，注意复核其合计是否正确。

②复核记账凭证所附原始凭证的金额合计是否正确。

③复核记账凭证汇总表是否正确。

④复核转账凭证上转记金额计算是否正确。

⑤复核成本计算中有关费用的归集与分配，以及单位成本和总成本的计算有无错误。

会计账簿上的数据复核主要包括以下方面。

①复核明细账、日记账、总账的本期借贷方发生额之和的计算是否正确。

②复核各账户余额的计算有无错误。尤其应注意对现金日记账和有关实物明细账的复核，以防利用记账技巧进行舞弊。

会计报表上的数据复核主要包括以下方面。

①复核资产负债表中的合计数及总计数的计算是否正确。

②复核利润表中的利润总额、应纳税所得额及其分配等有关数据的计算有无错误。

③复核现金流量表中有关栏的合计数计算有无错误。

④复核其他附表有关栏的合计数计算有无错误。

⑤复核各报表补充资料中有关行的合计，以及最后的总计计算有无错误。

（2）其他数据的复核。由于现代审计不局限于对会计资料的审查，因此会计资料以外的其他数据也是审计复核的内容，如对工作时间的复核等。

2. 核对技术的要点

在一般审计项目中，需要应用核对技术的情况非常多。如在进行决算审计时，首先要查明决算报表的编制是否有可靠的根据，一般的做法是将决算报表中的本期（期末）数与本年的有关总账及明细账进行核对，以判明账表是否相符；将决算报表年初数与上期报表的年末数进行核对，以判明表与表是否相符；对个别指标还应与统计核算资料核对等。一般而言，核对技术的主要内容可以概括为三个方面：会计资料间的相互核对、会计资料与其他资料的核对。

（1）会计资料间的相互核对。

①核对记账凭证与所附原始凭证。核对时应注意证与证之间相关业务内容是否一致，包括经济业务内容摘要、数量、单价、金额合计等；记账凭证上载明的所附原始凭证张数与实际张数是否相符。

②核对汇总记账凭证与分录记账凭证合计，看二者是否相符。

③核对记账凭证与明细账、日记账及总账，查明账证是否相符。

④核对总账与明细账余额之和，查明账与账是否相符。

⑤核对报表与有关总账和明细账，查明账表是否相符。

⑥核对有关报表，查明报表间的相关项目，及有关指标是否相符。

上述核对要点，可概括为证证核对、账证核对、账账核对、账表核对和表表核对。

（2）会计资料与其他资料的核对。

①核对账单。将有关账面记录与第三方的对账单进行核对，查明二者是否一致。

②核对其他原始记录。核对其他原始记录即将会计资料同其他原始记录进行相互核对，查明有无问题。这些重要的原始记录包括核准执行某项业务的文件、生产记录、实物的入库记录、出车记录、托运记录、职工名册、职工调动记录、考勤记录及有关人员的信函等。在进行某些专案审计时，将会计资料同其他原始记录进行相互核对尤为重要。

③有关资料记录与实物的核对。报表或账目反映的有关财产物资是否确实存在是财产所有者关心的问题。因此，核对账面上的记录与实物是否相符，是核对的重要内容。

通过以上核对，审计人员可能发现差异。这些差异，有些还需要进一步审查，应分析判断差异产生的原因及后果，然后确定需要用的技术方法，并实施更深程度的审查。

7.2.2　运用核对方法应注意的问题

1. 运用复核技术应注意的问题

复核技术主要应用于对各种数据指标计算结果正确性的验算，虽在应用复核技术时不要求有较高的素质，但审计人员仍应谨慎从事。在具体运用时应注意以下几点。

（1）要善于抓住重点。一般而言，审计人员只需对那些对审计目标有较大影响的，或是认为有疑点还需要进一步澄清的数据进行复核。

（2）要小心谨慎，不能放过任何一点差异。既不轻信被审计单位原来的计算结果，又不能轻易相信自己的复核结果，必要时，应反复复核，直到可以确信其中一方的计算结果绝对可靠为止。

（3）在复核时，应注意使用一定的符号，以便识别哪些项目已做检查。

2. 运用核对技术应注意的问题

核对技术应用于验证各种书面资料之间的一致性，以及验证书面资料的记录与实物之间的一致性。在具体进行核对时，可以由两个人进行，也可由一个人进行。由两个人进行时，一般是一人念，另一人对，这样便于提高核对效率，但常会因看错、念错或听错而影响核对效果。由一人进行核对，虽出错的可能性小，且便于发现问题，但效率低。因此，在核对方式上，审计人员应根据具体情况做出恰当选择。在具体运用核对技术时，需特别注意以下各点。

（1）核对前，应对用来进行核对的各种书面资料本身的可靠性予以认可，否则，核对后获取的审计证据将是不可靠的。因此，运用核对技术也需要结合采用其他技术。如果用来核对的资料来自不同的渠道，则也可直接进行核对。

（2）核对内容要全面，不能遗漏。核对虽用不着高深的学问，但粗心往往会酿成大错。核对不仅要求审计人员在核对时不遗漏任何细节，更重要的是，核对的内容一定要全面。否则，极易得出错误结论。

（3）核对应运用一定的符号，以便能识别哪些内容已经核对过，或是核对了几次，或是有无疑问，等等。如使用“√”表示已核对；用“？”表示还有疑问；用“$\surd_{\square}$”□内数字表示核对次数。至于应运用什么符号，则由审计人员根据需要和方便自行决定。

（4）核对中发现的差异、疑点和线索，应记载并做出分析，以便澄清有关问题。

（5）核对方式可根据具体情况确定。但最好由一个人进行核对，以防产生差错。

对于审阅技术、复核技术和核对技术，在具体应用时应相互结合起来同时运用。一般而言，在审阅时对有必要进行复核的有关数据指标，要运用复核技术进行复核，以消除计算错误；然后再同有关资料进行核对。这样边审阅，边复核，边核对，既容易发现问题，又能提高工作效率。因此，审计人员在具体实施审计时，应灵活地结合采用审阅技术、复核技术和核对技术。

7.3　盘存方法

盘存方法，是指通过对财产物资的清点、计量，证实账面反映的财物是否存在的一种常用审计技术。在一般的审计项目中，盘存往往是不可缺少的，按具体做法的不同，盘存可分为直接盘存和监督盘存两种。直接盘存是指审计人员在实施检查时，通过亲自盘点有关财物来验证账面反映的有关财产是否确实存在、是否完整的盘存技术；监督盘存是指在盘点有关财物时，审计人员不亲自盘点，而是通过对有关盘点手续的观察、对财物保管情况的观察及监督，证实财物实存问题的一种盘存技术，也有人将这种盘存技术列入观察技术范畴。实际上，在具体实施盘点时，多数都采用监督盘存方式，除非是对特别贵重的物品或可能隐藏诸多问题的物品，才进行直接盘存。由于财产物资数量多，盘点难度大，想彻底查清很困难，因此，在财物方面极易隐藏贪污问题、调节成本利润的舞弊问题等。

7.3.1　盘存方法的应用要点

运用盘存技术，一般要经过三个步骤：盘点前的准备工作、实地盘点和盘点结果的确定。

1. 盘点前的准备工作

盘点一般都较烦琐，涉及的方面很多，为了保证盘点工作的质量，审计人员在盘点前有必要做好准备工作，包括以下几个方面。

（1）确定需要盘点的财物并予以封存。被审计单位的财物种类繁多，全面盘点不大可能且无必要，因此，应根据审计目标和被审项目的具体情况，确定需要盘点的重点。一般根据以下标准衡量。

①是否未盘点过？

②账面反映存量是否不合理？

③在成本中所占比重是否较大？

④该产品是否属紧俏贵重物品？

⑤该物品是否为日常生活必需？

⑥该物品以往是否发生过舞弊问题？

若上述回答都是肯定的，则相应产品应该成为盘点的重点。

在确定好应盘点的财物以后，如果不能立即开始盘点，且又难保证不让被审计单位知道情况，则应将需要盘点的物资予以封存，贴上封条后，将钥匙交财物经管人保管。

（2）调查了解有关财物的收发保管制度，并对各制度控制功能的发挥情况做出评估，找出控制薄弱环节，明确重点。

（3）确定参加盘点的人员。在盘点成员中至少要有两名审计人员、一名财务负责人和一名实物保管人，同时，还应有必要的工作人员。

（4）结出盘点日的账面应存数，即通过审阅、复核、核对，将账面记录计算错误予以消除。

（5）准备记录表格，检查度量器具。用于盘点的有关度量器具，一定要经过检查，以防弄虚作假和盘点结果失真。

（6）选择恰当的盘点时间。盘点时间的选择，一般以不影响工作正常进行为好，宜选择在每天的业务终了以后或是业务开始之前进行。

2. 进行实地盘点

准备就绪，应由盘点小组进行实地盘点。对于一般的财物种类，审计人员主要在场监督，看工作人员是否办理了应该办理的手续，同时，注意观察有关物品的质量；对于特别重要的财物盘点，审计人员除了监督、观察外，还应进行复点，如现金的盘点、其他有价证券的盘点、贵重物品的盘点等。盘点完毕，应将盘点所获的实际情况，如实填写在事先准备好的表格上。

3. 确定盘点结果

通过计算确定的盘点结果，应与账存数进行比较，以确定账实是否相符，以及不符的差距。由于账实不符的原因是多方面的，若发现账实不符，不应轻易下结论，防止造成工作的被动，而应具体分析不符的原因，并在判断推理的基础上，运用其他有关方法进行进一步审查，以彻底核实可能存在的问题。为了工作方便，当出现账实不符时，可以先请实物保管人陈述原因，再核实陈述人说明的不符原因是否属实，如果属实，即可消除疑问；如果不属实，则应将不符事项如实填写，并要求实物保管人签名作证。

在确认盘点结果以后应认真填写盘点表，并要求所有在场人员（尤其是财物保管人、财物负责人、审计人员）在盘点表上签名，以明确责任。

7.3.2　盘存方法应用中应注意的问题

盘存方法主要用于对各种实物及货币资产的检查，如现金、有价证券、材料、产成品、在产品、库存商品、低值易耗品、包装物、固定资产等。具体运用盘存方法时，还应特别注意以下各点。

（1）应采取突击检查方式同时盘点。若不能同时盘点，则未盘点实物的保管，应在审计人员的监督下进行。

（2）不能只盘点实物数量，还应注意除实物以外的其他物件的盘点。同时，必须注意实物的所有权、质量等。

（3）任何性质的白条，都不能用来充抵库存实物。

（4）在确定盘点小组的人选时，不能完全由被审计单位决定，以防串通、合谋、舞弊。

（5）确定盘点结果时，不要结易做出结论，尤其是一些涉及个人的问题，更应谨慎。

（6）若检查日的金额与结账日不一致，应进行必要调整。调整时，可按以下公式进行：

结账日账面应存数 = 盘点日账面应存数 + 盘点日与结账日之间的发出数 − 盘点日与结账日之间的收入数

结账日实存数 = 盘点日实存数 + 盘点日与结账日之间的发出数 − 盘点日与结账日之间的收入数

7.4　函证方法

函证方法，是指审计人员根据审计的具体需要，设计出具有一定格式的函件寄给有关单位或人员，根据对方的回答来获取资料，或对某些问题予以证实的一种审计技术，又称函询技术。

按要求对方回答方式的不同，函证方法可分为积极函证和消极函证两种。积极函证是指不管在什么情况下，都要求对方对函证内容直接以书面文件的形式向审计人员做出答复。消极函证，是指对于函证的内容，只有当对方认为存在异议时，才要求对方直接以书面文件的形式向审计人员做出答复。至于在何种情况下应使用积极函证或消极函证，一般应视函证业务事项的具体情况而定。

7.4.1 函证方法的应用要点

运用函证方法，有两个关键点值得注意：一是选择的函证方式要恰当，即在什么情况下应该采取积极函证方式，在什么情况下应采用消极函证方式；二是设计的答复函要合理，既要包含审计人员想知道的所有要点，又要便于对方回答，以保证能够得到所需的证据材料。

1. 函证方式的选择

如前所述，函证方式不外乎两种情况，一是积极函证，二是消极函证。一般情况下，在以下场合，应使用积极函证方式。

（1）应证审计事项特别重要。这里所说的重要，可以从两个方面来衡量：一是该业务涉及的金额越大，对审计目标的影响越大，因而就越重要；二是可以从业务涉及的问题性质来衡量，涉及的问题性质越严重，造成的不良影响越大，因而就越重要。

（2）应证审计事项极为有限。但要注意，并非应证审计事项极为有限时就必须用积极函证方式，这点只是强调应证审计事项极为有限的情况为采用积极函证方式提供了可能。

（3）应证审计事项从发生日至审查日延续的时间极长。一般而言，每项业务的起止有正常的时间界限，如果超出正常的时间界限，往往就有问题。因此，对于应证审计事项，如果期间很长，则产生错误和舞弊的可能性越大，因而需要采用积极函证方式。

（4）对应证审计事项存有较多疑问。审计人员总希望对存有疑问的各种问题，都能找到满意的证据，足以消除疑虑。若采用消极函证方式，则难以达到上述目的。因此，在需要对某些有较多疑问的应证审计事项进行证实时，需要采取积极函证的方式。

除上述场合外，其余场合，应采取消极函证方式。由于在消极函证方式下，对方只有对函证内容有异议时才做出回答，因此，只要在规定期限内未收到对方的答复函，则应证审计事项的实际情况与审计人员的认识是一致的。

2. 证实函件的设计

由于在函证的情况下，对方是按照审计人员的具体要求来回答问题的，因此，审计人员应将要求详尽地在函件中表达，这些要求既要能让对方理解，又要便于对方回答，否则审计人员运用的函证方法是无效的。一般在设计的函件中应该包括以下内容。

（1）审计机构的名称。

（2）被函询单位名称、发函的目的、应证审计事项的内容。在发函目的中，应写明执行审计业务的指令，以及出于何种需要而发函；应证审计事项的内容应简单明确、便于理解。

（3）应证审计事项的具体内容。其包括应证业务的摘要经办人、涉及的有关方面、核准人、业务发生的时间、财物数量、价格及金额、业务凭证号码、记账凭证号码、其他需要说明的事项等。对应证审计事项具体内容的设计，可采用表格式，将栏与行相结合，“栏”列明上述各项内容，一般只设两行，一行如实抄列被审计单位的情况，另一行留给对方填写答复。如果是结算业务的函证，则在设计的内容中，还应包括结欠金额的大小。

（4）函证的要求。在函件中，要求应该明确，包括要求对方对哪些内容予以回答、提供的答复函应该给谁、最迟的答复期限是什么时候，以及其他需要特别说明的事项等。

（5）审计机构及对方的签章、发函的时间以及答复的时间等。

7.4.2　函证方法应用中应注意的问题

函证方法的应用领域非常广泛，既可用于对有关书面资料真实性的证实，又可用于对有关财产物资情况的证实，还可用于对某些责任人有关情况的证实，如对应收应付账款金额的真实性的核实、对财物所有权的核实等。一般而言，需要从被审计单位以外的其他单位获取证据材料时，运用函证方法常常是极为有效的。不过，当其他单位在某些方面极大地依赖于被审计单位或者是在被审计单位与其他单位存在依赖时，函证方法的使用就受到了很大的限制。在具体运用函证方法时，应特别注意若存在有意串通的可能，则一般不能采用函证方法。注意以下几点。

（1）避免由被审计单位办理与函证有关的一切事宜，包括发出函件的封口、投递答复函的接收等，以防因篡改或串通舞弊而使函证方法应用失效。

（2）对于重要事项的函证，应注意保密，以防被审计单位采取临时补救措施。

（3）在积极函证的方式下，如果在规定的期限内未能收到答复函，则应采取其他补救措施，或是再次发函取证，或是亲临对方核实，或是委托对方所在地的审计机构就地取证后函复。如果准备亲临对方核实，审计人员必须有两人同时前往。

（4）为了便于控制，应对函证的审计事项和函证单位开列清单，并做好相应记录。在开列的清单中，至少应该写清楚以下内容。

①函证事项名称。

②函证单位名称。

③函件的编号。

④函证的经办人。

⑤发函的日期。

⑥函证方式。

⑦要求答复的日期。

⑧收到答复函的日期。

⑨对方经办人。

⑩备注（存在问题、补救措施等）。

（5）答复函证及函证清单等，都应收进审计工作底稿。

7.5 观察与鉴定方法

7.5.1 观察方法

观察方法，是指审计人员通过现场察看来了解被审计单位的一般情况，以及在审阅与分析中所发现的问题或对被审计单位的活动产生重大影响的活动，通过现场察看获取证明材料的一种审计技术。观察方法有着广泛的适用范围，对任何单位的审计，不管审计类型如何，均需要运用观察方法。即便是报送审计，要想取得好的效果，也需要将查阅与现场观察相结合。

运用观察方法获取的审计证据通常是亲历证据，其可信度比其他证据都高，但要注意影响其可信度的相关因素。影响观察方法运用效果的因素有三个：一是审计人员的实践经验和业务水平；二是审计人员的态度；三是被审计单位领导对待问题的态度。一般情况下，被审计单位领导总会千方百计地掩盖各种问题，审计人员应该予以高度重视，以防被被审计单位领导制造的假象蒙蔽。另外，当审计人员在场时，被审计单位总是十分小心，不愿意在审计人员面前暴露存在的各种问题。因此，审计人员依靠观察获取的证据有可能难以反映真实情况；另外，审计人员如果缺乏应有的经验和技能，则有可能遗漏一些问题。鉴于观察方法在应用中的复杂性，审计人员应特别注意以下几点。

（1）观察时保持高度的警觉，仔细留意周围的一切情况，不要放过任何细微的差异、疑点。

（2）保持合理的怀疑。在进行观察时，对于周围的一切都应该多问几个为什么。比如，领导为什么对审计人员的观察那么热心或冷淡，为什么审计人员观察时总派人跟着，为什么对某些实质性的问题避而不谈，为什么审计人员的观察要按照他们的安排进行，为什么被观察的业务总是超乎寻常地好，等等。上述反常情况的背后肯定存在其他问题。因此审计人员应该采取必要的措施，如在不受干扰的情况下自行观察，或是对同一业务进行多次观察等。

（3）在观察的同时注意综合分析。观察时，看到的都是现象，审计人员应该学会从众多的现象中抓住本质。

（4）观察方法要与询问方法结合运用，并应注意询问的策略与技巧。

（5）为了便于了解各种情况，观察时应结合使用问题式调查表。

（6）对某些情况的介绍，最好要求被审计单位结合现场观察进行。

（7）对于观察获取的资料，必须详细记录，尤其是形成的初步结论，一定要写清楚在观察时产生结论的原因，以免以后产生误解而使工作失误。

7.5.2　鉴定方法

鉴定方法，是指对某些审计事项的检查需要的技能超出了审计人员的正常业务范围，需聘请专门人员运用专门方法进行检测以获取审计证据的一种审计技术。鉴定法是一种证实问题的方法，不是专门的审计技术，但是必不可少的技术。运用鉴定方法的目的主要有两个：一是当应证审计事项所需的证据材料超出了审计人员的职责范围时，运用鉴定方法可以取得更有效的、说服力更强的证据；二是当获取应证审计事项的证据的能力超出一般审计人员在正常情况下应具备的取证能力时，运用鉴定方法可以弥补审计人员的不足，获取更有效的证据。

鉴定方法通常用于一些涉及较多专门技术问题的领域，以及难以判别真实情况的一般审计事项。在审计中运用鉴定技术，实际上是聘请他人协助审计工作，代行审计人员的职权，运用该技术获取的证据多数是外来证据（也有的称为专家提供的证据，同时也不排斥这部分证据中有内部证据）。因此，在具体运用鉴定方法时，以下几点是审计人员必须特别注意的。

（1）聘请的专家能否保持独立性。这一点至关重要，因为审计作用的关键就在于审计人员的独立性，当由审计人员以外的其他职业专家代行审计职权时，审计的独立性同样不应受到损害。因此，对于聘请的专家，首先应该进行资格审查，判明其是否与被审计单位有经济利害关系以及有无其他方面的亲近关系，为人是否正直。

（2）应该选择信誉好、在当地有较大影响力的专家来协助审计。

（3）在进行鉴定时，审计人员对审计的一些细节应该保密，也就是说，聘请专家鉴定时，不应将鉴定的意图以及审计中的某些情况向专家透露，以防影响专家的态度，从而影响证据的客观性。

（4）进行鉴定，一般都应由有关专家出具鉴定报告，并且要求在报告上签名，以明确责任。

（5）对受邀协助审计工作、出具鉴定报告的有关专家，审计人员应保密。

7.6 分析方法

分析方法是常用的一种辅助审计技术。在审计过程中，最常用的辅助审计技术有分析技术、推理技术、询问技术和调整技术等。分析方法，是指在审计时通过对被审项目有关内容的对比与分解，来找出项目之间的差异以及各项目的构成因素，以揭示其中有无问题，从而为进一步审计提供线索或主攻方向的一种审计技术。在每一审计项目中，分析方法使用的频率往往最高。多数情况下，分析方法在开始实施实质性审查前采用，在实质性审查过程中亦能采用，有些人将这种方法称为分析性检查的方法。审计人员如果分析恰当，通常能够得到事半功倍的效果；如果分析不当，亦能使审计工作误入歧途。审计中分析方法的种类有很多，如比较分析、平衡分析、相关分析、账户分析、制度分析、因素分析、趋势分析、数学分析、统计分析等。以下介绍几种常用的方法。

7.6.1　比较分析法

比较分析法，是指直接通过对有关审计项目之间的对比，揭示其中的差异所在，并在此基础上分析判断差异是否正常及其形成的原因，从而判明经济活动是否合理、有效，被审计单位有无问题的一种分析技术。按对比时采用指标的形式不同，比较分析法可分为绝对数比较分析和相对数比较分析两种。

绝对数比较分析，是指直接以有关项目之间的总量或货币总额进行对比，揭示差异所在并进行判断的一种分析技术。如企业管理费用或销售收入在各个不同时期的对比，产品、商品存销量在各个不同时期的对比。绝对数比较分析，可以揭示被审项目的增减变动情况有无异常、是否合情合理、是否存在问题。绝对数比较分析，更适合用于对资产负债表、利润表中的某些项目、有关账户余额以及有关明细账户某些项目的检查，当这些项目的增减变动超出了正常范围时，便可认为存在问题。而且，将被审项目在各个不同时期的总额变动情况进行综合分析，有时还可以揭示经济活动的发展趋势，从而有利于从整体上分析判明产生问题的可能性及存在问题的方面。

相对数比较分析，又称比率分析，是指通对过计算出的被审项目的百分比、比率或比重结构等相对数指标进行对比，揭示其中的差异，并分析判断有无问题的分析技术。如对成本费用率、资金利润率、资金增长率、完成程度及比重结构等指标的计算与对比。有时使用相对数比较分析更容易发现问题，有时，为了确保审计人员的分析判断正确，在使用了绝对数比较分析后，还应该用相对数比较分析。

比较分析法可以广泛应用于能够进行对比的被审项目的一般性检查。至于在什么场合应该用绝对数比较分析，或是相对数比较分析，应视被审项目的具体情况而定。一般而言，两种比较分析法都能采用的，应同时运用两种技术，以防判断出现差错。在具体应用比较分析法时，应特别注意以下几点。

（1）对比之前，应该对用于对比的被审项目资料内容的正确性予以认可。

（2）对比的各项目必须具有可比性。也就是说，用来进行相互比较的有关项目，应该是同质的，否则就无法对比。

（3）根据比较的目的确定应该对比哪些内容。一般而言，可以是相关项目比较，同一项目的不同时期比较，同一项目的计划、定额比较等。

（4）比较揭示的差异，应该予以记录并附分析说明，使之能真正为决定采用何种其他审计技术提供依据。

7.6.2 平衡分析法

平衡分析法，是指根据复式记账原理和会计制度的规定，以及经济活动之间的内在依存制约关系，对相关项目进行计算或测定，以检视其制约关系是否存在，并揭示其中有无问题的一种分析技术。由于这一方法通常是通过对存在依存制约关系的数据计算或测定进行的，因而也称制度数据制约法或控制计算法。

从会计原理的角度看，有许多项目的数量或金额指标之间存在相互依存制约关系。若相互之间出现明显的不符现象，则极有可能存在问题。因此，在审计过程中碰到较为复杂的问题，运用直接对比分析难以发现异常情况时，运用平衡分析法是极为有效的。

平衡分析法实际上是比较分析法的一种转化形式，主要应用于存在依存制约关系的数量或金额指标的一般性审查，当使用比较分析法难以奏效时，一般使用平衡分析法。为了保证使用平衡分析法的有效性，在具体运用时还应注意以下各点。

（1）对有关指标先进行复核，验证其是否正确。

（2）在分析前，应该找出有关项目之间存在哪些依存制约关系，如果找不到或不存在依存制约关系，那么运用平衡分析法是无效的。

（3）在运用平衡分析法时，多数情况是对有关指标进行计算测定，因此，对测定使用的公式一定要注意其科学性，对计算过程一定要认真演算，以防结果出错，从而导致分析判断失误。

（4）为了便于找出依存制约关系，要求审计人员掌握一些生产经营活动方面的常识，否则将难以发现被审计单位的问题。

7.6.3 相关分析法

相关分析法，是指对存在关联的被审项目进行对比，揭示其中的差异所在并判明可能存在问题的一种分析技术。对被审计单位而言，一项经济业务的发生，必然会引起一连串的相关活动的变动，对于审计人员来说，只要掌握这些规律，就能发现问题所在。在具体应用相关分析法时，应注意以下两点。

（1）经济活动事项之间在哪些方面有关联，属于什么样的关联，这些关联既包括直接的，又包括间接的或是存在逻辑的。找出经济活动事项之间的关联，是运用相关分析法的关键，不然，会使分析不能揭示差异或导致分析判断失误。

（2）能够从相关事项的异常现象入手把握问题的实质。若明显有异常，但认为没有异常或是这一异常无关紧要，则相关分析无效。

7.6.4 账户分析法

账户分析法，是指以会计制度为依据，运用会计原理，按照账户对应关系及其发生额和余额的规律性，揭示账户中存在的问题的一种分析技术。账户分析不直接检查报表和凭证，而直接审查账面记录，比较容易发现问题。运用账户分析法的目的，在于揭示账目中存在的各种异常现象，进一步提供审计线索，这些异常现象通常包括异常的余额、异常的核算内容、异常的摘要、异常的对应关系、异常的发生额以及异常的发生时间等。账户分析法的形式有多种，但在审计中经常采用的主要有科目分析和账龄（期龄）分析两种。

科目分析法，是指根据科目对应关系的原理，按某一科目的借方或贷方的对方科目编制棋盘式对照表，或分别登记，然后分析记录是否恰当，有无隐藏其他问题的一种账户分析技术。按照复式记账的原理或会计制度的规定，每个科目的增加或减少，必定会引起相关科目的增减变动，因此，只要将某一科目的借方或贷方按对方科目编表或登记，进行对照，就不难发现其中存在的错弊问题。科目分析法对于发现会计原理上的错误、分录编制的错误及过账的错误是特别有效的，但使用时特别费时、费力。因此，在实际工作中，科目分析法往往只适用于容易产生错误和舞弊问题的科目，如现金、银行存款等，尽管从理论上讲，科目分析法对每个科目都适用，但实际上无此必要，而且也难以办到。在具体运用科目分析法时，应特别注意以下几点。

（1）针对被审计单位的实际情况，找出需要运用科目分析法检查的重点科目。

（2）在具体编制科目分析表时，应该特别谨慎细心，以防遗漏而导致得出错误的审计结论。

（3）在编制分析表时，应该将正常的对应科目列全，不然，将难以发现问题或得出错误的结论。

账龄分析法，又称期龄分析法，是指以账户中业务事项发生后延续时间的长短为标志编制分析表，揭示其中有无异常或其他问题的一种账户分析技术。通过账龄分析法，审计人员可以发现遗留问题，为确定重点提供依据，并有针对性地提出改进措施。账龄分析法可以用于材料产成品、商品、应收应付账款、工程支出等业务的一般性检查。运用账龄分析法的关键，是要找到一个恰当的标志对业务事项进行分类，并编制账龄分析表。这一恰当的标志就是延续时间的长短，如库存材料产成品的时间、库存商品的保管时间、应收应付账款的结算时间、工程项目的周期等。运用账龄分析法时，应注意以下四点。

（1）首先应确定正常业务的期限，即有关业务延续的时间在多长时间内属于正常，这是确定有无问题的基础。

（2）应根据业务内容的具体情况划分不同档次，并确定每档次的相应比重。如果档次划分得太细，则不利于抓重点，且工作量会增大；若太粗，则不便于分析。因此，应根据具体情况做适当分类。

（3）通过账龄长短确定重点审查事项，进一步分析其形成的原因或可能存在的问题，以便为进一步检查提供方向。对于形成的原因，可以先由被审计单位的当事人、知情人陈述。

（4）为了便于说明问题，应该对有问题的重点事项给被审计单位造成的损失进行实事求是的测算。如产品、商品积压而多付的保管费用；多占用资金而支付的利息；影响资金周转而浪费的资金；对于应收账款，亦应测算因长期占用造成的利息损失，以及影响资金周转（增加贷款）而增加的利息支出等。

7.7　推理方法

推理方法，是指审计人员根据已经掌握的事实或线索，结合自身的经验，并运用逻辑推断技术，确定一种审计方案，并推测实施后可能出现的结果的一种审计技术。推理与分析判断有着密切联系，因而有人将其称为分析推理或判断推理。推理方法在审计中有着特殊的地位。

7.7.1　推理方法的应用要点

要恰当运用推理方法，有三个关键点应该特别注意：一是要恰当分析，这是推理的前提；二是要合理推理，这是判断的前提；三是要正确判断，这是推理方法运用获得的结论，若判断有误，审计工作必将以失败告终。

1. 恰当分析

如上所述，恰当分析是进行推理的前提，因此，它是运用推理方法的基础。不过这里所说的分析与前文所提到的各种分析技术是有区别的，前述的各种分析技术，多数都是定量化分析，目的在于通过分析数量上的差异，揭示被审计单位的经济活动中隐藏的问题；这里所说的分析，实际是一种定性分析或原因分析，即对于通过运用前述的各种分析技术或其他常用的审计技术发现的问题（或差异）的形成原因（或影响的因素）所进行的分析。因此，推理方法应用中的恰当分析，实际上是建立在其他审计技术运用的基础上的。

2. 合理推理

进行合理推理，就是根据提出的种种怀疑，结合进入被审计单位后观察了解到的情况，推断各种可能情况的真实程度。推理必须建立在恰当分析的基础上，如果推理正确，可使工作进展顺利，少走弯路。

3. 正确判断

进行正确判断的过程，就是审计人员凭自身的经验，结合观察了解到的具体情况，对运用推理方法推断出来的结果予以认定的过程。正确的判断必须建立在恰当分析和合理推理的基础上，而且，必须以事实为根据，否则，判断就会出错。对复杂事项的判断尤应注意。

7.7.2 推理方法应用中应注意的问题

推理方法是极为重要的常用的辅助审计技术，几乎适用于一切审计项目的较深层次的检查。审计人员通过正确地运用推理方法，明确了进一步审查的方向，而建立在这种推理基础上的进一步检查就变得非常容易。因而，审计人员重视推理方法的应用是正确的。但为了保证推理方法运用的有效性，在具体运用过程中，还应特别注意以下各点。

（1）分析、推理、判断都必须以客观事实为依据。离开了事实的推理是无效的，因此，决不能误认为推理方法的运用过程是一个纯粹的主观分析判断过程。

（2）分析、推理、判断都要凭借审计人员的经验。可以说，审计人员的经验对审计工作的成败是至关重要的，但是绝对不能以经验代替事实。

（3）对用于推理的基础资料，应该事先加以核实。

（4）产生推理结论的过程和依据最好能够记入审计工作底稿。

（5）推理所获的结论在未经核实之前不能用来作证。

（6）运用推理方法，或者是在其他审计技术运用的基础上进行，或者是结合其他审计技术进行。一般而言，可以先用审阅方法、核对方法、分析方法发现问题、差异及疑点；再运用推理方法分析判断实质性的问题所在；最后再运用盘存方法、鉴定方法、观察方法、询问方法等核实问题，获取有效证据。

7.8 询问方法

询问方法，是指审计人员通过直接找有关人员进行面谈，以取得必要的资料，或对某一问题予以证实的一种审计技术，也称面询。询问方法是任何审计都必须运用的极为重要的常用辅助审计技术。通过运用审阅、核对、分析、推理等方法可能会发现许多问题，但这些问题最终都需要找有关人员给予说明，这就不得不运用询问方法。询问方法是通过找有关人员谈话来实现审计目的的一种方法，因此，按询问对象的不同，询问方法又可分为对知情人的询问和对当事人的询问两种。对知情人的询问，是指通过找知晓某一问题具体情况的人员面谈，来获取资料或证实问题；对当事人的询问，是指找某一问题的直接责任人员面谈，以获取资料或核实问题。另外，若按询问地点的不同，询问方法还可分为内部询问和外部询问；若按询问方式的不同，询问方法又可分为个别询问和集体询问。在具体运用询问方法时，应根据需要选择不同的询问类型。

7.8.1　询问方法的应用要点

要想有效地运用询问方法，首先要选择恰当的询问方式，其次是注意询问的效果，不讲求策略，很可能导致询问无法进行。

1. 选择询问方式

询问的方式通常只有两种，即个别询问和集体询问。

选择恰当的询问方式，是保证询问顺利进行、获取所需信息资料的不可或缺的步骤。

（1）个别询问的运用。

个别询问，即单个交谈，是指找每一个人分别进行面谈，以获取所需资料的一种询问技术。由于每个人对其他人员通常都有戒备心理，比如担心他人抓自己的把柄，或是怕他人打自己的小报告等，因此，在可能的情况下，审计人员应该尽可能多地采用个别询问技术。虽然这一技术对审计人员来说会增加审计成本和审计手续，甚至影响审计效率，但对于审计效果来说，是绝对有利的。不管怎样，以下几种情形是必须采用个别询问方式的。

①询问内容极为重要，且需要控制扩散范围的。

②被询人知晓的情况可能对他人构成损害或威胁的。

③被询人是某些人的打击报复对象。

④被询人性格内向，不善交谈的。

⑤被询人提出要求，需要单个面谈的。

⑥对当事人的对质，以核实问题的。

⑦审计人员认为，询问将可能对被询人产生不利影响的。

（2）集体询问的运用。

集体询问，是指通过找多个有关人员一起进行面谈，以获取所需资料的一种询问方式。这种方式实际上就是开座谈会。一般地，在以下场合应采用集体询问的方式。

①调查了解的只是一般情况或一般性问题。

②调查内容对有关人员不构成影响的。

③被询人性情活泼开朗，善于交谈的。

④审计人员认为询问内容对被询人不构成不利影响的。

⑤询问内容不存在保密问题的。

总之，应采用何种询问方式，要根据询问内容的具体情况，以及被询人的具体情况而定。

2. 询问策略的运用

询问的目的，就是要让知情人或当事人将他们所知道的有关情况提供给审计人员。为此，审计人员常常通过提出问题来引导他们提供情况。

7.8.2 询问方法应用中应注意的问题

询问方法的应用场合是十分广泛的，既可用于对被审计单位有关情况的一般了解，也可用于对审计证据的落实，如用于收集对某些书面资料或财产物资进行证实的补充证据等。为了确保询问方法运用的有效性，在具体运用询问方法时应特别注意以下各点。

（1）在准备对有关人员进行询问之前，如果可以让被询人事先了解情况，则应预约询问的时间。这一点很重要，具有以下作用：一是显示审计人员对被询人的尊重；二是可以让被询人做好必要的准备等。但应注意，接近下班或是刚上班的时间一般不是最佳的询问时间。不过，对当事人的询问一般不事先预约。

（2）在每一次询问中，应该有两名审计人员在场。

（3）为了便于询问的进行，审计人员应使自己的言行显得特别有修养。这一点很重要，便于拉近审计人员与被询人员之间的关系，因此，审计人员的穿着一定要得体，不应太随便，亦不应太庄重。

（4）在询问过程中，要注意听，使被询人意识到他所提供的信息是重要的。

（5）在询问过程中，应认真做好询问记录，并在询问完毕后交被询人查阅签名，以明确责任，尤其是对当事人的询问，一定要注意这一点。如果可能，在询问时可以结合使用问题式调查表。

（6）列入计划的询问对象及询问内容应注意保密，不管是对当事人的询问，还是对知情人的询问，都应如此。

（7）涉及多个当事人的询问，应单独同时进行，以防相互串通。

（8）询问获得的证据，不能直接用来作证，只能用作重要证据的补充证据。因此，如果事先未能找到其他重要证据，而只通过询问获得了获取重要证据的线索时，应按提供的线索找到其他重要证据。

7.9　调整方法

调整方法，是指审计人员在通过审核检查以后，对发现的有关不符之处所做的符合实际和规定的纠正技术。严格地讲，调整方法不是收集证据的技术，调整通常也不是审计人员的工作范围，但审计人员为了弄清每个项目的影响程度，以及在审计报告中提出纠正的建议，调整也就成了不可缺少的工作内容。可以说，就被审计单位的实际情况看，每个审计项目都会涉及调整问题。

7.9.1　调整方法的应用要点

如前所述，审计中的调整，每一审计项目均会涉及，因此，调整技术应用的领域是非常广泛的。如果按调整内容的不同，调整方法可分为数据计算的调整、账项的调整和报表项目的调整三个方面，现分述如下。

1. 数据计算的调整

由于违反法规要求或是业务处理中方法不当，必然影响有关数据指标的准确性，因此，数据计算的调整是调整的重要内容，而且是账项调整和报表项目调整的基础。因为，账项和报表项目到底应怎样调整、调整多少，其根据是重新计算出来的有关数据。在一般的审计项目中，数据计算调整主要涉及成本与费用、折旧、专用基金、利润、税金等，尤其是专用基金、利润分配及应交税金，几乎每一审计项目都涉及。为了保证数据计算调整的合理性，应按以下办法进行。

（1）选择恰当的调整计算方法。每一数据都是按一定的方法计算出来的，而每一数据应该怎样计算都有具体的规定。

（2）分析确定需要调整计算的内容。全面分析每一问题出现以后，将会对哪些具体项目产生影响，而这些项目又都需要进行计算调整。

（3）确定分配计算的依据。将采用的计算依据所影响的金额分配计入需要调整的每项中去。

（4）计算需要调整的结果。在上述三个方面确定后，计算需调整的结果就比较简单。审计人员在运用调整技术时，对涉及的数据计算部分的调整，应特别小心，以求审计结论的客观公正，确保审计的权威。

2. 账项的调整

所有被发现的问题一般都涉及账项的调整。在实际工作中，对怎样调整账项，不同的人采取不同的做法，存在颇多问题。虽然会计制度中都有规定，但有的审计人员从自己的认识出发，就是不按规定处理。运用调整技术调整账项的基本原则是：一要符合制度的要求；二要将受到影响的方面全部调整回去，使其能反映本来面目。为此，审计人员应按以下做法调整账项。

（1）分清期限，确定调整方式。时间不同，则调整方式不同。审查期、决算期在同一年度的，则可采用会计上的一般调整方式，即先将错弊记录用红字全部冲回，再补做正确的账务处理；如果决算期在前，审查期在后，则不能按上述方法处理，因已办理完决算，以前年度的账项无法冲回，如果仍采用同样方法，则只会将审查年度的账目调乱。

（2）将所有错弊账项全部列出。如果错弊账项本身很少，但它影响很多其他账项，则亦应将全部受影响的账项列出来。对受影响的账项的分析，应从会计制度和会计原理的要求出发，尽量分析全面。

（3）做出正确的财务处理。

3. 报表项目的调整

为了保证账表相符，对账项进行调整后应根据有关记录相应调整审查年度报表的期初数或年初数。

7.9.2 调整方法应用中应注意的问题

调整方法应用起来是相当复杂的。为了确保其运用的有效性，需要注意以下问题。

（1）应该调整哪些内容，必须反复考虑，以求尽量完整。

（2）注意时间界限。

（3）调整应合规。

（4）运用调整技术取得的结果，应写入审计报告的建议部分。

7.10 评价方法

审计评价，是审计人员根据审计过程中所查明的结果，对照审计标准，对发现的问题以及被审计单位的全部经济活动所做的结论性评定。审计评价一般分为肯定性评价和否定性评价两类。肯定性评价，即肯定被审计单位经济活动的正确性，合规、合法和有效性，以及经济资料的真实性与正确性；否定性评价，即对被审计单位经济活动中违反财经法规、财务制度的方面，没有效益的方面，以及经济资料不真实的方面做出评定。除某些专案审计外，对一般审计内容的评价既有肯定性的，又有否定性的，同时，还应进行综合评价。审计人员在评价时，一定要以事实为根据，以政策、法令、规章制度为准绳，站在客观公正的立场上，不带任何偏见或成见；从评价的角度讲，审计人员要从中立的角度对被审计单位的有关情况进行评价；在评价的方式上，审计人员不仅应对每一个审计事项进行单项评价，还应在单项评价的基础上进行专题评价和综合评价；在评价的方法上，审计人员既要进行一般的定性评价，还应进行定量评价；在评价的类型上，审计人员既要有肯定评价，还要有否定评价，而且在否定评价中，还应进一步区分是一般的错误还是故意的舞弊，是一般的违规还是严重的违纪，是非罪还是犯罪，是主观因素造成的还是客观因素影响的结果等；在评价内容上，应尽量全面，不遗漏每个问题，至少应该与审查内容一致。总之，评价的结果是提出审计处理意见、做出审计决定的直接依据，需要特别慎重。

7.11 审计评价的方式

1. 单项评价

单项评价，是指就某具体的审计事项，根据审查结果，对照审计标准所进行的评定。如对库存现金实存数审查结果的评价，对工资费用的支付与分配审查结果的评价等。单项评价也称一事一评，涉及的范围相对较小，因此，评价时难度比较小。

2. 专题评价

专题评价，是指就某类审计事项，根据审计结果进行专门评定，一般在编制项目审计工作底稿时进行。如对货币资金进行审查后，对照审计标准，根据其结果所做的评价，以及在对成本计算审查后综合经济责任的履行情况等所做的专门评价；合规性审计中对经济交易情况、财经法纪的遵守评定等。专题评价也称分类评价，涉及的面一般都比较广。因此，评价难度大，一般需等一个项目或专题审查完毕后才能进行。如对货币资金这一审计专题的评价，必须等库存现金、银行存款的实有数，资金运用，收付业务及出纳纪律的遵守情况等问题全部查清后，才能做出客观评价。专题评价一般在编制汇总审计工作底稿时进行。

3. 综合评价

综合评价是指就被审计单位的全部经济活动和经济资料，根据审计结果，对照审计标准，从整体上做出的全面评定。如对被审计单位财产物资的保管与使用的评价、对业务经营活动有效性的评价、对各项管理活动的合理性与有效性的评价、对财务收支合规与合法的评价等。综合评价也称全面评价，涉及的面很广。因此，评价难度很大，一般是在审计终结阶段编写审计报告时进行。

以上三种评价方式，是每次审计活动都不可缺少的，它们分别存在于审计过程的不同阶段，前两种评价是在审计实施阶段进行的，后一种评价是在审计终结阶段进行的。

7.12　审计评价的方法

审计评价的一般方法主要有比较分析评价法和评分评价法两种，前者属于定性评价的方法，后者属于定量评价的方法。在进行审计评价时，应在定性评价的基础上，尽量实行定量评价，以增强说服力。

1. 比较分析评价法

比较分析评价法，就是根据审计所查明的结果，对照审计标准进行衡量，然后在综合分析的基础上提出评定意见的方法。

2. 评分评价法

评分评价法，就是指根据被审计单位得分来评定经济活动状况和经济资料的可信性的评价方法。评分评价法能够将审计评价的结果数量化，能形象、直观地说明问题，可以增强审计结论的说服力，因此，在可能的情况下，应尽量使用评分评价法。使用评分评价法的基本做法如下。

（1）将被审计单位的各项活动和资料，按照审计内容与目的要求，归纳出相应的考核指标。如进行厂长、经理离任经济责任审计时，可以将反映生产经营活动的有关指标归纳为以下考核指标：①内部控制制度；②货币资金的使用与管理；③生产费用（或商品流通费）和产品成本的管理；④固定资产和材料的使用与管理；⑤产成品的管理、销售及利润和税费的实现和上交；⑥国家基金和专用基金的使用与管理；⑦国家、集体、个人三者利益关系的处理；⑧职工生活福利的改善状况；⑨企业发展规划；⑩厂长、经理有无因渎职而造成重大损失浪费以及有无以权谋私等非法行为。

（2）规定每项指标的得分并制定相应的评分标准。各指标的得分，应根据项目的重要性以及实现的难易程度确定。如生产费用与产品成本的管理，由于是全面反映被审计单位工作质量的综合性指标，涉及面广，控制难度大，因此，可以规定最高得分为 15 分。评分标准应根据各指标可能出现的情况，规定相应的扣分与加分的幅度。如生产费用与产品成本的管理，可以进一步分为生产费用的核算、产品生产成本的结转和可比产品成本降低的任务三项指标，并规定各项指标的最高分为 5 分。然后规定各指标的评分办法。如可比产品成本降低的任务一项，若未完成任务，则该项得 0 分；若正好完成，得基本分；若超额完成任务，每降低 1% 可加 1 分；等等。

（3）确定分数段。对每一个单位，根据得分的多少划分为五个等级进行评定，即好、良好、一般、较差、差五个等级，得分在 90 分以上的单位为好，80 ~ 89 分为良好：70 ~ 79 分为一般，60 ~ 69 分为较差，60 分以下为差。

（4）根据审计结果打分，并确定最后得分。如审计结果表明成本上升，则得 0 分。

（5）根据累计得分做出评价。如打分的结果为 85 分，则评定该被审计单位情况良好。

7.13 应区分的界限

1. 区分主客观因素

经济活动的过程与结果，会受到各种环境及制约条件的影响，要做出正确评价就必须区分是主观努力的结果，还是主观努力不够。不管是有利的还是不利的，这些因素在评价时都应扣除，具体包括价格的变动、市场需求状况的变化、国家税收政策的变化、国家宏观政策的调整、来自外部的不适当干预、自然灾害的影响等。如审计时查明，利润比以前年度增加，则在评价时应弄清利润增加的原因，若是国家价格调高所致，则应将这部分利润扣除后再做评定。

2. 区分错误与舞弊

一般的错误与舞弊行为，在处理时需要区别对待，因此，在进行评价时，有必要严格区分错误与舞弊。具体区分时，可以从两个方面衡量。一是看行为的性质，如果经过分析确定行为的发生确实是无意识的，则可定为错误；相反，若行为的发生被认定为有意识的，即经过策划与预谋的，则应评定为舞弊问题。二是看行为的结果，如果经审核认定，虽然发生了不应有的行为，但该行为并未使公共财产遭受损失，个人也未获取私利，则可以评定为错误；相反，若行为的结果使公共财产蒙受损失，或是利用职务上的便利条件谋取了私利，或是弄虚作假、有意欺骗上级，则都可以评定为舞弊问题。

3. 区分违纪与违规

对于违纪与违规问题，审计处理也不一样，因此，在评价时，还需要区分哪些是违纪问题，哪些是违规问题。违纪，即违反财经纪律，也就是被审计单位在财政财务收支活动中，不遵守国家财经方面的法律、行政法规及地方性法规的规定，从而损害或侵犯国家利益、危害社会经济秩序的行为。

根据《通用财经法规审计类 5 类 120 项违法违规行为清单》，将审计违规处理划分为以下 5 类：①违反审计法规行为；②违反会计核算法规行为；③违反货币资金管理法规行为；④违反国有资产管理法规行为；⑤违反其他财经法规行为。

4. 区分罪与非罪

对于违纪行为，如果构成犯罪，要移送司法机关处理，情节严重但不构成犯罪的，带要移送监察机关处理。因此，在进行评价时，还应对违纪问题区分罪与非罪。

7.14　支出环节的评价要点

对支出环节的评价，应根据支出环节审计的结果进行。就评价的基本内容而言，应该与支出环节的审计内容相一致，并且，还应该在对每一内容评价的基础上形成综合性的评价意见。根据支出环节审计方案中安排的有关要点，支出环节基本的评价内容应该包括以下方面。

1. 采购支出方面

在采购支出方面，应评定以下情况。被审计单位是否根据生产计划任务和合理储备的需要量制定了采购计划，计划中确定的采购批次与批量是否经济合理，计划是否严格执行；采购业务是否都签订了采购合同，合同的条款是否完备，供销双方是否严格履行合同；购货业务是否规定了严格的程序，能否按照程序办事；供应地点的选择是否正常、合理，有无舍近求远、舍全民求集体或私人的不正常情况，有无个人拿回扣或接受贿赂而损害国家或集体利益的情况；购入的材料物资是否及时办理入库，入库时是否进行了质量检验和数量验收，与发票或合同不符的购货是否进行了及时处理，发生的短缺是否及时查明了原因并追究责任；购入物资的买价是否合理，有无舍廉求贵的不正常情况，有无违反国家价格政策的情况；采购费用是否进行了严格控制；采购过程中的各种记录是否健全、正确，有关记录之间的依存关系是否存在；是否正确计算材料物资的采购成本，并按实际成本入账；购入的材料物资是否确属被审计单位的生产需要，有无倒卖国家控制的紧俏物资，以牟取暴利的舞弊行为，账面反映的在途物资是否属实，有无以在途为名盗用或转移国家资金的情况等。

2. 应付账款方面

应付账款是因采购业务的发生引起的，因此，对应付账款应评定以下情况。其是否因采购引起，有无违反规定预付货款的情况；应付账款的余额是否真实存在，有无利用应付账款调节成本利润，或转移截留收入的舞弊行为；应付账款的结算清理是否及时，有无长期拖欠不清的情况；对于无法付出的账款，处理是否符合规定；应付账款的记录是否健全、正确，账账及账表与账证之间是否相符等。

3. 货币资金支出方面

在货币资金支出方面，应重点评定以下情况。被审计单位的货币资金支出的内部控制制度是否严密，是否严格执行；现金的支付是否符合现金管理条件的规定，有无任意支付现金的情况，有无坐支的情况；现金的支付是否有合法的原始凭证，有无任意借支现金、白条抵库的情况，有无挪用公款的情况；银行存款的支用是否正常，有无出借账户、帮助他人舞弊的情况；货币资金支付的记录是否健全、正确，各种结算凭证，尤其是支票的管理是否严密，有关记录之间是否相符等。

4. 工资支出方面

在工资支出方面，应评定以下情况。被审计单位是否遵守了工资基金的管理规定，工资总额的组成是否符合制度的规定，有无滥发加班加点工资、滥发奖金及实物的情况；实行计件工资制的，计价单价的确定是否合理；工资的支付能不能有效地调动职工的积极性，有无平均主义或严重分配不公的情况；工资的计算是否正确，应得工资及代扣款项的计算有无错误，有无不按规定扣款，或加大合计数进行贪污或套取现金的情况；工资的发放是否符合内部控制的要求；工资支出的原始记录是否健全，各种记录是否正确；工资费用的分配是否符合财务制度的规定；使用临时工是否符合国家的规定，支付的临时工工资是否确实，有无以支付临时工工资为名，套取现金或贪污、截留国家收入的问题等。

5. 费用支出方面

在费用支出方面，应评定以下情况。各项费用支出指标是否进行了严格控制，对于实行定额预算管理的各项费用，超过定额部分的处理办法是否符合规定；各项费用的发生是否真实、合规、合法、合理和有效，尤其是其中的会议费、修理费、招待费、运输费、利息支出、损失性支出等项目，应评定有无通过巧立名目、虚列支出达到截留收入或骗取财政补贴的舞弊行为；对待摊费用、预提费用的列支是否有任意调节成本利润的舞弊行为；各项费用的分配是否正确等。

6. 材料支出方面

在材料支出方面，应评定以下情况。材料的发出手续是否齐全，材料消耗数量是否正常，材料成本的结转是否正确，有无任意加大或减少材料领用量，以及改变成本的结转方法以藏留利润或隐瞒亏损的舞弊问题；材料成本差异是否如实分摊，有无利用材料成本差异的分摊来调节成本利润或截留收入的舞弊行为；材料费用的分配是否合规、合法，有无混淆资金界限、不按规定分配的舞弊行为；材料的销售是否符合规定，有无违反规定倒卖材料的行为等。

7. 专用基金支出方面

在专用基金支出方面，应评定专用基金支出是否符合专款专用的原则。

8. 专项工程支出方面

在专项工程支出方面，应评定专项工程支出是否真实、合规合法，是否严格核算了工程成本，专项工程支出的效果如何等。

9. 营业外支出方面

在营业外支出方面，应评定各项支出是否真实、合法，有无利用营业外支出项目进行舞弊的行为等。

7.15 生产环节的评价要点

生产环节的评价应根据生产环节审计的结果进行。就评价的基本内容而言，应该与生产环节的审计内容相一致，并应在对其对应内容评价的基础上，形成综合性的评价意见。根据生产环节审计方案中安排的有关要点，生产环节基本的评价内容应包括以下方面。

1. 生产管理制度方面

在生产管理制度方面，应评定生产部门的组织是否健全和合理，生产作业流程是否规范、合理，各项作业标准是否明确、先进和合理，生产记录与报告制度是否健全有效等。

2. 生产计划方面

在生产计划方面，应评定以下情况。生产活动是否进行了严密的计划管理；计划的编制是否有可靠的依据；编制的计划是否进行了平衡；是否组织落实，是否据此编制了期间计划和月度计划；生产计划的执行结果如何等。

3. 生产作业方面

在生产作业方面，应评定以下情况。材料的领用是否手续完备，是否制定了合理的消耗定额，定额的执行结果如何；人员的配备能否满足生产的需要，管理人员与生产工人的比例是否严重失调，是否有人浮于事的不合理现象；人员的素质与所在岗位的要求是否相适应；是否制定了合理的工时定额，执行结果如何；机器设备是否先进，维护保养是否良好，能否满足产品生产的要求，有无设备不足影响生产正常进行或设备大量闲置造成损失浪费严重的不合理现象；是否组织了必要的生产协作，协作能否提高效率和效益；低值易耗品的领用、保管和摊销是否合理；生产调动是否及时、合理，能否将生产任务及时下达到各岗位，能否及时有效地解决生产中出现的不协调，有无因调度不利而影响生产正常进行，甚至停工而造成损失浪费的情况；生产工艺是否合理、先进，有无因工艺不合理而影响质量和效益的情况等。

4. 产品质量方面

在产品质量方面，应评定以下情况。被审计单位有无明确的质量目标；产品的设计是否合理、先进，有无功能过多或过剩的情况；对生产的产品是否严格进行质量检验，能不能保证不合格的产品不出厂；废品产生的原因是什么，损失多大，是否追究了有关人员的责任；产品质量能否令消费者满意等。

5. 成本核算方面

在成本核算方面，应评定以下情况。被审计单位是否进行了严格的成本核算，有无规范的成本管理制度，成本计算方法是否适应生产组织的特点和企业管理的要求；生产费用的归集与分配是否正确、合规、合法；在产品和产成品的成本计算是否正确，有无利用在产品成本调节成本利润的舞弊行为；可比产品的成本降低任务是否完成；各项成本计算的基础工作是否健全，能否为成本计算提供足够的原始数据等。

6. 存货方面

在存货管理方面，应评定存货控制措施是否健全有效，在产品、产成品、低值易耗品、固定资产、原材料等存货的保管是否安全可靠，账面反映的存量是否确实存在等。

7.16　收入环节的评价要点

对收入环节的评价，应根据生产环节审计的结果进行。就评价的基本内容而言，应与收入环节的审计内容相一致，应在对每一内容评价的基础上，形成综合性的评价意见。根据收入环节审计方案中安排的有关要点，收入环节基本的评价内容应包括以下方面。

1. 产品销售方面

在产品销售方面，应评定以下情况。被审计单位制定的销售计划是否完成；销售收入的实现是否合法，是否全部入账，有无漏记、少记、重记或任意虚增、虚减收入的错弊行为；有无截留销售收入的舞弊问题；销售费用的发生是否合法、真实、合理，分配是否正确；销售成本的结转是否正确，有无改变成本结转方法调节成本利润的问题；销售价格是否符合国家价格政策，调价收入的入账是否正确；销售合同是否严格履行；销售退回是否属实，账务处理是否正确，是否查明了原因，并追究了相应的责任，有无以退货为名套取现金或隐瞒截留收入的舞弊问题；售后是否进行了跟踪服务，消费者对售后服务工作是否满意等。

2. 其他销售方面

在其他销售方面，应评定被审计单位取得的各项其他销售收入是否全部入账，有无截留或挤占这部分收入进行违法活动的情形等。

3. 应收账款方面

在应收账款方面，应评定以下情况。各项应收账款是否真实存在，有无利用应收账款虚构财务状况或经营成果、欺骗有关方面的行为，或以应收账款为名，转移、挪用或盗用国家资金的舞弊问题；应收账款的记录是否完整，有关记录之间是否相符；应收账款的清理是否及时，有无健全的货款催收制度；对于转作损失的账款、理由是否成立，有无批准手续等。

4. 营业外收入方面

在营业外收入方面，应评定被审计单位已列营业外收入的事项是否真实、合法，应作营业外收入的，是否全部入账，有无利用营业外收入事项调节利润水平或进行其他舞弊活动的情形等。

5. 货币资金收入方面

在货币资金收入方面，应评定以下情况。货币资金收入方面的内部控制制度是否健全、有效；收入的现金是否全部入账，是否都填开收款收据；被审计单位有无小金库；库存现金、银行存款的余额是否确实存在；出纳的纪律遵守情况如何；货币资金收入方面的原始凭证是否妥善保管等。

6. 收入分配方面

在收入分配方面，应评定以下情况。被审计单位是否按规定计算缴纳了各种税金，有无违反税法拖欠及偷漏税款的舞弊行为；税前扣减的有关项目是否符合规定，有无违反制度任意扣减的情况；利润分配是否符合规定等。

第 8 章 制度基础审计技术方法

8.1 计划制定与管理方法

审计工作要求有组织地加以计划和管理。审计人员也必须有效地安排工作，才能适当而有效率地完成任务。审计计划必须将所有重要方面置于计划之中，必要时可在审计过程中加以修改。

审计计划一般包括长期计划、短期计划、项目审计计划、现场计划、审计任务计划本章将对其中重点计划进行详细说明。

8.1.1 长期计划制定与管理方法

此处所指的长期计划并非审计机构泛泛制定的三年、五年的工作规划，而是指审计组织为其所承担的每一受审单位提出的战略审计计划。审计组织通过对受审单位战略审计计划的汇总，以确定自身所承担的全部审计任务，并确定正当执行这些任务不可缺少的最优的审计范围。在为某一特定受审单位确定必需的最优审计范围时，应注意下面一系列因素。

（1）受审单位的类型和性质：机构性质，机构设置上的变化及任务，机构职能上的变化，机构所在地，机构意图、目的，机构纲领，职能规划，机构主要产品或劳务，法律、财务等方面的约束，有关部门的报告等。

（2）法规：关于管理的法规以及有关规章的要求。

（3）组织：对组织机构的性质和有关细节的分析。

（4）预算资料：对当年和前三年的预算及实际支出、收入的分析，以及对活动领域和业务计划所发生的差异的检查。

（5）审计的项目及信息体系：确定审计活动或项目的目的；自动数据处理设施，主要的信息体系以及审计业务所需的资源。

（6）对可能影响审计进展的有关因素的分析。

（7）对重要性和弱点的评价。

如果可能还应附有有关资料，如前次审计的详细情况及其结果的摘要、有关单位及内部审计的检查摘要、内部审计活动的详细情况。

在确定最优审计范围时，不必考虑审计资源问题。因为范围应反映的是要完成什么，而不是能完成什么。

根据战略计划中每个年度的安排，以一年中可供使用的资源为依据而编制的计划，为战术审计计划。战术审计计划批准后，应编制战术工作方案。战术工作方案是对受审单位所做的一项详细工作方案。该方案应列明：要进行的审计类型，如财务审计或绩效审计等；所需的资源，如现场审计人员、计算机审计人员等；审计的优先项目，并说明其重要性和时间；每次审计的预计时间等。

8.1.2 项目审计计划制定与管理方法

项目审计计划或整体审计计划是某项特定审计工作的指南。其主要内容包括引言、审计目的说明书、工作种类说明书等。

引言，主要说明选定该项审计工作的理由，并指出与所选活动有关的重要信息的背景情况。审计目的说明书，应直接使审计目的和受审活动的目的联系起来，以便核实是否达到系统目的。审计目的说明书还应包括审计的范围和重点，审计应查明的可疑问题，以及处理任务的各项具体要求。每项审计的范围和重点，应说明从事审计的类型以及审计工作应达到的深度（初步研究、现场检查和深入研究等）。工作种类说明书，是对所采用的审计程序做简要的说明，这些程序将因审计目的说明书中所列审计规划的类型和受审领域的性质而变化。

8.1.3 现场审计计划制定与管理方法

审计组派出机构应根据被审计单位整体计划要求，编制现场审计计划，以约束外勤审计人员完成审计任务并达到预期审计目标。现场审计计划应明确以下各要点：做准备工作时应采取的措施；完成审计目标所需系统文件的性质和范围；为达到具体目标应采用的方法；进行控制评价时应采取的程序；为证实审计结论所需进行的测试的范围、类型和必要的保证，测试可使用统计抽样和判断抽样；审计证据和结论的结构；必需的报告类型和内容；为完成审计任务所需的资源和估计的时间。

现场审计计划必须适用于所有重要的受审领域。审计人员必须记录现场审计计划的执行情况，充分反映计划执行的过程、已完成的工作、审计的结果和发现的问题等。

任何现场审计计划的内容取决于审计所需或适用的工作人员的水平和能力。现场审计计划的内容通常包含：引言；审计的范围和重点；界限；审计期间实施的步骤；审计工作底稿中审计证据和结论的结构；必要的审计报告类型和内容；时间预算等。

1. 引言

引言主要要说明该项审计任务的立项依据：或来自项目计划，或经领导批准。

2. 审计的范围和重点

现场审计计划要着重强调项目计划中涉及的审计范围和重点。应说明哪一类审计的审核范围、检查及深入项目的有关审计重点和范围。

3. 界限

现场审计计划也要明确审计展开的审查范围，以利于保证项目所定的每项活动的目标以及为实现此目标的次级目标或次要目标，计划中规定的审计范围不得扩大且应制定适当的对大而复杂的制度或活动的审核计划。

4. 制度或活动目标

进一步明确理解制度或活动的目标，有利于更明确、更具体地阐述审计目标和遵循已规定的审计范围。

5. 审计期间实施的步骤

一旦确立了审计的范围和目标，就应该设置审计实施步骤。制度基础审计的步骤是逐渐深入的。例如：对制度和活动的调查与描述；对典型交易事项的审核；进行控制分析，即将调查结果与理想模式比较，以确定实际执行的制度是否有效；

进行验证和检验，以肯定或否定根据控制分析所提出的结论；评价检验结果；写出审计报告，说明与该审计目标有关的审计结果。

（1）初步研究。初步研究工作的基本任务是收集与某一项具体活动或制度有关的必要信息，以便掌握充分的资料来确定是否需要对具体制度或活动做进一步的审计检查，以利于履行审计职责。初步研究的结果将影响战略审计计划和战术审计计划的构成。

（2）现场检查用来提供与受审制度或活动有关的原始凭证或信息。其任务在于提供证据证明受审制度或活动的严重缺点或强有力的内部控制制度，使详细的审计工作仅仅针对某个疑有重要问题的地方，最大限度地减少浪费时间的琐碎工作。现场审计计划应仅以对所涉制度的总的看法和简明阐述为限，而对控制分析所做结论的检验加以限制。

（3）深入项目用来提供与受审制度或活动有关的详细证据或信息。这种审计的任务在于肯定或否定受审制度或活动原来指出的重要或严重缺陷是否存在详细的证据和信息，现场审计计划应包括以上所有步骤，特别是要注意关于文件提供检验和核实所需的详细程度。

6. 审计证据和结论的结构

审计人员制定审计计划时，应考虑审计证据的组成和证明的结论。审计证据和结论同审计计划一样也是审计工作底稿的内容，审计工作底稿内容结构决定了是否可以依赖它进行审计工作复查，是否能根据审计结论追溯到所依据的检验。

7. 审计报告的类型和内容

现场审计人员要就所进行的控制分析、检验和所做的结论提出审计报告；审计组派出机构通常要对审计报告进行审查并做出审计决定和审计建议，或进行否决。

审计报告有长式报告和短式报告。长式报告详述审计过程、结果和结论，而短式报告只表示审计人员的意见，如保留意见或无保留意见等。国家审计机关所出的审计报告，一般都是长式报告。

8. 时间预算

时间是最主要的审计资源，编制审计计划应充分考虑审计的时限。时间预算是指为完成全部或部分审计工作需花费的时间，也是考查审计工作效率的主要依据。

8.2　资源控制与工作分配方法

资源控制与工作分配方法，主要是指对现场审计人员的控制方法。该种方法有利于现场审计工作以经济有效的方式进行，确保实施的工作符合确立的标准。为了实施现场审计工作质量控制，各审计组织应有专门的机构或专职人员进行控制工作。其控制的主要方法是：保证控制者对委托人业务十分熟悉；控制者以合乎逻辑的方式，将工作分配给现场审计人员；控制者向现场审计人员解释计划安排；负责领导现场审计人员答复问题；利用详细的时间预算来控制每月工作进度；控制者协调现场审计工作，并参加一些重要的验证过程；复核现场人员的验证过程等。

为了有效地控制现场工作，从事控制工作的审计人员应该熟悉被审计单位的有关情况，熟悉的途径有：

（1）了解对同样的审计工作具有经验的人员；

（2）参与该项审计项目的计划工作；

（3）查阅以前年度审计工作底稿文件和信件；

（4）对被审计单位进行初步访查。

如果被审计单位是个新单位，没有审计人员有该方面的经验，就有必要对该被审计单位进行一次访问，以收集有关该组织的制度的足够资料，以便制定审计计划。

现场审计人员对该被审计单位的全局也应有所了解，特别是在采取小组方式时。在从事大型审计项目时，如需对联合企业的部门体系进行审核，或对一个大的法定公司的财务报表进行验证，就应在一位高级审计人员的控制下由一组现场审计人员来进行。在小组方式下，如各审计人员不了解审计的全局，则在碰到与另一个审计人员的审计工作有关的证据时，则可能会忽略。主管审计监督的人员，对审计组的监督方式主要有：

（1）审计前与整个审计小组进行谈话；在审计过程中，召开工作进展会议；

（2）将新任的现场审计人员介绍给工作中要打交道的当事人，并带他们去访问委托人；

（3）确保现场审计人员查阅从过去审计工作中取得的有关资料；

（4）尽可能使现场审计人员参加委托人召开的会议。

审计组织主管人员将工作分配给现场审计人员的步骤如下：第一，挑选现场审计人员；第二，将全部工作分成合乎逻辑的部分，分配给每位现场审计人员；第三，解释所采用的计划决策。

审计工作必须在有经验和能力的审计人员的领导下，由具有技术水平和洞察能力的人员来进行或管理。要求审计人员在规定所需证据时，在收集和评价这些证据时，在报告自己的发现时，必须具有合理的职业上的谨慎。

选择现场审计人员时另外应考虑的因素是：此特定人员是负责全程的审计工作，还是仅仅负责一部分。现场审计人员在审计过程中，如不能持续工作，将使审计时间延长。因此审计负责人为保证所有的步骤的充分执行应向每位新来的审计人员讲解审计程序，并花费更多时间进行复核工作；同时新来的审计人员也需要更多的时间来了解被审计单位和审计工作的情况。

挑选审计人员组成审计小组时，还必须进一步考虑他们每一个人的个性。有时候，个性的冲突会造成被审计单位的工作人员和审计人员之间的麻烦。如曾在此方面发生了问题，就应考虑改变审计小组的人选。

如需要对某项审计工作做技术评价，而此又超出审计人员应有的知识范围，就应考虑遴选专家协助。

将审计计划分为合乎逻辑的部分，部分目的在于提高管理效率，而更重要的目的在于使审计中的每个组成部分都有有价值的结论，从而使审计人员能够将各部分的结论综合起来，提出全面的审计意见。

将审计工作分成合乎逻辑的部分也可使负责人将最困难、最复杂的部分分配给最有才干的审计人员，从而使他们的能力逐渐提升。

工作分配完毕后，审计负责人应与每一位审计人员商讨其负责的具体部分的工作要求、不常见的项目和存在的问题。其内容包括：对有关计划决策的回顾、过去复核中产生的特别问题及时间预算。

在审计过程中，审计负责人应对审计人员的工作进展实行复核监督，从而确保审计工作与审计计划顺利进行。此外，还可以确保提供足够的审计工作底稿，为审计程序结果和结论提供文件证明，并确保工作花费的时间得以准确记录。

审计时间预算既是审计工作人员完成一项审计工作或部分审计工作所需时间的标准，又向现场审计人员指出各项审计工作所需的详细程度。时间预算是审计负责人和具体审计人员控制审计进度的主要标尺。

根据审计项目的规模和复杂程度，也许某些关键的鉴定过程，有必要请高级审计人员参与，以便协调现场审计人员所做的工作。

在开始和结束阶段，审计负责人与当事人会晤，使相关人员分别了解这次审计的性质、目的，以及审计的发现和结果。审计负责人也许要复核许多重要文件、记录、报告和备忘录，其中往往包括可能对审计的许多方面产生影响的当事人记录在案的决策。审计负责人亦有可能起草通知委托人审计发现和审计结果的信件，以及起草审计决定和审计建议，从而保证各现场审计人员草拟的报告能受到考虑并重视。控制审计资源的最后一步是由审计复核人复核现场 、审计人员和专家运用的程序和报告，其目的是保证质量，遵从准则，为形成审计决定和意见提供依据。

审计复核人进行复核的第二个目的是评价审计小组各成员的表现和进步。审计负核人应注意错误的结论、不完整的验证手续和不适当的报告内容。

8.3　制度调查方法

8.3.1　调查内容确定

现代审计一般都是建立在制度测试上的抽样审计。因此，制度基础审计既是审计程序中的一个重要步骤，又是整个审计工作的前提和基础。制度审计包括对制度的调查、健全性测试和符合性测试等主要方面。制度调查是基础，如进行制度基础审计，首先必须对能否依赖制度检查做出决策，这种决策实际上需要建立在对制度的调查之上。单位的内部控制制度是由存在于内部管理和业务经营之中的内部控制方法措施和程序所组成的，因此，制度调查内容应包括：单位概况，如单位创建的年代与目标、发展概况与现在规模、业务性质、服务方向、业务经营范围、主要经营管理制度、历年业绩比较等；经营政策；单位的组织与功能，包括组织机构的设置、职能部门的权责或组织机构与岗位职责说明；计划预算制度；组织人事控制制度，如组织机构设置制度、人员配备制度、人员选拔制度、人员使用与考核制度、人员培养与开发制度等；行政领导控制制度，如决策过程授权管理、领导程序与方法等方面的控制；生产管理控制制度，如生产计划及预算控制、生产进度控制、成本费用控制、质量控制、生产开发控制等；销售控制，如销售预测与计划控制、销售过程与方法控制、销售价格控制、销售费用控制及市场开发控制等；现金内部控制；银行存款内部控制；固定资产内部控制；材料、商品采购内部控制；商品、材料存储内部控制；运输内部控制；成本费用内部控制；债权债务内部控制；专用基金内部控制；技术更新项目内部控制；利润内部控制；会计、统计、业务核算内部控制；情报资料处理内部控制；电子数据处理内部控制；内部审计控制；质量控制等。以上的每项内容，都还有许多具体的控制需要进一步了解，为确保不遗漏应予调整的内容及要点，应使用调查清单。

8.3.2 制度调查技术

调查制度的根本目的是了解被审计单位内部各项控制制度的目标、能发挥什么样的控制职能、为实现特定目的而采取的控制措施和方法，以便进一步弄清被审计单位的各项制度设计是否有效等。制度调查技术主要包括审阅法、询问法、观察法和调查表法。

1. 审阅法

运用审阅法调查了解内部控制制度，主要是通过查阅有关文件或资料了解内部控制制度。通过对被审计单位有关文件或资料的审阅，审计人员可以获得概括性的整体印象。审阅的内容主要包括：①以前的审计资料；②被审计单位的职责说明书或程序手册；③有关业务处理流程图；④单位组织机构系统图；⑤有关管理决策与经营计划资料；⑥有关会计资料、统计资料或其他核算资料；⑦其他内部规章或管理制度等。审阅时应认真做好记录，为测试制度提供依据。

2. 询问法

运用询问法调查了解内部控制制度，主要是找有关人员谈话，如了解内部控制制度的内容与实施情况、职务分工情况、人员胜任情况的人员。使用询问法调查了解控制制度虽然方便、灵活，但绝不能掉以轻心，应特别注意以下几点：①选择的询问对象应包括管理人员与非管理人员，尤其是针对那些管理者想极力掩盖问题的单位，更应重视对非管理人员的询问；②询问的内容应该明确、具体，能让被询问者理解，便于回答；③为了使询问顺利进行，最好能事先拟订出询问提纲；④询问时应注意一定的技巧；⑤应对询问内容认真做好记录。

3. 观察法

运用观察法调查了解内部控制制度，主要是对被审计单位有关部门进行实地考察。运用观察法所获得的审计证据能进一步印证审阅与询问了解的制度是否真实可信。如到办公室、车间或仓库等地观察主要业务的操作与流程，了解经营活动的特征及实际运用的内部控制措施，了解业务文件资料的种类、作用、编制单位及人员、传递方式与保管使用状况等。观察最好在被审计单位管理人员（或审计协调人）的陪同下进行，由陪同人介绍有关制度，审计人员则结合实际来判明制度的优劣状况及有效程度。

4. 调查表法

按照内部控制的一般要求，考虑理想的控制模式，将需要调查的全部内容以提问的方式列出，并制成固定样式的表格，然后交由被审计单位有关部门和人员回答，以此了解制度的方法即为调查表法。

把调查作为收集资料的工具，有其优缺点。调查表法的优点是：①对调查表中提出的每一个问题都要回答，从而使不存在于制度中的重要控制不至于被审计人员忽略；②如果调查表中所有的问题都是经过深思熟虑的，文件中包含相关所有制度，即使是交给一个没有经验的审计人员也能使用。

调查表法的三个缺点或者潜在的弊病在于篇幅、结构和标准化。

调查表过长会使答案表面化或机械化；照抄对上年调查表的回答，而不是从审核当年的业务中得到回答；把对每一个问题的回答作为孤立的业务，而不是作为整个制度中不可分的部分；在审计和验证了之后才完成对调查表的回答，而不是在其开始时进行，这样只是无效地多填写了一张表格而已。调查表的结构使得到的回答是一种合乎要点的回答，而不是对制度合乎逻辑的理解。

调查表的标准化将使它应用于某一活动或制度产生各种困难，审计人员可能将时间浪费在研究对标准问题的回答上，而此问题与特定的活动或制度无关。当某一类似的问题应以“是”或“否”作答时，许多标准问题的回答却可能是“不适合”。例如，有一个标准问题是：“货物装运了吗？”一个不经营货物而提供服务的单位对这个问题的回答是“不适用”。适当的提问应当是：“服务提供了吗？”然而此问题却可能不被考虑，因为它并不是一个标准问题。

8.4 制度描述方法

在调查的基础上，对制度进行描述是评价制度的前提。描述制度的方法主要包括文字说明法、制表法和绘制流程图法。

8.4.1 文字说明法

以书面语言将被审计单位的内部控制情况进行说明的方法即文字说明法。使用该方法，一般按照不同的业务经营环节及主要业务，分别说明其具体内容及特征、经办的部门及人员、具体控制措施及方法，并提出有效控制的方面与可能存在的问题。

文字说明法是通过使用一种叙事性的描述对制度加以说明。采用这种方法时，审计人员仅仅是询问该制度或活动的执行人员，如询问工作人员做什么、怎么做的，同时将他们的回答综合在这份叙事性的文字说明里。审计人员会询问工作人员如下问题。

（1）处理了什么业务或凭证？

（2）这些业务或凭证是怎样发生的？

（3）要求什么样的批准手续？

（4）要求什么样的会计分录？

（5）产生了什么样的记录？

这种叙事性的方法也有其优缺点。优点是使用这个方法可对制度有系统连贯的了解，它会把制度中未被察觉的前后矛盾和遗漏的风险减至最低程度。其缺点包括以下方面。

（1）在叙事内容多的时候，难以将该制度中的各个组成部分完整地结合起来。

（2）在审计人员不得不用很大的篇幅把制度中的各个部分组成整体的时候，其中存在的前后矛盾且遗漏的部分又可能难以发现。

（3）很难将制度及时制成文件，因为这种方法不得不把全部叙事性的文字说明重写成新的。

（4）由于意思含混或者用词错误，其他复核者或其他审计人员审核该制度时可能会产生理解上的困难。

8.4.2 制表法

将了解的有关制度用一定的表格概括表示的方法即制表法。用表格描述内部控制制度情况有以下优点：条理清楚，问题突出，比较直观，便于理解、阅读和评价。审计人员可直接将通过询问、观察或审阅、使用调查表法后获取的有关制度情况，经过分析归纳，编制内部控制制度弱点记录表和强点记录表。

8.4.3 绘制流程图法

将调查了解到的有关制度用图解形式描述的方法即绘制流程图法。绘图，能够将文字说明减少到最低程度，还能将各项业务的职责分工、授权、批准和复核验证等控制措施与功能完整地显示出来，便于审计人员评价被审计单位的控制状况和进行符合性测试。一般而言，在对制度进行审计时，无论原来有无对制度用图解表示，审计人员均应根据调查了解到的情况重新绘图。绘图可以用两种不同方法。一种是按照业务处理的先后顺序绘制成纵式的流程图，这种纵式的图解虽简明扼要，便于阅读，但难以反映部门之间的联系。另一种是以业务处理过程涉及的部门为基础绘制成横式流程图。横式流程图虽可完整反映每项业务在各部门之间的相互联系，但不便于阅读，尤其是业务比较复杂时，往往因符号过多而导致相关人员难以了解整个系统的情况。无论是绘制纵式的流程图，还是绘制横式的流程图，对于业务凭证及账表的形成传递与保管可用两种不同方式来描述：一是一次反映，即凭证、账表只在形成时反映，以后的传递、保管都不再显示，这种描绘方式简单，但阅读比较困难；二是多次反映，即凭证、账表在形成、传递与保管过程中多次重复显示，这种描绘方式同实际处理结果几乎一致，便于阅读和理解，但绘图花费的时间多，而且因符号太多而使绘成的图不够清晰，甚至有零乱之感。用绘图描述制度虽有许多优点，但要求审计人员有较高的技术，还要花费较多的时间，并且不能提示制度实际执行的情况及其薄弱环节。

用特定符号编制的流程图表示业务处理的标准化程序，可以直观地反映某项业务处理的全过程，它是实现管理现代化的一项基础工作，对于控制可发挥以下作用。

（1）用符号和线条表示的流程避免了文字叙述的不清或遗漏，又易于被人理解和掌握。

（2）良好的系统流程图还能够显示复核验证等控制措施和功能，并有利于根据经营业务或内部控制变化而及时更新，而且只需要增减线条或符号即可。

（3）有利于建立高质量的管理程序，实现规范化管理与提高工作效率。

（4）有利于各部门明确自己的职责，使有关人员明确自己在某项业务处理中的地位，并可以据以拟订岗位责任制，并为编制电算化程序提供有利条件。

（5）有利于审计人员据以评价管理工作的水平，进行符合性测试，以确定实质性检查的范围和方法。

业务流程图一般是根据主要经济业务的经营环节编制的，其编制的技术要点如下。

（1）充分了解业务处理程序。绘图前应做好详细调查，熟悉每一个经营环节或业务的内容与处理程序及其与前后环节的相互联系，有关文件凭单的填制、传递和保管，并应反复核实。

（2）运用特定的符号和线条。流程图最大特点是用特定符号和线条来描绘整个过程。所有设计图例说明书，一定要预先规定每一个符号、每一条线条所代表的意义。一般，图例说明要尽量标准化，以便在一个系统内掌握和方便检查控制。

（3）标明不同环节或业务流程线。流程图绘制，一般是以每个业务环节为一单元。在图内划分出若干栏，分别代表经办业务的部门或人员，如在每栏上端标明涉及的部门或人员，以明确岗位职责。流程线始于左上角，从上至下，从左到右。对线条、符号之间的关系要尽量表述清楚，尽量少用交叉线，交叉时，要尽量保持清楚。

（4）列示职责分工及相关控制措施。在流程图中必须标明各项业务处理的分工，以便测试分析业务的授权、批准、执行、记录等控制措施是否合理有效，既要注意流程图的合理性，又要注意简便易行与适当的控制。

（5）注明每张文件凭单的出处与去向。各业务环节的文件通常来自或流向两个方面：企业外部不同业务环节以及有关环节有关部门。这些都要在流程图中加以描绘，如果有关文件已归档或正常销毁，均应做出说明。

（6）说明会计记录编制。利用特定符号标出会计记录的有关凭证、账册及其填制人员，而且要说明它们的保管与存放地点，便于查阅。

（7）图形加解释法。流程图内的符号或线条可代表不同的文件、凭证、账册或报表。某些控制措施难以用图例表示，因此需要注释或文字说明，以便于理解。

（8）实验修改与颁布。流程图绘成后，要组织有关人员进行认真讨论，并进行局部实验或修改，经过实践证明的流程畅通某项业务的标准化程序，再由单位负责人颁布，作为控制业务活动的标准。编制流程图的规则是：

（1）平面制图法；

（2）图中的竖行表示职员或部门；

（3）少用叙事性说明；

（4）使用符号板绘图；

（5）业务流程自发生的起点起至进入永久性档案的终点或销毁止；

（6）在流程图内容很多时，可列至不同页；

（7）当一个制度分布在几个方面时，应将最主要的路线画在主图上，其他的路线则用分开的流程图或脚注说明；

（8）流程图应尽可能简单明了。

8.5　制度初评方法

所谓制度初评是指在对内部控制制度调查和描述以后，审计人员应将现行制度文件与其所设想的理想模式进行比较。通过比较，对现行制度的有效性及其控制进行评估。在比较时，应注意现行的控制程序与理想的控制目标是否相联系；现行的控制方法是否有助于完成既定的控制目标，是否满足控制标准的需要；现行制度与理想模式存在差距的主要方面。对现行制度进行分析性初评时，主要应识别关键性的控制以及控制的强点和弱点。如前所述，所谓关键性控制，是指假如执行这些控制，就能避免错误或弊端，就会使人们深信这个制度能产生正确的结果。对于内部控制的弱点，应寻找补救性的控制措施。具体地说，审计人员应对以下方面做出判断。

（1）被审计单位组织机构系统是否健全，权、责的划分是否明确，不相容职务是否进行了分管，是否建立了岗位责任制。

（2）被审计单位有无健全的决策系统，是否制定了经营政策。

（3）是否实行了严格的计划预算制度，计划的制定是否先进合理，定额是否经常修订，有无确保计划完成的措施，对计划的执行是否进行了严格考核。

（4）干部、职工的录用安排、培训是否有严格的标准，是否实行了职务轮换制度，职工的培养有无计划与明确的目标，有无激励职工的各种措施。

（5）业务的执行有无严格记录，是否实行了授权管理，授权是否适当。

（6）各种记录报告制度是否健全，业务的处理是否有严格的程序。

（7）销货订单是否都由被授权人批准，售价、交货方式、结算方式等是否明确，订货单是否预先进行顺序编号。

（8）销售发票是否预先编号，发票的填列是否正确，特殊销售业务是否经过严格审批，所有销售业务是否全部及时记录。

（9）应收销货款明细账是否每月与总账核对，每月是否都编制期龄分析表或对过期未收回的账款是否建立了应收账款的催收制度，应收账款的冲销与调整是否经单位负责人或指定的主管人核准。

（10）现金收入业务是否有专人办理，是否全部登记现金收入账，收入凭证是否预先连续编号，填制后的凭证是否经过他人审核，是否将每月现金收入记录与会计的分类账核对，收入的现金是否如数送存银行。

（11）采购业务是否有专人负责登记，超定额采购或特殊采购是否经单位领导或主管领导批准，采购数量是否有计划，购货是否都有合同，合同条款是否完备，空白的表单是否严格控制，在途的材料物资是否定期检查，有无制止滥购的措施。

（12）收到货物是否组织有关人员严格验收，是否认真填写验收单，验收单是否预先进行顺序编号，验收单上的数量、质量要求、单价与金额等是否与合同发票上的相符，对于不符的是否查明了原因并及时处理。

（13）应付货款的支付有无审批措施，是否核对单据后再付款，应付货款金额是否定期核对，应付货款明细账是否有专人负责与总账进行核对。

（14）有无健全的劳动人事资料和按岗位编制的人员花名册，使用临时工作人员是否通过单位领导及劳动人事部门批准，临时工是否确实需要，是否实行了工资总额控制，是否严格遵守了工资基金管理制度，有无严格的考勤制度，对缺勤情况是否进行了如实登记，是否制定了合理的工时，定额工资的计算与发放是否以各种原始记录为依据，计算后是否与原始记录及职工名册核对，代扣款项是否经过批准，实发数的计算是否正确。工资表是否经过单位领导审阅，签发的文件金额与工资表的实发金额是否相符，工资的计算与发放是否由不同的人员承担，工资表上是否有职工本人的签章，未领的工资是否单独保管。

（15）现金的支付是否严格遵守国家规定的开支范围，支票的购进、领用是否严格控制，空白支票是否妥善保管，作废支票是否全联保管，签发支票使用的印章是否有专人保管，支票的填写是否认真，已付款的原始凭证是否加盖了“付讫”字样，现金的保管是否安全，是否遵守了核定的限额，现金是否由出纳以外的人盘点，发生的差错是否及时处理。

（16）银行存款日记账是否及时登记，每月是否编制了银行存款余额调节表，调节表是否由出纳或支票签发人以外的人编制，调节表是否由单位领导或指定的主管人核阅。

（17）各种存货是否每年至少盘点一次，盘点工作是否由单位负责人或指定的专人监督，盘点工作是否确定了严格的程序，存货是否由记账员以外的专人保管，保管员是否对存货数量的安全完整负责，存货保管设施是否安全可靠，有无预防损坏及盗窃的各种措施，存货是否进行了适当保险，存货是否有健全的记录，各种记录是否能受总账的控制，账面存量是否定期调整，存货记录是否由保管员以外的专人负责，账实差异的调整是否经领导批准。

（18）有无严格的成本核算制度，成本计算方法是否适当，是否按照规定如实计算产品成本，是否编制了成本计划，是否建立了实际成本报告制度，是否认真进行成本分析，是否经常寻求降低成本的措施与途径。

（19）原材料的发放是否根据核准的领料单进行，领料单是否预先编号，有无限额领料制度，领料的手续是否严密。

（20）固定资产的增加是否有批准手续，折旧方法及固定资产报废是否经过批准，是否办理了严格的手续，资产是否进行了完整的记录，各种记录是否经常核对，固定资产是否定期盘点。

通过以上分析比较，审计人员能找到制度的弱点和强点。对制度的弱点，应该寻找补救的措施，对制度的强点应进一步进行符合性测试。为了便于以上工作的进行，应编制制度的弱点记录表和强点记录表。

大多数内部控制制度都包括许多保护财产安全的规定。所谓保护财产的安全，通常的理解是保护如现金、有价证券、存货这些财产免受以下影响：

（1）有意的错误，例如顾客的夹带，职工的偷盗，或者伪造记录以便夸大佣金、红利或使用费；

（2）非有意的错误，例如非故意少开顾客的账单、对供应单位多付，或者财产本身的有形损失或损坏。

为了获得可靠的财务报告，首先需要有可靠的会计记录。只有产生这种记录的制度可靠，记录方能可靠。因此，如果某单位将每月照例做调整折旧的分录作为会计记录制度的必要部分，而这项分录有意或无意地被遗漏，这种会计分录就应被认为是不可靠的。内部控制应当设法保证：会计记录提供的资料正是设计时所要产生的资料。

如果内部控制能够使不必要的开支，例如未经批准的开支或对顾客发送未经批准的货物，减少到最低限度，就有助于盈利水平达到与所承担的风险同等的程度。

为获得盈利而承担某些风险，是多数企业经营的原则。因此，内部控制的目的并不在于消除一切风险，而在于避免管理上意识到的风险的发生。比如：在仓库区筑围墙，就是一种防止发生某种形式的存货丢失的风险的控制方式。有时，管理人员也可能决定省去这种控制，因为它成本太高，高于存货损失。这也就等于做出一种有意识的决策，准备承担以后的风险。管理人员希望风险极小，但很明显，它们不会等于零。如果存货丢失的现象发生了，这并不意味着从管理上看控制有缺点，而是说，有些风险是无法避免的。相反，如果财产丢失，是由于疏忽、根本没有想到要筑围墙，那就可以说是内部控制不适当的反映。

预防或查明错误和不法行为不是一个孤立的目标，它包括在已经讨论过的目标之中。外部审计虽也能查明错误和不法行为，但是错误和不法行为的预防和查明主要还是依靠适当的内部控制制度，注意到这点是很重要的。从管理上的观点说，如果控制的成本和避免这一损失对比起来是合理的，就应设计这种制度来减少一切能避免的错误或损失发生的风险。

建立一个良好的内部控制系统有各种各样的方法和技术，通常应对以下各点特别注意：要有一个组织计划，以便将职能责任适当分工；要对批准手续和记录手续规定一个制度，以便进行对资产、负债、收入和费用的控制；实际工作要健全，使每一个组织部门的责任与职能得以完成；要有能力与其责任相称的工作人员。

在主要各部门间适当地划分责任，并维持这些部门的组织独立性对一个良好的组织计划是不可少的。通常，不应将一个交易的各个方面都交给一个部门负责处理，如有可能，在责任的分工中应把经营和保管人的职务同会计分开。这种责任分工，可提高效率，并且可以相互牵制，促使工作准确而不致发生重复或无效劳动。

在讨论管理目标时曾指出：要使企业的经营有条理和有效率，需要控制，要使会计记录可靠，要及时提供可靠的财务情报，也要控制，同时还要保证凡是授予（下级）的责任，都要很好完成。

审计人员通过对运行中的制度的审核来评价内部控制制度。只有经过审核，审计人员才能深入了解制度的实际执行情况，才能着手对内部控制制度进行评价。

对内部控制制度的评价，中心是对控制效果的评价，以保证利用制度能经济而有效率地完成目标。审计人员对内部控制制度的评价包括三个主要的阶段：

（1）明确受审计制度的理想模式“应当是什么”；

（2）明确现行的控制制度“是什么”；

（3）将两者进行比较，以决定是否存在必要和足够的控制。

评价过程的第一阶段，是明确理想的控制模式。这一阶段包括明确控制的目标和理想的控制模式的特征。为了完成这一任务，审计人员可以使用以下这些资料：任何制度的总体控制目标；一般采用的评价标准；管理上规定的成绩标准；法定的义务和规定；健全的财务和管理控制所公认的原则。

管理上规定的成绩标准包括：各种工作手册和岗位工作说明书；管理用的凭证系统；法定义务和规定，如各种立法需要的指示、与各种法令有关的各种条例和指示；签订的各种协议。

财务和管理控制公认的原则，一般可从以下各项中发现：审计人员对各种可比活动或制度的知识；从有较丰富经验的同事处获得的知识；从书本中获得的知识；工业规范。

为了明确理想的控制模式，审计人员应当了解，这项制度的目的是什么，如何运行，这项制度与其他的制度怎样相互影响，以及它对一个单位各个方面的重要性。被审计单位应该有和执行制度相当的环境。审计人员不仅必须于控制已经足够时防止控制模式过分详细而超过实际控制的要求，而且须在冒错误、疏忽的风险和成本的节约和效率之间相互权衡。

审计人员必须分析没有控制的风险。由于存在没有特殊的控制而可能导致的结果，必须使用可能性或概率等术语来估计风险发生对组织的不利影响以及任何不利影响的重要性。判断控制是否得当应以审计人员对风险、后果和重要性的判断为依据。

对内部控制制度进行评价的第二个阶段，在于确认“是什么”。审计人员需要通过实地观察制度的运行来达到这一点。为了便于对制度的运行进行分析，通常将这个制度制成流程图，即将制度加以图解。为了使审计人员能够准确而全面地记录这个制度，并便于以后的复习，已经制定了许多标准化的制度流程图。

审计人员在了解了制度的运行后，还要了解该项制度的内部机制，以便根据审计的目的认识控制的必要性。审计人员还必须对控制进行测试以便判定这种控制是否真正在有效和一贯地运行。

评价的最后一个阶段，是要求审计人员将“应当是什么”和“是什么”两者相比较，然后估计是否已有足够和必需的控制，以保证达到审计的目标。

审计人员如果认为已有足够的内部控制，就必须了解认为可以信赖的控制的内部机制，这就成为通常说的关键控制。正是由于这种关键控制，在受审期内审计人员要深入地检查，以便根据关键控制来确定制度有效和连续运行的程度。

如果认为不存在足够的内部控制，审计人员就不会信赖这种制度，也就应从其他方面寻找证据，以使自己的意见站得住脚。

从审计人员的角度来说，评价内部控制的重要性是和考虑用什么方法和技术来充分履行审计责任相关联的。审计人员面临两个风险：错误可能发生；错误已发生但可能不会被发现。

对内部控制的评价可以向审计人员指出这两种风险可能发生的程度。审计人员还必须对审计的项目是否真实和公正提出意见，这就要求其根据已经复核的凭证做出评价。

8.6 符合性测试方法

测试是审计所需要的，百分百的检查不叫测试，只抽查整体中的一部分才叫测试。测试是有效地进行审计的一个核心方法，是建立在逻辑基础上的。

通过调查、描述与比较等健全性测试，审计人员对内部控制制度的系统、功能及优点有了初步了解，并可据此决定可信赖的程度。但是，对内部控制制度的信赖程度，还取决于它的实际执行情况与结果，即各项活动及项目的执行是否遵循合适的法律和规章，是否处于经济性、效率性和效果性的方式之中。因此，审计人员还必须对被审计单位现行内部控制进行认真的审查或符合性测试，以确定其是否实际存在，及其执行情况是否符合制度规定与要求的程度，有无发挥作用。根据规定的控制制度对实际的生产技术、经营或会计、财务活动进行检查，以确定这些控制环节是否确实存在、是否始终相符、有无失控之处，即为符合性测试。将这种测试同这些控制的措施结合起来加以分析，就可确定该制度产生正确结果的可以信赖的程度。

符合性测试旨在检查现行制度是否有效执行或能否取得预定结果。由于被审计单位的业务繁杂，不可能进行全面检查，审计人员一般是根据被审计单位生产经营活动的特点以及不同业务环节，采取抽查方法进行检查，即从大量的经济业务或有关记录中选择一定数量的样本，进行详细检查后根据样本检查结果，判断整体的有效性。

审计人员在进行测试的时候要考虑一些主要因素。这些因素如下。

（1）时间因素：审计人员什么时候进行检验。如什么时候检查应收账款，什么时候盘点存货等。

（2）种类因素：审计人员要考虑测试性质，也就是要进行什么类型的测试，这在很大程度上取决于审计人员的目的，就是需要验证什么方面。

（3）范围因素：测试范围，如对存货盘点后要抽验多大范围。销售单据是抽查几百张还是几千张等。这些都是总体的概念，也是比较抽象的概念。

审计测试计划要包括下列内容。

（1）测试的目的。

（2）测试的时间。

（3）测试的性质。要考虑两个因素：一是特定的步骤，即抽查多少项方能证明测试水平；二是适当证据，指证据必须直接和测试相联系，是可以信赖的证据。

（4）选择证据的方法。

（5）证据的数量，即为了证明问题，需要多少证据。如计算上的差错，单纯一个证据不能说明问题，必须有一定数量的差错，然后求出一个差错率来说明问题。

测试重点要根据业务性质与控制目的的重要性而定。测试的主要类型有以下两种。

1. 业务测试

业务测试是指审计人员按照业务的每个类型编号，对被审计单位重要经济业务所做的检查，借以判明内部控制系统中不应缺少的几个控制在业务过程中是否确实存在。在进行业务测试时，一般要根据被审计单位的经营环节或重要业务划分成若干类型或子系统，每个类型中的有关业务应具有内在联系，否则没有必要归属为一个子系统。

2. 功能测试

功能测试侧重于对内部控制功能的检查，即对关键控制点作用发挥情况的检查。各项控制措施均有一定的目的，功能测试只是为了证实各项控制，特别是关键性的控制是否确实存在，是否有效地发挥作用而有利于预期目的实现，其有效程度是否令人满意，该控制点有无漏掉过不正确的业务。功能测试根据各种控制功能及作用可划分为合法性、有效性、完整性、估算或计价、分类、截止期过账与汇总等七个方面的测试。对法律规章遵守情况的检查，一般为合法性测试；对记录、核对、复核的测试，一般为正确性、完整性测试；对记录与事实的核对，一般为有效性测试。功能测试程度确定及测试技术如下。

（1）测试程度的确定方法。测试程度，即能够对控制的执行情况做出评价时的测试数量极限。进行测试时，到底需要检查多少业务量才能达到目的，是需要解决的一个重要的问题。业务量太多无疑会增大工作量，太少又达不到预期的目的。具体确定业务量可使用两种方法：一是使用统计抽样法确定，即按照估计的差错率、允许的误差大小、应该达到的保证程度以及总体业务量的多少等，可运用公式计算或查表确定（属性抽样法）。二是运用经验估计法确定，因为控制制度执行的次数越多，发生差错的概率越大。因此，审计人员可以凭经验按制度执行的次数多少来估计应该抽查的业务量。

（2）具体测试技术。抽查的业务量确定以后，就需要运用随机抽样的方法从总体中抽取相应的样本项目进行检查，具体检查测试的方法有三种：检查证据法、重新处理法和实地观察法。

①检查证据法。检查证据法又称结合会计资料检查法，即审计人员通过对抽取的部分资料的审核检查，查明应有的内部控制措施是否存在，是否发挥作用的

方法。如一张报销单据应该有领导的审批、会计的复核和出纳付款的记录，如果该报销单据未经领导批准，会计复核未能发现其中的差错，出纳付款后未加盖“付讫”的戳记，则现金报销的内部控制功能未能发挥。

②重新处理法。重新处理法又称重做或重复执行，即审计人员根据有关的资料和业务处理程序，重复做一遍已经完成的业务，并比较处理结果，从而判明内部控制制度是否有效的方法。如根据销售发票的记账联月终汇总编制“产成品发出汇总表”，并与原来的汇总表核对，根据有关原始记录重新编制“产品成本计算单”计算出产成品成本和期末在产品成本，并与原来的成本计算单进行比较等。如果处理后的新结果与被审计单位处理结果相同，则说明制度发挥了其功能。

③实地观察法。实地观察法即审计人员到现场察看某些业务的处理是否与制度的要求相符，从而判明内部控制制度是否有效的方法。如购进货物应组织人员验收质量与数量并填列验收单，审计人员则可到仓库实地察看是否确实办理了上述验收手续，若没有，则制度未发挥功能。但应注意的是，采用实地观察法进行测试时，审计人员应充分考虑到自身不在现场时而相关人员未按制度要求执行的可能性。因此，最好不要以一次观察的结果得出结论，如能采取突击观察的方式则效果会更好。

业务测试说明既定控制系统是否实际存在，而功能测试则说明这些控制的机能是否令人满意。但审计人员进行符合性测试时，一定要注意以下几点：一是要注意选择合适的业务，否则难以奏效；二是要注意选择的业务是否都通过测试的控制点：三是要注意被测试的业务能否代表全年，否则难以判明该制度在整个会计年度中是否运转无误。

为了反映符合性测试的情况，审计人员还应编制制度符合性测试记录表。

8.7　综合评价方法

内部控制应该评价的内容很多，但不可能事无巨细地评价，通常，审计人员应评价以下重点内容。

（1）单位组织机构与职责分工的健全状况。

（2）反映制度的各种文件是否规范。

（3）管理制度、会计制度及审计制度是否完整。

（4）业务处理与记录程序是否正确。

（5）授权、批准、执行、记录、核对报告等手续是否完备。

（6）干部职工的选用、培训、考核、职务、轮换是否科学。

（7）是否有严格的岗位责任制和奖惩制。

（8）关键控制点是否都有必要的控制措施。

（9）内部控制是否讲究经济性。

对内部控制进行符合性测试之后，审计人员应根据这些测试结果来决定初步估价是否需要修改，并做出最后评价。这种评价的方式主要有以下几个方面。

（1）可信赖程度评价。内部控制可信赖程度可分为高、一般、低三个层次。内部控制制度健全并且有效地执行、经营业务或各种记录发生差错的可能性很小，则可信赖程度高；内部控制较好但存在一定的错误或缺点，可能会影响信息资料的真实可靠性，则可信赖程度一般；内部控制明显无效，大部分经营业务和信息资料失控，差错发生频繁，则不可信赖和利用。在第三种情况下，符合性测试已失去了意义，审计人员必须扩大审计范围，进行实质性测试，收集足够的证据得出审计结论。

（2）薄弱环节的评价。薄弱环节的评价主要是指对控制不足或存在缺陷的部门进行分析和研究。分析时，应将不足或缺陷与标准结构进行比较，借以发现差距；评价人员还应根据自己的分析，提出自己的见解，做出有价值的判断和评价，对薄弱环节的研究，主要是对存在缺陷的后果的研究。这一方面研究，一是要查明造成缺陷的原因，二是要分析缺陷存在对控制效果的影响，三是要寻求克服缺陷的措施。

（3）审计计划与程序的修改。根据测试与评价结果，对原定计划与程序进行调整、修订或补充。对控制较强的方面可适当减少审计手续；对控制薄弱的环节，视具体情况增加审计手续，扩大审计范围、改进审计方法。

审计人员之所以依赖内部控制，是为了减少对现额和所有权的大量审核；减少对完整性的大量审核；减少对估价的大量审核；在经营开展时期依靠会计记录减少对收入构成的大量审核。如果内部控制状况好，就可以减少实质性测试的工作量，因为在第二阶段，审计人员对内部控制制度经过检验和测试做出评价，当审计人员进入第三阶段进行业务检查时，如有一个良好的内部控制系统，审计人员就可以依赖会计记录，减少对存在和所有权、对完整性和估价等实质性的测试的工作量，自期中审计至年末这段时间内的业务可以依靠会计记录来检验。

评价人员应根据健全性测试及符合性测试中发现的问题，在充分分析的基础上与管理人员协商后，提出进一步加强和完善内部控制的具体措施并将其传达给管理者。需要强调的是，提出的措施仍必须符合内部控制的基本要求，同时在被审计单位内切实可行。传达改进建议有两种方式，一是口头传达，二是书面传达，传达方式的选择视制度的重要性而定。但无论是口头传达，还是书面传达，审计人员均应起草一份书面材料。这份材料中，一般应阐明被审计单位制度中存在的问题、这些问题不予解决将导致的后果、怎样改进的具体建议，在可能的情况下还应提出改进后将给被审计单位带来的好处等内容。如果采用书面传达方式，则应在以上的基础上起草一份致管理部门的意见书。

8.8　实质性测试方法

实质性测试是制度基础审计程序的最后阶段，主要是对财务报表及其他资料做出检验。审计人员在对内部控制制度与合规性检验完成以后，在做出评估的基础上来确定实质性测试的性质、时间和程度（或范围）。

8.8.1　资产与负债账目测试方法

1. 资产账目的实质性测试

审计人员的目的是要对企业编制的财务报表进行验证，要验证这些资产是否确实存在、完整，是否确实是企业所拥有的，是否经过适当计价，财务报表是否正确呈报。

除要检查是否有数学上的计算错误外，更重要的是检验价格，因为资产在财务报表上以成本价格的形式出现，但存货的价格一年中经常发生变化，如市场价格低于成本价格，就要把存货的成本价格按市场价格调低。

2. 负债账目的实质性测试

审计人员对负债账目进行实质性测试的目的与资产账目基本相同，但略有区别，资产一般是实际存在的物资，负债是摸不着的，是欠人家的钱。实质性测试就是要证实负债是存在的、完整的、没有隐瞒的，负债是企业所拥有的，确实是企业欠人家的钱。负债要经过适当计价，并在财务报表上得到反映。

负债检查的重点是企业与供货商两者之间要核对相符，这样既验证了负债的存在，又验证了某一供货商的数量和完整性。供货商要每个月给顾客送一份月结表，供货商供应了什么商品、顾客付了多少钱，还有月底账面的平衡情况，可作为第三方的一个重要证据。负债的适当计价，除在数学上的计算错误外，还有可能受到商品质量问题、供货商与顾客发生的争议等因素影响。

8.8.2 分析性检查方法

分析性检查是主要应用于实质性测试的一项技术。审计人员在审计过程中分析财务报表，通过分析找出需要进一步调查的问题，经过验证后对财务报表做出审计报告。

1. 对利润表的分析检查

审计人员从利润表上发现利润比去年增加，如毛利率由去年的20%增加为25%，则应分析其原因，是成本降低，还是价格提高，或是生产的产品结构发生变化，或是对存货估价过高，或是盘点时计算上出现错误。审计人员对可能的原因，逐项分析检验，找出原因所在，并进一步验证财务报表上的数据。

2. 对资产负债表的分析检查

审计人员要对资产负债表与利润表项目之间的对应关系进行检查，如应收款相对应的账目是销售收入、存货相对应的账目是销售成本、固定资产相对应的账目是折旧。这几项之间的关系并不是总是不变的。审计人员如果发现变动的幅度大，就要找出其原因。因此，审计人员的分析是具有创造性的。固定资产就是企业的生产能力的粗略反映，它意味着能生产多少产品，因此固定资产与销售也有关系。

存货与产品销售有关，同时也和产品销售成本有关。如有时将产品销售成本除以存货，求出存货的周转比例。通常这种比例每年变化不大，审计人员若检查发现这个比例有显著变化，就要进行调查分析，是产品质量有问题，还是经济不景气，或存货的估价过高。

企业有时试图使财务报表反映的情况比实际情况好一些，往往采用扩大现金收入、缩小应付账款等方法，如将下年度 1 月初的现金收入都算在当年 12 月份的财务报表中，将当年 12 月份的应付账款算入下年 1 月份。审计人员要注意这些项目的具体发生时间，认真检验。

3. 几种比较方法

审计人员进行分析性测试，有几种分析比较法：一是历史性比较，即今年与去年比，或与前几年比较；二是计划与实际比较，即今年预算的计划数与今年实际结果数相比较；三是与同行业标准（指标）比较，即与同一类行业中的几项指标相比较，这是非常重要的。

审计人员对企业的财务报表进行分析，其目的是：①找出差错，要找出重要的情况，这是非常重要的，也是审计人员的创造性工作。同时还要了解发生变化的原因，并向高级管理人员了解情况，弄清管理部门对这些变化的分析。②检验财务报表上的数据，了解利润表和资产负债表项目之间的关系。这不是孤立的步骤，实行分析性检验也是为了加强其他方面的检验工作。

8.9　制度自评方法

对照内部控制理想、合适的理论模式，对单位现行的内部控制的恰当性和有效性进行分析以及价值评定工作，即为对内部控制的评价。进行内部控制评价的根本目的，是评价单位为达到其经营目标所付出努力的有效性。

8.9.1　制度自评的意义

由于各单位机构的形态、规模、经营方式以及内部人事安排情形的不同，内部控制及其效果多不相同，即使在同一单位，由于内、外部情况变化的影响，其历史期间的内部控制效果也不相同。因此，定期或不定期地开展内部控制的评价工作是完全必要的，它是实施有效控制的重要阶段，每次评价都能总结出一些新的经验和教训，均有利于下一过程的内部控制的建立和执行。

内部控制评价有两个非常明确的目标：一是为改进内部控制提供有价值的建议，从而提高整个管理水平；二是决定效益审计和财务审计的检查范围。

任何单位内部控制的基本目标，都要保证单位完成自己的工作任务和达到目的，其实质是由单位所应拥有或应建立的各种程序和秩序组成的一种制度，其目的是实现单位的目标。内部控制也是保证单位管理按其规定作用得以贯彻执行以及保证提供合适有用的信息的各种制度。这种制度还能使资源的使用经济有效，而且不违反法纪，在对内部控制进行检查以后，对其健全性与有效性进行评价，以期决定内部控制可以依赖的程度。如评价内部控制制度是否完善，是否能满足单位完成任务与实现目标的需要；内部控制所设定的标准和程序是否得到了贯彻执行，是否有助于单位目标的实现；内部控制是否有助于减少错误与弊端，是否能保证提供真实与有用的信息，是否能预防和发现错误当局及所属部门等。通过上述评价，单位能有针对性地改善管理工作，提高管理水平；通过找到管理工作中的问题所在，就能有针对性地建议与评价，审计人员就能诊断出被审计单位控制的强点和弱点，就能据此进一步修正审计程序。

内部控制评价的具体方式，是根据实际情况的具体特点来决定的，既可以是全面评价，如对整个内部控制系统进行评价，然后把信息反馈给最高管理当局；也可以是部分评价，如对某个部门或某个控制方面进行评价，把发现的不足或某个控制精确度方面的信息反馈给某些管理人员。

内部控制评价工作，不能草率从事，应力求稳妥。审计人员必须以国家有关的财经法规制度和单位规定的标准、程序为评价准则，必须采用适当的方式与程序，运用有效的方法进行评价。为了增加对内部控制效果的了解，评价还应该有系统而明确的记录和报告，报告中必须点明制度的优点与缺点，区分影响因素是本身因素还是环境因素，除提出建议之外，对于有严重缺陷的内部控制，应立即拟写特别报告通知被审查单位及其领导。

8.9.2 制度自评的程序

内部控制评价不同于制度基础审计，它只限于对制度的检查评价、报告与改进，不对与制度无关的问题进行检查和评价。建立合适的内部控制评价机构或组织，是评价成功的关键。如果单位有了健全的内部审计机构，部门还应设置内部检查机构，因为内部审计工作不能在任何方面削弱管理部门的责任以保证其在责任范围内保持适当的控制。全部正规控制系统的计划、发展、执行和经营活动是管理部门的责任，管理者在他们的责任范围内最主要的职责是保证存在足够的控制，为了这个目的，管理者必须要从各个方面取得信息，加强监督和控制，而不能仅仅依赖于周期性的内部审计的结果。

每个单位在建成的完整的组织控制体系中有不可缺少的检查机构在运行，这些检查机构应根据单位规律、机构设置、经营性质、制度状况等情况建立，其任务是监督，代表管理部门的利益，报告处理问题的活动情况。这种检查评价活动，不是确保服从具体的规范或标准，就是确保工作运行令人满意。这些检查机构及时根据偏差鉴定可能产生的改正行为或指出需要追查的深度。虽然这些检查机构有时使用内部审计所使用的方法，但决不能认为这就是内部审计，内部审计有自己的独立性及其性质范围和客观性。内部审计的责任是评价系统和程序、明确职能程序恰到好处；而项目评价主要是其他检查机构所应承担的任务。

要使内部控制评价组织能够有效地进行评价工作，单位领导者还应采取相应的措施以支持评价和保证评价结果的执行。

1. 调查

内部控制调查阶段包括两个方面的内容：一是掌握足够的信息；二是进行初步评价。要进行内部控制评价，理应要掌握单位各个方面的信息，最主要的是要了解单位经营的一般概况，如单位规模、组织、目标任务、资源、规划、策略、市场等，此外还要深入了解单位有关规章制度、计划、预算、经营管理信息资料等。

在充分调查的基础上，对单位内部控制状况应有一个初步的评价，这种初步评价是综合的、一般的评价。

2. 测试

内部控制测试，主要包括运行测试与效果分析两个过程。

运行测试，一是测定内部控制各组成部分是否按计划工作运行，如通过信息了解、掌握各组成部分的含义、职能，测试运行与内容是否相符等。二是检查正式的组织结构是否正常运行以及相互间的协调配合情况，如有关机构是否按计划工作，人员是否经过认真挑选、培训等。

在测试基础上，应分析内部控制的优缺点，充分估计它们的影响、可能出现的漏洞或错误及其所引起的后果，尤其要考虑到出现资源管理使用无效的可能性。对于易出问题的部门，甚至要出现危机之处，应迅速做出处理。出问题的概率大小主要取决于单位部门的重要性及担负的具体工作、单位部门的复杂程度、单位部门掌握资源的多少、单位领导对它的要求以及与其他部门的各种利害关系等。

3. 评价

评价工作主要是指对具体问题的评价，并且要在评价的基础上进行更深入的检查和采取相应的措施。

所谓对具体问题评价或对易损性问题评价，主要是对浪费损失、非授权使用或滥用职权等敏感性问题进行评价，或者叫对薄弱环节的评价。具体评价的目的是找出失控的原因，提出相应的改进、补救措施。具体评价是在有效性、合法性测试的基础上进行的，应特别注意对一般的控制环境、固有的危险性、现有内控保护的恰当性进行评价。

通过具体评价，对薄弱环节中提出的每一个潜在问题，单位应采取适当的行动。如由管理部门更深入地详细检查内部控制制度中的问题，以查证恰当的控制措施是否存在、控制措施是否有效地进行、潜在危险是否得到有效防止或查明等。

在评价与进一步检查的基础上，对内部控制过程中的问题应及时做出反应，即对薄弱环节采取改正措施，这对于保护资产免遭营私舞弊浪费和管理不善是必不可少的。改正措施不仅是针对具体评价中发现的问题而提出的，还应该包括内部审计、外部审计、顾问评价、管理分析中所提出的问题。改正措施是控制管理过程的基本部分，如果不及时采取改正行为，控制管理过程就不能充分进行。

4. 报告

当评价工作结束后，评价人员应与单位负责人一起研究与编写报告。报告中应说明内部控制程序是否符合国家有关规定，内部控制是否符合单位的管理方针与政策，内部控制实施能否满足单位管理的需要，今后改正的计划与进度安排等。

第 9 章
风险基础审计技术方法

9.1 固有风险分析

根据风险基础审计目标及其程序要求，风险基础审计主要技术方法有目标分析、风险分析（固有风险分析和控制风险分析）、实质性测试和管理风险等。

目标分析是风险基础审计的基本内容，是风险评估的基础。目标分析的主要内容是：确认被审计单位制定了哪些整体目标和各层级目标，这些目标是否合理、是否可行；确认被审计单位为实现目标制定了哪些策略和措施，这些策略和措施与目标之间的关系如何、密切程度如何；确认被审计单位为保证目标实现制定了哪些计划与预算，计划和预算与整体目标、策略之间的关系如何；确认各层级目标与整体目标及策略的关系如何、明确程度如何、与经营过程之间的相关程度如何、各层级目标之间的关系如何等。

确认了目标，就可以进一步分析影响目标实现的各种可能性，最后进行影响程度评估。风险分析，主要分析引发被审计单位整体风险的内、外部因素有哪些，如何辨识，每一种因素发生的可能性有多大，万一真的发生了，其后果有多严重；分析引发被审计单位作业层级风险的内、外部因素有哪些，如何辨识，每一种因素发生的可能性有多大，万一真的发生了，其后果有多严重。风险分析又可以分为固有风险分析和控制风险分析。

固有风险作为风险系统的一个子系统，是难以定量的，但从系统的观念出发，审计人员可以通过确认下列事项来界定固有风险的比率。

（1）经济业务的性质。不同性质的经济业务发生错误或不法行为的概率是不相同的，比如涉及现金、存货、设备等实物资产的经济业务比不涉及这些实物资产的经济业务发生错误或不法行为的概率要大；通过估价得到的数据，如折旧、预提费用、待摊费用、在产品等要比通过计算得到的确定性数据更易使财务会计报告的表述发生差错；复杂的重要的经济业务比简单的次要的经济业务容易发生错误或弊端。

（2）账户余额及总体特征。总体规模越大，账户余额越大，发生错误或不法行为的概率越大；总体容量越大，构成总体的项目越多，且比较复杂，则出现差错的可能性也越大。

（3）被审计单位的性质。某些账户的固有风险受被审计单位的性质的影响，如存货、固定资产、应收账款等。一般的，固定资产过时的可能性在商业企业中比在制造业企业中要小些。

（4）上期审计中发现的差错项目，在本期是否得到纠正。

（5）被审计单位的外部环境。例如技术进步会使某些产品过时，这就带来了存货计价是否正确的风险；技术进步导致固定资产贬值，这就带来了折旧计价准确与否的风险等。又如，一个企业财务状况不好，内部控制不严，管理水平较低，人员素质不佳，财务人员调动频繁；或者是外部环境不良，物价管理水平较低，国家税率调整等，这些外部因素既影响被审计单位的经营成果和经济效益，甚至导致亏损发生，同时又易造成管理人员蓄意谎报财务情况。一家企业的财务状况越糟糕，其管理部门越想掩盖经营亏损。如果企业破产，蒙受损失的投资者和债权人往往采取两种措施：一是审查财务报表为什么没有说明该企业已濒临倒闭；二是就审计人员没有发现财务报表谎报，提起审计诉讼。潜在的破产增加了固有风险和给审计人员造成了困难。

（6）注意各种容易发生错误或弊端的事项。比如关注会计处理中容易混淆的项目，关注资本支出，关注那些容易粉饰被审计单位财务状况的项目，关注那些易于偷税、漏税的项目，关注那些异常交易事项。

综合评估上述因素后，即可大致确定固有风险的比率。一般，如果经过因素分析，认为重要差错存在的可能性较小，可把固有风险定为50%（持稳健态度）；反之，当确认存在重要差错的可能性较高时，可把固有风险比率定为100%，固有风险比率的变动区间是50% ~ 100%。为了评价这些固有风险，审计人员应该从以下方面入手。

（1）了解被审计单位的经营状况，看其是否会发生继续经营的困难。判断被审计单位能否继续经营，可以依据以下几个方面。

在资金显示上：①净负债和净流动负债的比率情形；②没有长期借款或不能偿付临近到期的长期借款，或者是过分依赖短期借款；③不利的主要资金利率；④大量的经营损失；⑤拖欠的或中断支付的股息；⑥到期日无力支付的债务；⑦履行贷款协议条件存在的困难；⑧供货人从赊销到付现金送货或预收货款的改变；⑨必要的新产品开发或其他必要的投资无力获得资金；⑩企业经营性质和方式的改变。

在经营显示上：①损失的主要管理人员无人接替或整个经营管理混乱没有改善；②丧失了重要市场、经营特许权、许可证或主要供货人；③劳动力短缺或重要供应物资的短缺。

在其他方面：①没有遵守资本使用或其他法定要求；②审查可能存在的未决法律诉讼，如果败诉，可能有不能偿付的判决结果；③在法规和政府政策方面的变化影响。

（2）了解外部使用者对审计结论的依赖程度高低。

审计人员对财务报表和会计资料的审计，是为同企业相关的债权人、财产所有者和经营管理阶层提供关于企业盈利前景、经营状况、获利能力的一个综合报告，审计人员要根据外部使用者对其提供的报告质量要求的高低来决定容忍的风险程度，可容忍的风险程度可以据企业的规模大小、所有者是否分散和企业的几种负债率高低来确定。

（3）了解该企业是否在以前年度进行过审计验证。

企业是否在以前年度经过审计，对风险的影响极大。初次审计时，审计人员对企业的资产状况、专利权、保留盈利等大的账户不了解；对企业净现金收入的来源、现金收入的时间和收入的偶然性也不了解；对企业经理等人员了解少。比较而言，重复审计的风险要小。

（4）了解管理人员的人品如何。

管理人员的人品好坏和以前审计结论的好坏，影响固有风险。管理人员的人品直接影响其对企业财产管理和经营采取的方法和手段，它与风险成正比。以前审计结论好的企业，其风险也相对小，二者成反向变动关系。

进行固有风险分析的第一步，是了解被审计单位及其业务活动情况。在了解被审计单位的业务活动情况时，尤其要注意了解被审计单位及其业务活动性质、外界环境条件等。

在计划的初期阶段，审计人员首先应根据下列因素来确定审计计划：

（1）对被审计单位的审计内容；

（2）该项审计可能花费的人力与物力；

（3）该项审计内容对被审计单位的职能与目标有多大影响，对环境有多大影响；

（4）被审计单位的高级管理部门所关心的问题；

（5）被审计单位的组织编制情况；

（6）审计机关安排审计工作的先后顺序；

（7）审计机关所关心的问题。

其次，审计人员要在上述诸因素中寻找影响经济效益的重大风险，在这方面，风险分析能起重要的作用。

进行固有风险分析的第二步，是确定被审计项目可能发生的有害事件的所有重要结果，这些是被审计项目的固有风险。

为了确定被审计项目的固有风险，审计人员通常采用下列指标与方法：

（1）考虑可能存在于被审计项目中每一方面的缺点的类型；

（2）审阅被审计项目的背景材料与文件记录；

（3）与管理部门讨论与被审计单位有关的各种风险。

当然，并非所有可能发生有害事件的被审计项目都具有重大风险，要在所有可能发生的有害事件中挑出有较重大风险的事件，就必须考查每一个有害事件的固有风险。审计人员一般应考虑下列两类问题：

（1）此有害事件的重要性。

（2）此有害事件发生的概率有多大，事件发生后产生重大损失与影响的概率有多大？

根据对损失与影响的估计，审计人员能比较确切地估量出某有害事件的重要程度。

进行固有风险分析的第三步，是把某一有害事件发生的概率与这一事件的重要程度一起考虑，就可按大小顺序排定固有风险的等级。

9.2　控制风险分析

控制风险是指内部控制制度未能及时预防或发现经济业务中的某些错误或不法行为，致使财务会计报告失真的可能性。控制风险水平的高低受两方面因素的制约：一方面，是内部控制制度设计的风险。如果内部控制制度设计不科学、不健全，则即使企业经过符合性测试后展示出较高的符合率，也不能保证实现良性控制，此时审计人员对被审计单位的内部控制制度过分依赖或过分忽视，都会产生劣质审计判断，从而承担控制风险。另一方面，是内部控制制度运行的风险。一个完善的内部控制制度，总是由组织中的人来执行的，这中间出现差错的可能性总是存在的。

根据控制风险的风险要素确定控制风险水平，审计人员需要确认以下两方面的事实：

（1）初步研评被审计单位内部控制制度“软件”的设计水平，确认内部控制制度的可信水平或设计强度；

（2）通过符合性测试，确认被审计单位内部控制制度发挥作用的程度或符合率的高低。

控制风险不仅与内部控制制度有关，而且与经济业务对错误或不法行为的敏感性有关。敏感性高的经济业务，会使控制风险中的三个参数值随之增高，自然地使控制风险增高。对此，我们可以引申出三层含义：

（1）经济业务的敏感度越高，控制风险值也越大，则被审计单位内部控制制度的可信性就越低；

（2）经济业务的敏感度较高，而符合性测试的满意度越低，则被审计单位的内部控制制度就越缺乏可信性；

（3）经济业务的敏感度越高，而通过对内部控制制度研究发现，被审计单位的内部控制制度不属“良性”，则这种内部控制制度就越缺乏可靠性。

经济业务的敏感度与控制风险的关系，实质上反映了固有风险和控制风险的关系。应当指出的是：无论多么有效的内部控制系统，也不可能根除管理人员谎报财务报表的风险，也就是说，内部控制系统中普遍存在着一定的风险。内部控制系统越有效，风险就越低；内部控制系统越无效，风险则越高。因此，审计人员在对控制进行评价和测试过程中应注意两个方面的问题。第一，由于固有风险可能影响审计人员评价程序计划工作，所以，在计划阶段必须分别考虑固有风险和内部风险。例如，经营状况不佳、效益低劣，可能会损害会计人员和管理人员的道德，从而很可能会破坏现有的内部控制系统。另外，进入会计系统的差错越多，财务报表发生谎报的可能性就越大。如果会计系统中存在着大量差错，则会降低内部控制的效果。因此，在确定测试内部控制系统的程序之前，审计人员应该谨慎地考虑与固有风险相关的各项因素。第二，审计人员应注意两种情况：一种是内部控制系统涉及有关业务和账户，而审计人员又依赖了这一控制系统；另一种是内部控制系统涉及业务和账户，而审计人员又准备进行符合性测试，将其结果作为依赖该内部控制系统的基础，这里，前者发生差错的风险要远大于后者。

为了估计控制风险，审计人员就必须对每一个有重大风险的问题进行充分的审计工作，从而明确以下问题。

（1）该固有风险是否发生？

（2）被审计单位是否有适当的内部控制系统？

（3）对每一个重要的固有风险来说，被审计单位是否有相应的内部控制系统？

（4）被审计单位对有关风险的控制是否适当且具有成本效益？

（5）成本效益控制是否可行？

（6）该被审计单位是否有适当的控制措施？

（7）该被审计单位是否有效地遵照和实施了这种控制？

对于每一个重大风险来说，应该确定有关的控制风险是高、是低，还是中等，为了估计控制风险的等次，通常采取实质性测试和符合性测试。测试可使审计人员确定重要程度不一的各种风险。

内部控制风险和固有风险一样，只能对其进行评价，而不能实施控制。在评价内部控制风险的过程中，审计人员确定现有控制系统的效果。任何内部会计控制系统的基本目标都是保证完整地、准确地处理各项业务，正确地建立和更新会计记录。审计人员的注意点是内部会计控制系统能否发挥作用。如果审计人员准备依赖客户的内部控制系统，就意味着内部控制风险已达到极限水平。因此，审计人员应该设计充分的实质性测试和分析性检查步骤，以便把审计风险降低到可以接受的水平。

审计人员如果打算依赖内部控制系统，则必须对内部控制系统进行符合性测试。为了确定进行符合性测试是否具备有效的办法，审计人员应该明确：①内部控制目标和有关的审计目标；②进行符合性测试后，必须达到的审计目标；③职责分工。

职责分工是相当重要的。因为它有助于防止舞弊和差错。在职责分工的制度下要进行舞弊，两人或多人需要相互勾结，因此舞弊可能性降低。例如，资产保管和资产记录之间的职责分工，就是防止资产被窃的重要控制方法。同样，由于职责分工制度，签发支票的财务人员也无法在支出记录上做假，进行舞弊活动。一般情况下，有下列几种职责分工不清的情况。

第一，负责会计记录的人员同时负责资产保管，在实施会计程序时一定会增加发生会计差错的风险，因这些人员有进行舞弊的可能。因为这种舞弊的产生直接取决于现有内部控制制度是否完善与可靠。在这种情况下，审计人员在对内部控制做出评价和分析外，通常还应对有关的资产余额进行实质性测试。

第二，如果负责会计控制程序的人员同时负责资产保管，但不负责会计记录，那么发生舞弊的风险比第一种要小。在这种情况下，发生的重要舞弊现象均会被负责会计记录的人员发现。例如，如果负责收款的人员不负责记账，但负责将明细账与控制账户直接核对，那么发现舞弊现象就比较容易。由于该人员无法调整明细账以掩盖他所进行的舞弊，通过验证或其他方法就可以发现舞弊。当然，如果负责会计控制的人员有意涂改或销毁有关会计记录，那么，舞弊不被发现的风险就会大大增加。

第三，如果负责会计记录的人员同时负责会计控制程序，差错就可能一再发生或者不被发现，会计控制的作用也就大大减弱。如果会计控制人员由于工作粗心或业务素质差而发生了差错，那么他也会由于同样的原因而不能很好地进行会计控制。如果该人员无权接触资产，则这种缺乏职责分工的现象通常不会增加发生舞弊的风险；但是，它会削弱基本会计控制的作用，增大会计记录发生差错的风险。

综合固有风险和控制风险分析的过程，风险分析一般分为以下三个阶段：

（1）概述所有可能发生的有害事件；

（2）估计这些有害事件的严重性；

（3）就每一有害事件确定其控制风险的等次是高、中，还是低。对每一风险来说，得出的结果可以是不同等次的混合。例如，有关的控制很弱，则固有风险是高的，控制风险也是高的；或者，如果有关的控制很强，则原来较高的固有风险就会降低，因此，应当把固有风险与控制风险结合起来考虑，来确定总风险的等次。

风险等次的确定，有助于明确进行实质性测试的范围、重点和先后顺序；也有助于明确管理风险的范围、内容和重点。

9.3 管理风险方法

风险管理的基本含义是人们对风险进行识别、估计、衡量、控制等一系列具有系统性、规范性的方法和手段的总称。风险管理具有层次性，如个人风险管理、家庭风险管理、企业风险管理和国家风险管理等。

风险管理机制是指管理要素按照其内在的管理规律，在运动中彼此相互联系、相互结合形成一定功能的原理及过程的总和。

风险管理分为三阶段，即风险识别、风险评估和风险处理。三个阶段有着内在的逻辑联系。人们只有在对风险的类型及产生原因有科学、正确认识的基础上，才能对风险做出较为准确的评估。同样，也只有对风险有正确的识别和评估，才有可能有针对性地提出控制风险的措施。但应当说明的是，这一风险管理模式只是从一般意义上显示了风险管理的重要步骤。它便于审计人员理解和分析风险管理的主要过程。在实际工作中不一定机械地遵循这一模式，有的对风险的识别可能是与风险评估同时进行的。有时先提出了控制风险的措施再进行风险评估等。

9.3.1 风险识别

风险识别是风险管理的第一阶段，正确地识别风险将为成功的风险管理奠定基础。风险识别有两大任务：一是划明管理活动中存在什么样的风险；二是找出引起这些风险的原因。

风险识别就是在各种风险发生之前对这些风险的类型及发生原因做出判断，以便实现对风险的估价和处理。在实践过程中，管理的各种风险往往是交织在一起的，引起风险的原因更是错综复杂的。这给正确地识别风险带来了一定的困难。因此，风险管理过程中，审计人员在进行风险识别时必须采用一些科学的方法，而不能只凭主观臆断进行猜测。

审计人员识别风险可以采取许多有针对性的方法。下面简单地介绍几种常用的识别方法。

1. 故障树法

故障树法是分析问题时广泛使用的一种方法。它是利用图解的形式将大的故障分解成各种小的故障，或对各种引起故障的原因进行分解。由于分解后的图形是树状的，分解越细，树枝就越多，因而称故障树。这种分析方法几乎在任何领域都可以使用。其优点是简单、明确，能够帮助分析人员比较迅速地发现存在的问题。在对风险进行识别时，故障树法也是一种十分有效的方法。这时故障树实际上是风险树。使用故障树法可以将审计面临的主要风险分解成细小的风险；也可以将产生风险的原因一层一层地分解，排除无关因素，从而找到对审计真正产生影响的风险及原因。

2. 德尔菲法

德尔菲法又称为专家意见法。在对被审计单位面临的风险进行识别时，特别是涉及原因比较复杂、影响比较重大而又无法用分析方法识别的风险，德尔菲法是一种十分有效的方法。

运用德尔菲法进行风险识别一般采取以下程序。

（1）由审计机关制定出调查方案，确定调查内容。

（2）聘请若干名专家，由审计机关以发调查表的方式向他们提出问题，并提供被审计单位的有关资料。

（3）专家根据调查表所列问题参考有关资料提出自己的意见。

（4）审计机关汇集整理专家的意见，并把这些不同意见及其理由反馈给各位专家，让他们第二次提出意见。

（5）多次反复，直至得到基本上趋于一致的结论，意见逐步统一。

当然，德尔菲法也存在着一些不足之处。 例如，运用德尔菲法进行风险识别时，受审机关主观上对调查方案的选择影响较大，使结果可能出现偏差。而且德尔菲法只能反映被调查的专家比较一致的意见，但这种意见为什么是正确的却无法从理论上充分地证明。但是，运用德尔菲法得出来的结果仍具有十分重要的参考价值。

3. 筛选—监测—诊断法

筛选—监测—诊断法也可以用来对风险进行识别，它分为筛选、监测、诊断这样三个紧密相连的环节。

（1）筛选。它是指审计人员针对被审计活动中各种潜在的危险因素进行分类，确定哪些因素会明显地引起风险、哪些因素明显不重要、哪些因素还需要进一步研究。通过筛选过程，审计人员可排除干扰，将注意力集中在一些可能产生重大风险的因素上。

（2）监测。它是根据某种风险及其后果对涉及这种风险的过程、现象或个人进行观测、记录和分析的复现过程。当筛选结果出来以后，必须对这些结果进行观测、记录和分析，掌握它们的活动范围和变动趋势。

（3）诊断。它是根据被审计活动中的风险征兆或其后果与可能的起因关系进行评价和判断，找出怀疑的动因并进行仔细检查，只有对审计风险进行了正确的诊断，才能真正达到风险识别的目的。

在筛选、监测和诊断过程中，一般都要按照一定的思维逻辑进行考察。

9.3.2 风险评估

风险评估是风险管理的第二阶段。审计人员通过风险识别，了解各种风险的类型及其产生的原因，随后需解决的问题是评估这些不同的风险将会对审计结果与被审计单位产生多大的影响，只有解决了这一问题，才有可能根据不同的情况正确选择处理风险的方法。因此，风险评估是整个审计风险管理过程中关键的一环。

1. 风险评估的前提

风险评估实质上就是测量风险对审计产品以及对被审计单位经济管理活动影响的大小。它的主要任务包括两个方面：①给出某一风险发生的概率；②提示这一风险可能带来的损失和收益。

2. 风险估价的方法

风险估价的方法有很多，下面介绍几种在估价风险时常用到的具体方法。

（1）概率和统计方法。在估价风险时常用概率统计的方法来对风险进行数量分析。审计人员掌握了审计活动中某种风险的大量数据后，便可以通过平均数、中位数、众数等来探测出风险损失的集中趋势。其中，平均数是一种最常用的方法，它可表示为一组数据的总和除以这组数据的个数，所得的商。

中位数是一组按大小排列的数的中间数。众数则是一组数中出现频率最高的数。当风险损失分布为正态均匀分布时，中位数、众数与算术平均数是一致的。但当风险损失分布倾向于一个方向时，中位数和众数在度量损失的集中趋势方面就很重要了。

在估价风险时除了需要度量损失的集中趋势外，还需要描述损失围绕中心值的离散程度。为了达到这个目的，通常计算所考察的数据集合的标准差和方差。有时为了方便，常用标准差的平方来进行计算。

通过这些计算方法，审计人员基本上可测定风险损失的集中趋势和离散程度，以便可以在此基础上预测未来风险损失的状况。

（2）概率分布也是估价风险常用的一种数量分析方法。概率分布是将测量值与概率联系起来的函数，它是根据对某些随机现象的性质分析或大量数据统计的结果建立起来的。在估价风险时，我们可以根据某种风险损失本身的联系，或者这种风险损失的统计资料，观察风险损失的发生是否符合或近似地符合一定的概率分布。如果符合，便可以由两个参数来确定整个变量的分布。由于风险损失的值决定于这个值的分布，从而受相应的概率支配，因此，利用概率分布可以预计所研究的风险损失将来可能发生的情况。以下几种概率分布是估价风险损失时经常用到的。

①二项分布。当遇到具有稳定概率的独立事件，而每次试验只存在两个结果时，就可以利用二项分布来计算一定容量的样本的概率。

②普阿松分布。当 P 值很小、样本容量 n 很大时，二次分布可以非常接近于普阿松分布。普阿松分布的基本假定与二项分布的假定是基本相同的，利用普阿松分布可以预测企业的工程事故、机器故障产品责任事故等风险发生的概率。

③正态分布。随着试验次数 n 的增加，二项分布就逐渐接近于正态分布，正态分布在估价风险时被广泛地应用。

9.3.3 风险处理

无论是识别风险还是估价风险，都不是风险管理的最终目的。在识别和估价风险之后，还必须进入第三阶段——风险处理 ，才能达到风险管理的目标。风险管理是针对不同类型、不同概率和不同规模的风险采取相应的措施或方法，使风险减少到最小程度。可见，能否采取合理的方法处理风险，很大程度上取决于风险识别和估价的准确性。正确地处理风险的方法主要有以下几种。

（1）控制组织活动：强化牵制手段，控制组织活动仍是大多数单位使用的风险管理策略。

（2）避免新生风险：在组织做出重新规划时，尽可能避免固有的风险。

（3）分散风险：将总风险分散，如将原料供应商分散，以分散供应风险。

（4）分担与转移风险：通常包括与第三者签订协议，由此分担全部或部分财务风险；此处进行投保以转移风险，接受某种程度的风险也是必要的。

（5）接受风险：对于组织成长或获利而言，审计人员可根据上述风险管理的形式，结合被审计单位的实际情况，提出管理风险的建议，写出审计报告，供被审计单位为改善经营、降低风险而采纳。

9.4 重要性判断方法

9.4.1 重要性概念

按照美国财务会计准则委员会的定义，所谓重要性是：会计资料的遗漏或表述不当，其程度从总体上足以改变或影响某一依靠此项资料的正常决策者的判断。

在理解这个概念时，我们应把握以下三个方面的内容。

1. 重要性含有质和量两方面的界限

重要性是相对于决策而言的。由于财务报表有可能不能精确地、客观全面地反映客户的财务状况和经营结果。因此，财务报表的用户必须决定重要性指标。重要性指标具有数量和质量两方面的特征。它影响审计计划的编制，是决定财务报表是否公允的关键。财务报表对决策的不利影响，可由其性质上的错误和金额上的错误所致。同时，数量和质量间也存在着密切联系，从性质上看，如某一企业在某会计年度中改变了折旧方法，而未在财务报表中予以披露，则此种错误无论对当年财务报表影响金额大小均应视为重要的。又如资产的错误分类，如涉及改变流动资金和非流动资金的比例，则为重要事项。一定数额的收益的错报，如不改变损益的性质，可视为不重要；但如其使得报表反映情况由亏损变为盈利，或收益由下降趋势转为上升趋势，则视为重要事项。此外，对重要性的判定还要联系企业的背景和业务性质。在正常经营环境下正常业务出现一定比率的错误可能不重要，但如果在非正常经营环境下，或由非正常业务产生的错误，则可能是重要的。

2. 重要性在量上具有相对性

重要性并非有一个确定不变的金额比率或数额界限。由于编制财务报表的实体规模大小和经营性质不同，所以重要性概念具有相对性。一般地讲，人们总是结合提交财务报表的实体的规模来确定重要性界限。

3. 重要性界限具有不同的计算基础

在国外，利用财务报表来进行决策的有关群体包括投资者、股票持有人、贷款机构、税务机关、国家调控机构、社会商业咨询机构，以及工会和消费者团体。各个不同的利益群体在进行决策时有不同要求。

9.4.2　重要性概念在审计中的应用

审计上的重要性概念和会计上的重要性概念，从总体上说是一致的。但由于审计的特点，审计对重要性概念的运用又不完全等同于会计。在审计中确定重要性界限时，仍需审计人员依据当时的各种具体情况，并凭借职业经验加以完成。

重要性概念的应用，涉及审计的两个阶段和两个不同层次。在规划审计方案、评价审计结果时，均须结合重要性概念来考虑财务报表总体错误的影响。目前，在计算上的主要方式有两种：一种是固定比率法，在选定适当的计算基数后，乘一个固定百分比，如百分之五、百分之七，求出一个数额作为财务报表允许误差限额。另一种是采用分级累进递减方法。其思路是，规模越大的企业，允许误差的金额比率就越小。

财务报表的内容是由不同项目组合而成的，对财务报表的审计也是通过对各个项目的审核完成的。财务报表最终结果的误差亦是由各个项目的误差综合而成的。那么若最终结果的误差不超过一定的重要性金额界限，就是可以接受的。

要变详细核查或盲目抽查为分析性抽查测试，关键的一步就是要确立重要性和审计风险概念。这两个概念是实施合理抽查的基础。

在判断抽查和统计抽样审计中，审计人员必须依靠各种资料，审慎地确定重要性界限和审计风险，据此规划审计方案，在实施方案后，将取得的结果与预期的重要性界限与审计风险比率加以对比，以此来确定是否接受审计结果。

可以说，能否恰当地确定重要性和审计风险决定着能否正确地规划审计方案。之所以要对被审计单位进行各种调查了解，是为了最有效地分配和使用审计资源，在最低限度的消耗下，实现预期的效果。而重要性和审计风险，在这个过程中起着最为关键的作用。科学的现代审计方式，离不开这两个概念。

审计重要性常常表述为一种错误的程度，即财务报表中存在的错误导致会计信息使用人改变原来的决策，那么这种错误即为重要错误；若不改变原有的决策，则为非重要错误。但这只是理论上的表述。在实际工作中，会计信息使用者是多方面的，有股东、债权人、投资人和潜在投资人、政府部门、企业经营管理人、财务分析师等，他们对会计信息的需求不一，用途各异，因此对重要性关心的程度和侧重也不同。

在审计准备阶段，审计人员要对审计重要性进行界定，做出初步判断，并将重要性价值分配于各个项目，以此作为各个项目允许出现差错的最高限额；在审计的实施阶段，审计人员根据所确定的审计重要性标准，评价审查中所发现的问题是否重要，以确定是否要做进一步的审查，是否作为问题相应地记录；在审计的报告阶段，审计人员要根据审计重要性标准，对所发现的问题进行分析评价，以此决定发表何种审计意见。由此可见，合理界定和正确运用审计重要性标准，对做好审计工作具有重要意义。

审计重要性是一个相对的概念，相同数额的错报或漏报，在不同时间、不同企业，其重要程度不同。试图用一个被审计单位重要性初步判断数作为确定审计重要性的标准是不现实的。因此，确定错报或漏报的数据是否重要，必须确定一个比较基础，以作为适当确定审计重要性的参照标准，这个参照标准比较基础通常是报表使用者最关注的项目。在实际工作中，税前净收益通常作为确定重要性的最重要基础，因为它是报表使用者最关注的内容。此外，企业的资产、负债和所有者权益变动，因对报表使用者利益影响重大而受到关注。在对审计重要性进行判断时，会计信息的质量也是确定审计重要性不可忽略的一个因素。在会计信息中错漏数额相等的情况下，有几种错报比其他错报对使用者更为重要。如可能会造成重大资产损失的错报，可能会影响其他报表经济决策的错报等，都属于重大错报。

确定重要性的方法主要有以下几种。

1. 直接百分比确定法

直接百分比确定法主要以会计报表中的重要数据为依据，按照事先给定的百分比计算重要性金额。会计报表中的重要数据包括资产总额、负债总额、所有者权益总额、产品销售收入总额、税前利润总额等。审计人员在事先给定百分比时，有两种方法：一是可以根据一般常用的百分比确定；二是可以根据经验确定重要性百分比。在具体使用中，有的计算出资产负债表同利润表不同的重要性金额，有的计算出资产负债表同利润表相同的重要性金额，这主要取决于重要数据的重要性百分比。

2. 递减百分比确定法

采用递减百分比确定法一般先选择资产负债表和利润表中金额较大者确定重要性百分比。其具体做法是：首先选择报表中的重要数据，如资产总额、负债总额、所有者权益总额、销售收入、利润总额等。其次规定不同级次数据的重要性百分比，随着数据的增大其重要性百分比越小，使重要性百分比呈递减趋势。

3. 直接确定重要性金额法

直接确定重要性金额法即根据报表中的重要数据，结合审计人员的经验，直接给定重要性金额，这种方法简便易行，但较为粗略，准确度不高。

在审计过程中运用重要性的主要工作有以下几个方面：①分析相关因素，对审计重要性做出初步判断；②将重要性的初步判断分配于各个项目；③审查各个项目，估计各个项目的错误金额；④计算全部错误，并将其与审计重要性的初步判断或修正判断相比较。这四个步骤以初步判断重要性并将这种判断分配给各项目为起点。对各项目的错误金额之估计贯穿整个审计过程的始终。其中①和②两项工作于审计准备阶段完成，③和④两项工作于审计实施阶段完成。

在审计计划中，运用审计重要性原则的步骤一般包括以下内容。

1. 对审计重要性做出初步判断

重要性初步判断，即审计人员对报表中可以出现而又不致影响有理性的使用者做出决策的最大错报数额的判断。审计重要性判断，实质是对报表中允许或可以出现的最大错报数做出估计。估计这个数字时，应考虑的影响因素是：重要性是一个相对的概念而不是绝对的概念，同样数额的错报对小企业来说，是重要的，而对大企业来说，可能并不重要；评价重要性不能试图确定一个适用于所有被审计单位的重要性初步判断数的具体标准，而应以每个企业具体情况选择一个比较基础；报表的质量也是个不可忽视的因素。

对重要性做出初步判断的目的，在于帮助审计人员编制收集证据的计划。

2. 将审计重要性判断分配于各个账户

将审计重要性分配于各个账户，主要是因为审计证据是从每个账户中收集的，而不是针对整个会计报表收集的。将审计重要性分配于各个账户，有助于审计人员正确确定从每一账户中收集的证据量和证据内容。将重要性的初步判断在各个有关账户余额之间分配以后，每个账户余额所分摊的重要性初步判断数额为可容忍的错误。

在实际工作中，审计人员往往只将审计重要性的初步判断数在资产负债表各项目之间分配。事实上，由于复式记账法的运用，利润表中的重大错误对资产负债表有相同的影响，审计人员也可将审计重要性判断分配于利润表各项目。

3. 估计每个账户的错误总数并进行比较

估计每个账户的错误总数是在对每个账户进行抽样检查基础上进行的。即先从总体中抽出样本，通过对样本进行检查，然后根据样本检查发现的错误值来估计总体错误值。估计的每一账户错误总数是根据样本检查结果推断出来的，每一账户分摊的重要性是审计人员根据经验确定的账户可容忍的错误。审计人员通过比较以确定是否扩大账户测试范围。

4. 估计合计错误数并将其与重要性的初步判断数相比较

合计错误估计数，是每一账户错误估计数之和。审计人员应将每一账户错误估计合计数与审计重要性的初步判断相比较，如果合计错误估计数小于或与审计重要性的初步判断数相近，则可认为被审计单位会计报表是公允的、可以接受的；若两者差距较大，则是不可以接受的。被审计单位会计报表在实际工作中，一般在合计错误估计数大于审计重要性的初步判断数时，审计人员往往先根据会计报表有关账户具体情况确定扩大测试范围并将其编入审计计划。

第 10 章 错弊审计方法

10.1 错弊发现技巧

10.1.1 错误与弊端的区分

1. 错误

（1）错误的概念。

错误是指会计的记录计算、调整以及编表等工作，违反了真实性、合法性、合理性的原则，但它的发生，没有任何不良的企图，只是由会计人员的学识不足，经验欠缺，对会计原理、原则与记账技术不熟练或没有彻底的了解，疏忽造成的，故称为错误。从理论上讲，错误的后果可能掩盖某种事实，甚至影响财务状况的正确反映和资金的正确分配，但因其没有不良的动机和目的，故只能称为错误。

所谓真实性，就是会计凭证的编制、账项的记录以及报表的编制，应与财务经济活动的实际情况完全一致。如果会计记录不是根据财务经济活动的实际情况来记载或会计报表不是根据实际账项来编制，以致不能反映财务经济活动的实际情况，则会计记录便失去了反映作用。所以违反真实性的会计记录和计算，都属于错误。

合法性就是会计记录和计算不仅要求真实正确，而且所记录和计算的结果，要符合法令规章制度的规定。如果所记录和计算的结果违反法令规章制度的规定，则是无效的，因而也属于错误。

合理性就是会计记录和计算，都应符合会计原理原则和会计制度，否则，便属于错误。

（2）错误的种类和性质。

会计上的错误，大致有以下三种情况。

①原理上的错误。原理上的错误即违反会计原理、原则或法令规章制度方面的错误。例如修理费的支出，并不增加资产的效用，原属费用，如果误入资产账户，就会使资产负债表失去真实性，利润表不能反映正确的经营成果。又如账户设置不当，应单独设立账户的不设立，不应单独设立的设立了，则所编的资产负债表将不利于分析企业财务状况。利润表除反映的盈亏数额外，对于经营情况和构成财务成果的各个因素，也没有适当的反映，从而失去重心，甚至因账户设置不当引起管理上的失当。对于亏损产品政策性的国家补贴，应设立专户核算，倘不设立而把它作为销售收入，虽不影响财务成果，但不能反映构成财务成果的因素。

②计算上的错误。这种错误又可分为记账前计算上的错误和凭证账表的合计数和转记数的错误。前者如销货时有关商品数量、单价、总价的计算错误，后者如工资表或其他报表上的合计数比实际数多计或少计的错误。

③记账技术上的错误。这种错误又可分为下列四种：第一种，入账的错误，即将应记入甲账户的账项，误记入乙账户。例如应记“暂收款”的误记作“其他应收款”。第二种，过账的错误，即从记账凭证过入总账和明细账所发生的种种错误，例如过错账户、重过、漏过、方向过错、数字倒置、数字移位以及过次页或承前页的金额误写等。第三种，漏账的错误，即遗漏记账的错误，有全部漏账与部分漏账两种。第四种，数字相销的错误，即借贷双方都有一个金额相同的错误，以致可以互相抵销，并不影响试算平衡。

上述各项错误，有属于会计工作本身的错误，也有属于会计工作以外的错误。前者如会计技术性的记录、计算的错误，或会计人员因不谙会计原理、原则等所造成的错误，后者多属于经济业务方面的错误，如按照经济合同应发售给甲地某公司的商品，误发售给乙地某公司的错误。

（3）发生错误的方面。

凡是组织所运用的一切记录工具及相关记录如原始凭证、记账凭证，各种账簿和会计报表，以及会计记录中的数量金额、科目、户名、日期、摘要和文字所做的说明等，都可能发生错误。所以审查账务的范围，不仅包括会计凭证、账簿和会计报表，还包括与会计记录有关的各项资料。

2. 弊端

（1）弊端的概念。

弊端是指利用账务上的处理技巧达到窃取公共财物或粉饰非法行为的目的的造假行为，即在财务上造假，通过会计上的伪装，掩盖造假事实，以达到财产所有权不正当转移的目的。弊端的主要方式有冒领、窃取、伪装等。衡量弊端的标准，可以归纳为下列三项。

①公共财产是否受到损失或财产所有权是否发生不当转移。

②是否蒙藏真相，欺骗国家或他人。

③是否利用职权谋取私利等。

（2）发生弊端的方面。

弊端表现在会计上，主要有下列四项。

①表现在原始凭证上，即从基础着手企图达到某种目的的做法。比如把已报销过的费用单据重复报账；把开出发货单的有关记账联和存根联的数额由大改小等。

②故意错登商品、材料的收付存情况。比如付出多记数量，或者收入少记数量而加大单价，保持金额不变，从中盗取商品、材料量差等。

③从库存现金和银行存款着手，这是常见的弊端。比如从职工工资、其他费用的支付中，假造职工姓名冒领工资，或以私用品的发票报销领款等。

④从预提费用、待摊费用进销差价、材料成本差异以及应收应付款、暂收暂付款等账户着手，通过转账、虚收实付等各种手法，最后将公有资金化为私有。

10.1.2　发现错弊的技巧

1. 异常数辨识技巧

在阐述审阅法使用技巧时，论述过有关异常数的问题，本部分主要阐述异常数辨识问题。

数字是否异常，是由其特定的业务内容，即其所表达的特定信息来决定的。会计资料中的异常数，是指按照正常经济业务和会计处理程序进行操作一般不会出现或极少出现的数字。辨识异常数的主要方法有以下几种。

（1）根据数值大小辨识。

根据数值大小辨识异常数，首先应把握经济业务本身量的界限。在会计资料中某一个数字值的大小有时是有一定条件限制的。如果在分析会计资料时发现某一数字值不符合特定经济业务的规模，则可将其视为异常数。如果在固定资产明细账中发现某种物品单价是 2 万元，一般不足为怪；如果在低值易耗品明细账上发现某种物品单价为 2 万元，就应该认为是异常数。至于有没有问题，需要进一步查明。

（2）根据数值变化规律辨识。

会计资料是记录经济业务的结果，任何经济业务的发生都有规律可循，因此会计资料中的数字变化也有一定规律可循。如果发现会计资料中某些数字变化不符合特定的变化规律，一般就可以认定为其是异常数，就要进一步查清有无问题。如果一个单位的每月工资额在 30 000 元左右，在没有任何调资或特殊情况下，若某月工资额增至 40 000 元，就可以认定这是异常数，审计人员就需查明疑点。

（3）根据数字的正负辨识。

有些经济业务反映在会计资料中，其数字不仅有大有小，同时也有正有负，如果不应有负数的账户出现了负数，这个负数就是异常数。从数字正负方向发现异常数的关键是要把握经济业务反映出来的数字本身应该是正还是负，或者正、负都有可能。比如，利润表中“本年利润”或“销售利润”，既可以用正数表示，又可用负数表示。如“现金”“银行存款”“产成品”“材料”“固定资产”等账户的余额应该是正数，如出现了负数，则就可以认为是异常数，必须彻底查明。

（4）根据数字精确度辨识。

一般来说，会计核算的数字比财务计划的数字要精确。在会计资料中，有些数字，审计人员应该结合具体和特定环境决定其精确度，该精确的没有精确或不应精确的精确到难以置信的地步，均属于异常数，就需要进一步查清。如某项工程决算，其资金使用结果与其期初计划一分不差，显然决算数是个异常数，年初计划与年末结果不可能做到一分不差。

2. 异常时间辨识技巧

任何经济业务的发生都有其特定的时间，其会计记录也有相应的时间。对于某种商品来说，总是先有采购、生产，后有销售；若顺序与该顺序不一致，则是异常情况。异常时间的辨识方法主要有两种：如果会计资料上没有反映经济业务发生或记录的特定时间，或者反映记录的时间与经济业务内容相矛盾，应认为其时间记录异常。如季节性发生的经济业务，其会计记录的时间应该与经济业务发生的时间相符，否则就是异常时间。

3. 异常地点辨识技巧

任何经济业务的发生都有一定的内容、一定的发生时间和一定的发生地点。没有真实内容、没有一定时间和地点的经济业务是不存在的，若存在，则可能存在潜在的错弊问题。例如，任何一笔采购业务，都有其真实的内容，如采购某种物品，其规格、价格、数量如何，都有其特定的时间，如在某年某月某日采购；都有其特定的地点，如在某地某公司或商店采购。所谓的异常地点，是指反映在会计资料中不符合正常情况的地点，它是根据各项经济业务的具体内容来判断的。若发生地点与经济业务的内容出现违反常规的状况，则应视为异常地点，应该进一步查明。其辨识依据有以下两个方面。

（1）根据距离远近辨识。

任何单位采购的基本规矩是，在价格与质量相同的条件下，应该就近采购，若舍近求远，即属于不正常采购。就近采购，可以节约人力、物力和减少途中耗损；舍近求远，可能存在拉关系得回扣，或是为了索贿、受贿，以损害单位利益而谋求个人利益的情形。审计人员凡遇到舍近求远的采购，就应该认真分析，查明其真正原因。

（2）根据物资合理流向辨识。

经济业务的内容与其发生地点有着内在的必然联系。如采购业务，除了就近采购外，一般还愿意到产地采购，如果不到某种物资的产地单位采购而到外地采购，即属于不正常采购；此外，回流采购更不正常。审计人员凡遇到逆流或回流采购等违背物资合理流向的经济业务，均应该认真查明原因，以揭示舞弊行为。

4. 异常往来单位辨识技巧

从理论上讲，一个单位可以与任何单位发生经济往来。但由于各个单位经济业务性质不同，与其发生业务关系的只是与其产品生产和销售相关的一些单位，因此，在往来单位方面存在一定的局限性。总之，任何经济业务都与特定的对象打交道，如果一个单位的经济活动与不应或一般不该发生业务关系的单位发生了业务关系，这些单位就应该被认定为是异常的往来单位。

10.1.3 错弊审计要点

在实际工作中，有错误和弊端审计组织，以达到弥补漏洞和外部审计的目的。其审计方法一般有以下三个。

1. 审查前的观察和判断

审查前外部审计组织要对被审计单位的内部控制制度进行评价，借以决定抽查范围和抽查规模。内部审计组织应从所了解的本单位内部控制组织的完善程度、实际执行情况以及会计人员的业务水平等方面入手来判断错误和弊端可能发生的程度。一般，若内部控制制度完善并得到认真的执行，会计人员熟谙业务，则错误必然很少。如果内部组织人员也具有良好的道德品质，则弊端也必然很少。

2. 原始凭证的审计

原始凭证包括从经济业务发生到经济业务完成的财务经济活动全过程中，相关人员所做的一切证明或说明的书面文件。审查原始凭证，主要是审查原始凭证所反映的经济业务是否真实、合法、合理，有无违反法令规章制度和不按计划、预算办事的行为。比如审查资金的使用是否符合专款专用的原则；财物的收付是否按照规定办理手续；费用的开支是否符合标准以及有无超过预算的情况等。内部审计组织对错误与弊端的审查，主要是日常中通过对原始凭证的审阅来防止和制止错误与弊端的产生。

3. 账项上的审查

账项上的审查，也就是查账。它属于事后审计，审计人员通过账证核对以发现错误与舞弊，通常采用的主要方法如下。

（1）详细审查。详细审查即就一切账表凭证进行审查，针对错误的类型，采用不同的、具体的详细审查方法。通过详细审查，审计人员一般都能发现弊端的所在。原理上的错误，主要通过对原始凭证的审查发现。计算上的错误，主要是加减乘除方面的错误：如果发现差错数是一位数时，通常是加减方面的错误；如果是复杂的多位数，则大都属于乘除方面的错误。记账技术上的错误，包括数字倒置和数字移位的错误，在移位一位时，与正确数之间的差异数大多可以用“9”除尽，在移位二位时，可以“99”除尽，移位三位时，可以“999”除尽。这当然不是说，凡能用“9”除尽的差错数，都是数字倒置或数字移位的错误，使用这一方法的主要目的是缩小审查范围，便于查找错误所在。至于过账重过、漏过、方向过错、账户过错等方面的错误，均可以通过详细审查原始凭证和有关账项发现。

（2）抽查验证。抽查验证即就部分账表凭证进行重点审查，以判断有无错误与弊端。

10.2 弊端审计技术

10.2.1 线索筛选技术

根据资料检查中的线索、外调材料中的线索以及群众举报的线索，进行加工、整理，筛选出重点的人和事做进一步的深入审查，即为线索筛选技术。该种技术有利于缩小审查范围，抓住主要矛盾，缩短审计时间。使用线索筛选技术的关键是如何确认哪些是重点的人、哪些是重点的事、哪些是重点的项目。

1. 对重点人的确认

要在大量的查找对象中确认重点人，就要重点关注以下条件：有知情人检举揭发的重要材料；是贪污、贿赂等舞弊组织中的核心人物或关键人；行为人的经济收入有异常现象；给被审计单位造成重大经济损失的主要责任人；在某项涉嫌业务经营中担任重要或关键角色；是造成管理混乱的主要成员；具有重大嫌疑的人等。排查出重点人后，应将其经办的业务、经管的财产、经手的账务逐一审查，收集证据。

2. 对重点事项的确认

重点事项一般包括：有资金运动而无商品活动的内容；凭证是合法的但经济活动是不合法的内容；费用开支与经济业务不配比的内容；不正当的应酬开支；高进低售的业务；人为造成的重大损失；财政财务收支中来龙去脉不清的内容等。对于筛选出的重点事项，审计人员要查清，辨出真伪，并搜集必要的证据。

3. 对重点项目的确认

多数项目是长期不变或其变化是有规律的，如果发现有些项目发生突变，应将其确认为重点项目，一定要查明突变的原因。

10.2.2 纵横穿插技术

根据事物存在的形式及相互依存的关系，从空间及时间延伸检查的技术即为纵横穿插技术。采用纵横穿插技术有利于进行穿插检查和避免遗漏；有利于查明案情的发生、发展与结果，有利于查明作案动机、揭露隐藏较深的问题。其具体方法如下。

（1）将应审重点划分为若干主题，如划分为某项收入、某项材料、某项产品、某项工程、某项生产、某项支出、某项资金等。

（2）详细审查每一主题。

（3）在空间上，涉及多少账户、多少业务或多少单位，就查多少账户、多少业务或多少单位；在时间上，需要查多少会计计算期就查多少会计计算期，总之要做到水落石出。

10.2.3 配套还原技术

将不同环节中反映同一经济业务的内容，或将相互对应而又互相依存的同一经济业务的内容从分散的资料中集合起来，按发生、发展和结果的顺序进行配套还原，以助于查明事物的本来面目，即为配套还原技术。配套还原技术有助于查明故意制造的混乱和弄虚作假的问题；通过使用配套还原技术，审计人员可以取得确凿的证据，结论准确可靠。采用配套还原技术的具体做法有以下三个要点。

（1）组合排列。将审查对象反映在不同账户、不同资料中的内容，不论真假，集中排列在一起，按照业务发生发展的顺序排列起来集中列表反映。

（2）比较分析。分析排列的事项，将经济事项的发生与过程进行比较，将过程与结果进行比较，最后将发生与结果进行比较，以辨识真伪。

（3）核实推证。通过分析比较查明真伪后，审计人员需进一步查明资料的来源，作案的动机、过程和结果及其责任的归属。针对不同的审查对象，应使用不同的配套还原技术。配套还原技术的应用范围十分广泛，审计人员要根据配套还原技术，对经济业务进行核实。

10.2.4 立体查账技术

根据账内的蛛丝马迹，通过内外、上下、左右、前后的账外追踪检查来查明账外经营、账外平账、账外有账等作弊行为的技术即为立体查账技术或全方位查账技术。立体查账技术的主要特征是通过内引外联，查明被审计单位无账可查的问题。

无论是账外经营、账外平账，还是账外有账，实质上都存在资金体外循环问题。或是通过虚报冒领；或是通过对外投资，从账内转出资金；或是收入不入账、债权回收不销账。无论是哪一种，要么可以从账内发现蛛丝马迹，要么通过对单位收支进行分析发现一些破绽。因此，审计人员采用立体查账技术对单位业务经营收支、资金运动所涉及的银行存款、库存现金、预付应收货款、应付货款、对外投资、投资收益以及有关收入、费用科目进行分析，一定会发现若干疑点，只要抓住疑点做进一步检查，就会查明各种舞弊现象。

1. 账外经营查账技术

账外经营的单位看起来账内无账，但经营资金都是从单位流出的，只要有账外经营，就一定会发现踪迹。如银行存款发生等额的先贷后借现象，除了出借户头外，还可能有账外经营问题。如对外投资，账外长期无收益，除了账外平账外，也可能有账外经营问题。要查明单位有无账外经营问题，最为关键的是要查明单位有无外收的问题。

2. 发票大头小尾的查账技术

发票大头小尾即同种业务有两种不同的发票，一般来说两张发票上的数量品名是一致的，只有价格和金额不同。审计人员要注意价格有无异常变化，金额有无计算错误；进一步与对方核对，以确认有无窃取收入问题。

3. 账外平账查账技术

所谓账外平账即收入不入账，保留在其他单位或银行存款账户中，或直接通过其他单位进行不正当开支，或从其他单位和银行取出现金占为己有或进行私分。而其他单位及银行存款账户均收支平衡。对上述问题有两种查法：一是寻找转移收入的线索，查明有无应收而未收的问题或应收而未收足的问题；二是将银行存款日记账与银行对账单逐笔核对，特别要注意等额收付情况。

10.2.5 分解组合技术

将错综复杂的经济业务，先分解成单一的事项进行审查，然后将单一事项检查结果组合起来，据此对被审总体性质进行判断，即为分解组合技术。

第 11 章 管理审计方法

11.1 经济活动分析方法

11.1.1 因素分析方法

因素分析方法是经济活动分析中最基本的分析技术，也称连环替代法。审计人员应用因素分析方法的目的是确定影响某一经济现象的诸因素的影响方向及其影响程度，为进一步审计提供线索，或为正确评价经济活动提供依据。影响方向，是指对经济现象的影响是正还是负，是增加还是减少，是超支还是节约。影响程度，是指各因素的影响数额在总体差异中所占的比重。审计人员通过运用比较分析技术，已经发现了差异所在，再运用因素分析方法，可以揭示相互联系的诸因素对总体差异的影响情况。

采用因素分析方法既便于分清主次，抓住主要矛盾进行深层次审计，也能使最终的审计评价更为客观。在管理审计或经济效益审计中，运用因素分析方法，有利于挖掘提高经济效益、提高管理水平的各种潜力。

1. 确定被审计活动的影响因素及联系

确定影响因素以及各因素之间的相互联系是进行分析的前提和基础，如产品单位成本由料、工、费等项目构成，它们之间是相互关联的；再如原材料成本受产品产量、原材料单耗、单价三个因素的影响，它们之间存在乘积的关系。

2. 确定因素的排列顺序

用因素分析方法测定某一因素的变动时，需要保证其他因素不变，且还在遵循一定的先后顺序，否则测定的结果不准确。

3. 依次替换各因素并测定影响效果

根据因素之间的内在依存关系，依次测定各因素变动时对指标差异的影响。

4. 进行延伸检查

各影响因素是否真实、问题的症结何在、有无提高效益的潜力等，应做必要的检查。

5. 提出改进建议与措施

通过延伸检查，审计人员明确了产生影响的原因，以及存在潜力的环节，然后可在此基础上有针对性地提出改进的建议与措施。如认为成本增加是产量增加所致，且市场上还有部分潜力，但增加投资不合算，则建议单位扩大协作或租入设备，并在现有的基础上提高设备的利用率，以达到增加产量，提高经济效益的目的。

11.1.2 指数分析方法

1. 确定指数形式

首先要确定适用的指数形式，此指数形式要根据不同因素之间的相关性、变量的数据类型等来确定。

2. 测定有关指标

测定有关指标是指运用各种测量仪器、问卷表等工具可以直接测出或计算出结果的指标。

3. 进行延伸检查

延伸检查的目的在于查明各因素影响的真实程度、产生问题的原因及提高效益的潜力。如对销售指数的分析，若销售数量的增加使销售收入增加很多，则应进一步审查销售数量增加的真实性，有无为伪造计划完成或达到其他特殊目的而虚构销售量的舞弊行为，使销售量大幅度增加的原因何在，市场上该种产品的需求潜力还有多大等。

4. 提出改进建议与措施

延伸检查后，审计人员对有关需要解决的问题已经胸中有数，因而可提出被审计单位怎样进行改进的具体建议。如通过分析检查，发现若降低售价可以增加销售收入，则应提出实行薄利多销的定价政策的建议，以及其他扩大生产的建议与措施。

11.1.3　ABC 分析技术

ABC 分析技术是 TQC 分析技术的重要内容之一，也称主次因素分析法。ABC 分析技术的目的在于从众多的影响因素中分清主次因素，抓住重点。它的基本原理是，将对某一问题产生影响的全部因素，按主次分成 A、B、C 三大类(区、组或层)，并用矩形图将其表示出来，其中影响程度为 0 ~ 80% 的为 A 类因素，影响程度为 80% ~ 90% 的为 B 类因素，影响程度为 90% ~ 100% 的为 C 类因素。如果抓住了 A 类因素，就能解决 80% 以上的问题。

1. 分析影响因素

分析影响因素即将对某一问题产生影响的全部因素找出来，并按由大到小的顺序排列。这是运用 ABC 分析技术的基础工作。

2. 计算有关指标并作图

计算有关指标并作图即计算每一影响因素在总体影响数额中的比重，并列表计算出累计比重，画出矩形图。作图的方法是横轴表示所有的影响因素，左边的纵轴表示影响的数额，右边的纵轴表示影响的比重，然后找到相应的点画出短形块，将各点对应的累计比重值的点找出来并连接成曲线，该曲线即为巴雷特曲线。

3. 确定重点延伸检查

确定重点延伸检查即确定 A 类因素、B 类因素中对应的因素，再进一步查明影响的原因。

4. 提出建议与措施

通过 ABC 分析技术方法进行分析后，可以更加直观地分析出影响分析对象的主要因素和次要因素以及各自的占比，通过分析结果提出相应的应对措施。

例如企业在对某一产品的顾客进行分析和管理时，可以根据用户的购买数量将用户分成 A 类用户、B 类用户和 C 类用户。由于 A 类用户数量较少，购买量却占公司产品销售量的 80%，企业一般会为 A 类用户建立专门的档案，指派专门的销售人员负责对 A 类用户的销售业务，提供销售折扣，定期派人走访用户，采用直接销售的渠道方式，而对数量众多，但购买量很小，分布分散的 C 类用户则可以采取利用中间商，间接销售的渠道方式。

11.2 数学分析方法

11.2.1 线性规划方法

线性规划方法主要解决资源优化问题。人们总是希望能以最少的耗费达到预期效果，或是在一定的资源限制下取得最大的经济效果，这就要求很好地规划资源和活动。在经济效益审计中，审计人员总希望找到充分利用资源的方法与途径，这时应用线性规划方法往往是行之有效的。

1. 审查应用条件

一般而言，应用线性规划方法解决的问题必须具备四个条件：一是应有明确的目标；二是有多种方案可供选择；三是资源确实受到限制，即要解决这一问题有许多条件制约；四是影响被审计事项的各种因素能建立数学模型，而且是线性函数。在具体应用之前，审计人员应对被查内容进行分析，判明其是否具备使用线性规划方法的条件。

2. 建立数学模型

符合使用条件的被审计问题，审计人员应根据有关资料分析确定变量及目标函数，并列出所有的约束条件，即建立规划问题的数学模型。

3. 求变量的值及函数值

建立模型后，审计人员应运用线性规划的求解方法，求出变量的值及目标函数的值。线性规划求解的方法一般有两种：图解法和单纯形表法。前者一般在变量在三个以内时采用，而后者一般在变量多于三个时采用。

用图解法求解时，应先求出规划问题的可行解集，然后再求极值。一般方法是先将各约束条件转化成直线形式，并在坐标图上画出各条直线，这些直线相交所构成的凸多边形，即为可行解集；然后，在坐标图上做目标函数 S 的等值平行直线簇；在这簇平行线中，离原点最远，而且与可行解集相交的点即为目标函数的极大值点，离原点最近，而且与可行解集相交的点即为极小值点。将极值点的相应变量值（极值点坐标）代入目标函数，即求得目标函数的极值。

通过换基迭代，求最优解。换基迭代相当复杂，尤其是当基础解有很多时，不仅费时费力，且容易出错，因此，审计人员可以借助计算机来完成。手工换基迭代的一般方法如下。

（1）判别基础解是否为最优解，若已经是最优解，则无须换基。判别的方法是：审阅单纯形表中的检验数，若有正数，需要换基。但应注意的是，若该正数所在栏对应的其余各数都为负数，则该规划问题无最优解。

（2）求出轴心项。用检验数所有正数中最左边的一个正数所在栏（列）的其余各正数去除对应的基量值，使商最小的除数，即为轴心项，并将此项加上“口”。但若所得的商最小，则应取下标最小的基变量所对应的数作为轴心项。

（3）调换变量，使轴心项变为 1，所在栏的其余各项为零，获得新单纯形表。方法是以轴心项分别去除该项所在行的各数，获得新的一行（轴心项即变为 1）。然后，将轴心项所在栏（列）的其余各数所在的行的各数，减去新行的各数乘以或除以某个数，得到的积或商即为新表的其余各行数。但应注意的是，变换时所乘或所除的数，应能使新行中原轴心项与该数的积或商，同原轴心项所在栏（列）的其余各项相减的差为零。重复以上做法，即可获得最优解，再去掉松弛变量的值，代入目标函数，就能求得极值。

4. 评价与建议

审计人员应根据求出的变量值与目标函数值，对被审问题做出评价，并提出改进意见与措施。

11.2.2　网络分析方法

网络分析方法是现代管理系统工程的重要组成部分，是于 20 世纪 50 年代后期发展起来的组织与计划管理的科学方法。它的基本思想是“统筹兼顾”“求快、求好、求省”，其基本原理是，运用网络理论和程序分析方法，将一项活动的具体工作编制成网络图，计算确定其中的关键路线，使各项具体工作在执行中出现最少的延误与中断，合理安排人、财、物，从而对计划进度和成本费用进行有效控制与监督，以最少的时间或费用消耗达到预期目标。网络分析方法既适用于一次性规模工程，如建筑工程施工、设备大修理、船舶制造、大型机械制造、新产品试制等，也适用于局部工程或计划。一般来说，越是复杂的、多头绪的、时间紧迫的活动，应用网络分析方法越是有效。

1. 确定具体工作事项

确定具体工作事项即对被审活动进行审阅分析，确定需要涉及的全部工作内容、各项工作的执行顺序（即哪些先做哪些后做、哪些可以同时做）以及各工作事项之间的相互关系。如一台机器的大修工作，包括的具体工序及其执行顺序应该是：拆卸、清洗检查、零件修理、零件加工、电气检修与安装、机身与工作台的研合、部件组装、总装和试车等。

2. 估计工作的资源

估计工作的资源即估计每项工作在正常情况下所需的时间与费用。要使每项工作所需的时间估计准确，必须考虑正常情况下完成工作任务的工时定额，衔接工作间传递与输送环节有可能占用的时间以及对工艺设备进行必要检修所需的时间。具体确定工作时间的方法有单一时间估计法和三个时间估计法。单一时间估计法是对各项具体的工作只估计一个时间值的方法，若审查活动中不可知因素甚少又有先例可循，采用单一时间估计法是可行的。如化工厂的连续工作、电器厂的组装工作、营建工程、土木工程等。但应注意，单一时间估计法不应过于绝对化，不应受重要性或有关领导的影响，同时审计人员还应考虑一些不可靠因素，如野外工作会受气候影响等。三个时间估计法是在网络分析方法中采用得最多的估计时间方法，它是对每一项具体工作分别估计最短、最长或最有可能的时间，再将计算出的期望时间作为工作所需时间值的方法。

11.2.3 回归分析方法

回归分析方法，是运用数学方法揭示事物发展内部变量之间相互关系及其规律的方法。在进行回归分析时，不论变量有多少，应选择其中之一作为因变量，将其余变量作为自变量。如果只有一个自变量，则为一元回归分析；若有多个自变量，则为多元回归分析；若因变量与自变量之间的关系是线性的，则为线性回归分析；若因变量与自变量之间的关系是非线性的，则为非线性回归分析。回归分析方法的基本原理是，依据事物内部要素变化的因果关系建立数据模型，然后运用数理统计等方法揭示内部规律。因此，这种分析方法可以广泛用于经济效益审计之中。

1. 收集有关资料

回归分析，一般是根据有关历史资料计算分析进行的，因此，收集与整理同被审活动有关的数据资料是应用回归分析方法的基础。如审计人员需要揭示被审计单位的机器工作时间与维修成本之间的相互关系及其趋势，则应收集单位机器实际工作时间和实际发生维修成本的历史资料；又如审计人员希望通过回归分析揭示被审计单位的销售收入或产量与职工工资总额的相互关系及其趋势，则需要收集与整理有关销售数、产量与职工工资总额方面的历史资料。

2. 建立回归方程

建立回归方程是应用回归分析方法的关键，一般是先建立一般模型，然后再计算模型中的系数值。

建立模型时，最重要的是要判断被审活动是线性的还是非线性的。为了便于观察，审计人员应根据收集的有关数据资料，在坐标上绘制散点图，若各数据点分布呈直线上升趋势，则属线性回归，可以运用线性回归分析模型，若各数据点的分布不是呈直线上升趋势，则属非线性回归，应运用非线性回归分析模型。

3. 进行相关检验

相关检验，就是判定回归方程中因变量与自变量之间的相关程度。具体方法是，根据已知的各数据资料，运用误差统计原理，计算测定相关系数 r，然后再根据 r 的大小来判定 y 与 x 的相关程度。若相关系数 $-1<r<1$ 时，则相关程度取决于 r 的绝对值的大小，r 的绝对值越大，相关程度越高。如果通过以上检验符合要求，则回归方程是有效的。

4. 测算与建议

测算与建议即利用回归方程进行有关指标的预测分析，再提出改进建议。如利用回归分析测定被审计单位的机器工时与维修成本的有关数据，可以判断维修成本支出是否正常；通过测定销售额与个人消费支出的有关数据，可以判断被审计单位产品生产与销售的安排是否合理等。然后在此基础上提出具体改进建议，如调整产品结构、重新规划产品生产、合理利用机器工时等。

11.3 技术经济分析方法

技术经济分析方法，是指对不同技术方案的经济效果进行计算、分析、评价，并在多种备选方案中选择最优方案的分析方法，简言之，就是从经济的角度，对方案进行比较，为最佳决策提供依据的方法。为实现某一特定目标，审计人员必须采用一定的技术，而采用任何技术都会消耗人力、物力和财力，需要付出代价，但不管怎样这种代价应该是适宜的。也就是说要求审计人员在采用技术的同时考虑其经济效果。如果脱离了经济效果，某项技术是好是坏，是先进还是落后，都难以准确衡量。因此，在经济效益审计中，需要运用技术经济分析方法对被审计单位的有关活动进行分析评价，从而提出使效果最佳的各种改进建议。

11.3.1 本量利分析方法

本量利分析方法，是一种重要的现代管理方法，它是通过业务量（销售量、营业额）、成本与利润之间的依存关系，评价盈利状况与经营业绩以及有关因素变动对利润的影响的一种分析方法，也称盈亏分析、保本分析等。运用本量利分析方法，审计人员可以正确地掌握盈亏界限、控制成本、预测目标利润、合理安排生产，达到提高效益的目的。本量利分析方法的基本原理是：将全部成本分解为固定成本与变动成本两类，然后在假设收入正好能抵补固定成本（盈亏两平）的基础上，运用公式来测定有关指标。运用本量利分析方法可为合理确定产销规模、正确选择工艺设备进行成本控制和正确分析等提供依据。

1. 确定模型

企业的盈亏主要取决于销售收入的多少和成本费用的高低。收入大于成本就盈利，收入小于成本就亏损。本量利分析方法主要是首先确定在不亏不盈的情况下的最低业务量，然后再测定有关因素变动时的有关指标。如果以 Q 表示业务量，P 表示价格，C_1 表示变动成本，C_2 示固定成本，则一般模型为：

$$PQ= C_1+C_2$$

Q 值表示盈亏的数量界限，如果 Q 越小，则企业的经营状况越好。

2. 分解成本

本量利分析方法的基本点是要测定销售收入扣抵销售成本后，正好能抵补固定成本支出时的最低业务量。被审计单位的成本资料一般不单独反映固定成本和变动成本，因此，审计人员应在审阅分析有关成本资料的基础上，将总成本分解为固定成本和变动成本。固定成本 C_1，是指在一定时期和相关范围内不随业务量变动而变动的成本，也就是说，只要在相关范围内，无论业务量如何变动，成本总额总是保持某一定值。如企业管理费、车间经费、计时工资等。变动成本 C_2，是指在相关范围内随业务量的变动而增减变动的成本，也就是说，这部分成本总额取决于业务量的大小，只要业务量变动，成本额绝不会保持某一定值。如原材料成本、燃料与动力成本、废品损失、部分计件工资等。但在实际工作中，除固定成本与变动成本外，还有一部分半变动成本或半固定成本，也叫混合成本，这种成本也随业务量的增减而有所变动，但不是成比例变动。对于混合成本，审计人员也需要分解成固定成本与变动成本两部分。分解成本的具体方法有以下几种。

（1）定性分析法。定性分析法即审计人员根据有关账面记录的审阅分析，将成本分解为固定成本与变动成本的方法。如将原材料作为变动成本、办公费作为固定成本。在运用定性分析法分解成本时，如确实难以明确区分，则原则上将其视为固定成本。用定性分析法分解成本比较简单，但可靠程度较差。

（2）高低点法。高低点法即通过审查一年或若干月份的业务量与成本额的资料，从中找出最高业务量与最低业务量时的成本数据，再利用公式计算单位变动成本（变动成本率）的成本分解方法。高低点法主要用于分解混合成本，其计算公式为：

单位变动成本（率）=（最高业务量成本 − 最低业务量成本）÷（最高业务量 − 最低业务量）

（3）回归分析法。回归分析法即通过建立回归模型分解混合成本的方法，详见回归分析方法应用。

3. 测算指标

在有关成本分解完成后，即可根据有关公式测算所需的有关指标，如边际贡献率、变动成本率、保本点、安全边际率等，然后进一步规划目标利润、目标销售额、降价限额等。边际贡献率是指边际贡献额与销售收入的比率，边际贡献是指单位售价超过单位变动成本的金额，它首先补偿固定成本，补偿后余数即为利润。变动成本率与边际贡献率成反向变动关系，边际贡献率越大，则变动成本率越低，同时，边际贡献率越大，说明单位的经营状况越好。保本点，是指边际贡献正好等于固定成本时的销售量。安全边际率越大，说明单位的盈利水平越高，经营越安全。

4. 评价与建议

审计人员通过对有关指标的测定，即可对被审计事项做出评价，并提出具体改进建议。

11.3.2　投资分析方法

投资分析方法是可行性研究的重要内容，它主要是对建设项目所需的投入资金以及投资后可能产生的经济效果进行测算，再决定是否接受投资所采用的一种分析技术。在进行经济效益审计时，审计人员应对被审计单位的投资决策的可行性进行分析评价，以便为正确决策提供依据、减少浪费，取得好的效果。

1. 估计投资额

无论是新建项目还是扩建项目，都需要投入相应的基本建设资金和生产流动资金。如果对所需投资估计过于乐观（或不足），可能会造成错误的决策，而使企业的投资没有积极的效果，甚至产生消极影响；若估计过于悲观（保守），则也可能错过投资良机。因此，正确估计所需的投资是正确进行投资分析的基础。在估算所需投资时审计人员可采用以下方法。

（1）生产规模指数法。生产规模指数法即根据同类行业相同产品的系列企业的投资情况估算所需投资的方法。

（2）成本比例估算法。成本比例估算法即以设备及装置的成本价值为基数，再根据不同类型的工厂采用不同类型的比例系数估算所需投资的方法。

（3）资金比例估算法。资金比例估算法即以同行业其他类似企业的产值、销售收入占用的资金比例来估算所需投资的方法。这一方法主要用来估算所需投入的流动资金，如按销售资金率或产值资金率来估算新建或扩建后应该增加的流动资金额等。但需要注意的是，估算投资额不能只简单地测算所需的直接投资额，而应考虑到间接的其他投资，如运输问题的投资电力、燃料与水资源的供应投资、公共福利设施等配套项目所需的投资等。若不考虑其他投资，则建成后可能无法投产或是投资效果差，不能达到预期的投资目标。

2. 确定现金净流量

现金净流量（NCF）是指因某项投资引起的未来能够取得的收入减支出后的净收益，如房屋设备等投资的现金净流量可按以下方法计算。

NCF= 每年因使用该资产带来的收入（或降低的成本）− 每年使用该资产增加的变动成本（不含折旧费）

但无论是未来的收入，或是未来的成本，都不可避免地要受价格及其他不可靠因素的影响，因此，审计人员在确定现金净流量时，应根据已知的有关信息资料，对未来的某些不可靠因素进行测算，以力求今后每年的现金净流量更准确可靠。

3. 测算指标

进行投资分析，通常需要测算反映投资效果的指标，主要包括投资回收期、投资收益率、净现值（或净现值指数）、内含报酬率等，以便为正确决策提供充分依据。投资回收期，是指收回原来的投资所需的年限。该指标越小，说明投资的风险越小，投资效果就越好；该指标越大，则投资效果越不好。投资收益率，也称资金利润率或投资效果系数，是指平均每年获得的净收益与总投资额的比值。该指标越大，说明投资效果越好。净现值，是指投资项目在预计的服务期限内现金净流量的现值和原始投资额现值的差额。净现值越大，投资效果越好，但该指标的最低限度只能等于零，如果小于零，则说明不能抵补原投资，投资方案不可行。净现值指数，是指投资项目在预计的服务期限内现金净流量的现值与原投资额现值的比值。该指标越大，说明投资效果越好，该指标的最低限度只能等于 1，如果小于 1，说明原投资不能收回，投资方案是不可行的。内含报酬率，也称内部利润率或内部收益率，是指在未来现金净流量的现值与原投资额的现值正好相等时的投资收益率，简而言之，就是使净现值等于零的贴现率。该指标越大，说明投资效果越好，投资风险越小，但该指标的可接受的最低限度是与银行贷款利率相等。

第 12 章 计算机审计

12.1 计算机审计概述

12.1.1 计算机审计的含义

计算机审计，是指对电子计算机会计信息系统（以下简称“电算系统”）的审计。计算机审计既不是指电子计算机在审计中的应用，也不是指用电子计算机代替审计人员进行审核检查，如果误解计算机审计的含义将不利于开展对电算系统的审计。

电算系统，有着许多与手工系统不同的特点。电算系统的这些特点，对以审查会计资料为主要内容的审计活动产生了极大影响，归纳起来主要有以下几个方面。

1. 使审计线索发生了改变

在手工系统下，大量的审计线索是审计人员肉眼可见的，如凭证账册、报表等，只要审核检查这些可见的资料，即能达到审计的目的。但在电算系统下，所需的审计线索除了打印出来的极少部分外，绝大部分是审计人员肉眼不可见的（即审计证据的“消失”），是存放在磁盘、磁带上的。而且，手工系统下的这些线索不容易被窜改，即便被窜改也会留下痕迹而易被发现，而在电算系统下的审计线索既容易被窜改、销毁和复制，又不会留下明显的痕迹，这就必然增加了审计工作的难度。

2. 使审计工作重点和内容发生了改变

在电算系统下，设计的处理程序是审计的重要内容，而在手工系统下一般不存在对处理程序的审查。由于电算系统下业务处理的高度集中，对其内部控制的审查就显得特别重要；在手工系统下虽也要检查内部控制，但审查的目的是确定进一步审计的范围和重点。

3. 使审计方法发生了改变

在手工系统下，审计人员凭自己的经验、技能，运用审核检查的各种方法，即能达到审计目的；而在电算系统下，除了需要运用一般的审核检查方法外，审计人员还需要借助计算机，因而需要运用利用计算机进行审计的一些特殊方法。

4. 使对审计人员的业务要求发生了改变

在电算系统下，审计人员不仅要具有广泛的审计与会计方面的专门知识，还需要具有计算机应用方面的技术。由于计算机专家创造的各种专门术语比较繁难，部分审计人员缺乏相应的计算机知识，因此如不刻苦学习，以后在审计中将会束手无策。

5. 使审计成本受到影响

在电算系统下，审计人员虽可以提高效率，但内容复杂、技术性强、难度大、机器成本昂贵等将会使审计成本大大增加。

电算系统对审计工作的上述影响，给审计人员如何开展计算机审计提出了新的课题。

12.1.2　计算机审计的必要性

会计信息系统由手工操作过渡到电算化，处理过程由计算机集中自动完成，脱离了人的干预，因而会计信息的准确性与可靠性大大提高，但这并不意味着对电算系统就没有审计的必要，主要原因如下。

1. 会计电算化并未改变审计存在的基础

审计作为一种独立的经济监督活动，并不是有问题就审计，没有问题就不审计；而是只要存在经济责任关系，就必然存在审计。因此，无论被审计单位的会计信息系统是手工操作的，还是电算化的，都有审计的必要。

2. 从某种程度上讲，会计电算化并未提高会计信息的正确性与可靠性

电算系统仍然是一个人机结合的系统，没有也不可能完全脱离人的干预。人无意识造成的差错，同在手工系统下一样，不可能彻底消除；业务的处理按照事先编写的程序进行，而程序质量的高低与会计信息质量的高低有直接关系，如某家金融机构的储蓄存款利息核算程序只因均按 31 天设计而未考虑其他情况，所以在短短的五个月内支付的超额利息就高达 10 万美元。

3. 计算机本身的差错会影响会计信息的质量

尽管近年来的硬件技术在不断发展，但计算机本身的差错仍常有发生，计算机本身也会有“糊涂”的时候。而且计算机出错造成的后果是手工操作下的会计信息系统无法比拟的。

4. 会计电算化并未消除人为的舞弊行为

在电算系统下，人为的舞弊行为仍然存在，且舞弊的手法更加隐蔽，造成的损失也更惊人，审计也更加困难。因此，审计人员不仅需要审查电算系统输出的各种信息是否可靠，而且需要审查电算系统的内部控制是否健全、有效，以确定电算系统是否安全可靠。

广大审计人员应保持警觉，既要意识到对电算系统进行审计的必要性，又要不断更新自己的知识，以适应计算机审计的需要。

12.1.3 计算机审计的特点

计算机审计与手工系统下的审计相比，具有以下特点。

（1）在审计内容上，不仅要审查输出的各种信息，而且应对确保信息安全可靠的制度进行审计、对业务处理的程序进行审计，以及对计算机本身进行审计等。如对程序的审查，在手工系统下是不存在的，而且在具体检查时，需要审查设计的程序是否符合逻辑、能不能实现处理目标、程序中是否有内部控制措施、程序设计是不是最经济合理的等。

（2）在审计程序上，一般需要经过调查了解系统概况、测试制度、编制计划、实施检查、提出报告等具体工作步骤，其中对系统的调查和对制度的测试是整个程序的重点。

（3）在审计方法上，采用电算审计方法与非电算审计方法结合的方法。电算审计的方法，是指对电算系统进行审计时利用计算机进行检查的方法；非电算审计的方法，是指不通过计算机进行检查的方法。如审阅法、流程图法、决策法等均属非电算审计的方法，而模拟数据法、重新处理法、程序检查法等均属电算审计的方法。由于电算系统没有完全脱离人的干预、人为的差错舞弊仍然存在，加之计算机本身常发生差错，因此，采用非电算化的方法进行审计是非常必要的，也是非常有效的，尤其是当确认电算系统存在舞弊行为时。但由于电算系统的特殊性，对某些问题的审查又不得不借助计算机，需要运用电算审计的方法。综上所述，在电算系统下的审计，审计方法是电算化的方法与非电算化的方法的结合。

12.2　计算机审计调查与程序

电算系统是一个特殊的系统，对其审计不仅要查明其处理过的信息是否正确，还要查明其本身设置和控制是否正确和严密。因此，审计人员不仅要规划好计算机审计，如对被审计单位使用 ERP（Enterprise Resource Planning，企业资源计划）系统的情况进行调查，对硬件配置情况进行确认，并与计算机人员进行协商等，还要拟订一定的审计步骤，如如何进行初步调查、如何实施审计、怎样编制审计工作底稿、怎样进行报告，以及如何选择审计人员和指导计算机审计工作等。但最为重要的是初步调查和运用计算机审计。

12.2.1　初步调查

计算机审计的第一步是初步调查，通过调查收集与各种类型计算机审计内容有关的信息。

12.2.2　安全控制

通过初步调查，审计人员可收集关于已建立哪些安全控制的信息。审计人员可通过询问了解系统包括或不包括某些特定控制的原因，以及控制的作用和效果。例如，如果计算机设备是分散的，某些安全控制将是不实际的。某些表面的控制缺乏实质意义，比如使用每个人都知道的字码锁就没有实质意义。

12.2.3 保护控制

和安全控制紧密相关的是保护控制。前者用来限制对敏感资料的接触，而后者用来保护资产。保护控制体现了对自然灾害（如洪水或龙卷风）下的资产的防护。这些保护控制主要体现在购买保险上。

12.2.4 设计说明书控制

在初步调查中，审计人员应收集对设计说明书存在什么控制的信息，谁参加了设计过程、谁有最终决策权、有哪些标准等信息。对从用户获得的输入资料，以及获得的最符合成本与效益原则的计算机支持系统等都应保持谨慎。

12.2.5 风险控制分析

对计算机系统要持续进行风险控制分析。在设计阶段、实施审计阶段和其后的对计算机设备和操作的测试中，审计人员都必须要考虑风险揭露。

1. 监控活动

监控活动包括对所描述的控制程序进行的定期测试，检查报告的使用、优先权、传送以及服务总体的适当性。审计人员应通过审查以发现问题或提出改进意见。由于设备的超负荷使用、设备的超寿命使用、人员的变动或所建立的文件和控制程序被破坏等，风险揭露可能随时间转移。及时发现风险转移可便于及时做出反应。

2. 设备控制

对设备使用的控制包括安全性控制、接触控制、用户变更和维护等方面。延期维修、增加接触、缩短操作时间或类似的与设备有关的行为等风险，审计人员都需要以符合成本与效益原则进行评价。系统位置或设备的变化会造成用户的困难，这些困难会影响管理信息系统的及时性和适当性，导致设备利用率下降及风险升高。

3. 系统风险

在整个管理决策过程中计算机的运作是重要的。对计算机系统出现故障、程序错误、计算机操作和处理系统的未经授权的改变以及计算机一般控制的任何缺陷等风险，审计人员必须不断地进行必要的监控和评价。

12.2.6　硬件和系统软件控制

审计人员对系统中典型的硬件和软件控制的估计必须在审计的初步调查阶段加以证实。运行中一个环节到另一环节的控制总数是否核对相符，“只读”及类似的控制是否存在，是否存在防止危害操作系统日志或常规控制检验的情况，审计人员应对此关注。

12.2.7　接触控制

在初步调查阶段将接触问题作为一个独立的控制和执行问题来考虑，是有帮助的。必须在用户接触和控制之间获得平衡，因为它们之间通常有冲突。一般来说，终端趋向于便携式的，这就带来了以下的控制问题：谁用哪台终端、用多长时间和在哪里用。除了硬件接触外，还有软件和数据文件接触的问题。利用资料库功能可限制和追踪对软件和数据文件的访问，数据库里的口令要限制对软件和数据文件的接触或用户权限（如“只读”访问或“读和写”访问）。

12.2.8　过程控制

计算机操作应有监控是否遵循的过程指南。每个人的职责应明确地加以定义，在日常的经营活动中，每个人应严格地执行与控制有关的程序。

12.2.9　应用控制

应用控制是指在计算机环境下为确保数据的正确记录、处理和报告的具体控制。

1. 输入控制

输入控制是为确保数据库是完整的、准确的和经适当程序而建立的控制。计算机系统输入经常要求将人工准备的数据转变成机器可读的形式。输入控制的本质是要达到整个数据库能正确地转变。

2. 处理控制

数据输入要转换成计算机可读的形式，所有经批准的记录要进行规定的处理，通常使用各种具体的处理控制来完成。当然，最关键的处理控制是确保所有已发现的错误已被解决，并且错误纠正的处理得到了良好控制。

3. 输出控制

计算机系统的输出控制是对输入和处理活动准确性的检查。由用户对输出报告进行复查、保留错误来源统计和对计算机产生的数据进行定期审计等，都是重要的输出控制。输出控制的一个重要方面是只有经授权用户才能接触计算机输出报告。经授权用户的分发表、设定数据的保护政策和保密的标准等都是应有的输出控制。

12.2.10 用户控制

在大多数情况下，用户控制可看作输入控制和输出控制。然而，这些控制还包括联合授权和错误纠正职责。因为计算机操作常用于会计处理，所以业务授权和资产保管职责应同计算机的信息处理最大限度地分离。通过用户对业务授权、批准错误纠正和检查处理活动可容易地达到这一目标。

对所有计算机输出报告和对其反映的处理效果进行分析是重要的用户控制，它能使计算机支持服务更有用和效率更高。

12.3 计算机审计方法

对计算机运作的审计程序包括三个主要阶段。

（1）控制检查与评价。

（2）控制的测试。

（3）数据的测试。

12.3.1　通用审计软件

1. 分类

将采购订单按金额从最高到最低顺序排列，以便审计人员能检查是否遵循了所有超过一定金额的采购都要经过强有力的讨价还价的过程的要求。

2. 比较

将所有的赊销与经过批准的顾客主文件进行比较，以确定是否执行了信用检查。

3. 合并

将 A 分部的库存文件和 B 分部的库存文件进行合并，以便审计人员能按产生存货项目的随机样本进行测试。

4. 更新

在测试发票开单程序中，增加对每一顾客适用的折扣条款。

5. 生成和保存

复制被证实的贷款样本，以便在需要时可用。

6. 汇总功能

可以快速准确地计算出各项相同指标的总数值。

7. 数学函数

利用数学函数对相同指标、不同指标之间的数值进行运算、筛选、分类和排序等处理。

8. 抽取

系统中的数据源较多采用的是关系数据库，从数据库中抽取数据。

9. 条件操作

利用条件操作选取特定的数据。

10. 抽样

在通用审计软件中，可以随机抽取一部分具有代表性的样本。

11. 报表书写

在软件中，根据录入的数据自动生成一部分报表。

12. 数据管理

数据管理是利用计算机硬件和软件技术对数据进行有效的收集、存储、处理和应用的过程。

13. 统计程序

通过统计程序对不同数值进行统计分析。

12.3.2 计算机审计技术

计算机审计技术不仅可用于数据测试，也可以用于测试信息处理系统以及具体的应用控制。

在进行计算机审计时，方法上有很大差异。例如，一些方法重视处理本身，另一些方法却侧重于处理结果；某些是持续的监视方法，某些却是不持续的。

在计算机审计中，内部审计人员相对于外部审计人员更有优势，因为他们有执行更多连续性测试的可能。例如，通过对全年使用的各种计算机审计工具进行突击审查，可证实在不同的时点被审计单位是否使用了恰当的程序。此部分将简要描述已有计算机审计技术并比较它们相对的强点和弱点。

1. 测试数据法

测试数据法，是检查计算机系统是否按预期要求运作的一个方法。过去，测试数据的使用是指“测试数据集的应用”。现在，数据通常通过输入设备直接进入终端，使得“测试数据”成为一个更具描述性的概念。测试数据包括正常的与证实控制有效的非正常数据。

根据系统评价者对系统设计的理解，审计人员把处理测试数据的结果和期望相比较。例如，如果超过某些数据检查的极限，将会期望产生一个例外报告。相似地，如果代码不是经批准的顾客代码文件中的代码，也会期望产生一个例外报告。

测试数据法的一个缺点是它仅能检查审计人员考虑到的控制，另外的数据组合和控制可能事实上存在但未被测试出来。测试数据法的另一个缺点是无法绝对保证处理测试数据的程序与被审计单位在一定期间内实际使用的是同一程序，可能用于测试的程序能产生与期望一致的输出，然而包含舞弊编码的实际使用程序没有被测试。使用测试数据需要考虑的因素如下。

（1）确定在哪里输入测试数据（即在 ERP 系统输入的确切点）。

（2）确定包括在测试数据中的业务类型。

（3）获得与测试记录相对应的主文件记录，以便能预先确定处理的结果，用于和测试处理输出的结果相比较。

（4）在正常操作情况下测试数据处理对系统生成结果的影响。

（5）获得被审计单位常规的处理程序，并确保程序用于处理测试数据。

（6）做出必要准备安排，处理测试数据，并按照期望的形式产生输出结果。

2. 平行模拟法

另一种测试计算机系统的方法是平行模拟法。用这种方法，审计人员应建立一套模拟被审计单位处理功能的应用程序。所分析的数据可以是在被审计单位的系统和审计人员的系统中运行的测试数据，也可以是过去在被审计单位系统中运作的，现在在平行模拟系统中运作的实际数据，以便比较两者运行的结果。

平行模拟法的缺点和测试数据法的相似。输出结果的一致，仅说明对被处理的数据的处理正确。而且，输出结果的一致并不意味着实际处理逻辑是一致的。

很明显，使用平行模拟法的成本很高，因为审计人员必须建立模拟应用程序。一个较便宜的、适用面更广的审计工具是受控处理或再处理技术。该技术包括初次处理有关资料或者对被审计单位早期在其计算机系统已进行处理的数据重新进行处理。应用此技术不需要建立专门的模拟程序，它只要求审计人员在处理所选的数据的期间，控制被审计单位计算机的操作。

3. 整体测试法

为了解决到目前为止所描述的计算机审计技术的缺点，出现了整体测试法（Integrated Test Facility，ITF）。此方法也可称为“虚构公司法”，因为被审计单位的系统同时处理虚构公司的测试数据和真实的数据。该方法允许对系统的功能进行持续的测试，由此为被测试的程序在整个期间的使用提供了更大的保证。然而，ITF 也有弊端。当审计人员想从汇总的会计记录中抽出虚拟的数据时，被审计单位的真实业务数据可能无意地受到破坏或影响。

4. 标记和跟踪技术

在跟踪标记业务的过程中，由于标记业务的不恰当，可能会忽略对程序中一些主要逻辑点的审查。此外，可能存在被审计单位发现的标记业务模式的风险，这会阻碍审计测试。标记和跟踪技术要求嵌入审计程序，并要求审计人员具有计算机专业知识。

12.3.3 评价数据库系统的创新方法

数据库系统带来了数据存取和破坏的风险。组织内部几个部门对同个数据文件的使用使得对计算机活动的跟踪变得复杂。评价数据库系统的创新方法通常采用“尽力击败该系统”的积极姿态，即尽力发现是否存在获得未经批准的存取，或是否在数据文件中做不恰当的改变。

12.4 计算机审计方法的应用

计算机审计方法，主要是指在计算机审计中利用计算机进行辅助审计的方法，如模拟数据法、重新处理法和程序检查法等。

12.4.1 绕过计算机审计法的应用

绕过计算机审计法，是指审计人员避开电算系统，仅将计算机看作贮存和处理会计信息的工具，在检查输入的原始数据后，直接检查输出的结果，并判断处理结果是否可靠的审计方法。其基本程序是：先运用传统的审计方法对输入系统的原始凭证进行审核检查，而且进行人工运算，取得处理结果，然后将人工运算获得的结果与电算系统输出的结果进行比较，借以判断电算系统是否真实可靠。

使用绕过计算机审计的方法，就做法而言，类似系统型审计法中的重制法，比较简单。但绕过计算机审计法不是在任何时候都能运用，只有在符合以下四个条件的单位中运用才是有效的。

1. 电算系统输出的资料与原始资料核对比较容易

电算系统输出的资料与原始资料核对比较容易即要求系统必须保留一切肉眼可见的审计线索，审计人员可以随时追寻和确认所需要的数据文件，以便进行复核、校验和核对。但是，随着计算机应用逐步变得广泛，多数系统没有保留必要的审计线索，有的因经济合理方面的原因，对可见的审计线索一般也不保留。因而，这种方法在计算机应用的早期采用得较多。

2. 会计信息系统对计算机的依赖不强

会计信息系统对计算机的依赖不强也就是被审计单位虽有电算系统，但是大部分资料和业务仍由手工处理，对计算机处理的依赖性不大。但随着计算机技术的不断发展，会计信息系统的电算化程度越来越高，依赖性越来越强。因此，绕过计算机审计法的应用越来越受到限制。

3. 经济业务种类比较单纯

经济业务种类比较单纯也就是说，在被审计单位没有复杂的经济业务，需要验证的内容不多的情况下，可以运用绕过计算机审计的方法。

12.4.2　模拟数据法的应用

模拟数据法，是指审计人员通过设计一套假设的经济业务数据来检查电算系统是否可靠的方法。其基本做法是：先设计一套假设的经济业务数据（即模拟数据）；对假设业务进行手工处理，获得有关结果；将假设的业务数据输入计算机，按原使用的处理程序，如操作程序，进行处理，并输出有关结果；比较手工处理结果与机器处理结果，并据此判明电算系统是否可靠。为了获得比较满意的测试结果，有时也可将设计的假设业务数据混在真实业务数据中测试，这样既可以有效防止因被审计单位调换处理程序而出现失真，也可以有效地判明系统的可靠程度。但这样做有时也会干扰电算系统的正常工作。

但是，设计一套假设的经济业务数据是比较困难的，而且，在操作时必须使用原来的程序和操作规程，如果混用程序，则测试检查将毫无意义。因此，审计人员在具体测试时，必须检查处理程序与原来的程序是否一致，具体操作与原操作规程是否一致。

运用模拟数据法的关键是设计合理的假设业务数据。为此，审计人员要做到假设的业务数据必须与原来的控制内容完全相同；假设业务数据涉及的范围必须全面，能够测试到控制功能的各个方面，且最好假设正常与非正常的两套数据；假设的业务数据必须有特殊的标记，以便在审查完毕以后识别和剔除，如将假设业务数据混在真实业务数据中进行测试，更应注意这一点；假设的业务数据既要符合精简原则，又要能保证需要。

12.4.3 重新处理法的应用

重新处理法，是指通过业务处理的重新操作来检查电算系统是否可靠的方法，有监督处理和换机处理两种方法。

1. 监督处理

监督处理是指审计人员监督电算系统操作员重新操作处理业务，以检查系统是否可靠的方法。其基本做法是：先取得原处理中所使用的程序操作规程及原始数据；由操作员在审计人员直接监督下重新操作，并输出重新处理的结果；审计人员比较重新处理结果与原操作结果，判明系统是否可靠。如果两次操作的结果完全一致，说明操作系统是可靠的，但整个系统有无问题，还需做进一步检查；如果两次操作的结果不一致，说明操作系统不可靠，这时应重点检查两次操作所使用的规程、处理程序和原始数据等是否相同，如果电算系统设有双重记录装置，则应打印处理程序、调阅操作规程，通过审核检查程序、询问系统设计员与程序操作员等来达到目的。

2. 换机处理

换机处理是指在调换计算机硬件后进行再次处理，以检查电算系统可靠性的方法。模拟数据、监督处理等方法都是在被审计单位原有的计算机上进行的，因此，要保证检查结果可靠，首先要求计算机本身安全可靠。但计算机本身以及系统软件不能正常运行的情况时有发生，因此，审计人员在对电算系统进行审计时，有必要审查计算机本身是否安全可靠，而这一任务多数是通过调换计算机硬件后再次处理完成的。换机处理的基本做法是：先获取被审计单位的原有处理程序、原使用的操作规程、原来的各种业务数据、机器型号等资料；再取得型号相同的计算机；将原来的业务数据，用原有的处理程序和操作规程，由取得的同型号的计算机重新计算处理；比较换机处理的结果与原来的处理结果，判明计算机是否可靠，若二者相符，说明计算机本身可靠；若二者不符，计算机本身有问题。采用换机处理方法会增加审计成本，还会给电算系统本身造成许多困难，因此，一般不应使用换机处理方法。

12.4.4 程序检查法的应用

程序检查法，是指模拟手工查账的做法编制各种程序来指挥计算机检查电算系统中各项会计数据的方法。程序检查法包括通用审计程序和专用程序两个方面。

通用审计程序，即通用审计软件，是指专门用来检查核对一般会计数据而编制的程序，如检查输入计算机的各项经济业务是否全部记入了分类账，发票中的销售单价是否符合规定等。该程序的具体工作包括：①根据审计人员制定的审计标准检查记录是否符合规定；②根据审计人员的要求计算有关数据，检查计算结果是否正确；③核对不同文件中的有关数据，查明应该一致的有关数据是否一致；④在使用统计抽样法时，帮助审计人员选择样本项目并打印在专门的表格上；⑤在使用各种分析法时，帮助审计人员重新编排和归集数据资料；⑥比较手工处理结果与计算机处理结果，判明是否相符等。

通用审计程序一般是专门为审计人员或非专业程序设计员编制的，多数可以直接购进，有些购进后可以直接使用，有些只要稍加修改即可使用。因此，使用通用审计程序进行检查，可以减少审计人员对计算机的依赖程度，能使审计人员在较短的时间内掌握电算系统的计算机审计方法。但是，使用通用审计程序的审计成本较高，而且要求这种程序必须与被审计单位的计算机具有兼容性。

专门审计程序，即专用审计软件，是指专门为某些特殊问题而编制的检查程序。这种程序编出后，需要经过调试，运行无误后才能投入使用。专用审计程序一般由审计人员结合审查专题的特点及涉及的文件记录自行编制，但也可以由被审计单位的计算机软件人员或专业程序设计人员编制，还可以从计算机分时系统中取得。

使用专用审计程序进行检查既能提高工作效率，又能克服某些通用审计程序不能与被审计单位的计算机兼容的缺陷，因而具有优越性。但如果专用审计程序由审计人员自行编制，则要求审计人员掌握较多的计算机设计知识，且编制和调试程序会延长审计所需时间，加大审计成本。

第 13 章 社会审计常用的技术方法

13.1 盘存法

13.1.1 盘存法的概念

盘存法又称审计盘存法、实查法，具体是指审计人员亲自进行盘存调查，以查明各种财产实存情况的一种审计方法，通常适用于库存现金、银行存款、有价证券、存货、设备等审计项目。采用盘存法时，原则上审计人员应对作为盘存对象的全部物品同时进行实地盘点，并要求这些物品的保管员或出纳员在场，在盘点过程中，如发现账实不符，应立即要求负责人做出解释，直至弄清全部问题。盘存法是审计人员调查取证的一种重要方法。

13.1.2 盘存法的分类

1. 盘存法按具体做法的不同，分为直接盘存法和监督盘存法

（1）直接盘存法，指审计人员在实施审计时，通过亲自盘点来证实有关财物与账面记录是否相符的一种盘存方法。

（2）监督盘存法，指在盘点有关财物时，审计人员不亲自盘点，而通过对有关盘点手续的观察和在场的监督，来证实有无问题的一种盘存法。也有人将这种盘存法列入观察法范畴。在查账过程中，多数采用监督盘存法。由于财产物资方面极易发生贪污，也极易弄虚作假和舞弊，而财产的所有者都很关心授权经管人员经管的财产是否完整，因此，确定财产物资的实有情况，就成了审计的重要内容。

2. 盘存法根据盘点的范围，分为全面盘存法和抽样盘存法

（1）全面盘存法是对列入检查范围的所有财产物资进行全面、彻底的盘点的方法。

（2）抽样盘存法是在列入检查范围的各种物资中，抽取一部分价值较大、收发频繁、容易流失的物资进行盘点的方法。运用盘存法对货币、物资进行盘点查证，可以验证被审计单位各项资产的真实性和会计记录的真实正确性，有助于发现贪污盗窃、投机倒把等非法行为，也有助于为评价被审计单位的内部管理制度及经济效益情况提供依据。

13.1.3　盘存法的实施要点

1. 盘点准备工作

（1）确定需要盘点的财物并予以封存。被审计单位的财物种类繁多，全面盘点不大可能，且也无必要，因此，审计人员应根据查账目标和应审计项目的具体情况，来确定需要盘点的重点。一般可按以下标准来衡量：

①以前期间有无盘点过；

②账面反映的存量是否合理；

③在成本中所占比重是否过大；

④该物品是否属紧俏、贵重物品；

⑤该物品是否为日常生活必需；

⑥该物品是否发生过舞弊问题。

若上述问题都是肯定的，则相关物品应该成为盘点的重点。

在应盘点的财物确定好以后，若不能立即同时盘点，且又难保证不让被审计单位知道情况时，则应将需要盘点的物资予以封存，贴上封条后将钥匙交财物经管人保管。

（2）调查了解有关财物的收发保管制度，并对各项制度控制功能的发挥情况做出评估，找出控制的薄弱环节，明确重点。

（3）确定参加盘点的人员。在盘点成员中，至少要有两名审计人员，一名财务负责人和一名实物保管人，同时，还应有必要的工作人员。

（4）结出盘点日的账面应存数，即通过审阅、复核、核对，将账面记录和计算错误予以消除。

（5）准备记录表格，检查度量器具。对于用来盘点的度量器具，一定要经过检查，以防弄虚作假而使盘点结果失真。

（6）选择恰当的盘点时间。盘点时间一般以不影响工作正常进行为准，宜选择在每天的业务终了后或是业务开始前。

2. 进行实地盘点

准备就绪，应立即着手盘点。对于一般的财物盘点，审计人员主要在场监督，看看工作人员是否办理了应该办理的手续，同时，注意观察有关物品的质量；对于特别重要的财物盘点，审计人员除了监督、观察外，还应进行重点，如现金的重点、其他有价证券的重点、贵重物品重盘点等。盘点完毕，审计人员应将盘点所获的实际情况，如实地填在事先准备好的表格上。

3. 确定盘点结果

将通过盘点获得的结果与账存进行比较，就能知道账实之间是否相符以及不符的差距。若不相符，则到底存在什么问题，还要运用其他方法进一步检查核实。盘点结果确定以后，应由所有在场人员（尤其是实物保管人、财务负责人及审计人员）在盘点表上签名，以明确责任。

13.1.4　应用盘存法的注意事项

在具体运用盘存法时，应特别注意以下几点。

（1）盘点应尽量采用突击盘点的方式，特别是对被审计单位重要的财产物资（主要是流动资产，如货币资金、贵重金属、有价证券、有关票据单证、易移为生活用途的物资等）进行检查。突击盘点的效果有时是预告盘点无法比拟的，突击盘点使被审计单位的有关保管人员和财会人员无法事先“布防”，来不及作假便被检查。因为有些财产物资造假、对付盘点十分容易，只需几分钟即可完成，如为对付现金盘点，财务部门可以从本部门财会人员那里凑出足够的现金垫入现金库，而查账人员对此难以辨识；企业也可以将其财产物资从一处迅速移动到另一处，以应付检查；所以实施突击盘点能取得攻其不备的效果，为保证这一效果，对同类物资的盘点应实施同步检查，对不能同步盘点的，应采取封存等暂时的保全方法。

（2）妙用监督盘点。通知盘点时，审计人员要与被审计单位有关人员商议盘点的分工，由审计人员提出盘点清单，交被审计单位执行，同时观察反应，对被审计单位反应强烈或冷淡的盘点物资，审计人员应特别注意盘查监督；在监督盘点中发现异常的物资，而被审计单位有意回避或转移视线的，应改为审计人员亲自盘点；盘点后发现错假问题不大的物资，可中途交由被审计单位盘点（改为监督盘点），监督盘点应有所侧重，对重要物资、容易出错的物资要严加监督，抽样复核，对一般物资可适当放松。记住监督盘点的重点是不仅要监督物，还要监督人，不仅要视其结果，而且要分析其过程。

（3）盘点不仅是对实物进行清点，还要检查与其相关的其他物件，如白条、票据、其他抵押物等，这些物品常常与财产物资的变动相关，审计人员应注意分析取证，发现异常、弄清事由。对物资的查证不但要检查其数量、价值，还要结合有关账面记录检查其归属性、质量和流动方向。经济领域违法乱纪活动不仅出现于财产物资的数量和计价之中，而且经常出现于其所有权、使用权及其流转变动之中。

（4）盘点的时间一般为上班前或下班后，这不仅对被审计单位正常业务的影响最小，而且对形成检查工作结论最为有利。如果选择了上班时间实施盘点，经清点发现被审计单位现金库中存放着大量现金，审计人员无法确定其是否为现金超限，因为被审计单位存在下班后解送银行的可能，这样不构成错误；但审计人员上班前或下班后查出被审计单位现金库有超额现金，现金超限的事实清楚，容易做出定性分析和定量分析的结论。

（5）参加盘点的人最好有两位以上审计人员，至少一位被审计单位财务部门（盘点现金）或仓库保管部门（盘点库存）的人员，但也不宜让被审计单位派许多人介入，因为人多手杂，容易出现错误和混乱。参加盘点的人员不能完全由被审计单位指派，特别是不能让违法乱纪的嫌疑人参与。在亲自盘点中，盘点的分工应由审计人员决定，被审计单位有关人员也可以适当参与协作。在监督盘点中，审计人员应清楚盘点的程序，并严格按照既定的程序执行，任何改变程序、减少工作环节的举动都要被审计单位有关人员做出证明。

（6）如遇到盘点日与被审计单位结账日不一致，审计人员应对其进行调节，调节法经常使用于核对法和核实法之前，即先对一些不具可比性的内容进行“修理”，使之处于同一个起点，具有基本可比性。一般需要调节的内容有：计量单位、指核内容、时间单位、计算方法、完工程度、价值价格。

（7）区分对待固定资产盘点与存货（或其他流动资产）盘点。存货和固定资产具有不同性质、不同的核算和管理特点，具有不同错弊形式和表现，因此对其盘点检查也应体现出内容和形式的侧重。

存货盘点的地点灵活，包括财务部门、生产部门、仓库等保管部门、销售部门和其他存货的存放地；而固定资产因为移动性差，对其盘点多于坐落地或运转地。

存货的盘点主要是对存货数量和价值的清查，而固定资产的盘点主要是对固定资产品名、型号、规格、新旧程度、使用年限、运行状况等的核对。存货盘点主要采用清点、计量、盘查等方法，而固定资产盘点主要采用观察、询问、审阅等方法。

存货盘点大多应采取突击盘点，并需要较多的人手和时间，而固定资产盘点可不采用突击形式，所需的时间和精力相对较少。

13.2 函证方法

函证是指注册会计师为了获取影响财务报表或相关披露认定的项目的信息，通过直接来自第三方的对有关信息和现存状况的声明，获取和评价审计证据的过程。实施函证的目的是证实影响财务报表或相关披露认定的账户余额或其他信息，从外部独立组织或个人获取强有力的审计证据。

13.2.1 函证的对象

1. 银行存款、借款及与金融机构往来的其他重要信息

注册会计师应当对银行存款（包括零余额账户和在本期内注销的账户）、借款及与金融机构往来的其他重要信息实施函证程序，除非有充分证据表明某银行

存款、借款及与金融机构往来的其他重要信息对财务报表不重要且与之相关的重大错报风险很低。如果不对这些项目实施函证程序，注册会计师应当在审计工作底稿中说明理由。

2. 应收账款

注册会计师应当对应收账款实施函证程序，除非有充分证据表明应收账款对财务报表不重要，或函证很可能无效。如果认为函证很可能无效，注册会计师应当实施替代审计程序，获取相关、可靠的审计证据。如果不对应收账款函证，注册会计师应当在审计工作底稿中说明理由。

3. 函证的其他内容

注册会计师可以根据具体情况和实际需要对下列内容（包括但并不限于）实施函证：①交易性金融资产；②应收票据；③其他应收款；④预付账款；⑤由其他单位代为保管、加工或销售的存货；⑥长期股权投资；⑦应付账款；⑧预收账款；⑨保证、抵押或质押；⑩或有事项；⑪重大或异常的交易。

可见，函证通常适用于账户余额及其组成部分（如应收账款明细账），但是不局限于这些项目。例如，为确认合同条款是否发生变动及变动细节，注册会计师可以函证被审计单位与第三方签订的合同条款。注册会计师还可向第三方函证是否存在影响被审计单位收入确认的背后协议或某项重大交易的细节。

13.2.2　函证程序实施的范围

如果采用审计抽样的方式确定函证程序的范围，无论采用统计抽样方法，还是非统计抽样方法，选取的样本应当足以代表总体。根据对被审计单位的了解、评估的重大错报风险以及所测试总体的特征等，注册会计师可以从总体中选取特定项目进行测试。选取的特定项目可能包括以下方面。

（1）金额较大的项目。

（2）账龄较长的项目。

（3）交易频繁且期末余额较小的项目。

（4）重大关联方交易。

（5）重大或异常的交易。

（6）可能存在争议、舞弊或错误的交易。

13.2.3 函证的时间

注册会计师通常以资产负债表日为截止日，在资产负债表日后适当时间内实施函证。如果重大错报风险评估为低水平，注册会计师可选择资产负债表日前适当日期为截止日实施函证，并对所函证项目自该截止日起至资产负债表日止发生的变动实施实质性程序。

根据评估的重大错报风险，注册会计师可能会决定函证非期末的某一日的账户余额，例如，当审计工作将在资产负债表日之后很短的时间内完成时。对于各类在年末之前完成的工作，注册会计师应当考虑是否有必要针对剩余期间获取进一步的审计证据。

以应收账款为例，注册会计师通常在资产负债表日后某一天函证资产负债表日的应收账款余额。如果在资产负债表日前对应收账户余额实施函证程序，注册会计师应当针对询证函指明的截止日期与资产负债表日之间的应收账款实施进一步的实质性程序，或将实质性程序和控制测试结合使用，以将期中测试得出的结论合理延伸至期末。实质性程序包括测试该期间发生的影响应收账款余额的交易和分析程序等。控制测试包括测试销售交易、收款交易及应收账款冲销有关的内部控制的有效性等。

13.2.4 函证的实施过程及评价

1. 函证实施过程的控制

当实施函证时，注册会计师应当对选择被询证者、设计询证函以及发出和收回询证函保持控制。

（1）在询证函中指明直接向接受审计业务委托的会计师事务所回函。

（2）询证函经被审计单位盖章后，由注册会计师直接发出。

2. 以电子形式回函时的处理

对于收到的电子形式的回函，可靠性存在风险。注册会计师和回函者采用一定的程序为电子形式的回函创造安全环境，可以降低该风险。如果注册会计师确信该程序安全并得到适当控制，则会提高相关回函的可靠性。

3. 积极式函证未收到回函时的处理

（1）如果采用积极的函证方式实施函证而未收到回函，注册会计师应当考虑与被询证者联系，要求对方做出回应或再次寄发询证函。

（2）如果未得到被询证者的回应，注册会计师应当实施替代审计程序。

13.3　询问法

13.3.1　询问法的定义

询问是指注册会计师以书面或口头方式，向被审计单位内部或外部的知情人员获取财务信息和非财务信息，并对答复进行评价的过程。作为其他审计程序的补充，询问法广泛应用于整个审计过程中。

知情人员对询问的答复一方面可能为注册会计师提供尚未获悉的信息或证据。另一方面，对询问的答复也可能提供与注册会计师已获取的其他信息存在重大差异的信息，例如，关于被审计单位管理层凌驾于控制之上的可能性的信息。在某些情况下，对询问的答复为注册会计师修改审计程序或实施追加的审计程序提供了基础。

尽管对通过询问获取的审计证据予以佐证通常特别重要，但在询问管理层意图时，获取的支持管理层意图的信息可能是有限的。在这种情况下，了解管理层过去所声称意图的实现情况、选择某项特别措施时声称的原因以及实施某项具体措施的能力，可以为佐证通过询问获取的证据提供相关信息。

针对某些事项，注册会计师可能认为有必要向管理层和治理层（如适用）获取书面声明，以证实对口头询问的答复。

13.3.2　询问法的实施方式

询问法主要可以用下列几种方式进行。

1. 面谈调查法

面谈调查法是将所拟调查事项，派出访问人员直接向被调查者当面询问以获得所需资料的一种常见的调查方式。这种方式具有回答率高、能深入了解情况、可以直接观察被调查者的反应等优点，概括地讲，就是较别的方法能得到更为真实、具体、深入的资料。但是这种方法也存在调查的成本高、资料受调查者的主观偏见的影响大等缺点。

2. 邮寄调查法

邮寄调查法是调查者把事先设计好的调查问卷或表格，通过邮局寄给被调查者，要求被调查者自行填妥寄回，以收集所需资料的方法。其好处有：调查范围大、成本低、被调查者有充分时间独立思考问题。该方法存在所用时间长、受调查者文化程度限制、问卷回收率低等缺点。针对其缺点，企业通常采用有奖、有酬的刺激方式加以弥补。

3. 电话调查法

电话调查法是通过电话和被调查者进行交谈以收集资料的方法。利用这种方法进行调查的主要优点是：收集资料快、成本低、电话簿有利于分类。其主要缺点是：只限于简单的问题，难以深入交谈；不便询问被调查者的年龄、收入、身份、家庭情况等；无法利用照片、图像；受电话装机的限制。

4. 混合调查法

混合调查法是将上述三种询问调查方法混合起来使用的方法。如派出专人访问，与收到邮寄调查表的人进行深入交谈，或在电话调查中发现线索再派专人出访。

13.4 抽样法

13.4.1 抽样法的含义

抽样法是指注册会计师对具有审计相关性的总体中低于百分之百的项目实施审计程序的一种方法。抽样法下所有抽样单元都有被选取的机会，为注册会计师针对总体得出结论提供合理基础。审计抽样能够使注册会计师获取和评价有关所选取项目某一特征的审计证据，以形成或有助于形成有关总体的结论。总体，是指注册会计师从中选取样本并期望据此得出结论的整个数据集合。抽样单元，则是指构成总体的个体项目。

13.4.2　抽样法的特征

抽样法应当同时具备三个基本特征。

（1）对具有审计相关性的总体中低于百分之百的项目实施审计程序。

（2）所有抽样单元都有被选取的机会。

（3）可以根据样本项目的测试结果推断出有关抽样总体的结论。

抽样时，注册会计师应确定适用于特定审计目标的总体，并从中选取低于百分之百的项目实施审计程序。在某些情况下，注册会计师可能决定测试某类交易或账户余额中的每一个项目，即针对总体进行全部测试，这就是通常所说的全查，而不是审计抽样。

抽样时，所有抽样单元都应有被选取成为样本的机会，注册会计师不能偏向于任一抽样单元，或只挑选具备某一特征的项目（例如，金额大或账龄长的应收账款）进行测试。如果只选取特定项目实施审计程序，则不是审计抽样。在这种情形下，注册会计师只能针对这些特定项目得出结论，而不能根据特定项目的测试结果推断总体的特征。

抽样时，注册会计师的目的并不是评价样本，而是对整个总体得出结论。如果注册会计师从某类交易或账户余额中选取低于百分之百的项目实施审计程序，却不准备据此推断总体的特征，则不是审计抽样。例如，注册会计师挑选几笔交易，追查其在被审计单位会计系统中的运行轨迹，以获取对被审计单位内部控制的总体了解，而不是评价该类交易的整体特征，这就不是审计抽样。

13.4.3　抽样法的适用性

抽样法并非在所有审计程序中都可使用。注册会计师拟实施的审计程序将对抽样法的使用产生重要影响。在风险评估程序、控制测试和实质性程序中，有些审计程序可以使用抽样法，有些审计程序则不宜使用抽样法。

风险评估程序通常不涉及抽样法。如果注册会计师在了解控制的设计和确定控制是否得到执行的同时计划和实施控制测试，则可能涉及审计抽样，但此时审计抽样仅适用于控制测试。

当控制的运行留下轨迹时，注册会计师可以考虑使用抽样法实施控制测试。对于未留下运行轨迹的控制，注册会计师通常实施询问、观察等审计程序，以获取有关控制运行有效性的审计证据，此时不宜使用抽样法。此外，在被审计单位采用信息技术处理各类交易及其他信息时，注册会计师通常只需要测试信息技术一般控制，并从各类交易中选取一笔或几笔交易进行测试，即可获取有关信息技术应用控制运行有效性的审计证据，此时不需要使用抽样法。

13.4.4 抽样法的分类

1. 统计抽样和非统计抽样

（1）统计抽样，是指同时具备下列特征的抽样方法：①随机选取样本项目；②运用概率论评价样本结果，包括计量抽样风险。如果注册会计师严格按照随机原则选取样本，却没有对样本结果进行统计评估，或者没有基于非随机选样进行统计评估，都不能认为使用了统计抽样。

统计抽样有助于注册会计师高效地设计样本，计量所获取证据的充分性，以及定量评价样本结果。但统计抽样可能产生额外的成本。首先，统计抽样需要特殊的专业技能，因此要使用统计抽样需要增加额外的支出对注册会计师进行培训。其次，统计抽样要求单个样本项目符合统计要求，这些也可能需要支出额外的费用。使用抽样软件能适当降低统计抽样的成本。

（2）非统计抽样。不同时具备统计抽样两个基本特征的抽样方法为非统计抽样。统计抽样能够客观地计量抽样风险，并通过调整样本规模精确地控制风险，这是与非统计抽样最重要的区别。不允许计量抽样风险的抽样方法都是非统计抽样，即便注册会计师按照随机原则选取样本项目，或使用统计抽样的表格确定样本规模，如果没有对样本结果进行统计评估，仍然是非统计抽样。注册会计师使用非统计抽样时，也必须考虑抽样风险并将其降至可接受水平，但无法精确地测定抽样风险。

注册会计师在统计抽样与非统计抽样之间进行选择时主要应考虑成本效益。不管是统计抽样还是非统计抽样，两种方法都要求注册会计师在设计、选取和评价样本时运用职业判断。如果设计适当，非统计抽样也能提供与统计抽样同样有效的结果。

另外，对选取的样本项目实施的审计程序通常与使用的抽样方法无关。

2. 属性抽样和变量抽样

属性抽样和变量抽样都是统计抽样方法。

（1）属性抽样。

属性抽样是一种用来对总体中某一事件的发生率得出结论的统计抽样方法。属性抽样在审计中最常见的用途是测试某设定控制的偏差率，以支持注册会计师评估的控制风险水平，无论交易的规模如何，针对某类交易的设定控制预期将以同样的方式运行。因此，在属性抽样中，设定控制的每一次发生或偏离都被赋予同样的权重，而不管交易的金额大小。

（2）变量抽样。

变量抽样是一种用来对总体金额得出结论的统计抽样方法。变量抽样通常要回答下列问题：金额是多少，或账户是否存在重大错报。变量抽样在审计中的主要用途是进行细节测试，以确定金额是否合理。

一般而言，属性抽样得出的结论与总体发生率有关，而变量抽样得出的结论与总体金额有关。

13.5　社会常用的技术方法案例

13.5.1　审计具体使用方法介绍

王某从 2005 年 4 月开始担任某县统计局局长，审计重点是王某 2006 年 7 月至 2009 年 6 月任职期间的经济责任。审计组在审前调查中发现，王某担任局长期间的招待费多得出乎意料。审计组在广泛调查、掌握初步情况的基础上，决定首先把该局的会议费和招待费作为本次审计的重点。

随着审计的逐步深入，种种不正常现象和疑点渐渐多了起来。

疑点一：该局的会议费和招待费果然多得惊人，隔三岔五有会议就餐，三天两头有客人招待。审计人员感到这个审计项目非同一般，为了不放过任何蛛丝马迹，审计组的同志加班加点，把该局三年来所有的会议和招待支出明细，按照开支内容、发生时间、发生地点和频繁与否进行了详细登记和汇总。结果发现，该局2007—2008年度的招待费（包括会议招待开支）分别为88.56万元和66.39万元，且大部分为会议招待开支，这让审计人员大吃一惊。虽说统计局有其职能的特殊性，业务培训会议是较其他单位多一些，但该局的会议多得有点超乎常规。如2007—2008年度的会议就餐天数达到了60多天；除了2008年12月底有11场次培训会议放在另一家宾馆召开外，两年内其余会议都安排在同一家大酒店，并且经常出现同一个会议一开就是两三天，甚至更多时间的现象，同样有点不合常理。虽然每个会议都附有会议通知和签到册，看似很正规和确实发生过，但不能排除该局和酒店、宾馆串通，通过制造假培训和假会议的方法套取现金。

疑点二：该局赠送给调查户的纪念品数目庞大（共计5 819份，116 380元），但未附领取纪念品人员的签字单，且都向农批市场同一个个体工商户王某购买。从侧面了解，此个体工商户王某和原局长王某是老乡且有亲戚关系。

疑点三：该局发放给调查员的劳务费形式多样，既有划拨到乡镇（街道）财政所，让乡镇（街道）代发的；也有乡镇（街道）造好调查员的劳务费清单，拿到局里来报销的；更有直接以现金形式发放给调查员的，但是以现金形式发给调查员的劳务费清单，未附相关支付调查劳务费计算明细的记录，且存在补贴对象和领款人底细不清，以及直接由一些人代领的现象。该局发放的劳务费金额庞大，2007年1月至2009年6月共发放各类调查劳务费100多万元。如在此次审计期间，该局只有临时用工30人，应该不会有如此多的劳务费，这也让审计人员心存疑虑。

上述有疑点的费用加起来达200多万元，绝大部分都在专项经费中开支。虽然上述全部开支发票都至少有经办人、办公室主任、分管领导和财务负责人4个人签字，看似十分正规，但审计组针对上述问题询问会计人员和办公室主任时，得到的回答是“时间长，不清楚了”“忘记了”，或者是含糊其词，似乎隐藏着什么不可告人的秘密，这更增加了审计组的疑虑。此外，另外一个不正常现象也冒出来。审计期间，原局长王某一次又一次地不请自来，向审计组解释存在上述问题的原因，还说单位的每一笔开支都手续齐全、程序到位等，似乎不存在任何问题；但同时又找审计局领导和其熟悉人员，希望他们暗地里向审计组说情，希望审计不要太严格。到后来更加不对劲了，王某经常直接打电话给审计组询问审计的进展，这种现象可是审计人员以前从来没有碰到过的。

对上述出现的种种不正常迹象和众多疑点，审计组认为，该局很可能存在从专项经费中虚增各种开支，套取大额现金的嫌疑，但又苦于没有确凿的证据和事实来印证这种可能；同时鉴于审计职能的局限性，审计组只好把上述情况向审计局领导做了详细汇报，由审计局领导向上级有关部门反映情况，并商量下一步对策。

审计组集中精力对该局 2007 年 1 月至 2009 年 6 月这一时间段的招待费（包括会议费开支）、调查户纪念品以及劳务费等三大类支出进行了细致的比对，同时经过有选择的外围调查了解，发现该局在各大饭店的就餐费、印制调查表、赠送调查户纪念品等支出中疑似有套取大额现金的迹象。特别是 2007 年 10 月至 11 月向个体工商户王某购入香皂、毛巾、洗发精和洗手液等 5 819 份，共计 116 380 元的支出，其中至少有 10 万元是由办公室主任周某操作的，虚套现金的迹象十分明显。

王某得知审计组正在深究有关财务支出的真实性情况后，急忙跑到审计局向有关领导解释，并信誓旦旦地说统计局的财务管理是非常规范的，不会有什么问题，并要求审计局尽早结束审计，以减少别人对他的猜疑，但语气却很慌乱。审计局领导在第一时间把这个重大情况和审计发现的种种疑点向县纪委领导做了详细汇报，并及时移送了整个案件，同时要求审计组及时整理好一切有价值的审计资料提供给县纪委，并全力配合。经过认真磋商和周密部署，县纪委适时地找整个案件的关键人物——县统计局办公室主任周某进行了询问。

周某不仅全部坦白了王某担任局长以来，精心策划和部署的一整套从专项经费中套取大额现金的做法，还交代了自己在王某不知情的情况下，通过同样的套现方法贪污现金和拿一些本该属于个人开支的费用到单位报销的犯罪事实。为了掌握更多翔实可靠的证据，县纪委对另一个与本案相关联的重要人物储某进行了询问调查，结果印证了王某从该局专项经费中套取大额现金的事实。

最后，王某如实交代了在他的精心策划、指使下，在有关人员的配合和具体操作下，他通过假造调查人员培训和会议、印制调查表、赠送调查户纪念品以及发放调查员劳务费等形式，先后从多家酒店、印刷厂、农副产品店以及农贸市场摊主等多个地方套现近 80 万元的一系列违法违规事实。同时，还招供了多次收受贿赂的犯罪事实。

13.5.2　使用的具体审计方法

上述案件中，审计人员运用了以下审计技术方法。

（1）观察法。首先，审计组在广泛调查、初步掌握情况的基础上，决定首先把该局的会议费和招待费作为本次审计的重点，为审计工作找到了突破口。其次，在此次审计期间，观察到该局有临时用工 30 人，这也为审计找到了疑点。

（2）抽样法。通过抽取大额现金凭证等进行账账核对，审计人员把该局三年内所有的会议和招待支出明细，按照开支内容、发生时间、发生地点和频繁与否进行了详细登记和汇总，发现该局在各大饭店的就餐费、印制调查表、赠送调查户纪念品等支出中疑似套取大额现金。

（3）询问法。审计人员从侧面询问了解，个体工商户王某和原局长王某是老乡且有亲戚关系。此外，审计人员观察原局长王某对此次审计事件的态度转变，并经过外围了解，抓住了各个疑点。

（4）求助上级领导的帮助，请求相关部门行使其职权从旁协助。在审计人员苦于没有确凿的证据和事实来印证疑点时，审计组上报上级领导，之后又上报县纪委，从而将真相揭露。

第 14 章 销售与收款环节的审计

14.1 销售与收款环节相关业务活动及内部控制

了解被审计单位的重大业务环节的业务活动及其相关内部控制是注册会计师在审计计划阶段实施的一项必要工作，其目的一方面是识别和评估认定层次的重大错报风险，另一方面是使注册会计师对相关内部控制的有效性做出初步判断，以便设计和实施应对重大错报风险的进一步审计程序。

对于大多数企业而言，销售与收款环节通常是重大的业务环节，注册会计师需要在审计计划阶段了解该环节涉及的业务活动及相关的内部控制。注册会计师通常通过实施下列程序，了解销售和收款环节的业务活动和相关内部控制。

（1）询问参与销售与收款流程各业务活动的被审计单位人员，一般包括销售部门、仓储部门和财务部门的员工和管理人员。

（2）获取并阅读被审计单位的相关业务流程图或内部控制手册等资料。

（3）观察销售与收款流程中特定控制的运用，例如观察仓储部门人员是否以及如何将装运的商品与销售单上的信息进行核对。

（4）检查文件资料，例如检查销售单、发运凭证、客户对账单等。

（5）实施穿行测试，即追踪销售交易从发生到最终被反映在财务报表中的整个处理过程。例如，选取一笔已收款的销售交易，追踪该笔交易从接受客户订购单直至收回货款的整个过程。

表 14-1 以一般制造业企业为例，分别针对销售与收款环节中的两个重要交易类别（即销售和收款）简要列示了它们通常包括的相关财务报表项目、涉及的主要业务活动及常见的主要凭证。

表 14-1　销售与收款环节涉及的交易类别、财务报表项目、主要业务活动及主要凭证

交易类别	相关财务报表项目	主要业务活动	主要凭证
销售	营业收入； 应收账款	接受客户订单； 批准赊销信用； 根据销售单编制发运凭证并发货； 按销售单装运发货； 向客户开具发票； 记录销售； 办理和记录销售退回、销售折扣与折让	客户订购单； 销售单； 发运凭证； 销售发票； 商品价目表； 客户月末对账单； 营业收入明细账； 转账凭证； 贷项通知单； 折扣与折让明细账
收款	货币资金； 应收账款（含原值及坏账准备）； 资产减值损失	办理和记录现金、银行存款收入； 提取坏账准备； 坏账核销	应收账款账龄分析表； 应收账款明细账； 汇款通知书； 库存现金日记账和银行存款日记账； 客户月末对账单； 收款凭证； 坏账审批表； 转账凭证

在审计工作的计划阶段，注册会计师应当对销售与收款环节中的业务活动进行充分了解和记录，通过分析业务流程中可能发生重大错报的环节识别和了解被审计单位为应对这些可能的错报而设计的相关控制，并通过诸如穿行测试等方法对这些流程和相关控制加以证实。

下面针对表 14-1 列示的主要业务活动做出进一步解释，并说明被审计单位通常可能存在的相关控制。

1. 接受客户订购单

客户提出订货要求是整个销售与收款环节的起点，是购买某种货物或劳务的一项申请。

客户订购单只有在符合企业管理层的授权标准时才能被接受。例如，管理层一般设有已批准销售的客户名单。销售单管理部门在决定是否同意接受某客户的订购单时，需要追查该客户是否被列入这张名单。如果该客户未被列入，则通常需要由销售单管理部门的主管来决定是否同意销售。

很多企业在批准了客户订购单之后，会编制一式多联的销售单。销售单是证明销售交易的“发生”认定的凭据之一，也是此笔销售交易轨迹的起点之一。此外，由于客户订购单是来自外部的引发销售交易的文件之一，有时也能为有关销售交易的“发生”认定提供补充证据。

2. 批准赊销信用

对于赊销业务的批准是由信用管理部门根据管理层的赊销政策在每个客户的已授权的信用额度内进行的。信用管理部门的员工在收到销售单管理部门的销售单后，应将销售单与该客户已被授权的赊销信用额度以及至今尚欠的账款余额加以比较。执行赊销信用人工检查时，还应合理划分工作职责，以避免销售人员为扩大销售而使企业承受不适当的信用风险。

企业的信用管理部门通常应对每个新客户进行信用调查，包括获取信用评审机构对客户信用等级的评定报告。无论是否批准赊销，都要求被授权的信用管理部门人员在销售单上签署意见，然后再将已签署意见的销售单送回销售单管理部门。

设置信用批准控制的目的是降低坏账风险，因此，这些控制与应收账款账面余额的计价与分摊认定有关。

在使用信息系统实现自动控制的企业，客户订购单涉及的客户是否已经被列入经批准的客户名单，以及赊销金额是否仍在信用额度内这类控制，往往通过系统设置实现。对于不满足条件的情形则需要管理层的特别批准。

3. 根据销售单编制发运凭证并发货

企业管理层通常要求商品仓库管理人员只有在收到经过批准的销售单时才能编制发运凭证并发货。设立这项控制程序的目的是防止仓库人员在未经授权的情况下擅自发货。因此，已批准销售单的一联通常应送达仓库，作为仓库按销售单供货和发货给装运部门的授权依据。

信息系统可以协助企业在销售单得到发货批准后才能生成预先连续编号的发运凭证，并能按照设定的要求核对发运凭证与销售单之间的相关内容的一致性。

4. 按销售单装运货物

将按经批准的销售单发货与按经批准的销售单装运货物职责相分离，有助于避免负责装运货物的员工在未经授权的情况下装运产品。装运部门的员工在装运之前，通常会进行独立验证，以确定从仓库提取的商品都附有经批准的销售单，且所提取商品的内容与销售单一致。

5. 向客户开具发票

开具发票是指开具并向客户寄送事先连续编号的销售发票，与这项活动相关的问题是：

（1）是否对所有装运的货物都开具了发票（完整性）；

（2）是否只对实际装运的货物开具发票，有无重复开具发票或虚开发票（发生）；

（3）是否按已授权批准的商品价目表所列示的价格计价开具发票（准确性）。

为了降低开具发票过程中出现遗漏、重复、错误计价或其他差错的风险，通常需要设立以下控制。

（1）负责开发票的员工在开具每张销售发票之前，检查是否存在发运凭证和相应的经批准的销售单。

（2）依据已授权批准的商品价目表编制销售发票。

（3）将发运凭证上的商品总数与相对应的销售发票上的商品总数进行比较。

上述控制与销售交易（即营业收入）的发生、完整性以及准确性认定有关。企业通常保留销售发票的存根联。

信息系统也可以协助实现上述内部控制，在单证核对一致的情况下生成预先连续编号的销售发票，并对例外事项进行汇总，以供企业相关人员进行进一步的处理。

6. 记录销售

在手工会计系统中，记录销售的过程包括区分赊销、现销，按销售发票编制转账凭证或现金、银行存款收款凭证，再据以登记营业收入明细账和应收账款明细账或库存现金、银行存款日记账。

记录销售的控制程序包括但不限于以下情形。

（1）依据有效的发运凭证和销售单记录销售。这些发运凭证和销售单应能证明销售交易的发生及其发生的日期。

（2）使用事先连续编号的销售发票并对销售发票使用情况进行监控。

（3）独立检查已销售发票上的销售金额与会计记录金额的一致性。

（4）记录销售的职责应与处理销售交易的其他功能相分离。

（5）对记录过程中所涉及的有关记录的接触权限予以限制，以减少未经授权批准的记录发生。

（6）定期独立检查应收账款的明细账与总账的一致性。

（7）由不负责现金出纳和销售及应收账款记账的人员定期向客户寄发对账单，对不符事项进行调查，必要时调整会计记录，编制对账情况汇总报告并交管理层审核。

7. 办理和记录现金、银行存款收入

这项活动涉及的是货款收回，导致现金、银行存款增加以及应收账款减少。在办理和记录现金、银行存款收入时，企业最关心的是货币资金的安全。货币资金失窃或被侵占可能发生在货币资金入账之前或入账之后。处理货币资金收入时要保证全部货币资金如实、及时地记入现金、银行存款日记账或应收账款明细账，并如实、及时地将现金存入银行。企业通过出纳与现金记账的职责分离、现金盘点、编制银行余额调节表、定期向客户发送对账单等控制来实现上述目的。

8. 办理和记录销售退回、销售折扣与折让

客户如果对商品不满意，销售企业一般会同意在商品售出一定期限内退货，或给予一定的销售折让；客户如果提前支付货款，销售企业则可能会给予一定的销售折扣。发生此类事项时必须经过授权批准，并确保与办理此事有关的部门和员工各司其职，分别控制实物流和会计处理。

9. 提取坏账准备

企业一般应定期对应收账款的信用风险进行评估，并根据预期信用损失计提坏账准备。

10. 坏账核销

不管赊销部门的工作如何主动，客户因经营不善、宣告破产、死亡等原因而不支付货款的情况仍可能发生。如有证据表明某项货款已无法收回，企业应通过适当的审批程序注销该笔货款。

综合上述业务活动中的内部控制，可以看出，在销售与收款环节中企业通常从以下方面设计和执行内部控制。

1. 适当的职责分离

适当的职责分离不仅是预防舞弊的必要手段，也有助于防止各种有意或无意的错误。例如，主营业务收入如果是由记录应收账款之外的员工独立登记入账，并由另一位不负责账簿记录的员工定期调节总账和明细账，就构成了一项交互牵制。规定负责主营业务收入和应收账款记账的员工不得经手货币资金，也是防止舞弊的一项重要控制。另外，销售人员通常有一种追求更大销售额的倾向，而不管是否将以巨额坏账损失为代价，赊销的审批则在一定程度上抑制了这种倾向。因此，赊销批准职能与销售职能的分离，也是一种理想的控制。

为确保办理销售与收款业务的不相容岗位相互分离、制约和监督，一个企业的销售与收款业务相关职责适当分离的基本要求通常包括：企业应当分别设立办理销售、发货、收款三项业务的部门（或岗位）；企业在销售合同订立前，应当指定专门人员就销售价格、信用政策、发货及收款方式等具体事项与客户进行谈判。谈判人员应有两人以上，并与订立合同的人员相分离，编制销售发票通知单的人员与开具销售发票的人员应相互分离，销售人员应当避免接触销货现款，企业应收票据的取得和贴现必须经由保管票据以外的主管人员的书面批准。

2. 恰当的授权审批

对于授权审批问题，注册会计师应当关注以下四个关键的审批程序：其一，在销售发生之前，赊销已经正确审批；其二，非经正当审批、不得发出货物；其三，销售价格、销售条件、运费、折扣等必须经过审批；其四，审批人应当根据销售与收款授权批准制度的规定，在授权范围内进行审批，不得超越审批权限。对于超过企业既定销售政策和信用政策规定范围的特殊销售交易，需要经过适当的授权。前两项控制的目的在于防止企业因向虚构的或者无力支付货款的客户发货而蒙受损失；价格审批控制的目的在于保证销售交易按照企业定价政策规定的价格开票收款；对授权审批设定权限的目的则在于防止因审批人决策失误而造成严重损失。

3. 充分的凭证和记录

充分的凭证和记录有助于企业执行各项控制以实现控制目标。例如，企业在收到客户订购单后，编制一份预先连续编号的一式多联的销售单，分别用于批准赊销、审批发货、记录发货数量以及向客户开具发票等。在这种制度下，定期清点销售单和销售发票，可以避免漏开发票或漏记销售的情况。又如，财务人员在记录销售交易之前，对相关的销售单、发运凭证和销售发票上的信息进行核对，以确保入账的营业收入是真实发生的、准确的。

4. 凭证的预先连续编号

对凭证预先进行连续编号，旨在防止销售以后向客户漏开发票或忘记登记入账，也可防止重复开具发票或重复记账。当然，如果对凭证的编号不做清点，预先连续编号就会失去其控制意义。定期检查全部凭证的编号，并调查凭证缺号或重号的原因，是实施这项控制的关键点。在信息技术得以广泛运用的环境下，凭证预先连续编号这一控制在很多情况下由系统执行，同时辅以人工的监控（如对系统生成的例外报告进行复核）。

5. 按月寄出对账单

由不负责现金出纳和销售及应收账款记账的人员按月向客户寄发对账单，能促使客户在发现应付账款余额不正确后及时反馈有关信息。为了使这项控制更加有效，最好将账户余额中出现的所有核对不符的账项，由一位既不掌管货币资金也不记录主营业务收入和应收账款账目的主管人员处理，然后由独立人员按月编制对账情况汇总报告并交管理层审阅。

6. 内部核查程序

由内部审计人员或其他独立人员核查销售交易的处理和记录，是实现内部控制目标不可缺少的一项控制措施。

销售与收款内部控制检查的主要内容包括以下方面。

（1）销售与收款交易相关岗位及人员的设置情况。重点检查是否存在销售与收款交易不相容职务混岗的现象。

（2）销售与收款交易授权批准制度的执行情况。重点检查授权批准手续是否健全，是否存在越权审批行为。

（3）销售的管理情况。重点检查信用政策、销售政策的执行是否符合规定。

（4）收款的管理情况。重点检查销售收入是否及时入账、应收账款的催收是否有效、坏账核销和应收票据的管理是否符合规定。

（5）销售退回的管理情况。重点检查销售退回手续是否齐全，退回货物是否及时入库。

与收款交易相关的内部控制如下。

（1）企业应当按照《现金管理暂行条例》《支付结算办法》等规定，及时办理销售收款业务。

（2）企业应将销售收入及时入账，不得账外设账，不得擅自坐支现金。销售人员应当避免接触销售现款。

（3）企业应当建立应收账款信用风险分析制度和逾期应收账款催收制度。销售部门应当负责应收账款的催收，财会部门应当督促销售部门加紧催收。对催收无效的逾期应收账款可通过法律程序予以解决。

（4）企业应当按客户设置应收账款台账，及时登记每一客户应收账款余额增减变动情况和信用额度使用情况。对长期往来客户应当建立完善的客户资料，并对客户资料实施动态管理，及时更新。

（5）对于可能成为坏账的应收账款应当报告有关决策机构，由其进行审查，确定是否确认为坏账。企业发生的各项坏账，应查明原因，明确责任，并在履行规定的审批程序后做出会计处理。

（6）企业注销的坏账应当进行备查登记，做到账销案存。已注销的坏账又收回时应当及时入账，防止形成账外资金。

（7）企业应收票据的取得和贴现必须经由保管票据以外的主管人员的书面批准。应有专人保管应收票据，对于即将到期的应收票据，应及时向付款人提示付款；已贴现票据应在备查簿中登记，以便日后追踪管理；并应制定逾期票据的冲销管理程序和逾期票据追踪监控制度。

（8）企业应当通过函证等方式定期与往来客户核对应收账款、应收票据、预收款项等往来款项。如有不符，应查明原因，及时处理。

14.2 评估销售与收款环节的重大风险

被审计单位可能有各种各样的收入来源，它们处于不同的控制环境，存在复杂的合同安排，这些情况对收入交易的会计核算可能存在诸多影响，如不同交易安排下的收入确认的时间和依据可能不尽相同。审计人员应当考虑影响收入交易的重大错报风险，并对被审计单位经营活动中可能发生的重大错报风险保持警觉。

收入交易和余额存在的固有风险主要包括以下方面。

（1）收入的舞弊风险。收入是利润的来源，直接关系到企业的财务状况和经营成果。有些企业为了达到粉饰财务报表的目的而采用虚增或隐瞒收入等方式实施舞弊。在财务报表舞弊案件中，涉及收入确认的舞弊占有很大比例，收入确认已成为审计的高风险领域。中国注册会计师审计准则要求注册会计师基于收入确认存在舞弊风险的假定，评价哪些类型的收入交易或认定可能导致舞弊风险。

（2）收入的复杂性导致的错误。例如，被审计单位可能针对一些特定的产品或者服务提供一些特殊的交易安排（例如特殊的退货约定、特殊的服务期限安排等），但管理层可能对这些不同安排所涉及的交易风险的判断缺乏经验，因此收入确认上就容易发生错误。

（3）期末收入交易和收款交易的截止错误。

（4）收款未及时入账或记入不正确的账户。

（5）应收账款坏账准备的计提不准确。

某些重大错报风险可能与财务报表整体广泛相关，进而影响多项认定，比如舞弊风险；某些重大错报风险可能与特定的某类交易、账户余额和披露的认定相关，比如会计期末的收入交易和收款交易的截止错误（截止），或应收账款坏账准备的计提。

下文重点说明如何评估与收入确认相关的重大错报风险，尤其是舞弊风险。

1. 在识别和评估与收入确认相关的重大错报风险时考虑舞弊风险

注册会计师在识别和评估与收入确认相关的重大错报风险时，应当基于收入确认存在舞弊风险的假定，评价哪些类型的收入、收入交易或认定可能导致舞弊风险。

假定收入确认存在舞弊风险，并不意味着注册会计师应当将与收入确认相关的所有认定都假定为存在舞弊风险。注册会计师需要结合对被审计单位及其环境的具体了解，考虑收入确认舞弊可能如何发生。被审计单位不同，管理层实施舞弊的动机或压力不同，其舞弊风险所涉及的具体认定也不同，注册会计师需要做出具体分析。例如，如果管理层难以实现预期的利润目标，则可能有高估收入的动机或压力（如提前确认收入或记录虚假的收入），因此，收入的发生认定存在舞弊风险的可能性较大，而完整性认定则通常不存在舞弊风险；相反，如果管理层有隐瞒收入而降低税负的动机，则注册会计师需要更加关注与收入完整性认定相关的舞弊风险。再如，如果被审计单位预期难以达到下一年度的销售目标，而已经超额实现了本年度的销售目标，就可能倾向于将本期的收入推迟至下一年度确认。

如果注册会计师认为收入确认存在舞弊风险的假定不适用于业务的具体情况，从而未将收入确认作为舞弊导致的重大错报风险领域，那么应当在审计工作底稿中记录得出该结论的理由。

2. 通过实施风险评估程序识别与收入确认相关的舞弊风险

风险评估程序，是注册会计师为了解被审计单位及其环境，以识别和评估重大错报风险而实施的审计程序。风险评估程序应当包括询问管理层以及被审计单位内部其他人员、分析程序、观察和检查程序。

实施风险评估程序，对注册会计师识别与收入确认相关的舞弊风险至关重要。例如，注册会计师了解被审计单位生产经营的基本情况、销售模式和业务流程、与收入相关的生产技术条件、收入的来源和构成、收入交易的特性、收入确认的具体原则、所在行业的特殊事项、重大异常交易的商业理由、被审计单位的业绩衡量等，有助于其考虑收入虚假错报可能采取的方式，从而设计恰当的审计程序以发现此类错报。

注册会计师应当评价通过实施风险评估程序和执行其他相关活动获取的信息是否表明存在舞弊风险因素。例如，如果注册会计师通过实施风险评估程序了解到，被审计单位所处行业竞争激烈并伴随着利润率的下降，而管理层过于强调提高利润水平的目标，则注册会计师需要警惕管理层通过实施舞弊高估收入，从而高估利润的风险。

3. 常用的收入确认舞弊手段

了解被审计单位通常采用的收入确认舞弊手段，有助于注册会计师更加有针对性地实施审计程序。被审计单位通常采用的收入确认舞弊手段举例如下。

（1）为了达到粉饰财务报表的目的而虚增收入或提前确认收入。

①利用与未披露关联方之间的资金循环虚构交易。

②与未披露的关联方进行显失公允的交易。例如，以明显高于其他客户的价格向未披露的关联方销售商品。

③出售关联方的股权，使之从形式上不再构成关联方，但仍与之进行显失公

允的交易，或与未来或潜在的关联方进行显失公允的交易。

④通过虚开商品销售发票虚增收入，而将货款挂在应收账款中，并可能在以后期间计提坏账准备，或在期后冲销。

⑤为了虚构销售收入，将商品从某一地点移送至另一地点，以出库单和运输单据为依据记录销售收入。

⑥在与商品相关的风险和报酬尚未全部转移给客户之前确认销售收入。例如，销售合同中约定被审计单位的客户在一定时间内有权无条件退货，而被审计单位隐瞒退货条款，在发货时全额确认销售收入。

⑦通过隐瞒售后回购或售后回租协议，将以售后回购或售后回租方式发出的商品作为销售商品确认收入。

⑧采用完工百分比法确认劳务收入时，故意低估预计总成本或多计实际发生的成本，以通过高估完工百分比的方法在当期多确认收入。

⑨在采用代理商的销售模式时，在代理商仅向购销双方提供帮助接洽、磋商等中介代理服务的情况下，按照相关购销交易的总额而非净额（扣除佣金和代理费等）确认收入。

⑩当存在多种可供选择的收入确认会计政策或会计估计方法时，随意变更所选择的会计政策或会计估计方法。

⑪选择与销售模式不匹配的收入确认会计政策。

（2）为了达到报告期内降低税负或转移利润等目的而少计收入或延后确认收入。

①被审计单位将商品发出、收到货款并满足收入确认条件后，不确认收入，而将收到的货款作为负债，或转入本单位以外的其他账户。

②被审计单位采用以旧换新的方式销售商品时，以新旧商品的差价确认收入。

③在提供劳务或建造合同的结果能够可靠估计的情况下，不在资产负债表日按完工百分比法确认收入，而推迟到劳务结束或工程完工时确认收入。

④表明被审计单位在收入确认方面可能存在舞弊风险的迹象。

舞弊风险迹象，是注册会计师在实施审计过程中发现的、需要引起对舞弊风险警觉的事实或情况。存在舞弊风险迹象并不必然表明发生了舞弊，但了解舞弊风险迹象，有助于注册会计师对审计过程中发现的异常情况产生警觉，从而更有针对性地采取应对措施。

通常表明被审计单位在收入确认方面可能存在舞弊风险的迹象如下。

（1）注册会计师发现，被审计单位的客户是否付款取决于下列情况。

①能否从第三方取得融资。

②能否转售给第三方（如经销商）。

③被审计单位能否满足特定的重要条件。

（2）未经客户同意，在销售合同约定的发货期之前发送商品。

（3）未经客户同意，将商品运送到销售合同约定地点以外的其他地点。

（4）被审计单位的销售记录表明，已将商品发往外部仓库或货运代理人，却未指明任何客户。

（5）在实际发货之前开具销售发票，或实际未发货而开具销售发票。

（6）对于期末之后的发货，在本期确认相关收入。

（7）实际销售情况与订单不符，或者根据已取消的订单发货或重复发货。

（8）已经销售给货运代理人的商品，在期后有大量退回。

（9）销售合同或发运单上的日期被更改，或者销售合同上加盖的公章并不属于合同所指定的客户。

（10）在接近期末时发生了大量或大额的交易。

（11）交易之后长期不进行结算。

（12）在被审计单位业务或其他相关事项未发生重大变化的情况下，询证函回函相符比例明显异于以前年度。

（13）发生异常大量的现金交易，或被审计单位有非正常的资金流转及往来，特别是有非正常现金收付的情况。

（14）应收款项收回时，付款单位与购买方不一致，存在较多代付款的情况。

（15）交易标的对交易对手而言不具有合理用途。

（16）主要客户自身规模与其交易规模不匹配。

4. 对收入确认实施分析程序

分析程序是一种识别收入确认舞弊风险的较为有效的方法，注册会计师需要重视并充分利用分析程序，发挥其在识别收入确认舞弊风险中的作用。

在收入确认领域，注册会计师可以实施的分析程序如下。

（1）将本期销售收入金额与以前可比期间的对应数据或预算数进行比较。

（2）分析月度或季度销售量变动趋势。

（3）将销售收入变动幅度与销售商品及提供劳务收到的现金、应收账款、存货、税金等项目的变动幅度进行比较。

（4）将销售毛利率、应收账款周转率、存货周转率等关键财务指标与可比期间数据、预算数或同行业其他企业数据进行比较。

（5）分析销售收入等财务信息与投入产出率、劳动生产率、产能、运输数量等非财务信息之间的关系。

（6）分析销售收入与销售费用之间的关系，包括销售人员的人均业绩指标、销售人员薪酬、差旅费用、运费，以及销售机构的设置、规模、数量、分布等。

注册会计师通过实施分析程序，可能识别出未注意到的异常关系，或难以发现的变动趋势，从而有目的、有针对性地关注可能发生重大错报风险的领域，有助于评估重大错报风险，为设计和实施应对措施提供基础。例如，如果注册会计师发现被审计单位不断地为完成销售目标而增加销售量，因不能收现而导致应收账款大量增加，需要对销售收入的真实性予以额外关注；如果注册会计师发现被审计单位临近期末销售量大幅增加，需要警惕将下期收入提前确认的可能性；如果注册会计师发现单笔大额收入能够减轻被审计单位盈利方面的压力，或使被审计单位完成销售目标，需要警惕被审计单位虚构收入的可能性。

如果发现异常或偏离预期的趋势或关系，注册会计师需要认真调查其原因，评价是否表明可能存在舞弊导致的重大错报风险。涉及期末收入和利润的异常关系尤其值得关注，例如在报告期的最后几周内记录了不寻常的大额收入或异常交易。注册会计师可能采取的调查方法如下。

（1）如果注册会计师发现被审计单位的毛利率变动较大或与所在行业的平均毛利率差异较大，注册会计师可以采用定性分析与定量分析相结合的方法，从行业及市场变化趋势、产品销售价格和产品成本要素等方面对毛利率变动的合理性进行调查。

（2）如果注册会计师发现应收账款余额较大，或其增长幅度高于销售收入的增长幅度，注册会计师需要分析具体原因（如赊销政策或信用期限是否发生变化等），并在必要时采取恰当的措施，如扩大函证比例、增加截止测试和期后收款测试的比例等。

（3）如果注册会计师发现被审计单位的收入增长幅度明显高于管理层的预期，可以询问管理层的适当人员，并考虑管理层的答复是否与其他审计证据表明的信息一致，例如，如果管理层表示收入增长是销售量增加所致，注册会计师可以调查与市场需求相关的情况。

14.3 测试销售与收款环节的内部控制

14.3.1 控制测试的基本原理

在对被审计单位销售与收款环节的相关内部控制实施测试时，注册会计师需要注意以下几点。

（1）控制测试所使用的审计程序的类型主要包括询问、观察、检查和重新执行，其提供的保证程度依次递增。注册会计师需要根据所测试的内部控制的特征及需要获得的保证程度选用适当的测试程序。

（2）如果在期中实施了控制测试，注册会计师应当在年末审计时实施适当的前推程序。就内部控制在剩余期间的运行情况获取证据，以确定内部控制是否在整个被审计期间持续运行有效。

（3）控制测试的范围取决于注册会计师需要通过控制测试获取的保证程度。

（4）如果拟信赖的内部控制是由计算机执行的自动化控制，注册会计师除了测试自动化应用控制的运行有效性，还需要就相关的信息技术一般控制的运行有效性获取审计证据。如果所测试的人工控制利用了系统生成的信息或报告，注册会计师除了测试人工控制，还需就系统生成的信息或报告的可信性获取证据。

14.3.2 以风险为起点的控制测试

风险评估和风险应对是整个审计过程的核心，因此，注册会计师通常以识别的重大错报风险为起点，选取拟测试的控制并实施控制测试。表 14-2 列示了通常情况下，注册会计师对销售与收款环节的相关风险实施的控制测试。

表 14-2　销售与收款环节的风险、控制和控制测试

风险	计算机控制	人工控制	控制测试
信用控制和赊销			
可能向没有获得赊销授权或超出了其信用额度的客户赊销	客户订购单上的客户代码与应收账款主文档记录的代码一致。目前未偿付余额加上本次销售额在信用限额范围内。只有上述两项均满足才能获得发货批准并生成发运凭证和销售单	信用控制程序包括复核信用申请、收入和信用状况的支持性信息，批准信用限额，授权增设新的账户，以及适当授权超过信用限额的人工控制	通过询问员工、检查相关文件证实上述控制是否实施
发运商品			
可能在没有发运凭证的情况下发出了商品。 已发出商品可能与发运凭证上的商品种类和数量不符。 客户可能拒绝承认已收到商品	当客户订购单在系统中获得发货批准时，系统自动生成连续编号的发运凭证。 计算机把所有准备发出的商品与销售单上的商品种类和数量进行比对。打印种类或数量不符的例外报告，并暂缓发货	商品打包发运前，对商品和发运凭证内容进行独立核对。 在发运凭证上签字以示商品已与发运凭证核对且种类和数量相符。 销售人员关注即将到期的发运凭证和未完成的客户订购单，督促尽快发货。保安人员只有当商品附有发运凭证时才能放行。 客户要在发运凭证上签字以作为收到商品且商品与订购单一致的证据。 管理层复核例外报告和暂缓发货的清单，并解决问题	执行观察、检查程序。 检查发运凭证上相关员工和客户的签名，作为已发货的证据。 检查例外报告和暂缓发货的清单

续表

风险	计算机控制	人工控制	控制测试
开具销售发票			
商品发运可能未开具销售发票	发货以后系统根据发运凭证及相关信息自动生成连续编号的销售发票。定期打印销售发票。 系统自动复核连续编号的发票和发运凭证的对应关系，并定期生成例外报告	复核例外报告并调查原因	执行观察程序。 检查例外报告
由于定价或产品摘要不正确，以及销售单或发运凭证或销售发票代码输入错误，可能导致销售价格不正确	通过逻辑准入系统控制定价主文档的更改。只有得到授权的员工才能进行更改。 系统通过使用和检查主文档版本序号，确定正确的定价主文档版本已经被上传。 系统检查录入的产品代码的合理性	核对经授权的有效的价格更改清单与计算机获得的价格更改清单是否一致。 如果销售发票由手工填写或没有定价主文档，则有必要对销售发票的价格进行独立核对	检查文件以确定价格更改是否经授权。 重新执行以确定打印出的更改后价格与授权是否一致（这可以使用计算机辅助审计方法加以实施）。 通过检查计算机技术的一般控制和收入交易的应用控制，确定正确的定价主文档版本是否已被用来生成销售发票。 检查销售发票中价格复核人员的签名。通过核对经授权的价格清单与销售发票上的价格，重新执行检查

续表

风险	计算机控制	人工控制	控制测试
开具销售发票			
销售发票上的金额可能出现计算错误	每张销售发票的单价、计算、商品代码、商品摘要和客户账户代码均由计算机程序控制。 如果由计算机控制的销售发票开具程序的更改是受监控的，在操作控制帮助下，可以确保使用的是正确的销售发票生成程序版本。 系统代码有密码保护，只有经授权的员工才可以更改。 定期打印所有系统上做出的更改	如果由手工开具销售发票，独立复核销售发票上计算的增值税和总额的正确性。 上述程序的所有更改由上级复核和审批	检查与销售发票计算金额正确性相关的人员的签名。 重新计算发票金额，证实其是否正确。 询问销售发票生成程序更改的一般控制情况，确定是否经授权以及现有的版本是否正在被使用。 检查有关程序更改的复核审批程序
记录赊销			
销售发票入账的会计期间可能不正确	系统根据销售发票的信息自动汇总生成当期销售入账记录	定期执行人工销售截止检查程序。 检查销售发票打印件的编号。 复核并调查所有与销售发票不匹配的发运凭证	检查销售发票，重新执行销售截止检查程序
销售发票可能被记入不正确的应收账款账户	系统将客户代码、商品发送地址、发运凭证、发票与应收账款主文档中的相关信息进行比对	应收账款客户主文档中明细账的汇总金额应与应收账款总分类账核对。 向客户发送月末对账单，调查并解决客户质询的差异	检查应收账款客户主文档中明细余额汇总金额的调节结果与应收账款总分类账是否核对相符，以及负责该项工作的员工签名。 检查客户质询信件并确定问题是否已得到解决

续表

风险	计算机控制	人工控制	控制测试
记录赊销			
上述所有风险		管理层根据关键业绩指标复核实际业绩。 例如，实际销售与计划销售；实现的毛利率；应收账款周转天数；当前已逾期的应收账款账龄分析；注销坏账占逾期应收账款的比例	检查用于识别和解决与关键业绩指标不符的实际业绩问题的文件。 询问管理层针对上述问题所采取的解决措施
记录现金销售			
现金销售可能没有在销售时被记录。 收到的现金可能没有存入银行	现金销售通过统一的收款台用收银机集中收款，并自动打印销售小票	销售小票应交予客户。 通过监视器监督收款台。 每个收款台都打印每日现金销售汇总表。 计算每个收款台收到的现金，并与相关销售汇总表调节相符。 独立检查所有收到的现金是否已存入银行	实地检查收银台、销售点并询问管理层，以确定在这些地方是否有足够的物理监控。 检查结算记录上负责计算现金和与销售汇总表相调节工作的员工的签名。 检查银行存款单和销售汇总表上的签名，证明已实施复核。 重新检查已存入金额和销售汇总表金额
应收账款收款			
客户使用支票支付货款，收取后可能未被存入银行	应收账款的内容和收取的数额都通过终端记录	任何可用于流通的支票必须被严格控制，由收款人在收款清单上签字。 如果存款清单没有在收取支票时自动生成，由负责生成存款清单的人员在支票签收清单上签字，以证明收到了这些款项。 独立检查所有收到的支票是否都被存入银行	检查在收款清单上的签字。 检查支票签收清单上相关人员的签字。 检查支票签收清单和存款清单上相关人员的签字。 对所有通过邮寄收到的支票是否都被存入银行重新执行一次检查

续表

风险	计算机控制	人工控制	控制测试
应收账款收款			
客户通过电子货币转账系统或银行汇款支付的款项收取后可能没有被记录	在每日编制电子版存款清单时，系统自动贷记应收账款	无论客户是通过电子货币转账系统支付还是以银行汇款直接支付，均应分别将汇款通知上的金额与银行每日的电子货币转账清单或直接汇款清单进行比对	检查汇款清单上相关人员的签名。 重新执行比对程序
记录收款			
收款可能被记入不正确的应收账款账户	在录入应收账款账户的代码时，姓名和其他信息均取自主文档并在终端上显示	将终端显示的信息与汇款通知或支票的相关信息进行比较。 向客户发送月末对账单，对客户质询的差异应予以调查并解决	检查客户质询信件并确定问题是否已被解决。 询问尚未解决的质询和计划采取的措施
应收账款记录的收款与银行存款可能不一致	在编制存款清单时，系统自动贷记应收账款	定期独立编制银行存款余额调节表	检查负责编制银行存款余额调节表的员工的签名
上述所有风险		管理层的监控主要涉及以下方面：将每日现金汇总表和收款清单与银行存款清单相比较；客户对应收账款的质询和解决措施；应收账款主文档汇总金额与应收账款总分类账之间的调节；银行存款余额调节表；在应收账款账龄分析表中反映长期无法收回的金额；将实际业绩与关键业绩指标进行比较	询问这些事项。 检查证明实施这些监控程序的记录和文件

需要说明的是，表 14-2 列示的为销售与收款环节中一些较为常见的风险及对应的内部控制和控制测试程序，目的在于帮助注册会计师根据具体情况设计能够应对已识别风险、实现审计目标的控制测试。该表既未包含销售和收款环节所有的内部控制和控制测试，也并不意味着注册会计师必须按此执行。一方面，被审计单位所处行业不同、规模不一、内部控制制度的设计和执行方式不同，以前期间接受审计的情况也各不相同；另一方面，受审计时间、审计成本的限制，注册会计师除了确保审计质量、审计效果外，还需要提高审计效率，尽可能地避免重复的测试程序，保证检查某一凭证时能够一次完成对该凭证的全部审计测试程序，并按最有效的顺序实施审计测试。因此，在审计实务工作中，注册会计师需要从实际出发，设计适合被审计单位具体情况的实用高效的控制测试计划。

14.4　销售与收款环节的实质性程序

在完成控制测试之后，注册会计师基于控制测试的结果（即控制运行是否有效），确定从控制测试中已获得的审计证据及其保证程度，确定是否需要对具体审计计划中设计的实质性程序的性质、时间安排和范围时做出适当调整。例如，如果控制测试的结果表明内部控制未能有效运行，注册会计师需要从实质性程序中获取更多的相关审计证据，注册会计师可以修改实质性程序的性质，如采用细节测试而非实质性分析程序，获取更多的外部证据等，或修改实质性分析程序的范围，如扩大样本规模。

在实务中，注册会计师通过审计计划阶段执行的风险评估程序，已经确定了与已识别重大错报风险相关的认定。在下面的介绍中，我们从风险对应的具体审计目标和相关认定的角度出发，对实务中较为常见的营业收入和应收账款的实质性程序进行阐述。这些程序可以从一个或多个认定方面应对识别的重大错报风险。

14.4.1　营业收入的实质性程序

14.4.1.1　营业收入的审计目标

营业收入项目核算企业在销售商品、提供劳务等主营业务活动中所产生的收入，以及企业确认的除主营业务活动以外的其他经营活动实现的收入，包括出租固定资产、出租无形资产、出租包装物和商品、销售材料等实现的收入。其审计目标一般包括：确定利润表中记录的营业收入是否已发生，且与被审计单位有关（发生认定）；确定所有应当记录的营业收入是否均已记录（完整性认定）；确定与营业收入有关的金额及其他数据是否已恰当记录，包括对销售退回、销售折扣与折让的处理是否适当（准确性认定）；确定营业收入是否已记录于正确的会计期间（截止认定）；确定营业收入是否已按照企业会计准则的规定在财务报表中做出恰当的列报。营业收入包括主营业务收入和其他业务收入，下面分别介绍这两部分的实质性程序。

14.4.1.2　主营业务收入的一般实质性程序

1. 获取营业收入明细表，并执行相关工作

（1）复核加计是否正确，并与总账数和明细账合计数核对是否相符。

（2）检查以非记账本位币结算的主营业务收入使用的折算汇率及其折算是否正确。

2. 实施实质性分析程序

（1）针对已识别需要运用分析程序的有关项目，并基于对被审计单位及其环境的了解，通过进行以下比较，同时考虑有关数据间关系的影响，以建立有关数据的期望值。

①将账面销售收入、销售清单和销售增值税销项清单进行核对。

②将本期销售收入金额与以前可比期间的对应数据或现算数进行比较。

③分析月度或季度销售量、销售单价、销售收入金额、毛利率变动趋势。

④将销售收入变动幅度与销售商品及提供劳务收到的现金，应收账款、合同资产、存货、税金等项目的变动幅度进行比较。

⑤将销售毛利率，应收账款、合同资产周转率，存货周转率等关键财务指标与可比期间数据预算数、同行业其他企业数据进行比较。

⑥分析销售收入等财务信息与投入产出率、劳动生产率、产能、水电能耗、

运输数量等非财务信息之间的关系。

⑦分析销售收入与销售费用之间的关系，包括销售人员的人均业绩指标、销售人员薪酬、广告费、差旅费，以及销售机构的设置、规模、数量、分布等。

（2）确定可接受的差异额。

（3）将实际金额与期望值相比较，计算差异。

（4）如果差异额超过确定的可接受差异额，调查并获取充分的解释和恰当的、佐证性质的审计证据（如通过检查相关的凭证等）。需要注意的是，如果差异超过可接受差异额，注册会计师需要对差异额的全额进行调查证实，而非仅针对超出可接受差异额的部分。

（5）评估实质性分析程序的结果。

3. 检查主营业务收入确认方法是否符合《企业会计准则》的规定

根据《企业会计准则第 14 号——收入》的规定，企业应当在履行了合同中的履约义务，及在客户取得相关商品控制权时确认收入。取得相关商品控制权，是指能够主导该商品的使用并从中获得几乎全部的经济利益。

企业商品销售收入应在下列条件均能满足时予以确认：①企业已将商品所有权上的主要风险和报酬转移给采购方；②企业既没有保留通常与所有权相联系的继续管理权，也没有对已售出的商品实施有效控制；③收入的金额能够可靠地计量；④相关的经济利益很可能流入企业；⑤相关的已发生或将发生的成本能够可靠地计量。因此，对主营业务收入的实质性程序，注册会计师应在了解被审计单位确认商品销售收入的会计政策的基础上，重点测试被审计单位是否依据上述五个条件确认商品销售收入。具体来说，被审计单位采取的销售方式不同，确认销售收入的时点也是不同的。

（1）采用交款提货销售方式，通常应于货款已收到或取得收取货款的权利，同时已将发票账单和提货单交给采购单位时确认收入的实现。对此，注册会计师应着重检查被审计单位是否收到货款或取得收取货款的权利，发票账单和提货单是否已交付采购单位；应注意有无扣压结算凭证，将当期收入转入下期入账的现象，或者虚记收入、开具假发票、虚列采购单位，将当期未实现的收入虚转为收入记账，在下期予以冲销的现象。

（2）采用预收账款销售方式，通常应于商品已经发出时确认收入的实现。对此，注册会计师应重点检查被审计单位是否收到了货款，商品是否已经发出；

应注意是否存在对已收货款并已将商品发出的交易不入账、转为下期收入，或开具虚假出库凭证、虚增收入等现象。

（3）采用托收承付结算方式，通常应于商品已经发出，劳务已经提供，并已将发票账单提交银行、办妥收款手续时确认收入的实现。对此，注册会计师应重点检查被审计单位是否发货，托收手续是否办妥，货物发运凭证是否真实，托收承付结算回单是否正确。

（4）销售合同或协议明确销售价款的收取采用递延方式，可能实质上具有融资性质的，应当按照应收的合同或协议价款的公允价值确定销售商品收入金额。应收的合同或协议价款与其公允价值之间的差额，通常应当在合同或协议期间内采用实际利率法进行摊销，计入当期损益。

（5）长期工程合同收入，如果合同的结果能够可靠估计，通常应当根据完工百分比法确认合同收入。注册会计师应重点检查收入的计算、确认方法是否合乎规定，并核对应计收入与实际收入是否一致，注意查明有无随意确认收入、虚增或虚减本期收入的情况。

4. 必要时，实施以下实质性分析程序

（1）针对已识别需要运用分析程序的有关项目，并基于对被审计单位及其环境的了解，通过进行以下比较，同时考虑有关数据间关系的影响，以建立有关数据的期望值。

①将本期的主营业务收入与上期的主营业务收入、销售预算或预测数等进行比较，分析主营业务收入及其构成的变动是否异常，并分析异常变动的原因。

②计算本期重要产品的毛利率，与上期预算或预测数据比较，检查是否存在异常，各期之间是否存在重大波动，查明原因。

③比较本期各月各类主营业务收入的波动情况，分析其变动趋势是否正常，是否符合被审计单位季节性、周期性的经营规律，查明异常现象和重大波动的原因。

④将本期重要产品的毛利率与同行业企业进行对比分析，检查是否存在异常。

⑤根据增值税发票申报表或普通发票，估算全年收入，与实际收入比较。

（2）确定可接受的差异额。

（3）将实际的情况与期望值相比较，识别需要进一步调查的差异。

（4）如果其差额超过可接受的差异额，调查并获取充分的解释和恰当的、佐证性质的审计证据（如通过检查相关的凭证等）。

（5）评估分析程序的测试结果。

5. 检查产品价格目录

获取产品价格目录，抽查售价是否符合价格政策，并注意销售给关联方或关系密切的重要客户的产品价格是否合理，有无以低价或高价结算的方法转移利润的现象。

6. 检查发运凭证

抽取本期一定数量的发运凭证，审查存货出库日期、品名、数量等是否与销售发票、销售合同、记账凭证等一致。

7. 检查记账凭证

抽取本期一定数量的记账凭证，审查入账日期、品名、数量、单价、金额等是否与销售发票、发运凭证、销售合同等一致。

8. 函证销售额

结合对应收账款实施的函证程序，选择主要客户函证本期销售额。

9. 检查出口销售

对于出口销售，应当将销售记录与出口报关单、货运提单、销售发票等出口销售单据进行核对，必要时向海关函证。

10. 实施销售的截止测试

（1）选取资产负债表日前后若干天一定金额以上的发运凭证，与应收账款和收入明细账进行核对；同时，从应收账款和收入明细账选取在资产负债表日前后若干天一定金额以上的凭证，与发运凭证核对，以确定销售是否存在跨期现象。

（2）复核资产负债表日前后销售和发货水平，确定业务活动水平是否异常，并考虑是否有必要追加实施截止测试程序。

（3）取得资产负债表日后所有的销售退回记录，检查是否存在提前确认收入的情况。

（4）结合对资产负债表日应收账款的函证程序，检查有无未取得对方认可的大额销售。

（5）调整重大跨期销售。

对销售实施截止测试的目的主要在于确定被审计单位主营业务收入的会计记录归属期是否正确；应计入本期或下期的主营业务收入是否被推延至下期或提前至本期。

实施截止测试的前提是注册会计师充分了解被审计单位的收入确认会计实务，并识别能够证明某笔销售符合收入确认条件的关键单据。例如，货物出库时，与货物相关的风险和报酬可能尚未转移，不符合收入确认的条件，因此，发货单可能不是实现收入的充分证据；又如，销售发票与收入相关，但是销售发票开具日期不一定与收入实现的日期一致。

例如，某一般生产制造型企业在货物送达客户并由客户签收时确认收入，注册会计师可以考虑选择以下两条审计路径实施主营业务收入的截止测试。

一是以账簿记录为起点。从资产负债表日前后若干天的账簿记录追查至记账凭证和客户签收的发运凭证，目的是证实已入账收入是否在同一期间已发货并由客户签收，有无多记收入。这种方法的优点是比较直观，容易追查至相关凭证记录，以确定其是否应在本期确认收入，特别是在连续审计两个以上会计期间时，检查跨期收入十分便捷，可以提高审计效率。其缺点是缺乏全面性和连贯性，只能查多记，无法查漏记，尤其是当本期漏记收入延至下期而审计时被审计单位尚未及时登账时，不易发现应计入而未计入报告期收入的情况。因此，使用这种方法主要是为了防止多计收入。

二是以发运凭证为起点。从资产负债表日前后若干天的已经客户签收的发运凭证查至账簿记录，确定主营业务收入是否已计入恰当的会计期间。

上述两条审计路径在实务中均被广泛采用，它们并不是孤立的，注册会计师可以考虑并用这两条路径，甚至可以在同一主营业务收入审计中并用。实际上，由于被审计单位的具体情况各异，管理层意图各不相同，有的为了完成利润目标、承包指标，更多地享受税收等优惠政策，便于筹资等可能会多计收入；有的则为了以丰补歉、留有余地、推迟缴税时间等而少计收入。因此，为提高审计效率，注册会计师应当凭借专业经验和所掌握的信息、资料做出正确判断，选择适当的审计路径实施有效的收入截止测试。

11. 检查销售退回

存在销货退回的，检查相关手续是否符合规定，结合原始销售凭证检查其会计处理是否正确，结合存货项目审计关注其真实性。

12. 检查销售折扣与折让

企业在销售交易中，往往会因产品品种不符、质量不符合要求以及结算方面的原因发生销售折扣与折让。尽管引起销售折扣与折让的原因不尽相同，其表现形式也不尽一致，但都是对收入的抵减，直接影响收入的确认和计量。因此，注册会计师应重视对销售折扣与折让的审计。对销售折扣与折让的实质性程序主要包括以下方面。

（1）获取或编制折扣与折让明细表，复核加计是否正确，并与明细账合计数核对是否相符。

（2）取得被审计单位有关折扣与折让的具体规定和其他文件资料，并抽查较大的折扣与折让发生额的授权批准情况，与实际执行情况进行核对，检查其是否经授权批准，是否合法、真实。

（3）销售折扣与折让是否及时足额提交对方，有无虚设中介、转移收入、私设账外“小金库”等情况。

（4）检查折扣与折让的会计处理是否正确。

13. 检查有无特殊销售行为

检查有无特殊的销售行为，如附有销售退回条件的商品销售、委托代销、售后回购、以旧换新、商品需要安装和检验的销售、分期收款销售、出口销售、售后租回等，选择恰当的审计程序进行审核。

（1）附有销售退回条件的商品销售，如果对退货部分能做合理估计的，确定其是否按估计不会退货部分确认收入；如果对退货部分不能做合理估计的，确定其是否在退货期满时确认收入。

（2）售后回购，分析特定销售回购的实质，判断其是属于真正的销售交易，还是属于融资行为。

（3）以旧换新销售，确定销售的商品是否按照商品销售的方法确认收入，回收的商品是否作为购进商品处理。

（4）出口销售，确定其是否按离岸价格、到岸价格或成本加运费价格等不同的成交方式，确认收入的时点和金额。

14. 调查向关联方销售情况

调查向关联方销售的情况，记录其交易品种、价格、数量、金额以及占主营业务收入总额的比例。对于合并范围内的销售活动，记录应予合并抵销的金额。

15. 调查内部销售情况

调查内部销售的情况，记录其交易价格、数量和金额，并追查在编制合并财务报表时是否已予以抵销。

16. 检查主营业务收入列报

确定主营业务收入的列报是否恰当。

14.4.1.3　其他业务收入的实质性程序

其他业务收入的实质性程序一般包括以下内容。

（1）获取或编制其他业务收入明细表，复核加计是否正确，并与总账数和明细账合计数核对是否相符，结合主营业务收入科目与营业收入报表数核对是否相符。

（2）计算本期其他业务收入与其他业务成本的比率，并与上期该比率比较，检查是否有重大波动，如有，应查明原因。

（3）检查其他业务收入内容是否真实、合法，收入确认原则及会计处理是否符合规定，抽查原始凭证予以核实。

（4）对异常项目，应追查入账依据及有关法律文件是否充分。

（5）抽查资产负债表日前后一定数量的记账凭证，实施截止测试，追踪到销售发票、收据等，确定入账时间是否正确，对于重大跨期事项做必要的调整建议。

（6）确定其他业务收入在财务报表中的列报是否恰当。

14.4.2　应收账款的实质性程序

应收账款余额一般包括应收账款账面余额和相应的坏账准备两部分。

应收账款指企业因销售商品、提供劳务而形成的债权，即由于企业销售商品、提供劳务等原因，应向采购客户或接受劳务的客户收取的款项或代垫的运杂费，是企业的债权性资产。

企业的应收账款是在销售交易或提供劳务过程中产生的。因此，应收账款的审计应结合销售交易来进行。

坏账是指企业无法收回或收回可能性极小的应收款项（包括应收票据、应收账款、预付款项、其他应收款和长期应收款等）。由于发生坏账而产生的损失称为坏账损失。企业通常应采用备抵法按期估计坏账损失。

企业通常应当定期或者至少于每年年度终了，对应收款项进行全面检查，合理预计各项应收款项可能发生的坏账，相应计提坏账准备。坏账准备通常是审计的重点领域，并且由于坏账准备与应收账款的联系非常紧密，此处把对坏账准备的审计与对应收账款的审计合在一起阐述。

14.4.2.1 应收账款的审计目标

应收账款的审计目标一般包括：确定资产负债表中记录的应收账款是否存在；确定所有应当记录的应收账款是否均已记录；确定记录的应收账款是否由被审计单位拥有或控制；确定应收账款是否可收回，坏账准备的计提方法和比例是否恰当，计提是否充分；确定应收账款及其坏账准备期末余额是否正确；确定应收账款及其坏账准备是否已按照企业会计准则的规定在财务报表中做出恰当列报。

14.4.2.2 应收账款的实质性程序

1. 取得或编制应收账款明细表

（1）复核加计正确，并与总账数和明细账合计数核对是否相符；结合坏账准备科目与报表数核对是否相符。应当注意，应收账款报表数反映企业因销售商品、提供劳务等应向购买单位收取的各种款项，减去已计提的相应的坏账准备后的净额。

（2）检查非记账本位币应收账款的折算汇率及折算是否正确。对于用非记账本位币（通常为外币）结算的应收账款，注册会计师应检查被审计单位外币应收账款的增减变动是否采用交易发生日的即期汇率将外币金额折算为记账本位币金额，或者采用按照系统合理的方法确定的、与交易发生日即期汇率近似的汇率折算，选择采用汇率的方法前后各期是否一致；期末外币应收账款余额是否采用期末即期汇率折合为记账本位币金额；折算差额的会计处理是否正确。

（3）分析有贷方余额的项目，查明原因，必要时，建议做重分类调整。

（4）结合其他应收款、预收款项等往来项目的明细余额，调查有无同一客户多处挂账、异常余额或与销售无关的其他款项（如代销账户、关联方账户或员工账户）。如有，应做出记录，必要时提出调整建议。

2. 检查涉及应收账款的相关财务指标

（1）复核应收账款借方累计发生额与主营业务收入关系是否合理，并将当期应收账款借方发生额占销售收入净额的百分比与管理层考核指标和被审计单位相关赊销政策比较，如存在异常应查明原因。

（2）计算应收账款周转率、应收账款周转天数等指标，并与被审计单位相关赊销政策、被审计单位以前年度指标、同行业同期相关指标对比分析，检查是否存在重大异常。

3. 检查应收账款账龄分析是否正确

（1）获取或编制应收账款账龄分析表。

注册会计师可以通过获取或编制应收账款账龄分析表来分析应收账款的账龄，以便了解应收账款的可收回性。应收账款账龄分析表参考格式如表 14-3 所示。

表 14-3　应收账款账龄分析表

年　月　日　货币单位：

客户名称	期末余额	账龄			
		1 年以内	1 ~ 2 年	2 ~ 3 年	3 年以上
合计					

应收账款的账龄，通常是指资产负债表中的应收账款从销售实现、产生应收账款之日起，至资产负债表日止所经历的时间。编制应收账款账龄分析表时，可以考虑选择重要的客户及其余额列示，而将不重要的或余额较小的汇总列示。应收账款账龄分析表的合计数减去已计提的相应坏账准备后的净额，应该等于资产负债表中的应收账款项目余额。

（2）测试应收账款账龄分析表计算的准确性，并将应收账款账龄分析表中的合计数与应收账款总分类账余额相比较，并调查重大调节项目。

（3）检查原始凭证，如销售发票、运输记录等，测试账龄划分的准确性。

4. 向债务人函证应收账款

函证应收账款的目的在于证实应收账款账户余额的真实性、正确性，防止或发现被审计单位及其有关人员在销售交易中发生的错误或舞弊行为。通过函证应收账款，注册会计师可以比较有效地证明被询证者（即债务人）的存在和被审计单位记录的可靠性。

注册会计师应当考虑被审计单位的经营环境、内部控制的有效性、应收账款账户的性质、被询证者处理询证函的习惯做法及回函的可能性等，以确定应收账款函证的范围、对象、方式和时间。

（1）函证的范围和对象。除非有充分证据表明应收账款对被审计单位财务报表而言是不重要的，或者函证很可能是无效的，否则，注册会计师应当对应收账款进行函证。如果注册会计师不对应收账款进行函证，应当在审计工作底稿中说明理由。如果认为函证很可能是无效的，注册会计师应当实施替代审计程序，获取相关、可靠的审计证据。函证的数量、范围是由诸多因素决定的，主要如下。

①应收账款在全部资产中的重要性。若应收账款在全部资产中所占的比重较大，则函证的范围应相应大一些。

②被审计单位内部控制的强弱。若内部控制制度较健全，则可以相应减少函证量；若内部控制制度存在缺陷，则应相应扩大函证范围。

③以前期间的函证结果。若以前期间函证中发现过重大差异，或欠款纠纷较多，则函证范围应相应扩大一些。

一般情况下，注册会计师应选择以下项目作为函证对象：大额或账龄较长的项目；与债务人发生纠纷的项目；重大关联方项目；主要客户（包括关系密切的客户）项目；交易频繁但期末余额较小甚至余额为零的项目；可能产生重大错报或舞弊的非正常的项目。

（2）函证的方式。注册会计师可采用积极的或消极的函证方式实施函证，也可将两种方式结合使用。

（3）函证时间的选择。注册会计师通常以资产负债表日为截止日，在资产负债表日后适当时间内实施函证。如果重大错报风险评估为低水平，注册会计师可选择资产负债表日前适当日期为截止日实施函证，并对所函证项目自该截止日起至资产负债表日止发生的变动实施其他实质性程序。

（4）函证的控制。注册会计师通常利用被审计单位提供的应收账款明细账户名称及客户地址等资料编制询证函，但注册会计师应当对确定需要确认或填列的信息、选择适当的被询证者、设计询证函以及发出和跟进（包括收回）询证函保持控制。

（5）对不符事项的处理。对应收账款而言，登记入账的时间不同而产生的不符事项主要表现为：①询证函发出时，债务人已经付款，而被审计单位尚未收到货款；②询证函发出时，被审计单位的货物已经发出并已做销售记录，但货物仍在途中，债务人尚未收到货物；③债务人由于某种原因将货物退回，而被审计单位尚未收到；④债务人对收到的货物的数量、质量及价格等方面有异议而全部或部分拒付货款等。如果不符事项构成错报，注册会计师应当评价该错报是否表明存在舞弊，并重新考虑所实施的审计程序的性质、时间安排和范围。

（6）对函证结果的总结和评价。注册会计师对函证结果可进行以下评价。

①重新考虑对内部控制的原有评价是否适当；控制测试的结果是否适当；分析程序的结果是否适当；相关的风险评价是否适当等。

②如果函证结果表明没有审计差异，则可以合理地推论，全部应收账款总体是正确的。

③如果函证结果表明存在审计差异，则应当估算应收账款总额中可能出现的累计差错是多少，估算未被选中进行函证的应收账款的累计差错是多少。为取得对应收账款累计差错更加准确的估计，也可以进一步扩大函证范围。

需要指出的是，注册会计师应当将询证函回函作为审计证据，纳入审计工作底稿管理范围，询证函回函的所有权归属于会计师事务所。除法院、检察院及其他有关部门依法查阅审计工作底稿，注册会计师协会对执业情况进行检查以及前后任注册会计师沟通等情形外，会计师事务所不得将询证函回函提供给被审计单位作为法律诉讼证据。

5. 对函证未回函及未函证应收账款实施替代审计程序

通常，注册会计师可能未能取得所有发放的应收账款积极式询证函的回函，并且注册会计师也不可能对所有应收账款进行函证，因此，对于函证未回函及未函证的应收账款，注册会计师应抽查有关原始凭据，如销售合同、销售订购单、销售发票副本、发运凭证及期后收款的回款单据等，以验证与其相关的应收账款的真实性。

6. 确定已收回的应收账款金额

请被审计单位协助，在应收账款账龄分析表中标出至审计时已收回的应收账款金额，对已收回金额较大的款项进行常规检查，如核对收款凭证、银行对账单、销货发票等，并注意凭证发生日期的合理性，分析收款时间是否与合同相关要素一致。

7. 检查坏账的确认和处理

首先，注册会计师应检查有无债务人破产或者死亡的，以及破产或以遗产清偿后仍无法收回的，或者债务人长期未履行清偿义务的应收账款；其次，应检查被审计单位坏账的处理是否经授权批准，有关会计处理是否正确。

8. 抽查有无不属于结算业务的债权

不属于结算业务的债权，不应在应收账款中进行核算。因此，注册会计师应抽查应收账款明细账，并追查有关原始凭证，查证被审计单位应收账款中有无不属于结算业务的债权。如有，应建议被审计单位做适当调整。

9. 检查应收账款的贴现、质押或出售

检查银行存款和银行借款等询证函的回函、会议纪要、借款协议和其他文件，确定应收账款是否已被贴现、质押或出售，应收账款贴现业务是否满足金融资产转移终止确认条件，其会计处理是否正确。

10. 对应收账款实施关联方及其交易审计程序

标明应收关联方 [包括持股 5% 以上（含 5%）的公司] 的款项，实施关联方及其交易审计程序，并注明合并财务报表时应予抵销的金额；对关联企业、有密切关系的主要客户的交易事项做专门核查，主要如下。

（1）了解交易事项目的、价格和条件，做比较分析。

（2）检查销售合同、销售发票、发运凭证等相关文件资料。

（3）检查收款凭证等货款结算单据。

（4）向关联方或有密切关系的主要客户函询，以确认交易的真实性、合理性。

11. 确定应收账款的列报是否恰当

如果被审计单位为上市公司，则其财务报表附注通常应披露期初、期末余额的账龄分析，期末欠款金额较大的单位账款，以及持有 5% 以上（含 5%）股份的股东单位账款等情况。

14.4.2.3　坏账准备的实质性程序

企业会计准则规定，企业应当在期末对应收款项进行检查，并合理预计可能产生的坏账损失。应收款项包括应收票据、应收账款、预付款项、其他应收款和长期应收款等，下面以应收账款相关的坏账准备为例，阐述坏账准备审计常用的实质性程序。

（1）取得或编制坏账准备明细表，复核加计是否正确，与坏账准备总账数、明细账合计数核对是否相符。

（2）将应收账款坏账准备本期计提数与资产减值损失相应明细项目的发生额核对是否相符。

（3）检查应收账款坏账准备计提和核销的批准程序，取得书面报告等证明文件，评价计提坏账准备所依据的资料、假设及方法。

企业应根据所持应收账款的实际可收回情况，合理计提坏账准备，不得多提或少提，否则应视为滥用会计估计，按照重大会计差错更正的方法进行会计处理。

对于单项金额重大的应收账款，企业应当单独进行减值测试，如有客观证据证明其已发生减值，应当计提坏账准备。对于单项金额不重大的应收账款，可以单独进行减值测试，或包括在具有类似减值风险特征的应收账款组合中（例如账龄分析）进行减值测试。此外，单独测试未发生减值的应收账款，应当包括在具有类似减值风险特征的应收账款组合中（例如账龄分析）再进行减值测试。

采用账龄分析法时，收到债务单位当期偿还的部分债务后，剩余的应收账款，不应改变其账龄，仍应按原账龄加上本期应增加的账龄确定；在存在多笔应收账款且各笔应收账款账龄不同的情况下，收到债务单位当期偿还的部分债务，应当逐笔认定收到的是哪一笔应收账款；如果确实无法认定，按照先发生先收回的原则确定，剩余应收账款的账龄按上述同一原则确定。

在确定坏账准备的计提比例时，企业应当在综合考虑以往的经验、债务单位的实际财务状况和预计未来现金流量（不包括尚未发生的未来减值损失）等因素以及其他相关信息的基础上做出合理估计。

（4）实际发生坏账损失的，检查转销依据是否符合有关规定，会计处理是否正确。对于被审计单位在被审计期间内发生的坏账损失，注册会计师应检查其原因是否清楚，是否符合有关规定，有无授权批准，有无已做坏账处理后又重新收回的应收账款，相应的会计处理是否正确。对有确凿证据表明确实无法收回的应收账款，如债务单位已撤销、破产、资不抵债、现金流量严重不足等，企业应根据管理权限，经股东（大）会或董事会，或经理（厂长）办公会或类似机构批准作为坏账损失，冲销提取的坏账准备。

（5）已经确认并转销的坏账重新收回的，检查其会计处理是否正确。

（6）检查函证结果。对债务人回函中反映的例外事项及存在争议的余额，注册会计师应查明原因并做记录。必要时，应建议被审计单位考虑是否存在坏账可能以及是否需要做相应的调整。

（7）实施分析程序。通过比较前期坏账准备计提数和实际发生数，以及检查期后事项，评价应收账款坏账准备计提的合理性。

（8）确定应收账款坏账准备的披露是否恰当。企业应当在财务报表附注中清晰地说明坏账的确认标准、坏账准备的计提方法和计提比例。上市公司还应在财务报表附注中分项披露以下主要事项。

①本期全额计提坏账准备，或计提坏账准备的比例较大的（计提比例一般超过 40% 的，下同），应说明计提的比例以及理由。

②以前期间已全额计提坏账准备，或计提坏账准备的比例较大但在本期又全额或部分收回的，或通过重组等其他方式收回的，应说明其原因、原估计计提比例的理由以及原估计计提比例的合理性。

③本期实际冲销的应收款项及其理由等，其中实际冲销的关联交易产生的应收账款应单独披露。

14.5 东方电子公司销售与收款环节审计案例

1. 案例背景

东方电子公司是由烟台某电子信息产业集团公司作为独家发起人，于 1993 年 3 月采用定向募集方式设立的。东方电子公司于 1994 年正式创立，总股本 5 800 万元，每股面值 1 元，发行价 1.6 元。其中国家股 2 200 万股，社会法人股 150 万股，1 月 8 日至 10 日三天向内部职工定向募集内部职工股 3 450 万股。1996 年 12 月 17 日，经中国证监会批准，东方电子公司向社会公开发行 1 030 万股，发行价 7.88 元，总股本变为 6 830 万股，其中国家股 2 200 万股，社会法人股 150 万股，社会公众股 1 720 万股，内部职工股 2 760 万股。1997 年 1 月 21 日，东方电子公司 1 720 万股社会公众股在深交所挂牌上市，其余的内部职工股 2 760 万股，三年后上市交易。

东方电子公司公告的数据显示，自 1997 年 1 月上市以来，东方电子公司股本连年高速扩张，而在股本大比例扩张的基础上，公司业绩同股本扩张保持了同步增长，创造了东方电子神话。1997—2000 年东方电子公司的业绩表现见表 14-4。

表 14-4　1997—2000 年东方电子公司的业绩表现

项目	1997 年	1998 年	1999 年	2000 年
主营业务收入（亿元）	2.37	4.50	8.56	13.75
主营业务毛利率（%）	47.3	47.3	52.9	47.1
每股收益（元）	0.51	0.56	0.53	0.52

2. 东方电子公司处罚历程

2001 年中国证监会对东方电子公司展开调查。

2002 年 6 月 20 日时任公司董事长兼总经理的隋元柏经烟台市检察院批准逮捕。

2003 年分别判处原董事长 B 某、原董事会秘书 C 某有期徒刑两年和一年，并分别处以罚金 5 万元和 2.5 万元。

2007 年青岛市中级人民法院宣布，除不合格的原告外，6 921 人全部接受了调解，东方电子公司股民将获得 2 亿元的赔偿。

3. 审计分析

东方电子公司 1997—2000 年的审计情况如表 14-5 所示。

表 14-5　东方电子公司 1997—2000 年的审计情况

年份 审计情况	1997 年	1998 年	1999 年	2000 年
审计机构	山东省烟台市会计师事务所	山东烟台 QJ 会计师事务所	山东烟台 QJ 会计师事务所	山东烟台 QJ 会计师事务所
审计意见	无保留意见	无保留意见	无保留意见	无保留意见

通过分析得出以下结论：

（1）会计师事务所发表了错误的审计意见，出具了不恰当的审计报告；

（2）会计师事务所没有尽到“揭露会计报表中可能存在重大舞弊错报”的审计职责；

（3）审计人员没有保持应有的职业谨慎，即没有遵守独立审计准则。

分析性复核在审计规模较大的公司时，具有指明重大错报风险方向的作用，是非常重要的审计程序，在本案例中创造不现实的收入与利润增长是东方电子公司舞弊的主要手段。

第 15 章
采购与付款环节的审计

15.1 采购与付款环节相关业务活动及内部控制

15.1.1 采购与付款环节的相关业务活动

企业应将各项职能活动指派给不同的部门或员工来完成。这样，每个部门或员工可以独立检查其他部门和员工工作的正确性。下面以采购商品为例，详细阐述采购与付款环节中的主要业务活动。

（1）请购商品。仓库负责对需要购买的已列入存货清单的项目填写请购单，其他部门也可以对所需要购买的未列入存货的项目编制请购单。大多数企业对正常经营所需的物资的购买均做一般授权；但对资本支出和租赁合同，企业政策则通常要求做特别授权，只允许指定人员提出请购。请购单可由手工或计算机编制，由于企业内不少部门都可以填列请购单，不便事先编号，为加强控制，每张请购单必须经过对这类支出负预算责任的主管人员签字批准。

（2）编制订购单。采购部门在收到请购单后，对经过批准的请购单发出订购单。订购单应预先予以连续编号并经过被授权的采购人员签名。其正联应送交供应商，副联则送至企业内部的验收部门、应付凭单部门和编制请购单的部门。企业应对订购单的编制和处理加以检查，以确定是否确实收到商品并正确入账。这项检查与采购交易的完整性和发生认定有关。

（3）验收商品。验收部门首先应比较所收商品与订购单上的要求是否相符，然后盘点商品并检查商品有无损坏。验收后，验收部门应对已收货的每张订购单编制一式多联、预先连续编号的验收单，作为验收和检验商品的依据，验收单是支持资产或费用以及与采购有关的负债的存在或发生认定的重要凭证，定期独立检查验收单的顺序以确定每笔采购交易都已编制凭单，则与采购交易的完整性认定有关。

（4）储存已验收的商品存货。将已验收商品的保管与采购的其他职责相分离，减少未经授权的采购和盗用商品的风险。存放商品的仓储区应相对独立，限制无关人员接近。这些控制与商品的存在认定有关。

（5）编制付款凭单。货物验收后，在核对采购单、验收单和供货发票的基础上，确认负债，编制付款凭单，并将经审核的付款凭单，连同每日的凭单汇总表一起送至会计部门，以编制有关记账凭证和登记有关明细账和总账账簿。经适当批准和预先连续编号的凭证为记录采购交易提供了依据。这些控制与存在、发生、完整性、权利和义务、计价和分摊等认定有关。

（6）付款。企业在准备付款前，应核对付款条件，并检查资金是否充足。在签发支票的同时登记支票簿和付款日记账，以登记每一笔付款，已签发的支票连同有关发票、合同凭证应送交有关负责人审核签字，并将支票送交供应商。这一环节是付款活动的关键环节，应采用邮寄或其他方式以保证支票安全地送到供应商手中。

（7）会计记录。根据付款凭单、支票登记簿、付款日记账和有关记账凭证登记有关明细账和总账账簿。

15.1.2　采购与付款环节内部控制

采购与付款环节内部控制主要包括以下几个方面。

1. 职责分离控制

采购与付款环节中所遵循处理的主要业务有：确定生产和销售的需要，寻求能满足这些需要的供应商和最低的价格，向供应商发出采购订单，检验收到的货物，确定接受货物或向供应商退回货物，储存或使用货物，进行会计记录，核准付款等。在这些业务中，需要职责分离的如下。

（1）生产和销售部门对原料、物品和商品的需要必须由生产或销售部门提出，具体采购业务由采购部门完成。

（2）货物的采购入库人员不能同时负责货物的验收工作，以防止采购人员收受客户贿赂，购买伪劣材料影响企业利益。

（3）付款审批人和付款执行人不能同时办理寻求供应商和索价业务，付款的审批通常经过验货或验单后执行（预付款业务除外），以保证货物的价格、质量、规格等符合标准。

（4）货物的采购、储存保管人不能同时负责账务的记录工作，防止绕过验单，减少误记货物数量和金额的可能性。

（5）付款的审核应同付款的执行相分离。

（6）记录应付账款的人不能同时担任付款职务，如支票的签字和应付账款记账应相互独立，以保证按所欠卖方价款的真实金额按时签发支票。

2. 请购控制

采购申请一般由使用部门或仓储部门提出，不同企业可以有不同的请购制度，对不同的需要有不同的确定和提出请购的方法。

（1）原材料或零配件购进。一般首先由生产部门根据生产计划或即将签发的生产通知单提出请购单。材料保管人员接到请购单后应将材料保管卡上记录的库存数与生产部门需要的数量进行比较。当生产所需材料和仓储所需后备数量合计超过库存数量时，则应同意请购。

（2）临时性物品的购进。通常由使用者而无须经过仓储部门直接提出，由于这种需要很难列入计划之中，因此，使用者在请购单上一般要对采购需要做出描述，解释其目的和用途。请购单须由使用者的部门主管审批同意，并须经资金预算的责任人同意签字，采购部才能办理采购手续。

（3）经常性服务的采购。由同一服务机构或企业所提供的某些经常性服务项目，如公共事业、报纸杂志、保安等服务项目，请购手续通常是一次性的，即当使用者最初需要这些服务的时候，应提请请购单，由负责资金预算的部门进行审批。

（4）特殊服务项目的请购。确定如保险公司、广告商、会计师事务所及费用水平等是否合理，经批准后，这些特殊服务项目的采购才能进行。

3. 订货控制

无论何种需要的请购，采购部门在收到请购单后，最终发出订货请购单前，都应该明确订购多少、向谁订购、何时订购等问题。

（1）关于订购多少的问题，采购部门首先应审查每一份请购单的请购数量是否在控制限额的范围内，其次是检查使用物品和获得劳务的部门主管是否在请购单上签字同意。对于需要大量采购的原材料、零配件等，必须进行各种采购数量对成本的影响分析，其内容是将各种请购项目进行有效归类，然后利用经济批量法测算成本。

（2）关于向谁订购的问题，采购部门在正式填制采购订单前，必须向不同的供应商索取供应物品的价格、质量指标、折扣和付款条件以及交货时间等资料，比较不同供应商所提供的资料，选择最有利于企业生产和成本最低的供应商，然后与供应商签订合同。

（3）关于何时订购的问题，主要由存货管理部门运用经济批量法和分析最低存货点来解决。当请购单已提出，采购部门应及时填制采购订单，并对其进行控制，主要是预先对每份订单进行连续编号；在采购订单向供应商发出前，必须由专人检查该订单是否得到授权人的签字；由专人复查采购订单的编制过程和内容；采购订单的副本应递交给请购、保管与会计部门。

4. 验收控制

货物的验收应当由独立于请购、采购和会计部门的员工来承担，其控制责任是检验收到的货物的质量和数量。

（1）对于数量，验收部门在货运单上签字之前，应通过计数、过磅或测量等方法来证明货运单上所列数量。

（2）对于质量，验收部门应检验有无因运输损失而导致的货物缺陷。在货物质量检验对专业知识要求较高或者必须经过仪器、实验才能进行的情况下，收货部门应将部分样品送交专家和实验室以对其质量进行检验。

（3）每一项收到的货物必须在验收以后填制包括供应商名称、收货日期、货物名称，数量和质量以及运货人名称、原采购订单编号等内容的收货报告单，并将其及时报告请购、采购和会计部门。

5. 应付账款控制

任何应付账款上的不正确记录和不按时偿还，都会导致交易双方不必要的债务纠纷，对应付账款的控制如下。

（1）应付账款的记录必须由独立于请购、采购、验收、付款的员工来进行。

（2）应付账款的入账必须在取得和审核各种必要的凭证以后才能进行。

（3）对于有预付货款的交易，在收到供应商发票后，应按预付金额冲抵部分发票金额的差额来记录应付账款，必须分别设置应付账款的统取账户和明细账。

（4）对于享有折扣的交易，根据供应商发票金额减去折扣金额的净额登记应付账款。

（5）每月应将应付账款明细账与客户的对账单进行核对。

6. 付款控制

（1）支票准备。支票准备应独立于采购、付款确认和函证程序，所有付款都应有事前连续编号的支票，对已签发的支票应将其原始凭证加盖“已付款”印章，以避免重复付款，尽可能使用有安全保障的支票书写器或计算机生成的支票，对于空白支票应安全存放，作废的支票应立即注销等。

（2）支付。付款前，应复核供应商发票上的数量、价格和合计数以及折扣条件等，核对支票的金额，采购和付款应有各自独立的签名，对支票应采取函寄或其他安全方式送交。

（3）会计处理。会计部门应及时记录付款业务，定期核对总账的分类账以及日记账，注意未付账款，检查应付账款的明细账和有关文件，以防失去可能的现金折扣。

15.2 评估采购与付款环节的重大风险

在实施控制测试和实质性程序之前，注册会计师需要了解被审计单位采购与付款环节和相关账户余额的内部控制的设计、执行情况，评估采购与付款环节中的重大错报风险，并对被审计单位特殊的交易活动和可能影响财务报表真实性的事项保持职业怀疑态度。影响采购与付款环节和相关账户余额的重大错报风险可能包括以下方面。

（1）董事会、经理错报费用支出的偏好。被审计单位董事会、经理可能为了完成经营目标、满足业绩考核的要求、保证从外部获得资金、吸引潜在的投资者，或影响公司股价，往往会在财务报表中减少或增加费用支出、增加或减少当期利润，被审计单位董事会、经理常用的手段有：把应计入当年的费用支出资本化，利用费用支出平滑利润，利用关联方关系转移费用支出，通过复杂的税务安排推延或隐瞒税务费用支出等。

（2）费用支出确认的复杂性。不同性质的企业，采用的费用支出确认政策会有所不同。如制造企业的费用支出确认，就与金融企业、房地产开发企业的费用支出确认不同。同一企业的不同经营方式，费用支出确认也不一样。

（3）采用不正确的费用支出截止。将属于下一会计期间的费用支出有意或无意地计入本期，或者将属于本期的费用支出有意或无意地计入下一会计期间，都可能导致本期费用支出及相关账户余额的高估或低估。

（4）计量存货成本不正确。被审计单位董事会、经理层对存货的采购成本没有按照适当的计量属性确认，可能导致对存货成本和销售成本的核算不正确。

（5）发生舞弊的风险。因采购与付款环节与货币资金密切相关，所以很容易发生舞弊行为。例如，被审计单位的员工虚构采购交易，利用现金折扣从供货方取得退款，将私人费用计入采购费用，隐瞒真实情况，侵吞货币资金。

（6）发生各种错误的可能性。在采购与付款环节中，程序复杂，小环节很多，很容易发生各种各样的差错。任何差错的出现，都会导致费用支出的错报。

在评估采购与付款环节的重大错报风险时，注册会计师应当充分了解采购与付款环节中的控制活动，目的在于实施更有效的审计程序。也就是说，注册会计师必须对被审计单位采购与付款环节中的重大错报风险有一定的认识，在此基础上设计并实施进一步审计程序，才能应对采购与付款环节中的重大错报风险。

15.3　测试采购与付款环节的内部控制

测试采购与付款环节的内部控制是在了解与描述的基础上，对其在实际业务中的执行和实施情况及过程进行检查和观察，以确定制定的内部控制与实际执行的是否一致。注册会计师进行控制测试，应当结合业务控制环节进行。

（1）关于请购商品或劳务内部控制的测试。请购制度有助于对订货单和采购发票的控制，从而使控制测试的结果为进一步信赖该制度提供有力的证据。注册会计师应尤其关注对请购单的提出和核准的控制程序，对其进行控制测试时，应选择若干张请购单，检查摘要、数量及日期和相应文件的完整性，审核核准的证据手续是否完整、有无核准人签字等。

（2）关于订购商品或劳务内部控制的测试。订货单是经核准的采购业务的执行保证，注册会计师通常更注意对订货单的填制和处理的控制，关注订货单是否准确处理和全部有效。进行测试时，注册会计师应注意审查订货单的完整性，如编号、日期、摘要、数量、价格、规格、质量及运输要求等是否齐全，审查订货单是否附有请购单或其他授权文件。

（3）关于货物验收内部控制的测试。注册会计师应确定采购发票所载内容是否与验收单一致，验收部门是否独立行使职责，并编制正确的验收单，查询并观察验收部门在收货时对货物的检查情况，检查按编号顺序处理的验收单的完整性，即检查验收单的内容填写是否完整，查阅货物质量检验单的内容和处理程序。

（4）关于应付账款内部控制的测试。注册会计师应检查采购业务的原始凭证，包括每一张记录负债增加的记账凭证是否均附有订货单、验收单、采购发票，审核这些原始凭证的数量、单价、金额是否一致，原始凭证上的各项手续是否齐全。注册会计师应注意现金折扣的处理是否由经授权的经办人按规定处理，可通过抽查部分采购发票实现，注意有关人员是否在现金折扣期限内按原发票价格支付货款，然后从供货方取得退款支票或现金，有无丧失本应获得的折扣的问题。注册会计师还应根据付款凭证记录的内容，分别追查应付账款和存货明细账与总账是否进行平行登记，金额是否一致。

（5）关于付款业务内部控制的测试。注册会计师可通过查询、观察、检查以及重复执行内部控制等措施对资金支出进行测试，其步骤与方法是：检查支票样本，审核付款是否经过批准、支票是否与应付凭单一致、付款后是否注销凭单、支票是否由经过授权批准的人员签发；检查支票登记簿的编号次序，与相应的应付账款明细账以及银行存款日记账核对，审查其金额是否一致；观察编制凭证与签发支票、签发支票与保管支票的职责分配是否符合内部控制原则；检查付款支票样本，确定资金支付是否完整地记录在适当的会计期间。

对采购与付款内部控制进行评价，是为了在对采购与付款业务进行实质性测试前对采购与付款内部控制确定可依赖程度。注册会计师在评价时，应注意分析采购与付款业务可能发生哪些潜在的错报，哪些控制可以防止或者发现并更正这些错报。通过比较必要的控制和现有控制，评价审计计划依赖的采购与付款业务内部控制的有效性。

15.4　采购与付款环节的实质性程序

15.4.1　应付账款的实质性程序

应付账款是企业在正常经营过程中，因购买材料、商品或接受劳务供应等经营活动而应付给供应单位的款项。可以看出，应付账款业务是随着企业赊购交易的发生而发生的，注册会计师应结合赊购交易进行对应付账款的审计。

1. 应付账款的审计目标

应付账款的审计目标一般包括：确定资产负债表中记录的应付账款是否存在；确定所有应当记录的应付账款是否均已记录；确定资产负债表中记录的应付账款是否为被审计单位应履行的现时义务；确定应付账款是否以恰当的金额包括在财务报表中，与之相关的计价调整是否已恰当记录；确定应付账款是否已按照企业会计准则的规定在财务报表中做出恰当的列报。

2. 应付账款的实质性测试

（1）获取或编制应付账款明细表，复核加计是否正确，并与报表数、总账数和明细账合计数核对是否相符。

（2）根据被审计单位实际情况，选择以下方法对应付账款进行分析。

①对本期期末应付账款余额与上期期末余额进行比较，分析其波动原因。

②分析长期挂账的应付账款，要求被审计单位做出解释，判断被审计单位是否缺乏偿债能力或利用应付账款隐瞒利润。

③计算应付账款对存货的比率、应付账款对负债的比率，并与以前期间对比分析，评价应付账款整体的合理性。

④根据存货、营业成本的增减变动幅度，判断应付账款增减变动的合理性。

（3）函证应付账款。一般情况下，应付账款不需要函证，因为函证不能保证查出未记录的应付账款，况且注册会计师能够通过取得购货发票等外部凭证来证实应付账款的余额。但如果控制风险较高，某些应付账款明细账户金额较大或被审计单位处于财务困难阶段，则应进行应付账款的函证。

（4）查找未入账的应付账款。为了防止企业低估负债，注册会计师应检查被审计单位有无故意漏记应付账款的行为。注册会计师应检查被审计单位在资产负债表日后处理的不相符的购货发票（如抬头不符，与合同某项规定不符等）及有材料入库凭证但未收到购货发票的经济业务；检查资产负债表日后应付账款明细账贷方发生额的相应凭证，确认其入账时间是否正确。检查时，注册会计师还可以通过询问被审计单位的会计和采购人员，查阅资本预算、工作通知单和基建合同来进行。

注册会计师如果通过这些审计程序发现某些未入账的应付账款，应将有关情况详细记入审计工作底稿，然后根据其重要性确定是否需要建议被审计单位做相应的调整。

（5）检查应付账款是否存在借方余额。如有，应查明原因，必要时建议被审计单位做重分类调整。

（6）结合预付账款的明细余额，查明是否有应付账款和预付账款同时挂账的项目，结合其他应付款的明细余额，查明有无不属于应付账款的其他应付款。

（7）检查应付账款长期挂账的原因，并做好记录，注意其是否可能发生呆账收益。

（8）查明应付账款在资产负债表中的披露是否恰当。一般来说，“应付账款”项目应根据“应付账款”科目和“预付账款”科目所属明细科目的期末贷方余额的合计数填列。

15.4.2 除折旧 / 摊销、人工费用以外的一般费用的实质性程序

折旧 / 摊销和人工费用一般涵盖在固定资产循环和人力资源与职工薪酬循环中，此处提及的是除这些以外的一般费用。

1. 一般费用的审计目标

一般费用的审计目标一般包括：确定利润表中记录的一般费用是否确实发生；确定所有应当记录的费用是否均已记录；确定一般费用是否以恰当的金额包括在财务报表中；确定费用是否已计入恰当的会计期间。

2. 一般费用的实质性程序

（1）获取一般费用明细表，复核其加计数是否正确，并与总账和明细账合计数核对是否正确。

（2）实质性分析程序。

①考虑可获取信息的来源、可比性、性质和相关性以及与信息编制相关的控制，评价在对记录的金额或比率做出预期时使用数据的可靠性。

②将费用细化到适当层次，根据关键因素和相互关系（例如本期预算、费用类别与销售数量、职工人数的变化之间的关系等）设定预期值，评价预期值是否足够精确以识别重大错报。

③确定已记录金额与预期值之间可接受的、无须做进一步调查的可接受的差异额。

④将已记录金额与预期值进行比较，识别需要进一步调查的差异。

⑤调查差异，询问管理层，针对管理层的答复获取适当的审计证据；根据具体情况在必要时实施其他审计程序。

（3）从资产负债表日后的银行对账单或付款凭证中选取项目进行测试，检查支持性文件（如合同或发票），关注发票日期和支付日期，追踪已选取项目至相关费用明细表，检查费用所计入的会计期间，评价费用是否被记录于正确的会计期间。

（4）对本期发生的费用选取样本，检查其支持性文件，确定原始凭证是否齐全，记账凭证与原始凭证是否相符以及账务处理是否正确。

（5）抽取资产负债表日前后的凭证，实施截止测试，评价费用是否被记录于正确的会计期间。

（6）检查一般费用是否已按照企业会计准则及其他相关规定在财务报表中做出恰当列报和披露。

15.5 A 公司采购与付款环节审计案例

1. 案例介绍

M和N注册会计师于2007年12月10日至13日对A公司采购与付款环节的内部控制进行了解和测试，并在相关审计工作底稿中记录了了解和测试的事项，具体事项摘录如下。

（1）A公司的材料采购需要经授权批准后方可进行。采购部根据经批准的请购单发出订购单。货物运达后，验收部根据订购单的要求验收货物，并编制一式多联的未连续编号的验收单。仓库根据验收单验收货物，在验收单上签字后，将货物移入仓库加以保管。验收单上有数量、品名、单价等要素。验收单一联交采购部登记采购明细账和编制付款凭单，付款凭单经批准后，月末交会计部；一联于月末交会计部登记材料明细账（登账不及时）；一联由仓库保留并登记材料明细账。会计部根据只附验收单的付款凭单登记有关账簿。

（2）会计部审核付款凭单后，支付采购款项。A公司授权会计部的经理签署支票，经理将其授权给会计人员丁负责，但保留了支票印章。丁根据已适当批准的凭单，在确定支票受款人名称与凭单内容一致后签署支票，并在凭单上加盖“已支付”的印章。对付款控制程序的测试表明，注册会计师M和N未发现与公司规定有不一致之处。（填制与审核不应由一人负责。）

2. 案例分析

通过对上述审计案例进行分析，发现以下不合理事项并提出相应建议。

（1）验收单未连续编号，不能保证所有的采购都已记录或不被重复记录。应建议A公司对验收单进行连续编号。

（2）付款凭单未附订购单及供应商的发票等，会计部无法核对采购事项是否真实，登记有关账簿时金额或数量可能会出现差错。应建议A公司将订购单和发票等与付款凭单一起交会计部。

（3）会计部月末审核付款凭单后才付款，未能及时将材料采购和债务登账并按约定时间付款。应建议A公司采购部及时将付款凭单交会计部，按约定时间付款。

第 16 章 生产与存货环节的审计

16.1 生产与存货环节相关业务活动及内部控制

16.1.1 生产与存货环节相关业务活动

对于一般制造型企业而言，生产和存货通常是重大的业务环节，注册会计师需要在审计计划阶段了解该环节涉及的业务活动及相关的内部控制。注册会计师通常通过实施下列程序，了解生产和存货环节的业务活动和相关内部控制。

（1）询问参与生产和存货环节各业务活动的被审计单位人员，一般包括生产部门、仓储部门、人事部门和财务部门的员工和管理人员。

（2）获取并阅读被审计单位的相关业务流程图或内部控制手册等资料。

（3）观察生产和存货环节中特定控制的运用，例如观察生产部门将完工产品移送入库的流程及相关控制活动。

（4）检查文件资料，例如检查原材料领料单，成本计算表、产成品出入库单等。

（5）实施穿行测试，即追踪一笔交易在财务报告信息系统中的处理过程。例如，选取某种产成品，追踪该产品制定生产计划、领料生产、成本核算、完工入库的整个过程。

下面以一般制造型企业为例简要地介绍生产和存货环节通常涉及的主要业务

活动及相关的内部控制。

生产与存货环节涉及的主要业务活动包括：计划和安排生产；发出原材料；生产产品；核算产品成本；产成品入库及储存；发出产成品；存货盘点；计提存货跌价准备等。上述业务活动通常涉及生产计划部门、仓储部门、生产部门、人事部门、销售部门、会计部门等。

（1）计划和安排生产。生产计划部门的职责是根据客户订购单或者销售部门对销售预测和产品需求的分析来决定生产授权。如决定授权生产，即签发预先按顺序编号的生产通知单。该部门通常应将发出的所有生产通知单按顺序编号并加以记录控制。此外，该部门通常还需编制一份材料需求报告，列示所需要的材料和零件及其库存。

（2）发出原材料。仓储部门的责任是根据从生产部门收到的领料单发出原材料。领料单上必须列示所需的材料数量和种类，以及领料部门的名称。领料单可以一料一单，也可以多料一单，通常需一式三联。仓库管理人员发料并签署后，将其中一联领料单连同材料交给领料部门（生产部门存根联），一联留在仓库登记材料明细账（仓库联），一联交会计部门进行材料收发核算和成本核算（财务联）。

（3）生产产品。生产部门在收到生产通知单及领取原材料后，便将生产任务分解到每一个生产工人，并将所领取的原材料交给生产工人，据以执行生产任务。生产工人在完成生产任务后，将完成的产品交生产部门统计人员查点，然后转交检验员验收并办理入库手续；或是将所完成的半成品移交下一个环节，做进一步加工。

（4）核算产品成本。为了正确核算并有效控制产品成本，必须建立健全成本会计制度，将生产控制和成本核算有机结合在一起。一方面，生产过程中的各种记录、生产通知单、领料单、计工单、产量统计记录表、生产统计报告、入库单等文件资料都要汇集到会计部门，由会计部门进行检查和核对，了解和控制生产过程中存货的实物流转；另一方面，会计部门要设置相应的会计账户，会同有关部门对生产过程中的成本进行核算和控制。由于核算精细程度的不同，成本会计制度可以非常粗略，只是在期末记录存货余额；也可以是完善的，持续地记录所有材料处理、在产品和产成品，并形成对成本差异的分析报告。完善的成本会计制度应该提供原材料转为在产品，在产品转为产成品，以及按成本中心、分批次生产任务通知单或生产周期所消耗的材料、人工和间接费用的分配与归集的详细资料。

（5）产成品入库及储存。产成品入库，须由仓储部门先行点验和检查，然后签收。签收后，仓储部门将实际入库数量通知会计部门。据此，仓储部门确立了本身应承担的保管责任，并对验收部门的工作进行验证。除此之外，仓储部门还应根据产成品的品质特征分类存放，并填制标签。

（6）发出产成品。产成品的发出须由独立的发运部门进行。装运产成品时必须持有经有关部门核准的发运通知单，并据此编制出库单。出库单一般为一式四联：一联交仓储部门；一联由发运部门留存；一联送交客户；一联作为开具发票的依据。

（7）存货盘点。管理人员编制盘点指令，安排适当人员对存货实物（包括原材料、在产品和产成品等所有存货类别）进行定期盘点，将盘点结果与存货账面数量进行核对，调查差异并进行适当调整。

（8）计提存货跌价准备。会计部门根据存货货龄分析表或相关部门提供的有关存货状况的其他信息，结合存货盘点过程中对存货状况的检查结果，对出现损毁、滞销、跌价等降低存货价值的情况进行分析计算，计提存货跌价准备。

16.1.2　生产与存货环节的内部控制

对于上述八个业务活动中可能存在的内部控制举例说明如下。

（1）对于计划和安排生产这项主要业务活动，有些被审计单位的内部控制要求，根据经审批的月度生产计划书，由生产计划经理签发预先按顺序编号的生产通知单。

（2）对于发出原材料这项主要业务活动，有些被审计单位的内部控制要求如下。

①仓库管理员应把领料单编号、领用数量、规格等信息输入计算机系统，经仓储经理复核并以电子签名方式确认后，系统自动更新材料明细台账。

②原材料仓库分别于每月、每季和年度终了，对原材料存货进行盘点，会计部门对盘点结果进行复盘。仓库管理员编写原材料盘点明细表，发现差异及时处理，经仓储经理、财务经理和生产经理复核后调整入账。

（3）对于生产产品和核算产品成本这两项主要业务活动，有些被审计单位的内部控制要求如下。

①生产成本记账员应根据原材料出库单，编制原材料领用凭证，与计算机系统自动生成的生产记录日报表核对材料耗用和流转信息；由会计主管审核无误后，生成记账凭证并过账至生产成本及原材料明细账和总分类账。

②生产部门记录生产各环节所耗用工时数，包括人工工时数和机器工时数，并将工时信息输入生产记录日报表。

③每月末，由生产车间与仓库核对原材料、半成品、产成品的转出和转入记录，如有差异，仓库管理员应编制差异分析报告，经仓储经理和生产经理签字确认后交会计部门进行调整。

④每月末，由计算机系统对生产成本中各项组成部分进行归集，按照预设的分摊公式和方法，自动将当月发生的生产成本在完工产品和在产品之间按比例分配；同时，将完工产品成本在各不同产品类别之间分配，由此生成产品成本计算表和生产成本分配表；由生产成本记账员编制生产成本结转凭证，经会计主管审核批准后进行账务处理。

（4）对于储存产成品和发出产成品这两项主要业务活动，有些被审计单位内部控制要求如下。

①产成品入库时，质量检验员应检查并签发预先按顺序编号的产成品验收单，由生产小组将产成品送交仓库，仓库管理员应检查产成品验收单，并清点产成品数量，填写预先按顺序编号的产成品入库单，经质检经理、生产经理和仓储经理签字确认后，由仓库管理员将产成品入库单信息输入计算机系统，经仓储经理复核并以电子签名方式确认后，计算机系统自动更新产成品明细台账并与采购订购单编号核对。

②产成品出库时，由仓库管理员填写预先按顺序编号的出库单，并将产成品出库单信息输入计算机系统，经仓储经理复核并以电子签名方式确认后，计算机系统自动更新产成品明细台账并与发运通知单编号核对。

③产成品装运发出前，由运输经理独立检查出库单、销售订购单和发运通知单，确认从仓库提取的商品附有经批准的销售订购单，并且，所提取商品的内容与销售订购单一致。

④每月末，生产成本记账员根据计算机系统内状态为“已处理”的订购单数量，编制销售成本结转凭证，结转相应的销售成本，经会计主管审核批准后进行账务处理。

⑤产成品仓库分别于每月、每季和每年终了，对产成品存货进行盘点，由会计部门对盘点结果进行复盘。仓库管理员应编写产成品存货盘点明细表，发现差异及时处理，经仓储经理、财务经理和生产经理复核后调整入账。

（5）对于存货盘点这项业务活动，有些被审计单位的内部控制要求如下。

①生产部门和仓储部门在盘点日前对所有存货进行清理和归整，以便于盘点顺利进行。

②每一组盘点人员中应包括仓储部门以外的其他部门人员，即不能由负责保管存货的人员单独负责盘点存货；安排不同的工作人员分别进行初盘和复盘。

③盘点表和盘点标签应事先连续编号，发放给盘点人员时登记领用人员；盘点结束后回收并清点所有已使用和未使用的盘点表和盘点标签。

④为防止存货被遗漏或重复盘点，所有盘点过的存货贴盘点标签，注明存货品名、数量和盘点人员，完成盘点时检查现场，确认所有存货均已贴上盘点标签。

⑤将不属于被审计单位的代其他方保管的存货单独堆放并标识；将盘点期间需要领用的原材料或出库的产成品分开堆放并标识。

⑥汇总盘点结果，与存货账面数量进行比较，调查分析差异原因，并对认定的盘盈和盘亏提出账务调整建议，经仓储经理、生产经理、财务经理和总经理复核批准后入账。

（6）对于计提存货跌价准备这项业务活动，有些被审计单位的内部控制要求如下。

①定期编制存货货龄分析表，管理人员复核该分析表，确定是否有必要对滞销存货计提存货跌价准备，并计算存货可变现净值，据此计提存货跌价准备。

②生产部门和仓储部门每月上报残次存货明细情况，采购部门和销售部门每月上报原材料和产成品最新价格信息，财务部门据此分析存货跌价风险并计提跌价准备，经财务经理和总经理复核批准后入账。

16.2 评估生产与存货环节的重大风险

以一般制造型企业为例，影响生产与存货交易和余额的重大错报风险可能包括以下方面。

（1）交易的数量和复杂性。制造型企业交易的数量庞大，业务复杂，这就增加了错误和舞弊的风险。

（2）成本基础的复杂性。制造型企业的成本基础是复杂的。虽然原材料和直接人工等直接费用的分配比较简单，但间接费用的分配就可能较为复杂，并且，同一行业中的不同企业也可能采用不同的认定和计量基础。

（3）产品的多元化。这可能要求聘请专家来验证产品质量、状况或价值。另外，计算库存存货数量的方法也可能是不同的。例如，计量煤堆、筒仓里的谷物或糖、钻石或者其他贵重的宝石、化工品和药剂产品的存储量的方法都可能不一样。这并不是要求注册会计师每次清点存货都需要专家配合，如果存货容易辨认、存货数量容易清点，就无须专家帮助。

（4）某些存货项目的可变现净值难以确定。例如价格受全球经济供求关系影响的存货，其可变现净值难以确定，会影响存货采购价格和销售价格的确定，并将影响注册会计师对与存货计价和分摊认定有关的风险进行的评估。

（5）将存货存放在很多地点。大型制造企业可能将存货存放在很多地点，并且可以在不同的地点之间配送存货，这将增加存货途中毁损或遗失的风险，或者导致存货在两个地点被重复列示，也可能产生转移定价的错误或舞弊。

（6）寄存的存货。有时候存货虽然还存放在企业，但可能已经不归企业所有了。同时，企业的存货也可能被寄存在其他企业。

由于存货与企业各项经营活动的联系紧密，存货的重大错报风险往往与财务报表其他项目的重大错报风险紧密相关。例如，收入确认的重大错报风险往往与存货的重大错报风险共存，采购交易的错报风险与存货的错报风险共存，存货成本核算的错报风险与营业成本的错报风险共存，等等。

综上所述，一般制造型企业的存货的重大错报风险通常包括以下方面。

（1）存货实物可能不存在。

（2）属于被审计单位的存货可能未在账面反映。

（3）存货的所有权可能不属于被审计单位。

（4）存货的单位成本可能存在计算错误。

（5）存货的账面价值可能无法实现，即存货跌价准备的计提可能不充分。

16.3　生产与存货环节的内部控制测试

总体上看，生产与存货环节的内部控制主要包括存货数量的内部控制和存货单价的内部控制两方面。由于生产与存货环节与其他业务环节的联系紧密，生产与存货环节中某些审计程序，特别是对存货余额的审计程序，与其他相关业务环节的审计程序同时进行将更为有效。例如，原材料的采购和记录是作为采购与付款环节的一部分进行测试的，人工成本（包括直接人工成本和制造费用中的人工费用）是作为工薪环节的一部分进行测试的。因此，在对生产与存货环节的内部控制实施测试时，要考虑其他业务环节的内部控制测试是否与本环节相关，避免重复测试。

风险评估和风险应对是整个审计过程的核心，因此，注册会计师通常以识别的重大错报风险为起点，选取拟测试的内部控制并实施内部控制测试。表 16-1 列示了通常情况下注册会计师对生产和存货环节实施的内部控制测试。

表 16-1 生产与存货环节的风险、存在的内部控制及内部控制测试程序

可能发生错报的环节	相关财务报表项目及认定	存在的内部控制（自动）	存在的内部控制（人工）	内部控制测试程序
发出原材料				
原材料的发出可能未经授权	营业成本：存在		所有领料单由生产主管审核签字批准，仓库保管员凭经批准的领料单发出原材料	选取领料单，了解生产主管如何执行相关审核，检查是否有生产主管的签字授权
发出的原材料可能未正确计入相应产品的生产成本	存货：准确性、计价和分摊 营业成本：准确性	将领料单录入系统时必须输入对应的生产任务单编号和产品代码，每月末系统自动归集生成材料成本明细表	生产成本每月末将其生产任务单及相关领料单存根联与材料成本明细表进行核对，调整差异并处理	检查生产主管对材料明细表的记录，并询问其核对过程及结果
记录人工成本				
生产工人的人工成本可能未得到准确反映	生产成本：准确性	所有员工有专属员工代码和部门代码，员工的考勤记录记入相应员工代码	人事部每月编制工薪费用分配表，按员工所属部门将工薪费用分配至生产成本、制造费用、管理费用和销售费用，经财务经理复核后入账	检查系统中员工的部门代码设置是否与实际职责相符。询问并检查财务经理复核工资费用分配表的过程和记录
记录制造费用				
发生的制造费用可能没得到完整归集	制造费用：完整性	系统根据输入的成本和费用代码自动识别制造费用并进行归集	成本会计每月复核系统生成的制造费用明细表并调整异常波动。必要时由财务经理批准进行调整	检查系统的自动归集设置是否符合有关成本和费用的设置，是否合理。 询问并检查成本会计复核制造费用的明细表的过程和记录，检查财务经理对调整制造费用的分录的批准记录

续表

可能发生错报的环节	相关财务报表项目及认定	存在的内部控制（自动）	存在的内部控制（人工）	内部控制测试程序
计算产品成本				
生产费用和制造费用在不同的产品之间、在产品和产成品之间的分配可能不正确	存货：计价和分摊 营业成本：准确性		成本会计执行产品成本核算，财务经理每月末审核产品成本表及相关资料，并调查异常项目	询问财务经理如何执行复核及调查。选取产品成本计算表及相关资料，检查财务经理的复核记录
产成品入库				
已完工产品的生产成本可能没有转移到产成品中	存货：计价和分摊	系统根据当月输入的产成品入库和出库单信息自动生成产成品收（入库）发（出库）存（余额）报表	成本会计将产成品收发存报表中的产品入库数量与当月成本计算表中结转的产成品成本对应的数量进行核对	询问和检查成本会计将产成品收发存报表与成本计算表核对的过程和记录
发出产成品				
销售发出产成品的成本可能没有准确计入营业成本	存货：计价和分摊 营业成本：准确性	系统根据确认的营业收入所对应的售出产品自动结转营业成本	财务经理和总经理每月对毛利率进行比较分析，对异常波动进行调查和处理	检查系统设置的自动结转功能是否正常运行，成本结转方式是否符合成本核算政策。 询问和检查财务经理和总经理进行毛利率分析的过程和记录，并对异常波动的调查和处理结果进行核实

续表

可能发生错报的环节	相关财务报表项目及认定	存在的内部控制（自动）	存在的内部控制（人工）	内部控制测试程序
存货盘点				
存货可能被盗或因材料领用/产品销售未入账而出现账实不符	存货：存在		仓库保管员每月末盘点存货并与仓库台账核对并调节一致；成本会计监督其盘点与核对，并抽查部分存货进行复盘。 每年末盘点所有存货，并根据盘点结果分析盘盈或盘亏并进行账面调整	
计提存货跌价准备				
可能存在残次的存货，影响存货的价值	存货：计价和分摊 资产减值损失：完整性	系统根据存货入库日期自动统计货龄，每月末生成存货货龄分析表	财务部根据系统生成的存货货龄分析表，结合生产和仓储部门上报的存货损毁情况及存货盘点中对存货状况的检查结果，计提存货跌价准备，报总经理审核批准后入账	询问财务经理识别减值风险并确定减值准备的过程，检查总经理的复核批准记录

在上述内部控制测试中，如果人工控制在执行时依赖于信息系统生成的报告，注册会计师还应当针对系统生成报告的准确性执行测试，例如与计提存货跌价准备相关的管理层控制中使用了系统生成的存货货龄分析表，其准确性影响管理层控制的有效性，因此，注册会计师需要同时测试存货的货龄分析表的准确性。

有些被审计单位采用信息系统执行全程自动化成本核算。在这种情况下，注册会计师通常需要对信息系统中的成本核算流程和参数设置进行了解和测试（可能需要利用信息技术专家的工作），并测试相关信息系统一般控制的运行有效性。

需要说明的是，表 16-1 列示的是生产与存货环节一些较为常见的内部控制和相应的控制测试程序，目的在于帮助注册会计师根据具体情况设计能够实现审计目标的控制测试。该表既未包含生产与存货环节所有的内部控制和控制测试，也并不意味着注册会计师必须按此执行。一方面，被审计单位所处行业不同、规模不一、内部控制制度的设计和执行方式不同，以前期间接受审计的情况也各不相同；另一方面，受审计时间、审计成本的限制，注册会计师除了确保审计质量、审计效果外，还需要提高审计效率，尽可能地避免重复的测试程序，保证检查某一凭证时能够一次完成对该凭证的全部审计测试程序，并按最有效的顺序实施审计测试。因此，在审计实务工作中，注册会计师需要从实际出发，设计适合被审计单位具体情况的实用高效的控制测试计划。

16.4　生产与存货环节的实质性程序

在完成控制测试之后，注册会计师基于控制测试的结果（即控制运行是否有效），确定从控制测试中已获得的审计证据及其保证程度，确定是否需要对具体审计计划中设计的实质性程序的性质、时间安排和范围做出适当调整。例如，如果控制测试的结果表明内部控制未能有效运行，注册会计师需要从实质性程序中获取更多的相关审计证据，注册会计师可以修改实质性程序的性质，如采用细节测试而非实质性分析程序、获取更多的外部证据等，或修改实质性审计程序的范围，如扩大样本规模。

在实务中，注册会计师通过审计计划阶段执行的风险评估程序，已经确定了与已识别重大错报风险相关的认定。在下面的介绍中，我们从风险对应的具体审计目标和相关认定的角度出发，对实务中较为常见的针对存货和营业成本的实质性程序进行阐述。这些程序可以从一个或多个认定方面应对识别的重大错报风险。

16.4.1 存货的审计目标

存货审计，尤其是对年末存货余额的测试，通常是审计中最复杂也最费时的部分。对存货存在和存货价值的评估常常十分困难。存货审计复杂的主要原因包括以下方面。

（1）存货通常是资产负债表中的一个主要项目，而其通常是构成营运资本的最大项目。

（2）存货存放于不同的地点，这使得对它的实物控制和盘点都很困难。企业必须将存货放于便于产品生产和销售的地方，但是这种分散也给审计带来了困难。

（3）存货项目的多样性也给审计带来了困难，例如，化学制品、宝石、电子元件以及其他的高科技产品。

（4）存货本身的状况以及存货成本的分配也使得存货的估价存在困难。

（5）不同企业采用的存货计价方法存在多样性。

正是由于存货对企业的重要性、存货问题的复杂性以及存货与其他项目密切的关联度，因此注册会计师应当对存货项目的审计予以特别的关注。相应地，实施存货项目审计的注册会计师应具备较高的专业素质和较多的相关业务知识，分配较多的审计工时，运用多种有针对性的审计程序。

存货审计涉及数量和单价两个方面。针对存货数量的实质性程序主要是存货监盘，此外，还包括对第三方保管的存货实施函证等程序，对在途存货检查相关凭证和期后入库记录等。针对存货单价的实质性程序包括对购买和生产成本的审计程序和对存货可变现净值的审计程序。其中对原材料成本的计量较为简单，通常通过对采购成本的审计进行测试；对在产品和产成品的成本进行计量较为复杂，包括测试原材料成本、人工成本和制造费用的归集和分摊。

审计存货的另一个考虑就是其与采购、销售收入及销售成本间的相互关系，因为就存货认定取得的证据也同时为其对应项目的认定提供了依据。例如，通过存货监盘和对已收存货的截止测试取得的，与外购商品或原材料存货的完整性和存在认定相关的证据，自动为同一期间原材料和商品采购的完整性和发生提供了保证。类似地，销售收入的截止测试也为期末之前的销售成本已经从期末存货中扣除并正确计入销售成本提供了依据。

存货的审计目标一般包括实施审计程序以证实：

（1）账面存货余额对应的实物是否真实存在；

（2）属于被审计单位的存货是否都已入账；

（3）存货是否属于被审计单位；

（4）存货单位成本的计量是否准确；

（5）存货的账面价值是否可以实现。

16.4.2　存货监盘

注册会计师对存货监盘是存货审计必不可少的一项审计程序。为了达到比较好的效果，存货监盘应做好盘点前的计划工作、盘点过程的监督工作以及盘点工作结束后的记录工作。

1. 制定计划前应考虑的问题

存货监盘不同于对货币资金的突击盘点，有效的存货监盘工作必须建立在事前周密计划的基础上，注册会计师应参与被审计单位存货盘点的事前规划，或向被审计单位索取存货盘点计划。具体来说，注册会计师应考虑监盘时间、监盘的样本量、项目选取等问题。

一般地，监盘时间以会计期末以前为优，如果被审计单位的盘点在会计期末以后进行，注册会计师就必须编制从盘点日到期末的存货余额调节表，应尽量使盘点时间靠近会计期末。

在考虑选取多大样本量进行盘点时，应考虑有关实地盘点、永续记录的可靠性、存货的总金额及种类、不同的重要存货的存放位置及其数量，以及以前年度发现的误差性质及其内部控制等。

项目选取则应将重要项目或典型存货项目作为对象，同时对可能过时或损坏的项目要仔细查询，并与被审计单位管理人员就疑虑问题交换意见。

2. 进行盘点的准备工作

首先，确定盘点顺序，因为被审计单位的财产物资品种繁多、存放地点分散，同步实施盘点既无可能也无必要，所以分次盘点是必然的，但分次盘点有先后之分，后盘点的地方等同于预告盘点。为防止被审计单位弄虚作假，首先有必要对盘点物资实行封存，采取贴封条、上锁、请人看守、请人代为保管等方式；其次，注册会计师了解有关财产物资的内部控制和管理制度，对被审计单位有关人员对各项制度的遵循情况进行评价，发现存在的薄弱环节，明确盘点的重点；再次，做好盘点的人员准备、盘点是被审计单位的大事，各级领导、有关人员都应参加，通过召开盘点预备会议，将盘点计划或指令贯彻到每一个参与人员；最后，通知被盘点部门，并要求其将有关物资盘点日的账面数列出，将已经发现的错误数删除，并做好盘点的器具和表格文具的准备，对特殊物资的盘点还需要准备特殊的器具，如对贵重金属的盘点需要准备衡器等。

3. 实施盘点

注册会计师进入现场后，应查看被盘点部门和有关人员是否进入状态，有关手续是否已办理完毕。在监督盘点下，注册会计师不能离开盘点现场，同时应把握盘点的进度，对有关人员所实施的盘点清查要实行全过程监控，不能只看结果而不观察其过程。对重要的盘点环节还要细看，必要时可要求放慢速度或重复操作，演示盘点过程或者要求解释盘点的结果，也可以对有关盘点进行复核和清点。要防止有关人员趁注册会计师不注意时串换物资、搞“调包”。如果发现此类情况，注册会计师应提出严肃批评，严重时应改为注册会计师实施直接盘点。在盘点过程中，注册会计师要严格记录程序，特别是对盘点出现的结果要如实记录在案，执行有关手续，填写有关表格，写明盘点的实际数额，并签字为证。

4. 进行抽点

被审计单位盘点人员盘点后，注册会计师应根据观察的情况，在盘点标签尚未取下之前，进行复盘抽点。抽点的样本一般不得低于存货总量的 10%。在比较盘点结果与清点单上的记录时，不仅要核对数量，还应该核对存货的编号、品种、规格及产品品质等。在抽点在产品时，还应扩大抽点范围。如发现差错过大，则应要求被审计单位重新盘点。抽点结束后，应将全部盘点标签或盘点清单按编号顺序归总并据以登记盘点表。归总时，注册会计师应注意盘点标签或盘点清单编号的连续性，以免出现缺号、重号现象。所有的盘点标签、盘点清单均应由被审计单位参与人员和监盘注册会计师签名，并复印两份，被审计单位与会计师事务所各留一份。同时，注册会计师还应向被审计单位索取存货盘点前的最后一张验收报告单（或入库单）、最后一张货运文件（或出库单），以便审计时做截止测试。

5. 总结盘点结果

在盘点表格的手续办理完毕之后，还应将盘点的结果与有关账簿记录进行核对，确定是否账实相符。账实不符的原因有多种，有的属于在物资材料收发过程中正常的、小额的短少，即为正常的盘盈或盘亏；但若超过正常范围，注册会计师不能轻易下结论，而要结合其他审计环节，进行进一步的调查研究。最初的调查是询问被审计单位有关人员，让其解释账实不符的原因并查找理由，如果能做出令人信服的说明，注册会计师即可消除疑虑，可不做进一步追查；如果不能自圆其说，说明问题仍然存在，注册会计师则应做跟踪检查，直至得到满意的结论。

6. 其他应注意的事项

在观察盘点和抽点的过程中，注册会计师还应检查有无代人保存和来料加工的存货，有无未做账务处理而置于（或寄存）他处的存货，这些存货是否正确列示于盘点表中，同时，注册会计师还应注意观察存货的残次冷背情况，确定其对损益的影响。被审计单位存放或寄销在外地的存货也应纳入盘点的范围，但盘点的方法上，可委托当地会计师事务所负责监盘抽点或本所注册会计师亲自前往监盘，若存货量不大，也可以向寄存寄销单位函证或采用其他替代程序予以确认。

16.4.3　存货计价审计和截止测试

1. 存货计价审计

监盘程序只能对存货的结存数量予以确认。为验证财务报表上存货余额的真实性，必须对存货的计价进行审计。

（1）样本的选择。计价审计的样本，应从存货数量已经盘点、单价和总金额已经记入存货汇总表的结存存货中选择。选择样本时应着重选择结存余额较大且价格变化比较频繁的存货，同时考虑所选样本的代表性。抽样方法一般采用分层抽样法，抽样规模应足以推断总体的情况。

（2）计价方法的确认。存货的计价方法多种多样，被审计单位可结合国家法规要求选择符合自身特点的方法。注册会计师除应了解、掌握被审计单位的存货计价方法外，还应对这种计价方法的合理性与一贯性予以关注，没有足够理由，计价方法在同一会计年度内不得变动。

（3）计价审计。进行计价审计时，注册会计师首先应对存货价格的组成内容予以审核，然后按照了解的计价方法对所选择的存货样本进行计价审计。审计时，应排除被审计单位已有计算程序和结果的影响，进行独立审计。审计结果出来后，应与被审计单位账面记录对比，编制对比分析表，分析形成差异的原因。如果差异过大，应扩大范围继续审计，并根据审计结果给出审计调整建议。

2. 存货截止测试

所谓存货截止测试，就是检查截至 12 月 31 日，所购入并已包括在存货盘点范围内的存货。存货正确截止的关键在于存货实物纳入盘点范围的时间与存货引起的借贷双方会计科目的入账时间都处于同一会计期间。如果当年 12 月 31 日购入货物，并已包括在当年 12 月 31 日的实物盘点范围内，而购货发票于次年 1 月 2 日才收到，并已记入次年 1 月账内，当年 12 月账上并无进货和对应的负债记录，这就少计了存货和应付账款；相反，如果在当年 12 月 31 日就收到一张购货发票，并记入当年 12 月账内，而这张发票所对应的存货实物却在次年 1 月 2 日才收到，未包括在当年年底的盘点范围内，这样就有可能减少本年的利润。

按照存货正确截止的基本要求，若未将年终在途货物列入当年存货盘点范围内，只要相应的负债亦同时记入次年账内，对财务报表的影响就不重要。

存货截止审计的主要方法是抽查存货盘点日期前后的购货发票与验收报告（或入库单），档案中的每张发票均附有验收报告（或入库单）。12 月底入账的发票如果附有 12 月 31 日或之前的验收报告（或入库单），则货物肯定已经入库，并包括在本年的实地盘点存货范围内；如果验收报告日期为次年 1 月，则货物不会列入年底实地盘点范围内；反之，如果仅有验收报告（或入库单）而并无购货发票，则应认真审核每一验收报告单上面是否加盖“暂估入库”。

16.5　A 公司生产与存货环节审计案例

16.5.1　案例介绍

A 公司是一家生产与销售电子产品的企业，主要生产和销售电视机。2017 年年底，由 CX 会计师事务所对 A 公司实施年度会计报表审计，重点审计存货的相关问题。

1. 审计目标

（1）评价存货内部控制的健全性和有效性。

（2）确定存货的会计处理的合法性和公允性。

2. 调查方法

（1）通过调查表对 A 公司的内部控制进行了解。

（2）取得 A 公司预存或相关的内部控制流程图。

（3）运用检查凭证法、实地考察进行内部控制测试。

3. 审计方法及过程

（1）风险评估。

（2）控制测试。通过调查、描述、检查凭证、实地考察等方法对被审计单位进行控制测试，并进行评价。

（3）实质性程序如下。

①编制存货明细表并将其与明细账、总账、报表余额进行核对。

②监盘存货。

③验证存货所有权。

④检查存货品质状况，审查存货跌价准备。

⑤检查存货计价等。

16.5.2　案例实施过程

B 和 C 注册会计师对 A 公司的内部控制进行了初步了解和测试。通过对 A 公司内部控制的了解，B 和 C 注册会计师注意到下列情况。

（1）A 公司主要生产和销售电视机；

（2）A 公司生产的电视机全部发往各地办事处和境外销售分公司销售。办事处除自行销售外，还将一部分电视机寄销在各商场。各月初，办事处将上月的收、发、存的数量汇总后报A公司财务部门和销售部门，财务部门做相应会计处理；A公司生产的电视机约有30%出口，出口的电视机先发往境外销售分公司，再分销到世界各地。境外销售分公司历年未经审计，2017年度也计划不安排审计；

（3）鉴于各年年末均处于电视机销售旺季，为保证各办事处和境外销售分公司货源，A公司本部仓库在各年年末不保留产成品。

16.5.3 案例结论

通过对A公司内部控制的测试，B和C注册会计师注意到，除下列情况表明存货相关内部控制可能存在缺陷外，其他内部控制均健全、有效：

（1）A公司在以前年度未对存货实施盘点，但有完整的存货会计记录和仓库记录；

（2）A公司发出电视机时未全部按顺序记录；

（3）A公司生产电视机所需的零星C材料由XYZ公司代管，但A公司未对C材料的变动进行会计记录；

（4）A公司每年12月25日后发出的存货在仓库的明细账上记录，但未在财务部门的会计账上反映；

（5）A公司发出材料存在不按既定计价方法核算的现象；

（6）A公司财务部门会计记录和仓库明细账均反映了代XYZ公司保管的E材料。

第 17 章
货币资金的审计

17.1 货币资金审计概述

17.1.1 货币资金与业务循环

企业资金营运过程是从资金流入企业形成货币资金开始，到通过销售收回货币资金、成本补偿确定利润、部分资金流出企业为止。企业资金的不断循环，构成了企业的资金周转，货币资金与业务循环如图 17-1 所示。

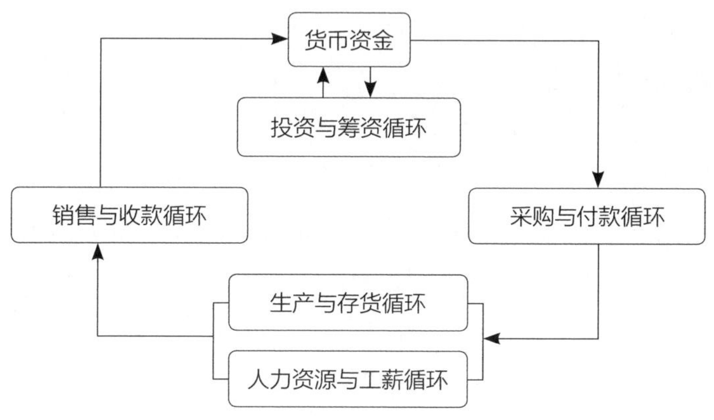

图 17-1 货币资金与业务循环

17.1.2 货币资金审计涉及的主要单据与会计记录

货币资金审计涉及的单据和会计记录主要如下。

（1）现金盘点表。

（2）银行对账单。

（3）银行存款余额调节表。

（4）有关科目的记账凭证。

（5）有关会计账簿。

17.1.3 货币资金审计涉及的主要业务活动

1. 现金管理

（1）出纳员每日对库存现金自行盘点，编制现金日记账，计算当日现金收入、支出及结余额，并将结余额与实际库存额进行核对，如有差异及时查明原因。会计主管不定期检查现金日记账。

（2）每月末，会计主管指定出纳员以外的人员对现金进行盘点，编制库存现金盘点表，将盘点金额与现金日记账余额进行核对。

对冲抵库存现金的借条、未提现支票、未做报销的原始票证，应在库存现金盘点表中予以注明。

（3）会计主管复核库存现金盘点表，如果盘点金额与现金日记账余额存在差异，需查明原因并报经财务经理批准后进行财务处理。

2. 银行存款管理

（1）银行账户管理。

（2）编制银行存款余额调节表。

（3）票据管理。

①财务部门设置银行票据登记簿，防止票据遗失或被盗用。出纳员登记银行票据的购买、领用、背书转让及注销等事项，空白票据存放在保险柜中。

②每月末，会计主管指定出纳员以外的人员对空白票据、未办理收款和承兑的票据进行盘点，编制银行票据盘点表，并与银行票据登记簿进行核对。会计主管复核银行票据盘点表，如果存在差异，需查明原因。

（4）印章管理。

企业的财务专用章由财务经理保管，办理相关业务时使用的个人名章由出纳员保管。

17.1.4　货币资金内部控制概述

一般而言，良好的货币资金内部控制应该达到以下几点。

（1）货币资金收支与记账的岗位分离。

（2）货币资金收支要有合理、合法的凭据。

（3）全部收支应及时准确入账，并且支出要有核准手续。

（4）避免现金坐支，当日收入现金应及时送存银行。

（5）按月盘点现金，编制银行存款余额调节表，以做到账实相符。

（6）加强对货币资金收支业务的内部审计。

货币资金相关的内部控制要求遵循的事项主要包括以下方面。

1. 岗位分工及授权批准

（1）出纳人员不得兼任稽核、会计档案保管和收入、支出、费用、债权债务账目的登记工作。

（2）企业应当对货币资金业务建立严格的授权批准制度，明确审批人对货币资金业务的授权批准方式、权限、程序、责任和相关控制措施，规定经办人办理货币资金业务的职责范围和工作要求。

（3）企业应当按照申请—审批—复核—支付的程序办理货币资金支付业务。

（4）企业对于重要货币资金支付业务，应当实行集体决策和审批，并建立责任追究制度，防范贪污、侵占、挪用货币资金等行为。

（5）严禁未经授权的机构或人员办理货币资金业务或直接接触货币资金。

2. 现金和银行存款的管理

（1）超过库存限额的现金应及时存入银行。

（2）不属于现金开支范围的业务应当通过银行办理转账结算。

（3）企业现金收入应当及时存入银行，不得用于直接支付企业自身的支出。因特殊情况需坐支现金的，应事先报经开户银行审查批准。企业借出款项必须执行严格的授权批准程序，严禁擅自挪用、借出货币资金。

（4）企业取得的货币资金收入必须及时入账，不得私设“小金库”，不得账外设账，严禁收款不入账。

（5）严格按照规定开立账户，办理存款、取款和结算。应当定期检查、清理银行账户开立及使用情况，发现问题应及时处理。应当加强对银行结算凭证的填制、传递及保管等环节的管理与控制。

（6）企业应当严格遵守银行结算纪律，不准签发没有资金保证的票据或远期支票，套取银行信用；不准签发、取得和转让没有真实交易和债权债务的票据，套取银行和他人资金；不准无理拒绝付款，任意占用他人资金；不准违反规定开立和使用银行账户。

（7）企业应当指定专人定期核对银行账户，每月至少核对一次，编制银行存款余额调节表，使银行存款账面余额与银行对账单调节相符。

（8）应当定期和不定期地进行现金盘点。

3. 票据及有关印章的管理

（1）专设登记簿进行记录，防止空白票据的遗失和被盗用。

（2）财务专用章应由专人保管，个人名章必须由本人或其授权人员保管。严禁一人保管支付款项所需的全部印章。

4. 监督检查

（1）企业应当建立对货币资金业务的监督检查制度，明确监督检查机构或人员的职责权限，定期和不定期地进行检查。

（2）执行货币资金监督检查。

（3）对监督检查过程中发现的货币资金内部控制中的薄弱环节，应当及时采取措施加以纠正和完善。

货币资金监督检查的主要内容如下。

①岗位及人员的设置情况。重点检查不相容职务混岗的现象。

②授权批准制度的执行情况。重点检查货币资金支出的授权批准手续是否健全，是否存在越权审批行为。

③支付款项印章的保管情况。重点检查是否存在办理付款业务所需的全部印章交由一人保管的现象。

④票据的保管情况。重点检查票据的购买、领用、保管手续是否健全，票据保管是否存在漏洞。

17.2　货币资金的重大风险

17.2.1　货币资金可能发生的错报

以一般制造业为例，与库存现金、银行存款相关的交易和余额可能发生的错报通常包括以下方面。

（1）被审计单位资产负债表的货币资金项目中的库存现金和银行存款在资产负债表日不存在。（存在）

（2）被审计单位所有应当记录的现金收支业务和银行存款收支业务未得到完整记录，存在遗漏。（完整性）

（3）被审计单位的现金收款通过舞弊手段被侵占。（完整性）

（4）记录的库存现金和银行存款不是为被审计单位所拥有或控制的。（权利和义务）

（5）库存现金和银行存款的金额未被恰当地包括在财务报表的货币资金项目中，与之相关的计价调整未得到恰当记录。（计价和分摊）

（6）库存现金和银行存款未按照企业会计准则的规定在财务报表中做出恰当列报。（列报）

17.2.2　识别与应对可能发生错报环节的内部控制

识别与应对可能发生错报环节的内部控制，如表 17-1 所示。

表 17-1　可能发生错报环节的内部控制的识别与应对

	良好的内部控制示例	检查内部控制的执行，重点关注的内容
库存现金内部控制	①现金收支与记账的岗位分离； ②现金收支有合理、合法的凭据； ③全部收入及时准确入账，并且现金支出严格履行审批、复核制度； ④控制现金坐支，当日收入的现金及时送存银行； ⑤按月盘点现金，做到账实相符； ⑥对现金收支业务进行内部审计	①库存现金的收支是否按规定的程序和权限办理； ②是否存在与被审计单位经营无关的款项收支情况； ③出纳与会计的职责是否严格分离； ④库存现金是否妥善保管，是否定期盘点、核对，等等

续表

	良好的内部控制示例	检查内部控制的执行，重点关注的内容
银行存款内部控制	①银行存款收支与记账的岗位分离；②银行存款收支有合理、合法的凭据；③全部收支及时准确入账，全部支出有核准手续；④按月编制银行存款余额调节表，做到账实相符；⑤加强对银行存款收支业务的内部审计	①银行存款的收支是否按规定的程序和权限办理；②银行账户的开立是否符合《人民币银行结算账户管理办法》等相关法律法规的要求；③银行账户是否存在与被审计单位经营无关的款项收支情况；④是否存在出租、出借银行账户的情况；⑤出纳与会计的职责是否严格分离；⑥是否定期取得银行对账单并编制银行存款余额调节表等

17.2.3 与货币资金相关的重大错报风险

与货币资金相关的重大错报风险，如图 17-2 所示。

与货币资金相关的重大错报风险

（1）被审计单位的现金交易比例较高，并与其所在的行业常用的结算模式不同；

（2）库存现金规模明显超过业务周转所需资金；

（3）银行账户开立数量与企业实际的业务规模不匹配；

（4）在没有经营业务的地区开立银行账户；

（5）企业资金存放于管理层或员工个人账户；

（6）货币资金收支金额与现金流量表不匹配；

（7）不能提供银行对账单或银行存款余额调节表；

（8）存在长期或大量银行未达账项；

（9）银行存款明细账存在非正常转账的“一借一贷”；

（10）违反货币资金存放和使用规定（如上市公司未经批准开立账户转移募集资金、未经许可将募集资金转作其他用途等）；

（11）存在大额外币收付记录，而被审计单位并不涉足外贸业务；

（12）被审计单位以各种理由不配合注册会计师实施银行函证

图 17-2　与货币资金相关的重大错报风险

与货币资金相关的其他需要注册会计师保持警惕的事项或情形，如图 17-3 所示。

其他需要注册会计师保持警惕的事项或情形：

（1）存在没有具体业务支持或交易不相匹配的大额资金往来；

（2）长期挂账的大额预付款项；

（3）存在大额自有资金的同时，向银行高额举债；

（4）付款方账户名称与销售客户名称不一致、收款方账户名称与供应商名称不一致；

（5）开具的银行承兑汇票没有银行承兑协议支持；

（6）银行承兑票据保证金余额与应付票据余额比例不合理

图 17-3　其他需要注册会计师保持警惕的事项或情形

17.2.4　拟实施的进一步审计程序的总体方案

注册会计师应基于以上识别的重大错报风险评估结果，制定实施进一步审计程序的总体方案（包括综合性方案和实质性方案），同时实施控制测试和实质性审计程序，以应对识别出的重大错报风险。

17.3　测试货币资金的内部控制

如果在评估认定层次重大错报风险时预期控制的运行是有效的，或仅实施实质性程序不能够提供认定层次充分、适当的审计证据，注册会计师应当实施控制测试，以就与认定相关的控制在相关期间或时点的运行有效性获取充分、适当的审计证据。

17.3.1　库存现金的控制测试

库存现金控制测试程序如表 17-2 所示。

表 17-2　库存现金控制测试程序

可能存在的内部控制要求	控制测试
（1）现金付款的审批和复核	
①部门经理审批本部门的付款申请，审核付款业务是否真实发生、付款金额是否准确，以及后附票据是否齐备，并在复核无误后签字认可； ②财务部门在安排付款前，财务经理再次复核经审批的付款申请及后附相关凭据或证明，如核对一致，进行签字认可并安排付款	①询问相关业务部门的部门经理和财务经理在日常现金付款业务中执行的内部控制，以确定其是否与被审计单位内部控制政策要求保持一致； ②观察财务经理复核付款申请的过程，是否核对了付款申请的用途、金额及后附相关凭据，以及在核对无误后是否进行了签字确认； ③重新核对经审批及复核的付款申请及其相关凭据，并检查是否经签字确认
（2）现金盘点	
①会计主管指定应付账款会计于每月末的最后一天对库存现金进行盘点，根据盘点结果编制库存现金盘点表，将盘点余额与现金日记账余额进行核对，并对差异调节项进行说明； ②会计主管复核库存现金盘点表，如盘点金额与现金日记账余额存在差异且差异金额超过 2 万元，需查明原因并报财务经理批准后进行财务处理	①在月末最后一天参与被审计单位的现金盘点，检查是否由应付账款会计进行现金盘点； ②观察现金盘点程序是否按照盘点计划的指令和程序执行，是否编制了现金盘点表并根据内控要求经财务部相关人员签字复核； ③检查现金盘点表中记录的现金盘点余额是否与实际盘点金额保持一致、现金盘点表中记录的现金日记账余额是否与被审计单位现金日记账中余额保持一致； ④针对差异金额超过 2 万元的调节项，检查是否经财务经理批准后进行财务处理

17.3.2　银行存款的控制测试

银行存款控制测试程序见表 17-3。

表 17-3　银行存款控制测试程序

可能存在的内部控制要求	控制测试
（1）银行账户的开立、变更和注销	
会计主管根据被审计单位的实际业务需要就银行账户的开立、变更和注销提出申请，经财务经理审核后报总经理审批	①询问会计主管被审计单位本年开户、变更、撤销的整体情况； ②取得本年度账户开立、变更、撤销申请项目清单，检查清单的完整性，并在选取适当样本的基础上检查账户的开立、变更、撤销项目是否已经财务经理和总经理审批

续表

可能存在的内部控制要求	控制测试
（2）银行付款的审批和复核	
部门经理审批本部门的付款申请，审核付款业务是否真实发生、付款金额是否准确，以及后附票据是否齐备，并在复核无误后签字认可。 财务部门在安排付款前，财务经理再次复核经审批的付款申请及后附相关凭据或证明，如核对一致，进行签字认可并安排付款	①询问相关业务部门的部门经理和财务经理在日常银行付款业务中执行的内部控制，以确定其是否与被审计单位内部控制政策要求保持一致； ②观察财务经理复核付款申请的过程，是否核对了付款申请的用途、金额及后附相关凭据，以及在核对无误后是否进行了签字确认； ③重新核对经审批及复核的付款申请及其相关凭据，并检查是否已经签字确认
（3）编制银行存款余额调节表	
每月末，会计主管指定应收账款会计核对银行存款日记账和银行对账单，编制银行存款余额调节表，使银行存款账面余额与银行对账单调节相符。如存在差异项，查明原因并进行差异调节说明。 会计主管复核银行存款余额调节表，对需要进行调整的调节项目及时进行处理，并签字确认	①询问应收账款会计和会计主管，以确定其执行的内部控制是否与被审计单位内部控制政策要求保持一致，特别是针对未达账项的编制及审批流程； ②针对选取的样本，检查银行存款余额调节表，查看调节表中记录的企业银行存款日记账余额是否与银行存款日记账余额保持一致、调节表中记录的银行对账单余额是否与被审计单位提供的银行对账单中的余额保持一致； ③针对调节项目，检查是否经会计主管的签字复核； ④针对大额未达账项进行期后收付款的检查

17.4　货币资金的实质性程序

如果根据注册会计师的判断，注册会计师未实施本章第三节所述的控制测试，而直接对货币资金采取实质性审计方案，则注册会计师需要确定其实施的实质性程序的性质、时间安排和范围能否提供充分适当的审计证据。

17.4.1 库存现金的实质性程序

（1）核对库存现金日记账与总账的金额是否相符，检查非记账本位币库存现金的折算汇率及折算金额是否正确。

（2）监盘库存现金。

（3）抽查大额库存现金收支。查看大额库存现金收支，并检查原始凭证是否齐全、原始凭证内容是否完整、有无授权批准、记账凭证与原始凭证是否相符、账务处理是否正确、是否记录于恰当的会计期间等项内容。

（4）检查库存现金是否在财务报表中做出恰当列报。

库存现金的监盘过程如图 17-4 所示，库存现金监盘中的问题如图 17-5 所示。

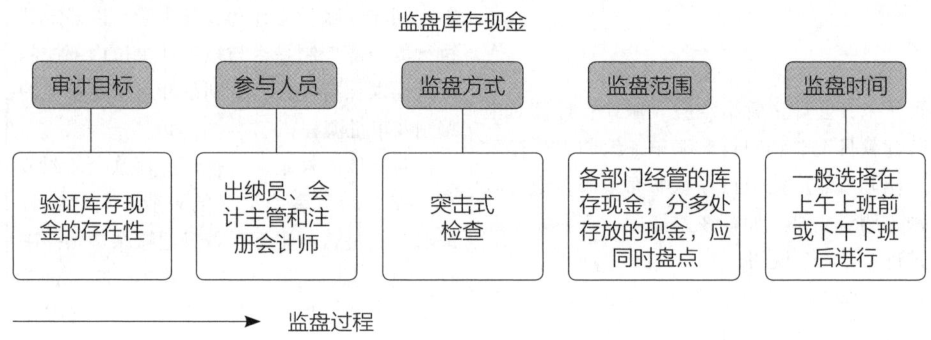

图 17-4　库存现金的监盘过程

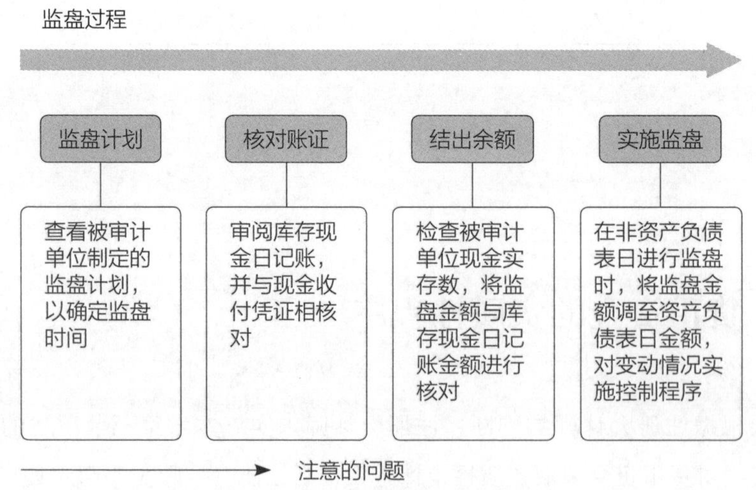

图 17-5　库存现金监盘中的问题

监盘库存现金应注意的问题：若有冲抵库存现金的借条、未提现支票、未报销的原始凭证，应在库存现金盘点表中注明，必要时应提请被审计单位做出调整。

17.4.2 银行存款的实质性程序

（1）账表核对。

如果对被审计单位银行账户的完整性存有疑虑，例如，当被审计单位可能存在账外账或资金体外循环时，除实施其他审计程序外，注册会计师可以考虑实施以下审计程序。

①注册会计师亲自到中国人民银行或基本存款账户开户行查询并打印已开立银行结算账户清单，以确认被审计单位账面记录的银行人民币结算账户是否完整。

②结合其他相关细节测试，关注原始单据中被审计单位的收（付）款银行账户是否包含在注册会计师已获取的开立银行账户清单内。

（2）实施实质性分析程序。

（3）检查银行存款账户发生额。

（4）取得并检查银行对账单和银行存款余额调节表的过程如图 17-6 所示。

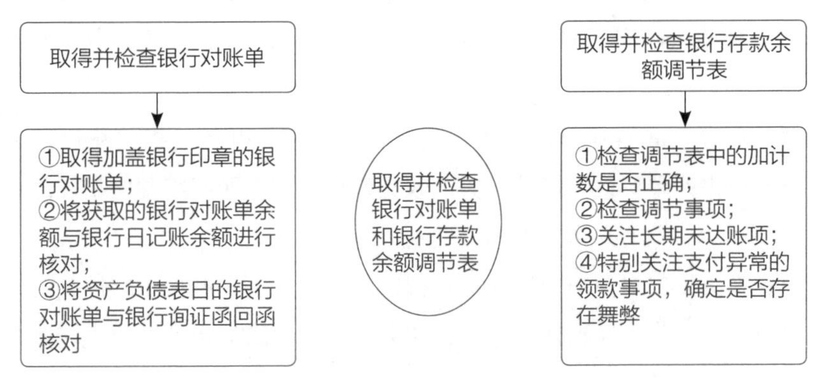

图 17-6　取得并检查银行对账单和银行存款余额调节表的过程

（5）函证银行存款余额，如图 17-7 所示。

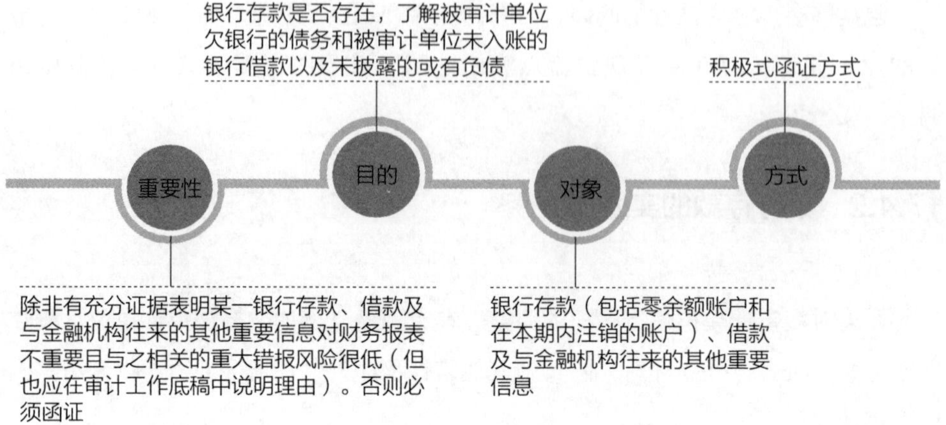

图 17-7　对银行存款余额的函证

（6）检查银行存款账户存款人是否为被审计单位。若存款人非被审计单位，应获取该账户户主和被审计单位的书面声明，确认资产负债表日是否需要提请被审计单位进行调整。

（7）关注是否存在质押、冻结等对变现有限制或存在境外的款项。如果存在，是否已提请被审计单位做必要的调整和披露。

（8）对不符合现金及现金等价物条件的银行存款在审计工作底稿中予以列明，以考虑对现金流量表的影响。

（9）抽查大额银行存款收支的原始凭证，检查原始凭证是否齐全、记账凭证与原始凭证是否相符、账务处理是否正确、是否记录于恰当的会计期间等项内容。

检查是否存在非营业目的的大额货币资金转移，并核对相关账户的进账情况；如有与被审计单位生产经营无关的收支事项，应查明原因并做相应的记录。

（10）检查银行存款收支的截止是否正确。

选取资产负债表日前后若干天的银行存款收支凭证实施截止测试，关注业务内容及对应项目，如有跨期收支事项，应考虑是否提请被审计单位进行调整。

（11）检查银行存款是否在财务报表中做出恰当列报。

17.4.3　其他货币资金的实质性程序

1. 定期存款的审计程序

如果被审计单位有定期存款，注册会计师可以考虑实施以下审计程序。

（1）向管理层询问定期存款存在的商业理由并评估其合理性。

（2）获取定期存款明细表，检查是否与账面记录金额一致，存款人是否为被审计单位，定期存款是否被质押或限制使用。

（3）在监盘库存现金的同时，监盘定期存款凭据。

（4）对未质押的定期存款，检查开户证实书原件，以防止被审计单位提供的复印件是未质押（或未提现）前原件的复印件。

（5）对已质押的定期存款，检查定期存单复印件，并与相应的质押合同核对。

（6）函证定期存款相关信息。

（7）结合财务费用审计测算利息收入的合理性，判断是否存在体外资金循环的情形。

（8）在资产负债表日后已提取的定期存款，核对相应的兑付凭证等。

（9）关注被审计单位是否在财务报表附注中对定期存款给予充分披露。

2. 除定期存款外的其他货币资金的审计程序

（1）保证金存款的检查，检查开立银行承兑汇票的协议或银行授权审批文件。

（2）对于存出投资款，跟踪资金流向，并获取董事会决议等批准文件、开户资料、授权操作资料等。

17.5　甲公司货币资金审计案例

会计师事务所的 A 注册会计师负责审计甲公司 2019 年度财务报表。针对下述第（1）至第（6）项，逐项指出 A 注册会计师的做法是否恰当。如不恰当，简要说明理由。与货币资金审计相关的部分事项如下。

（1）2020 年 1 月 5 日，A 注册会计师对甲公司库存现金实施了监盘，并与当日现金日记账余额核对一致，据此认可了年末现金余额。

不恰当。在非资产负债表日进行监盘时，应将监盘金额调整至资产负债表日的金额，并对变动情况实施程序。

（2）A注册会计师对甲公司人民币结算账户的完整性存有疑虑，A注册会计师检查了管理层提供的已开立银行结算账户清单，结果满意。

不恰当。已开立银行结算账户清单是管理层提供的，可靠性不强。注册会计师应当亲自到中国人民银行或基本存款账户开户行查询并打印已开立银行结算账户清单。

（3）A注册会计师对甲公司存放于乙银行的银行存款以及与该银行往来的其他重要信息寄发了询证函，收到乙银行寄回的银行存款证明，其金额与甲公司账面余额一致，注册会计师认为函证结果满意。

不恰当。收到银行的回函不应与甲公司的账面余额核对，银行存款函证是以银行对账单上的金额向银行函证的。

（4）甲公司利用销售经理个人银行账户结算货款，指派出纳保管该账户交易密码。A注册会计师检查了该账户的交易记录和相关财务报表列报，获取了甲公司的书面声明，结果满意。

不恰当。利用个人银行账户结算货款可能存在舞弊，仅通过检查交易记录和列报并获取书面声明不足以应对该风险。

（5）甲公司年末余额为零的社保专户重大错报风险很低，A注册会计师核对了银行对账单，未对该账户实施函证，并在审计工作底稿中记录了不实施函证的理由。

恰当。

（6）为验证银行账户交易入账的完整性，A注册会计师在检验银行对账单的真实性后，从中选取交易样本与银行存款日记账记录进行了核对，结果满意。

恰当。

第 18 章 企业内部控制审计

18.1 内部控制审计的概念

18.1.1 内部控制审计的范围

（1）内部控制审计是指会计师事务所接受委托，对特定基准日内部控制设计与运行的有效性进行审计。

（2）注册会计师执行的内部控制审计严格限定在财务报告内部控制审计。财务报告内部控制，是指企业的董事会、监事会、经理层及全体员工实施的旨在合理保证财务报告及相关信息真实完整而设计和运行的内部控制，以及用于保护资产安全的内部控制中与财务报告可靠性目标相关的控制。

从注册会计师审计的角度来讲，财务报告内部控制的内容主要如下。

（1）企业层面的内部控制。

①与控制环境相关的控制。

②针对管理层和治理层凌驾于内部控制之上的风险而设计的内部控制。

③被审计单位的风险评估过程。

④对内部信息传递和期末财务报告流程的控制。

⑤对控制有效性的内部监督（即监督其他控制的控制）和内部控制评价。

⑥集中化的处理和控制、监控经营成果的控制，以及重大经营控制和风险管

理实务的政策。

（2）业务流程、应用系统或交易层面的内部控制，包括业绩评价、信息处理、实物控制、职责分离等。

18.1.2 内部控制审计基准日

（1）内部控制审计基准日是指注册会计师评价内部控制在某一时日是否有效所涉及的基准日，也是被审计单位评价基准日，即最近一个会计期间截止日。

（2）注册会计师对特定基准日内部控制的有效性发表意见，需要考察足够长一段时间内内部控制设计和运行的情况。对控制有效性的测试涵盖的期间越长，提供的控制有效性的审计证据越多。单就内部控制审计业务而言，注册会计师应当获取内部控制在基准日之前一段足够长的期间内有效运行的审计证据。在整合审计中，控制测试所涵盖的期间应当尽量与财务报表审计中拟信赖内部控制的期间保持一致。

18.2 对控制有效性进行测试

18.2.1 内部控制的有效性

内部控制的有效性：设计的有效性和运行的有效性。

设计的有效性：有效防止或发现并纠正可能导致财务报表发生重大错报的错误或舞弊。

运行的有效性：

（1）控制在所审计期间的相关时点是如何运行的；

（2）控制是否得到一贯执行；

（3）控制由谁或以何种方式执行。

18.2.2　与控制相关的风险

与控制相关的风险包括一项控制可能无效的风险，以及如果该控制无效可能导致重大缺陷的风险。与控制相关的风险越高，注册会计师需获取的审计证据就越多。

下列因素影响与某项控制相关的风险：

（1）该项控制拟防止或发现并纠正的错报的性质和重要程度；

（2）相关账户、列报及其认定的固有风险；

（3）交易的数量和性质是否发生变化，进而可能对该项控制设计或运行的有效性产生不利影响；

（4）相关账户或列报是否曾经出现错报等。

18.2.3　测试控制有效性的程序的性质

注册会计师在测试控制设计与运行的有效性时，应当综合运用询问适当人员、观察经营活动、检查相关文件和重新执行等方法。

（1）询问。虽然询问是一种有用的手段，但它必须与其他测试手段结合使用才能发挥作用。仅实施询问程序不能为某一特定控制的有效性提供充分适当的证据。

（2）观察。观察通常用来测试运行不留下书面记录的控制；也可运用于测试对实物的控制；但有一定的局限性。

（3）检查。检查通常用于确认控制是否得以执行；但检查记录和文件可以提供可靠程度不同的审计证据（性质和来源不同），而且，其可靠性取决于生成该记录或文件的内部控制的有效性（未审核而直接签名）。

（4）重新执行。重新执行的目的是评价控制的有效性而不是测试特定交易或余额的存在或准确性，即定性而非定量；一般不必选取大量的项目，也不必特意选取金额重大的项目进行测试。

例如，测试管理层审核银行余额调节表这一控制时，根据测试目的，注册会计师可以检查银行余额调节表是否存在，浏览调节事项是否得到适当处理，以及检查银行余额调节表上是否有编制者和审批者的签字。

如果需要更多的审计证据，例如发现银行余额调节表上有非正常项目时，可以考虑重新执行调节过程以确定控制是否有效。重新执行通常包括重新执行审核者实施的步骤，如将银行余额调节表上的金额与相关支持性文件进行核对；查看与非正常调节项目相关的支持性文件及对有关调节事项做进一步调查等。如果注册会计师认为银行余额调节表编制不当但审核者仍然签名，就需要跟进了解为什么在这种情况下审核者仍然认可银行余额调节表，以便决定这种审核是否有效。

18.2.4 控制测试的时间安排

注册会计师在确定控制测试的时间安排时，应当在下列两个因素之间做出平衡，以获取充分、适当的证据。

（1）尽量在接近企业内部控制自我评价基准日实施测试。

（2）实施的测试需要涵盖足够长的期间。

注册会计师应当获取内部控制在基准日之前一段足够长的期间内有效运行的审计证据。对控制有效性测试的实施时间越接近基准日，提供的控制有效性的审计证据越有力。

（1）在整合审计中，注册会计师控制测试所涵盖的期间应尽量与财务报表审计中拟信赖内部控制的期间保持一致。

（2）与所测试的控制相关的风险越低，对该控制实施期中测试就可以为其运行有效性获得越充分、适当的审计证据。相反，如果与所测试的控制相关的风险较高，注册会计师应当取得一部分更接近基准日的证据。

（3）期中测试对补充证据的要求。

如果已获取有关控制在期中运行有效性的审计证据，注册会计师应当确定还需要获取哪些补充审计证据，以证实剩余期间控制的运行情况。如：基准日之前测试的特定控制、期中获取的有关证据的充分性和适当性、剩余期限的长短、期中测试后内部控制发生重大变化的可能性、拟减少实质性审计程序的程度、控制环境等。

（4）信息技术的影响。

如果信息技术一般控制有效且关键的自动化控制未发生任何变化，注册会计师就不需要对该自动化控制实施前推测试。但是，如果注册会计师在期中对重要的信息技术一般控制实施了测试，则通常还需要对其实施前推测试。

18.2.5　控制测试的范围

1. 测试人工控制的最小样本规模

假设控制的运行偏差率预期为零，否则扩大规模，人工控制测试的样本规模如表 18-1 所示。

表 18-1　人工控制测试的样本规模

控制运行频率	控制运行的总次数	测试的最小样本规模区间
每年 1 次	1	1
每季 1 次	4	2
每月 1 次	12	2 ~ 5
每周 1 次	52	5 ~ 15
每天 1 次	250	20 ~ 40
每天多次	大于 250 次	25 ~ 60

在以下情况下可以使用测试的最小样本规模区间的最低值。

（1）固有风险和舞弊风险为低水平。

（2）该项控制是日常控制，执行时需要的判断很少。

（3）从穿行测试得出的结论和以前年度审计的结果表明未发现控制缺陷。

（4）管理层针对该项控制的测试结果表明未发现控制缺陷。

（5）存在有效的补偿性控制，且管理层针对补偿性控制的测试结果为运行有效。

（6）根据对控制的性质以及内部审计人员客观性和胜任能力的考虑，注册会计师拟更多地利用他人的工作。

2. 测试自动化应用控制的最小样本规模

在信息技术一般控制有效的前提下，除非系统发生变动，注册会计师或其专家可能只需要对某项自动化应用控制的每一相关属性进行一次系统查询以检查其系统设置，即可得出所测试自动化应用控制是否运行有效的结论。对于一项自动化应用控制，一旦确定被审计单位正在执行该控制，注册会计师通常无须扩大控制测试的范围，但需考虑控制是否持续有效运行。

3. 发现偏差时的处理

如果发现控制偏差，注册会计师应当确定对下列事项的影响。

（1）对与测试控制相关的风险的评估。

（2）需要获取的审计证据。

（3）控制运行有效性的结论。

评价控制偏差的影响需要职业判断，并受到控制的性质和发现偏差数量的影响。如果发现控制偏差是系统性偏差或者是人为有意造成的偏差，注册会计师应当考虑是不是舞弊以及对审计方案的影响。

由于有效的内部控制不能为实现控制目标提供绝对保证，因此单项控制并非一定要毫无偏差地运行才可被认为有效。

在评价控制测试中所发现的某项控制偏差是否为控制缺陷时，注册会计师可以考虑的因素如下。

（1）该偏差是如何被发现的。

（2）该偏差是与某一特定的地点、流程或应用系统相关，还是对被审计单位有广泛影响。

（3）就被审计单位的内部政策而言，该控制出现偏差的严重程度。

（4）与控制运行频率相比，偏差发生的频率高低。

18.3 对企业层面控制进行测试

18.3.1 与控制环境相关的控制

控制环境包括治理职能和管理职能，以及治理层和管理层对内部控制及其重要性的态度、认识和行动。在进行内部控制审计时注册会计师可以先了解控制环境的各个要素，应当考虑其是否得到执行，在此基础上，可以选择那些对财务报告内部控制有效性的结论产生重要影响的企业层面的控制进行测试。

18.3.2　针对管理层和治理层凌驾于控制之上的风险而设计的控制

针对管理层和治理层凌驾于控制之上的风险而设计的控制，对所有企业保持有效的财务报告相关的内部控制都有重要的影响。

一般而言，针对凌驾风险采用的控制可以包括但不限于以下方面。

（1）针对重大的异常交易（尤其是那些导致会计分录延迟或异常的交易）的控制。

（2）针对关联方交易的控制。

（3）与管理层的重大估计相关的控制。

（4）能够减弱管理层伪造或不恰当操纵财务结果的动机及压力的控制。

（5）建立内部举报投诉制度。

具体讲解如下。

（1）针对重大的异常交易（尤其是那些导致会计分录延迟或异常的交易）的控制。

重大的异常交易一般指不是在被审计单位正常业务过程中产生，并且对被审计单位而言较为重大的交易。注册会计师可以了解被审计单位对于重大的异常交易的会计处理流程以及被审计单位是否已经建立了相关的控制，并考虑对这些控制的设计及运行有效性进行测试，以确定这些控制是否能有效降低管理层和治理层凌驾于内部控制之上的风险。

（2）针对关联方交易的控制。

注册会计师可以关注被审计单位的关联方交易管理及业务流程，了解企业的关联方交易是如何产生、审批以及记录在财务报表中的，在上述过程中是否存在管理层和治理层凌驾于内部控制之上的风险，以及是否有相关的控制降低有关风险。在了解这些内部控制之后，注册会计师可以考虑对能降低与关联方交易相关的凌驾风险的内部控制进行测试。

（3）与管理层的重大估计相关的控制。

注册会计师可以了解被审计单位的财务报表中是否有对财务报表产生重大影响的会计估计，并了解管理层作出这些会计估计的过程。同时，注册会计师可以关注管理层针对这些重大会计估计的相关控制，是否能防止管理层因操纵这些重大会计估计而导致财务报表出现重大错报的风险。在了解这些内部控制之后，注册会计师可以考虑对能降低与重大会计估计相关的凌驾风险的内部控制进行测试。

（4）减弱管理层动机及压力的控制。

①薪酬委员会：薪酬激励是否通过该委员会的研究及审批，以确保激励不会过高从而降低人为错报的风险。

②管理层每年制定的预算是不是基于实际经营状况，并且通过合理的分析而编制的，以确保年度预算不会过于进取或保守从而降低人为错报的风险。

③内部审计部门是否会关注管理层动机或压力导致的错报风险，并且定期进行检查，查找被审计单位是否存在人为调整财务业绩的情况。

（5）建立内部举报投诉制度。

注册会计师可以关注被审计单位是否建立了内部举报投诉制度（如举报热线、电子邮件、举报信箱等）和举报人保护制度，鼓励员工对各类违法或不当行为予以举报，并严禁任何人向善意举报的人或参与调查的人施加报复。注册会计师还可以关注被审计单位对举报投诉的处理程序、办理时限和办理要求，如是否设置了专门机构对投诉内容进行调查处理等。同时，注册会计师还可关注上述相关制度是否已及时传达至全体员工。

18.3.3 被审计单位的风险评估过程

被审计单位的风险评估过程：识别—评估—应对。

风险评估过程包括识别与财务报告相关的经营风险，以及针对这些风险所采取的措施。被审计单位需要有充分的内部控制识别来自外部环境的风险，充分且适当的风险评估过程应当包括对重大风险的估计、对风险发生可能性的评定以及确定应对方法。

18.3.4 对内部信息传递和期末财务报告流程的控制

期末财务报告流程包括：将交易总额登入总分类账的程序；与会计政策的选择和运用相关的程序；总分类账中会计分录编制、批准等处理程序；对财务报表进行调整的程序；编制财务报表的程序等。

由于期末财务报告流程通常发生在管理层评价日之后，注册会计师一般只能在该日之后测试相关控制。

注册会计师应当从下列方面评价期末财务报告流程。

（1）被审计单位财务报表的编制流程，包括输入、处理及输出。

（2）期末财务报告流程中运用信息技术的程度。

（3）管理层中参与期末财务报告流程的人员。

（4）纳入财务报表编制范围的组成部分。

（5）调整分录及合并分录的类型。

（6）管理层和治理层对期末财务报告流程进行监督的性质及范围。

18.3.5 对控制有效性的内部监督和内部控制评价

管理层对控制的监督包括考虑控制是否按计划运行，以及控制是否根据情况的变化做出恰当的修改。

对控制的监督可能包括：对运营报告的复核和核对、与外部人士的沟通、其他未参与控制执行人员的监控活动以及信息系统所记录的数据和实物资产的核对等。结合内部控制审计业务的目的和性质，在对被审计单位对控制有效性的内部监督进行了解和对其有效性进行测试时，注册会计师还可以特别考虑以下因素。

（1）管理层是否定期将会计系统中记录的数额和实物资产进行核对（账实核对）。

（2）管理层是否为保证内部审计活动的有效性而建立了相应的控制（内部审计控制）。

（3）管理层是否建立了相关内部控制以保证自我评价和定期系统评价的有效性。

（4）管理层是否建立了相关的控制以保证监督性控制能够在一个集中的地点有效进行，以监督分散地点控制。

18.3.6 集中化的处理和控制（包括共享的服务环境）

集中化的财务管理可能有助于降低财务报表错报的风险。注册会计师实施审计时可先了解服务对象、服务范围并分析共享服务中心的服务对象的重大错报风险。针对这些风险，注册会计师可以分析被审计单位是否有相关的内部控制用以降低其下属单位和分部财务报表发生重大错报的风险。

一般而言，特定服务对象单位与财务报表相关的风险越大，注册会计师在进行内部控制测试过程中可能更需要到共享服务中心或其服务对象单位测试与特定服务对象单位相关的内部控制。

由于共享服务中心的内部控制的影响较大，注册会计师可以考虑在内部控制审计工作初期就开始分析其内部控制的性质、对被审计单位的影响等，并且考虑在较早的阶段执行对共享服务中心内部控制的有效性测试。

18.3.7 监督经营成果的控制

一般而言，管理层对各个单位或业务部门经营情况的监控是企业层面的主要内部控制之一。

在了解与监督经营成果相关的控制时，注册会计师可以从性质上分析这些监督经营成果的控制是否有足够的精确程度以取代对业务流程、应用系统或交易层面的控制的测试。如果这些监督经营成果的内部控制是有效的，注册会计师可以考虑减少对其他控制的测试。

18.3.8 审计重大经营控制及风险管理实务的政策时需考虑的因素

（1）企业是否建立了重大风险预警机制，明确界定哪些风险是重大风险，哪些事项一旦出现必须启动应急处理机制。

（2）企业是否建立了突发事件应急处理机制，确保突发事件得到及时妥善的处理。

18.4 对业务流程、交易层面控制进行测试

在内部控制审计中，注册会计师需要在初步计划审计工作时识别被审计单位财务报表中的重要账户、列报及其相关认定。对相关认定获取有关控制有效性的审计证据包括与认定直接相关的企业层面控制和流程、交易和应用层面控制有效性的审计证据。

18.4.1　了解企业经营活动和业务流程

与注册会计师审计工作相关的流程通常包括生成、记录、处理和报告交易等活动。

在了解业务流程前，注册会计师还需要考虑以下事项。

（1）该业务流程中的交易所影响的重要账户及其相关认定。

（2）注册会计师已经识别的有关这些重要账户及其相关认定的经营风险和财务报表重大错报风险。

（3）交易生成、记录、处理和报告的过程以及相关的信息技术处理系统。

考虑上述事项可以帮助注册会计师确定询问对象，包括流程管理人员和信息技术人员。

注册会计师可以通过检查被审计单位的手册和其他书面指引获得有关信息，还可以通过询问和观察来获得全面的了解。向适当人员询问通常是比较有效的方法。需要注意的是，很多重要交易的流程涉及被审计单位的多个部门。因此，注册会计师需要考虑分别向不同部门的适当人员询问。

在询问过程中，注册会计师可以检查并在适当的情况下保存部分被审计单位文件（如流程图、程序手册、职责描述、文件、表格等）的复印件，以帮助其了解交易流程。通常，注册会计师会获得某些信息系统的文件资料，如系统的文字说明、系统图表以及流程图。为了便于理解，注册会计师可以考虑在图表及流程图上加入自己的文字表述，归纳总结被审计单位提供的有关资料。

如果可行，流程图或文字表述应反映所有相关的处理程序，无论这些处理程序是人工完成的还是自动完成的。流程图或文字表述应足够详细，以帮助注册会计师确定在什么环节可能会发生重大错报。因此，流程图或文字表述通常会反映业务流程中数据发生、入账或修改的活动。在较为复杂的环境中，一份流程图可能需要其他的流程图和文字表述予以支持。

18.4.2　识别可能发生错报的环节

注册会计师需要了解和确认被审计单位应在哪些环节设置控制，以防止或发现并纠正各重要业务流程可能发生的错报。注册会计师所关注的控制，是那些能通过防止错报的发生，或者通过发现和纠正已有错报，从而确保每个流程中业务活动（从交易的发生到记录于账目）能够顺利运转的人工或自动化控制程序。

尽管不同的被审计单位为确保会计信息的可靠性而对业务流程设计和实施不同的控制，但设计控制的目的是实现某些控制目标（见表 18-2）。实际上，这些控制目标与财务报表重要账户的相关认定相联系。但注册会计师在此时通常不考虑列报认定，列报及其相关认定通常在财务报告流程中予以考虑。

表 18-2　控制目标及对应制度

控制目标	内部控制
完整性：所有的有效交易都已记录	必须有程序确保没有漏记实际发生的交易
存在 / 发生：每项已记录的交易均真实发生	必须有程序确保会计记录中没有虚构的或重复入账的项目
准确性：准确计量交易	必须有程序确保交易以准确的金额入账
截止：恰当确定交易生成的会计期间	必须有程序确保交易在适当的会计期间内入账（例如，月、季度、年等）
分类	必须有程序确保将交易记入正确的总分类账，必要时，记入相应的明细账
正确汇总和过账	必须有程序确保所有作为账簿记录中的借贷方余额都正确地归集（加总），确保加总后的金额正确过入总账和明细分类账

注册会计师通过设计一系列关于控制目标是否实现的问题，从而确认某项业务流程中需要加以控制的环节。这些问题针对的是业务流程中数据生成、转移或被转换的环节。销售交易中的控制目标示例如表 18-3 所示。

表 18-3　销售交易中的控制目标示例

控制目标是否实现	相关认定
怎样确保没有记录虚构或重复的销售	发生
怎样确保所有的销售和收款均已记录	完整性
怎样保证货物运送给正确的收货人	发生
怎样保证发货单据只有在实际发货时才开具	发生
怎样保证发票正确反映了发货的数量	准确性

18.4.3　识别和了解相关控制

通过对被审计单位的了解，包括对被审计单位企业层面控制的了解，以及在上述程序中对重要业务流程的了解，注册会计师需要进一步了解流程、交易和应用层面的控制。针对业务流程中容易发生错报的环节，注册会计师应当确定以下方面的问题。

（1）被审计单位是否建立了有效的控制，以防止或发现并纠正这些错报。

（2）被审计单位是否遗漏了必要的控制。

（3）是否识别了可以最有效测试的控制。

1. 控制的类型

预防性控制（防止）：可能是人工的，也可能是自动化的。

检查性控制：其目的是发现流程中可能发生的错报（尽管有预防性控制还是会发生的错报）。被审计单位通过检查性控制，监督其流程和相应的预防性控制能否有效地发挥作用。检查性控制通常是管理层用来监督实现流程目标的控制，可以由人工执行也可以由信息系统自动执行。

2. 识别和了解方法

采用的主要方法是，询问被审计单位各级别的负责人员。业务流程越复杂，注册会计师越有必要询问信息系统人员，以辨别有关的控制。

“从高到低”的询问方法：首先询问级别较高的人员，再询问级别较低的人员。

注册会计师并不需要了解与每一控制目标相关的所有控制。在了解控制时，注册会计师应当重点考虑一项控制活动单独或连同其他控制，是否能够以及如何防止或发现并纠正重大错报。如果多项控制能够实现同一目标，注册会计师不必了解与该目标相关的每一项控制。

18.5　对信息系统控制进行测试

18.5.1　与信息技术相关的控制

1. 自动化控制的好处

（1）自动化控制能够有效处理大流量交易及数据，因为自动信息系统可以提供与业务规则一致的系统处理方法。

（2）自动化控制比较不容易被绕过。

（3）自动信息系统、数据库及操作系统的相关安全控制可以实现有效的职责分离。

（4）自动信息系统可以提高信息的及时性、准确性，并使信息变得更易获取。

（5）自动信息系统可以提高管理层对企业业务活动及相关政策的监督水平。

2. 自动化控制的风险

（1）信息系统或相关系统程序可能会对数据进行错误处理，也可能会去处理那些本身存在错误的数据。

（2）自动信息系统、数据库及操作系统的相关安全控制如果无效，会增加对数据信息非授权访问的风险。

（3）数据丢失风险或数据无法访问风险，如系统瘫痪。

（4）不适当的人工干预，或人为绕过自动控制。

18.5.2 信息技术内部控制测试

信息技术内部控制测试如图 18-1 所示。

信息技术内部控制测试

（1）信息技术一般控制测试
程序开发、程序变更、程序和数据访问以及计算机运行四个方面。由于程序变更控制、计算机操作控制及程序数据访问控制影响系统驱动组件的持续有效运行，注册会计师需要对上述三个领域实施控制测试

（2）信息技术应用控制测试
一般要经过输入、处理及输出等环节，与手工控制一样，自动系统控制同样关注信息处理目标的四个要素：完整性、准确性、经过授权和访问限制

图 18-1　信息技术内部控制测试

18.6 评价控制缺陷

18.6.1 控制缺陷的分类

控制缺陷的分类如图 18-2 所示。

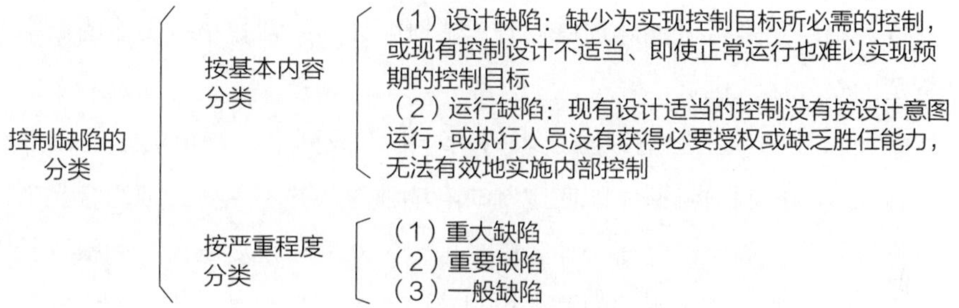

控制缺陷的分类
- 按基本内容分类
  - (1) 设计缺陷：缺少为实现控制目标所必需的控制，或现有控制设计不适当、即使正常运行也难以实现预期的控制目标
  - (2) 运行缺陷：现有设计适当的控制没有按设计意图运行，或执行人员没有获得必要授权或缺乏胜任能力，无法有效地实施内部控制
- 按严重程度分类
  - (1) 重大缺陷
  - (2) 重要缺陷
  - (3) 一般缺陷

图 18-2 控制缺陷的分类

（1）重大缺陷是内部控制中存在的、可能导致不能及时防止或发现并纠正财务报表出现重大错报的一项控制缺陷或多项控制缺陷的组合。

（2）重要缺陷是内部控制中存在的、其严重程度不如重大缺陷但足以引起负责监督被审计单位财务报告的人员（如审计委员会或类似机构）关注的一项控制缺陷或多项控制缺陷的组合。

（3）一般缺陷是内部控制中存在的，除重大缺陷和重要缺陷之外的控制缺陷。

18.6.2 评价控制缺陷的严重程度

注册会计师应当评价其识别的各项控制缺陷的严重程度，以确定这些缺陷单独或组合起来，是否构成内部控制的重大缺陷。但是，在计划和实施审计工作时，不要求注册会计师寻找单独或组合起来不构成重大缺陷的控制缺陷。

控制缺陷的严重程度取决于以下两方面。

（1）控制不能防止或发现并纠正账户或列报发生错报的可能性。

（2）因一项或多项控制缺陷导致的潜在错报的金额。

在评价一项控制缺陷或多项控制缺陷的组合是否可能导致账户或列报发生错报时，注册会计师应当考虑的风险因素如下。

（1）所涉及的账户、列报及其相关认定的性质。

（2）相关资产或负债易于发生损失或舞弊的可能性。

（3）确定相关金额时所需判断的主观程度、复杂程度和范围。

（4）该项控制与其他控制的相互作用或关系。

（5）控制缺陷之间的相互作用。

（6）控制缺陷在未来可能产生的影响。

评价控制缺陷是否可能导致错报时，注册会计师无须将错报发生的概率量化为某特定的百分比或区间。

如果多项控制缺陷影响财务报表的同一账户或列报，错报发生的概率会增加。在存在多项控制缺陷时，即使这些缺陷单独看来并不重要，但组合起来也可能构成重大缺陷。因此，注册会计师应当确定，对同一重要账户、列报及其相关认定或内部控制要素产生影响的各项控制缺陷，组合起来是否构成重大缺陷。在评价因一项或多项控制缺陷导致的潜在错报的金额大小时，注册会计师应当考虑的因素如下。

（1）受控制缺陷影响的财务报表金额或交易总额。

（2）在本期或预计的未来期间受控制缺陷影响的账户余额或各类交易涉及的交易量。

在评价潜在错报的金额大小时，账户余额或交易总额的最大多报金额通常是已记录的金额，但其最大少报金额可能超过已记录的金额。通常，小金额错报比大金额错报发生的概率更大。

在确定一项控制缺陷或多项控制缺陷的组合是否构成重大缺陷时，注册会计师应当评价补偿性控制的影响。在评价补偿性控制是否能够弥补控制缺陷时，注册会计师应当考虑补偿性控制是否有足够的精确度以防止或发现并纠正可能发生的重大错报。评价控制缺陷的步骤如图 18-3 所示。

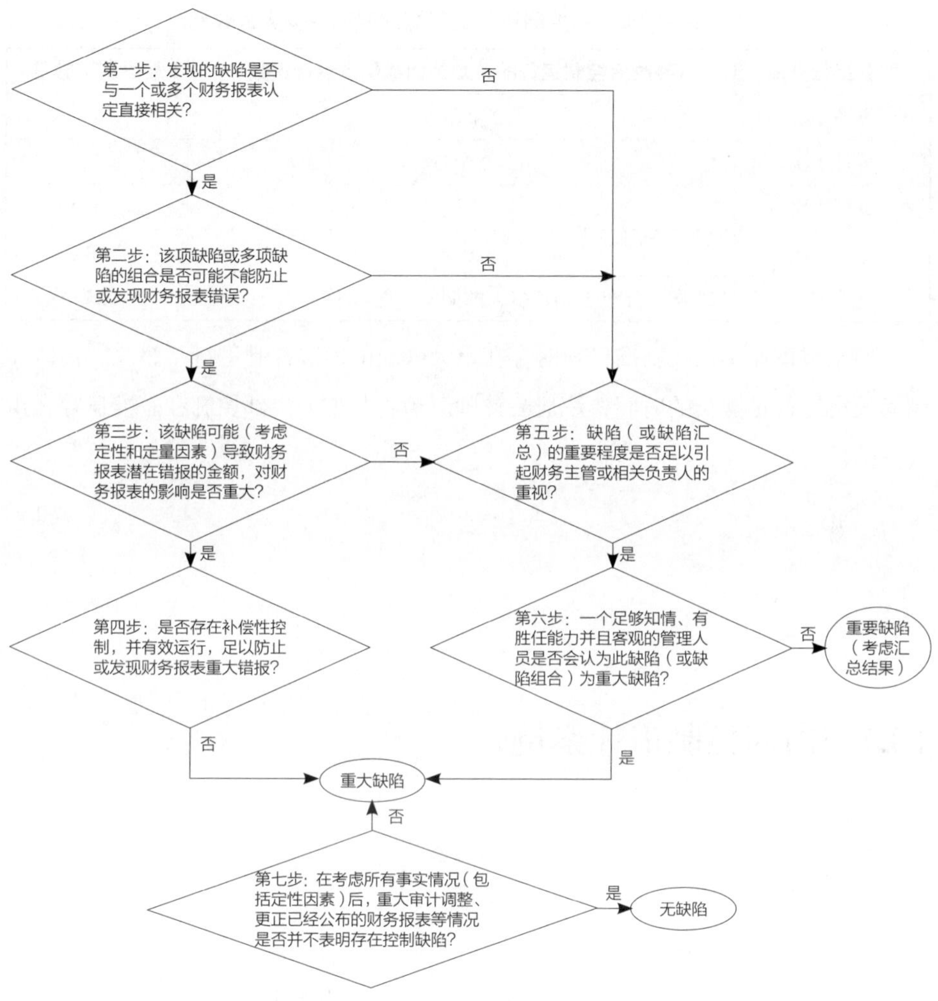

图 18-3　评价控制缺陷的步骤

18.6.3　控制缺陷整改

如果被审计单位在基准日前对存在缺陷的控制进行了整改，整改后的控制需要运行足够长的时间，才能使注册会计师得出其是否有效的审计结论。注册会计师应当根据控制的性质和与控制相关的风险，合理运用职业判断，确定整改后控制运行的最短期间（或整改后控制的最少运行次数）以及最少测试数量。整改后控制运行的最短期间（或最少运行次数）和最少测试数量参见表 18-4。

表 18-4　整改后控制运行的最短期间和最少测试数量

控制运行频率	整改后控制运行的最短期间或最少运行次数	最少测试数量
每季 1 次	2 个季度	2
每月 1 次	2 个月	2
每周 1 次	5 周	5
每天 1 次	20 天	20
每天多次	25 次（分布于涵盖多天的期间，通常不少于 15 天）	25

如果被审计单位在基准日前对存在重大缺陷的内部控制进行了整改，但新控制尚没有运行足够长的时间，注册会计师应当将其视为内部控制在基准日存在重大缺陷。

18.7　内部控制审计案例

ABC 会计师事务所的 A 注册会计师担任多家公司 2019 年度内部控制审计的项目合伙人，遇到下列有关内部控制审计报告的事项。

（1）针对甲公司非财务报告内部控制的一个重大缺陷，在审计范围未受到限制的情形下，A 注册会计师拟对甲公司 2019 年度内部控制发表否定意见。

（2）针对乙公司内部控制存在的一项重大事项需要提醒内部控制审计报告使用者注意，A 注册会计师重点关注过该事项，因此在内部控制审计报告中作为关键审计事项予以沟通。

（3）某项自动化应用控制对丙公司经营的效率具有重大不利影响，A 注册会计师认为该缺陷构成非财务报告内部控制重大缺陷，未与丙公司相关人员进行沟通，拟直接在审计报告中增加相应描述段，提示内部控制审计报告使用者注意相关风险。

（4）由于审计范围受到限制，A 注册会计师计划对丁公司出具保留意见或者无法表示意见的内部控制审计报告。

（5）针对知悉的在基准日并不存在但在期后发生的，对 2019 年度戊公司内部控制有效性存在重大负面影响的期后事项，A 注册会计师在无保留意见的内部控制审计报告中增加了强调事项段，提醒内部控制审计报告使用者关注。

（6）针对戊公司内部控制评价报告对要素的列报不恰当的情况，A 注册会计师出具了否定意见的内部控制审计报告。

要求：上述第（1）至第（6）项，假定均为独立事项，不考虑其他条件，逐项指出 A 注册会计师的做法是否恰当。如不恰当，简要说明理由。

答案：

（1）不恰当。应增加“非财务报告内部控制重大缺陷描述段”予以披露。

（2）不恰当。应当增加强调事项段予以说明。

（3）不恰当。应当以书面形式与丙公司董事会和经理层沟通，提醒丙公司加以改进。

（4）不恰当。需要解除业务约定或出具无法表示意见的内部控制审计报告。

（5）恰当。

（6）不恰当。应当在内部控制审计报告中增加强调事项段，说明这一情况并解释得出该结论的理由。

第 19 章 对集团财务报表的审计

19.1 集团财务报表审计的相关概念

集团财务报表审计的流程如图 19-1 所示。

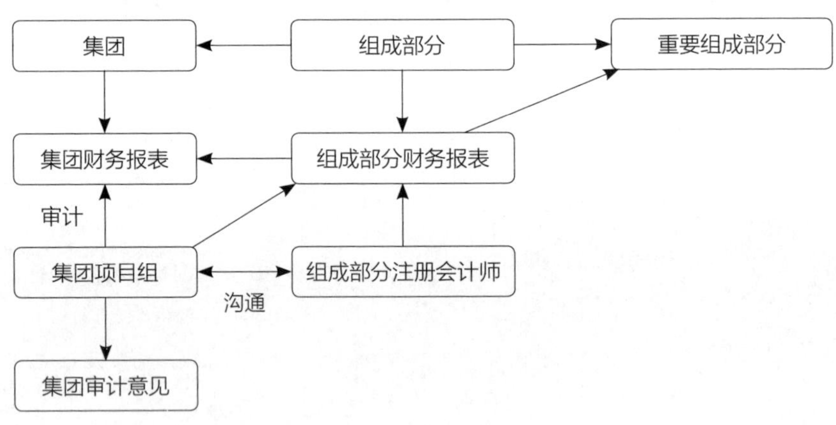

图 19-1 集团财务报表审计的流程

1. 集团

集团，是指由所有组成部分构成的整体，并且所有组成部分的财务信息包括在集团财务报表中。集团至少拥有两个组成部分。

2. 组成部分

组成部分，是指某一实体或某项业务活动，其财务信息由集团或组成部分管理层编制并应包括在集团财务报表中。

3. 重要组成部分

（1）重要组成部分的定义。

重要组成部分，是指集团项目组识别出的具有下列特征之一的组成部分。

①比重：单个组成部分对集团具有财务重大性。

②风险：单个组成部分由于其特定性质或情况，可能存在导致集团财务报表发生重大错报的特别风险。

（2）识别重要组成部分。

①随着单个组成部分对集团具有的财务重大性的增加，集团财务报表的重大错报风险通常也会增加。集团项目组可以将选定的基准乘以某百分比，以协助识别对集团具有财务重大性的单个组成部分。确定基准（集团资产、负债、现金流量、利润总额或营业收入）和应用于该基准的百分比（15%）属于职业判断。

②某些组成部分由于其特定性质或情况，可能存在导致集团财务报表发生重大错报的特别风险，集团项目组可能将其识别为重要组成部分。

4. 集团财务报表

集团财务报表，是指包括一个以上组成部分财务信息的财务报表，也指没有母公司但处在同一控制下的各组成部分编制的财务信息所汇总生成的财务报表。

5. 集团审计和集团审计意见

①集团审计指对集团财务报表进行的审计。

②集团审计意见指对集团财务报表发表的审计意见。

6. 集团项目合伙人和集团项目组

①集团项目合伙人，是指会计师事务所中负责某项集团审计业务及其执行，并代表会计师事务所在对集团财务报表出具的审计报告上签字的合伙人。

②集团项目组，是指参与集团审计的，包括集团项目合伙人在内的所有合伙人和员工。

7. 组成部分注册会计师

组成部分注册会计师，是指基于集团审计目的，按照集团项目组的要求，对组成部分财务信息执行相关工作的注册会计师。基于集团审计目的，集团项目组成员可能按照集团项目组的工作要求，对组成部分财务信息执行相关工作，在这种情况下，该成员也是组成部分注册会计师。

8. 集团管理层和组成部分管理层

①集团管理层，是指负责编制集团财务报表的管理层。

②组成部分管理层，是指负责编制组成部分财务信息的管理层。

9. 集团层面控制

集团层面控制，是指集团管理层设计、执行和维护的与集团财务报告相关的控制。

10. 合并过程

合并过程，是指：①通过合并、比例合并、权益法或成本法，在集团财务报表中对组成部分财务信息进行确认、计量、列报与披露；②对没有母公司但处在同一控制下的各组成部分编制的财务信息进行汇总。

19.2 集团财务报表审计的责任和目标

1. 集团财务报表审计中的责任设定

（1）尽管组成部分注册会计师基于集团审计目的对组成部分财务信息执行相关工作，并对所有发现的问题、得出的结论或形成的意见负责，集团项目合伙人及其所在的会计师事务所仍对集团审计意见负全部责任，这一责任不因利用组成部分注册会计师的工作而减轻。

（2）注册会计师对集团财务报表出具的审计报告不应提及组成部分注册会计师，除非法律法规另有规定。

（3）如果因未能就组成部分财务信息获取充分、适当的审计证据，导致集团项目组在对集团财务报表出具的审计报告中发表非无保留意见，集团项目组需要在导致非无保留意见的事项段中说明不能获取充分、适当审计证据的原因。

2. 集团财务报表审计中注册会计师的目标

在集团财务报表审计中，注册会计师的目标是：就组成部分注册会计师对组成部分财务信息执行工作的范围、时间安排和发现的问题，与组成部分注册会计师进行清晰的沟通；针对组成部分财务信息和合并过程，获取充分、适当的审计证据，以对集团财务报表是否在所有重大方面按照适用的财务报告编制基础编制发表审计意见。

19.3　了解集团及其组成部分环境

集团及其环境、集团组成部分及其环境具体内容，如表 19-1 所示。

表 19-1　集团及其环境、集团组成部分及其环境

了解集团及其环境、集团组成部分及其环境	了解的内容	集团管理层下达的指令
		是否舞弊
		集团项目组成员和组成部分注册会计师对集团财务报表重大错报风险（包括舞弊风险）的讨论
	了解的程序（目的）	了解集团及其环境、集团组成部分及其环境的程序

注册会计师应当通过了解被审计单位及其环境，识别和评估财务报表重大错报风险。集团审计中的审计风险，如表 19-2 所示。

表 19-2　集团审计中的审计风险

审计风险	组成部分的风险	组成部分注册会计师可能没有发现组成部分财务信息存在的错报（该错报导致集团财务报表发生重大错报）的风险
	集团项目组的风险	集团项目组可能没有发现该错报的风险

1. 集团管理层下达的指令

集团管理层下达的指令的具体内容如图 19-2 所示。

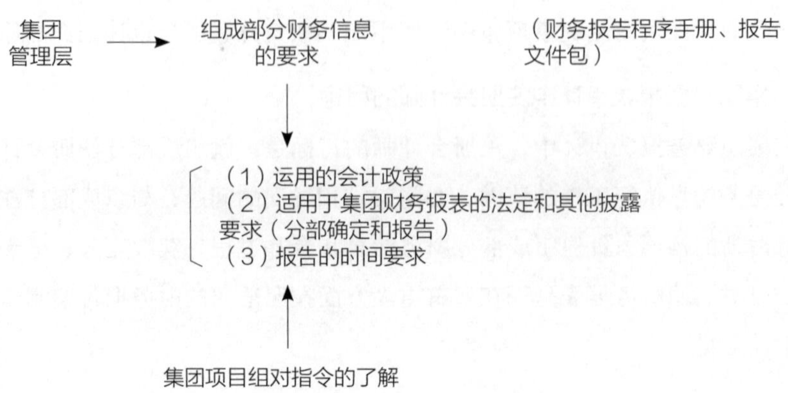

图 19-2　集团管理层下达的指令

集团项目组对指令的了解如表 19-3 所示。

表 19-3　集团项目组对指令的了解

集团项目组对指令的了解可能包括的方面	（1）就完成报告文件包而言，指令是否清晰、实用 （2）指令是否充分说明了适用的财务报告编制基础的特点 （3）指令是否规定了为遵守适用的财务报告编制基础的要求而需要充分披露的事项（如关联方关系及其交易和分部信息的披露） （4）指令是否规定了如何确定合并调整事项（如集团内部交易、未实现内部交易损益和集团内部往来余额） （5）指令是否规定了组成部分管理层对财务信息的批准程序

2. 舞弊

用以识别舞弊导致的集团财务报表重大错报风险所需的信息包括的内容如图 19-3 所示。

用以识别舞弊导致的集团财务报表重大错报风险所需的信息：
（1）集团管理层对集团财务报表可能存在舞弊导致的重大错报风险的评估；
（2）集团管理层对集团舞弊风险的识别和应对过程，包括集团管理层识别出的任何特定舞弊风险，或可能存在舞弊风险的账户余额、某类交易或披露；
（3）是否有特定组成部分可能存在舞弊风险；
（4）集团治理层如何监督集团管理层识别和应对集团舞弊风险的过程，以及集团管理层为降低集团舞弊风险而建立的控制；
（5）就集团项目组对是否知悉任何影响组成部分或集团的舞弊事实、舞弊嫌疑或舞弊指控的询问，集团治理层、管理层和内部审计人员（如适用，还包括组成部分管理层、组成部分注册会计师和其他人员）做出的答复

图 19-3　用以识别舞弊导致的集团财务报表重大错报风险所需的信息

3. 集团项目组成员和组成部分注册会计师对集团财务报表重大错报风险（包括舞弊风险）的讨论

项目组关键成员需要讨论舞弊或错误导致被审计单位财务报表发生重大错报

的可能性，并特别强调舞弊导致的风险。参与讨论的成员还可能包括组成部分注册会计师。

讨论可以提供下列机会。

（1）分享对组成部分及其环境的了解。

（2）交流有关组成部分或集团的经营风险的信息。

（3）交流对下列有关舞弊问题的看法。

①集团财务报表可能如何以及在何处易于发生舞弊或错误导致的重大错报。

②集团管理层和组成部分管理层如何编制并隐瞒虚假财务报告。

③组成部分的资产可能如何被侵占。

（4）识别集团管理层或组成部分管理层可能倾向或有意操纵利润导致虚假财务报告而采取的惯常手段，例如操纵收入。

（5）考虑已知的、对集团产生影响的外部和内部因素。

（6）考虑集团或组成部分管理层可能凌驾于控制之上的风险。

（7）考虑是否基于集团财务报表编制目的而采用统一的会计政策编制组成部分财务信息，如果未采用统一的会计政策，如何识别和调整会计政策差异。

（8）讨论识别出的组成部分的舞弊，或显示组成部分存在舞弊的信息。

（9）分享可能显示违反法律法规的信息（如有关商业贿赂或不适当的转移定价的信息）。

4. 了解集团及其环境、集团组成部分及其环境的程序

了解集团及其环境、集团组成部分及其环境的程序，具体如图 19-4 所示。

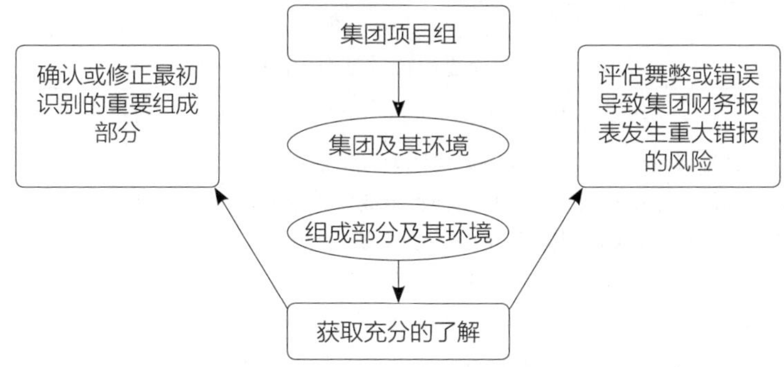

图 19-4　了解集团及其环境、集团组成部分及其环境的程序

集团项目组应当对集团及其环境、集团组成部分及其环境获取充分的了解，

以足以：①确认或修正最初识别的重要组成部分；②评估舞弊或错误导致集团财务报表发生重大错报的风险。

在了解集团及其环境、集团组成部分及其环境的基础上，集团项目组应当制定集团总体审计策略和具体审计计划。

19.4 针对评估的风险采取的措施

针对评估的风险采取的措施的具体内容如图 19-5 所示。

一、对重要组成部分需执行的工作

二、对不重要的组成部分需执行的工作

三、已执行的工作仍不能提供充分、适当审计证据时的处理

四、参与组成部分注册会计师的工作

图 19-5 针对评估的风险采取的措施

1. 对重要部分和不重要部分需执行的工作

需要执行的工作的具体内容如表 19-4 所示。

表 19-4 需要执行的工作的具体内容

对重要组成部分	对不重要组成部分
对由于其特定性质或情况，可能存在导致集团财务报表发生重大错报的特别风险的重要组成部分，集团项目组或代表集团项目组的组成部分注册会计师应当执行下列一项或多项工作： （1）使用组成部分重要性对组成部分财务信息实施审计； （2）针对与可能导致集团财务报表发生重大错报的特别风险相关的一个或多个账户余额、一类或多类交易或披露事项实施审计； （3）针对可能导致集团财务报表发生重大错报的特别风险实施特定的审计程序	集团项目组应当在集团层面实施分析程序。 实施分析程序的结果，可以佐证集团项目组得出的结论，即汇总的不重要的组成部分的财务信息不存在特别风险

2. 已执行的工作仍不能提供充分、适当审计证据时的处理

已执行的工作仍不能提供充分、适当审计证据时的相关处理，如图 19-6 所示。

处理方法
- （1）集团项目组应当选择某些不重要的组成部分，并对已选择的组成部分财务信息亲自执行或由代表集团项目组的组成部分注册会计师执行一项或多项工作
  - ①使用组成部分重要性对组成部分财务信息实施审计
  - ②对一个或多个账户余额、一类或多类交易或披露实施审计
  - ③使用组成部分重要性对组成部分财务信息实施审阅
  - ④实施特定程序
- （2）集团项目组还可以实施追加的程序，作为对审阅程序的补充
- （3）集团项目组应当在一段时间之后更换所选择的组成部分。选择不被被审计单位预见的同类其他组成部分，可以增加识别组成部分财务信息重大错报的可能性。对组成部分的选择通常实行定期轮换

图 19-6　已执行的工作仍不能提供充分、适当审计证据时的相关处理

3. 参与重要和不重要组成部分注册会计师的工作

参与重要和不重要组成部分注册会计师的工作如表 19-5 所示。

表 19-5　参与重要和不重要组成部分注册会计师的工作

参与重要组成部分注册会计师的工作	参与不重要组成部分注册会计师的工作
集团项目组应当参与组成部分注册会计师实施的风险评估程序，以识别导致集团财务报表发生重大错报的特别风险。集团项目组参与的性质、时间安排和范围受其对组成部分注册会计师所了解情况的影响，但至少应当包括： （1）与组成部分注册会计师或组成部分管理层讨论对集团而言重要的组成部分业务活动； （2）与组成部分注册会计师讨论舞弊或错误导致组成部分财务信息发生重大错报的可能性； （3）复核组成部分注册会计师对识别出的导致集团财务报表发生重大错报的特别风险形成的审计工作底稿。 （4）根据对组成部分注册会计师的了解，集团项目组应当确定是否有必要参与进一步审计程序	集团项目组参与组成部分注册会计师工作的性质、时间安排和范围，将根据集团项目组对组成部分注册会计师的了解的不同而不同。而该组成部分不是重要组成部分这一事实，成为次要的考虑因素

总结而言，针对评估的风险采取的措施如图 19-7 所示。

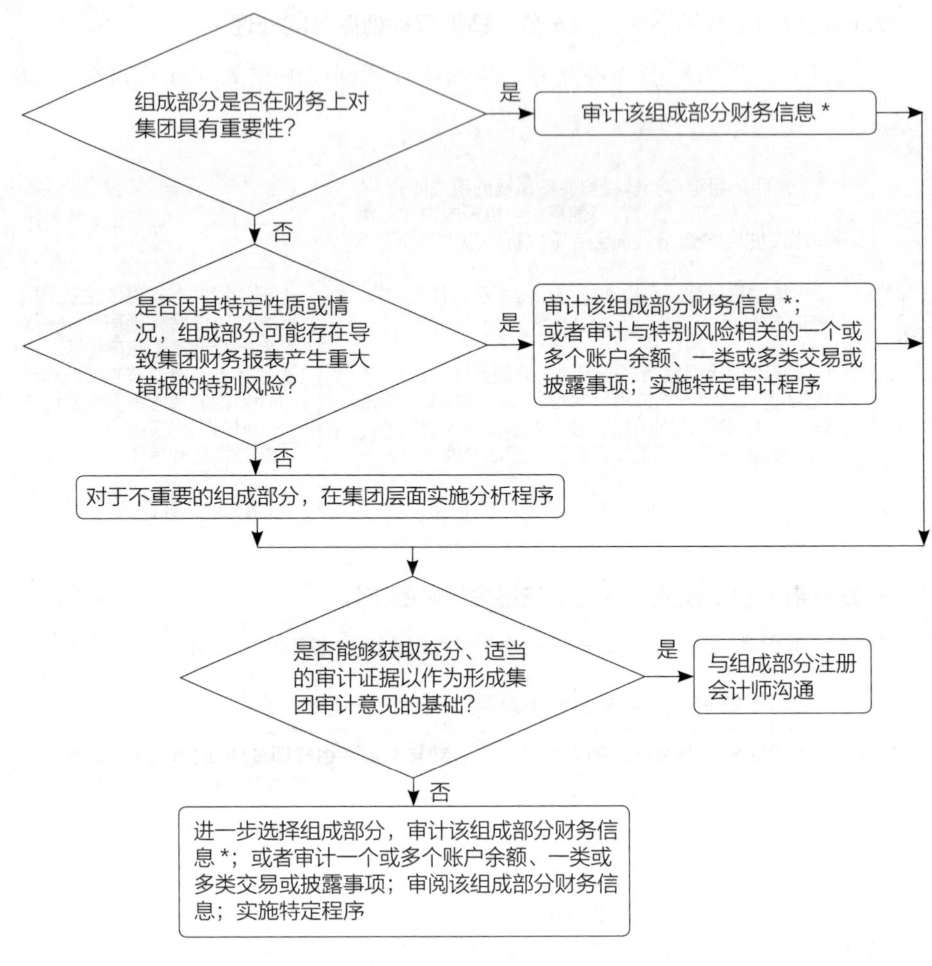

图 19-7　针对评估的风险采取的措施

19.5　甲集团公司财务报表审计案例

ABC 会计师事务所的 A 注册会计师负责审计甲集团公司 2019 年度财务报表，与集团审计相关的部分事项如下。

要求：针对下述第（1）至第（5）项，逐项指出 A 注册会计师的做法是否恰当。如不恰当，简要说明理由。

（1）乙公司为不重要的组成部分，A 注册会计师对组成部分注册会计师的专业胜任能力存在重大疑虑，因此，对其审计工作底稿实施了详细复核，不再实施其他审计程序。

不恰当。对组成部分注册会计师的专业胜任能力存在重大疑虑，不应由组成部分注册会计师执行工作，应当由集团项目组亲自获取审计证据。

（2）丙公司为甲集团公司 2019 年新收购的子公司，存在导致集团财务报表发生重大错报的特别风险，A 注册会计师要求组成部分注册会计师使用组成部分重要性对丙公司财务信息实施审阅。

不恰当。丙公司为重要组成部分，不应当执行审阅工作，应当对丙公司执行财务信息审计，特定账户余额、披露或交易审计，实施特定审计程序。

（3）丁公司为海外子公司，A 注册会计师要求担任丁公司组成部分注册会计师的境外会计师事务所确认其是否了解并遵守中国注册会计师职业道德守则的规定。

恰当。

（4）联营公司戊公司为重要组成部分，因无法接触戊公司的管理层和注册会计师，A 注册会计师取得了戊公司 2019 年度财务报表和审计报告、甲集团公司管理层拥有的戊公司财务信息及做出的与戊公司财务信息有关的书面声明，认为这些信息已构成与戊公司相关的充分、适当的审计证据。

不恰当。戊公司是重要组成部分，A 注册会计师取得的这些信息不能构成与戊公司相关的充分、适当的审计证据。A 注册会计师应针对与可能导致集团财务报表发生重大错报的特别风险相关的一个或多个账户余额、一类或多类交易或披露事项实施审计（对认定层次）；针对可能导致集团财务报表发生重大错报的特别风险实施特定的审计程序（对报表层次）。

（5）2020 年 2 月 15 日，组成部分注册会计师对戊公司 2019 年度财务信息出具了审计报告，A 注册会计师对戊公司 2020 年 2 月 15 日至集团审计报告日期间实施了期后事项审计程序，未发现需要调整或披露的事项。

恰当。

第20章
其他特殊项目审计

对会计估计、关联方和期初余额等特殊项目的审计，尽管可以与具体财务报表项目一样，先由有关的审计项目组成员分别执行，而后再加以综合，但由于这些项目通常具有内容特殊、性质敏感、金额较大、情况复杂等特点，因此，在审计实务中往往是由专业理论知识比较扎实、执业经验比较丰富的注册会计师专门实施，并编制相应的审计工作底稿。

20.1 会计估计审计

20.1.1 会计估计的性质

会计估计，是指在缺乏精确计量手段的情况下，采用的某项金额的近似值。会计估计一般包括存在估计不确定性时以公允价值计量的金额，以及其他需要估计的金额。其中，涉及公允价值计量的会计估计简称公允价值会计估计。

由于经营活动具有内在不确定性，某些财务报表项目只能进行估计。进一步讲，某项资产、负债或权益组成部分的具体特征或财务报告编制基础规定的计量基础或方法，可能导致有必要对某一财务报表项目做出估计。

做出会计估计的难易程度取决于估计对象的性质。例如，估计预提租金费用可能只需要简单的计算，而对滞销或过剩存货跌价准备的估计则包括对现有数据的详细分析和对未来销售的预测。复杂的会计估计可能对特定的知识和判断有较高要求。

会计估计通常是被审计单位在不确定情况下做出的，其准确程度取决于管理层对不确定的交易或事项的结果做出的主观判断。由于会计估计的主观性、复杂性和不确定性，管理层做出的会计估计发生重大错报的可能性较大，注册会计师应当按照《中国注册会计师审计准则第 1211 号——通过了解被审计单位及其环境识别和评估重大错报风险》的规定，确定会计估计的重大错报风险是否属于特别风险。

但同时需要提醒的是，会计估计的结果与财务报表中原来已确认或披露的金额存在差异，并不必然表明财务报表存在错报。

20.1.2　风险评估程序和相关活动

在实施风险评估程序和相关活动，以了解被审计单位及其环境时，注册会计师应当了解下列内容，作为识别和评估会计估计重大错报风险的基础。

20.1.2.1　了解适用的财务报告编制基础的要求

了解适用的财务报告编制基础的要求，有助于注册会计师确定该编制基础。

（1）是否规定了会计估计的确认条件或计量方法；

（2）是否明确了某些允许或要求采用公允价值计量的条件（如与管理层执行与某项资产或负债相关的特定措施的意图挂钩）；

（3）是否明确了要求做出或允许做出的披露。

了解适用的财务报告编制基础的要求，也为注册会计师就下列方面与管理层进行讨论提供了基础。

（1）管理层如何运用与会计估计相关的要求。

（2）注册会计师对这些要求是否得到恰当运用的判断。

管理层的点估计，是指管理层在财务报表中确认或披露一项会计估计而选择的金额。当存在可供选择的点估计时，财务报告编制基础可能为管理层确定点估计提供指引。例如，某些财务报告编制基础要求所选择的点估计应当反映管理层对最可能出现的结果的判断；其他一些财务报告编制基础则要求使用预期概率加权折现价值。在某些情况下，管理层可能有能力直接做出点估计；在其他情况下，管理层只有在考虑了各个据以确定点估计的可供选择的假设或结果后，才可能做出可靠的点估计。

20.1.2.2 了解管理层如何识别是否需要做出会计估计

编制财务报表要求管理层确定是否有必要对某项交易、事项和情况做出会计估计，以及确定是否已按照适用的财务报告编制基础确认、计量和披露所有必要的会计估计。

管理层可能通过对被审计单位经营情况和所在行业的了解，对当前期间实施经营战略情况的了解，结合以前期间编制财务报表所积累的经验，识别需要做出会计估计的交易、事项和情况。对此，注册会计师只需通过询问管理层，就可以了解管理层如何识别需要做出会计估计的情形。询问的内容可以包括以下方面。

（1）被审计单位是否已从事可能需要做出会计估计的新型交易。

（2）需要做出会计估计的交易的条款是否已改变。

（3）由于适用的财务报告编制基础的要求或其他规定的变化，与会计估计相关的会计政策是否已经相应变化。

（4）可能要求管理层修改或做出新会计估计的外部监管变化或其他不受管理层控制的变化是否已经发生。

（5）是否已经发生可能需要做出新估计或修改现有估计的新情况或事项。

而当管理层做出会计估计的流程更为结构化时（如管理层设有正式的风险管理职责），注册会计师可以针对管理层定期复核导致会计估计的情况及在必要时重新估计会计估计的方法及惯常做法实施风险评估程序。会计估计（特别是与负债相关的会计估计）的完整性，通常是注册会计师考虑的重要因素。

在审计过程中，注册会计师可能识别出一些管理层没有识别出但需要做出会计估计的交易、事项和情况。针对管理层未能识别出重大错报风险的情形，《中国注册会计师审计准则第 1211 号——通过了解被审计单位及其环境识别和评估重大错报风险》提供了处理方法，包括如何确定与被审计单位的风险评估过程相关的内部控制是否存在值得关注的内部控制缺陷。

20.1.2.3 了解管理层如何做出会计估计

编制财务报表也要求管理层建立针对会计估计的财务报告过程（包括适当的内部控制）。这些过程通常包括以下方面。

（1）选择适当的会计政策，并规定做出会计估计的流程，包括适当的估计或估值的方法或模型（如适用）。

（2）形成或识别影响会计估计的相关数据和假设。

（3）定期复核需要做出会计估计和在必要时重新做出会计估计的情形。

管理层做出会计估计的方法和依据主要如下。

1. 用以做出会计估计的方法，包括模型（如适用）

有时，适用的财务报告编制基础可能规定会计估计的计量方法，如计量公允价值会计估计的特定模型。但在许多情况下，适用的财务报告编制基础没有规定计量方法，或可能规定了多种可供选择的计量方法。当适用的财务报告编制基础没有规定具体环境下采用的特定计量方法时，注册会计师在了解管理层做出会计估计所采用的方法或模型（如适用）时可能考虑的事项如下。

（1）在选择特定方法时，管理层如何考虑需要做出会计估计的资产或负债的性质。

（2）被审计单位是否在某些业务领域、行业或环境中从事经营活动，而这些业务领域、行业或环境存在用于做出特定类型会计估计的通用方法。

如果管理层做出会计估计时采用了内部开发的模型或偏离了某一特定行业或环境中所采用的通用方法，则可能存在更大的重大错报风险。

2. 相关控制

在了解相关控制时，注册会计师可能考虑的事项包括做出会计估计的人员的经验与胜任能力，以及与下列情况相关的控制。

（1）管理层如何确定做出会计估计所使用的数据的完整性、相关性和准确性。

（2）由适当层级的管理层和治理层（如适用）对会计估计（包括使用的假设或输入数据）进行复核和批准。

（3）将批准交易的人员和负责做出会计估计的人员进行职责分离，包括职责分配是否恰当地考虑了被审计单位的性质以及产品或服务的性质。例如，对于大型金融机构，相关职责分离可能包括设置负责对自有金融产品的公允价值做出估计和验证的独立部门，且该部门职员的薪酬不与这些产品挂钩。

其他与做出会计估计相关的控制取决于具体情况。例如，如果被审计单位使用特定模型做出会计估计，管理层可能针对该模型建立专门的政策和程序。相关控制可能包括对下列事项的控制。

（1）为特定目的而设计和开发或选择特定模型。

（2）该模型的使用。

（3）该模型可靠性的维护和定期验证。

3. 管理层是否利用专家的工作

管理层可能拥有做出点估计必要的经验和胜任能力，或者被审计单位可能雇用那些具备做出点估计必要的经验和胜任能力的人员。但在某些情况下，管理层可能需要聘请专家做出或者帮助其做出会计估计。这些情况可能包括以下情形。

（1）需要做出会计估计的事项（如在采掘行业对矿产或油气储量的测量）具有特殊性质。

（2）满足适用的财务报告编制基础相关要求的模型（如对某些公允价值计量采用的模型）具有一定的技术含量。

（3）需要做出会计估计的情况、交易或事项具有异常性或偶发性。

4. 会计估计所依据的假设

假设是会计估计不可或缺的组成部分。在了解构成会计估计基础的假设时，注册会计师可能考虑的事项如下。

（1）假设（包括重大假设）的性质。

（2）管理层如何评价假设是否相关和完整（即考虑了所有相关变量）。

（3）管理层如何确定所采用假设的内在一致性（如适用）。

（4）假设是否与管理层所能控制的事项相关（如对可能影响资产使用年限的维修计划的假设），以及这些假设是否与被审计单位的经营计划和外部环境相符，或者假设是否与管理层控制之外的事项相关（如对利率、死亡率、潜在的司法或监管行为或未来现金流量的变动和时间安排的假设）。

（5）支持假设的文件记录（如存在）的性质和范围。

管理层可能使用来源于内部和外部不同类型的信息来支持假设，这些信息的相关性和可靠性各不相同。在某些情况下，假设可能可靠地建立在来源于外部（如公布的利率或其他统计数据）或内部（如历史信息或被审计单位以前经历过的情况）适用的信息的基础上。在其他情况下，假设可能更具有主观性，如被审计单位缺乏经验或没有获取信息的外部来源。

对于公允价值会计估计，提醒注意以下两点。

（1）假设反映熟悉情况且自愿的公平交易参与方（有时称为市场参与方或类似称谓）在交换资产或清偿债务时用以确定公允价值可能使用的信息，或者假设与熟悉情况且自愿的公平交易参与方使用的信息一致。特定假设也可能因被估值资产或负债的特征、估值方法（如市场法或收益法）和适用的财务报告编制基础的要求的不同而不同。

（2）假设或输入数据因其来源和基础的不同而不同。

①依据从独立于报告主体以外的渠道获得的市场数据（有时称为“可观察到的输入数据”或类似称谓）得出的假设或输入数据，反映了市场参与方在确定资产或负债价格时使用的信息。

②依据具体情况下可获得的最佳信息（有时称为“不可观察到的输入数据”或类似称谓）得出的假设或输入数据，反映了被审计单位自身对市场参与方在确定资产或负债价格时使用何种假设做出的判断。

在实务中，上述两者之间的差别并不总是明显的，管理层可能有必要从不同市场参与方使用的假设中做出选择。

假设或输入数据的主观程度（如是否可观察到）影响估计不确定性的程度，并由此影响注册会计师对会计估计的重大错报风险的评估。

5. 用以做出会计估计的方法是否已经发生或应当发生不同于上期的变化，以及变化的原因

评价管理层如何做出会计估计时，注册会计师需要了解用以做出会计估计的方法与前期相比是否已经发生变化或应当发生变化。当影响被审计单位的环境或情况或者适用的财务报告编制基础的要求发生变化时，需要改变估计方法加以应对。如果管理层改变了用于做出会计估计的方法，则注册会计师需要确定管理层能够证明新方法更加恰当，或者新方法本身就是对变化的应对。例如，如果管理层将做出会计估计的依据从盯市法转为模型法，注册会计师需要根据经济环境质疑管理层关于市场的假设是否合理。

6. 管理层是否评估以及如何评估会计估计不确定性的影响

在了解管理层是否以及如何评估会计估计不确定性的影响时，注册会计师可能考虑的事项如下。

（1）管理层是否已经考虑以及如何考虑各种可供选择的假设或结果，如通过敏感性分析确定假设变化对会计估计的影响。

（2）当敏感性分析表明存在多种可能结果时，管理层如何做出会计估计。

（3）管理层是否监控上期做出会计估计的结果，以及管理层是否已恰当应对实施监控程序的结果。

注册会计师应当复核上期财务报表中会计估计的结果，或者复核管理层在本期财务报表中对上期会计估计做出的后续重新估计（如适用）。在确定复核的性质和范围时，注册会计师应当考虑会计估计的性质，以及复核时获取的信息是否可能与识别和评估本期财务报表中会计估计的重大错报风险相关。但是，注册会计师复核的目的不是质疑上期依据当时可获得的信息而做出的判断。

对公允价值会计估计和其他以计量日情况为基础的会计估计，上期财务报表中确认的公允价值金额与本期结果或为实现本期目的而重新做出估计的金额之间的差异可能更大。这是因为这些会计估计的计量目标是确定某一时点的价值，该价值可能随被审计单位经营环境的变化而发生显著和快速的变化。因此，注册会计师在复核时，可将重点放在获取与识别和评估重大错报风险相关的信息上。例如，在某些情况下，如果市场参与方假设发生的变化影响上期公允价值会计估计的结果，则了解该变化可能难以提供与本期审计目的相关的信息。在这种情况下，注册会计师在对上期公允价值会计估计结果进行考虑时，可能着重了解管理层上期会计估计流程（即管理层的历史记录）的有效性，并据此判断管理层本期估计流程可能的有效性。

会计估计的结果与上期财务报表中已确认金额之间的差异，并不必然表明上期财务报表存在错报。但是，没有运用或错误运用下列两类信息而产生的差异可能表明上期财务报表存在错报。

（1）在上期财务报表编制完成阶段管理层可以获得的信息。

（2）合理预期管理层已经获得并在编制和列报财务报表时已予以考虑的信息。

20.1.3 识别和评估重大错报风险

在识别和评估重大错报风险时，注册会计师应当评价与会计估计相关的估计不确定性的程度，并根据职业判断确定识别出的具有高度估计不确定性的会计估计是否会导致特别风险。

1. 估计不确定性

与会计估计相关的估计不确定性的程度受下列因素的影响。

（1）会计估计对判断的依赖程度。

（2）会计估计对假设变化的敏感性。

（3）是否存在可以降低估计不确定性的经认可的计量技术（当然，作为输入数据的假设，其主观程度仍可导致估计不确定性）。

（4）预测期的长度和从过去事项得出的数据对预测未来事项的相关性。

（5）是否能够从外部来源获得可靠数据。

（6）会计估计依据可观察到的或不可观察到的输入数据的程度。

与会计估计相关的估计不确定性程度，可能影响会计估计对管理层偏向的敏感性。

在评估重大错报风险时，注册会计师考虑的事项可能包括以下方面。

（1）会计估计的实际的或预期的重要程度。

（2）会计估计的记录金额（即管理层的点估计）与注册会计师预期应记录金额的差异。

（3）管理层在做出会计估计时是否利用专家工作。

（4）对上期会计估计进行复核的结果。

2. 具有高度估计不确定性的会计估计

可能存在高度估计不确定性的会计估计的例子有很多，举例如下。

（1）高度依赖判断的会计估计，如对未决诉讼的结果或未来现金流量的金额和时间安排的判断，而未决诉讼的结果或未来现金流量的金额和时间安排取决于多年后才能确定结果的不确定事项。

（2）未采用经认可的计量技术计算的会计估计。

（3）注册会计师对上期财务报表中类似会计估计进行复核的结果表明最初会计估计与实际结果之间存在很大差异，在这种情况下管理层做出的会计估计。

（4）采用高度专业化的、由被审计单位自主开发的模型，或在缺乏可观察到的输入数据的情况下做出的公允价值会计估计。

在某些情况下，估计不确定性非常高，以致难以做出合理的会计估计。因此，适用的财务报告编制基础可能禁止在财务报表中对此进行确认或以公允价值计量。在这种情况下，特别风险不仅与会计估计是否应予确认或以公允价值计量相关，而且与披露的充分性相关。针对这种会计估计，适用的财务报告编制基础可能要求披露会计估计和与之相关的高度估计不确定性。如果认为会计估计导致特别风险，注册会计师需要了解与会计估计相关的控制，包括控制活动。如果会计估计的估计不确定性可能导致对被审计单位的持续经营能力产生重大疑虑，《中国注册会计师审计准则第1324号——持续经营》及其应用指南针对这种情况做出了规定并提供了指引。

20.1.4 应对评估的重大错报风险

基于评估的重大错报风险，注册会计师应当确定以下情况。

（1）管理层是否恰当运用与会计估计相关的适用的财务报告编制基础的规定。

许多财务报告编制基础规定会计估计的确认条件，并详细说明做出会计估计的方法和需要做出的披露。这些规定可能较为复杂，并要求运用判断。根据实施风险评估程序时了解的情况，注册会计师需要重点关注适用的财务报告编制基础中容易被误用或产生不同解释的相关要求。

注册会计师确定管理层是否恰当地遵守适用的财务报告编制基础的要求，在某种程度上依据其对被审计单位及其环境的了解。例如，对某些项目（如在企业并购中获得的无形资产）的公允价值进行计量需要特别考虑被审计单位的性质及其经营活动的影响。

在某些情况下，为了确定管理层是否恰当地遵守适用的财务报告编制基础的要求，注册会计师有必要实施追加的审计程序，如检查资产当前实物状况。

（2）做出会计估计的方法是否恰当，并得到一贯运用，以及会计估计或做出会计估计的方法不同于上期的变化是否适合于具体情况。

在情况没有发生变化或没有出现新的信息时，对会计估计或估计方法做出改变是武断的。武断的变化可能导致各期财务报表不一致，并可能产生财务报表重大错报，或显示存在管理层偏向。因此，注册会计师考虑会计估计或其估计方法自上期以来发生的变化是非常重要的。

管理层通常能够为不同期间基于环境的变化对会计估计或其估计方法的改变提供很好的理由。注册会计师需要根据判断确定该理由支持管理层观点（即环境已经发生变化，需要对会计估计或其估计方法做出改变）的充分性。

在应对评估的重大错报风险时，注册会计师应当考虑会计估计的性质，并实施下列一项或多项程序。

20.1.4.1 确定截至审计报告日发生的事项是否提供有关会计估计的审计证据

截至审计报告日发生的事项有时可能提供有关会计估计的充分、适当的审计证据。例如，期后不久出售某被替代的产品的全部存货，可能提供有关其可变现净值估计的审计证据。如果截至审计报告日可能发生的事项预期发生并提供用以证实或否定会计估计的审计证据，确定这些事项是否提供有关会计估计的审计证据可能是恰当的应对措施。在这种情况下，注册会计师没有必要对会计估计实施追加的审计程序。

而对于某些会计估计，截至审计报告日发生的事项不可能提供审计证据。例如，与某些会计估计相关的情况或事项需要较长时间才有进展；同样，由于公允价值会计估计的计量目标，期后信息可能不反映财务报表日存在的事项或情况，因而可能与公允价值会计估计的计量无关。当然，即使决定对特定会计估计不采取这种方法，注册会计师仍需要遵守《中国注册会计师审计准则第 1332 号——期后事项》及其应用指南的相关规定。注册会计师需要实施审计程序，获取充分、适当的审计证据，以确定财务报表日至审计报告日之间发生的、需要在财务报表中调整或披露的事项是否已经按照适用的财务报告编制基础在财务报表中得到恰当反映。由于除公允价值会计估计外的许多会计估计的计量通常取决于未来情况、交易或事项的结果，《中国注册会计师审计准则第 1332 号——期后事项》规定的审计工作与这些会计估计尤为相关。

20.1.4.2　测试管理层如何做出会计估计以及会计估计所依据的数据

在下列情况下，测试管理层如何做出会计估计和会计估计所依据的数据，可能是恰当的应对措施。

（1）会计估计是依据模型（使用可观察到的或不可观察到的输入数据）做出的公允价值会计估计。

（2）会计估计源于被审计单位会计系统对数据的常规处理。

（3）注册会计师对上期财务报表中类似的会计估计的复核表明管理层本期的会计估计流程可能是有效的。

（4）会计估计建立在性质相似、单项不重要但数量众多的项目的基础上。

在进行测试时，注册会计师应当评价采用的计量方法在具体情况下是否恰当，以及根据适用的财务报告编制基础确定的计量目标，管理层使用的假设是否合理。测试管理层如何做出会计估计还可能涉及下列方面。

（1）测试会计估计所依据的数据的准确性、完整性和相关性，以及管理层是否使用这些数据和假设恰当地做出会计估计。

（2）考虑外部数据或信息的来源、相关性和可靠性，包括从管理层聘请的、用以协助其做出会计估计的外部专家那里获取的数据或信息。

（3）重新计算会计估计，并复核有关会计估计信息的内在一致性。

（4）考虑管理层的复核和批准流程。

下面，着重就评价计量方法、评价模型的使用和评价管理层使用的假设三个方面进行讨论。

1. 评价计量方法

当适用的财务报告编制基础没有规定计量方法时，评价计量方法（包括适用的模型）是否适用于具体情况属于职业判断。为了评价计量方法是否适用于具体情况，注册会计师可能需要考虑以下事项。

（1）管理层选择计量方法的理由是否合理。

（2）管理层是否充分评价和恰当运用适用的财务报告编制基础提供的、用以支持所选择的计量方法的标准（如存在）。

（3）根据被估计的资产或负债的性质和适用的财务报告编制基础的要求，评价计量方法是否适用于具体情况。

（4）计量方法相对于被审计单位开展的业务、所处行业和环境是否恰当。

在某些情况下，管理层可能已确定采用不同的估计方法会导致一系列显著不同的会计估计。在这种情况下，了解被审计单位如何调查导致这些差异的原因可能有助于注册会计师评价管理层所选择方法的恰当性。

2. 评价模型的使用

在某些情况下，特别是做出公允价值会计估计时，管理层可能使用模型。使用的模型是否适用于具体情况，可能取决于多种因素，如被审计单位的性质及其环境，包括被审计单位所处的行业和需要计量的特定资产或负债。

根据所处的不同环境，在测试模型时，注册会计师可能需要考虑一些事项，这些事项的相关程度取决于具体情况，包括模型是否公开出售供特定部门或行业使用，或是专有的模型。在某些情况下，被审计单位可能利用专家来开发和测试模型。这些事项具体如下。

（1）在使用前是否验证模型，并定期复核以确保其能持续满足预定用途。被审计单位的验证流程可能是指：①评价模型理论上的合理性和数学上的可靠性，包括模型参数的恰当性；②评价模型输入数据相对于市场惯例的一致性和完整性；③与实际交易相比，评价模型的输出数据。

（2）是否存在针对模型变更的恰当控制政策和程序。

（3）是否定期校准和测试模型的有效性，特别是当输入数据具有主观性时。

（4）是否对模型输出数据做出调整，包括做出公允价值会计估计时，这些调整是否反映市场参与方在类似环境中所使用的假设。

（5）模型是否得到恰当记录，包括模型的预定用途、局限性和关键参数、要求的输入数据和实施验证分析的结果。

3. 评价管理层使用的假设

首先应当明确的是，注册会计师对管理层使用的假设的评价，仅以其在审计时可获得的信息为基础。针对管理层假设而实施审计程序是为了进行财务报表审计，而不是为了针对假设本身发表意见。

在评价管理层使用的假设的合理性时，注册会计师可能需要考虑下列情形。

（1）单项假设是否显得合理。

（2）假设是否相互依赖且具有内在一致性。

（3）当将这些假设汇总起来考虑或结合其他假设考虑时，无论是对于特定会计估计还是其他会计估计，这些假设是否显得合理。

（4）对于公允价值会计估计，假设是否恰当地反映可观察到的市场假设。

在评价管理层使用的构成公允价值会计估计基础的假设的合理性时，注册会计师除了考虑上述事项，在适用时还可能考虑下列事项：管理层是否以及如何在做出假设时加入特定市场输入数据（如相关）；假设是否与可观察到的市场情况和以公允价值计量的资产或负债的特征一致；市场参与方假设的来源是否相关和可靠，以及当存在多种市场参与方假设时管理层如何选择假设；管理层是否以及如何考虑在可比较的交易、资产或负债中使用的假设或有关信息（如适用）。

进一步讲，公允价值会计估计可能依据可观察到和不可观察到的输入数据。当公允价值会计估计依据不可观察到的输入数据时，注册会计师可能考虑的事项包括管理层是如何为下列方面提供合理支持的：识别与会计估计相关的市场参与方的特征；修改自有假设以反映市场参与方可能使用的假设；是否包括在具体情形下可获得的最佳信息；管理层的假设是如何考虑可比较的交易、资产或负债的（如适用）。

当存在不可观察到的输入数据时，注册会计师需要在评价假设时结合审计准则提出的其他应对措施，以获取充分、适当的审计证据。在这种情况下，注册会计师有必要实施其他审计程序，如检查适当层级的管理层和治理层（如适用）复核和批准会计估计的文件。

此外，在评价支持会计估计的假设的合理性时，注册会计师可能识别出一个或多个重大假设，这可能表明会计估计存在高度估计不确定性并由此可能产生特别风险。

20.1.4.3 测试与管理层如何做出会计估计相关的控制的运行有效性，并实施恰当的实质性程序

审计准则规定，当存在下列情形之一时，注册会计师需要测试控制运行的有效性。

（1）在评估认定层次重大错报风险时，预期针对会计估计流程的控制的运行是有效的。

（2）仅实施实质性程序不能提供认定层次充分、适当的审计证据。

如果管理层做出会计估计的流程的设计、执行和维护良好，测试与管理层如何做出会计估计相关的控制运行的有效性可能是适当的。比如：存在适当层级的管理层和治理层（如适用）对会计估计进行复核和批准的控制；会计估计源于被审计单位会计系统对数据的常规处理。

20.1.4.4 做出注册会计师的点估计或区间估计，以评价管理层的点估计

注册会计师的点估计或区间估计，是指从审计证据中得出的、用于评价管理层点估计的金额或金额区间。

注册会计师应当针对下列两种情况分别予以处理。

（1）如果使用有别于管理层的假设或方法，注册会计师应当充分了解管理层的假设或方法，以确定注册会计师在做出点估计或区间估计时已考虑了相关变量，并评价与管理层的点估计存在的任何重大差异。

这种了解可能向注册会计师提供与其做出恰当点估计或区间估计相关的信息，并有助于了解和评价任何有别于管理层点估计的重大差异。例如，差异可能源于注册会计师与管理层使用不同但同样有效的假设。这可能显示出会计估计对某些假设高度敏感，因此受高度估计不确定性的影响，这意味着会计估计可能存在特别风险。此外，差异也可能是管理层造成的事实错误所导致的。根据具体情况，注册会计师在得出结论时，与管理层就使用的假设的基础及其有效性以及做

出会计估计的方法差异（如存在）进行讨论可能是有帮助的。

（2）如果认为使用区间估计是恰当的，注册会计师应当基于可获得的审计证据来缩小区间估计区间，直至该区间估计区间内的所有结果均可被视为合理。

当注册会计师认为运用区间估计（注册会计师的区间估计）来评价管理层点估计的合理性是恰当的时，做出的区间估计需要包括所有“合理”的结果而不是所有可能的结果。这是因为包括所有可能结果的区间估计太宽泛，以至于注册会计师不能有效地确定会计估计是否存在错报。如果区间估计区间足够小，以至于注册会计师能够确定会计估计是否存在错报，它就是有用和有效的。

通常情况下，当区间估计的区间已缩小至等于或低于实际执行的重要性时，该区间估计对于评价管理层的点估计是适当的。而对于某些特定行业，可能难以将区间缩小至低于某一金额。这并不必然否定管理层对会计估计的确认，但是可能意味着与会计估计相关的估计不确定性可能导致特别风险。

下列方法可以将区间估计的区间缩小至某一区域，使得在该区域内的所有结果被视为是合理的。

①从区间估计中剔除注册会计师认为不可能发生的极端结果。

②根据可获得的审计证据，继续缩小区间估计区间直至注册会计师认为该区间估计区间内的所有结果均可被视为是合理的。在极其特殊的情况下，注册会计师可能缩小区间估计区间直至审计证据指向点估计。

20.1.5　实施进一步实质性程序以应对特别风险

在审计导致特别风险的会计估计时，注册会计师在实施进一步实质性程序时需要重点评价：①管理层如何评估估计不确定性对会计估计的影响，以及这种不确定性对财务报表中会计估计的确认的恰当性可能产生的影响；②相关披露的充分性。

1. 估计不确定性

对导致特别风险的会计估计，除实施《中国注册会计师审计准则第 1231 号——针对评估的重大错报风险采取的应对措施》和应用指南规定的其他实质性程序外，注册会计师还应当实施以下审计程序。

（1）评价管理层如何考虑替代性的假设或结果，以及拒绝采纳的原因，或者在管理层没有考虑替代性的假设或结果的情况下，评价管理层在做出会计估计时如何处理估计不确定性。

管理层可能根据具体情况采用多种方法评价会计估计的可供选择的假设或结果。方法之一是敏感性分析，可能涉及确定会计估计的金额如何随着假设的不同而变化。即使是公允价值会计估计，由于不同市场参与方使用不同的假设，会计估计仍然可能存在差异。敏感性分析可能针对“乐观”和“悲观”等不同情形得出一系列结果。敏感性分析结果可能表明会计估计对特定假设的变化不敏感，也可能表明会计估计对一个或多个假设敏感，因而这些假设成为注册会计师重点关注的对象。

（2）评价管理层使用的重大假设是否合理。

如果在做出会计估计时运用的某些假设的合理变化可能对会计估计的计量产生重大影响，则这些假设被视为重大假设。

注册会计师从管理层建立的持续战略分析和风险管理流程中可能获得相关信息，以支持管理层根据其了解的情况做出的重大假设。即使没有建立正式的流程（如在小型被审计单位），注册会计师可以通过询问管理层或与其讨论评价假设，并结合其他审计程序，获取充分、适当的审计证据。

（3）当管理层实施特定措施的意图和能力与其使用的重大假设的合理性或对适用的财务报告编制基础的恰当应用相关时，评价这些意图和能力。

2. 做出区间估计

如果根据职业判断认为管理层没有适当处理估计不确定性对导致特别风险的会计估计的影响，注册会计师应当在必要时做出用于评价会计估计合理性的区间估计。

在编制财务报表时，管理层可能确信已经适当地处理了估计不确定性对导致特别风险的会计估计的影响。但是，在某些情况下，注册会计师可能认为管理层的工作是不够的，例如，注册会计师可能做出以下判断。

（1）通过评价管理层如何处理估计不确定性的影响不能获取充分、适当的审计证据。

（2）有必要进一步分析与会计估计相关的估计不确定性的程度，例如，注册会计师注意到类似环境下类似会计估计的结果存在较大差别。

（3）不大可能通过如复核截至审计报告日发生的事项等审计程序获得其他审计证据。

（4）可能有迹象表明管理层在做出会计估计时存在管理层偏向。

3. 确认和计量的标准

对导致特别风险的会计估计，注册会计师应当获取充分、适当的审计证据，以确定下列方面是否符合适用的财务报告编制基础的规定。

（1）管理层对会计估计在财务报表中予以确认或不予确认的决策。

如果管理层在财务报表中确认一项会计估计，注册会计师评价的重点是会计估计的计量是否足够可靠，能否满足适用的财务报告编制基础规定的确认标准。对于没有在财务报表中确认的会计估计，注册会计师评价的重点是会计估计是否在实质上已满足适用的财务报告编制基础规定的确认标准。即使某一项会计估计没有得到确认，且注册会计师认为这种处理是恰当的，可能仍然有必要在财务报表附注中披露具体情况。注册会计师也可能认为有必要在审计报告中增加强调事项段，以提醒财务报表使用者关注重大不确定性的存在。

（2）做出会计估计所选择的计量基础。

对于公允价值会计估计，某些适用的财务报告编制基础在要求或者允许进行公允价值计量和披露时，是以公允价值可以可靠计量这一假定作为前提条件的。在某些情况下，如不存在恰当的计量方法或基础，这种假定可能不成立。在这种情况下，注册会计师评价的重点是管理层用以推翻适用的财务报告编制基础所规定的与采用公允价值相关的假定的依据是否恰当。

20.1.6　评价会计估计的合理性并确定错报

注册会计师应当根据获取的审计证据，评价财务报表中的会计估计在适用的财务报告编制基础下是合理的还是存在错报。根据获取的审计证据，注册会计师可能认为这些证据指向与管理层的点估计不同的会计估计。当审计证据支持点估计时，注册会计师的点估计与管理层的点估计之间的差异构成错报。当注册会计师认为使用区间估计能够获取充分、适当的审计证据时，则在注册会计师区间估计之外的管理层的点估计得不到审计证据的支持。在这种情况下，错报不小于管理层的点估计与注册会计师区间估计之间的最小差异。

当管理层根据其对环境变化的主观判断而改变某项会计估计，或者改变上期做出会计估计的方法时，基于获取的审计证据，注册会计师可能认为会计估计被管理层随意改变而产生错报，或者将该行为视为可能存在管理层偏向的迹象。

一项错报，无论是舞弊导致的还是错误导致的，当与会计估计相关时，可能是下列因素导致的。

（1）毋庸置疑存在的错报（事实错报）。

（2）由注册会计师认为管理层对会计估计做出的判断不合理，或认为管理层对会计政策的选择或运用不恰当导致的差异（判断错报）。

（3）注册会计师对总体中错报的最佳估计，包括根据审计样本中识别出的错报推断出总体中的错报（推断错报）。

在某些涉及会计估计的情形中，错报可能由上述因素共同导致，因此注册会计师难以或不可能区分出由哪一具体因素导致。

评价在财务报表附注中的会计估计和相关披露（无论是由适用的财务报告编制基础要求的还是属于自愿披露的）的合理性时考虑的事项，与在审计财务报表中确认的会计估计时考虑的事项在实质上是相同的。

20.1.7 其他相关审计程序

1. 关注与会计估计相关的披露

注册会计师应当获取充分、适当的审计证据，以确定与会计估计相关的财务报表披露是否符合适用的财务报告编制基础的规定。对导致特别风险的会计估计，注册会计师还应当评价在适用的财务报告编制基础下，财务报表对估计不确定性的披露的充分性。

（1）按照适用的财务报告编制基础做出的披露。按照适用的财务报告编制基础列报财务报表，包括对重大事项的充分披露。适用的财务报告编制基础可能允许或规定与会计估计相关的披露，并且某些实体可能在财务报表附注中自愿披露额外信息。这些披露可能包括以下方面。

①使用的假设。

②使用的估计方法，包括适用的模型。

③选择估计方法的基础。

④改变上期估计方法产生的影响。

⑤估计不确定性的原因和影响。

这些披露与财务报表使用者理解在财务报表中确认或披露的会计估计相关，注册会计师需要就其披露是否符合适用的财务报告编制基础的规定获取充分、适当的审计证据。

在某些情况下，适用的财务报告编制基础可能对披露估计不确定性做出特别规定。

①披露关键假设以及产生估计不确定性的其他原因，该估计不确定性具有导致对资产和负债账面价值做出重大调整的特别风险。这些要求可能用“估计不确定性的关键原因”或“关键会计估计”等术语表述。

②对于区间估计，披露可能出现的结果的区间和用以确定该区间的假设。

③披露关于公允价值会计估计相对被审计单位财务状况和经营成果的重要程度的信息。

④披露定性信息，如受风险影响的情况、被审计单位管理风险的目标、政策和程序以及计量风险的方法，以及自上期以来这些定性信息的任何变化。

⑤披露定量信息，如受风险影响的程度（以内部提供给关键管理人员的信息为基础），包括信用风险、流动性风险和市场风险。

（2）披露导致特别风险的会计估计的估计不确定性。对具有特别风险的会计估计，即使已按照适用的财务报告编制基础的要求进行了披露，注册会计师仍可能根据所涉及的情况和事实认为对估计不确定性的披露是不充分的。会计估计可能结果的区间估计相对于重要性越大，注册会计师对估计不确定性的披露充分性的评价越重要。

在某些情况下，注册会计师可能认为鼓励管理层在财务报表附注中描述与估计不确定性相关的情况是适当的。注册会计师当认为管理层在财务报表中对估计不确定性的披露不充分或存在误导时，应当考虑其对审计报告的影响。

2. 识别可能存在管理层偏向的迹象

注册会计师应当复核管理层在做出会计估计时的判断和决策，以识别是否可能存在管理层偏向的迹象。

在审计过程中，注册会计师可能注意到管理层做出的、可能导致出现管理层偏向迹象的判断和决策。这些迹象可能影响注册会计师对有关风险评估结果和相关应对措施是否仍然恰当的判断，并且注册会计师可能有必要考虑对审计其他方面的影响。进一步讲，这些迹象可能影响注册会计师对财务报表整体是否不存在重大错报的评估。与会计估计相关的、可能存在管理层偏向迹象的情形如下。

（1）管理层主观地认为环境已经发生变化，并相应地改变会计估计或估计方法。

（2）针对公允价值会计估计，被审计单位的自有假设与可观察到的市场假设不一致，但仍使用被审计单位的自有假设。

（3）管理层选择或做出重大假设以产生有利于管理层目标的点估计。

（4）选择带有乐观或悲观倾向的点估计。

3. 获取书面声明

注册会计师应当向管理层和治理层（如适用）获取书面声明，以确定其是否认为在做出会计估计时使用的重大假设是合理的。

根据估计不确定性的性质、重要性和程度，有关财务报表中确认或披露的会计估计的书面声明可能包括下列内容。

（1）计量流程（包括管理层在根据适用的财务报告编制基础做出会计估计时使用的相关假设和模型）的恰当性，以及流程的一贯运用。

（2）假设恰当地反映了管理层代表被审计单位执行特定措施的意图和能力（当这些意图和能力与会计估计和披露相关时）。

（3）在适用的财务报告编制基础下与会计估计相关的披露的完整性和适当性。

（4）不存在需要对财务报表中会计估计和披露做出调整的期后事项。

针对未在财务报表中确认或披露的会计估计，书面声明也可能包括下列内容：

（1）管理层用于确定不满足适用的财务报告编制基础规定的确认或披露标准的依据的恰当性。

（2）针对未在财务报表中以公允价值计量或披露的会计估计，管理层用于推翻适用的财务报告编制基础规定的与使用公允价值相关的假定依据的恰当性。

在审计过程中，注册会计师应当将识别出的可能存在管理层偏向的迹象形成审计工作底稿，这有助于注册会计师确定风险评估结果和相关应对措施是否仍然恰当，以及评价财务报表整体是否不存在重大错报。

20.2　首次接受委托时对期初余额的审计

广义地讲，对期初余额的审计，既包括注册会计师首次接受委托对被审计单位的财务报表进行审计时所涉及的如何审计财务报表期初余额的问题，也包括注册会计师执行连续审计业务时所涉及的如何审计财务报表期初余额的问题。对于后者，注册会计师在当期审计中通常只需关注被审计单位经审计的上期期末余额是否已正确结转至本期，或在适当的情况下已做出重新表述，很少再实施其他专门的审计程序。因此，本节主要针对注册会计师首次接受委托对被审计单位的财务报表进行审计时所涉及的期初余额审计问题进行阐述。

从目前看，注册会计师首次接受被审计单位委托主要有两类情况：一是会计师事务所在被审计单位财务报表首次接受审计的情况下接受审计委托；二是会计师事务所在被审计单位上期财务报表由其他会计师事务所审计的情况下接受审计委托，即由于种种原因，被审计单位更换会计师事务所对其本期财务报表进行审计。随着修订后的《中华人民共和国公司法》的颁布和实施，被审计单位财务报表首次接受审计的情况日趋减少，但被审计单位更换对其财务报表进行审计的会计师事务所的情况仍将继续存在。

注册会计师首次接受委托对被审计单位的财务报表进行审计时，应当注意把握以下两个方面。

一方面，注册会计师应当保持应有的职业谨慎，充分考虑期初余额对所审计财务报表的影响。所谓应有的职业谨慎，是指注册会计师履行专业职责时应当具备足够的专业胜任能力，具有强烈的责任感并保持应有的慎重态度。注册会计师在首次接受委托时会涉及期初余额，而期初余额是财务报表的基础，往往对对应期间的财务报表产生重要的影响，因此，注册会计师应以高度的责任感和慎重的态度判断期初余额对所审计财务报表影响的程度。

另一方面，注册会计师的审计对象毕竟是被审计单位本期的财务报表，如果对期初余额审计过于详细，势必会增加审计成本，延长审计时间，并给被审计单位带来审计费用过高等负担。因此，注册会计师对期初余额的审计应该遵循适度原则。

20.2.1 期初余额的含义

期初余额是指期初存在的账户余额。期初余额以上期期末余额为基础，反映了以前期间的交易和事项以及上期采用的会计政策的结果。要正确理解期初余额的含义，需要把握以下三点。

（1）期初余额是期初已存在的账户余额。期初已存在的账户余额是由上期结转至本期的金额，或是上期期末余额调整后的金额。期初余额与上期期末余额是一个事物的两个方面。通常，期初余额是上期账户结转至本期账户的余额，在数额上与相应账户的上期期末余额相等。但是，由于受上期期后事项、会计政策变更、前期会计差错更正等因素的影响，上期期末余额结转至本期时，有时需经过调整或重新表述。

例如，根据《企业会计准则第 28 号——会计政策、会计估计变更和差错更正》的规定，对于会计政策变更，企业应当采用追溯调整法处理，将会计政策变更累积影响数调整列报前期最早期初留存收益，其他相关项目的期初余额和列报前期披露的其他比较数据也应当一并调整；对于前期会计差错更正事项，企业应当采用追溯重述法更正重要的前期差错。实际上，采用追溯调整法或者追溯重述法，就是在上期期末余额的基础上进行适当调整，形成本期期初余额。

（2）期初余额反映了以前期间的交易和事项以及上期采用的会计政策的结果。期初余额应以客观存在的经济业务为根据，是被审计单位按照上期采用的会计政策对以前会计期间发生的交易和事项进行处理的结果。

（3）期初余额与注册会计师首次审计业务相联系。所谓首次审计业务，是指在上期财务报表未经审计，或上期财务报表由前任注册会计师审计的情况下承接的审计业务。

注册会计师对财务报表进行审计，是对被审计单位所审期间财务报表发表审计意见，一般无须专门对期初余额发表审计意见，但因为期初余额是本期财务报表的基础，所以注册会计师要对期初余额实施适当的审计程序。注册会计师应当根据期初余额对财务报表的影响程度，合理运用职业判断，以确定期初余额的审计范围。判断期初余额对本期财务报表的影响程度应着眼于以下三方面：一是上期结转至本期的金额；二是上期所采用的会计政策；三是上期期末已存在的或有事项及承诺。注册会计师应以这三方面的内容为重点，确定期初余额对本期财务报表的影响。

20.2.2　期初余额的审计目标

在执行首次审计业务时，注册会计师针对期初余额的目标是获取充分、适当的审计证据以确定：①期初余额是否含有对本期财务报表产生重大影响的错报；②期初余额反映的恰当的会计政策是否在本期财务报表中得到一贯运用，或会计政策的变更是否已按照适用的财务报告编制基础做出恰当的会计处理和充分的列报与披露。

1. 确定期初余额是否含有对本期财务报表产生重大影响的错报

要确定期初余额是否存在对本期财务报表产生重大影响的错报，主要是判断期初余额的错报对本期财务报表使用者进行决策的影响程度，是否足以改变或影响其判断。如果期初余额存在对本期财务报表产生重大影响的错报，则注册会计师在审计中必须对此提出恰当的审计调整或披露建议；反之，注册会计师无须对此予以特别关注和处理。

例如，上期财务报表中对某项新增固定资产的初始计量存在重大差错，这一差错不仅会影响本期期末资产负债表中固定资产项目和资产总额项目的正确列报，同时还会影响本期损益核算的正确性，进而可能使得本期财务报表使用者在决策时做出错误判断。

2. 确定期初余额反映的恰当的会计政策是否在本期财务报表中得到一贯运用，或会计政策的变更是否已按照适用的财务报告编制基础做出恰当的会计处理和充分的列报与披露

按照《企业会计准则第 28 号——会计政策、会计估计变更和差错更正》的规定，企业采用的会计政策，在每一会计期间和前后各期应当保持一致，不得随意变更。但是，在满足下列条件之一的情形下，企业可以变更会计政策：①法律、行政法规或者国家统一的会计制度等要求变更会计政策。②会计政策变更能够提供更可靠、更相关的会计信息。会计政策变更能够提供更可靠、更相关的会计信息的，应当采用追溯调整法处理，即将会计政策变更累积影响数调整列报前期最早期初留存收益，其他相关项目的期初余额和列报前期披露的其他比较数据也应当一并调整，但确定该项会计政策变更累积影响数不切实可行的情况除外。《企业会计准则第 28 号——会计政策、会计估计变更和差错更正》同时对本期财务报表附注中披露与会计政策变更有关的信息方面的问题提出了明确要求。

因此，在审计期初余额时，注册会计师应当按照《企业会计准则第 28 号——会计政策、会计估计变更和差错更正》的有关要求，评价被审计单位是否一贯运用恰当的会计政策，或是否对会计政策的变更做出了正确的会计处理和恰当的列报。

20.2.3 审计程序

为达到上述期初余额的审计目标，注册会计师应当阅读被审计单位最近期间的财务报表和相关披露，以及前任注册会计师出具的审计报告（如有），获取与期初余额相关的信息。注册会计师对期初余额需要实施的审计程序的性质和范围取决于下列事项：①被审计单位运用的会计政策；②账户余额、各类交易和披露的性质以及本期财务报表存在的重大错报风险；③期初余额相对于本期财务报表的重要程度；④上期财务报表是否经过审计，如果经过审计，前任注册会计师的意见是否为非无保留意见。

注册会计师对期初余额实施的审计程序通常如下。

1. 确定上期期末余额是否已正确结转至本期，或在适当的情况下已做出重新表述

上期期末余额已正确结转至本期，主要是指：①上期账户余额计算正确；②上期总账余额与各明细账余额合计数或日记账余额合计数相等；③上期各总账余额和相应的明细账余额或日记账余额已经分别恰当地过入本期的总账和相应的明细账或日记账。

上期期末余额通常应直接结转至本期。但在出现某些情形时，上期期末余额不应直接结转至本期，而应当做出重新表述。例如，企业会计准则和相关会计制度的要求发生变化；或者上期期末余额存在重大的前期差错，如果前期差错累积影响数能够确定，按规定应当采用追溯重述法进行更正。

2. 确定期初余额是否反映对恰当会计政策的运用

注册会计师首先应了解、分析被审计单位所选用的会计政策是否恰当，是否符合适用的财务报告编制基础的要求，按照所选用会计政策对被审计单位发生的交易或事项进行处理，是否能够提供可靠、相关的会计信息；其次，如果认定被审计单位所选用的会计政策恰当，应确认该会计政策是否在每一会计期间和前后各期得到一贯执行，有无变更；最后，如果发现会计政策发生变更，应确定其变更理由是否充分，是否按规定予以变更，或者由于具体情况发生变化，会计政策变更能够提供更可靠、更相关的会计信息，并关注被审计单位是否已经按照适用的财务报告编制基础的要求，对会计政策变更做出适当的会计处理和充分披露。

如果被审计单位上期适用的会计政策不恰当或与本期不一致，注册会计师在实施期初余额审计时应提请被审计单位进行调整或予以披露。

3. 实施一项或多项审计程序

注册会计师实施的一项或多项审计程序如下。

（1）如果上期财务报表已经审计，查阅前任注册会计师的审计工作底稿，以获取有关期初余额的审计证据，具体工作如下。

①查阅前任注册会计师的审计工作底稿。查阅的重点通常限于对本期审计产生重大影响的事项，如前任注册会计师对上期财务报表发表的审计意见的类型和主要内容，针对上期财务报表的审计计划和审计总结等。具体来讲，查阅的内容有：查阅前任注册会计师审计工作底稿中的所有重要审计领域；考虑前任注册会计师是否已实施审计程序，收集充分、适当的审计证据，以支持资产负债表重要账户期初余额；复核前任注册会计师建议的调整分录和未更正错报汇总表，并评价其对当期审计的影响。

②考虑前任注册会计师的独立性和专业胜任能力。注册会计师能否通过查阅前任注册会计师的审计工作底稿获取有关期初余额的充分、适当的审计证据，在很大程度上依赖于注册会计师对前任注册会计师的独立性和专业胜任能力的判断。如果认为前任注册会计师不具有独立性，或者不具有应有的专业胜任能力，则注册会计师无法通过查阅其审计工作底稿获取有关期初余额的充分、适当的审计证据。

③与前任注册会计师沟通时的考虑。在与前任注册会计师沟通时，注册会计师应当遵守职业道德守则和《中国注册会计师审计准则第 1153 号——前任注册会计师和后任注册会计师的沟通》的规定。该准则要求，注册会计师无论是在接受委托前、接受委托后，还是在发现前任注册会计师审计的财务报表可能存在重大错报时，均应当采取相应的措施。这些同样是注册会计师在与前任注册会计师沟通时所必须遵守的。

（2）评价本期实施的审计程序是否提供了有关期初余额的审计证据。

（3）实施其他专门的审计程序，以获取有关期初余额的审计证据。

注册会计师应当根据期初余额有关账户的不同性质实施相应的审计程序。账户的性质主要按照账户是属于资产类还是负债类，是属于流动性还是非流动性等标准加以区分。

①对流动资产和流动负债的审计程序。对流动资产和流动负债，注册会计师通常可以通过本期实施的审计程序获取部分审计证据。对于存货，注册会计师还应当按照《中国注册会计师审计准则第 1311 号——对存货、诉讼和索赔、分部信息等特定项目获取审计证据的具体考虑》的规定，实施追加的审计程序。

相对于非流动资产和非流动负债，流动资产和流动负债的流动性比较强，存在的期限比较短。期初流动资产和流动负债在本期的交易事项中通常会有所反映，因此，本期实施的审计程序有时可以印证期初流动资产和流动负债的存在与金额。例如，本期应收账款的收回（或应付账款的支付）为其在期初的存在、权利和义务、完整性和计价提供了部分审计证据。然而，就存货而言，如果因为委托时间滞后，注册会计师可能未能对上期期末存货实施监盘，本期对存货的期末余额实施的审计程序，几乎无法提供有关期初持有存货的审计证据。因此，注册会计师有必要实施追加的审计程序。下列一项或多项审计程序可以为存货期初余额提供充分、适当的审计证据：监盘当前的存货数量并调节至期初存货数量；对期初存货项目的计价实施审计程序；对毛利和存货截止实施审计程序。

②对非流动资产和非流动负债的审计程序。对非流动资产和非流动负债，注册会计师通常检查形成期初余额的会计记录和其他信息。在某些情况下，注册会计师可向第三方函证期初余额，或实施追加的审计程序。

相对于流动资产和流动负债，非流动资产和非流动负债比较稳定，变动较少，如长期股权投资、固定资产和长期借款，注册会计师可以通过检查形成期初余额的会计记录和其他信息获取审计证据。在某些情况下，注册会计师还可以通过向第三方函证获取有关期初余额（如长期借款和长期股权投资的期初余额）的部分审计证据。而在另外一些情况下，注册会计师还可能需要实施追加的审计程序。

如果获取的审计证据表明期初余额存在可能对本期财务报表产生重大影响的错报，注册会计师应当实施适合具体情况的追加的审计程序，以确定对本期财务报表的影响。如果认为本期财务报表中存在这类错报，注册会计师应当按照《中国注册会计师审计准则第 1251 号——评价审计过程中识别出的错报》的规定，就这类错报与适当层级的管理层和治理层进行沟通。

如果上期财务报表已由前任注册会计师审计，并发表了非无保留意见，注册会计师应当按照《中国注册会计师审计准则第 1211 号——通过了解被审计单位及其环境识别和评估重大错报风险》的规定，在评估本期财务报表重大错报风险时，评价导致对上期财务报表发表非无保留意见的事项的影响。

20.2.4　审计结论和审计报告

在对期初余额实施审计程序后，注册会计师应当分析已获取的审计证据，区分不同情况形成对被审计单位期初余额的审计结论，在此基础上确定其对本期财务报表出具审计报告的影响。

1. 审计后不能获取有关期初余额的充分、适当的审计证据

如果不能针对期初余额获取充分、适当的审计证据，注册会计师需要在审计报告中发表下列类型之一的非无保留意见。

（1）发表适合具体情况的保留意见或无法表示意见。

（2）除非法律法规禁止，对经营成果和现金流量（如相关）发表保留意见或无法表示意见，而对财务状况发表无保留意见。

2. 期初余额存在对本期财务报表产生重大影响的错报

如果期初余额存在对本期财务报表产生重大影响的错报，注册会计师应当告知管理层；如果上期财务报表由前任注册会计师审计，注册会计师还应当考虑提请管理层告知前任注册会计师。如果错报的影响未能得到正确的会计处理和恰当的列报，注册会计师应当对财务报表发表保留意见或否定意见。

3. 会计政策变更对审计报告的影响

如果认为按照适用的财务报告编制基础与期初余额相关的会计政策未能在本期得到一贯运用，或者会计政策的变更未能得到恰当的会计处理或适当的列报与披露，注册会计师应当对财务报表发表保留意见或否定意见。

4. 前任注册会计师对上期财务报表发表了非无保留意见

如果前任注册会计师对上期财务报表发表了非无保留意见，注册会计师应当考虑该审计报告对本期财务报表的影响。如果导致出具非标准审计报告的事项对本期财务报表仍然相关和重大，注册会计师应当对本期财务报表发表非无保留意见。

前任注册会计师对上期财务报表出具了非标准审计报告，对本期财务报表可

能产生影响，也可能不产生影响，注册会计师在审计中应当对具体问题做具体分析，不能一概而论。在某些情况下，导致前任注册会计师发表非无保留意见的事项可能与对本期财务报表发表的意见既不相关也不重大。例如，上期存在范围限制，但在本期导致范围限制的事项已得到解决，那么注册会计师在本期审计时就无须因此而发表非无保留意见；反之，如果该重大事项在本期仍然存在并且对本期财务报表的影响仍然重大，而被审计单位继续坚持不在本期财务报表附注中予以披露，那么注册会计师在本期审计时仍需因此而发表非无保留意见。

第 21 章 出具审计报告

审计完成阶段是审计的最后一个阶段。注册会计师按业务循环完成各财务报表项目的审计测试和一些特殊项目的审计工作后，需在审计完成阶段汇总审计测试结果，进行更具综合性的审计工作，如评价审计中的重大发现，评价审计过程中发现的错报，关注期后事项对财务报表的影响，复核审计工作底稿和财务报表等。在此基础上，注册会计师评价审计结果，在与客户沟通以后，获取管理层声明，确定应出具的审计报告的意见类型和措辞，进而编制并致送审计报告，终结审计工作。

21.1 审计报告概述

审计报告是指注册会计师根据审计准则的规定，在执行审计工作的基础上，对财务报表发表审计意见的书面文件。

审计报告是注册会计师在完成审计工作后向委托人提交的最终产品，具有以下特征。

（1）注册会计师应当按照审计准则的规定执行审计工作。

（2）注册会计师在实施审计工作的基础上才能出具审计报告。

（3）注册会计师通过对财务报表发表意见履行业务约定书约定的责任。

（4）注册会计师应当以书面形式出具审计报告。

注册会计师应当根据由审计证据得出的结论，清楚表达对财务报表的意见。无论是出具标准审计报告，还是非标准审计报告，注册会计师一旦在审计报告上签名并盖章，就表明对其出具的审计报告负责。

审计报告是注册会计师对财务报表是否在所有重大方面按照财务报告编制基础编制并实现公允反映发表审计意见的书面文件，因此，注册会计师应当将已审计的财务报表附于审计报告之后，以便于财务报表使用者正确理解和使用审计报告，并防止被审计单位替换、更改已审计的财务报表。

21.2 审计意见的形成和审计报告的类型

21.2.1 审计意见的形成

注册会计师应当就财务报表是否在所有重大方面按照适用的财务报告编制基础编制并实现公允反映形成审计意见。为了形成审计意见，针对财务报表整体是否不存在舞弊或错误导致的重大错报，注册会计师应当得出结论，确定是否已就此获取合理保证。

在得出结论时，注册会计师应当考虑下列方面。

（1）按照《中国注册会计师审计准则第 1231 号——针对评估的重大错报风险采取的应对措施》的规定，是否已获取充分、适当的审计证据。

在得出总体结论之前，注册会计师应当根据实施的审计程序和获取的审计证据，评价对认定层次重大错报风险的评估是否仍然适当。在形成审计意见时，注册会计师应当考虑所有相关的审计证据。

如果对重大的财务报表认定没有获取充分、适当的审计证据，注册会计师应当尽可能获取进一步的审计证据。

（2）按照《中国注册会计师审计准则第 1251 号——评价审计过程中识别出的错报》的规定，未更正错报单独或汇总起来是否构成重大错报。

在确定时，注册会计师应当考虑下列情形。

①相对特定类别的交易、账户余额或披露以及财务报表整体而言，错报的金额和性质以及错报发生的特定环境。

②与以前期间相关的未更正错报对相关类别的交易、账户余额或披露以及财务报表整体的影响。

（3）评价财务报表是否在所有重大方面按照适用的财务报告编制基础编制。

注册会计师应当依据适用的财务报告编制基础特别评价下列内容。

①财务报表是否充分披露了选择和运用的重要会计政策。

②选择和运用的会计政策是否符合适用的财务报告编制基础，并适合被审计单位的具体情况。在考虑被审计单位选用的会计政策是否适当时，注册会计师还应当关注重要的事项。重要事项包括重要项目的会计政策和行业惯例、重大和异常交易的会计处理方法、在新领域和缺乏权威性标准或共识的领域采用重要会计政策产生的影响、会计政策的变更等。

③管理层做出的会计估计是否合理。会计估计通常是指被审计单位以最近可利用的信息为基础对结果不确定的交易或事项所做的判断。由于会计估计的主观性、复杂性和不确定性，管理层做出的会计估计发生重大错报的可能性较大。因此，注册会计师应当判断管理层做出的会计估计是否合理，确定会计估计的重大错报风险是否是特别风险，是否采取了有效的措施予以应对。

④财务报表列报的信息是否具有相关性、可靠性、可比性和可理解性。注册会计师应当根据适用的财务报告编制基础的规定，考虑财务报表反映的信息是否符合信息质量特征。

⑤财务报表是否做出充分披露，使财务报表预期使用者能够理解重大交易和事项对财务报表所传递的信息的影响。按照通用目的编制基础编制的财务报表通常反映被审计单位的财务状况、经营成果和现金流量。对于通用目的财务报表，注册会计师需要评价财务报表是否做出充分披露，以使财务报表预期使用者能够理解重大交易和事项对被审计单位财务状况、经营成果和现金流量的影响。

⑥财务报表使用的术语（包括每一财务报表的标题）是否适当。

在评价财务报表是否在所有重大方面按照适用的财务报告编制基础编制时，注册会计师还应当考虑被审计单位会计实务的质量，包括表明管理层的判断可能出现偏向的迹象。

管理层需要对财务报表中的金额和披露做出大量判断。在考虑被审计单位会计实务的质量时，注册会计师可能注意到管理层判断中可能存在的偏向。注册会计师可能认为缺乏中立性产生的累积影响，连同未更正错报的影响，导致财务报表整体存在重大错报。管理层缺乏中立性可能影响注册会计师对财务报表整体是否存在重大错报的评价。缺乏中立性的迹象包括下列情形。

①管理层对注册会计师在审计期间提请其注意的错报进行选择性更正。例如，如果更正某一错报将增加盈利，则对该错报予以更正；反之，如果更正某一错报将减少盈利，则对该错报不予更正。

②管理层在做出会计估计时可能存在偏向。

《中国注册会计师审计准则第 1321 号——审计会计估计（包括公允价值会计估计）和相关披露》涉及管理层在做出会计估计时可能存在的偏向。在得出某项会计估计是否合理的结论时，可能存在管理层偏向的迹象本身并不构成错报。然而，这些迹象可能影响注册会计师对财务报表整体是否不存在重大错报的评价。

（4）评价财务报表是否实现公允反映。

在评价财务报表是否实现公允反映时，注册会计师应当考虑下列内容：①财务报表的整体列报、结构和内容是否合理；②财务报表（包括相关附注）是否公允地反映了相关交易和事项。

（5）评价财务报表是否恰当提及或说明适用的财务报告编制基础。

管理层和治理层（如适用）编制的财务报表需要恰当说明适用的财务报告编制基础。只有财务报表符合适用的财务报告编制基础（在财务报表所涵盖的期间内有效）的所有要求，声明财务报表按照该编制基础编制才是恰当的。在对适用的财务报告编制基础的说明中使用不严密的修饰语或限定性的语言（如“财务报表实质上符合国际财务报告准则的要求”）是不恰当的，因为这可能误导财务报表使用者。

在某些情况下，财务报表可能声明按照两个财务报告编制基础（如某一国家或地区的财务报告编制基础和国际财务报告准则）编制。这可能是因为管理层被要求或自愿选择同时按照两个财务报告编制基础的规定编制财务报表，在这种情况下，两个财务报告编制基础都是适用的财务报告编制基础。只有当财务报表分别符合每个财务报告编制基础的所有要求时，声明财务报表按照这两个财务报告编制基础编制才是恰当的。财务报表需要同时符合两个财务报告编制基础的要求并且不需要调节，才能被视为按照两个财务报告编制基础编制。在实务中，同时遵守两个财务报告编制基础的可能性很小，除非某一国家或地区采用另一财务报告编制基础（如国际财务报告准则）作为本国或地区的财务报告编制基础，或者已消除遵守另一财务报告编制基础的所有障碍。

21.2.2　审计报告的类型

审计报告分为标准审计报告和非标准审计报告。

标准审计报告是指不含有说明段、强调事项段、其他事项段或其他任何修饰性用语的无保留意见的审计报告。其中，无保留意见是指当注册会计师认为财务报表在所有重大方面按照适用的财务报告编制基础编制并实现公允反映时发表的审计意见。包含其他报告责任段，但不含有强调事项段或其他事项段的无保留意见的审计报告也被视为标准审计报告。

非标准审计报告是指带强调事项段或其他事项段的无保留意见的审计报告和非无保留意见的审计报告。非无保留意见的审计报告包括保留意见的审计报告、否定意见的审计报告和无法表示意见的审计报告。

21.3　审计报告的要素

审计报告应当包括下列要素：①标题，②收件人，③审计意见，④形成审计意见的基础，⑤管理层对财务报表的责任段，⑥注册会计师对财务报表审计的责任段，⑦按照相关法律法规的要求报告的事项（如适用），⑧注册会计师的签名和盖章，⑨会计师事务所的名称、地址和盖章，⑩报告日期。

21.3.1　标题

审计报告应当具有标题，统一规范为“审计报告”。

21.3.2　收件人

审计报告的收件人是指注册会计师按照业务约定书的要求致送审计报告的对象，一般是指审计业务的委托人。审计报告应当按照审计业务的约定载明收件人的全称。

注册会计师应当与委托人在业务约定书中约定致送审计报告的对象，以防止在此问题上发生分歧或审计报告被委托人滥用。针对整套通用目的财务报表出具的审计报告，审计报告的致送对象通常为被审计单位的股东或治理层。

21.3.3 审计意见

审计意见部分由两部分构成。第一部分指出已审计财务报表，应当包括下列内容：

（1）指出被审计单位的名称；

（2）说明财务报表已经审计；

（3）指出构成整套财务报表的每一财务报表的名称；

（4）提及财务报表附注；

（5）指明构成整套财务报表的每一财务报表的日期或涵盖的期间。

为体现上述要求，审计报告可说明："我们审计了被审计单位的财务报表，包括指明适用的财务报告编制基础规定的构成整套财务报表的每一财务报表的名称、日期或涵盖的期间]以及相关财务报表附注。"审计意见涵盖由适用的财务报告编制基础所确定的整套财务报表。例如，在许多通用目的编制基础中，财务报表包括资产负债表、利润表、现金流量表、所有者权益变动表和相关附注（通常包括重大会计政策和会计估计以及其他解释性信息）。

第二部分应当说明注册会计师发表的审计意见。如果对财务报表发表无保留意见，除非法律法规另有规定，审计意见应当使用"我们认为，财务报表在所有重大方面按照[适用的财务报告编制基础（如企业会计准则等）]编制，公允反映了[……]"的措辞。审计意见说明财务报表在所有重大方面按照适用的财务报告编制基础编制，公允反映了财务报表旨在反映的事项。例如，对于按照企业会计准则编制的财务报表，这些事项是"被审计单位期末的财务状况、截至期末某一期间的经营成果和现金流量"。

21.3.4 形成审计意见的基础

审计报告应当包含标题为"形成审计意见的基础"的部分。该部分提供关于审计意见的重要背景，应当紧接在审计意见部分之后，并包括下列方面：

（1）说明注册会计师按照审计准则的规定执行了审计工作。

（2）提及审计报告中用于描述审计准则规定的注册会计师责任的部分。

（3）声明注册会计师按照与审计相关的职业道德要求对被审计单位保持了独立性，并履行了职业道德方面的其他责任。声明中应当指明适用的职业道德要求，如中国注册会计师职业道德守则。

（4）说明注册会计师是否相信获取的审计证据是充分、适当的，为发表审计意见提供了基础。

21.3.5　管理层对财务报表的责任段

审计报告应当包含标题为“管理层对财务报表的责任”的段落，用以描述被审计单位中负责编制财务报表的人员的责任。管理层对财务报表的责任段应当说明，编制财务报表是管理层的责任，这种责任包括以下两方面。

（1）按照适用的财务报告编制基础编制财务报表，并使其实现公允反映。

（2）设计、执行和维护必要的内部控制，以使财务报表不存在舞弊或错误导致的重大错报。

注册会计师按照审计准则的规定执行审计工作的前提是管理层和治理层（如适用）认可其按照适用的财务报告编制基础编制财务报表，并使其实现公允反映（如适用）的责任；管理层也认可其设计、执行和维护内部控制，以使编制的财务报表不存在舞弊或错误导致的重大错报的责任。审计报告中对管理层责任的说明包括提及这两种责任，这有助于向财务报表使用者解释执行审计工作的前提。

21.3.6　注册会计师对财务报表审计的责任段

审计报告应当包含标题为“注册会计师对财务报表审计的责任”的部分，其中应当包括下列内容：

（1）说明注册会计师的目标是对财务报表整体是否不存在由于舞弊或错误导致的重大错报获取合理保证，并出具包含审计意见的审计报告。

（2）说明合理保证是高水平的保证，但按照审计准则执行的审计并不能保证一定会发现存在的重大错报。

（3）说明错报可能由于舞弊或错误导致。在说明错报可能由于舞弊或错误导致时，注册会计师应当从下列两种做法中选取一种：

①描述如果合理预期错报单独或汇总起来可能影响财务报表使用者依据财务报表做出的经济决策，则通常认为错报是重大的；

②根据适用的财务报告编制基础，提供关于重要性的定义或描述。

注册会计师对财务报表审计的责任部分还应当包括下列内容：

（1）说明在按照审计准则执行审计工作的过程中，注册会计师运用职业判断，并保持职业怀疑。

（2）通过说明注册会计师的责任，对审计工作进行描述。这些责任包括：

①识别和评估由于舞弊或错误导致的财务报表重大错报风险，设计和实施审计程序以应对这些风险，并获取充分、适当的审计证据，作为发表审计意见的基础。由于舞弊可能涉及串通、伪造、故意遗漏、虚假陈述或凌驾于内部控制之上，未能发现由于舞弊导致的重大错报的风险高于未能发现由于错误导致的重大错报的风险。

②了解与审计相关的内部控制，以设计恰当的审计程序，但目的并非对内部控制的有效性发表意见。当注册会计师有责任在财务报表审计的同时对内部控制的有效性发表意见时，应当略去上述“目的并非对内部控制的有效性发表意见”的表述。

③评价管理层选用会计政策的恰当性和作出会计估计及相关披露的合理性。

④对管理层使用持续经营假设的恰当性得出结论。同时，根据获取的审计证据，就可能导致对被审计单位持续经营能力产生重大疑虑的事项或情况是否存在重大不确定性得出结论。如果注册会计师得出结论认为存在重大不确定性，审计准则要求注册会计师在宙计告中提请报轰侦用者关注财务报表中的相关披露；如果披露不充分，注册会计师应当发表非无保留意见。注册会计师的结论基于截至审计报告日可获得的信息。然而，未来的事项或情况可能导致被审计单位不能持续经营。

⑤评价财务报表的总体列报、结构和内容（包括披露），并评价财务报表是否公允反映相关交易和事项。

注册会计师对财务报表审计的责任部分还应当包括下列内容：

（1）说明注册会计师与治理层就计划的审计范围、时间安排和重大审计发现等事项进行沟通，包括沟通注册会计师在审计中识别的值得关注的内部控制缺陷；

（2）对于上市实体财务报表审计，指出注册会计师就已遵守与独立性相关的职业道德要求向治理层提供声明，并与治理层沟通可能被合理认为影响注册会计师独立性的所有关系和其他事项，以及相关的防范措施（如适用）；对于上市实体财务报表审计，以及决定按照《中国注册会计师审计准则第 1 号——在审计报告中沟通关键审计事项》的规定沟通关键审计事项的其他情况，说明注册会计师从已与治理层沟通的事项中确定哪些事项对本期财务报表审计最为重要，因而构成关键审计事项。注册会计师应当在审计报告中描述这些事项，除非法律法规禁止公开披露这些事项，或在极少数情形下，注册会计师合理预期在审计报告中沟通某事项造成的负面后果超过在公众利益方面产生的益处，因而决定不应在审计报告中沟通该事项。

21.3.7　按照相关法律法规的要求报告的事项（如适用）

除审计准则规定的注册会计师对财务报表出具审计报告的责任外，相关法律法规可能对注册会计师设定了其他报告责任。例如，如果注册会计师在财务报表审计中注意到某些事项，可能被要求对这些事项予以报告。此外，注册会计师可能被要求实施额外的规定的程序并予以报告，或对特定事项（如会计账簿和记录的适当性）发表意见。

在某些情况下，相关法律法规可能要求或允许注册会计师将对这些其他责任的报告作为对财务报表出具的审计报告的一部分。在另外一些情况下，相关法律法规可能要求或允许注册会计师在单独出具的报告中进行报告。

这些责任是注册会计师按照审计准则对财务报表出具审计报告的责任的补充。例如，如果注册会计师在财务报表审计中注意到某些事项，可能被要求对这些事项予以报告。此外，注册会计师可能被要求实施额外规定的程序并予以报告，或对特定事项（如会计账簿和记录的适当性）发表意见。如果注册会计师在对财务报表出具的审计报告中履行其他报告责任，应当在审计报告中将其单独作为一部分，并以“按照相关法律法规的要求报告的事项”为标题。此时，审计报告应当区分为“对财务报表出具的审计报告”和“按照相关法律法规的要求报告的事项”两部分，以便将其同注册会计师的财务报表报告责任明确区分。在另外一些情况下，相关法律法规可能要求或允许注册会计师在单独出具的报告中进行报告。

21.3.8　注册会计师的签名和盖章

审计报告应当由注册会计师签名和盖章。《财政部关于注册会计师在审计报告上签名盖章有关问题的通知》（财会〔2001〕1035 号）明确规定：

“一、会计师事务所应当建立健全全面质量控制政策与程序以及各审计项目的质量控制程序，严格按照有关规定和本通知的要求在审计报告上签名盖章。

二、审计报告应当由两名具备相关业务资格的注册会计师签名盖章并经会计师事务所盖章方为有效。

（一）合伙会计师事务所出具的审计报告，应当由一名对审计项目负最终复核责任的合伙人和一名负责该项目的注册会计师签名盖章。

（二）有限责任会计师事务所出具的审计报告，应当由会计师事务所主任会计师或其授权的副主任会计师和一名负责该项目的注册会计师签名盖章。”

21.3.9　会计师事务所的名称、地址和盖章

审计报告应当载明会计师事务所的名称和地址，并加盖会计师事务所公章。

注册会计师承办业务，由其所在的会计师事务所统一受理并与委托人签订委托合同。因此，审计报告除了应由注册会计师签名和盖章外，还应载明会计师事务所的名称和地址，并加盖会计师事务所公章。

注册会计师在审计报告中载明会计师事务所地址时，标明会计师事务所所在的城市即可。在实务中，审计报告通常载于会计师事务所统一印刷的、标有该所详细通信地址的信笺上，因此，无须在审计报告中注明详细地址。

21.3.10　报告日期

审计报告应当注明报告日期。审计报告日不应早于注册会计师获取充分、适当的审计证据（包括管理层认可对财务报表的责任且已批准财务报表的证据），并在此基础上对财务报表形成审计意见的日期。

审计报告的日期向审计报告使用者表明，注册会计师已考虑其知悉的、截至审计报告日发生的事项和交易的影响。注册会计师对审计报告日后发生的事项和交易的责任，在《中国注册会计师审计准则第 1332 号——期后事项》中做出了规定。注册会计师对不同时段的财务报表日后事项有着不同的责任，而审计报告的日期是划分时段的关键时点。由于审计意见是针对财务报表发表的，并且编制财务报表是管理层的责任，所以，只有在注册会计师获取证据证明构成整套财务报表的所有报表（包括相关附注）已经编制完成，并且管理层已认可其对财务报表的责任的情况下，注册会计师才能得出已经获取充分、适当的审计证据的结论。在实务中，注册会计师在正式签署审计报告前，通常把审计报告草稿和已审计财

务报表草稿一同提交给管理层。如果管理层批准并签署已审计财务报表，注册会计师即可签署审计报告。注册会计师签署审计报告的日期通常与管理层签署已审计财务报表的日期为同一天，或晚于管理层签署已审计财务报表的日期。

21.4　不同种类审计报告示例

21.4.1　对按照企业会计准则编制的财务报表出具的标准审计报告

审 计 报 告

ABC 股份有限公司全体股东：

一、对财务报表出具的审计报告[1]

我们审计了后附的 ABC 股份有限公司（以下简称“ABC 公司”）财务报表，包括 20×1 年 12 月 31 日的资产负债表，20×1 年度的利润表、现金流量表和所有者权益变动表以及财务报表附注。

（一）管理层对财务报表的责任

编制和公允列报财务报表是 ABC 公司管理层的责任，这种责任包括：①按照企业会计准则的规定编制财务报表，并使其实现公允反映；②设计、执行和维护必要的内部控制，以使财务报表不存在舞弊或错误导致的重大错报。

（二）注册会计师的责任

我们的责任是在执行审计工作的基础上对财务报表发表审计意见。我们按照中国注册会计师审计准则的规定执行了审计工作。中国注册会计师审计准则要求我们遵守中国注册会计师职业道德守则，计划和执行审计工作以对财务报表是否不存在重大错报获取合理保证。

审计工作涉及实施审计程序，以获取有关财务报表金额和披露的审计证据。选择的审计程序取决于注册会计师的判断，包括对舞弊或错误导致的财务报表重大错报风险的评估。在进行风险评估时，注册会计师考虑与财务报表编制和公允

1 如果审计报告中不包含“按照相关法律法规的要求报告的事项”部分，则不需要加入此标题。

列报相关的内部控制，以设计恰当的审计程序，但目的并非对内部控制的有效性发表意见。审计工作还包括评价管理层选用会计政策的恰当性和做出会计估计的合理性，以及评价财务报表的总体列报。

我们相信，我们获取的审计证据是充分、适当的，为发表审计意见提供了基础。

（三）审计意见

我们认为，ABC 公司财务报表在所有重大方面按照企业会计准则的规定编制，公允反映了 ABC 公司 20×1 年 12 月 31 日的财务状况以及 20×1 年度的经营成果和现金流量。

二、按照相关法律法规的要求报告的事项

（本部分报告的格式和内容，取决于相关法律法规对其他报告责任的规定。）

×× 会计师事务所　　　　中国注册会计师：×××

（盖章）　　　　（签名并盖章）

中国注册会计师：×××

（签名并盖章）

中国 ×× 市　　　　二○ × 二年 × 月 × 日

21.4.2　由于财务报表存在重大错报而出具保留意见的审计报告

审 计 报 告

ABC 股份有限公司全体股东：

一、对财务报表出具的审计报告

我们审计了后附的 ABC 股份有限公司（以下简称“ABC 公司”）财务报表，包括 20×1 年 12 月 31 日的资产负债表，20×1 年度的利润表、现金流量表和所有者权益变动表以及财务报表附注。

（一）管理层对财务报表的责任

编制和公允列报财务报表是 ABC 公司管理层的责任，这种责任包括：①按照企业会计准则的规定编制财务报表，并使其实现公允反映；②设计、执行和维护必要的内部控制，以使财务报表不存在舞弊或错误导致的重大错报。

（二）注册会计师的责任

我们的责任是在执行审计工作的基础上对财务报表发表审计意见。我们按照中国注册会计师审计准则的规定执行了审计工作。中国注册会计师审计准则要求我们遵守职业道德守则，计划和执行审计工作以对财务报表是否不存在重大错报获取合理保证。

审计工作涉及实施审计程序，以获取有关财务报表金额和披露的审计证据。选择的审计程序取决于注册会计师的判断，包括对舞弊或错误导致的财务报表重大错报风险的评估。在进行风险评估时，注册会计师考虑与财务报表编制和公允列报相关的内部控制，以设计恰当的审计程序，但目的并非对内部控制的有效性发表意见。审计工作还包括评价管理层选用会计政策的恰当性和做出会计估计的合理性，以及评价财务报表的总体列报。

我们相信，我们获取的审计证据是充分、适当的，为发表保留意见提供了基础。

（三）导致保留意见的事项

ABC 公司 20×1 年 12 月 31 日资产负债表中存货的列示金额为 × 元。管理层根据成本对存货进行计量，而没有根据成本与可变现净值孰低的原则进行计量，这不符合企业会计准则的规定。公司的会计记录显示，如果管理层以成本与可变现净值孰低来计量存货，存货列示金额将减少 × 元。相应地，资产减值损失将增加 × 元，所得税、净利润和所有者权益将分别减少 × 元、× 元和 × 元。

（四）保留意见

我们认为，除“（三）导致保留意见的事项”段所述事项产生的影响外，ABC 公司财务报表在所有重大方面按照企业会计准则的规定编制，公允反映了 ABC 公司 20×1 年 12 月 31 日的财务状况以及 20×1 年度的经营成果和现金流量。

二、按照相关法律法规的要求报告的事项

（本部分报告的格式和内容，取决于相关法律法规对其他报告责任的规定。）

× × 会计师事务所　　　　中国注册会计师：× × ×

（盖章）　　　　（签名并盖章）

中国注册会计师：× × ×

（签名并盖章）

中国 × × 市　　　　二○ × 二年 × 月 × 日

21.4.3 由于财务报表存在重大错报而出具否定意见的审计报告

审 计 报 告

ABC 股份有限公司全体股东：

一、对合并财务报表出具的审计报告

我们审计了后附的 ABC 股份有限公司（以下简称“ABC 公司”）的合并财务报表，包括 20×1 年 12 月 31 日的合并资产负债表，20×1 年度的合并利润表、合并现金流量表和合并所有者权益变动表以及财务报表附注。

（一）管理层对合并财务报表的责任

编制和公允列报合并财务报表是 ABC 公司管理层的责任，这种责任包括：①按照企业会计准则的规定编制合并财务报表，并使其实现公允反映；②设计、执行和维护必要的内部控制，以使合并财务报表不存在舞弊或错误导致的重大错报。

（二）注册会计师的责任

我们的责任是在执行审计工作的基础上对合并财务报表发表审计意见。我们按照中国注册会计师审计准则的规定执行了审计工作。中国注册会计师审计准则要求我们遵守职业道德守则，计划和执行审计工作以对合并财务报表是否不存在重大错报获取合理保证。

审计工作涉及实施审计程序，以获取有关合并财务报表金额和披露的审计证据。选择的审计程序取决于注册会计师的判断，包括对舞弊或错误导致的合并财务报表重大错报风险的评估。在进行风险评估时，注册会计师考虑与合并财务报表编制和公允列报相关的内部控制，以设计恰当的审计程序，但目的并非对内部控制的有效性发表意见。审计工作还包括评价管理层选用会计政策的恰当性和做出会计估计的合理性，以及评价合并财务报表的总体列报。

我们相信，我们获取的审计证据是充分、适当的，为发表否定意见提供了基础。

（三）导致否定意见的事项

如财务报表附注 × 所述，20×1 年 ABC 公司通过非同一控制下的企业合并获得对 XYZ 公司的控制权，因未能取得购买日 XYZ 公司某些重要资产和负债的公允价值，故未将 XYZ 公司纳入合并财务报表的范围，而是按成本法核算对 XYZ 公司的股权投资。ABC 公司的这项会计处理不符合企业会计准则的规定。

如果将 XYZ 公司纳入合并财务报表的范围，ABC 公司合并财务报表的多个报表项目将受到重大影响。但我们无法确定未将 XYZ 公司纳入合并范围对财务报表产生的影响。

（四）否定意见

我们认为，由于“（三）导致否定意见的事项”段所述事项的重要性，ABC 公司的合并财务报表没有在所有重大方面按照企业会计准则的规定编制，未能公允反映 ABC 公司及其子公司 20×1 年 12 月 31 日的财务状况以及 20×1 年度的经营成果和现金流量。

二、按照相关法律法规的要求报告的事项

（本部分报告的格式和内容，取决于相关法律法规对其他报告责任的规定。）

×× 会计师事务所　　　　　　　　　　　　中国注册会计师：×××

（盖章）　　　　　　　　　　　　　　　　（签名并盖章）

中国注册会计师：×××

（签名并盖章）

中国 ×× 市　　　　　　　　　　　　　　二〇×二年×月×日

21.4.4　由于注册会计师无法针对财务报表多个要素获取充分、适当的审计证据而发表无法表示意见的审计报告

审 计 报 告

ABC 股份有限公司全体股东：

一、对财务报表出具的审计报告

（一）无法表示意见

我们接受委托，审计 ABC 股份有公司（以下简称 "ABC 公司”）财务报表，包括 20×1 年 12 月 31 日的资产负债表，20×1 年度的利润表、现金流量表、股东权益变动表以及相关财务报表附注。

我们不对后附的 ABC 公司财务报表发表审计意见。由于“形成无法表示意见的基础”部分所述事项的重要性，我们无法获取充分、适当的审计证据以作为对财务报表发表审计意见的基础。

（二）形成无法表示意见的基础

我们于 20×2 年 1 月接受 ABC 公司的审计委托，因而未能对 ABC 公司 20×1 年年初金额为 × 元的存货和年末金额为 × 元的存货实施监盘程序。此外，

我们也无法实施替代审计程序获取充分、适当的审计证据。并且 ABC 公司于 20×1 年 9 月采用新的应收账款电算化系统，由于存在系统缺陷导致应收账款出现大量错误。截至报告日，管理层仍在纠正系统缺陷并更正错误，我们也无法实施替代审计程序，以对截至 20×1 年 12 月 31 日的应收账款 × 元获取充分、适当的审计证据。因此，我们无法确定是否有必要对存货、应收账款以及财务报表其他项目作出调整，也无法确定应调整的金额。

（三）管理层和治理层对财务报表的责任

[按照《中国注册会计师审计准则第 01 号——对财务报表形成审计意见和出具审计报告》的规定报告]

（四）注册会计师对财务报表审计的责任

我们的责任是按照中国注册会计师审计准则的规定，对 ABC 公司的财务报表执行审计工作，并出具审计报告。但由于“形成无法表示意见的基础”部分所述的事项，我们无法获取充分、适当的审计证据以作为发表审计意见的基础。

按照中国注册会计师职业道德守则，我们独立于 ABC 公司，并履行了职业道德方面的其他责任。

二、按照相关法律法规的要求报告的事项

[按照《中国注册会计师审计准则第 01 号——对财务报表形成审计意见和出具审计报告》的规定报告]

× × 会计师事务所　　　　中国注册会计师：　× × ×（项目合伙人）

（盖章）　　　　（签名并盖章）

中国注册会计师：　× × ×

（签名并盖章）

中国 × × 市　　　　二〇 × 二年 × 月 × 日

21.4.5　由于注册会计师无法针对财务报表多个要素获取充分、适当的审计证据而出具无法表示意见的审计报告

审 计 报 告

ABC 股份有限公司全体股东：

一、对财务报表出具的审计报告

我们接受委托，审计后附的 ABC 股份有限公司（以下简称“ABC 公司”）

财务报表，包括20×1年12月31日的资产负债表，20×1年度的利润表、现金流量表和所有者权益变动表以及财务报表附注。

（一）管理层对财务报表的责任

编制和公允列报财务报表是ABC公司管理层的责任，这种责任包括：①按照×国财务报告准则的规定编制财务报表，并使其实现公允反映；②设计、执行和维护必要的内部控制，以使财务报表不存在舞弊或错误导致的重大错报。

（二）注册会计师的责任

我们的责任是在按照中国注册会计师审计准则的规定执行审计工作的基础上对财务报表发表审计意见。但由于“（三）导致无法表示意见的事项”段中所述的事项，我们无法获取充分、适当的审计证据以为发表审计意见提供基础。

（三）导致无法表示意见的事项

我们于20×2年1月接受ABC公司的审计委托，因而未能对ABC公司20×1年年初金额为×元的存货和年末金额为×元的存货实施监盘程序。此外，我们也无法实施替代审计程序获取充分、适当的审计证据。并且，ABC公司于20×1年9月采用新的应收账款电算化系统，系统缺陷导致应收账款出现大量错误，截至审计报告日，管理层仍在弥补系统缺陷并更正错误，我们也无法实施替代审计程序，以对截至20×1年12月31日的应收账款总额×元获取充分、适当的审计证据。因此，我们无法确定是否有必要对存货、应收账款以及财务报表其他项目做出调整，也无法确定应调整的金额。

（四）无法表示意见

由于“（三）导致无法表示意见的事项”段所述事项的重要性，我们无法获取充分、适当的审计证据以为发表审计意见提供基础，因此，我们不对ABC公司财务报表发表审计意见。

二、按照相关法律法规的要求报告的事项

（本部分报告的格式和内容，取决于相关法律法规对其他报告责任的规定。）

××会计师事务所　　　　中国注册会计师：×××

（盖章）　　　　（签名并盖章）

中国注册会计师：×××

（签名并盖章）

中国××市　　　　二〇×二年×月×日

21.4.6 带强调事项段的保留意见的审计报告

审 计 报 告

ABC 股份有限公司全体股东：

一、对财务报表出具的审计报告

我们审计了后附的 ABC 股份有限公司（以下简称“ABC 公司”）财务报表，包括 20×1 年 12 月 31 日的资产负债表、20×1 年度的利润表、现金流量表和所有者权益变动表以及财务报表附注。

（一）管理层对财务报表的责任

编制和公允列报财务报表是 ABC 公司管理层的责任，这种责任包括：①按照企业会计准则的规定编制财务报表，并使其实现公允反映；②设计、执行和维护必要的内部控制，以使财务报表不存在舞弊或错误导致的重大错报。

（二）注册会计师的责任

我们的责任是在执行审计工作的基础上对财务报表发表审计意见。我们按照中国注册会计师审计准则的规定执行了审计工作。中国注册会计师审计准则要求我们遵守中国注册会计师职业道德守则，计划和执行审计工作以对财务报表是否不存在重大错报获取合理保证。

审计工作涉及实施审计程序，以获取有关财务报表金额和披露的审计证据。选择的审计程序取决于注册会计师的判断，包括对舞弊或错误导致的财务报表重大错报风险的评估。在进行风险评估时，注册会计师考虑与财务报表编制和公允列报相关的内部控制，以设计恰当的审计程序，但目的并非对内部控制的有效性发表意见。审计工作还包括评价管理层选用会计政策的恰当性和做出会计估计的合理性，以及评价财务报表的总体列报。

我们相信，我们获取的审计证据是充分、适当的，为发表保留意见提供了基础。

（三）导致保留意见的事项

ABC 公司于 20×1 年 12 月 31 日资产负债表中反映的交易性金融资产为 × 元，ABC 公司管理层对这些交易性金融资产未按照公允价值进行后续计量，而是按照其历史成本进行计量，这不符合企业会计准则的规定。如果按照公允价值进行后续计量，ABC 公司 20×1 年度利润表中公允价值变动损失将增加 × 元，20×1 年 12 月 31 日资产负债表中交易性金融资产将减少 × 元，相应地，所得税、净利润和所有者权益将分别减少 × 元、× 元和 × 元。

（四）保留意见

我们认为，除“（三）导致保留意见的事项”段所述事项产生的影响外，ABC 公司财务报表在所有重大方面按照企业会计准则的规定编制，公允反映了 ABC 公司 20×1 年 12 月 31 日的财务状况以及 20×1 年度的经营成果和现金流量。

（五）强调事项

我们提醒财务报表使用者关注，如财务报表附注 × 所述，截至财务报表批准日，XYZ 公司对 ABC 公司提出的诉讼尚在审理当中，其结果具有不确定性。本段内容不影响已发表的审计意见。

二、按照相关法律法规的要求报告的事项

（本部分报告的格式和内容，取决于相关法律法规对其他报告责任的规定。）

×× 会计师事务所　　　　　　　　　　中国注册会计师：×××

（盖章）　　　　　　　　　　　　　　（签名并盖章）

中国注册会计师：×××

（签名并盖章）

中国 ×× 市　　　　　　　　　　　　二〇 × 二年 × 月 × 日

第 22 章
内部审计常用技术方法

导入案例——ABC 银行信息系统开发中的风险审计问题

2019 年年末，某国有商业银行有限公司董事会为了解某地分行的信息系统建设与运行状况，做出了对某分行进行一项信息系统的专项审计的董事会议，会议责成公司总经理派出内部审计部对该分行信用卡客户信息管理的信息系统设计开发情况进行审计评价并提出改进建设。此内部审计项目组审计师经过调查与走访，了解到该分行主要是出于对成本效益问题的考虑，才采用了业务外包的方式进行此项业务的开发。

在开发过程中，银行派出了一名信用卡管理部门的工作人员王某同外包商一起进行该项工作，为外包商提供关于银行需求的详细信息，同时也参与信息系统开发的程序设计工作。双方沟通融洽，合作顺利，在合约时期内很好地完成了该项工作。开发完成的信息系统交由银行进行系统的初始化录入工作。由于王某参与了系统开发，对该系统比较了解，银行决定仍由他主持参与该系统的初始化工作。在录入过程中，王某利用自己对系统程序的掌握，在信用卡透支限额扫描、超额锁卡等的信息录入中，篡改了程序，使系统扫描跳过了对自己的信用卡的检测，使自己的信用卡不会因透支限额限制而停止使用。这次之后，王某的信用卡就成了没有任何透支限额的“至尊卡”。但是一年多以后，由于一次偶发的停电，银行不得不对信用卡透支额度做人工扫描，这时才发现王某的信用卡已存在巨额透支，并且仍可以正常使用，而系统从未检测到。经过有关部门的调查取证，最终对王某进行了相应处罚，银行最终也维护了信用卡信息系统。

22.1　抽样方法

22.1.1　审计抽样概述

1. 概念

（1）审计抽样。

审计抽样，是指审计人员对具有审计相关性的总体中低于百分之百的项目实施审计程序，使所有抽样单元都有被选取的机会，为审计人员针对整个总体得出结论提供合理基础。

审计抽样方法分为统计抽样和非统计抽样。统计抽样指审计人员运用概率论及数理统计的方法确定样本数量与分布，随机抽取样本进行审计，并对所抽取的样本结果进行统计评价，最后以样本的审计结果来推断总体特征的方法。非统计抽样指审计人员依据专业判断和审计经验有目的地从总体中抽取样本进行审查，并以样本的审查结果来推断总体特征的方法，非统计抽样如果设计得当，同样可以达到和统计抽样一样的效果。

（2）抽样风险，是指审计人员根据样本得出的结论可能不同于如果对总体实施与样本相同的审计程序得出的结论的风险。

抽样风险与样本规模呈反方向变动。样本规模越小，抽样风险越大；样本规模越大，抽样风险越小。无论是在控制测试中，还是在细节测试中，审计人员都可以通过扩大样本规模降低抽样风险。如果对总体中的所有项目都实施检查，就不存在抽样风险，此时审计风险完全由非抽样风险产生。

2. 审计抽样三个阶段

审计抽样适用的审计程序：控制测试，当控制的运行留下轨迹时，审计人员可以考虑使用审计抽样实施控制测试验证与某一认定相关的内部控制运行是否有效；细节测试，审计人员可以使用审计抽样获取审计证据，以验证有关财务报表金额的一项或多项认定（如应收账款的存在性），或对某些金额做出独立估计（如固定资产的价值）。审计人员在控制测试和细节测试中使用审计抽样方法，主要分为三个阶段进行。

（1）样本设计阶段。

①确定测试目标。控制测试的目标是获取关于某项控制运行是否有效的证据；细节测试的目标是确定某类交易或账户余额的金额是否正确，以获取与存在的错报有关的证据。

②定义总体。总体可以包括构成某类交易或账户余额的所有项目，也可以只包括某类交易或账户余额中的部分项目。

③定义抽样单元。抽样单元是指构成总体的个体项目。在控制测试中，抽样单元通常是能够提供控制运行证据的文件资料。在细节测试中，抽样单元可能是一个账户余额、一笔交易或交易中的一项记录，甚至可能为每个货币单元。

④分层。分层是指将一个总体划分为多个子总体的过程，每个子总体由一组具有相同特征（通常为货币金额）的抽样单元组成。分层可以降低每一层中项目的变异性，从而在抽样风险没有成比例增加的前提下减小样本规模，提高审计效率。

⑤定义误差构成条件。在控制测试中，误差是指控制偏差。在细节测试中，误差是指错报。审计人员定义误差构成条件时，要考虑审计程序的目标。

（2）选取样本阶段。

①确定样本规模。样本规模是指从总体中选取的样本项目的数量。审计人员应当确定足够的样本规模，以将抽样风险降至可接受的水平。但如果样本规模过大，则会增加审计工作量，造成不必要的时间和人力上的浪费，加大审计成本，降低审计效率，失去审计抽样的意义。

②选取样本。不管是使用统计抽样还是非统计抽样，在选取样本项目时，审计人员都应使总体中的每个抽样单元都有被选取的机会，选出有代表性的样本以避免偏向是很重要的。选取样本的基本方法包括：使用随机数表或计算机辅助审计技术选样（随机规则，在统计和非统计抽样中使用）、系统选样（随机规则，在统计和非统计抽样中使用）、随意选样（非随机规则，非统计抽样中使用）。

③对样本实施审计程序。审计人员通常对每一样本项目实施适合于特定审计目标的审计程序。

（3）评价样本结果阶段。

①分析样本误差。审计人员应当调查识别出的所有偏差或错报的性质和原因，并评价其对审计程序的目的和审计的其他方面可能产生的影响。

②推断总体误差。当实施控制测试时，审计人员应当根据样本中发现的偏差率推断总体偏差率，并考虑这一结果对特定审计目标及审计的其他方面的影响。

当实施细节测试时，审计人员应当根据样本中发现的错报金额推断总体的错报金额，并考虑这一结果对特定审计目标及审计的其他方面的影响。

③形成审计结论。审计人员应评价样本结果，以确定对总体相关特征的评估是否得到证实或需要修正。有两种情形，一种是，控制测试中的样本结果评价。在控制测试中审计人员应当将总体偏差率与可容忍偏差率比较，但必须考虑抽样风险。另一种是，细节测试中的样本结果评价。当实施细节测试时，审计人员应当根据样本中发现的错报推断总体错报。

22.1.2　内部审计工作中审计抽样的运用

根据审计抽样原理，在内部审计工作中测试被审计单位内部控制有效性和审定财务报表金额时，可以运用审计抽样方法，合理确定实施审计程序的范围，获取充分、适当的审计证据，得出恰当的结论。由于统计抽样方法主要适用于大型审计项目，因目前开展的多数审计项目规模较小，较适宜采用非统计抽样方法。非统计抽样方法是指审计人员依据专业判断和审计经验有目的地从总体中抽取样本进行审查，并以样本的审查结果来推断总体特征的方法。

1. 运用审计抽样方法测试内部控制有效性

测试被审计单位内部控制的有效性时，审计人员应根据被审计单位的业务特点，判断被审计单位应在哪些环节建立内部控制，然后运用审计抽样的方法对内部控制的有效性进行测试。下面以资金支付审批的合规性审查为例简要说明审计抽样方法的具体运用。

（1）确定测试目标。

审查被审计单位的资金支付过程是否符合有关规定，主要包括：付款凭证的审批签字是否齐全；大额对公付款是否使用支票、网银等支付方式；付款凭证是否存在收据代替发票的现象；付款凭证的会计科目使用是否规范。

（2）确定总体与抽样单元。

总体：被审计单位在审计期间所有的现金、银行付款凭证。

抽样单元：每一张付款凭证。

（3）分层。

控制测试中通常无须对总体进行分层。

（4）确定误差构成条件。

付款凭证的审批签字不齐全；大额对公付款使用现金支付；付款凭证存在收据代替发票的现象；付款凭证的会计科目不规范。

（5）确定样本规模。

人工控制最低样本规模表如表 22-1 所示。

表 22-1　人工控制最低样本规模表

控制执行频率	控制发生总次数	最低样本数量
1 次 / 年度	1 次	1
1 次 / 季度	4 次	2
1 次 / 月度	12 次	3
1 次 / 周	52 次	5
1 次 / 日	250 次	20
每日次数	大于 250 次	25

根据表 22-1，审计期间的每个年度至少应抽取 25 个付款凭证进行审查。

（6）选取样本。

三种选样方法包括：随机数表、系统选样、随意选样。以系统选样方法为例：①计算选样间距（选样间距 = 总体规模 ÷ 样本规模），②确定样本起点（在 1 到选样间距之间选择），③从样本编号列表选取相应样本。

（7）对样本实施审计程序，分析样本误差。

对所抽取的付款凭证依据规定的审批程序、公司财务制度和会计准则等标准进行审查，记录测试结果，对审计发现的不合规凭证，分析其性质和产生的原因。

（8）推断总体误差，形成审计结论。

如果抽取的样本中未发现不合规凭证，可以得出资金支付符合规定的结论。如果抽取的样本中发现了不合规凭证，则应扩大样本量，根据对新增加样本的审查结果，确定被审计单位在资金支付管理过程是否存在薄弱环节或舞弊行为，分析不合规凭证的性质和产生原因，提出审计建议。

2. 运用审计抽样方法审定财务报表金额

审定财务报表金额时，应首先对舞弊或错误导致的重大错报风险进行评估，然后根据风险评估的结果，运用审计抽样的方法对财务报表金额进行审定。下面以期末固定资产存在审定为例简要说明具体运用方法。

（1）确定测试目标。

审定被审计单位资产负债表中记录的固定资产是存在的，假设固定资产账面原值为 1 000 万元。

（2）确定总体与抽样单元。

总体：被审计单位固定资产清单。

抽样单元：清单中的每一项固定资产。

（3）分层。

将总体按账面金额进行分层，假设按固定资产原值大小共分为三层，金额在 10 万元以上的，共 7 项，总金额 500 万元；金额在 1 万 ~ 10 万元的，共 50 项，总金额 300 万元；金额在 1 万元以下的，共 150 项，总金额 200 万元。对金额在 10 万元以上的，进行单独测试。对金额 10 万元以下的，进行抽样测试，抽样总体为 200 项，总金额 500 万元。

（4）确定误差构成条件。

固定资产实际盘存数与清单不符；固定资产已毁损无法继续使用，但尚未执行报废程序。

（5）确定样本规模。

确定样本规模的计算公式为：

样本规模 =（总体账面金额 ÷ 可容忍错报）× 保证系数

可容忍错报：设定的货币金额，审计人员试图对总体中的实际错报不超过该货币金额获取适当水平的保证。本例中确定的可容忍错报水平为 10 万元。保证系数表见表 22-2。

表 22-2　保证系数表

评估的重大错报风险	其他实质性程序未能发现的重大错报风险			
	最高	高	中	低
最高	3.0	2.7	2.3	2.0
高	2.7	2.4	2.0	1.6
中	2.3	2.1	1.6	1.2
低	2.0	1.6	1.2	1.0

根据表 22-2，假设保证系数为 1.2。

样本规模 =（500 ÷ 10）× 1.2=60

（6）选取样本。

从金额在 1 万 ~ 10 万元的固定资产中随机选取 30 项，从金额在 1 万元以下的固定资产中随机选取 30 项。

（7）对样本实施审计程序，分析样本误差。

实际盘点固定资产，对账实不符和报废但未进行账务处理、闲置不用的固定资产进行记录，分析原因。

（8）推断总体误差，形成审计结论。

如果未发现实际盘点的固定资产存在账实不符和报废未处理的情况，可以确认资产负债表中记录的固定资产是存在的。如果实际盘点的固定资产存在账实不符和报废未处理的情况，则应扩大盘点规模，判断被审计单位固定资产管理过程是否存在薄弱环节或管理漏洞，提请被审计单位对固定资产账面金额进行调整，明确责任，加强管理。

22.2 询问方法

22.2.1 询问方法概述

询问法或称面询法，是指审计人员针对某个或某些问题通过直接找有关人员进行面谈，以取得必要的资料或对某一问题予以证实的一种审计技术方法。

按询问对象的不同，询问法可分为对知情人的询问和对当事人的询问两种。对知情人的询问，是指通过找有关知晓某一问题具体情况的人员进行面谈，来获得资料或证实问题；对当事人的询问，是指找有关问题的直接负责人进行面谈，来获取资料或核实问题。按询问方式的不同，询问法又可分为个别询问和集体询问两种。

22.2.2 内部审计工作中询问方法的应用

1. 询问方法的选择

（1）个别询问。个别询问即个别交谈，它是指找有关人员进行单个面谈，来获取所需资料的一种询问方法。

（2）集体询问。集体询问指找多个有关人员一起面谈，来获取所需资料的一种询问方法。这种方法实际上就是通常所说的开座谈会。

总之，应采用何种方式，要根据询问内容的具体情况以及被询问者的具体情况而定。

2. 询问的策略

询问的策略主要包括创造适宜的询问气氛、恰当地提出问题和注意询问技巧等。如审计人员应注意倾听被询问人的陈述，适当地引导和始终保持平易近人的态度；提出的问题要具体，要有事实依据，要有条理，用词得当等；询问时可根据需要采用先发制人、侧面暗示、迂回提问、利用感情、巧设问等技巧。询问法的应用比较广泛，既可用于对被审计单位有关情况的一般了解，又可用于审计证据的落实，同时还可用于收集对某些书面资料或财产物资进行证实的补充证据。

在具体应用询问法时，审计人员还应特别注意以下各点。

（1）审计人员应有两人以上在询问现场，以相互配合。

（2）已列入计划的询问对象应予保密，特别是对当事人的询问更应如此。

（3）询问时应认真做好询问笔录，并在询问完毕后交被询问人审阅并签名，并明确责任，防止口说无凭。

（4）对涉及多个当事人的询问，应单独同时进行，以防相互串通、建立同盟。

22.3　分析性技术

22.3.1　分析性技术概述

1. 分析性技术的概念

分析性技术是一种审计方法，也被称为分析性程序，是指审计人员通过分析和比较信息（包括财务信息和非财务信息）之间的关系或计算相关的比率，以确定审计重点、获取审计证据和支持审计结论的一种审计方法。

实施分析性技术的主要目的是获取信息的合理性，内容包括：当期的信息与前期的相似信息比较；当期的财务信息和经营信息与预测比较；本部门信息与其他部门的相似信息比较；财务信息与相应的非财务信息的比较（如工资费用与员工数量的比较）；信息各元素之间的相互关系的比较（如利息支出变化和负债结构变化的比较）等。

2. 分析性技术的特点

实行分析性技术既可以降低审计成本，又可以提高审计效率，分析性技术的特点主要表现在以下方面。

（1）分析性技术是获得审计证据更为客观的方法。

分析性技术的运用是基础会计信息以及非会计信息之间的内在关系，其内在关系是客观存在的。一般情况下，这种关系也是稳定的，只要注册会计师分析得当，从分析性程序中发挥其自身的创造力，运用自身的职业判断，分析性技术就可以提供更为客观的审计证据，也能够对审计对象业务中的关键因素和主要关系做更好的理解。

（2）分析性技术可以节省审计成本，提高审计效率。

分析性程序可以耗费更少的审计资源提供相同的或者相对更好的审计证据。分析性技术是利用信息间的内在关系来判断数据的合理性，审计对象并不局限于财务报表，而细节抽样方法主要是通过对存在的证据进行收集以及检查来证实注册会计师的判断，两者相比，成本是不同的。使用分析性技术，审计人员通过模型的构建以及自身的经验以及知识就可以判断，可以大大地节省审计资源，而且在电算化的时代，通过利用计算机，分析性技术的优势能够发挥出来，其在节省审计资源的基础上也可以大大提高审计效率。

3. 分析性技术的作用

分析性技术在获取审计证据以及形成审计结论的过程中发挥着十分重要的作用，主要有以下几方面。

（1）可以确定各种数据之间的关系。

（2）能够确认期望发生的变化是否发生。

（3）能够确认是否存在异常变化。只要发现异常变化，则审计人员必须了解发生的原因，对该变化是否是错误行为、违法行为、违规行为、不正常交易或事件以及会计核算方法导致的后果进行确认。

（4）能够识别潜在的错误。

（5）能够发现潜在的违规或违法行为。

（6）能够识别其他不经常或不重复发生的交易或事件。

22.3.2　分析性技术的方法

1. 趋势分析法

趋势分析法又称水平分析法，是将当前数据与以前数据实行比较的一种测试，用以前数据为当前数据程序情况提供预测，通过分析随时间推移的账户余额、其他财务信息或经营信息产生的变化，观察存在的不正常的变化。趋势分析法在实质性测试和符合性测试中都能得以应用，常用的数据模型有平滑指数、加权平均和简单线性趋势等。如在内部审计中，审计人员可以用它确认被审计机构的业绩指标、关注重大变化和评价过去业绩如何作用于现在状况。使用趋势分析法时，如果在比较期间内经营业务或会计处理发生了重大变化，无法对原始数据进行调整，则这种跨时间的比率是不可比的。

2. 比较分析法

比较分析是通过将某一项数据与其既定标准进行比较，从中发现异常情况，以获取审计证据的一种审计技术。它包括本期实际数与计划数、预算数或审计人员的计算结果之间的比较，本期实际与同行业标准之间的比较等。比较分析法又可分为绝对数比较法和相对数比较法，两者的目的只有一个，就是更好地发现可疑点。比较分析法的实施手段主要有以下几种。

（1）将本期实际数与某一相关数据比较。

（2）将本期实际数与经济数据比较。

（3）将本期实际数与经营数据比较。

（4）将本期实际数与非经济数据比较。

（5）将本期实际数与预算或计划比较。

（6）多期数据比较。

（7）将本期实际数与行业数据比较。

3. 比率分析法

比率分析法主要被用来比较某一时点的财务报表账户间的关系。该方法对审计人员了解被审计机构的业务、识别出错地方、评价相对于其他实体的绩效与分析问题非常有用。如通过财务比率（现金备付率、效益性比率等），审计人员能够确定当前信息的合理性；审计人员在选择被审计机构时，在对不同机构之间的关键财务信息进行比较后进行选择，如银行内部审计师选择贷款收益率偏离平均值最多的三个机构等。运用比率分析法时要注意分子和分母数值波动时，该变化是否存在同比关系，审计人员在阐释比率时要对造成变化的因素进行综合考虑。

相关分析中常用的财务比率包括：流动比率、速动比率、现金比率、存货周转率、应收账款周转率、资产负债率、销售利润率、资产报酬率、净值报酬率等。

比率分析法与其他分析法相比，具有以下优点。

（1）计算比率的资料直接来源于被审计单位的财务报表或其他经营报表，不需要额外收集大量信息，使用比较简单方便。

（2）比率计算简单，非常直观，便于审计人员进行判断。

（3）比率采用相对数，避免了被审计单位生产经营规模对审计人员判断的影响。

（4）比率的可比性较强，不同国家、不同地区、不同行业、不同规模的被审计单位，都可以使用财务比率进行分析和比较。

但是，比率分析法同样具有明显的缺点，主要如下。

（1）大多数据来自财务报表，而财务报表本身有很多固有的局限性，许多人为的判断和假设会影响财务报表，同样也影响以此为基础的财务比率。

（2）比率往往容易误导审计人员，一般没有经验的审计人员很容易简单地将计算出来的财务比率和所谓的标准值进行比较，不再对有关数据进行综合分析，这样就不容易揭露被审计单位的蓄意舞弊行为。

4. 回归分析法

回归分析法，又称相关分析法。用来检查两种或两种以上变量间的关系，它常用来测量一个变量的变动伴随其他变量变动的程度，常用的分析方法有相关趋势分析、图表分析和成长曲线等。在具体实务中审计人员通常以历史经验为标准，通过数据间存在的相关情况，测算出预期值，并与实际数据进行比较，审计人员再根据两者之间存在差异的幅度和重要性原则调查造成偏差的原因，得出审计结论或进行审计评价。使用该方法进行分析时，由于计算过程比较复杂，通常情况下，审计人员要选择通过计算机专用软件进行计算分析。

5. 计算机审计软件编制数据模型分析法

应用计算机审计软件进行辅助分析，主要是借助计算机信息储存量大，计算准确、快速、简捷的功能，将审计或审计调查的有关数据输入计算机，对全部分析对象进行专题性、行业性、综合性等相关分析。审计人员可以通过对采集的数据信息，根据审计目标编制各种审计模型，进行指标计算、图表分析、风险评估等一系列复杂的高层次分析。此外在现场审计中，审计人员也可以通过使用一般通用软件，如 Excel、Access 等，方便地制作各种表格，计算有关数据，对多个专题内容分别进行筛选分析，也可以根据分析者的要求，对一些分析项目的数据进行整理加工，生成多种特定内容的新表，为进行多角度、深层次的分析提供方便。通过计算机审计软件编制各种审计模型，对审计人员的个人素质要求较高，审计人员不但要了解业务风险点，还要具备较好的微机和软件使用基础。

22.3.3　内部审计工作中分析性技术的应用

`1. 分析性技术的关键

分析性技术的关键在于分析以及比较，要分析所收集数据之间可能存在的关系，即相关性，而且要保证收集数据的可靠性，并且剔除其中的不合理因素。审计人员然后利用积累的经验以及收集的合理标准，对照分析被审计单位提供的资料以及信息，从中发现异常的变动、不合常理的趋势或者比率。

2. 分析性技术在内部审计各阶段的应用

（1）在审前准备阶段，使用分析性程序的主要目的是使审计人员对被审计机构的经营情况有更好的了解，确认资料间异常的关系和意外的波动，找出可能潜在的风险领域，以确定被审计机构的重要会计问题和重点审计领域，制定出具有针对性的审计计划，使得接下来的现场审计更有效率和效果。审计人员在这一阶段执行分析性程序时，通常需要实施以下步骤：确定将要执行的计算与比较；估计期望值；运用各种方法执行计算和比较；分析数据及确认重大差异；调整重大的非预期差异；确定对审计计划的影响。通过调集审计对象的业务数据，审计人员编制各种业务数据模型，综合运用各种分析方法，对被审计机构进行连续、全面、逐层深入的分析，对被审计机构存在的问题、疑点和异常的相关客户、账户和交易进行定位，为现场审计提供翔实的线索，为制定审计计划提供支持。

（2）在现场审计的取证阶段，分析性程序可作为一种实质性测试方法，收集与账户余额及各类交易相关的数据作为认定的证据。在测试分析过程中出现意外差异时，审计人员可先询问被审计机构的管理层获得其解释和答复；再实施必要的审计程序，确认管理层解释和答复的合理性和可靠性；如果管理层没有做出恰当的解释，应扩大审计测试范围，执行其他审计程序，做进一步的审查，查出造成差异的原因，以便得出结论。值得注意的是，在测试阶段，分析性技术提供的证据多数只是一些佐证证据，其证明力相对较弱，必须与其他证据结合才能证实对某一事项的具体认定，但这并不影响审计人员利用这一程序，因为使用分析性技术可带来人力和时间的节省。例如，在建设银行非信贷资产项目审计中对固定资产折旧计提的准确性进行审计时，通过计算同类固定资产本期折旧额与其原值的比率并与上期比较，如果无出现意外差异，则可以认为计提的折旧金额是准确的；如果运用细节测试，取得相同结论要耗费大量的时间。

（3）在现场审计取证结束时，运用分析性程序可对所有审计问题做最后的综合分析。由各专业审计小组或项目主审对审计人员发现的问题进行比较分析，将审计发现的问题与通过访谈、实地观察了解到的情况相结合，连同审计工作底稿进行综合分析，如果发现相关信息的关系不合理，则要进一步了解情况，必要时考虑追加审计程序。

（4）在撰写审计报告时，运用分析性程序可提高审计总体评价的准确性。

在审计的各阶段执行分析性技术，审计人员要考虑到，由于执行该方法所获得的审计证据主要为间接证据，不能仅依赖分析性程序的结果得出审计结论，应充分考虑分析性程序的结果和审计目标的重要性，相关内部控制的健全性和有效性，用于分析性程序的财务资料和相关资料的可获得性、相关性、可比性和可靠性等方面的因素。必要时还应考虑使用与其他证据相互印证的方法，在综合分析和评价的基础上得出审计结论。

22.4　弊端审计技术

22.4.1　弊端审计概述

弊端审计亦称违法乱纪审计，指对一切有意识地或蓄意地侵犯国家经济利益及破坏经济秩序的行为进行的审计，这些行为具体包括以下方面。

（1）挥霍浪费行为。

（2）挪用行为。

（3）贪污行为。

（4）敲诈勒索行为。

（5）截留税利行为。

（6）偷税漏税行为。

（7）财务报表失实行为。

（8）其他违法乱纪行为。

22.4.2　内部审计工作中弊端审计的应用

1. 弊端审计的方法

（1）观察分析。

观察分析是指对事物的实况进行观察，也就是在审查问题之前，对被审计单位经济实况、内控制度、财务核算等进行总体的或者分类的概况观察，从中寻找薄弱环节或漏洞，对可能存在的弊端做出估计，然后进行常规审查。这种方法比较省事、省力、省时。采用这种方法时，审计人员必须保持清醒的头脑、高度的警觉，正确地分析问题，既不能以偏概全，也不可一概怀疑。

（2）比较分析。

比较分析，又称对比分析，是利用相同经济内容或事项的期量数字进行对比分析，一般用于经济活动分析。在审计中，审计人员主要通过分析对比，查找应变不变、不应变而变的异常数字，发现可能产生弊端的线索，追踪审查，弄清是非。

（3）测算分析。

测算分析，又称预测分析，是对某一事项进行试算。这种方法运用灵活、简便、容易测知问题。在审计中，审计人员主要根据因果关系测知异常现象，发现弊端。

（4）检视分析。

检视分析是审计人员常用的一种技术方法，主要是检查、观察、分析被审计单位的往来信件、实物、会计凭证、原始单据。

2. 弊端审计的步骤

首先，审计人员应在审查前对内部控制制度、会计组织、信贷业务、财务收支状况进行调查，对可能存在舞弊的程序进行分析。

其次，综合分析会计资料，视被审计单位有无违反常规的异常情况和不实情况。

然后，实施常规检查，视被审计单位有无错弊。

最后，对有疑问的、有错误的或薄弱环节的账项进行追踪审查，顺藤摸瓜，查出违法乱纪行为及责任人员，并报请有关单位处理。

22.5 内部制度自评方法

22.5.1 内部制度自评概述

内部控制自评是一种新兴的审计技术，它将运行和维持内部控制的主要责任赋予企业管理层，同时使内部审计与管理层一起承担对内部控制评价的责任。这使得以往由内部审计对控制的适应性及有效性进行独立验证发展到了全新阶段，即通过设计、规划和运行内部控制自我评估程序，由企业整体对管理控制和治理负责。

内部控制自评的方法就是要内部审计人员与被审计单位管理人员共同组成一个小组，管理人员在内部审计人员的帮助下，对本部门内部控制的恰当性和有效性进行评估，然后根据评估提出审计报告，由管理者实施审计建议。

22.5.2　内部制度自评的应用

在对内部控制进行自我评价时，应特别注意以下几点。

（1）自上次评价以来，重要风险的性质的程度所发生的变化，以及企业对这些商业风险和外部环境变化做出反应的能力。

（2）管理层对内部控制系统和风险持续监督的范围和质量，以及内部审计功能和其他保证方式的工作状态如何。

（3）就监督的结果与董事会交流，以便在企业内建立起累计评估体系，对内部控制状况及风险管理有效程度加以评估。

（4）期间内任一时间所确认的重大控制失败或弱点，及其所导致或可能导致的不可预见的结果、程度，以及对企业财务状况和业绩产生的重大影响。

（5）企业公开报告程序的有效性。一旦知道内部控制中所存在的重大失败或弱点，董事会就要了解这种失败或弱点是如何产生的，并对内部控制系统的有效性进行重新评估。

内部制度自评的优点如下。

1. 对企业而言

内部制度自评提供了一个管理控制风险的工具，能有效控制企业的各方面，保证内部审计人员和管理人员共同对风险进行控制，使企业对内部控制有一个更全面的了解。内部审计人员和管理人员不仅要考虑发现的问题，考虑如何改进、促进各部门更有效地履行责任，还要使控制措施便于理解，使董事会更了解管理的情况以及风险。同时，内部制度自评也降低了审计成本，使内部审计达到更好的效果。

2. 对管理部门而言

内部制度自评可以反映当前管理控制中存在的问题，也便于相关人员向高层管理部门表明他们对现存内部控制的态度，明确了管理责任，保证了企业内部有良好的人员分工，使其更好地履行职责。

3. 对内部审计而言

内部制度自评最有利的一点是让管理部门了解到对内部控制的责任，同时内部制度自评还可以提高审计的效率和效果，减少审计人员的工作量，节省审计时间。

22.6 内部审计常用技术方法案例

某银行员工舞弊审计案例。

1. 案情简介

所谓银行员工舞弊行为是指银行从业人员利用自己所掌握的权力、金融业务知识、操作技术及商业银行内部管理漏洞和法律法规制度不健全，通过不履行或不正确履行职务而给银行造成重大资金损失的行为，是权力运作过程中的一种扭曲现象。银行员工舞弊行为具体表现为贪污、受贿、挪用资金、渎职、内外勾结等方面。近年来银行业案件呈高发态势，其中多数为内部人员违法违规案件，这些案件不仅造成了巨大的经济损失，也严重损害了银行的信誉和社会形象。剖析其案发原因和过程，很大一部分都是缘于内部员工的舞弊行为，因此防范员工舞弊行为的发生是银行防止违法违规违纪案件发生、减少资产损失的有效途径。

201× 年，在对某分行的常规审计过程中，审计人员发现，某分行信用卡中心主任王某某与分行 POS 机具供应商存在密切往来，涉及利益输送主要违规事项如下：一是弄虚作假，误导分行从 HY 公司高价采购 POS 机具，导致分行多支付采购资金 2 万元；二是使用并出借信用卡套现 344 万元，间接参与企业经营，存在利益输送；三是未区分设备产权设置分润比例，导致银行权益受损。

2. 审查过程与方法

（1）发现可疑线索，初步锁定审计方向。

①初步了解。

展开审计时，审计人员需对整个被审计分行的整体业务、机构、人员状况进行深入分析，了解被审计分行的经营特点、业务结构、资产质量、特殊采购装修事项等，多维度进行筛选甄别，寻找有价值的线索。这不仅需要审计人员具有丰富的审计经验、较强的业务能力，更需要高度的职业敏感。具体来说，分析的内容包含但不限于以下情况：不良贷款的构成，寻找不良贷款形成较多的机构及人员；特殊采购装修事项，分析并跟踪供应商的选择及资质情况；对重点岗位、关键人员的情况排摸等。

②依托总行下发的数据包进行数据筛选。

首先对数据进行分析、比较，找出其中的规律，对有疑点的往来进行追踪查证，锁定违规嫌疑人，然后分别纵向追索违规嫌疑人 2 年前至审计时的账户往来，以及与违规嫌疑人往来密切的其他人员 2 年前至审计时的账户往来情况。最后组内开展讨论和研究，利用总行多项系统收集违规嫌疑人的基本情况、业务状况以及其他需要的信息，从而分析拟定可疑线索并上报领导，明确每个项目关于员工舞弊行为审计的初步方向。

③本案例的线索。

数据抽样时发现分行在 201× 年 8 月至 12 月共向 HY 公司采购 POS 机具 4 872 台，单价 1 300 元，合计约 633 万元。这一现象引起了审计人员的关注和疑惑，一方面分行采购 POS 机具的单价及总额较大，采购价格明显高于市场批发价；另一方面该分行通过购买大量 POS 机具进行市场营销的模式与区域内的其他分行多采用租赁的模式存在较大差异。

（2）深入开展非现场核查，初步发现违规事实。

①开展非现场初步核查。

开展非现场初步核查是做好员工舞弊行为审计工作的第二步。对于寻找发现的线索及异常往来数据，审计部门会安排专人进行非现场核查，顺着发现的线索充分利用相关业务系统进行核查，从多方位收集有价值的信息。如涉及信贷，则通过对公信贷和个贷系统进行核查；若涉及财务，则会通过 SAP 系统进行数据分析；若涉及人员，则会通过相关账户及人力资源系统了解相关情况；通过银码系统了解企业的注册资金、法人及经营范围等。审计人员会通过寻找往来数据的特征、发生的频率、往来的对象等关键因素，大胆假设、试图建立相关信息之间的逻辑对应关系，寻找可能存在的违规行为。必要时核查工作还会延伸到被核查人员涉及的相关机构或部门、经办的所有业务，并建立其中的关联性，对员工舞弊行为进行初步认定。

②本案例中，对线索的非现场排查。

根据上述线索，在非现场排查阶段，审计人员对王某某、POS 机具供应商、供应商关系人（法人、股东、财务）等账户进行了重点排查。初步发现王某与 POS 机具供应商密切关系人存在大额异常资金往来，涉及收受红包、支付购房首付款等违规行为。

（3）严密部署现场审计，最终确认舞弊行为。

①现场审计。

在现场审计阶段，对员工违规事实进行确认是员工舞弊行为审计的关键。现场审计中，审计人员在掌握足够信息以及对违规嫌疑人充分了解的基础上才有可能取得突破，具体还可细分为四个步骤。一是通过调阅相关档案资料及凭证、实地走访企业等方式进一步确认违规事实，对非现场发现的疑点进一步查实、查透。

二是通过调阅违规嫌疑人的人事档案，与人事部门、分行领导访谈，充分了解违规嫌疑人的基本情况。从事此项工作时要把握知悉范围，避免消息走漏。

三是通过与违规嫌疑人谈话并由当事人书面陈述的方式对问题进行最终认定。通过合理设计谈话顺序、时间、地点来营造氛围（审计人员已掌握全部违规事实，并努力帮助他纠正违规行为），在谈话中要利用掌握的信息，通过分拆瓦解、各个击破的方式寻求突破。访谈中，审计人员一方面需注意倾听查找可疑情况，另一方面也需做好相关记录，最终从违规情况较轻、违规事项风险相对较小的地方入手，抽丝剥茧，还原事实经过，寻找问题的根源。在违规嫌疑人基本承认违规事实后，要求违规嫌疑人当场进行书面陈述并签字确认，审计人员全程陪同。

四是根据谈话情况，整理排查函，将相关线索交被审计单位进行深入排查及后续处理工作。排查函中必须明确具体的排查要求，以便分行有的放矢地开展工作，并要求分行及时采取有效措施，消除风险隐患。最终分行根据银行问责管理的相关规定，视违规事项的损失情况、风险程度对责任人进行问责，起警示全行的作用。

当然除了认真落实上述四个步骤外，更重要的是团队的协作与配合，仅仅依靠个人的能力无法完成整个违规事实的认定工作。

②本案例的现场审计。

现场审计初期，审计人员首先调阅了 POS 机具供应商的相关账户资料，了解到 HY 公司成立于 201× 年 8 月，注册资金仅 3 万元，该公司自成立以来仅与该分行发生业务往来。分行选择如此资质的供应商，并短期内发生大采购更引起了审计人员的关注。其次通过调阅传票，了解到分行购买的是深圳市某公司 K301 型 POS 机具，且采购未经分行招标流程。经上网及电话咨询公司代理商了解到合理的采购价应在 800 元 / 台（少量采购价格）。此外审计人员还实地暗访了 HY 公司，了解了企业的实际经营情况。

审计人员抽调了王某某的档案了解他的基本情况，重点了解他的从业经历、住房用车情况、信用卡情况、个人财产情况。从相关档案了解到，王某某 200× 年 4 月以外包人员身份入行，201× 年 4 月转正，201× 年初提为信用卡中心副主任（二级部门副经理级）。201× 年购车，201× 年购房，在行里有一笔住房按揭贷款 80 万元、一笔薪资贷 29.8 万元，信用卡额度高达 90 万元，频繁用信用卡套现，每个月用于偿还信用卡分期、住房贷款所需资金高达十几万元，而其每个月的固定收入不到 5 000 元。

根据上述疑点，审计部门领导及相关审计人员连夜与负责此事的分行信用卡中心负责人王某某进行谈话，起初王某某的抗拒与侥幸心理较强，故意绕开关键话题，寻找各种理由百般推脱，但审计人员利用已经掌握的大量事实，包括 POS 机具市场价格、供应商情况、他的购房情况、信用卡使用情况等，最终攻破了他的心理防线，他承认了相关违规事实。

基于审计手段及时间的限制，审计人员及时整理排查函交分行进行深入排查。分行领导高度重视，组织专人深入排查，最终确定了相关机具的实际采购价，并组织人员对全行固定资产进行盘点，确保账实相符；同时分行排查中还发现违规员工所管理的部门通过虚构交易笔数多支付商户补贴款等问题。

第 23 章
舞弊审计

23.1　舞弊审计概述

在国际上，舞弊是导致企业破产的最严重因素，舞弊造成的企业年度损失为4%～6%。由于舞弊具有普遍性和重要性，舞弊及其审计问题已引起了公众的广泛关注。内部审计机构进行舞弊审计，主要是为了检查错误和纠正舞弊行为，并对舞弊行为进行监督。通常，企业很难发现舞弊，因此很少单独进行舞弊审计。在我国，特别是在大型企业中，舞弊审计通常与财务审计、内部控制审计、经济责任审计或其他专项审计结合进行。

关于舞弊审计的概念，可以从以下几点进行解释。从注册会计师审计的角度来看，舞弊审计是指注册会计师在舞弊可能导致财务报表出现重大错误时，以专业判断和怀疑发现和披露的活动。从舞弊专项审计的角度来看，舞弊审计是对舞弊风险的一种综合反应，是将审计程序应用于所有业务循环，当尚未发现舞弊或内部控制缺陷无法揭示舞弊存在时，积极寻找舞弊的活动；从内部审计的角度来看，舞弊审计是内部审计师通过检查会计账簿和不动产、查阅企业材料、进行访谈和观察而进行的监督活动，目的是检查和纠正错误。舞弊审计的作用不仅在于揭示舞弊，而且还在于防止舞弊。

23.2　舞弊审计的内容

按舞弊行为的不同主体来分类，舞弊审计可以分为管理层舞弊审计和员工舞弊审计。

23.2.1　管理层舞弊审计

管理层舞弊通常指业绩舞弊，是经营者故意提供引起重大误解的财务报表，损害外部利害关系人、债权人等投资者利益的一种舞弊行为。为了企业的不适当的利益，管理层错误地计算财务报表的经营成绩和财务状况，使股价膨胀，获得分红，是组织内部高层管理者的行为。直接的受害者是外部的利害关系人。管理层舞弊也可以用于谋求管理层本身的利益，在很多情况下，管理层通过复杂的商业交换来隐藏舞弊行为。

与员工舞弊相比，管理层舞弊的执行者具有特定的身份和权限，可能凌驾于内部控制系统之上，不容易被发现，需要大量的金钱。此外，管理层舞弊通常需要其他从业人员（金融从业人员等）的协助，从而形成集体性舞弊，性质更加恶劣，影响更加广泛。

对管理层舞弊进行审计时，审计人员首先要分析可能导致管理层舞弊的压力来源。压力是一种利益驱动，是舞弊行为发生的首要条件。压力包括个人压力和集体压力。个人压力是为个人利益驱使的经济压力或工作压力。经济压力即资金短缺压力，实际收入水平和个人资金需求的差距越大，产生的压力也就越大。工作压力是指由于晋升困难、事业威胁、工作量过大，甚至有的是因对领导不满等而产生的压力。为弥补工作业绩期望差或希望用企业的资产来缓解一些压力时，当事人就可能采取舞弊手段。集体压力是完全为企业利益着想或由上一级施压而产生的压力，它与私利无关。为筹集资金、迎合内外部要求或满足债务协议等其他要求，企业管理层可能会操纵财务数据而进行舞弊。

同时，审计人员应熟悉预示管理层舞弊发生的信号。例如，对于一贯延迟的报告，审计人员应进行调查并研究其延迟的原因，分析延迟是否与舞弊行为有关联。又如，管理层家庭成员从事与本企业业务相关的经营活动、不遵守组织指令或程序的分支机构管理层、过于复杂的重大交易、信访资料和外界舆论等，都是审计人员应注意的信号。此外，审计人员还应当注意某些财务数据之间、财务数据与非财务数据之间的不平衡关系或异常变动，例如销售收入大增，但是销售人员的佣金却没有相应增长，这可能意味着管理层虚构销售收入。

审计人员恰当运用财务报表分析方法，包括纵向分析、横向分析和比率分析，可以发现报表项目之间的相互关系及其重大变化。对于某些项目之间的可疑关系和异常变动，审计人员应进一步查找、确定原因。

23.2.2 员工舞弊审计

员工舞弊是组织内部的员工（非管理层）利用内部控制的各种漏洞，用欺骗的手段获取组织的财产或其他利益的行为。员工舞弊通常是为了谋取个人利益，直接受害方是组织。侵占资产是最常见的员工舞弊类型。侵占资产可分为两部分：现金侵占、存货和其他资产侵占。

1. 现金侵占

现金侵占包括现金盗窃、截留收入和舞弊性支付三种类型。

（1）现金盗窃。

现金盗窃是指盗窃已入账的资金，该行为可能发生在收款和存款环节。现金盗窃的舞弊审计内容包括以下几个方面。

一是审查组织相关控制制度的建立和实施。其主要有以下几点：审查职责分离情况，最好是现金收入、现金清点、银行存款、银行存款余额调节表编制、现金支出等职责均相互分离；审查是否实施强制性工作轮换或强制性休假制度；适当运用突击盘点现金程序；使用预先连续编号的凭证；定期分析备用金的使用情况；运用分析程序以发现值得关注的变化或可能出现不良倾向的职能领域。

二是针对收银业务实施专门检查。其主要包括：对接触收银机的员工进行监督，确保访问密码的安全；确保盘点人员和收银人员的职责分离，并将盘点的金额与收银机的现金总额进行核对；及时、完整地将收银机记录和现金提交适当的负责人。

三是对现金收入和记录流程进行深入分析，确定现金收入的安全性。审计人员应关注相关内部控制的健全有效性，确保以下控制目标的实现：每天的收入全部存入银行；已记录的应收款项交易附有支持性文件或凭证，且交易中包含的所有信息，如金额、日期、摘要等均经过验证；库存现金安全；现金日记账余额与库存现金余额相符；由专人复核现金收入数与存款单；由处理现金收入和应收账款以外的人员将记账凭证、日记账和银行存款单及银行对账单进行复核。

四是对销售收入、销货成本、销货退回及折让之间的关系实施分析程序。这一程序能够使审计人员发现不恰当的退款和折扣。在没有其他合理解释（如制造过程的变化或价格变化等）的情况下，销售收入与退回、折让之间应当存在线性关系，否则可能意味着存在舞弊行为。同样，对销货退回及折让与存货的实际流动情况进行分析，也可揭露舞弊行为。销货退回应导致存货的数量发生改变，即使退回的商品已经受损，如果仅有销售退回记录而无相应的存货增加记录，则通过分析程序可以发现相关项目之间比例关系的异常，进而追查是否存在现金盗窃舞弊现象。

五是定期对现金日记账和银行存款日记账进行复核和分析。对现金日记账和银行存款日记账中的贷记分录进行分析并追查可疑分录，可以防止舞弊者虚构账簿记录。具体可以重点关注借记销售收入和坏账准备等记录。

（2）截留收入。

截留收入是指员工在销售收入或应收账款被记入会计账簿之前将其盗走。

所有参与现金收取过程的员工都有截留收入的机会。截留收入的手法有：销售收入不入账、低估销售收入和应收账款、盗窃寄来的支票和延迟入账等。截留收入的舞弊审计内容包括以下几个方面。

一是审查组织相关控制制度的建立和实施。其主要包括销售、收款和记录等职责分离；交易记录及时、完整，明细要素齐全；对总分类账和明细分类账实施独立调节和验证；采取适当措施以确保对账簿记录系统的接触受到限制；处理客户投诉的人员应独立于出纳和负责应收账款的人员。

二是对现金、银行存款和存货记录进行审阅和分析。审计人员应特别关注应收账款的注销记录，丢失、被盗或过时产品的注销记录，应收账款的借方对应科目不是银行存款或现金的账簿记录等。通过检查这些记录，审计人员可能发现截留收入的舞弊行为。

三是针对销售业务实施分析程序。例如，对明细销售账户进行纵向和横向分析，就可能发现隐匿、低估收入等截留收入问题。审计人员还可以通过计算比率，如计算应收账款周转率等，分析查找截留收入的线索，并观察其变化等。对存货盘亏情况进行分析，也可能发现截留收入的账外销售情况。

（3）舞弊性支付。

舞弊性支付的基本类型有重复付款舞弊、多方收款人舞弊和虚假支付舞弊。

重复付款舞弊是指向同一供应商开出两张或多张相同支票，其中一张付给供应商，其他则被舞弊者侵吞的行为。员工可能单独实施舞弊，也可能与供应商的员工串通实施舞弊。多方收款人舞弊是指对同一项债务两次或多次支付给不同的供应商，其中一名收款人真正提供了产品或服务，其他收款人是捏造的或是舞弊共谋者。虚假支付舞弊包括向真实存在的或虚构的供应商支付虚假的项目、材料或服务款项，向虚构的雇员支付报酬或通过虚构工时、业绩指标来多付薪酬。舞弊性支付的舞弊审计内容包括以下几个方面。

一是审查组织相关控制制度的建立和实施。其主要包括遵循适当的职责分离；招聘程序能够确保避免雇用具有可疑背景的人员；将空白支票和已使用支票存放于安全的地方，并仅限于授权人员接近；制定遗失或被盗支票的立即报告制度，以及注销账户未使用支票的销毁制度；定期检查包括薪酬费用在内的费用报告；定期检查付款程序，以确保相关文件记录的完整性和准确性；定期执行银行存款调节程序和检查程序；定期检查内容、地址、供应商等交易要素异常的应付账款记录。

二是针对采购与存货进行分析。通过比较采购额和存货总量，审计人员可能会发现舞弊者伪造购买组织从未收到的商品。很多舞弊者会开具“咨询服务”一类的账单来实施虚假支付舞弊，审计人员应重点关注此类发票。审计人员还可按照供应商对采购进行月度分析和年度分析来发现异常情况。

三是对银行对账单和银行存款余额调节表进行分析。审计人员还可考虑要求银行提供截止日前后若干天的银行对账单或对银行进行函证。审计人员应检查是否存在篡改银行对账单的行为，应根据银行对账单的余额或银行存款余额调节的未达账项，追踪至截止日前后若干天的对账单和银行函证单，以此来查找可能存在的现金舞弊。

四是对支票存根要素、支票背书和支票管理情况进行检查。对于支票上可疑的收款人，审计人员应检查相应的支持文件或凭证；对于与银行对账单核对时发现的可疑付款日期，应进一步检查相关明细记录和支持文件或凭证；对被退回的支票，审计人员应关注其是否经过背书，将被背书人与预定收款人进行核对，必要时追查被背书人的详细情况；对于作废的支票，审计人员应检查银行对账单与账簿记录，确保作废支票未被处理；审计人员还应调查供应商关于未付款的投诉，检查预付款的真实性和相关记录的适当性。

五是对费用账户进行分析并对费用报销进行详细检查。审计人员可以比较当期与前期的支出金额，比较实际费用和预算费用，以发现可能存在的异常变动。审计人员对费用报销应定期进行检查，在熟悉组织报销政策的基础上对费用报销明细表进行详细检查。

六是针对可能存在的虚假薪酬支付进行检查和分析。审计人员应关注某些重复或遗漏的薪酬支付记录，如相同或相似的身份证号和银行账号，少数员工经常加班的记录，员工没有被扣减个人所得税等；审计人员还可以分析与业绩挂钩的薪酬和相关业绩是否相匹配，以验证薪酬的合理性。

2. 存货和其他资产侵占

员工侵占存货和其他资产的方式包括滥用和盗窃。滥用是未经授权而使用组织财产的行为，也就是挪用。而资产的盗窃是将组织财产据为己有。盗窃资产的方式有很多，包括从随手拿走组织资产的简单偷窃，到伪造文件和账簿的复杂盗窃。相对复杂的手法包括资产领用和转移、采购和接收、虚假发货等。

存货和其他资产侵占的舞弊审计包括以下内容。

一是审查组织相关控制制度的建立和实施。相关控制制度主要包括存货或其他资产的申请、验收、发出、报废、变卖等职责分离；对采购申请、验收报告、领料单、发运文件、永续盘存记录等有关文件进行连续编号控制；检查与采购和仓储职责相分离，且检查人员具备相关资产知识；具备物理防护、非授权人员不得接触、安保布局等实物保护措施。

二是针对销货成本及其明细项目实施分析程序。例如，若销货成本随销售数量不成比例地增加，并且采购价格、采购数量和质量没有发生改变，那么销货成本不成比例增长可能就是由舞弊行为造成的，如期末存货由于被盗而减少，或编制虚假分录计入销货成本以隐藏盗用行为等。对销货成本的明细项目执行分析程序，可指明进一步审查的方向。此外，审计人员也可通过分析存货周转率的变化查找可能存在的存货盗窃舞弊。

三是检查相关文件记录。永续盘存记录里未被解释的分录可能意味着存在盗用损失。审计人员应关注永续盘存记录里无法用销售发票、损毁或清理批准文件等原始文件或凭证予以解释的存货减少现象；同时，还应关注永续盘存记录里无法用验收报告等原始文件或凭证予以解释的存货增加现象。此外，围绕发运文件，审计人员应关注销售与发运文件的匹配情况，即是否存在与销售无关的发运文件，或存货出库是否都有发运文件，这样也可能发现存货被盗用的线索。

四是实地盘点存货。通过实地盘点存货有时会发现存货盗用情况。但是，审计人员需要注意，存货的短缺除了被盗用以外还有其他解释，如损耗等。因此，发现短缺后不能武断地判定存在盗用情况，而需要进一步分析查证。此外，如果用来发现存货舞弊的唯一方法是年末实地盘点，那么审计人员应清楚，舞弊者可能利用一整年的时间来设计隐藏方法以应付检查。

23.3 舞弊审计方法

23.3.1 红色预警标志法

红色预警标志法是寻找和分析舞弊信号的重要方法。这种方法的实质是在总结以往舞弊情况发生的基础上，整理归纳相关经验，指出舞弊发生概率较高的条件或标志，以警示舞弊发生的可能性，并说明舞弊发生的可能性以及舞弊的特征和基本状况。红色预警标志并非表明舞弊一定存在，但它们被认为是在舞弊情况下可能普遍存在的情形，因此，审计人员必须予以关注。

23.3.2 错误制造法

错误制造法是指审计人员在实施舞弊审计时，制造真正的错误以观察其能否通过控制系统，以此评估控制系统的缺陷和易受舞弊破坏的一些环节。

使用这种方法时，审计人员将自己定位为舞弊者，尝试各种计划以逃避内部控制实施舞弊。需要注意的是，使用此法的审计人员应事先告知值得信赖的适当人员。这种方法的优点是能够使组织中可能存在的舞弊变得一目了然。这种方法要求审计人员在实施舞弊审计时不能仅停留于对报表、账簿、凭证、档案文件等内部资料的检查，还应到现场进行实地观察、调查和访谈。

23.3.3 统计分析法

根据大样本数据得出的一些统计学定律或组织内部的一些统计分析结果也可

以发现舞弊线索。例如，根据本福特定律，在随机排列的数据中，以数字 1 开头的数据多于以数字 2 开头的数据，以数字 2 开头的数据多于以数字 3 开头的数据，依此类推。事实上，本福特定律精确预测了各类财务数据具有以下特质：以数字 1 开头的数据约占 30%，而以数字 9 开头的数据仅占 4.6%。据此，当把 10 000 张发票开头数字的分布与本福特定律分布进行比较时，若两者差异较大，则意味着有可能存在舞弊。

审计最初因查错防弊而产生，但是发展变化的外部环境、日新月异的科技变革使现时的舞弊审计早已不同于当初的查错防弊。审计人员只有在遵守执业准则和职业道德的前提下，不断研究、探索新方法、新经验，才能更好地开展舞弊审计，及时发现各种舞弊行为，并积极对其予以纠正，做到防患于未然。

23.4　B 子公司总经理舞弊审计案例

23.4.1　案例背景

B 子公司是 A 公司的控股子公司，1998 年至 2009 年由张某任总经理，一直没有进行过审计。近日 A 公司不断接到 B 子公司职工的举报，反映 B 子公司管理混乱，张某有个人经济问题。A 公司对此极为重视，指派内部审计部门前往 B 子公司进行审计核实。审计人员没有提前告诉 B 子公司，而是突然前往。

23.4.2　审计过程

到达 B 子公司后，审计人员首先对 B 子公司的现金库进行了清点，发现内有大量现金和存折，共计 60 余万元；然后对张某的个人办公场所进行清点，发现张某名下的存折余额有 120 万元。由于 B 子公司财务负责人及张某对这些款项的来源不能合理解释，审计人员暂时对该现金和存折予以扣留。

随后，审计人员通过与 B 子公司职工谈话和查账，又了解到以下情况。

（1）张某平时生活比较奢侈，自己有豪华轿车，每年都要出国旅游。

（2）B 子公司临时工工资每月超过 30 万元，但经过对 B 子公司所报的用工单位的实地调查，审计人员发现临时工工资每月只有近 20 万元。经过询问，张某及财务负责人承认每月多报临时工工资 10 余万元，利用此方法每年套取现金 120 余万元，合计 400 余万元。这笔款项大部分用于联络关系客户、给职工发放福利，张某从中拿走 80 万元。同时，审计人员还了解到，B 子公司的部分分厂也通过仿照该公司做法多报临时用工工资和转卖材料等，从公司套取现金共计 60 万元。除 30 万元用于分厂招待开支外，其余由分厂领导班子私分。

（3）B 子公司与 C 物资经销公司往来频繁。经审计人员调查了解，C 物资经销公司由张某的儿子经营，在张某担任 B 子公司负责人期间，B 子公司从 C 物资经销公司购入材料 1 000 万元。经审计人员逐笔核实，有 200 万元的材料 B 子公司只收到发票而没有收到实物，并且货款已付，账务也处理完毕。经询问，财务负责人证实这是在张某的指示下办理的，这 200 万元实际已被张某侵吞。

（4）经审计发现，B 子公司 2009 年将自有的汽车、装载机等外借给杨某使用，但账面上没有收入。经询问，财务负责人表示这是由张某一手经办的，自己并不知情。经询问张某，其承认，该部分收入共计 8 万元被自己用于招待关系客户。

（5）审计人员对 B 子公司的银行对账单进行核对，发现对账单上有多笔大额资金存取记录，存入时为转账支票，支取时为现金支票，而且在银行日记账上并没有相关业务的记录。这种情况比较异常，经询问，财务负责人承认出借账户，为他人将转账支票变为现金，这些业务均是张某要求办理的。通过对张某的询问，其终于承认，通过出借账户，获得报酬 10 万元，均用于公司的经营开支。

（6）内部审计部门对 B 子公司生产情况进行跟踪，发现其生产余料基本上没有入账。通过进一步调查，了解到余料已被张某处理，除部分收入被用于为公司职工发放奖励外，仍有 20 万元不知去向，而张某说可能也是用于发放奖金了。由于这部分收入没有入账，相关的收支凭据没有全部保存。

（7）B 子公司 2009 年招待费支出高达 100 万元，所附的原始单据大部分为外地的餐饮发票。经审计人员调查了解，这些餐饮发票都是张某报销的。经过对张某的询问，其承认自己通过餐饮发票套取现金 80 万元用于个人支出。

（8）经审计张某任职期间 B 子公司的工资及奖金账，发现部分领取奖金的签字明显由同一个人所签，通过询问财务负责人得知，这是张某提供的明细资料，合计金额 60 万元，钱也已经被张某领走。张某也证实自己将其领走，但对于其用途交代不清。

23.4.3　审计中发现的问题汇总

（1）B 子公司利用临时工工资、私卖材料等形式套取现金 460 余万元，形成账外资金，部分被领导班子私分。

（2）B 子公司负责人张某利用公司采购管理不严的漏洞和职权上的便利条件，通过虚假交易侵吞 200 万元。

（3）B 子公司 2009 年利用自有的汽车、装载机等外借取得收入，共计 8 万元，该部分资金没有被纳入账内管理，已被张某私用。

（4）B 子公司利用出借账户获得报酬 10 万元，在账外列支。

（5）B 子公司私卖生产余料，收入列在账外，相关的收支凭据保管不完整。

（6）B 子公司张某通过餐饮发票套取现金 80 万元用于个人支出。

（7）B 子公司张某任职期间利用奖金套取现金 60 万元。

（8）B 子公司制度不严，管理混乱。B 子公司的相关制度建立不全，执行不严格，部分制度形同虚设，尤其是结算制度，基本上是张某一人说了算，致使公司发生大量的资金被贪污的行为。

23.4.4　审计建议

（1）张某利用各种手段套取公司现金超过 400 万元，其行为已构成贪污，建议 A 公司立即将其移送司法机关，并追回其贪污的公款。对于被审计人员暂扣的存折，如不能说明合法来源则全部上交 A 公司。

（2）B 子公司管理混乱，建议 A 公司派人加强管理，对其规章制度进行重新审核制定，同时要定期予以检查。对于 B 子公司的规章制度的执行情况要加强管理、加强培训。

（3）B 子公司财务负责人及部分分厂领导存在违法事实，建议 A 公司予以撤换，并追究相应的责任。同时对个人私分的资产一律予以追回，降低公司的损失。

（4）B 子公司长期未进行审计，致使其负责人由于缺乏监督而贪污。建议 A 公司对其他子公司、子企业及时开展经济责任审计，避免类似的情况发生。

第 24 章 合同审计

24.1 合同审计概述

合同在企业经营活动中的运用趋于广泛，几乎涉及企业经营管理的各个层面。因此，合同审计也变得尤其重要。合同审计有助于完善合同条款；有助于加强企业内部控制机制和落实相关部门责任；有助于确保合同合法合规，防范合同风险，避免不必要的经济纠纷；有助于依法维护合同当事人的合法权益。

合同审计是指审计人员依据国家有关法律、法规和企业内部管理制度，按照一定的审计程序，对合同的合法性、有效性和效益性进行审查和评价的活动。合同审计由最初对合同条款的审计，逐步发展到对合同管理全过程的审计，包括对合同的签订、履行、变更、终止以及合同日常管理进行的审查与评价。

24.2 合同审计的内容

24.2.1 合同签订前的审计

合同签订前的审计是指审计人员对列入审计范围内的合同，在合同双方当事人已就相关事项协商达成一致，合同条款也已基本确定，但双方尚未签字的准备阶段的合同进行的审计。合同签订前的审计是合同审计的重点和关键。合同签订前的审计主要包括以下内容。

1. 审查签订合同的必要性

审查签订合同的必要性主要审查：合同内容是否符合企业目标，是否符合企业生产经营活动的需要，企业现有资源是否可以满足该项目需要；合同项目是否已被列入企业生产经营计划、投资计划或者其他计划，且符合该计划的要求；企业是否已安排了相应的财务预算，履行合同的资金来源是否落实。

2. 审查签订合同的合法性

审查签订合同的合法性主要审查：合同是否符合国家法律法规和规范性文件的规定，是否存在违反国家利益或者社会公共利益的问题；合同是否符合本企业的规章制度要求，履行该合同是否给企业带来预期利益；对方的主体资格是否合法，签订合同的当事人是否有签订该合同的权利；对方是否有履行该合同的能力和诚意，选择对方签订合同的理由是否充分。

3. 审查合同条款的完整性

审查合同条款的完整性主要审查：合同条款是否符合《中华人民共和国民法典》的规定，具体包括当事人的名称或姓名和住所、标的名称、标的数量和质量、价款或者报酬、履行期限、履行地点和方式、违约责任、解决争议的方法等条款是否完整。

4. 审查合同条款的正确性

审查合同条款的正确性主要审查：当事人的名称或者姓名和住所条款是否按照规定填写，并收集相应的证明资料的复印件；是否清楚地写明标的名称，标的是否具体化和特定化；合同中标的数量和计量单位表述是否准确；质量条款表述是否正确，“三包”条款是否完备等。

5. 审查合同条款的合理性

审查合同条款的合理性主要审查：价款和酬金是否明确合理，价款支付条款是否规范，质量保证金等细节是否有遗漏；合同履行的期限、地点和方式是否明确合理，保修期是否符合国家或行业规定；违反合同的责任区分、违约条款以及赔偿金额是否明确；解决争议的方法是否对我方有利，选择的是仲裁还是诉讼方式；合同内容是否可行，是否经过企业相关部门的论证。

24.2.2 合同履行过程的审计

企业一般都制定保证合同履行的各项规章制度，只有按照约定和规定履行才能实现预期的经济效益。合同履行过程的审计主要是检查合同履行情况，避免发生不必要的纠纷、造成不必要的损失。

合同履行过程的审计主要包括以下内容：审查履行合同的主体是否是合同的当事人，有无由他人代为履行的情况；审查双方是否按照合同约定行使自己的权利和承担应尽的义务；分别抽审各类合同中具有典型意义的某项合同，深入合同的实际执行部门，检查合同履行情况，对未履行或者未完全履行的合同，查明其原因，以及是否明确通知对方；审查被审计单位各业务部门在实际合同履行过程中反映出的问题，有关职能部门是否及时查明原因并予以纠正；审查合同当事人履行合同的地点是否与合同约定相同；审查以分次、分期、分部履行的方式签订的合同，其履行方式是否与约定一致；审查合同价款或报酬的收取或支付情况，是否经常会同有关部门定期进行对账清欠工作；审查履行该合同是否达到了预定的效益；审查合同违约责任是否按照法律规定或者合同约定进行及时、合理、合法的处理；审查合同纠纷的处理是否及时、合法、合理。

24.2.3 合同变更的审计

合同变更的审计是指对当事人修改或者补充的合同内容进行的审计。

合同变更审计主要审查的内容包括：合同的变更理由是否充分，有无舞弊、胁迫、重大误解、有失公平而导致合同权利义务对一方当事人不合理、不公正的变更；合同的变更是否合法，合同当事人是否履行法定程序；合同变更是否损害公共利益；变更条款是否完整、正确以及合理。

24.2.4 合同终止的审计

合同终止审计主要审查的内容包括：合同终止是否符合《中华人民共和国民法典》规定的情形；合同的权利义务被终止后，当事人是否遵循诚实信用原则，是否根据交易习惯履行通知、协助、保密等义务；对已解除的合同，当事人是否依照法律、法规办理批准、登记等手续；解除已履行的合同后，已履行方是否根据履行情况和合同性质，要求对方恢复原状、采取其他补救措施和赔偿损失。

此外，审计人员也应该注意合同终止前的审计。它是指在合同已经履行，即将清算、解除双方的合同责任时，或者合同事项已经完成，单就相关票据入账之前所进行的审计。一些非常重要的合同应当进行合同终止前审计，如投资合同的清算审计、建筑安装工程合同的竣工结算审计等，并且需要按照专门的方法进行处理。

24.2.5　合同日常管理审计

合同日常管理审计主要审查被审计单位是否明确各级合同管理机构的职责、权限，是否有专人负责合同的履行和审批；合同管理制度是否完善，有无重大合同变更的风险防范措施；各业务部门合同管理人员对本企业对外签订合同的审核情况；是否向合同管理部门报送合同报表，并按照要求对合同进行编号、登记、保管和存档。

24.3　合同审计的方法

24.3.1　询问法

询问法包括问卷调查法、面谈法、专题讨论法等。实际工作中审计人员多采取问卷调查法，可以从以下方面设计调查问卷：合同管理机构设置及人员配备情况；岗位职责制定及履行情况；合同管理流程情况；合同管理基础工作，如相关合同管理制度、合同管理台账、合同档案管理是否建立健全等。

24.3.2　流程图法

流程图法主要是将招投标、委托授权、合同签订、合同履行、终结及售后服务全过程，以流程图的形式绘制出来，从而识别合同风险的方法。这种方法比较简洁和直观，易于帮助审计人员发现关键控制点的风险因素。

24.3.3 测试表法

测试表法主要是将合同各关键控制环节以测试表的形式进行测试，以查找合同管理的风险点和控制缺陷，分析其潜在的影响和重要程度，提出规避和防范风险的措施的方法。测试表主要包括以下几种。

（1）市场准入控制测试表，主要测试当事人的资质、市场准入情况以及合同转包、分包情况。

（2）招投标和授权批准控制测试表，主要测试经济业务是否按规定进行投标，投标过程是否规范，招投标收入是否被纳入统一财务管理，合同签订程序是否到位，甲方代理人是否持有委托授权书等。

（3）合同条款内容及履行情况测试表，主要测试合同的标的、数量、质量、价格、履行期限、履行地点、履行方式、违约金和赔偿金是否明确具体，履行情况如何，付款凭证的数据是否与物资验收单、发票、合同履行结算单相一致等。

24.3.4 现场观察法

现场观察法是指审计人员深入合同相关方现场，了解合同双方的资质、资信情况，观察工艺流程，获得第一手资料的方法。其客观性较强，是保证审计质量的有效途径。

24.3.5 历史分析法

历史分析法是指审查与合同相关的财务、统计和企业管理历史资料的方法。例如，通过检查车辆索赔记录及其他风险信息，确定已投保车辆发生的修理费是否被记入有关项目中。

24.3.6 环境分析法

环境分析法是指对相关方社会环境变化趋势、可能变更的法律法规等进行深入分析，查找风险因素和潜在影响的方法。

24.4　合同审计程序

（1）进行合同审计，除应遵循审计工作的一般程序外，还应按以下程序进行。

①信息收集。审计人员在对合同主管部门或主办单位送交审计的合同进行审查前，了解与所签合同有关的政策、规定、技术标准、规范以及价款、酬金计算依据等。

②信息审查。审计人员对合同立项依据、主体资质、对方资信、合同内容及签订程序等进行审查。

③合同签订。经审查合格的经济合同，由主审人签署意见并签字，经内部审计部门负责人审核同意后，盖合同审计专用章，送交合同经办（主办）单位或部门办理合同签订手续，内部审计部门进行合同审计台账登记。对审查不合格的或需要修改的合同，内部审计部门出具审计意见，退回主管部门或主办单位重新拟订或进行修改。重新拟订或进行修改后的合同再报经审查合格后，盖合同审计专用章，送交合同经办（主办）单位或部门办理合同签订手续。

④跟踪审计。合同执行中，根据需要，审计人员对合同执行结果进行跟踪审计，了解合同履行情况，审查有无违约行为，并协助有关部门进行处理。

（2）重要合同审计。合同签约前，对合同标的金额过大和对被审计企业有重大影响的合同，包括物资采购、投资租赁、工程建设等合同，合同主审人员应做到如下几点。

①参与合同调查和技术谈判。调查了解工程情况，进行工程量测算，掌握对方履约能力、企业信誉、履行合同条件、有关政策规定等方面的情况，以保证合同的合法性和合同条款的正确性；了解草签合同的技术标准、规范等。

②参与合同商务谈判。了解草签合同的价款、酬金计算依据；进行标的测算和封标，监督招标投标工作。

③参与议标合同谈判。在合同签约之前参与谈判工作，使在调查中掌握的问题在谈判中得到解决。

（3）审计签证。合同的签约、履行、结算审计可不下达审计通知书，按审计签证项目程序执行。

24.5 新利集团公司合同执行前后审计案例

24.5.1 案例背景

200× 年，新利集团公司在公司总部与各职能部门之间建立了计算机局域网，形成计算机网络办公信息系统。公司审计部利用该系统进行合同审计，审计的流程如下。

首先，由各职能部门将拟签订的合同采用规范的格式通过 OA 系统传到“未审签合同”栏，审计部通过 OA 系统网络对“未审签合同”进行浏览。

内部审计师浏览合同后，对需要抽审的合同，附上需要审计的标记，使它不能进入下一环节。这时，在合同经办部门的网络系统中，其经办人员就可看到本公司合同必须经过审计的提示。内部审计师审查后可以通过模板生成合同审计签证意见书，经办部门按照内部审计师提出的意见整改后，内部审计师方可在该合同审计意见栏内签署意见。同意合同签订执行，并进入下一环节，使合同继续在 OA 系统中传递，由相关职能部门执行其他程序，以便形成合法有效的合同。

内部审计师浏览合同后，对于无须抽审的合同，就可把其放入“不审计”流程中，由公司法律部门审批，再由公司有关经理签字批准。

最后，内部审计师可通过 OA 系统对所有生效合同进行浏览，并根据年度审计计划对合同履行情况进行抽样审计。

2009 年 2 月，审计部抽查了技术开发部与 ×× 科技有限公司签订的试验基地门禁系统工程施工合同。该合同文本如下。

新利集团公司技术开发部试验基地门禁系统工程施工合同

甲方：新利集团公司技术开发部

乙方：×× 科技有限公司

经甲、乙双方共同协商，本着“平等、互利”的原则，特签订以下合同。

第一条　合同标的、价格

乙方愿意承建甲方试验基地门禁系统工程（地址：×× 省 ×× 市），工程总造价：¥100 000（大写：人民币壹拾万元整），该价格为交匙工程价（见表 24-1）。

表 24-1　交匙工程价

序号	设备名称	型号	数量	单位	品牌	备注
1	控制器	LE100	2	个	LE	
2	门禁一体机	LE100M	13	台	LE	
3	读卡器	LERD-MI/WI	2	台	LE	
4	按钮	EM600S	15	个	LE	
5	电锁	LEPC-1	15	把	LE	
6	电源箱	LEPS-1.5A	15	个	LE	
7	开关电源	LEPT-AS	30	个	LE	
8	485 转换器	MiB 子公司 are 1	1	台	LE	
9	IC 卡		0	张		开发部卡
10	软件		1	套	LE	
11	完成本工程所需的电缆、轴材、技术措施费用					

第二条　付款方式

该工程验收后，支付合同款的 95%，余款待一年后付清。

第三条　产品质量

本合同规定产品的质量均符合国家或行业对该产品的各项标准。乙方对产品质量出现的问题（人为损坏或使用不当造成的损失除外）免费保修一年，并对产品终身维修。

第四条　安装、调试、验收

本合同规定的产品的安装、调试工作，由乙方统一负责。

乙方必须尽快安装、调试终结。安装、调试时，甲方须指派现场负责人给予配合，以保证乙方安装、调试工作的顺利进行。

本合同规定的产品安装调试完毕后七天内，甲方须派代表与乙方代表共同进行验收，如全部合同产品都符合清单要求且正常运行，本合同产品被认为验收合格，甲、乙双方调试、验收在场人须在门禁系统《项目验收报告》上签字。

第五条　培训

乙方负责培训甲方操作人员壹至贰名，培训内容包括系统操作、日常维护及常见故障的处理方法。培训时间自培训开始至培训人员理解、掌握以上培训内容为止。

第六条　不可抗力

甲乙双方任何一方在履行合同过程中，由于不可抗力导致不能按期履行，应及时将发生不可抗力的情况通知对方，并对履行合同事宜进行协商；任何一方不得以此为由拒绝履行或单方修改合同。

第七条 违约责任

甲乙双方必须遵守本合同，严格履行合同义务，双方不得违约。如有一方违约，违约方应当承担违约责任，赔偿对方损失。

第八条 解决争议的方法

本合同未尽事宜协商解决，另签补充协议。本合同如发生争议，友好协商解决。协商不成，在工程所在地诉讼解决。

第九条 生效条件

本合同须经甲乙双方签字盖章生效。本合同一式四份，甲乙双方各执两份。

第十条 其他条款

（1）所采用的线缆必须为合格产品，经甲方确认后使用。

（2）乙方在室内施工时必须服从总包单位的管理，严格按合同约定规范施工，并不得损坏、影响总包工程，工程设备物品如有损坏实价赔偿。

（3）以上价格为交匙工程价，包含工程所需费用。

（4）以上报价为现场考察并充分了解工程要求后，做出的系统工程报价。

（5）施工期间一切安全责任由乙方承担。

甲方：新利集团公司技术开发部	乙方：×× 科技有限公司
地址：	地址：
电话：	电话：
法定代表人：	法定代表人：
委托代理人：	委托代理人：
开户行：	开户行：
账户：	账户：

附件：

××科技有限公司承诺

为了使您的系统能正常运行，我们向您承诺：

（1）每月巡回服务一次，半月电话询访一次，提供定期服务。

（2）送到办事处或公司的设备及时修理，提供常规服务。

（3）遇系统故障立即提供解决方案，以最快的速度派人员到位维修，提供即时服务。

（4）产品升级换代只收材料费，免费培训和软件升级。

（5）一年保修（免费服务），终身维护（按规定收取服务费）。

（6）当您需要服务时，请先和办事处联系，他们会及时给您提供服务。

（7）本服务承诺作为合同的附件，与本合同具有同等法律效力。

联系单位：××科技有限公司××分公司

联系电话：0771-×××××××

热线电话：0771-××××××××

应急电话：0771-×××××××

监督电话：0771-××××××××

24 小时投诉电话：（0）1800571×××

24.5.2　审查过程和方法

（1）内部审计师通过 OA 系统网络浏览了新利集团公司技术开发部与××科技有限公司签订的试验基地门禁系统工程施工合同，并附上需要审计的标记。

（2）技术开发部的经办人员在规定的时间内向审计部提供与该合同相关的资料：××科技有限公司的企业法人营业执照、企业法人代码证（复印件）、施工资质证书（复印件）、签约代理人的本人身份证（复印件）和授权委托证书，××科技有限公司开户银行账号、资信和履约能力的证明材料，该工程项目年度预算资料，同意建造该项目的批准文件，有关设备品牌、型号、规格、价格的市场调查资料，价格招投标的全套资料以及其他相关资料。

（3）具体查证过程。

①检查该工程项目年度预算资料和批准文件。该项目已列入公司年度计划，并获得公司总经理的批准，所需资金已落实。

②检查 ×× 科技有限公司的各种证书和证明材料，审查其是否弄虚作假。经查证，该司所提供的材料属实，主体资格合法。

③审查合同条款的真实性和完整性。审核合同文本，将合同条款与招投标资料、市场调查材料进行核对、比较、分析。检查双方的名称或姓名和住所，标的名称，标的数量和质量，价款或者报酬，履行期限、地点、方式，违约责任，解决争议方法等。

审计后发现以下问题。

①该合同缺乏设备单价，没有"本工程需要经审计部审计后方可办理款项结算"的条款，没有明确的合同履行期限，不符合相关法规与公司的规定，应在合同中补充。

②对"交匙工程"的表述不清楚，容易引起歧义，双方应进一步协商，并在合同中明确表述。

③根据公司规定，本工程需要经审计部审计后方可办理款项结算，本合同中没有此条款，容易导致纠纷，应在合同中增加此条款，便于以后进行工程结算审计。

④合同中没有明确的合同履行期限，应予以明确。

⑤合同的违约条款不明确，对违约处理方式和罚金在合同条款中表述不清楚，双方应进一步协商，并在合同中明确表述。

⑥合同中约定，该工程验收后，支付合同款的95%，余款待一年后付清。该条款表述不清，应当是验收合格后方能支付合同款。余款待一年后付清要有附加条件，当达到一定条件才能付清余款。

⑦虽然 ×× 科技有限公司在服务承诺中说明"本服务承诺作为合同的附件，与本合同具有同等法律效力"，但服务承诺是单方面意思的表示，实际上不具有法律效力。应将服务承诺的内容写进合同条款。

⑧技术开发部是公司的一个内设部门，不能以技术开发部的名义对外签订合同。

24.5.3 审计结论

内部审计师根据 OA 系统中的模板，向新利集团公司技术开发部出具了合同审计签证意见书（见表 24-2）。

表 24-2　合同审计签证意见书

<table>
<tr><td>合同名称</td><td>新利集团公司技术开发部试验基地门禁系统工程施工合同</td><td>合同编号</td><td colspan="2">200918</td></tr>
<tr><td rowspan="3">送审部门</td><td colspan="4">新利集团公司技术开发部</td></tr>
<tr><td>联系人</td><td>某 M</td><td>联系电话</td><td>某某某 M</td></tr>
<tr><td>送审日期</td><td colspan="2">2009 年某月某日</td><td></td></tr>
<tr><td>合同主要内容</td><td colspan="4">标的：新利集团公司技术开发部试验基地门禁系统
合同金额：人民币 10 万元
付款方式：该工程验收后，支付合同款的 95%，其余待一年后付清
产品质量：符合国家或行业对该产品的各项标准</td></tr>
<tr><td rowspan="2">审计签证意见</td><td colspan="4">根据《新利集团公司合同审计签证和备案暂行办法》，我们提出如下签证意见，请相关部门据此修改合同，修改后的合同请于 2009 年某月某日前上传到 OA 系统，便于内部审计师签署意见。
1. 在合同价款方面，缺乏设备的单价，应在合同中补充
2. 对“交匙工程”的表述不清楚，容易引发歧义，双方应进一步协商，并在合同中明确表述
3. 根据公司规定，本工程需要经审计部审计后方可办理款项结算，本合同中没有此条款，容易导致纠纷。应在合同中增加此条款，便于以后进行工程结算审计
4. 合同中没有明确的合同履行期限，应予以明确
5. 合同的违约条款不明确，对违约处理方式和罚金的表述不清楚，双方应进一步协商，并在合同中明确表述
6. 合同中约定，该工程验收后，支付合同款的 95%，余款待一年后付清。该条款表述不清，应当是验收合格后方能支付合同款。余款待一年后付清要有附加条件，当达到一定条件才能付清余款
7. 虽然某科技有限公司在服务承诺中说明“本服务承诺作为合同的附件，与本合同具有同等法律效力”，但服务承诺是单方面的意思表示，实际上不具有法律效力，应将服务承诺的内容写进合同条款
8. 技术开发部是公司的一个内设部门，不能以技术开发部的名义对外签订合同</td></tr>
<tr><td colspan="2">审计部负责人（签名）：

日期：2009 年　月　日</td><td colspan="2">内部审计师（签名）：

日期：2009 年　月　日</td></tr>
</table>

24.6 M 公司合同执行审计案例

24.6.1 案例背景

2009 年 10 月，M 公司审计部通过 OA 系统对所有生效合同进行浏览，抽查了一份合同，检查该合同实际履行情况。

该合同的主要内容是：2009 年 3 月，本公司与乙工厂双方约定，乙工厂供应本公司洗衣机零配件 5 万套，每套价格 10 元。乙工厂从当年 4 月开始，每月交货 1 万套，每月月底交货。本公司收货后 10 天内验货付款。违约责任为未履行货物价款的 5%。本公司于签约后 10 天内支付给乙工厂定金 5 万元。

24.6.2 审计实施情况

（1）内部审计人员到仓库检查从乙工厂购进的洗衣机零配件的出入库记录，并与相应的验收记录进行核对。M 公司在 2009 年 4 月 28 日和 5 月 30 日分别收到洗衣机零配件 1 万套，经验收合格后入库，生产车间已领用上述 2 万套配件。内部审计人员将已收到的洗衣机配件数量与合同进行核对，合同约定到 8 月底应收到 5 万套，而实际到 10 月，M 公司才收到 2 万套。

（2）内部审计人员检查仓库中与从乙工厂购进的型号、规格相同的洗衣机零配件的明细记录。记录显示：2009 年 6 月至 8 月，M 公司从丙公司购入洗衣机零配件 3 万套（其中 6 月 0.8 万套，7 月 1 万套，8 月 1.2 万套），价格均为 10 元/套，生产车间已领用上述 3 万套配件。内部审计人员将这 3 万套配件的入库记录与相应的验收记录进行核对，二者相符，且质量合格。内部审计人员询问仓库保管员为什么不从乙工厂采购剩余的 3 万套配件，而从丙公司采购。仓库保管员答复其职责是管好仓库，其余不清楚。

（3）内部审计人员回到办公室浏览 OA 系统，查阅是否有 M 公司与丙公司签订的洗衣机零配件采购合同。经查证，其没有与丙公司订立任何合同。

（4）内部审计人员到 M 公司的采购部了解从丙公司采购洗衣机零配件的情况。采购部门解释：乙工厂履行了第一批和第二批交货义务后，适逢外商紧急求购这种洗衣机零配件，出价远远高于 M 公司在合同中约定的价格，于是乙工厂就与外商签订了以这种洗衣机零配件为标的的购销合同。由于生产能力有限，乙工厂遂不再履行与M公司签订的购销合同，要求解除第三批至第五批的合同。采购部不同意解除合同，要求乙工厂继续履行合同，但乙工厂就是不履行合同。考虑到生产部门紧急需要这种配件，采购部只好和其他单位联系，刚好丙公司有采购部需要的配件，价格和乙工厂的一样，采购部就决定从丙公司采购另外3万套配件。内部审计人员要求采购部提供M公司与丙公司的采购合同，采购部说当时时间紧急，要求对方先发货再补合同，后来由于货款已经支付给对方，也就不想补签合同了。内部审计人员追问采购部是否向乙工厂要求索赔，采购部回答，由于没有给部门造成损失，他们也就没有追究乙工厂的违约责任了。内部审计人员对上述情况做了记录，并要求采购部经办人员及采购部负责人在记录上签字确认。

（5）内部审计人员到财务部门检查M公司与乙工厂、丙公司的款项往来情况。结果显示，M公司3月28日支付给乙工厂定金5万元，5月5日和6月5日分别支付给乙工厂货款10万元；M公司9月10日支付给丙公司货款30万元。内部审计人员询问财务人员，支付给丙公司30万元货款时的凭据有哪些，是否有双方签订的合同。财务人员解释：有发票、验收记录、入库凭证并经相关部门负责人签字，当时没有附上合同，财务部门也要求采购部提供合同，但采购部说过两天送过来，财务部门人员想想等两天也没有关系，所以就将货款付了出去，事后采购部也没有将合同给财务部门，时间长了，财务部门人员也忘记向他们要了。内部审计人员复印了M公司与乙工厂、丙公司的款项记录，将在财务部门了解到的情况做了询问记录，并要求财务部门经办人员及财务部负责人在相关记录上签字确认。

24.6.3　审计结果分析及建议

《中华人民共和国民法典》第577条规定，当事人一方不履行合同义务或者履行合同义务不符合约定的，应当承担继续履行、采取补救措施或者赔偿损失等违约责任；第580条规定，当事人一方不履行非金钱债务或者履行非金钱债务不符合约定的，对方可以要求履行，但有下列情形之一的除外：①法律上或者事实上不能履行；②债务的标的不适于强制履行或者履行费用过高；③债权人在合理期限内未要求履行。依据以上规定当事人一方违约后，非违约方要求继续履行合同义务的，违约方应继续履行，除非符合《中华人民共和国民法典》第580条规定的三种情形之一。经审查，乙工厂是在具有履行能力的情形下为谋取更高利润而不履行对M公司的合同义务的，并不属于《中华人民共和国民法典》第580条规定的免予继续履行的情形，其依法应承担相应的违约责任。

根据《中华人民共和国民法典》规定，当事人一方不完全履行合同的，应当按照未履行部分所占合同约定内容的比例，采用定金罚则。乙工厂已履行了合同总价款的40%，尚有60%未予履行，故采用定金罚则的结果应为乙工厂退还8万元[返还定金的60%的双倍，即6万元（5×60%×2），加上定金的40%，即2万元（5×40%）]。而根据合同约定，乙工厂违约金为未履行货物价款的5%，即1.5万元（30×5%），加上退还的定金5万元，共应退还6.5万元。当同一违约行为同时存在违约金与定金两种违约责任时，M公司只能选择其中的一项责任要求乙工厂承担。因此，M公司选择对自己有利的方式即定金罚则，要求乙工厂退还8万元。

根据上述分析结果，审计部向相关部门提出的建议如下。

（1）由法律事务部牵头，采购部、财务部等职能部门配合，采取有效措施要求乙工厂返还采购洗衣机零配件已履约部分定金2万元，因违约行为而双倍返还未履约部分定金6万元，合计人民币8万元。

（2）对采购部没有按照公司规定与丙公司签订采购合同行为和财务部门违反公司财务管理规定支付货款的行为，建议在采购部和财务部内部予以通报批评，引起大家重视。

（3）完善合同管理制度，加强财务监管。财务部门要按照OA系统已生效的合同条款支付款项，建立财务部门与审计部门的沟通机制，如财务部门发现已签订但尚未审计的合同，应当将该情况通报给审计部门。建立合同履行情况通报制度，有关部门当发现没有按照合同约定履行的情形时，应当及时向法律事务、审计、财务、销售等相关职能部通报并移交相应的材料。

第 25 章 风险管理审计

25.1　风险管理审计概述

20 世纪 90 年代，内部审计开始发展到风险管理审计阶段。实践证明，风险管理审计能够帮助企业发现现有的和潜在的风险，并加以评估和管理，从而为企业提供增值服务。风险管理审计在我国起步较晚，是在国家有关主管部门和内部职业组织的积极推动下快速发展起来的。自 2009 年起，国有企业开始尝试企业风险管理和内部控制风险评价工作，该项工作以内部审计机构为主体。国务院国有资产监督管理委员会（以下简称“国资委”）《关于 2009 年中央企业开展全面风险管理工作有关事项的通知》的颁布和《2009 年中央企业全面风险管理报告（模本）》的推出，使风险管控工作从企业内部开展迅速上升到程序化的高度，加速了内部审计机构风险管理审计的全面深入开展。

25.1.1　风险管理审计的含义

国际内部审计师协会制定的《国际内部审计专业实务框架》第 2120 号指出“内部审计活动必须评估风险管理过程的有效性，并为其改善做出贡献”。内部审计人员需要对以下事项做出评估，从而对风险管理过程是否有效做出判断，这些事项具体包括：企业目标支持企业使命且与其一致；重大风险得到识别和评估；选定符合企业的风险偏好的、恰当的风险应对方案；取得有关的风险信息并及时传递沟通，以便相关工作人员能及时履行相应职责。

风险是指潜在事件发生并对企业实现其目标产生负面影响的可能性。COSO委员会2013年出版的《内部控制整合框架》指出，每个企业都面临着来自内部与外部的各种风险。风险评估包括了根据企业要求需要实现的目标，动态和反复地识别和评估的过程。将整个企业范围的可能会影响目标实现的风险同已经确定的风险容忍度一并考量后，风险评估就为决定如何对风险进行管理打下了基础。与之前的版本相比，2013年版的《内部控制整合框架》高度强调了风险对内部控制有效性具有决定性的作用。一个有效的内部控制体系将使企业目标实现的风险降至可接受的水平，无论这些风险与哪些类别的目标相关。

综上所述，内部审计中的风险管理审计是指企业的内部审计机构采用规范化、系统化的方法，对企业的风险管理过程的适当性与有效性进行审查和评价的活动。内部审计中关注的风险管理，包括风险识别与分析、风险评估与溯源，以及对企业风险采取的应对措施等各个方面。因此，内部审计机构与人员在开展风险管理审计时，必须了解风险管理的最佳实务，与通过测试和评价获取的具体情况进行对比分析，找到差距及其产生原因，为企业加强风险管理提出改进建议。

25.1.2 风险管理审计的特点

1. 审计对象是风险管理

风险管理审计要求内部审计人员对企业风险管理体系的设计及其运行的有效性进行评价。另外，风险管理审计作为企业风险管理体系中的一个环节，内部审计人员应当监督、评价企业风险管理体系的有效性以及机构的治理、经营及信息系统方面的风险因素。

2. 高层次

COSO委员会2013年出版的《内部控制整合框架》包含了战略目标，要求企业在建立风险管理体系时要将企业的战略和风险管理融合在一起，保持一致。因此，风险管理审计需要内部审计人员对企业的战略进行充分的了解，从战略的高度对企业风险管理进行评价。

3. 重要性

从企业长远发展角度和战略高度出发，开展风险管理审计工作，具有较高的前瞻性，将对企业长期生存和发展产生巨大影响。

25.2　风险管理审计的内容

风险管理既包括企业整体层面，也包括业务层面。内部审计人员一方面可以审查与评价企业整体的风险管理工作效果，另一方面也可对具体业务层面的风险管理情况进行审查与评价。

25.2.1　企业整体层面

从企业整体层面的角度看，内部审计人员在进行风险管理审计时应当关注的内容包括以下五个方面。

1. 风险管理机制的健全性及有效性

风险管理机制是企业实施风险管理的基础，良好的风险管理机制是企业风险管理有效的前提。企业内部审计机构及其人员应从以下几个方面确定企业风险管理机制的健全性及有效性。

（1）审查风险管理组织机构的健全性。

企业必须以全体员工参与合作和专业管理相结合为基础，根据自身的规模大小、管理水平、生产经营的性质以及风险程度等方面的特点，建立一个规范化的风险管理组织体系，这一体系包含了风险管理负责人、一般专业管理人、非专业风险管理人和外部的风险管理服务等基本要素。风险管理组织体系还应根据风险产生的原因和阶段不断地进行动态调整，并通过健全的制度来明确相互之间的责、权、利，使企业的风险管理体系始终是一个有效的整体。

（2）审查风险管理程序的合理性。

企业风险管理机构应当采用适当的风险管理程序，以确保风险管理的有效性。

（3）审查风险预警系统的存在及有效性。

风险管理的目的是避免风险、降低风险。因此，风险管理的首要工作是建立风险预警系统，即通过对风险进行科学的预测分析，预计可能存在的风险，并提醒有关部门采取有力措施予以改善。企业的风险管理机构和人员应当密切注意与本组织相关的各种内外因素及其发展变化趋势，对企业可能发生的风险进行科学预测和风险预警。

2. 风险识别的适当性及有效性

风险识别是指对企业面临的以及潜在的风险加以判断、归类和鉴定的过程。内部审计人员应当实施必要的审计程序，对风险识别过程进行审查与评价，重点关注企业面临的内外部风险是否已得到充分、适当的确认。

企业所面临的常见外部风险主要来源于以下因素。

（1）国家法律、法规及政策的变化。

（2）宏观经济环境的变化。

（3）科学技术的发展。

（4）行业竞争、资源及市场变化。

（5）自然灾害及意外损失。

（6）其他因素。

企业所面临的常见内部风险主要来源于企业的内部因素，包括以下方面。

（1）治理结构的缺陷。

（2）经营活动的特点。

（3）资产的性质以及资产管理的局限性。

（4）信息系统的故障或中断。

（5）工作人员的道德水平、业务素质未达到基本要求。

（6）其他因素。

内部审计人员对风险识别过程进行审计，主要是通过实施必需的审计程序，对风险识别过程进行审查与评价，重点关注组织面临的内外部风险是否已得到充分、适当的确认。具体包括以下内容。

（1）审查风险识别原则的合理性。风险识别和分析是企业进行风险评估乃至风险控制的前提，风险识别是关键性的一步。

（2）审查风险识别方法的适当性。风险识别方法所要解决的主要问题是，采取一定的方法分析风险因素、风险的性质以及潜在后果。风险管理的理论和实务证明，没有任何一种风险识别方法是万能的。内部审计人员在对风险识别方法的适当性进行审查和评价时，必须注重分析企业风险管理部是否将各种方法相互融通、相互结合地运用。

3. 风险评估方法的适当性和有效性

内部审计人员应当实施必要的审计程序，对风险评估过程进行审查与评价，并重点关注风险发生的可能性和风险对组织目标的实现产生影响的严重程度两个要素。同时，内部审计人员应当充分了解风险评估的方法，并对管理层所采用的风险评估方法的适当性和有效性进行审查。

内部审计人员审查管理层采用的风险评估方法时，应重点考虑以下因素。

（1）已识别的风险的特征。

（2）相关历史数据的充分性与可靠性。

（3）管理层进行风险评估的技术能力。

（4）成本效益的考核与衡量等。

内部审计人员在评价风险评估方法的适当性和有效性时，应当遵循的原则包括以下方面。

（1）定性方法的采用需要客观分析相关部门或人员的意见，以提高评估结果的客观性。

（2）在风险难以量化、定量评价所需数据难以获取时，一般应采用定性方法。

（3）定量方法一般情况下会比定性方法提供更为客观的评估结果。

4. 风险应对措施的适当性和有效性

内部审计人员应当实施适当的审计程序，对风险应对措施进行审查。根据风险评估结果采取的风险应对措施主要包括以下方面。

（1）回避，即采取措施避免进行可能产生风险的活动。

（2）接受，由于风险已在企业可接受的范围内，可以不采取任何措施。

（3）降低，采取适当措施将风险降低到可接受的范围内。

（4）分担，采取措施将风险转移给其他企业或保险机构。

内部审计人员在评价风险应对措施的适当性和有效性时，应当考虑以下因素。

（1）采取风险应对措施之后的剩余风险水平是否始终保持在企业的可接受范围之内。

（2）采取的风险应对措施是否与企业的经营管理特点相适应。

（3）成本效益的考核与衡量等。

5. 风险管理环境

风险管理环境最主要的因素是管理层及所有执行者对风险管理的态度、管理理念及胜任能力。

（1）管理层对风险管理的态度。其主要包括：管理层是否认真组织和领导风险管理制度的设计工作，是否强调宣传风险管理的重要性，是否实施风险管理内部审计，是否按照风险审计建议进行整改等。

（2）有无与企业性质、规模相适应的风险管理理念。风险管理理念是企业如何认知整个经营过程中的风险为特征的企业共有的信念和态度，如企业实行稳健的风险管理理念，对高风险投资项目就会采取谨慎的态度。

（3）有无根据企业性质、规模确定其风险接受程度。风险接受程度是指企业在追求目标实现过程中愿意接受的风险程度。一般来讲，风险接受程度可分为三类，即“高风险”“中风险”“低风险”。企业可以从定性角度考虑风险接受程度。

（4）风险管理制度执行者的态度和素质。其主要包括：执行风险管理的人员是否充分认识到风险管理的重要性及其对企业整体运营管理的意义；有无胜任风险管理的专业知识和专业技能；有无较强的工作责任心和诚实的态度。

25.2.2 具体业务层面

当前环境下，各类企业，尤其是国有企业，高风险业务领域呈趋同状态。物资采购、市场营销、投资、企业资源计划（ERP）系统的实施和环境保护成为公认的高风险业务领域。以下将重点阐述对这些具体业务层面的风险管理实施审查与评价的主要内容。

1. 物资采购业务风险管理审计

物资采购业务是传统的高风险领域，因为采购必然导致企业最重要的资源——现金的流出。物资采购业务风险管理审计主要包括以下内容。

（1）评估企业采购业务风险控制体系是否完备。采购业务涉及采购、验收、保管、付款和记录等多个业务环节和岗位。为保证采购确为企业生产经营所需且符合企业利益、收到的商品安全完整、价款及时准确地支付给供应商，内部审计人员应重点关注物资采购工作的职责分工，特别是采购、验收、付款和记录是否由不同的职能部门和人员负责。此外，还应关注一旦违反内部控制制度发生舞弊事件后的处理机制、程序及措施的健全性及有效性，同时，要评估信息传递程序，控制违规操作风险。

（2）评估审计物资采购业务中的信息传递内部控制是否能达到消除重大风险、控制一般风险的目的。其具体内容主要包括评估授权程序是否完备、文件和记录的使用是否被纳入管理、独立检查机制是否被建立并正常运行等。

（3）评估审计物资采购业务对以下风险的控制。市场变化趋势预测不准确，采购计划安排不合理，造成库存积压或者短缺，可能导致资源浪费或者生产停滞；招标投标或定价机制不科学，供应商选择不当，采购方式不合理，授权审批不规范，可能出现舞弊或遭受舞弊，导致采购物资质次价高；采购验收不规范，付款审核不严，可能导致采购物资、资金损失或信用受损。

2. 市场营销业务风险管理审计

市场营销业务的风险常常可以扩大为企业整体风险，因而加强市场营销业务风险管理特别重要。内部审计机构及人员对市场营销业务风险管理进行审计主要包括以下内容。

（1）评估市场部门制定的营销政策是否切合当前环境，能否有效避免控制政策失误风险。内部审计机构及人员应当审核、分析企业营销风险管理方针和策略的制定背景，确认其是否与企业自身的发展方向、在同行业中的地位、产品的市场需求以及营销策略（防守型、稳健型或积极型）一致。

（2）评估以下内容：主要客户信用风险的控制手段是否健全，是否运行良好，能否有效控制坏账风险。内部审计人员要关注企业是否在符合企业风险偏好的基础上制定科学合理的营销策略；每年是否对客户的经营状况、经营成果和现金流量进行分析；是否对比应收账款年末数与年初数的变化情况；对于已经发生的坏账，企业是否制定了必要和合理的处理措施；营销人员自身能力和素质等如何。

（3）评估市场部门及其主要营销人员风险取向是否符合企业战略，风险是否得到充分揭示，市场营销部门的风险取向和营销人员自身的道德水平和心理素质。内部审计人员应对市场营销部门和人员的培训、考核和管理等进行评价分析，从中发现风险因素，并且提出相应的改进建议。

3. 投资业务风险管理审计

投资业务风险管理审计主要包括以下内容。

（1）评估投资风险管理政策的合理性。内部审计人员要关注投资是否由适当的部门提出，是否经财务、市场、生产、研发等方面专家论证可行后交管理当局审批，是否根据公司章程授权分别由总经理、董事会或股东会做出相应的投资决策。

（2）评估具体投资项目决策过程中的风险评估是否充分、风险取向是否符合企业战略。内部审计人员要关注企业投资管理部门在实施项目投资之前，是否对备选方案的未来现金净流量的现值、收益率、回收期、机会成本等方面进行测算、比较；测算所得税和折旧对投资的影响，是否选择与基准指标值要求相符的备选方案。内部审计人员需要对投资项目可行性评价基准指标的科学性、准确性进行分析和评价，同时，通过恰当的预测手段，评估项目的运营过程，控制运营风险。

（3）评估投资项目治理中的风险控制措施是否完备。对于股权投资，内部审计机构及人员应关注企业是否区别控股与非控股情况派出管理人员参与生产经营或重大决策；投资项目税务筹划是否合理；投资管理部门是否适时了解债券性投资项目情况，并及时向管理层报告；是否分析了实际财务指标与基准指标的偏离及其原因并提出改进措施等。

4. 企业资源计划（ERP）系统的风险管理审计

对 ERP 系统实施的风险管理审计主要包括以下内容。

（1）ERP 环境中风险管理体系的完整性。

ERP 系统是一个风险巨大的系统，必须建立严密的风险管理机制。内部审计人员需要特别关注新 ERP 系统对业务流程的再造可能导致的风险管理机制不健全的风险。对 ERP 环境下企业风险管理的审计，内部审计人员首先必须对风险管理机制进行审查，审查企业及其下属单位在新的业务流程中是否建立了恰当可行的风险管理机制，风险的识别、评价和应对机制的合理性和有效性如何，实际运行情况怎样，是否有助于企业管理的持续改善等。审计中还应当专门对业务流程、关键控制点、系统监控等方面的风险管理机制进行重点审计，对业务流程进行评估，降低信息失真的风险。

（2）ERP 环境中相关业务流程风险控制的有效性。

ERP 系统的基础是对业务流程进行优化重组，它打破了原有的权力分配模式，系统上线后能否按既定的模式运行以及运行效果影响系统运行的成败。另外，由于上线时间紧迫，实施时设定的业务流程未必是最佳的；即使当时是最佳的业务流程，也会因为上线后运行环境的变化需要更进一步的优化。只有经常对业务流程进行内部审计，才能使企业业务始终保持在相对较优的流程环境中运行。对业务流程的风险管理审计包括：应该在系统中运行的业务是否全部通过系统运行；系统运行是否正确，有无系统错误；流程是否通畅，有无缺陷或舞弊的可能，能否进行进一步的优化；录入的信息是否真实、准确；信息是否被及时录入系统；识别、评价和应对流程风险的效果如何等。

（3）对 ERP 系统关键控制点上主要经营风险的控制开展实质性审查。

对关键控制点业务流程开展实质性审查的目的是控制经营风险。ERP 系统一般是由采购、生产、销售、仓储、财务、人力资源、设备管理等多个模块高度集成起来的，每一模块都有相应的关键控制点，对企业的生产运营有着至关重要的作用。因此，对关键控制点的风险管理审计应当作为审计重点。内部审计人员在实施审计时应主要关注：是否对关键控制点进行了识别，识别是否全面；是否建立了关键控制点的风险评价体系；是否建立了关键控制点的预警机制和应对机制；关键控制点的识别、评价、预警和应对机制的适应性和有效性如何；控制的手段和方法是否可进一步优化；有无控制不严或失控的现象和其发生的可能性等。

（4）对 ERP 系统是否设置自我风险监控功能进行评估，控制重大问题风险。

ERP 系统由于采用了业务流向数据流的转化，方便了对业务和绩效的动态监控，这本身就是对风险的控制手段之一。对重大事项和重要环节的动态监控可以极大地降低企业整体的风险，即使偶然出现异常，也会因及时的动态监控而发现问题并采取相应的应对措施以减少损失。内部审计人员应该审查和评价企业及其下属单位是否利用 ERP 系统进行了对业务和绩效的动态监控、监控点及其风险如何识别和评价、监控的权威性及其效果、发现问题的处理方式以及应对风险的效果、有无监控盲区或监控不力的区域、监控结果的利用情况如何等。

（5）对信息系统软硬件故障风险进行评估。

ERP 系统硬件和软件都有产生故障的可能，软件功能的不完备也是系统运行的风险之一。其中，ERP 系统与其他系统的连接是影响系统运行的关键因素。要保证 ERP 系统正常运行，降低经营风险，就有必要对 ERP 系统以及与其相连接的其他信息系统进行审计，包括对系统的开发与设计、系统的控制、功能的划分、软件程序和硬件配置、备份模式及效果、故障处理方案及风险应对措施、系统风险识别与评价体系等进行的审计。此外，内部审计人员还应对控制人员不当的风险进行评估，检查是否有保障系统良好运行的系统维护和操作人员，并观察这些人员是否认真履行职责。对关键控制点和系统监控岗位上的人员以及关键的系统维护人员实施审计，需要审查和评价系统人员是否经过培训并取得相应资格，是否有识别和应对本岗位风险的能力，在本岗位控制和实施风险管理的实际效果如何等。

5. 环境保护风险管理审计

对企业或项目环境保护风险管理开展审计的内容主要有以下两个方面。

（1）对环保监督管理制度体系建设进行评估。

内部审计人员要检查企业是否建立了完善的环保问责制，是否下达环保考核指标，企业负责人是否与下级单位负责人签订环保责任状，将环保指标作为重要考核指标之一，层层分解，逐级检查考核，落实环保问责制，降低监督不到位导致的制度风险。

（2）对企业自身建设项目的立项与审批中的环保风险因素进行评估。

内部审计人员要关注建设项目是否严格执行环评、可行性研究、初步设计的环保会签制度，是否实行计划、基建、开发、环保等部门的分工负责制，投资的所有建设项目是否均按照建设项目管理程序进行了“环评”，是否切实把好环保关，是否杜绝污染严重和治污措施不严的项目。此外，内部审计人员还应评估易发事项，对日常风险进行控制。

25.3 风险管理审计的方法

内部审计工作的通用审计方法，如审核、观察、访谈、调查、监盘、函证、重新计算、分析程序等，在风险管理审计工作中同样适用。同时，由于风险管理审计面对的审计客体具有特殊性，仅靠常规的审计方法收集审计证据难以保证内部审计人员充分了解和审查业务部门的风险识别、评估和防范等工作，很难为最终发表审计意见提供合理的保证。因此，企业内部审计人员应当对风险管理业务常用的技术方法进行深入学习，必要的时候，要采用这些技术方法履行风险管理工作的“重新执行”程序。

25.3.1　传统审计方法

检查、重新计算、分析程序等传统审计方法，在风险管理审计中的应用是十分广泛的。风险管理审计采用的主要方法，仍然是传统审计方法，即审阅资料、检查、访谈、分析程序等。

1. 审阅资料

审阅资料是审计工作中运用最为广泛的方法之一。内部审计人员需要收集、检查以及分析与企业的业务相关的宏观经济环境、发展趋势、行业信息以及其他信息，确定是否存在可能影响企业发展的风险，以及相关的风险控制程序。

2. 检查

检查企业政策和董事会会议记录以确定企业的经营战略、风险管理理念和方法、风险偏好及风险接受水平，检查管理层、内部审计人员、外部审计人员以及其他方面以前公布的风险评估报告。

3. 访谈

访谈是风险管理审计中常用的审计方法。由于风险管理是一个动态的过程，对其进行审计时要更多地关注“活”的情况。内部审计人员需要与行政经理和业务部门经理交谈，以确定业务部门的目标、相关的风险、管理层开展的降低风险的活动以及控制和监督活动。

4. 分析程序

分析程序在风险管理审计中也是非常重要的方法。内部审计人员通过趋势、对比、勾稽等数据分析方法发现异常状况，然后深入分析异常状况的原因，从而发现风险管理中的薄弱环节。同时，内部审计人员也经常使用分析程序来评估管理层的风险分析是否全面，以及为纠正风险管理过程中发现的问题而采取的措施和提出的改进建议的完整性。

25.3.2　风险管理体系建立情况的审计方法

在整个风险管理审计中，了解、完善和改进企业的风险管理体系是内部审计为企业提供增值服务的主要方式，更是审计的关键环节。风险管理体系建立情况审计的主要方法和步骤一般包括以下内容。

1. 研究一般性风险

内部审计人员一般需要建立一份一般性风险清单，其信息主要来源是会计师事务所、保险顾问、咨询公司、行业协会以及其他网站等。

2. 识别企业特有风险

不同的企业风险不同，虽然研究一般性风险能为创建风险库提供基础，但内部审计人员应当采用调查问卷等方式让企业的各层管理人员参与头脑风暴，寻找到企业特有的风险，对一般性风险进行修正，建立与企业相适应的风险库。

3. 定义各类风险

采用“原因和结果”的形式用企业熟悉的语言简明地定义风险，形成一种通用的风险语言。

4. 链接风险与战略

将每个风险放在“它能对战略产生怎样的影响”的环境中进行讨论，找到风险与企业战略和经营目标的关联。如果一个风险难以与企业的战略、经营和财务目标联系起来，就说明这个风险没有被恰当地定义，或者甚至与企业不相关。风险与战略的链接过程具有反复性，开始时发现风险与多个目标相关，但经过深入分析后可能会将一些较弱的相关性予以剔除，以修改或增加、删除一些风险。通过深入理解这些风险的特征和相互之间的关系，内部审计人员将在每个风险的评估过程中更加突出与战略强相关的重点风险。

5. 建立适当的风险模型

风险模型的作用是根据性质把风险进行分类并构建一个结构，这一结构可以使人们更容易理解风险，以及更便于进行企业风险管理和相关培训。研究人员在理论和实务中讨论分析了不同的企业风险模型。因为最优的模型是不存在的，内部审计人员必须参照多个模型来帮助企业建立适合企业的特有的风险模型。

25.3.3 常见的风险评估方法

常见的风险评估方法包括 PEST 分析法、SWOT 分析法、风险坐标图法、关键风险指标分析法、蒙特卡罗分析法、生命周期分析法、VaR 模型分析法等。这些方法在一次风险管理审计中不可能全部被用到，但内部审计人员应当熟练掌握各类方法的适用范围、主要步骤、结果类型，以便在对风险评估工作进行审计时，能迅速判断企业风险管理所用的风险评估方法是否恰当，所做的结论是否可靠。

25.4　风险管理审计程序

科学的风险管理审计程序，不仅有利于提高风险管理审计工作的效率与质量，而且还可以促进风险管理审计工作的规范化。

25.4.1　制定风险管理审计计划

内部审计机构根据单位的具体情况拟定审计计划，并报告单位领导审批后实施。审计计划可以促进内部审计人员及时、高效地完成审计工作，提高审计工作的效率与质量。

内部审计人员要深入企业各部门、各环节，通过问卷调查、访谈、审阅相关文件记录、互联网收集信息等方式获取相关资料，包括国家宏观政策、行业发展状况、企业管理情况等，并对所收集到的资料进行分析，了解企业经营过程中面临的风险，确定审计的性质、范围和时间，编写审计方案。

25.4.2　实施风险管理审计

实施风险管理审计是整个风险管理审计过程的中心环节。内部审计人员根据审计方案，采用适当的审计方法与技术，针对调查中发现的问题和缺陷进行深入分析，获取充分适当的审计证据，分析原因，评价这些问题和缺陷带来的风险，并提出改进措施。

内部审计人员在实施风险管理审计过程中，需要运用专业知识识别企业所面临的以及潜在的风险，并分析其成因及其影响，进而评估确定风险量值或程度。

风险评估过程中，内部审计人员可以采用定量的方法，如建立计算机分析和统计分析模型等，把所有可以定量测试的因素列示出来，按照重要性程度，分层、分步地综合各种因素，测试出每种因素对测试目标的影响程度和影响数值大小。

当风险难以量化或者数据不可取时，一般采用定性的方法，如调查问卷法、流程图法、SWOT 分析法等。在采用定性方法时，为提高评估结果的客观性，一般需要充分考虑相关部门和人员的意见。另外，对风险的度量也可以采用定量与定性相结合的方法。

25.4.3 出具风险管理审计报告

审计工作的最终结果表现为审计报告，报告阶段在整个审计过程中十分重要。风险管理审计报告应当主要反映整个审计的要点，既要肯定企业在风险管理过程中先进、高效的管理方式，又要针对其中的问题和漏洞进行分析，并提出改进的建议。内部审计人员需要对获取的审计证据进行分析和评价，复核审计工作底稿并撰写审计报告，与管理层和治理层进行沟通，最后出具审计意见，通知有关部门观测执行。

25.4.4 进行后续审计

后续审计是指风险管理审计项目完成后，内部审计人员对其所提出的改进措施的落实情况进行的追踪审计，例如，审计企业是否改善了不合理的内部控制程序，风险管理方案是否得以实施，风险管理的效果如何等。后续审计实际上是对企业执行审计决定的后续监督。内部审计人员通过后续审计既可以监督审计决定的执行，又可以帮助企业解决一些问题，帮助其落实有关措施。风险处于变化中，如不及时落实有关改进措施，风险可能会加大，因此，后续审计是风险管理审计的重要环节。实施后续审计可以增强审计监督的权威性，提高风险管理审计的工作质量，保证决定得到正确执行以及风险得到有效控制。后续审计的重点不是如何改进审计报告中的具体建议，而是找出未能顺利实现控制目标所带来的风险和影响，最终实现控制目标。

25.5　风险管理审计要点

风险管理审计要求内部审计人员对企业的风险管理流程进行总体评价，判断企业的风险管理系统是否存在以及是否有效。COSO 委员会发布的《企业风险管理——整合框架》一共包括三个维度：第一维度是企业的目标，即战略目标、经营目标、报告目标和合规目标；第二维度是全面风险管理的八个要素，即内部环境、目标设定、事件识别、风险评估、风险应对、控制活动、信息与沟通、监控；第三维度是企业的各个层级，包括整个企业、各个职能部门、各条业务线及下属子公司。全面风险管理的八个要素是为企业的四个目标服务的，企业各个层级同样要坚持这四个目标，同时从以上的八个方面开展风险管理活动。企业内部审计人员在实施风险管理审计时，应以 COSO 风险管理框架为基础，重点围绕风险因素进行审计。风险管理审计的要点包括以下几个方面。

25.5.1　风险管理政策的审核

企业内部审计人员应当审核：企业是否制定了正式的风险管理政策；风险管理政策是否包含了全面风险管理的八个要素；风险管理政策是否包含风险管理实施流程；风险管理政策是否适合企业的经营方式与企业文化；风险管理政策是否明确了管理层、合作伙伴、审计人员以及其他所有人员的职责；风险管理政策是否能确保风险渗透整个企业，是否包含了将基本的风险循环嵌入经营流程的方法；风险管理政策是否将风险与企业经营相结合，使其能够高效地处理风险，促进企业的发展。

25.5.2　风险目标设定的审核

风险目标设定是指企业的管理层必须以目标为基础来识别成功的潜在因素的行为。风险管理应确保企业管理层有一个特定的程序，用来设定目标、选择支持和连接企业使命的目标，并保证和企业风险偏好相一致。风险目标设定的审核主要是从目标制定和实施方面进行评价的。

企业内部审计人员应当审核：企业战略是否考虑了董事会已识别的风险；在定义、识别风险以及决策实施过程中，企业的战略是否与风险管理政策一致；企业战略是否将风险战略考虑在内，对未能实现既定战略目标的风险进行整体应对；企业战略是否考虑了利益相关者对尽早回报的期望与经营增长和市场地位的可持续性之间的内在冲突未得到解决的风险；企业是否确定了适当的程序，保证目标能够分解到实施层，并使其能对相应的风险负责；战略制定是否在充分了解利益相关者的责任的基础上进行，是否在合规与绩效之间取得平衡；企业是否建立了战略与员工间的沟通系统，并与战略设计和实施中的关键风险相结合；企业目标是否包含 COSO 风险管理框架中的四项目标对应的各个层级的目标。

25.5.3 风险识别和评估的审核

风险识别是识别对企业实现目标产生影响的潜在风险的行为，其目的是建立并强化贯穿企业的风险语言，以组合的观点来考虑各种事项。风险识别包括内部和外部的反映潜在因素影响战略执行和目标业绩的要素。风险评估是指对识别出来的风险进行评估，其目的是为管理风险打下坚实的基础。企业内部审计人员应当审核：企业是否建立了有效识别风险的机制；该机制是否充分识别了企业内外部的各种风险；识别的风险是否覆盖了所有重要经营活动及业务流程；风险识别是否考虑了企业的业务性质、组织结构、机构变动及员工流动等因素；风险识别和评估是否考虑宏观经济变动、行业发展趋势等；是否明确地定义、阐述辨识出的风险及特征；是否对风险发生的条件和发生可能性的高低进行分析和描述；是否评估风险对企业实现目标的影响程度、风险价值等；是否对识别出的风险进行分析和排序，确定应予以重点关注和优先控制的风险；当企业所处环境和条件发生变化时，是否及时对企业风险进行再识别和再评估；已发生的风险是否被包含在已识别的风险范围内；是否定期或者不定期地识别和评估风险。

25.5.4 风险管理措施、方法的适当性审核

企业风险管理的措施主要有五种：规避、抑制、保留、转移、利用。每种措施都要在适当的条件之下使用，否则就会被认为措施不当。内部审计人员不仅要审核企业风险管理措施设计的合规性、科学性和合理性，同时也要测试这些措施在实务中的执行有效性。在实际工作中，对风险管理措施和方法的适当性进行审核，要根据具体情况来判断，即对企业所处特定环境、管理层才能、风险影响程度等因素进行判断，并结合对经理人风险偏好程度的判断有机进行。

25.6　D 集团对其 B 子公司的舞弊风险管理审计案例

25.6.1　案例背景

B 子公司系 1997 年 D 集团与国营 ML 东风农场合资成立的股份公司，地处我国西南边陲省份，主要致力于生产和销售葡萄酒、葡萄果汁、葡萄蒸馏酒、露酒系列产品。经过十几年的发展，B 子公司已成为规模较大的葡萄酒生产和销售企业，依照国际标准在葡萄园区内建立了大型的现代化厂房，引进法国、意大利的葡萄酒生产设备，建成我国西南地区较大的橡木桶酒窖，现有五大系列、几十个品种的葡萄酒产品。2008 年其主要财务数据为：资产合计 36 088.36 万元，负债合计 16 637.39 万元，所有者权益合计 19 450.97 万元，营业收入 14 297.51 万元，净利润 1 952.95 万元；主要财务指标：资产负债率 46%，总资产周转率 39.62%，资产利润率 5.41%，净资产收益率 10.04%。B 子公司内部审计隶属于 B 子公司董事会，负责全公司经营管理活动的审计工作，并将审计结果报告董事会。

目前审计部共有 3 人，分别为审计经理 1 人、审计员 1 人、审计助理 1 人。2009 年 B 子公司希望借壳上市，公司内部审计以此为契机对公司整体展开舞弊风险管理评估工作，以便更好地防范和治理舞弊。B 子公司内部审计参与舞弊风险管理的流程，如图 25-1 所示。受篇幅所限，此处将这一过程区分为识别、衡量和应对舞弊风险三步骤中管理层和内部审计各自的行为结果分别讨论。

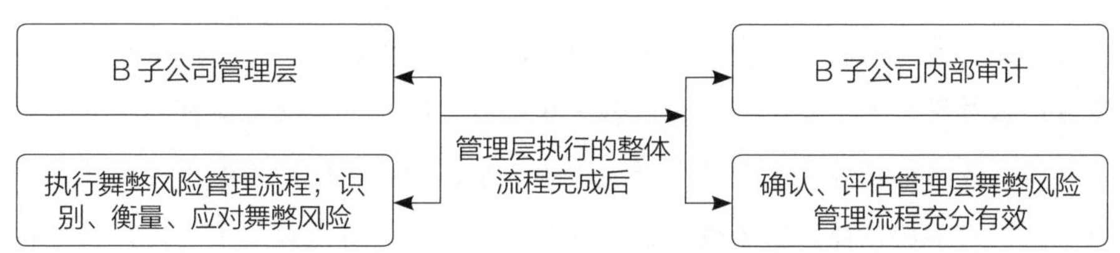

图 25-1　公司内部审计参与舞弊风险管理流程

25.6.2　评估舞弊风险识别的充分性

如前文所述，内部审计应该确保管理层将舞弊风险管理体系嵌入企业整体风险管理框架中，在风险识别时，考虑对舞弊风险的识别。内部审计通过对识别的充分性的评估，参与舞弊风险管理。B 子公司管理层首先采用 SWOT 分析法确定了公司所面临的优势、劣势、机会和威胁，通过这一分析，识别出了公司所面临的主要风险，具体如下。

1.宏观经济及政策风险

受国内外经济形势等多方面因素影响，宏观经济的波动、国家相关法规及行业政策的变化等因素将会给葡萄酒行业经营带来风险。消费者的消费能力和消费品市场走势，特别是对消费者需求的影响都难以预测。随着消费习惯逐渐变化，人们对啤酒、白酒、洋酒等的需求挤占了部分葡萄酒消费市场。

2.行业竞争风险

B子公司是国内重要的葡萄酒生产和销售企业。由于国内葡萄酒行业集中度高、竞争加剧，以张裕和长城为首的一线品牌企业占有很大的市场份额，同时进口葡萄酒对国内市场的冲击也不容小视，行业存在很大的市场压力。经过重新整合的B子公司能否适应残酷的竞争，争取到合理的市场份额与销售利润还存在一些不确定性。

3.原材料价格风险

B子公司主营业务是葡萄酒的生产与销售。公司的经营状况、盈利能力和发展前景与原材料的价格密切相关。主要原材料葡萄是自然作物，具有气候性特点，气候的变化将会带来原材料价格的变化，公司虽自建种植基地，但仍主要依赖从供应商手中采购葡萄；此外，另一原材料玻璃的价格、供给量等也受到上游工业企业生产变化的影响；公司生产主要依赖电能，国家能源供应状况也可能给B子公司未来经营收益带来不确定性。

4.对自然条件依赖风险

由于酿酒葡萄的种植对自然条件有着很强的依赖性，自然条件的不确定性会造成葡萄产量与质量的不确定性，进而影响B子公司的生产经营与盈利水平。葡萄种植对自然条件的依赖直接导致了市场风险的产生，因此，需要关注本行业对自然条件的依赖所产生的风险。这种依赖风险，又使得B子公司依赖于供应商，极易在采购环节产生舞弊。

5.环保核查风险

B子公司从事的业务属于酿造行业，按照《关于对申请上市的企业和申请再融资的上市企业进行环境保护核查的通知》等相关规定，环保主管部门出具环保核查通过意见是证监会核准B子公司上市的前提条件。目前，B子公司的环保核查技术报告已在加紧准备中。B子公司能否通过环保核查存在不确定性。

6. 大股东控制风险

B子公司虽由两家企业联合出资设立，但是D集团直接持有B子公司90%的股份，处于相对控股地位。D集团可以通过股东大会、董事会参与B子公司的人事任免、经营决策等，从而对B子公司的生产、经营造成重大影响，D集团的利益可能会与部分或全部少数股东（如国营ML东风农场）的利益不一致。

7. 生产能力风险

由于B子公司一直坚守特殊传统工艺，使精品酒供求状况短期内将仍然较为紧张，对当前市场的开拓产生一定的影响。B子公司2008年产能6 200吨，销量5 727.8吨，占产能的92%，已接近饱和。在现有生产条件下，极易发生以次充好、掺假等影响葡萄酒质量和公司声誉的非诚信行为。

8. 内部管理风险

B子公司应收账款在2006年至2008年净增2 000万元，总额达到1.5亿元，应收账款的清收考核制度缺失，致使2006年至2008年利润的增长率低于同行业平均水平；B子公司每年的差旅费用在1 000万元左右，且起伏较大，差旅费用单据混乱；B子公司在全国多个城市存在异地仓库，库存盘亏54万元，每年多付仓储费用400万元。

此外，B子公司中武某担任董事长兼总经理，但是公司长期由董事兼副总经理祝某一人控制，可能导致对管理层的监督失效，从而存在舞弊可能性。

9. 满足上市要求风险

一是为借壳上市而做出的盈利预测。尽管盈利预测报告在编制过程中遵循了谨慎性原则，但由于酿酒行业本身具有的气候性特点及企业经营的不确定性因素等，实际经营成果仍可能出现与盈利预测存在差异的情形。二是为更好地上市，而被要求完成一定的业绩指标。指标被细化到生产、销售等部门后，可能因为只重数量不重质量形成坏账和业绩造假情况。

随后，公司对识别出的风险进行了对应的舞弊风险考虑，如表25-1所示。

表 25-1　B 子公司舞弊风险识别情况

<table>
<tr><th>舞弊发生动因</th><th>舞弊具体风险因素</th><th>可能的舞弊类型</th><th>对应的企业风险</th></tr>
<tr><td rowspan="4">动机或压力</td><td rowspan="2">a. 财务稳定性或盈利能力受到经济环境、行业状况威胁</td><td rowspan="4">编制虚假财务报告</td><td>1. 宏观经济及政策风险</td></tr>
<tr><td>2. 行业竞争风险</td></tr>
<tr><td rowspan="2">b. 管理层为满足上市要求或受到更高层对指标的高要求而承受的压力</td><td>5. 环保核查风险
6. 大股东控制风险</td></tr>
<tr><td>9. 满足上市要求风险</td></tr>
<tr><td rowspan="2">机会</td><td>c. 供应商做出强制规定，可能导致不适当或不公允的交易</td><td>腐败</td><td>3. 原材料价格风险</td></tr>
<tr><td>d. 内部控制要素缺陷和对管理层的监督失效</td><td>侵占资产</td><td>8. 内部管理风险</td></tr>
<tr><td rowspan="3">合理化（态度或借口）</td><td rowspan="3">e. 管理层态度不端正或缺乏诚信，过于关注公司利润趋势</td><td rowspan="3">腐败、虚假财务报告</td><td>4. 对自然条件依赖风险</td></tr>
<tr><td>7. 生产能力风险</td></tr>
<tr><td>9. 满足上市要求风险</td></tr>
</table>

公司管理层识别舞弊风险后与内部审计共享信息，并征求其意见。内部审计在对上述风险进行再确认并提供合理保证的过程中（评估程序表见表 25-2），认为对舞弊风险的识别充分有效，覆盖了 B 子公司所面临的所有舞弊风险领域、舞弊风险部位和舞弊风险点。

表 25-2　舞弊风险识别的评估程序表

<table>
<tr><td>单位名称：B 子公司</td><td></td><td>签名</td><td>日期</td><td colspan="2"></td></tr>
<tr><td>项目：评估舞弊风险识别</td><td>编制人</td><td></td><td></td><td>索引号</td><td></td></tr>
<tr><td>截止日期：2008 年 12 月 31 日</td><td>复核人</td><td></td><td></td><td>页次</td><td></td></tr>
<tr><td colspan="6">一、评估目标</td></tr>
<tr><td colspan="6">确定管理层已识别舞弊风险的完整程度，以及充分性</td></tr>
<tr><td colspan="4">二、评估程序</td><td>执行情况</td><td>索引号</td></tr>
<tr><td colspan="4">1. 调查、了解葡萄酒行业状况、法律环境和监管环境等外部因素</td><td>已执行</td><td></td></tr>
<tr><td colspan="4">2. 询问业务人员、管理层公司战略、经营理念、道德观念</td><td>已执行</td><td></td></tr>
<tr><td colspan="4">3. 询问管理层对各类交易、账户余额的披露过程</td><td>已执行</td><td></td></tr>
<tr><td colspan="4">4. 检查公司内部控制政策文件</td><td>已执行</td><td></td></tr>
</table>

25.6.3　评估舞弊风险衡量的恰当性

管理层在衡量企业风险时，应考虑对舞弊风险的衡量。内部审计通过对衡量的恰当性的评估，参与舞弊风险管理。

（1）B 子公司管理层对舞弊风险进行定量和定性衡量，详见表 25-3。

表 25-3　B 子公司舞弊风险衡量情况

舞弊风险项目	对应的企业风险	舞弊可能性		舞弊影响度	
		定量衡量	定性衡量	定量衡量	定性衡量
a. 财务稳定性或盈利能力受到经济环境、行业状况威胁	1. 宏观经济及政策风险	2	低	1	极轻微
	2. 行为竞争风险	5	极高	5	灾难性
b. 管理层为满足上市要求或受到更高层对指标的高要求而承受的压力	5. 环保核查风险	1	极低	3	中等
	6. 大股东控制风险	3	中	4	重大
	9. 满足上市要求风险	5	极高	5	灾难性
c. 供应商做出强制规定，可能导致不适当或不公允的交易	3. 原材料价格风险	2	低	3	中等
d. 内部控制要素缺陷和对管理层及员工的监督失效	8. 内部管理风险	3	中	3	中等
e. 管理层态度不端正或缺乏诚信，过于关注公司利润趋势	4. 对自然条件依赖风险	4	高	4	重大
	7. 生产能力风险	5	极高	4	重大
	9. 满足上市要求风险	5	极高	5	灾难性

对舞弊风险的各个项目风险进行定性和定量衡量后，绘制 B 子公司舞弊风险坐标图，如图 25-2 所示。

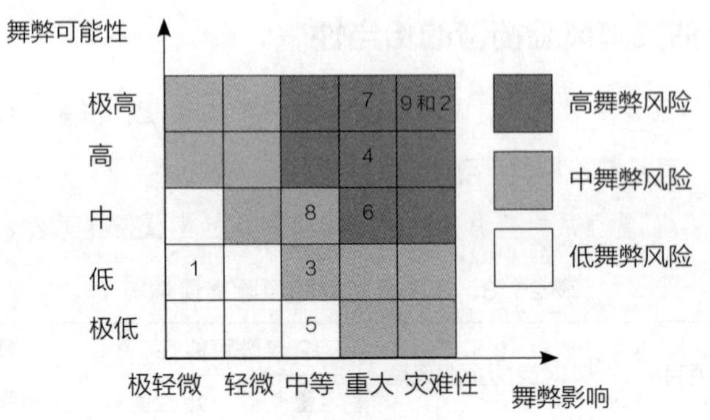

图 25-2 B 子公司舞弊风险坐标图

（2）内部审计评估管理层对舞弊风险的衡量。

在管理层再衡量舞弊风险水平后，内部审计对衡量结果进行了再确认评估，实施了舞弊风险管理审计程序，舞弊风险衡量评估程序表如表 25-4 所示。

表 25-4 舞弊风险衡量评估程序表

单位名称：B 子公司		签名	日期		
项目：评估舞弊风险衡量	编制人			索引号	
截止日期：2008 年 12 月 31 日	复核人			页次	
一、评估目标					
确定管理层已衡量舞弊风险的准确性和恰当性					
二、评估程序				执行情况	索引号
1. 测试内部控制的充分性和有效性，特别是已识别舞弊风险的领域				已执行	
2. 执行采购与付款循环实质性程序：观察月度采购总额趋势并与往年比较、检查异常采购项目、对应付账款明细账进行分析性复核……				已执行	
3. 执行生产与存货循环实质性程序：将存货余额组成、生产水平与以前期间和预算比较……				已执行	
4. 执行销售与收款循环实质性程序：对前 10 名客户进行应收账款函证、对应收账款客户明细账进行分析性复核……				已执行	
5. 重新计算舞弊风险值、舞弊风险可能性和舞弊风险影响程度				已执行	
6. 分析风险属性及承载价值后果				已执行	

内部审计对管理层舞弊风险衡量进行再确认评估后，依照得到的审计结论，调整了公司舞弊风险衡量，即将原材料价格风险和内部管理风险所导致的舞弊风险衡

量级别调高。舞弊风险衡量评估明细表如表 25-5 所示。

表 25-5　舞弊风险衡量评估明细表

单位名称：B 子公司		签名	日期		
项目：评估舞弊风险衡量	编制人			索引号	
截止日期：2008 年 12 月 31 日	复核人			页次	
审计查出问题摘要及依据	内部审计对 B 子公司的生产、销售、采购等环节进行控制测试以及实质性程序后发现： （1）B 子公司近三年存在向单个供应商采购的金额占全部采购金额的 50% 以上，对单个供应商存在严重依赖的情形，由于原材料以高品质酿酒葡萄为主，在采购环节易出现不公允、不适当交易等舞弊情况 （2）没有供应商优选机制，随意性较强，容易以权谋私，造成腐败 （3）差旅费用和应收账款管理制度欠缺，采购环节易产生腐败和侵占资产 （4）异地库存盘亏过大，可能出现资产侵占的舞弊现象				
潜在风险及影响	侵占资产及腐败舞弊风险				
审计意见建议	将内部管理风险所导致的舞弊风险可能性调整为 4，舞弊影响程度调整为 5：发生可能性高，影响是灾难性的。将原材料价格风险所导致的舞弊风险可能性和影响程度均调整为 4，即发生可能性高且影响重大				
复核意见	结论可以确认				

经过内部审计调整后的 B 子公司舞弊风险坐标图如图 25-3 所示。

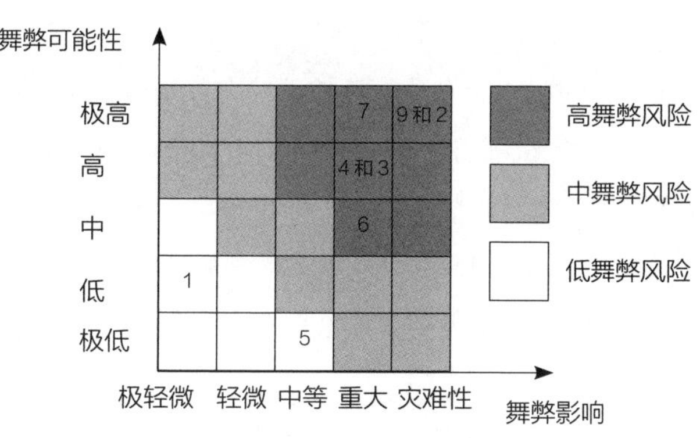

图 25-3　B 子公司舞弊风险坐标图（内部审计调整后）

25.6.4 评估舞弊风险应对的有效性及改进意见

管理层在面临企业风险时，应考虑对舞弊风险的应对措施。内部审计通过对应对措施的有效性进行评估，参与舞弊风险管理。因在管理层对舞弊风险进行识别、衡量和应对后，内部审计才能对管理层的舞弊风险管理过程进行再评估，所以，下文列示的管理层的舞弊风险应对措施，是基于管理层的舞弊风险识别和衡量的，而非基于内部审计调整后的舞弊风险。管理层认为在中级以下风险区域的舞弊风险可以接受，因此，仅对其评估出的高舞弊风险领域采取降低、转移、规避、接受等应对措施，具体如下。

（1）确保核心竞争力、制定发展策略，以应对行业的激烈竞争，从而降低舞弊压力。首先，B子公司拥有独特的葡萄种植地理环境和气候条件，光照充足，热量丰富，降水适宜，拥有世界上海拔最高的优质葡萄产区。其次，B子公司拥有珍贵的“玫瑰蜜”酿酒葡萄品种，该品种在原产地法国已绝迹。再次，B子公司多年来将传统的酿酒工艺与现代酿酒技术相结合，形成了独特的葡萄酒生产核心技术与工艺。最后，B子公司葡萄酒品牌属于国内葡萄酒二线品牌，主要以本地市场或区域市场为重要销售市场，2008年到2009年，B子公司采用“产品及品质差异化”“经销商合作差异化”等战略建立了福建、浙江、江苏、广州等省份的市场销售网络。

（2）请外部独立审计对2009年盈利预测数目及2008年财务报表进行审计，以抑制为满足上市要求而产生的财务报表舞弊动机。B子公司聘请TYQ会计师事务所对其财务报表进行审计、对盈利预测进行审核，该会计师事务所确认B子公司不存在虚假记载、误导性陈述或重大遗漏，并对其真实性、准确性和完整性承担相应的法律责任。

（3）新兴投资项目扩大生产能力，降低了以次充好及掺假的可能，减少管理层过分关注盈利而产生的舞弊。B子公司拟投资“年处理2万吨葡萄酒工程项目”，项目总投资为4 007.80万元，计划开工时间为2009年10月，计划竣工时间为2010年5月，项目建成后B子公司将具有年处理2万吨葡萄酒的生产能力，为B子公司下一步的规划与发展奠定良好的基础。该项目将缓解产能不足的风险，降低随之产生的舞弊风险。

（4）力争上市融资，降低大股东控制导致的舞弊压力。B子公司2009年拟借T上市公司以资产重组方式上市融资，其原有实际控制人武某的原有的90%控股权将缩小至20%左右，从而在一定程度上分散了B子公司的控股权，减少了大股东控制而导致的舞弊压力。

（5）引进多个葡萄品种，分散种植风险，减少原材料采购环节对供应商的依赖。引进的新葡萄品种对自然资源的需求不同于原有品种，从而分散了自然灾害干扰的风险。除了“玫瑰蜜”酿酒葡萄，B 子公司还引种了法国品种“赤霞珠”“梅鹿辄”，开发出“法国野”“晶”等优质酿酒葡萄品种，带动周边农户种植葡萄，面积达 2 万亩，确保了“云南红”产品在不断的发展中，确保了 B 子公司有丰富的葡萄资源作为基础，分散了种植风险，降低了供应环节的舞弊可能。管理层应对舞弊风险后，内部审计对应对后的风险进行再次评估，得到的结果如图 25-4 所示。

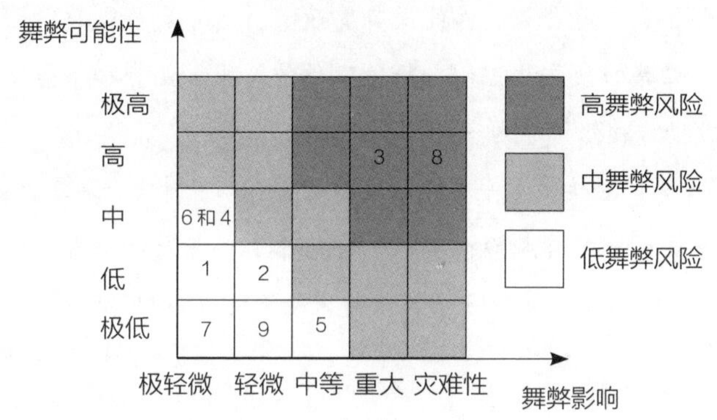

图 25-4　B 子公司舞弊风险坐标图（管理层应对后，内审评估结果）

根据图 25-4，行业竞争风险、对自然条件依赖风险、大股东控制风险、生产能力风险、满足上市要求风险所导致的舞弊风险已经降低到管理层可接受的舞弊风险水平，而原材料价格风险、内部管理风险所导致的舞弊风险没有得到改善，仍然存在较高的舞弊风险。

针对管理层识别、衡量和应对舞弊风险的舞弊风险管理过程，内部审计提出意见和建议，并将对管理层实施的舞弊风险管理整体流程的评估过程及结果上报 B 子公司管理层和治理层。

内部审计提出的意见如下。

（1）扩大供应商选择范围，降低原材料依赖度较高导致的采购与付款环节舞弊风险。在执行对采购与付款环节的控制测试和实质性程序后，内部审计人员发现原材料价格风险所导致的采购环节舞弊行为主要来源于对供应商的选择：一是对单个供应商严重依赖的情形；二是没有形成供应商优选机制，容易以权谋私。因此，建议管理层扩大供应商选择范围，并建立供应商选择的明确规章制度，减少因主观性造成的舞弊可能。

（2）加强对应收账款、差旅费用、仓储费用的内部控制，以降低内部控制缺陷导致的舞弊风险。内部审计建议完善《B子公司应收账款考核和清收制度》，加大对清收责任的追究；建议差旅费用实行销售人员包干责任制，并与资金回收指标挂钩，修订《B子公司差旅费管理办法》；建议B子公司异地仓库垂直化管理，并制定相应管理办法。

（3）制定专门的公司反舞弊政策。内部审计在对舞弊风险管理过程的评估中发现，B子公司没有针对舞弊风险制定专门的、独立的反舞弊政策，因此，建议管理层加快制定适合B子公司自身条件的反舞弊政策。这一反舞弊政策必须包括：反舞弊的责任归属、舞弊的预防和控制、舞弊案件的举报、调查和报告、举报人信息保密及奖励、补救措施和处罚等内容。

（4）降低舞弊风险接受水平。内部审计认为，上市时投资者更偏好低舞弊风险，因此，建议管理层调低舞弊风险接受水平，将原有中等及以下舞弊风险接受水平调整为低舞弊风险接受水平，并使B子公司的风险管理战略和政策保持一致。

第 26 章 财务审计

26.1 财务审计概述

26.1.1 财务审计的含义

财务审计是企业开展内部审计工作的起源与根基。随着企业管理层和决策层关注领域的拓展以及审计内容的不断深化，现代企业财务审计也发生了较大的变化。社会审计主要承担针对会计核算的真实、完整和合规的审计工作，内部审计人员在实施财务审计时主要透过财务信息来发现企业经营与管理存在的问题，对相关的风险进行揭示，提出有针对性的改进建议。因此，现代内部审计认为财务审计的价值表现主要在于隐性价值，而不是过去的伦理价值。

财务审计是指由企业内部审计人员对企业财务信息及其相关活动进行独立的审查和评价活动。财务审计以财务信息为切入点，以完善会计内部控制为先导，帮助企业提高财务及有关经营管理的水平。

26.1.2 财务审计的特点

1. 与社会中介机构审计的区别

企业内部财务审计不同于会计师事务所等社会中介机构的审计，其出具的审计报告对外不具备鉴证作用，但比外部审计报告更适合企业的经营管理需要，能为管理层决策提供更多的有用信息。相较于外部审计，企业内部财务审计更加注重评价企业的内控制度，查找运营管理中的漏洞，提高企业的财务管理水平，从而帮助企业提高经济效益。

2. 与企业其他内部审计的区别

企业财务审计是较早产生的内部审计形式之一。财务审计是其他内部审计的基础，较好地开展财务审计，在一定程度上可以减少其他内部审计的工作量。因此，内部审计人员在进行企业财务审计的同时应当关注审计的深度和范围，以便能够更好地衔接企业其他的内部审计。

3. 为舞弊审计提供线索

在实施财务审计中，企业内部审计人员经常会发现账目不清、账实不符、收支差错等事项，除去管理失当或技术错误等原因外，可能存在贪污、盗窃等舞弊问题。如果内部审计人员能够在合理程度上确认企业存在舞弊情况，应立即向企业高层管理者报告。

26.2 财务审计的内容

从企业财务管理及审计工作角度分析，企业财务系统可分为三个层次，每一层次与企业不同的发展阶段相契合，从而保证财务设计贯穿企业从成立到成熟的各个阶段，每一层次所对应的内容也不同，相应的财务审计工作也可以分为以下三个方面。

26.2.1 基础性审计工作

基础性审计工作是企业成立初期的财务管理手段，通过财务设计保证企业财务管理工作快速走向正轨。同时，基础性审计工作对于较为成熟的企业而言是一种日常的财务管理手段，是稳定企业财务管理的主要方式。在这一层次中，审计工作主要包含以下三个方面的内容。

（1）检查和审计企业财务数据的真实性、准确性。通过对企业基本财务状况的检查，明确当前企业发展过程中财务运营状况，从而为后期的资金运转等提供参考。

（2）检查计划预算的合理编制。计划预算是企业发展的重要依据，因此，在审计工作中必须要对其编制的合理性进行良好的审查。

（3）明确管理层的经济责任。管理层经济责任的认定是企业后期发展过程中问题认定的主要依据，也是企业顺利发展的重要保障，在基础性设计工作中，这一工作的认定意义重大。

26.2.2　发展性审计工作

发展性审计工作是企业快速发展时期的财务管理手段，利用企业内部财务设计手段保证企业在快速发展时期能够以合理的稳定的速度发展。与基础性审计工作相比，发展性审计工作逐渐从具体实际的工作向制度性工作过渡。其主要的工作包括以下三个方面。

（1）检查和规范企业授权体系下的审批流程。企业在快速发展过程中，计划审批是一项关乎企业未来命运的决策性工作，因此，对这部分内容的审批意义重大。

（2）检查和监督预算的执行情况。预算的执行情况是企业计划与运营衔接的重要纽带，因此，通过审计工作规范这一方面的工作，对于保证企业健康发展具有十分重要的作用。

（3）检查各项财务及相关规章制度的贯彻与落实。计划与规章制度的贯彻与落实是将企业发展以整体化的模式进行管理和监督，能够保证企业各个层面在一个步调上共同发展。

26.2.3　稳定性审计工作

稳定性审计工作是企业成熟期财务管理的主要手段，在这一阶段管理层要从一个更高的层次对企业财务管理进行统筹性的规划。因此，在这一层次中，内部财务审计工作逐渐从制度性的工作向政策性的工作转变。在这一层次中，审计工作主要包含以下两个方面。

（1）促进账务处理的标准有效统一和流程优化。这一工作优化了企业内部资金运转及使用的合理性，并且提高了财务管理的效率，有效地保证了企业资金渠道运转的畅通。

（2）健全、完善财务及相关的规章制度。对企业经营管理各方面政策、规章制度的完善性和有效性的审计，是为了确保企业利益得到最大化，企业的资源得到最高效和最经济的使用。当企业发展稳定，并且具有较强的市场竞争力、资源配置等工作已经较为合理时，要进一步提高企业发展的竞争力和增加发展空间，必须从管理角度提高企业的管理水平，提高管理效率。

26.3　财务审计的方法

企业财务审计的方法通常主要有：查询法、审阅法、核对法、调节法、盘存法、估计法、分析法等。在实施财务审计过程中，企业内部审计人员需要根据企业的具体情况，综合运用各种方法。

一般情况下，内部审计人员在审查书面资料时会采取顺查和逆查两种方式，也会进行详查和抽查。对客观实物进行证实时，内部审计人员可能采取盘点、调节、鉴定几种方式。在审计调查中，内部审计人员可能会通过观察、询问、函证、调查表等方式实施。当然，审计抽样有多种方法，如固定样本容量抽样法、停走抽样法、发现抽样法、平均值估计抽样法、差额估计抽样法、比率估计抽样法等。

内部审计人员在进行分析性复核时，更多地会采取比率分析法、趋势分析法、账户分析法、环境分析法等几种方法。而穿行测试法、文字说明法、制表法、流程图法等方法经常在内部控制符合性测试中被使用，这些方法为审计工作的高效开展提供了技术支持。

26.4　财务审计程序

26.4.1　制定财务审计计划

在进行内部财务审计前，内部审计人员应根据企业的实际情况，结合年度财务计划，拟定相应的审计计划。审计计划报企业管理层批准后，即下发《内部财务审计通知书》。《内部财务审计通知书》一般应包含：审计目的、审计范围、审计方法、审计人员及审计时间等内容。

26.4.2　内部财务审计具体实施过程

1. 分析环境

企业内部审计人员需要对企业的外部环境和内部环境进行分析。外部环境包括宏观环境和企业经营环境，如当地的法律法规、政治环境、行业背景等。内部环境主要包括企业自身可以控制的一些因素，包括企业的组织结构、人员、企业战略、系统、技术和企业文化等。

2. 深入了解企业经营现状，发现舞弊征兆

在审计过程中，企业内部审计人员需要关注资金短缺对营运周转的影响、融资能力的变化、产业发展和资金的供给平衡、技术研发投入对产品的影响及其风险、客户的可持续发展及现金流状况、供应商的可持续发展及供货状况、经营政策的变化、行业周期的影响、管理层完成预算目标的可能、产品单一或少数产品对企业的影响、管理层的职业道德、企业人力资源流动情况及价格水平。深入了解企业经营现状，有助于发现舞弊征兆。

3. 风险评估

在进行企业财务审计中，风险评估贯穿审计的全过程。现实的财务造假涉及财务报告的方方面面，几乎每个会计科目都可能是不真实的。因此，内部审计人员要有强烈的风险意识，对风险的评估要具体而详细，并且与总体风险水平相一致。也就是说，风险导向审计与“系统性”的造假相对应，也应该是一项系统工程。内部审计人员应关注异常事项或重大经济活动，同时，也应对经常发生的小错弊事项予以足够的重视。

4. 深入现场调研

内部审计人员深入生产及管理现场，通过询问、观察及查阅等方式，直接了解企业的经济活动，能更好地理解企业会计核算。内部审计人员对现场情况勘察及业务数据的分析往往有助于发现问题。

5. 积极利用专家工作

在实际工作中，内部审计人员可能会向工程、技术、市场、人事、金融等各方面的专家进行请教，弥补专业知识和能力的不足，保证在审计过程中能更高效地工作。

6. 执行具体会计科目审计程序

对具体会计科目、会计报表附注、会计报表等的审计，目前都是比较成熟的审计程序，内部审计人员在实施审计过程中应适当选择，保持职业判断，取得适当审计证据，为审计报告或结论提供真实、可靠的依据。

26.4.3 内部财务审计结束

内部财务审计结束后，内部审计人员及时对审计工作底稿进行整理，形成管理建议书并提交企业管理层，就财务审计中发现的问题及处理意见和管理层交换意见。

26.4.4 后续内部财务审计

财务审计结束后，内部审计人员应持续关注管理层对提出改进管理、完善制度建议的采纳情况，以及相关部门对审计查出问题事项的整改和纠正情况。必要时，进行后续内部财务审计。

26.5　财务审计要点

26.5.1　预算管理审计

预算在企业中发挥着统筹资源的重要作用，大多数企业把预算管理的职能归在财务部门。预算管理审计包括对预算的编制、执行、考核、奖惩、反馈等方面的审查与评价，实际工作中往往需要结合财务收支审计来进行。但是，对预算结果进行的决算审计并不包括在预算管理审计当中，而是由会计师事务所来承担的。但是，内部审计可以接受审计委员会的委托，对会计师事务所从事的决算审计的质量进行评价。

26.5.2　资产、负债及权益审计

内部审计的做法应与企业生产经营的特点相结合，透过分析财务信息来发现生产经营问题是审计工作的关键。

（1）资产审计包括货币资金审计、应收款项审计、存货审计、其他应收款审计、对外投资审计、固定资产及在建工程审计等。

（2）负债审计包括短期借款审计、应付票据审计、应付账款审计、预收账款审计、应付职工薪酬审计、其他应付款审计和长期借款审计等。

（3）权益审计包括资本审计、本年利润审计（主营业务收入与主营业务成本审计、其他业务收入与其他业务成本审计、生产成本与期间费用审计、营业外收入与营业外支出审计）和利润分配审计等。

26.5.3　纳税管理审计

（1）检查应交增值税、应交消费税、应交资源税、应交土地增值税、应交城市维护建设税、车辆购置税、车船使用税、应交车船使用牌照税、印花税、契税、房产税、应交城镇土地使用税等的计算是否准确，并对可能存在的风险提出预警。

（2）结合所得税项目，确定应纳税所得额及企业所得税税率，复核应交企业所得税的计算是否准确，是否按规定进行了会计处理，抽查本期已交所得税资料，确定已交税额的准确性。

（3）检查代扣代缴个人所得税的计算是否准确，缴纳是否及时。

（4）检查税收优惠政策的利用及合理避税情况。

（5）检查纳税管理岗位的设置及相关制度的合理性、完整性。

26.5.4 会计基础工作审计

（1）检查出纳人员是否监管稽核、会计档案保管和收入、费用、债权债务账目的登记工作。

（2）检查、评价会计档案管理状况，包括档案内容的连贯、完整、装订的整齐程度等。

（3）会计人员的调动是否办理交接手续，是否有监交人负责监交，交接双方和监交人员是否在移交清册上签字或盖章。

（4）检查会计从业人员的执业资格及上岗资质证明。

（5）检查会计稽核制度是否得到全面执行。

（6）检查各种账、表、凭证是否科学、合理、合规。

26.5.5 会计电算化制度审计

（1）了解制度的管理内容及控制程度。

（2）了解、测试制度中与收款业务相关的财务控制与会计处理流程。

（3）了解、测试制度中与付款业务相关的财务控制与会计处理流程。

（4）了解、测试制度中与转账业务相关的财务控制与会计处理流程。

（5）检查制度中具体业务发生的合法性、合规性。

（6）检查制度的安全性，一般包括：用户密码的设置是否存在密码为空的现象；是否存在用户密码外泄的现象；员工是否严格遵守人离机时必须退出的制度。

（7）检查制度信息的数据备份管理。

26.6　G 公司财务审计案例

26.6.1　案例背景

根据集团公司文件规定，审计部组成 G 公司财务审计组，于 2009 年 3 月 5 日至 2009 年 6 月 30 日对 G 公司进行了全面审计，审计组依据内部审计准则的规定和集团公司文件，采用了必要的审计程序，重点检查了财务及业务流程，并延伸审计了某分公司。

26.6.2　审计发现的问题

经过审计，审计组发现 G 公司在财务工作、物流程序等方面极其不规范，总体工作质量低下，财务对公司的业务失去控制，并严重地影响 G 公司正常业务的开展，这与物流程序错误、财务人员素质不高、上一次审计现场整改等诸多不当直接相关。

1. 财务方面存在的问题

某分公司的财务整体工作质量低下，个别会计人员甚至不能胜任本职岗位的工作，尤其是在物流账务的处理上极不规范，财务起不到基本的监督和控制作用，不仅不能很好地为业务服务，很多时候甚至阻碍业务的正常开展，具体表现在以下方面。

（1）财务工作方面极不规范，表现在以下方面。

①部门工作混乱。物流会计李某在工作上与主管会计不合作，出纳承担了大量的应该由物流会计承担的工作，造成了本职工作积压，出纳有时也不服从主管会计的工作安排，加上主管会计财务管理水平有限，最终形成部门人员之间不能进行有效的沟通，主管会计对部门工作不能有效实施管理的不良局面。

②会计岗位职责分工不合理。物流会计不记录物流相关的往来账，而由费用会计负责。物流会计职责范围内的大量工作由出纳、业务处代为完成，影响工作效率和工作质量。

③上一次审计人员对财务的规范整改意见不合理，违背《中华人民共和国会计法》的准则，要求出纳整理并保管会计凭证。现在出纳尽管没有保管凭证资料，但仍承担着整理会计凭证的烦琐工作。

④出纳当日的现金、银行存款收支不能当日处理入账，做不到日清月结，不仅

不利于日后的对账，也为截留和挪用货币资金留下了隐患。

⑤账簿登记不规范；封面启用登记不全，物流台账甚至无封面；月末没有本月合计、累计，没有结出月末余额，造成取数十分困难。

（2）物流账务不全且不准确，表现在以下方面。

①财务处没有发货收款手工台账和库存商品进销存手工台账；入库出库时，物流会计只登记计算机账，不登记手工台账，且出库是根据发货申请表而不是出库单登记的。计算机账跟不上业务进度，物流会计自己也表示准确率只在90%左右，曾多次出现所提供的数据出现异常偏差的情况，如曾发生过向经营公司领导提供G公司的库存数为几亿的事情等。

②出库商品仅在开出发票后，才登记库存商品手工台账，库存商品台账仅仅是在月底用于结转成本。

③由于财务处没有发货收款手工台账和库存商品进销存手工台账，计算机进、销、存账又不准确，因此当经营公司领导或总公司要求提供物流相关的报表数据时，财务处不能直接提供，每次均是财务处向业务处索取，由业务处根据其台账提供最终的数据，并且是由出纳而不是物流会计完成最后的上报工作的。

（3）电算化分工不合理。只对李某一人进行了电算化培训，未让费用会计曾某参与，导致费用会计至今不能实现财务电算化，人为造成财务职责分工不合理。而物流会计虽在某市进行了15天的集中培训和用友公司软件操作员实地50多天的培训，但收效甚微，其仍不能对财务电算化进行有效的操作。具体情况如前面所述。

（4）远华批发部存在账外资金。批发部代理药品的现金收支均未通过财务处出纳。目前，G公司在批发部设置一名核算员，同时兼管现金和账务处理。现金收支都在批发部直接进行，手工销售清单用白条填制。每月月末核算员做记账凭证，称汇总科目后电话报财务处费用会计合并进行账务处理。实际审计后发现根本没有合并入G公司账务，本次审计自开始至今核算员一直声称计算机主板送修，不能提供以往的数据，无法与其手工票据进行核查。批发部非北生产品的经营属于账外经营，目前查明的证据显示：账外现金存折从2009年2月5日开户至今，共存入现金23笔，共89.6万元，支出18笔，共65.66万元，存折余额为23.94万元。

（5）对易货来的药品不做处理，人为制造损失。经了解，原S公司欠淮北大区板蓝根药品货款，以易货的方式将一批普药，共计人民币85万元发至G公司，用以冲抵板蓝根药品欠款。由于某分公司财务人员不知道该如何进行入账处理，将情况反映给G公司财务领导。G公司财务领导直接要求某分公司“款从哪儿来回哪儿去”，致使该批货物未能及时销售出去，批号也日渐陈旧，至今仍没有进行入账处理。（注：现批发部销售的大部分代理药品都属该批药品。）

（6）偷漏税。原某分公司账面有存货238万元，根据上一次审计后审计人员的要求，直接从账面转入“其他应收款原某分公司”科目挂账，给现某分公司从账面上人为造成税务上视同销售的事实，某分公司将可能为此承担近10万元的税款及不能估计的偷漏税罚款的损失。

此外，根据上一次审计的要求，将原某分公司的应收欠款全部调整到“其他应收款——原某分公司”科目挂账，现已逐步收回这些欠款，但均未入账，而是直接通过银行进、银行出的方式，将款项直接转走。现已查明共有11笔回款，共计48.43万元，并已全部转走。

（7）投资资金总额不对，多出的投资额去向不明。由于财务上没有将该经济事项进行入账处理，为使G公司账面实收资本达到某万元，M集团又投入资金某万元，这样，M集团前后共投入G公司的投资资金实际为某万元，而某分公司账面仅显示收到投资款某万元，其中20万元从某分公司账面上未得到体现。

此外，原收购某分公司的某万元中，实际包括收购某大药房的某万元，但财务上一直没有做相关的账务处理，导致出现至今某大药房的账面实收资本为0，某分公司账面的投资也为0的现象。某大药房的报表一直没有与某分公司的报表进行合并，集团财务也未做要求，导致某分公司的员工至今仍认为集团对某大药房未做投资。

（8）仓库盘点方式不正确。在近一年的时间里，每月三次的库存盘点，均不知道应该在盘点前根据库存商品账面数预先准备好盘点清册，并与业务处内勤、仓库保管员对账后再进行盘点。现场盘点时，仅用空白纸张记录实物数，盘点完毕后，再回公司核对账务，白纸上记录的盘点数又不敢保证数字准确，还要经过多方核对，根本无法现场发现是否存在账实不符的情况，库存盘点流于形式。

（9）财务无法对业务提成及开发票申请进行有效审核。物流会计由于没有发货收款台账，计算机账又跟不上业务进度且无法保证准确，因此无法对发票开票申请表及业务提成表进行审核。目前的实际操作方法是：由出纳借用业务处保存的发货申请表，经查找核对后进行审核。这不仅大大增加了出纳的工作量，且不能保证其准确性，也造成对开票和业务提成审批的拖延，降低财务服务质量。对此，经营公司领导及业务员多有怨言。

（10）物流账务处理缺乏基本技能。调货、换货没有按规定的程序进行处理，物流会计也不明白应该如何处理，从而导致计算机账因物流不规范而无法处理，计算机中数据明显不可用。

（11）财务对物流失控。除北生产品外，批发部经营的其他代理药品在财务处、业务处均没有台账（只是在仓库设一核算员进行核算，且登账不及时），难以进行有效的监督和控制。

（12）财务对大药房失控。大药房的进、销、存账均由柜台营业员登记，财务处只由费用会计登记金额账，没有登记相关的商品品种明细和数量，因而无法对该业务进行有效的监督和控制。

2. 物流程序方面存在的问题

（1）入库不规范。

业务处将公司寄到的发货回执交仓库保管员，收到货物后，不经质检检验签字，由仓库员直接入库，填开入库单。入库单无质检联。而目前集团公司要求的规范做法是：经营公司业务处收到货物后清点与订购单及供货单位的发货回执无误后，立即填开入库单，质量部门验收合格签字后，仓库保管员根据入库单验货无误入库后签字，分别交至业务处及财务处记账（入库单上须注明生产批号）。

（2）出库不规范。

发货程序不规范，是造成整个G公司物流账务混乱的根源。

按上次审计现场整改的要求，G公司发货的程序是：将审批完的发货申请表传真给库管员发货—登记发货通知单—登记销售台账—登记产品发货明细账。而目前集团公司要求的规范做法是：营销公司业务处接到已批准的发货申请表后立即填开出库单（出库单上要填写发货申请表编号及生产批号）—质量部门签字—仓库保管员凭出库单发货联发货—业务处组织发运。出库单业务联交业务处内勤记账，财务联交财务处记账。

上一次审计现场整改中：不要求业务处开具出库单；仓库保管员根据传真来的发货申请表进行发货，最后补开出库单；各部门根据发货申请表登记相关台账等都是G公司物流账务混乱的根源。同时G公司物流中还存在以下问题。

①发货申请表审批手续不全。

②出库未通过质检，没有完全按先进先出的原则发货。

③仓库凭业务处传真的发货申请表发货或电话通知发货，事后补办手续。

④发货有时不通过库管员，由发货员直接发货，事后补办手续。

⑤因质量问题出现退货，未经质检检验，且未入库又直接补货出库。

⑥违反规定直接发货给业务员。

（3）盘库方法不正确。

①盘库前不对账，不预做盘点清单。

②现场盘点没有业务处人员参加。

③不能现场发现是否存在账实不符情况。

3. 对某分公司现有财务人员的评价

根据这次审计的结果，目前 G 公司财务各个岗位人员基本素质普遍偏低，个别岗位的人员达不到相应岗位应该具备的专业技能，具体评价如下。

（1）主管会计（费用会计）曾某处理工商、税务关系的能力较强，具备一定的全盘账务处理能力，但管理能力一般，计算机应用技能较低，费用开支把关不严，对财务规范化管理缺乏足够的认识，对物流方面的规范化管理也缺乏足够的了解，物流方面的财务相关能力较差。其在财务处缺乏足够的威信，很难有效地组织财务部门的工作。

（2）物流会计李某：经过两次电算化的培训，具备了一定的电算化基础，但仍不能完全掌握电算化的操作技能；财务基本功不扎实，对自己所负责的工作范围内的一些基本财务技能，如记录台账、盘货等不求甚解；对物流的规范化操作流程缺乏必需的了解，对自己经手的工作责任心不够，工作上主观能动性差。提供的物流相关数据所花费的时间长且无法保证其准确，其经管的物流账对于公司的物流管理而言基本上没有起到任何作用。

（3）出纳王某：对公司较为忠诚，有较强的监督把关意识，但财务基本功相对较差，计算机应用技能较低，工作效率不高。

（4）批发部核算员沈某：财务电算化专业毕业，有较强的计算机操作能力，具备一定的财务基本功，接受能力较强，但实践经验不足，缺乏独立账务处理的工作经验，若能得到有效的指导和帮助，能很快胜任某分公司会计岗位的工作。

26.6.3 整改建议

（1）由集团总部选派一名精通物流账务、熟悉物流规范化管理程序，同时具备一定的财务管理知识的人员，于审计组完成审计任务前入驻某分公司主持财务工作，从理顺财务管理关系入手，处理具体事务，对其他财务人员进行“传、帮、带”，从提高人员专业水平着手，根本上对某分公司的财务进行规范和整改。

为保证其工作不受来自 G 公司方面的干扰，建议将其人事挂靠集团财务处，工资由集团总部直接发放，并授予一定的财务人事处置权。同时，为保证某分公司的财务工作能够顺利延续，亦建议某分公司现有的财务人员的岗位及待遇暂时保持不变，视今后的变化由主持工作的财务人员再行申报调整。

（2）由于某分公司现有的领导对物流的规范化管理缺乏正确的认识，对于整改工作，如果单纯靠财务来监督进行，效率不会太高，效果也不会理想。但在这次审计工作中审计组发现，某分公司专门从事GSP认证工作的质检处经理李某由于过去在大型国有医药企业长期从事物流管理工作，对于物流的规范化操作具有较深刻的理解，其本人也具有改变某分公司不规范的现状进行规范化管理的强烈意识。因此，在此次现场整改中，特别强调了质检的重要性，要求在整改中要发挥质检的重要作用。

但是，由于审计的权限限制，不可能明确地直接要求集团总部选派的财务人员和质检处经理两个人对整改工作具体负责。因此建议，由集团总部考虑对以上两人专门授权，由他们对某分公司的整改工作全面负责，以使某分公司的物流、财务尽快走上正轨。

第 27 章 信息系统审计

27.1 信息系统审计概述

我国内部审计协会颁布的《第 2203 号内部审计具体准则——信息系统审计》中指出，信息系统审计是指由组织内部审计机构及人员对信息系统及其相关的信息技术内部控制和流程开展的一系列综合检查、评价与报告活动。

总的来说，可以将信息系统审计理解为根据公认的标准和指导规范，对信息系统从计划、研发、实施到运行维护各个环节进行审查评价，对信息系统及其业务运用的完整、效率、安全性进行监测、评估和控制的过程，以确定预计的业务目标得以顺利实现，并提出一系列改进建议的管理活动。

要把握信息系统审计的定义，可以从以下几个方面进行。

（1）信息系统审计的主体是有胜任能力的独立的审计师。信息系统审计是由有客观立场的独立审计师，包括国家审计机关、企业内部审计机构中的工作人员，以及具有信息系统审计资质的独立第三方机构中的 IT 专业人员等实施的。

（2）信息系统审计的对象是信息系统及以其为载体的所有活动，包括计算机软硬件组成的信息系统，运行于系统中的业务应用和数据处理活动，系统生命周期的相关活动以及保障系统运行的外部环境等。

（3）信息系统审计工作的核心是客观地收集和评估证据。它是进行信息系统审计工作的出发点，在对信息系统进行审计的过程中，审计人员的主要工作就是收集充分、适当的审计证据，并对证据进行评价，以此判断信息系统是否能有效地保护资产、维护数据完整，以及是否能以最短的时间和最低的成本费用达到企业目标。

（4）信息系统审计的目的是通过实施信息系统审计工作，对组织是否达成信息技术管理目标进行综合评价，并基于评价意见提出管理建议，协助组织信息技术管理人员有效地履行其受托责任，以达成组织的信息技术管理目标。

27.2　信息系统审计的内容

信息系统审计主要是对组织层面信息技术控制、信息技术一般性控制及业务流程层面相关应用控制的审查和评价。信息技术内部控制的各个层面均包括人工控制、自动控制和人工、自动相结合的控制形式，内部审计人员应当根据不同的控制形式采取恰当的审计程序。

27.2.1　组织层面信息技术控制

组织层面信息技术控制，是指董事会或者最高管理层对信息技术治理职能及内部控制的重要性的态度、认识和措施。内部审计人员应当考虑下列控制要素中与信息技术相关的内容。

1. 控制环境

内部审计人员应当关注企业的信息技术战略规划与业务战略规划的契合度、信息技术治理制度体系的建设、信息技术部门的组织结构和关系、信息技术治理相关职权与责任的分配、信息技术人力资源管理、对用户的信息技术教育和培训等方面。

2. 风险评估

内部审计人员应当关注企业的风险评估的总体架构中信息技术风险管理的框架、流程和执行情况，信息资产的分类以及信息资产所有者的职责等方面。

3. 信息与沟通

内部审计人员应当关注企业的信息系统架构及其对财务、业务流程的支持度、董事会或者最高管理层的信息沟通模式、信息技术政策、信息安全制度的传达与沟通等方面。

4. 内部监督

内部审计人员应当关注企业的监控管理报告系统、监控反馈、跟踪处理程序以及企业对信息技术内部控制的自我评估机制等方面。

27.2.2　信息技术一般性控制

信息技术一般性控制是指与网络、操作系统、数据库、应用系统及其相关人员有关的信息技术政策和措施，以确保信息系统持续稳定地运行，支持应用控制的有效性。对信息技术一般性控制的审计应当考虑下列控制活动。

1. 信息安全管理

内部审计人员应当关注企业的信息安全管理政策，物理访问及针对网络、操作系统、数据库、应用系统的身份认证和逻辑访问管理机制，系统设置的职责分离控制等。

2. 系统变更管理

内部审计人员应当关注企业的应用系统及相关系统基础架构的变更、参数设置变更的授权与审批，变更测试，变更移植到生产环境的流程控制等。

3. 系统开发和采购管理

内部审计人员应当关注企业的应用系统及相关系统基础架构的开发和采购的授权审批，系统开发的方法论，开发环境、测试环境、生产环境严格分离的情况，系统的测试、审核、移植到生产环境等环节。

4. 系统运行管理

内部审计人员应当关注企业的信息技术资产管理、系统容量管理、系统物理环境控制、系统和数据备份及恢复管理、问题管理和系统的日常运行管理等。

27.2.3　业务流程层面应用控制

业务流程层面应用控制是指在业务流程层面为了合理保证应用系统准确、完整、及时地完成业务数据的生成、记录、处理、报告等功能而设计、执行的信息技术控制。对业务流程层面应用控制的审计应当考虑下列与数据输入、数据处理以及数据输出环节相关的控制活动。

（1）授权与批准。

（2）系统配置控制。

（3）异常情况报告和差错报告。

（4）接口/转换控制。

（5）一致性核对。

（6）职责分离。

（7）系统访问权限。

（8）系统计算。

（9）其他。

对于信息系统审计，除上述常规的审计内容外，内部审计人员还可以根据企业当前面临的特殊风险或者需求，设计专项审计以满足审计战略，具体包括（但不限于）下列领域。

（1）信息系统开发实施项目的专项审计。

（2）信息系统安全专项审计。

（3）信息技术投资专项审计。

（4）业务连续性计划的专项审计。

（5）外包条件下的专项审计。

（6）法律、法规、行业规范要求的内部控制合规性专项审计。

（7）其他专项审计。

27.3 信息系统审计的方法

内部审计人员在进行信息系统审计时，可以单独或综合运用下列审计方法获取相关、可靠和充分的审计证据，以评估信息系统内部控制的设计合理性和运行有效性。

27.3.1　询问相关控制人员

内部审计人员采用个别面谈和召开会议的形式与企业负责信息系统控制的有关人员进行会谈，了解企业信息系统在设计、实施、应用和管理等方面的控制情况。另外，内部审计人员还可以向企业的管理层、信息部门主管、系统管理人员、应用系统的使用者等询问信息系统在管理、应用和控制方面存在的问题，根据对方回答获取所需的审计资料。

27.3.2　观察特定控制的运用

内部审计人员应当查看特定控制下相关人员正在执行的程序或者从事的活动，了解特定控制的设计与执行情况，从而获取企业经营环境、信息化环境，业务运营及内部控制执行等方面的资料。

27.3.3　审阅文件和报告及计算机文档或日志

内部审计人员通过查阅有关的文件与书面材料可以了解企业信息系统及内部控制运行的情况。每一个信息系统都应当具备规范完整的文档资料，包括可行性分析报告、系统分析报告、操作手册等，以增强系统的可维护性和可审性。内部审计人员通过审核系统文档可以了解信息系统的开发、实施、测试和评审等具体情况。

27.3.4　进行穿行测试，追踪交易在信息系统中的处理过程

内部审计人员在检验应用程序、控制程序和系统的可靠性时，应当从计算输入开始，追踪具体业务在信息系统中处理的全过程，直至计算机输出。穿行测试的目的在于帮助内部审计人员了解业务在信息系统中的处理流程，所以不需要进行大面积的测试。

27.3.5　验证系统控制和计算逻辑

验证系统控制和计算逻辑是一种常用的系统功能审查方法。内部审计人员判断被审计程序的功能运行是否正确时，可以通过比较被审计程序和模拟程序对企业真实业务数据处理的结果。

27.3.6 登录信息系统进行系统查询

内部审计人员可以登录企业的信息系统查询相关信息，以了解信息系统内部控制的设计和运行情况。

27.3.7 利用计算机辅助审计工具和技术

内部审计人员在审计过程中可以利用计算机辅助审计技术，例如，采用基本案例系统评估、追踪法、测试数据法、综合测试法、受控再处理法等。

27.3.8 利用其他专业机构的审计结果或者企业对信息技术内部控制的自我评估结果

在信息系统审计中，内部审计人员还可以利用外部审计机构的审计结果和企业内部的自我评估结果作为审计参考。

27.3.9 其他

内部审计人员可以根据实际需要利用计算机辅助审计工具和技术进行数据的验证、关键系统控制 / 计算的逻辑验证、审计样本选取等；内部审计人员在充分考虑安全的前提下，可以利用可靠的信息安全侦测工具进行渗透性测试等。

内部审计人员在对信息系统内部控制进行评估时，应当获得相关、可靠和充分的审计证据以支持审计结论、完成审计目标，并应当充分考虑系统自动控制的控制效果的一致性及可靠性等特点，在选取审计样本时可以根据情况适当减少样本量。在系统未发生变更的情况下，内部审计人员可以考虑适当降低审计频率。

27.4 信息系统审计程序

信息系统审计既可以作为独立的审计项目组织实施，也可以作为综合性内部审计项目的组成部分实施。当信息系统审计作为综合性内部审计项目的一部分时，内部审计人员应当及时与其他相关的内部审计人员进行沟通，将审计过程中取得的发现传达给其他人员，并依据审计结果对其他相关审计的范围和性质进行调整。

27.4.1　制定审计计划

内部审计人员在实施信息系统审计前，需要制定充分的审计计划，确定审计目标、时间和范围，并对审计中存在的风险做出初步评估。一旦确定审计任务，内部审计机构和人员就应当根据任务的具体情况对审计任务所需的资源进行初步估算，确定重点的审计领域和审计活动的优先顺序，组成相应的信息系统审计工作小组，明确各成员的工作内容和责任，同时编制详细的审计方案。

编制信息系统审计方案时，内部审计人员除遵循相关内部审计具体准则的规定外，还应当考虑下列因素：①高度依赖信息技术、信息系统的关键业务流程及相关的企业战略目标；②信息技术管理的组织架构；③信息系统框架和信息系统的长期发展规划及近期发展计划；④信息系统及其支持的业务流程的变更情况；⑤信息系统的复杂程度；⑥以前年度信息系统内、外部审计所发现的问题及后续审计情况；⑦其他影响信息系统审计的因素。

当信息系统审计作为综合性内部审计项目的一部分时，内部审计人员在审计计划阶段还应当考虑项目审计目标及要求。

在审计信息系统之前，内部审计机构和人员还需要了解企业信息系统的下列情况：①硬件设备，包括主机的机型、所配置的外围设备、辅助设备等；②系统软件，包括选用的操作系统、数据库管理系统等；③应用软件，包括软件的获取方式等；④文档资料，包括系统和程序流程图、相关系统的操作手册和维护手册等。基于对以上情况的了解，内部审计机构和人员需要对测试的项目、是否需要聘请外部的计算机专家、采用的计算机审计技术等做出决定。

27.4.2　风险评估

内部审计人员在进行信息系统审计时，应当识别企业所面临的与信息技术相关的内、外部风险，并采用适当的风险评估技术与方法，分析和评价其发生的可能性及影响程度，为确定审计目标、范围和方法提供依据。风险评估应当贯穿信息系统审计的全过程。

信息技术风险是指企业在信息处理和信息技术运用过程中产生的、可能影响企业目标实现的各种不确定因素。信息技术风险，包括组织层面的信息技术风险、一般性控制层面的信息技术风险及业务流程层面的信息技术风险等。

1. 组织层面、一般性控制层面信息技术风险的识别与评估

内部审计人员在识别和评估组织层面、一般性控制层面的信息技术风险时，需要关注下列内容：①业务关注度，即企业的信息技术战略与企业整体发展战略规划的契合度以及信息技术（包括硬件及软件环境）对业务和用户需求的支持度；②信息资产的重要性；③对信息技术的依赖程度；④对信息技术部门人员的依赖程度；⑤对外部信息技术服务的依赖程度；⑥信息系统及其运行环境的安全性、可靠性；⑦信息技术变更；⑧法律规范环境；⑨其他。

2. 业务流程层面信息技术风险的识别和评估

业务流程层面的信息技术风险因受行业背景、业务流程的复杂程度、上述组织层面及一般性控制层面的控制有效性等因素的影响而存在差异。一般而言，内部审计人员应当了解业务流程，并关注下列信息技术风险：①数据输入；②数据处理；③数据输出。

内部审计人员在审计过程中实施风险评估程序，首先应充分考虑风险评估的结果，合理确定信息系统审计的内容和范围，接着测试企业的信息技术内部控制的设计合理性和执行有效性，并在此基础上根据测试的结果重新评估审计风险，确定进一步审计程序。

27.4.3 信息系统审计测试

内部审计人员应当基于风险评估的结果，合理确定信息系统审计的内容和范围，并对企业的信息技术内部控制设计的合理性和运行的有效性进行测试。内部审计人员在评估信息系统内部控制的过程中，应当获得充分、适当的审计证据以支持审计结论，同时应当充分考虑系统自动控制的效果的一致性及可靠性的特点，在选取审计样本时可以根据实际情况适当减少样本量，在系统没有发生变化的情况下，可以考虑适当降低审计频率。内部审计人员在审计过程中应当在风险评估的基础上，根据信息系统内部控制评估的结果重新评估审计风险，并根据剩余风险设计进一步的审计程序。

27.4.4 出具审计报告

在完成信息系统审计的证据收集和实施审计程序之后，内部审计人员应当综合所收集到的相关证据，运用专业判断，形成审计意见，出具审计报告。审计报告中内部审计人员需要针对企业信息系统的安全性、可靠性、有效性和效率性发表审计意见，并向管理层提出有关信息系统内部控制和运行管理方面的问题及相应改进意见，以健全和完善企业信息系统，从而实现信息系统审计的目标。

27.5 信息系统审计要点

信息系统审计的对象是被审计单位信息系统及以其为载体的所有活动，涉及信息系统的各个构成要素。从构成信息系统的要素的维度来看，信息系统审计不仅需要对系统的软、硬件平台的获取和管理开展审计工作，还需要对应用系统进行审计，相应的数据文件管理、人员管理、运行规则及执行情况也应被包含在审计范围之内。《第 2203 号内部审计具体准则——信息系统审计》中指出，信息系统审计通常包括对组织层面信息技术控制、信息技术一般性控制及业务流程层面相关应用控制的审计。下面根据这三个方面对信息系统审计的要点进行简要的归纳和总结。

27.5.1 组织层面信息技术控制

组织层面的信息技术控制，即 IT 治理，是指企业管理层和治理层关于信息技术治理职能和内部控制重要性的持有态度、观念认知以及采取的措施，其目的是指导和控制企业，通过平衡信息技术的风险，增加企业价值，从而顺利实现企业的既定目标。组织层面的信息技术控制规范了整体的信息系统运行的基本框架，组织层面信息技术控制的缺失将使企业难以稳步发展。另外，组织层面信息技术控制也是公司治理的重要部分，很可能会对企业面临的竞争、机遇和战略规划产生影响。

内部审计人员一般应当关注：企业的信息技术战略规划是否契合业务战略规划；董事会是否充分控制信息技术的性能、发展方向和决策；是否建立了完善的信息技术治理制度与体系；信息技术部门的组织结构是否恰当；信息技术人力资源管理的制度与执行情况如何；信息技术风险管理的框架、流程和执行情况如何；是否明确了信息资产的分类以及资产所有者的职责；是否建立了及时有效的信息沟通机制；是否建立了完善的监控管理报告体系和自我评估机制。

27.5.2 信息技术一般性控制

信息技术一般性控制是内部控制的一种技术，主要运用于一个单位信息系统全部或者大部分范围，以保证计算机应用程序的安全、防止非法侵入，保证数据安全完整，确保在意外情况下能继续工作。

1. 岗位分工与授权审批

内部审计人员一般应当关注：企业是否已建立适当的岗位责任制，具体包括以下方面。编程、测试、系统分析、程序管理、数据库管理、数据控制、终端操作等；是否建立了不相容岗位制度，系统开发或变更过程中的立项、审批、编程、测试岗位以及系统访问过程中的申请、审批、操作、监控是否由不同人员担任；是否设立了专门部门或岗位对信息系统实施归口管理，负责信息系统的开发、变更、运行与维护的相关工作。

2. 信息系统访问安全

内部审计人员一般应当关注：信息系统的操作人员是否能擅自改变软件系统的环境配置，是否能擅自对系统软件进行删除或者修改，以及升级、改变软件版本；企业是否建立了严格的操作管理制度，对信息系统操作人员的账号、密码和使用权限进行规范；是否建立了严格的账号审批制度，尤其关注重要业务系统的访问权限；发生人员离职或岗位变动时，是否及时对相应人员的访问权限进行了调整；是否对账号管理进行定期审核，防止存在非授权账号或者授权不当的现象；是否存在利用他人账号进入系统的情况；是否建立了针对特权用户的特殊管理制度，对其使用进行严格限制和全程监控；未经授权人员是否能够对系统中设置的各项参数进行调整、删除或修改；是否充分利用操作系统、数据库、应用系统自身提供的安全性能，在系统中设置安全参数，以加强系统访问安全；是否存在路由器、防火墙等安全方面的管理；当第三方管理信息系统存在安全事项时，是否对其进行监控；是否采取针对计算机病毒的预防措施，以及进行定期检测；是否建立信息的密级划分制度；是否建立数据变更处理的规范，包括数据的导入、提取和修改等；是否建立数据信息的定期备份制度和异地备份机制，数据处理前是否能自动备份；是否对备份数据进行定期测试；是否建立系统有效的应急恢复计划，保证在天灾人祸等特殊事件发生后能及时恢复重要信息。

3. 信息系统开发、变更与维护控制

内部审计人员一般应当关注：企业是否设计出适合自身的信息系统，且该系统是否与企业所处行业、企业规模与性质、组织架构等相适应；计算机信息系统建设是否做到了理念与技术齐头并进，将管理理念与先进技术有机结合起来；企业在信息系统改造过程中是否遵循了成本效益原则，将资源投入重要领域的关键因素中；计算机系统的开发与变更是否经过正式授权与审批；是否制定了详细的数据迁移计划；用户部门是否参与数据迁移过程，并对其进行了测试和确认；信息系统投入使用前是否完成了验收测试，包括整体测试和用户验收测试；是否建立了高效的预防制度，采取日常检测、编制应急预案等系列预防性措施；是否成立了项目管理小组，对项目开发过程实施监控，着重关注招投标和外包的项目。

4. 硬件管理

内部审计人员一般应当关注：企业是否建立了完善的计算机信息系统硬件管理制度，是否建立了专门的档案对设备的新增、流转和报废等情况进行登记；是否由专门人员对计算机硬件设备进行管理和检测，未经授权任何人不能接触；是否将计算机硬件设备安置于合适的物理环境中，包括温度、湿度、光照等因素都要符合设备的使用条件；计算机电源供应是否控制在设备要求的规格范围内；计算机硬件设备是否存在静电保护；是否采取措施对备份磁盘和磁带进行保护，防止其受到极端温度、磁场或者水的侵害；是否建立了高效的计算机硬件设备异常情况应急与处理制度。

27.5.3 业务流程层面应用控制

业务流程层面应用控制是指在业务流程层面为了合理保证应用系统准确、完整、及时完成业务数据的生成、记录、处理、报告等功能而设计、执行的信息技术控制。对业务流程层面应用控制的审计应考虑与数据输入、数据处理以及数据输出环节相关的控制活动。业务流程层面的应用控制涉及各种类型的业务，内部审计人员应当根据不同业务的特点和信息处理过程，从以下八个方面进行审查：①授权与批准；②系统配置控制；③异常情况报告和差错报告；④接口／转换控制；⑤一致性核对；⑥职责分离；⑦系统访问权限；⑧系统计算。

27.6 H 集团信息系统审计案例

27.6.1 案例背景

H 集团是国有大型科技型工程技术企业，是集应用技术研发、经济技术咨询、规划设计、工程总承包、成套装备、工程监理、技术服务于一体的工程技术服务集团，也是国内第一家完全数字化的工程技术服务集团，下设 18 个职能部门，拥有 A 工程技术股份有限公司（以下简称“A 股份公司”）等 21 家全资或控股子公司。H 集团核心信息系统（以下简称“CCIS 系统”）是集团信息化建设的主要平台，是以 Oracle ERP 系统为核心组件搭建的信息化系统。该系统以项目为导向和核心，覆盖了企业价值链，为项目管理提供全生命周期的信息化支撑。该系统于 2008 年 12 月上线投用至今，除涉及海外、物业管理以及房地产等业务的 4 家子公司尚未上线外，其余 17 家子公司均已成功上线投用。此外，为了持续优化完善该系统，H 集团于 2010 年投资设立了 B 信息技术有限公司（以下简称“B 信息公司”），对系统进行功能运维和优化提升。

CCIS 系统对 H 集团规范日常运营管理、提升管理效率、维护信息的正常流转、增强市场竞争力起到了积极作用。由于经营管理活动对该系统依赖性极高，系统可靠性、稳定性、安全性、完整性及准确性显得尤为重要。H 集团审计部作为内部监督部门，着眼于信息化环境下集团面临的新的风险点，于 2012 年开始组织具有 IT 背景的审计人员研究探索信息系统审计，对 CCIS 系统内部控制及流程进行审查和评价，提出相关管理建议，促进集团提高信息化水平。鉴于 CCIS 系统十分庞大复杂、实施信息系统审计的经验不足等情况，审计部充分调研，确立了分模块、分系统，逐项探索和突破的审计思路。通过近 3 年的探索和总结，截至 2014 年年底，审计部共开展信息系统审计项目 5 项；发布实施了《信息系统审计工作规定》；提升了人员素质，审计部共 7 人，全员拥有 CIA 资格，1 人拥有 CISA 资格，注册会计师 1 人，此外部分人员还拥有一级建造师、造价师等资格。

BI 系统是与 CCIS Portal 界面及 Oracle 数据库相互集成，通过信息挖掘、分析、查询和报表的形式为管理层决策提供立体式数据服务的商务智能系统，其基础组件主要包括 BIEE 基础服务、服务器以及数据抽取工具等。该系统是 H 集团在某咨询公司的指导下自行开发的，包含经营总览、项目管理、采购管理、费用控制等 12 个功能模块，于 2009 年 5 月开始搭建，同年 12 月上线投用。审计时，该系统已运用到 A 股份公司等 4 家子公司。BI 系统作为向管理层提供决策数据服务的工具，其数据准确性、有用性直接关系到管理层决策的正确性和效率，如项目预算执行情况预警及控制等。

A 股份公司作为 H 集团的核心子公司，致力于为钢铁行业提供全流程服务，为工程项目提供全功能、全生命周期服务，率先投用了 BI 系统。在对工程项目的审计过程中发现，BI 系统项目管理模块数据与 CCIS 中 ERP 系统财务模块存在不一致的情况。审计部高度重视这一情况，以风险导向为原则，对 A 股份公司 BI 系统在项目管理中的应用情况进行审计，将其纳入 2013 年度审计计划，向集团董事会报批后实施。

本项目审计目标是对 BI 系统的内部控制和流程进行审查和评价，为持续优化、完善 BI 系统内部控制流程提出具有可操作性的建议，有效提升 BI 系统的可靠性、稳定性、安全性及数据处理的完整性和准确性，提高 BI 系统的普及率和使用率；强化 CCIS 系统灾难恢复计划的持续有效性。

27.6.2　审计过程及方法

1. 审计思路

本项目审计兼具信息系统一般控制审计和应用控制审计的特点。为了实现前述审计目标，审计小组拟定了以下审计思路。

（1）收集相关资料，熟悉 BI 系统基本架构、主要功能、业务流程以及其与 CCIS 系统中其他模块或子系统间的逻辑关系等。

（2）风险评估，确定审计范围和重点。

（3）梳理审计重点，从一般控制与应用控制两个层面深入开展审计工作，确定重点审计内容。

2. 审计过程

（1）精心组织，周密安排。针对信息系统审计内容涉及面广、开展难度较大等特点，审计部高度重视，积极协调沟通，得到了H集团信息化建设主管领导的大力支持，要求相关部门及人员积极配合审计工作，这为审计工作的顺利开展提供了有力支持。本项目审计组织情况见表27-1。

表27-1　审计项目组织情况

序号	项目	具体安排
1	审计小组成员	组长：审计部部长 主审：具有CISA资格的业务骨干 辅审：其他审计人员1～2人
2	配合部门及人员	H集团总部：采购管理部 A股份公司：人力资源部、项目管理部、费用控制与合同管理部 B信息公司：BI系统开发和运维管理人员
3	现场审计时间	2013年9月9日至20日
4	审计分工	组长：审批确定审计方案；主持召开审计启动会议；组织协调并督促方案按时推进，组织讨论并向管理层汇报审计过程中出现的问题；对主审提交的审计过程资料重点复核并对提交公司主管领导审批的审计报告定稿 主审：拟定审计方案、发送审计通知；按照审计方案开展具体工作；负责人员衔接、收集审计问题并向审计组长汇报；复核审计工作底稿；草拟审计报告

（2）前期准备工作。①主审申请并开通BI系统访问账户及权限；②详细阅读BI系统项目管理模块设计功能说明书、解决方案及应用速读手册（操作手册）等文件；B信息公司开发人员提供该系统项目管理模块的功能说明书及应用速读手册（操作手册）共31份；③梳理BI系统与CCIS其他子系统或模块间的关键接口或控制点及其基本架构。BI系统基本架构见图27-1，CCIS系统各模块间的关系见图27-2。据此，审计小组确定BI系统数据输入来源于EBSERP系统，与其他子系统的关联较少，其关键控制点在于数据抽取工作流抽取逻辑是否正确完备；BI系统是CCIS系统的子系统，属于CCIS灾难恢复计划的一部分，且不可分离。

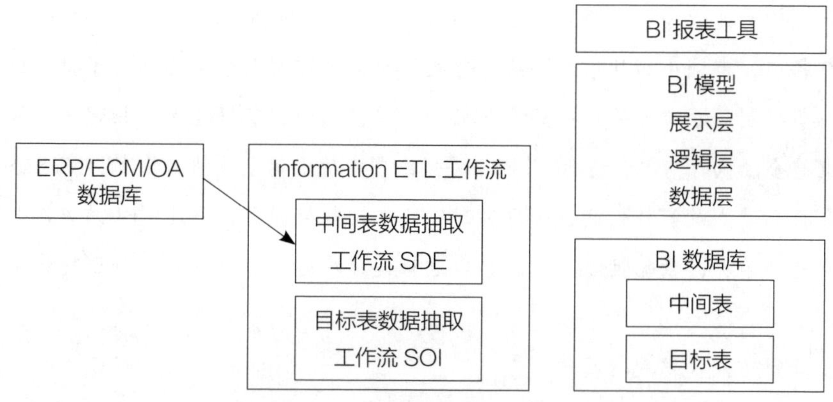

图 27-1　BI 系统基本架构

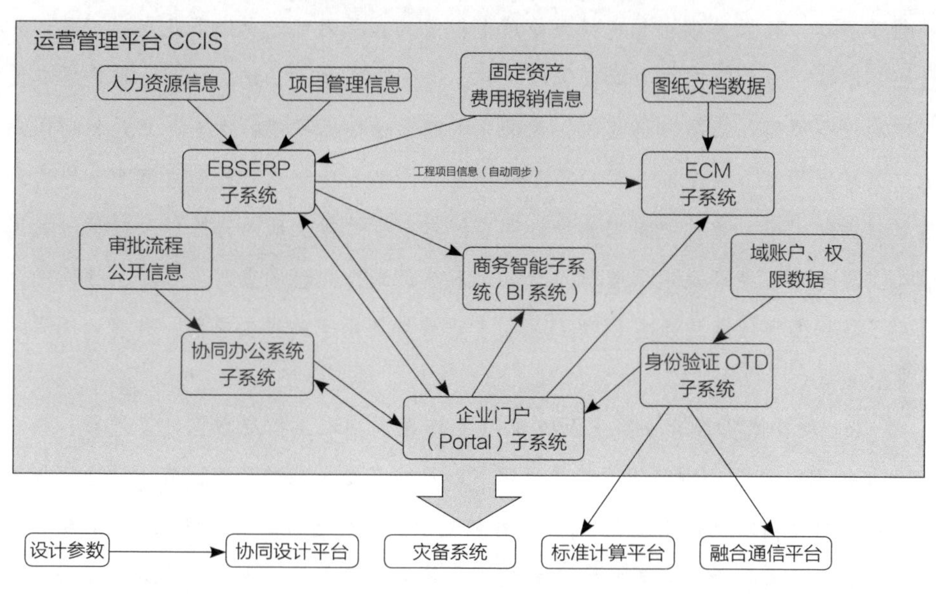

图 27-2　CCIS 系统各模块间关系

（3）风险评估，确立审计范围。针对本项目，审计人员以风险为导向，确立审计范围和审计重点，风险评估工作可概括为以下几个方面：①利用工程项目审计等其他工作成果，梳理以前审计过程中发现的与 BI 系统相关的问题；②对 BI 系统使用人员进行访谈、调研，发现该系统在使用过程中存在的问题或不足之处；③进一步对 BI 系统开发人员进行访谈，全面了解 BI 系统项目管理模块的各项功能、数据处理逻辑、与 CCIS 其他子系统间的数据传输逻辑、日常运维中经常出现的问题等，收集功能说明书等文本资料；④结合公司领导对信息系统审计的要求，将公司灾难恢复计划的有效性等纳入审计范围。根据上述几个方面的工作，结合A股份公司主营业务特点，审计小组从信息系统一般控制和应用控制两个层面确立了审计重点内容。一般控制层面重点关注：BI系统软硬件等基础设施管理情况；物理访问控制制度建立健全及执行情况；与BI系统相关规章制度建立健全及执行情况；CCIS系统灾难恢复计划建立及有效性测试管理情况。应用控制层面重点关注：BI系统对公司业务需求支持情况；数据抽取工作流抽取逻辑设计及运行情况；BI系统逻辑访问控制情况。

3. 审计方法及发现的问题

（1）访谈与问卷调查结果相结合，确定审计重点。在审前调查中，通过对系统关键使用者（如项目管理部部长、费用控制与合同管理部部长等）进行访谈，审计小组了解到，BI系统项目管理模块使用率较低，其原因可能有以下几点。一是部分数据不准确，与ERP系统中项目管理、财务等模块数据不一致，这可能是影响其使用率的主要原因。二是应得收入、承诺成本等部分指标可理解性差。三是针对用户的有效培训不足，致使部分客户不了解该系统的基本功能或对此知之甚少，进而影响系统的使用率。审计小组据此设计调查问卷，有针对性地对A股份公司部分使用者（主要是项目经理及中层管理人员以上人员）进行问卷调查，佐证了上述问题，明确了数据的准确性是影响BI系统项目管理模块使用率的主要原因，并将该问题纳入审计重点。

（2）从具体项目着手，全面梳理BI系统数据抽取工作流数据处理逻辑，核查BI系统数据准确性。通过阅读功能说明书以及向开发人员进行访谈等方法全面了解BI系统中数据抽取及处理逻辑后，审计小组抽取了实际运行的两个典型的工程项目，逐项核查项目管理及业务数据，查找差异，并在开发人员的支持下，分析差异产生根源，为解决相关问题提供具有可操作性的解决方案。通过核查，审计小组发现影响数据准确性的主要因素在于以下几个方面：①BI系统内部控制流程存在缺陷，数据抽取工作流设计存在瑕疵。如某项目甲供钢材BI系统较采购管理部提供的实际使用数据多出3 105.40吨、1 395.88万元。据查，该项目第二批钢筋实际出库4 000吨，但采购人员录入系统时误录为7 105.40吨，按照《甲供钢材采购CCIS用户系统操作手册》，后录入-3 105.40吨到“杂项事务处理中的账户接收”进行调整，但BI系统数据抽取工作流则未抽取到该调整项。②CCIS系统中采购管理模块功能不完善。如某项目直接开支中，采购人员误录入金额为6.38万元的采购订单，撤销该订单时，做了“取消”处理，但后台数据并未相应将订单状态更改为“取消”，致使BI系统直接支出较 ERP 系统多了 6.38 万元。经了解，CCIS 系统上线时已明确，经批准的采购订单不能做“取消”处理，但 CCIS 系统采购管理模块未屏蔽该操作。③用户操作不熟练或失误导致数据归集错误。如某项目直接支出中预算内设计分包支出，支出类型应为“直接支出”，而业务人员误将其支出类型选择为“制图费”。

（3）采集数据，跨系统数据比对分析，查询系统非法用户。为了核查 BI 系统登录权限配置是否符合公司相关管理要求，审计小组采集了 BI 系统登录用户数据及 CCIS 系统人力资源系统中所有在职员工数据，通过跨系统数据比对分析，剔除系统管理账户，查找非法账户反馈给人力资源部进行核实确认。经对比发现，信息沟通不畅，员工离职信息传递存在缺陷。BI 系统拥有登录权限账户 623 个（已剔除了管理员账户），其中 4 个账户为已离职员工，未及时清理，主要原因在于员工离职信息传输存在缺陷，未能适时将相关信息有效传递到信息部门。

（4）检查灾难恢复计划的有效性。对于灾难恢复计划的有效性检查，审计小组从两个方面着手：一是检查服务器等硬件设备的物理环境及物理访问控制情况，主要查看机房的消防安全、门禁管理以及巡检记录等。二是检查备份磁带归档管理及灾备系统有效性测试审批及开展是否符合公司相关制度规定。经查，灾难恢复计划执行有效。

27.6.3　审计结果及成效

针对审计发现的问题，在上报集团董事会审批后，相关部门均进行了相应整改。审计成果得到了有效应用，具体体现在以下方面。

一是发现了 BI 系统数据抽取工作流存在设计缺陷，影响项目管理数据的准确性；审计结论促进了信息技术人员优化完善数据抽取工作流取数逻辑，提升了 BI 系统数据准确性。

二是发现了 CCIS 系统中采购管理模块功能不完善，未屏蔽被禁止的功能。已整改完毕。

三是发现了信息与沟通方面存在的不足，员工离职信息传递存在缺陷。审计后公司优化完善了员工离职流程，提高了信息传递有效性，确保了离职员工账户得到及时清理。

四是发现了 BI 系统中部分指标可理解性差、培训力度不足等因素影响 BI 系统的普及率和使用率。

27.6.4 启示与思考

第一，较之经济责任审计等其他内部审计工作，信息系统审计的审计对象责任人并非唯一，有系统设计、实施部门，也有使用部门，同时还有负责内部控制制度设计和运行的相关部门，审计对象群体庞大导致配合难度较大。因此，集团领导的大力支持与推动是顺利开展信息系统审计的有力保障。

第二，信息系统审计主要关注信息技术内部控制与流程的合规性与可靠性，所发现的问题通过审计意见或建议予以改善，这能够纠正所有的类似错漏，有效促进系统的可靠性和数据准确性的提升，审计成效和价值实现往往更加快捷、更易接受。

第三，抓住信息系统内部控制与流程的牛鼻子，内部审计大有可为。事实证明，通过梳理及测试信息系统内部控制与流程，再辅以有针对性的审计程序和方法，如穿行测试、问卷调查、分析性复核等，有利于促进内部信息系统的完善和改进。

第四，信息系统审计工作作为内部审计新开展的一项审计业务，对于企业尤其是非金融类企业的内部审计而言，尚处于不断摸索和学习的过程中，提升审计人员的专业胜任能力，逐步规范完善审计流程及审计工作底稿，对于充分发挥内部审计价值创造作用尤为重要。客观上，目前非金融类企业信息系统审计发挥的作用较为有限，提升空间仍然较大。

第 28 章 内部经济责任审计

28.1 内部经济责任审计概述

内部经济责任审计是内部审计人员根据国家法律和有关规定，对企业内部管理领导干部（包括企业主要业务部门的负责人、企业下属全资或控股企业的法定代表人、主持工作一年以上的副职领导干部等）任职期间因其所任职务，依法对所在企业或部门的财务收支及有关经济活动应当履行的职责、义务的完成情况进行检查，并做出客观评价的一种监督、鉴证和评价活动。我国目前的经济责任审计主要应用于国有和国有控股企业及下属全资或控股企业（含国有和国有控股金融企业）。

28.1.1 内部经济责任审计分类

企业内部经济责任审计包括离任经济责任审计、任中经济责任审计和专项经济责任审计。

（1）离任经济责任审计，是指企业内部管理领导干部（以下简称“内管干部”）任期届满，或者任期内办理调任、免职、辞职、退休等事项前进行的经济责任审计。

（2）任中经济责任审计，是指企业内管干部任职期间进行的经济责任审计，包括实行年薪制及股权激励机制的企业（包括试点企业）在任期内奖励兑现前的审计、任期届满连任时的审计，以及任职时间较长、上级企业根据规定和需要安排的审计。

（3）专项经济责任审计，是指企业内部管理领导存在违反廉洁从业规定和其他违法违纪行为，或其所任职企业发生债务危机、长期经营亏损、资产质量较差等重大财务异常状况，以及发生合并分立、破产关闭、重组改制等重大经济事项情况下进行的经济责任审计。

28.1.2 内部经济责任审计的特点

内部经济责任审计作为一种特殊的审计类型，具有以下几个特点。

1. 评价性

内部经济责任审计需要客观、公正地对审计对象任职期间的经营管理活动的业绩进行评价以及发现存在的问题和需要承担的责任。评价是经济责任审计的直接职能，内部审计机构完成审计过程后，需要出具审计对象经济责任履行情况的正式意见，为上级部门提供考核评价的依据。

2. 针对性

经济责任审计仅针对审计对象在职期间的经济责任履行情况进行审计，审计授权或者委托书中规定了具体的审计时间和范围，是一种针对个人的审计监督方式。

3. 高风险性

由于审计对象是企业的核心管理人物，其参与企业多数的经营管理活动，审计的工作范围广、牵涉面大，具有较高的审计风险。对于任期较长的审计对象，由于审计的时间较长，社会因素的变化较大，因此审计风险应相应增加。同时，由于经营的多元化和管理的不断创新，审计工作的难度进一步增加，在有限的时间内完成繁重的审计工作，具有一定的审计风险。

28.1.3 内部经济责任审计目标

内部经济责任审计的目标对于内部经济责任审计的执行有着非常重要的作用，审计的方向、范围、内容、程序以及方法的确定均与审计目标有关，最终影响审计报告的内容和结果。内部经济责任审计目标根据详尽程度可以分为总体目标和具体目标。

1. 内部经济责任审计的总体目标

企业开展经济责任审计的目的是依法评价有关经济责任人在任职期间内履行经济责任的情况，客观上保护国家及企业的财产的安全、完整、保值、增值，其在健全对领导干部的监督管理、促进廉政建设等方面，也发挥重要的作用。

（1）评价有关经济责任人在任职期间内的经济责任履行情况，促进各级领导干部认真履行经济职责。领导干部任职期间最主要的职责是保证所在部门的正常生产经营和发展。经济责任审计的目标之一是审计人员通过审计，检查并合理界定、评价内部管理领导干部任职期间各项经济责任履行情况，发现存在的问题以及经济负责人应当承担的责任，从而促进经济责任人更认真全面地履行自己的经济职责，进一步促进其所在部门的经济发展。

（2）健全领导干部的监督管理，为管理当局或上级人事部门考核、奖惩、任用干部提供依据。随着我国市场经济的发展和公共财政体制的发展，领导干部的经济责任越来越重大，需要内部审计部门对其职能的履行情况进行独立的监督，而上级人事部门也可以根据经济责任审计的结果对领导干部的经济业绩进行考核评价。

（3）检查领导干部廉洁自律情况，促进各部门的廉政建设。经济责任审计的特点是在对经济责任履行情况进行审计的过程中，同时对个人进行审计。检查领导干部是否存在贪污舞弊情况，可以促进领导干部遵守相关的法律法规、廉洁自律，对整个企业的廉政建设起到示范作用。

（4）保障国家及企业的财产的安全完整，确保国家资源得到有效利用。对领导干部经济责任进行审计，可促使领导干部更加认真地履行责任，提高资产的使用效率，同时监督职能的行使，促使领导干部廉洁奉公，达到保障国家的财产资源得到有效充分的利用、国有资产不被个人侵占的目的。

2. 内部经济责任审计的具体目标

内部经济责任审计的具体目标是指审计人员在具体操作时，针对具体的审计事项、审计对象和审计任务，对总体审计目标的分解和细化。在具体实施时，审计应根据审计对象的具体情况，有所侧重，主要归纳为以下五个方面。

（1）评价相关政策与部署贯彻执行情况。

企业内管干部必须按照规定认真、及时地贯彻并逐项落实上级部门及本企业的有关方针政策、决策部署、经营发展战略或主营业务发展计划等，内部审计机构在进行经济责任审计时需要对该项职责的执行情况和效果重点关注并进行评价。

（2）评价内部控制的健全性、有效性。

内部控制涉及经营管理的每一个组成部分，其对一个企业或单位的风险控制和正常经营发展是至关重要的。随着经济的快速发展，企业的规模也在日益扩大，领导干部所承担的经济责任也随之增加。如何完成上级部门或投资人的委托，对一个庞大的企业进行全面的管理控制，是领导干部履行经济责任的首要问题。仅通过领导干部个体的参与对企业完成管理和监督是不可能的，也不能达到预期的效果。建立和健全内部控制制度，确保内部控制的有效运行可以帮助领导干部完成对企业的全面管理。因此，内部控制制度的建立和完善是领导干部的一个非常重要的职责。在内部经济责任审计中，审计人员既要关注被审计领导干部对其所负责事项及所管辖企业内部控制制度的建立情况，还要关注内部控制制度执行情况。

（3）评价重大经济事项决策的科学性、民主性。

内部领导干部作为本部门的主要负责人，对于所在企业及所属企业的重大经济事项，包括重大基本建设项目、对外投资项目、重大资金筹集和专项经费的使用和资产处置等，在其职责范围内拥有自主决策权；同时，为了贯彻落实上级主管部门的发展规划或发展战略确定的主要目标、工作任务，需要结合企业的实际情况，提出具体的工作目标、任务和措施以及合理配置所拥有的各项资源，在这些过程中，需要行使领导干部的决策权。在审计过程中，审计人员应当重点关注决策的形成过程，领导干部是否听取和参考相关人员的意见和建议，即决策是否具有民主性；同时关注决策是否是科学有效的，能否达到预期的效果。

（4）评价被审计领导干部和企业依法理财、依法行政的合法性、合规性和有效性。

经济责任审计作为一种特殊的审计类型，包含了以财务收支审计为基础的传统审计。财务收支的真实性、完整性和公允性依然是审计的重点内容。在此基础上，审计人员应当针对审计过程中发现的财政财务收支管理以及资产负债表和利润表核算过程中存在的违法违规或弄虚作假等问题，准确界定内部领导干部应当承担的经济责任，评价其经济责任的履行情况，最终达到促进被审计领导干部和企业严格遵守法律法规，按照财务制度和会计准则的要求进行财务核算和管理，真实、完整、公允地反映被审计企业的财务状况和经营成果的目的。审计人员通过发现资源使用过程中的效率低下、管理不善甚至浪费等问题，提高被审计企业的资源的利用率和使用效率。

（5）评价廉政纪律和廉政制度执行的有效性。

经济责任审计作为权力制约的一种工具，在当前反腐倡廉的政治环境中，将对领导干部的遵纪守法情况和廉洁自律的情况的审计作为一项重要的内容。同时，被审计企业的廉政建设和执行也应被重点关注，好的廉政制度可以在一定程度上防范腐败和违法等行为的产生。因此，对廉政纪律和廉政制度的评价是内部经济责任审计的一项重要目标。

28.2 内部经济责任审计的内容

企业内管干部经济责任审计的内容就是要确定其经济责任是什么，根据企业的性质、时期以及岗位的不同，其经济责任也是不同的。一般认为，经济责任审计的内容应当包括以下方面：经营管理及财政财务收支情况、制定和执行重大经济决策情况、内部控制制度的建立和执行情况等内容。

28.2.1 经营管理及财政财务收支情况

保障企业正常经营运行，对国有资产进行合理有效管理和监督以及加强财政财务收支管理，是领导干部应当履行的主要经济职责。审计人员可以通过审查企业财务收支的真实性、合法性和效益性进行审计。

1. 真实性

对于真实性，审计人员主要通过审查企业内管干部任职期间企业的财务状况和经营成果是否真实、完整，账实是否相符，会计核算是否准确，合并财务报表范围是否完整等进行。具体内容如下。

（1）财务会计核算是否准确、真实，是否存在财务状况和经营成果不实的问题。

（2）财务报表的合并范围、方法、内容和编报是否符合规定，是否存在故意编造虚假财务报表等问题。

（3）企业会计账簿记录与实物、款项和有关资料是否相符。

（4）企业采用的会计确认标准或计量方法是否正确，有无随意变更或者滥用会计估计和会计政策，故意编造虚假利润等问题。

2. 合法性

审计人员通过对企业内管干部任职期间内是否按照有关规定对财务收支管理和核算等进行审查来判断其是否满足合法性的要求。具体内容如下。

（1）企业收入、成本费用的确认和核算是否符合有关规定，有无虚列、多列、不列或者少列收入及成本费用等问题。

（2）企业资产、负债、所有者权益的确认和核算是否符合有关规定，有无随意改变确认标准或计量方法，以及虚列、多列、不列或者少列资产、负债、所有者权益等问题。

3. 效益性

对于效益性，审计人员重点审查企业的盈利能力状况、资产质量状况、债务风险状况、经营增长状况等方面经济指标完成情况。

（1）盈利能力状况审计。审计人员通过对资本及资产报酬水平、成本费用控制水平和经营现金流量状况等财务指标进行分析，可以了解一段时间内的投入产出水平和盈利能力，从而对内管干部在任期间的效益性进行审计。具体可使用净资产收益率、总资产报酬率、营业利润率、成本费用利润率等反映盈利能力的指标。

（2）资产质量状况审计。审计人员通过对资产周转速度、运行状态、结构以及有效性等方面的财务指标进行分析，对企业占用经济资源的利用效率、资产管理水平与资产的安全性进行评价来完成资产质量状况审计。具体可使用总资产周转率、应收账款周转率、不良资产比率、资产现金回收率等指标。同时，审计人员应重点对不良资产进行审计，应当按照企业内管干部任期职责、任期时间及不良资产产生原因等情况，分清企业不良资产产生的责任；应注意核实企业内管干部任期以前存在的不良资产、任期内消化的任期以前的不良资产、任期内新增不良资产以及任期内因客观因素新增的不良资产。其中，客观因素主要指国际环境、国家政策、自然灾害等；主观因素主要指决策失误、经营不善等。

（3）债务风险状况审计。审计人员通过债务负担水平、资产负债结构、或有负债情况、现金偿债能力等方面的财务指标，对企业内管干部任职期间企业的债务水平、偿债能力及其面临的债务风险进行审计。具体可使用资产负债率、速动比率、现金流动负债比率、带息负债比率、或有负债比率等指标。

（4）经营增长状况审计。审计人员通过市场拓展、资本积累、效益增长以及技术投入等方面的财务指标，对企业内管干部任职期间企业的经营增长水平、资本增值状况及持续发展能力进行审计。具体可使用销售增长率、资本保值增值率、任期年均资本增长率、营业利润增长率、总资产增长率等指标。

28.2.2　制定和执行重大经济决策情况

"三重一大"事项是指重大决策、重要人事任免、重大项目安排和大额资金运作事项。在内管干部任职期间，对"三重一大"事项的决策规则和程序设计是否合理、是否得到有效运行以及执行、是否能达到预期的结果等内容的审计，有利于明确内管干部在重大经济决策中所承担的责任。具体要求如下。

（1）企业是否建立了"三重一大"事项决策机制，制定的基本程序是否符合规定，是否存在未经决策机构集体讨论、由企业内管干部个人或少数人决策的问题。

（2）重大经济决策的内容是否符合国家有关法律法规、政策的规定。

（3）重大经济决策是否经国家有关部门核准或审批，所签订协议或者合同内容是否符合企业实际，是否存在损害企业利益的条款。

（4）重大经济决策方案是否得到良好执行，是否明确了具体的管理部门，是否进行过程监控。

（5）重大经济决策是否存在重大风险，决策方案中有无预防和控制风险转化为损失的应对措施，决策执行的结果是否达到决策目标要求，是否给企业造成损失或潜在损失等。

28.2.3　内部控制制度的建立及执行情况

内部控制对企业的正常生产经营以及风险的控制有不可替代的作用。因此，必须对企业内部控制制度的健全性、适当性和有效性进行审查，并确定内管干部在内控体系建立和执行的过程中的职责和需要承担的责任。在审查过程中审计人员要重点关注以下内容。

1. 内部环境

审查企业是否具有合理的治理结构、明确的机构设置和权责分工、健全的内审机构以及人力资源政策的制定和实施是否有效等。

2. 风险评估

审查企业能否及时识别生产经营过程中可能出现的风险、分析风险的方法是否有效以及当风险出现时能否采取有效措施进行应对等。

3. 控制活动

审查企业不相容职务分离、授权审批、会计系统、财产保护、预算、运营分析和绩效考评等重要环节是否具有控制措施，控制措施能否有效运行以及能否将风险控制在可承受范围之内。

4. 信息与沟通

审查企业是否建立并有效运行了信息与沟通制度，内部控制过程中信息的收集、处理和传递程序是否完善健全并得到及时的沟通和反馈，反舞弊机制是否存在且发挥作用。

5. 内部监督

审查企业的内部控制监督制度是否已制定且有效运行，内部审计机构和其他内部机构在内部监督过程中的职责权限是否明确清晰，是否制定内部控制缺陷认定标准，是否定期对内部控制有效性进行自我评价等。

28.2.4 被审计领导干部执行廉政纪律情况

被审计领导干部严格执行各项廉政纪律是其担任领导职位、履行经济责任的基本要求，审计人员应审查其在任职期间是否存在违反国家法律法规和廉政纪律，以权谋私，贪污、挪用、私分公款，转移国家资财，行贿、受贿和挥霍浪费等行为。审查内容主要如下。

（1）有无以权谋私和违反廉洁从业规定的问题。

（2）根据人事、纪检监察部门的意见，需要审计查证的事项。

（3）根据群众反映，需要审计查证的问题。

（4）其他违法、违纪问题。

28.2.5　推动经济社会科学发展情况

《党政主要领导干部和国有企业领导人员经济责任审计规定》明确要求：对党政主要领导干部和国有企业领导人员的经济责任审计，都要关注推动经济社会科学发展情况。具体分为以下几个方面。

（1）审查企业是否贯彻执行党和国家有关经济方针政策和决策部署。

（2）审查企业是否贯彻落实国家或上级部门制定的发展规划和战略。

（3）审查企业事业发展和任期经济责任指标是否完成。

（4）审查企业履行社会发展责任情况，安全生产、产品质量、环境保护、资源节约、促进就业、员工权益保护等方面是否存在问题。

28.3　内部经济责任审计的方法

内部经济责任审计是一种较为特殊的审计类型，其审计的方法在一般审计方法的基础上，根据其审计特性有一定的延伸和拓展。内部经济责任审计的方法主要包括审计取证方法、责任界定方法和审计评价方法。

28.3.1　审计取证方法

审计取证方法是与经济责任审计取证及分析的顺序、范围相关的程序性方法和技术性方法的集合，不仅包括财政财务审计和合规性审计，还需要对审计对象的组织、协调、管理能力和绩效进行分析评价。内部经济责任审计作为一项综合性的审计工作，需要综合使用多种审计技术和方法，包括基本的审计取证方法和特殊的审计取证方法。

1. 基本的审计取证方法

内部审计主要通过审核、观察、监盘、访谈、调查、函证和分析程序等方法取得所需的审计证据，经济责任审计同样需要使用这些方法，但是在使用过程中审计人员应当考虑其审计特点。例如，经济责任审计中的书面材料审核不仅是对会计资料的审核，还要对经济合同、计划预算以及统计资料等进行审核。同时，经济责任审计中审计人员会重点使用调查的方法，通过综合使用审阅调查法、重点调查法、问卷调查法以及访谈调查法向地方政府、部门、单位和个人进行专门调查。取证过程中要重点开展群众调查，听取、了解审计对象各方面的情况，同时向纪检监察部门了解是否存在典型举报和案件遗留等情况。

2. 特殊的审计取证方法

审计疑点是指审计人员在审计过程中发现的可能存在的非常规或非正常事项的迹象。审计人员在经济责任审计中，对于发现的审计疑点，需要采用一定的分析方法，鉴别是否存在问题。疑点分析法就是运用多种分析技术围绕这些迹象所进行的识别、排除或确认的过程。内部经济责任审计中常见的疑点分析法包括审计疑点排除分析法和审计疑点追查分析法两类。

（1）审计疑点排除分析法。

审计过程中的疑点可以分为“真疑点”和“假疑点”两类。“真疑点”是指审计过程中发现的与常规事项不同的经济事项，这种异常的迹象没有正常客观的原因可以解释，即这种异常迹象是对客观事实的一种反映，审计人员可以对某种行为和现象进行合理的怀疑；“假疑点”是指引起审计人员对某种行为和现象有所怀疑的异常迹象，是正常客观原因形成的迹象。对于疑点，审计人员需要通过进一步的分析程序，找出可疑迹象的原因，分辨出是正常原因产生的“假疑点”，还是隐藏经济问题的“真疑点”，没有问题的“假疑点”可以排除。

（2）审计疑点追查分析法。

根据疑点产生原因的不同，可以将疑点分为动态疑点和静态疑点。对动态疑点和静态疑点的追查分析需要采用不同的分析方法。

动态疑点是指企业或单位的经济活动中正在发生的可疑迹象，是对经济活动中作弊行为的反映，需要审计人员深入检查与疑点有关的全部经济活动，通过推理分析法和追踪分析法等追查方法进行分析。推理分析法是运用逻辑学的原理，按照事物发展的一般规律进行合理推断的方法。运用推理分析法时，审计人员首先根据审计疑点的具体内容，确定推理的前提，然后按照推理的一般程序进行分析，根据分析结果做出审计结论。追踪分析法是按照审计疑点提供的审计方向和审计线索，对其发生原因和结果进行分析和追查的方法。运用追踪分析法时，审计人员首先找出审计疑点产生和发展的运行轨迹，然后再根据其轨迹追查经济活动的事实真相。

静态疑点是企业或单位的经济活动资料中所表现出的可疑迹象，是会计记录和以前经济活动中的错误和舞弊的反映，需要审计人员深入检查与其有关的全部记录资料，通过运用有关经济活动记录资料中的勾稽关系来追查其疑点发生的原因或结果。

28.3.2　责任界定方法

内部经济责任审计的最主要目的是对审计对象经济责任的履行情况进行分析和评价。在进行分析评价之前，审计人员应当对审计对象的责任进行界定。责任界定是指在领导经济责任审计中，通过审计和分析，对被审计单位的领导干部应当履行的经济职责、义务情况以及实际的履行情况进行划分和结果认定的过程。经济责任是一个动态的、立体的、综合的概念，在一个复杂的环境中，审计对象履行经济责任是一种受到外在客观环境的制约和影响的主观行为。《党政主要领导干部和国有企业领导人员经济责任审计规定》将内管干部应当承当的责任分为直接责任、主管责任和领导责任。

直接责任包括：①直接违反法律法规、国家有关规定和单位内部管理规定的行为；②授意、指使、强令、纵容、包庇下属人员违反法律法规、国家有关规定和单位内部管理规定的行为；③未经民主决策、相关会议讨论而直接决定、批准、组织实施重大经济事项，并造成重大经济损失浪费、国有资产流失等严重后果的行为；④主持相关会议讨论或者以其他方式研究，但是在多数人不同意的情况下直接决定、批准、组织实施重大经济事项，由于决策不当或者决策失误造成重大经济损失浪费、国有资产流失等严重后果的行为；⑤其他应当承担直接责任的行为。

主管责任包括：①除直接责任外，领导干部对其直接分管的工作不履行或者不正确履行经济责任的行为；②主持相关会议讨论或者以其他方式研究，并且在多数人同意的情况下决定、批准、组织实施重大经济事项，由于决策不当或者决策失误造成重大经济损失浪费、国有资产流失等严重后果的行为。

领导责任是指除直接责任和主管责任外，领导干部对其不履行或者不正确履行经济责任的其他行为应当承担的责任。

为了把握和正确区分审计对象的上述三类责任，对经济责任做出合理的界定，最终确定其所应承担的责任，审计人员应当明确区分以下责任：审计对象的任期责任与前任责任、直接责任与间接责任、主观责任与客观责任、主要领导责任与一般领导责任、集体责任与个人责任、过失责任与故意责任等。

1. 任期责任与前任责任

企业或者单位作为一个持续经营的实体，前一任领导干部的业务、经营或者管理活动会对现任领导干部的业务、经营或者管理活动产生或多或少的影响。在经济责任审计中，任期责任与前任责任的划分关键是要对审计对象任职初期的财政财务收支情况、资产状况、债权债务的规模及可实现程度、重大投资决策对即期的影响以及前任的遗留问题等进行客观公正的分析和评价，以界定前任与现任双方的责任。对于一些工程投资巨大、工期长的"烂尾"项目，出现重大事故、遗留重要债权债务纠纷，或因经营不善造成的不良社会影响等情况，要分析评价前任领导的重大经营决策以及经营管理失误给现任领导干部带来的不利影响，并追究前任领导干部的责任，领导干部的责任不因离职或者调离而不予追究。如果现任领导通过一定的有效措施将前任领导的失误带来的不利影响减弱，则认为其履行了经济责任。如果现任领导消极对待前任领导干部的历史遗留问题，不履职、不尽责，导致问题长期未得到解决甚至恶化，则现任领导干部需要承担相应的责任。

2. 直接责任与间接责任

政府部门或企事业单位内部管理领导干部对其所处部门或单位的管理工作、经济工作、经济效益以及其他的经济职责负全面责任。其中，按照受托责任的分层性、递进性和经济责任分工原则，部门或单位领导干部仅对其直接分工负责的工作承担直接责任，对其他领导干部分工的工作只承担间接责任或管理责任，即对其任期内直接决定的重大事项承担直接责任，对未经其审批的各职能部门负责的日常经营管理过程中发生的问题，由当事人负直接责任，领导干部负间接责任。如果领导干部直接指示或授意下属从事违法违纪活动，领导干部负直接责任；如果基层负责人违背领导指示、未经允许或假借领导名义办事造成不良后果，领导干部应负管理不严的间接责任。

3. 主观责任与客观责任

由审计对象个人主观行为所引起的经济责任是主观责任，而客观责任是指因客观事实或不可抗拒的因素所造成的经济责任。例如，以权谋私、滥用职权、玩忽职守等由于领导干部个人思想觉悟方面存在问题而对社会公众造成损失的属于主观责任；而国家政策调整、市场发生巨大变化、发生自然灾害等原因造成损失或者在执行上级指令性任务过程中产生不良后果的属于客观责任。在区分经济责任时，应当以实事求是的科学态度，考虑各种因素的影响，如决策过程是否科学民主、外在环境是否发生巨大变化以及是否出现不可预计的重大变故等。应分清“主观因素”与“客观因素”，不能不分青红皂白地将责任全部归到领导干部一人身上。

审计人员要在评价表述中进行适当鉴别，以使责任界定和审计评价更加符合实际、更具说服力。

4. 主要领导责任与一般领导责任

主要领导责任与一般领导责任应根据在审计过程中所发现的问题的性质、影响程度及其存在的时间进行综合分析判断。对于领导干部在任职期间内发生的一般性违规问题，或者虽然发生重大违法违规行为或经济损失问题，但是该领导干部不承担直接责任和主管责任，审计人员应当结合被审计单位的内部控制情况以及审计对象对发现问题持有的态度以及为进行改正和弥补所采取的措施，综合分析判断其应承担的责任。在进行评价时，可以采用一定的修饰语，如主要领导责任、一定的领导责任等。

5. 集体责任与个人责任

按照规定的民主决策程序由集体参与和联袂表决通过的事项所引发的经济责任属于集体责任。个人责任是指被审计领导干部违反民主决策程序，由其个人决定的事项所引发的经济责任。审计人员要以相关的会议记录及签批的原始资料或文件为依据，划分集体责任和个人责任。属于集体责任的，应归属于被审计领导干部的主管责任，其他领导干部分担相应的责任；属于个人责任的，则应归属于直接责任或不作为责任。

6. 过失责任与故意责任

过失责任是指被审计领导干部没有履行相应的职责或没有实现必要的监督，从而导致重大经济责任事故发生的行为。故意责任是指领导干部超越职责权限擅自决定、对无权决定如何处置的经济事项进行处理或者故意不履行相应的职责，导致重大经济责任事故发生的行为。在区分经济责任时，过失责任属于审计对象的主管责任或不作为责任，故意责任属于其直接责任。

28.3.3 审计评价方法

1. 审计评价指标的设计

审计评价是经济责任审计报告的最重要的组成部分，是认定审计对象履行经济责任情况的主要参考依据。《经济责任审计指南》中规定：内部审计机构对企业内管干部履行经济责任情况实施审计后，应当根据审计查证或者认定的事实，依照法律法规、国家有关政策和规定、责任制考核目标、行业标准等，对企业内管干部履行经济责任情况做出客观公正的评价。审计评价不应超出审计的职权范围和实际实施的审计范围。评价结论应当有充分的审计证据支持。对企业内管干部履行经济责任情况进行评价，需要将经济责任分为不同的方面，在每一个方面设定指标进行评价，最终汇总成一个指标体系，通过对指标体系的综合分析评价，形成对内管干部的总体经济责任评价。经济责任审计的总体评价是一项全面、系统的工作，必须在充分考虑总体评价各项基本要素的基础上进行。

审计评价指标的设计应当遵循纵向与横向评价相结合、定性与定量指标相结合、总体与分项评价相结合三项原则。纵向与横向评价相结合，可以就审计对象所在企业不同时期的经营管理状况以及与同一时期的行业平均水平的比较状况，全面对经济责任履行情况进行评价。定性与定量指标相结合是指应结合使用可以计算得出的定量指标与依赖审计人员经验得出的定性指标进行评价并得出结论。总体与分项评价相结合是指对分项的评价进行总体整合，综合分析得出审计对象的经济责任履行情况的综合评价结论。评价企业内管干部经济责任的方法，主要包括业绩比较法、量化指标法、环境分析法、主客观因素分析法、责任区分法等。

（1）业绩比较法：包括纵向比较法和横向比较法。纵向比较法是指将任期初与任期末业绩相比较，或先确定比较基期再将比较期与之进行对比的方法；横向比较法是指将相关业绩与同行业平均水平进行比较的方法。

（2）量化指标法：运用能够反映企业内管干部履行经济责任情况的相关经济指标，分析其完成情况，总结相关经济责任的方法。

（3）环境分析法：将企业内管干部履行经济责任的行为置于相关的社会政

治经济环境中加以分析，做出客观评价的方法。

（4）主客观因素分析法：对具体行为或事项进行主客观分析，推究其具体的主客观原因，分析该具体行为或事项是由企业内管干部的主观过错导致的，还是由客观因素导致的，进而做出客观评价的方法。

（5）责任区分法：包括区分直接责任、主管责任和领导责任等。

2. 审计分类评价

（1）对企业财务收支真实性的评价，可以根据内部审计机构确认的审计结果，给予"×× 同志任职期间，企业财务状况真实（基本真实、不真实或严重失真）"的评价意见。

① "真实"的评价标准：会计核算和财务报表如实反映了企业财务收支情况及与其相应的经营活动。

②"基本真实"的评价标准：会计核算和财务报表虽存在个别不真实事项，但总体上能够如实反映企业财务收支情况及与其相应的经营活动。

③"不真实"的评价标准：会计核算和财务报表没有如实反映企业财务收支情况及与其相应的经营活动。

④"严重失真"的评价标准：会计核算和财务报表对企业财务收支情况及其相应的经营活动的反映与实际严重不符。

（2）对企业财务收支合法性的评价，可以根据内部审计机构确认的审计结果，给予"×× 同志任职期间，企业严格遵守（基本遵守、违反或严重违反）国家有关财经法律法规的规定"的评价意见。

①"严格遵守规定"的评价标准：严格执行国家的会计核算制度，会计业务处理正确；严格执行国家财务制度规定，审计未发现违反国家相关规定的行为。

②"基本遵守规定"的评价标准：较好执行国家的会计核算制度，会计业务处理基本正确；基本执行国家财务制度规定。

③"违反规定"的评价标准：没有按国家会计核算制度的规定处理会计业务；存在违反国家财务制度规定的行为，但数额不大、性质不严重。

④"严重违反规定"的评价标准：存在做假账、账外账等违反会计核算规定的行为；存在数额较大、性质严重的违反国家财政财务制度规定的行为。

（3）对企业财务收支的效益性进行评价时，应当在对定量指标评价的基础上，对企业内管干部任职期间的经营管理水平进行定性分析与综合评判。定量评价可以实行年度考核指标与任期考核指标相结合的方式。年度考核指标包括利润总额和经济增加值，任期考核指标包括国有资本保值增值率和主营业务收入平均增长率。定性评价指标可包括企业发展战略的确立与执行、经营决策、发展创新、风险控制、基础管理、人力资源、行业影响和社会贡献等方面。

（4）对企业制定和执行重大经济决策情况的评价，可以在简要表述企业制定的“三重一大”事项决策机制的基础上，重点对决策程序、决策过程及决策效果进行分类评价。

①××等重大经济决策，符合国家有关法律法规和方针政策，决策程序合规，决策得到有效执行并实现预期目标。

②××等重大经济决策内容不符合有关规定，或应履行而未履行决策程序。

③××等重大经济决策依据不充分，未能实现预期目标。

（5）对内部控制建立健全情况的评价，可以根据所在企业内部控制的健全性、适当性和有效性情况，给予“××同志任职期间，制定和修订了××项管理制度，采取了××措施，内部控制有效（较为有效、无效）”的评价意见。

①“有效”的评价标准：内部控制健全、适当；内部控制执行有效，实现管理目标。

②“较为有效”的评价标准：内部控制较为健全；内部控制执行较为有效，基本实现管理目标，没有出现重大内部控制缺陷。

③“无效”的评价标准：内部控制不健全；内部控制执行无效，出现重大内部控制缺陷，没有实现管理目标。

（6）对企业内管干部遵守廉洁从业规定情况的评价，依据企业内管干部个人遵守廉政纪律规定的情况，给予“在审计范围内，未发现××同志存在违反领导干部廉洁从业规定的行为”或“在审计范围内，××同志存在××问题（列举违反领导干部廉洁从业规定的具体问题）”的评价意见。

（7）对企业内管干部在履行职责的过程中执行党的路线方针、政策情况的评价，依据财政经济方针、政策以及执行效果的实际情况，给予“××同志在履行经济工作职责过程中，严格执行（基本执行）党和国家有关财政经济方针、政策，收到明显效果（一定成效或成效不明显）”或“××同志在履行经济工作职责过程中，违反（严重违反）党和国家有关财政经济方针、政策”的评价意见。

①“严格执行政策”的评价标准：全面落实国家相关财政经济政策，并取得

明显效果。

②“基本执行政策”的评价标准：落实绝大部分国家相关财政经济政策，并取得一定成效。

③“违反政策”的评价标准：没有落实国家相关财政经济政策，或部分落实但成效不明显。

④“严重违反政策”的评价标准：有令不行，有禁不止，存在较多违反国家财政经济政策的行为。

（8）对企业内管干部履行社会经济发展责任，促进部门社会经济全面协调发展的评价。根据完成年度经济工作目标考核任务的情况，给予“×× 同志任职期间，……，全面完成了（基本完成了、没有完成）经济工作目标（绩效管理考核目标）考核任务”的评价意见。

①“全面完成”的评价标准：各项目标考核指标完成率在 95% 以上。

②“基本完成”的评价标准：各项目标考核指标完成率在 70% ~ 95%，且主要经济指标全面完成。

③“没有完成”的评价标准：各项目标考核指标完成率在 70% 以下。

3. 审计综合评价

对企业内管干部进行综合评价时，应在前述分类评价的基础上，对其履行经济责任的情况做出“履行、基本履行、未履行”的结论。

28.4　内部经济责任审计程序

28.4.1　审计准备阶段

审计准备阶段，是指内部审计机构和审计人员为了完成内部经济责任审计业务，达到预期的审计目的，对审计工作或者具体的审计项目做出的安排，主要包括审计立项、编制经济责任审计工作方案、确定审计组和制发审计通知书。

1. 审计立项

内部审计机构接受相关单位委派或委托，依据相关法律法规和单位内部规章制度，进行审计立项，做出具体的审计计划。在特殊情况下，可以对审计计划进行调整，或者追加审计项目。

2. 编制经济责任审计工作方案

编制经济责任审计工作方案，可以保证内部审计机构和审计人员及时、有效地执行审计业务。审计人员可以简明扼要地理解自己在审计业务中应当完成的具体工作，合理安排审计工作的进度以保证审计工作按时完成。经济责任审计工作方案应当包括审计目标、审计对象、审计范围、审计内容与重点、审计组织与分工以及工作要求等内容。

3. 确定审计组

内部审计机构根据经济责任审计事项，选派具有相关经验和专业知识的审计人员组成内部审计组。由于审计组由组长负责，审计组组长应由具有相关经济责任审计工作经验或者具有较高相关专业技术资格的业务负责人担任。

4. 制发审计通知书

审计通知书由审计组起草，经内部审计机构审核，报内部审计机构主管领导签发。审计通知书中可以附相关单位委派或委托书、需提供的审计资料清单等。审计通知书一般应在实施审计的三日前送达被审计单位及内管干部，具有特殊目的的经济责任审计项目，审计通知书也可以在审计实施时送达。

被审计单位一般根据审计通知书需要提供以下资料：单位内管干部任期内财务收支相关资料；工作计划、工作总结、会议记录、会议纪要、合同、考核指标下达及其检查结果、内部控制制度和业务档案等资料；主管部门有关批准文件；相关监督管理部门的检查报告、内部与外部审计结果及其相关资料；重大事项，包括重大历史遗留问题、重大诉讼事项和重大违纪事项等的处理情况；单位内管干部履行经济责任情况的述职报告以及其他审计组需要的资料。被审计单位内管干部以及所在单位应当对所提供资料的真实性、完整性负责，并做出书面承诺。

在审计通知书到达被审计单位时，若被审计单位要求审计人员回避，应当根据回避制度的规定决定是否回避，调整内部审计人员的同时告知被审计单位。

28.4.2　审计实施阶段

在内部经济责任审计的实施阶段，审计人员应当按照审计准备阶段编写的审计工作方案，采取适当的审计方法，获取充分适当的审计证据，揭示审计发现的事实、原因和后果。审计实施阶段的工作主要包括：召开审计组进点会议；开展审前调查；编制审计实施方案；现场审计取证；编制审计工作底稿。

1. 召开审计组进点会议

审计进点会议是审计组进驻被审计单位之后与企业内管干部和相关人员的初次正式沟通。内部审计组应当向管理层了解各方面与审计相关的情况，同时审计组负责人应当向管理层说明审计目的和依据、审计范围、审计内容、工作程序、参审人员、审计场所、实施时间、审计纪律、举报电话等，并提出需要协助、配合审计的有关事项和要求。同时，被审计单位内管干部应当就其任职期间履行经济责任的情况进行述职。

2. 开展审前调查

为了更好地实施项目审计方案，内部审计机构和人员需要在进驻审计现场之前做好充分的审前准备。首先，审计组在编制审计实施方案前，应当根据审计项目的规模、性质、紧急程度，安排适当的人员和时间；其次，应当熟悉与审计事项相关的法律法规和政策，调查了解企业内管干部及其所在企业的基本情况，并对该企业内部控制进行初步测试，识别和评估风险点，确定审计重点领域，进一步完善审计工作方案。审计人员需要了解以下几个方面的内容。

（1）被审计单位的历史沿革、机构设置、人员编制、经营范围、财务状况、财务和业务管理体制、关联方关系等。

（2）企业内管干部的职责范围和分管工作。

（3）经营环境，如国家宏观经济环境、产业政策、经营风险、行业现状和发展趋势等。

（4）相关法律法规、政策，特定的会计、税收、外汇、贸易等惯例的要求及执行情况。

（5）适用的业绩指标体系以及业绩评价情况。

（6）内部控制建立健全及执行情况。

（7）以前年度接受审计、监管、检查及其整改情况。

（8）内部组织人事、纪检监察等部门掌握的企业内管干部遵守廉洁从业规定等方面的情况。

（9）信息系统及其电子数据。

（10）其他需要了解的情况。

3. 编制审计实施方案

审计实施方案是在审计工作方案的基础上，由审计组编制，经审计组组长审批，报内部审计机构主管领导批准后实施的更加完整具体的审计工作安排。审计组应根据国家有关法律法规、政策及被审计单位的内部有关规定，并结合审前调查所了解的情况，基于重要性和谨慎性原则，在评估风险的基础上，围绕审计目标确定审计的范围、内容、方法和步骤，编制审计实施方案。其中，审计小组可以通过访谈、问卷调查、个别询问等调查方式，进一步了解企业内管干部及所在企业的有关情况。在审计实施方案中，要重点关注被审计单位内部控制的健全性和有效性测试以及实质性审查的程序和范围。

审计实施方案主要包括以下内容：编制依据；企业内管干部所在企业的名称和基本情况；审计目标、审计范围；审计内容、重点、方法及具体实施步骤；预定审计工作起讫日期；重要性水平及对审计风险的评估；审计组组长、审计组成员及其分工；审计质量控制措施；编制单位、日期以及其他有关内容。

4. 现场审计取证

审计组在实施审计时，可以要求被审计单位负责人安排人员带领审计组对被审计单位的经营场所进行走访，运用检查、观察、询问、重新计算、重新操作、外部调查等方法，获取充分、适当、可靠的审计证据。对被审计单位的信息系统，审计人员可以采取复制、截屏、拍照等方法取得审计证据，同时要注意以下几点。

（1）审计人员向有关单位和个人采用询问的方法取得审计证据时，应当有被询问者的签字和盖章。在不能取得签字和盖章时，审计人员需要在审计工作底稿中注明原因，并由两名以上审计人员签字予以证明。

（2）审计组组长应当对审计人员的工作进行监督指导，并对收集的审计证据进行审核。对于不符合要求的审计证据，应当要求审计人员进一步取证或采取替代审计程序。

（3）现场审计结束前，审计组应当对取得的审计证据进行综合分析，并与企业内管干部及其所在企业就审计事项初步交换审计意见。

（4）对审计中发现的重大问题，审计组应当及时向内部审计机构报告。对特别重大的事项，内部审计机构应当及时向董事会或高级管理层报告。

5. 编制审计工作底稿

审计人员对审计实施方案确定的审计事项，均应当编制审计工作底稿。审计工作底稿由审计组长或指定人员进行复核，并就事实是否清楚，证据是否充分适当，定性依据是否准确，审计结论、意见以及建议是否恰当提出复核意见。

28.4.3　审计报告阶段

1. 撰写经济责任审计报告（征求意见稿）

审计报告是内部审计机构和人员进行结果沟通最常见和最通用的形式，是最终做出审计结论，提出审计意见和审计建议的书面文件，是内部审计工作成败的重要的衡量标志。审计组实施审计后，由审计组组长或其指定的审计人员，在对审计工作底稿、审计证据及相关资料进行汇总和分析的基础上，考虑企业内管干部及其所在企业关于审计事项的初步意见，撰写经济责任审计报告。

（1）经济责任审计报告的质量要求。

内部责任审计报告应当按照规定的格式及内容编制，逻辑清晰、用词准确、易于理解，及时、客观、全面地反映审计中发现的问题，充分考虑审计项目的重要性和风险水平，说明重点事项，并就发现的主要问题和缺陷提出可行的建设性的改进建议，以帮助改善治理和控制，从而促进企业实现目标。

（2）经济责任审计报告的格式。

①标题：×××（被审计单位名称和企业内管干部职务）×××（企业内管干部姓名）同志任期（或任中）经济责任审计报告（征求意见稿）。

②主送：委派或委托的相关单位，包括董事会或者主要领导、组织人事部门等。

③正文：主要包括审计基本情况说明、被审计单位内管干部及其所在企业情况介绍、审计发现的问题、审计评价、审计意见和建议等内容。

④附件：是对审计报告正文进行补充说明的文字和数字资料。附件应当包括针对审计过程以及发现问题的具体说明，以及被审计单位的反馈意见等内容。

⑤落款：×××（企业内管干部姓名）同志经济责任审计组、时间。

（3）经济责任审计报告的主要内容。

①简要说明审计依据，审计对象，审计范围、内容、方式和起止时间，延伸、

追溯审计重要事项的情况，以及企业内管干部及其所在企业配合审计工作的情况。

②审计企业内管干部及其所在企业基本情况，主要包括企业内管干部的任职期间、职责范围、分管工作，所在企业的历史沿革、机构设置、人员编制、经营范围、财务状况等。

③被审计单位内管干部的主要工作及成绩，包括主要考核指标完成情况。

④审计发现的与被审计单位内管干部履行经济责任有关的主要问题，包括财务收支真实、合法、效益情况，重大经济决策的制定和执行情况，内部控制的建立和执行情况，企业内管干部遵守廉洁从业规定情况及其他方面的问题。如有相关单位委托的特别事项，应专门对该事项的审计结果进行报告。“其他方面的问题”主要指责任主体并非企业内管干部或其所在企业的问题、企业内管干部及其所在企业在审计过程中自行纠正的问题等。经济责任审计报告中应当写明问题事实、违反相关法律法规或内部规章制度的具体内容、所造成的影响或后果等，并逐项说明企业内管干部应当承担的责任及认定原因。

⑤审计评价。审计评价主要是在审计职权范围内，概括并评价企业内管干部在任职期间开展的主要工作。同时，根据审计查证或者认定的事实，以国家有关法律法规、相关考核目标和行业标准等为依据，对企业内管干部履行经济责任的情况进行综合评价。

⑥审计意见和建议。对审计发现的问题，审计组应当提出审计处理意见和审计建议。

2. 进行内部审计结果沟通，征求企业内管干部及其所在企业的意见

审计组在提交正式报告之前，与被审计单位、内管干部就审计概况、审计依据、审计发现、审计结论、审计意见和审计建议进行讨论和交流。结果沟通是为了提高审计结果的客观性、公正性，同时得到被审计单位以及管理层的理解和认同。内部审计机构需要建立结果沟通制度，与被审计单位进行积极有效的沟通，听取其意见。一般采取书面或者口头形式进行结果沟通，并将相关资料作为审计工作底稿归档保存。

内管干部及其所在企业自收到审计报告（征求意见稿）之日起十日内提出书面反馈意见；在规定期限内没有提出书面意见的，视同无异议。对审计报告（征求意见稿）有异议的，审计组应当研究、核实，撰写审计组关于采纳情况的书面说明，并考虑是否需要修改审计报告（征求意见稿）。审计报告（征求意见稿）经审计组集体讨论，由审计组组长审核定稿。

28.4.4　审计终结阶段

审计终结阶段的工作主要是内部审计报告的编制、复核和报送，后续对审计结果的执行落实情况的监督以及审计档案的建立。其中，监督审计结果执行落实情况是指内部审计机构应对审计发现问题的整改情况进行跟踪监督，并根据实际情况确定是否实施后续审计。后续审计结束后审计人员应当出具书面报告。

28.5　内部经济责任审计要点

1. 重视与干部管理、纪检监察机构的联系机制

内部经济责任审计的委托部门一般是组织人事部门。因此，在内部经济责任审计工作中，组织人事部门与内部审计机构的联系非常密切。组织人事部门掌握了大量与被审计单位和审计对象有关的信息。在制定审计计划、确定审计实施方案的过程中，审计人员应当充分与人事部门进行沟通，而不仅仅是将内部经济责任审计看成一种委托和受托的关系。内部审计机构与干部管理机构进行良好的沟通可以提高内部经济责任审计的效果和促进审计作用的发挥。目前，我国的内部经济责任审计中，沟通的程度不能满足审计的需要。

审计机构可通过定期召开经济责任审计联席会议，由内部审计、纪检监察以及组织人事机构及单位的相关领导参加，就内部经济责任审计中发现的问题、审计计划的制定、工作中遇到的困难等方面进行沟通。这种经济责任审计联席会议沟通机制，是对内部审计工作的一种支持，可以加强对审计成果的运用，增强审计工作的针对性，提高工作成效。

2. 重视任中审计，审计监督关口前移

我国的内部经济责任审计是在领导干部离任审计的基础上发展而来的，目前更多关注于离任审计。但是，离任审计存在时间短、审计时间跨度大和空间范围广和审计力量弱等问题，难以达到审深、审透的要求。领导干部的任期一般较长、需要审计的资料繁多、情况比较复杂、资历较浅的审计人员对被审计单位的财务情况了解较少，导致离任审计难以找出问题。

任中审计的推行可以有效改善这种情况，使内部经济责任审计由事后评价转变为过程监督控制。提前介入企业的监督和审计，可以对领导干部起到警示的作用，促使领导干部在任职期间认真履行工作职责，同时为离任审计奠定基础，在一定程度上减轻离任审计的工作压力。

3. 重视审计前期的准备工作，灵活运用审计方法

审计的前期准备工作对整个审计的开展至关重要，有利于审计人员对被审计单位进行全面了解、制定可行的审计计划，以保障后期工作的顺利进行。在审计开展的过程中，要在传统的财务收支审计方法的基础上，熟练运用各种审计调查方法，其中，要重视审计调查座谈的使用。通过与各个层次的干部谈话，必要时进行外出调查，审计人员可了解不同层次、不同角度的意见，主动掌握各方面的情况和审计线索。

4. 关注法人治理结构

健全的法人治理结构可以对企业内各利益集团关系进行有效协调，对管理者的行为进行制约，在一定程度上可以减轻高管的决策失误带来的不利影响。因此，法人治理结构的完善，对于企业的成长和发展至关重要，领导干部需要对不合理或者无效的法人治理结构承担相应的责任。

5. 抓好现场审计是搞好内部经济责任审计的重心

现场工作成果决定了整个审计工作的质量。审计工作底稿应当翔实、确凿，不定性、不表态，仅做事实表述。要充分利用被审计单位内部资料及其人力资源，必要时可以让被审计单位填自查表，审计人员进行复核，以节约审计时间。审计人员应当安全地借阅并归还审计资料，因为这些资料大多是唯一的，若丢失，则无法弥补。同时，把握好审计进度，审计组长要定期召开座谈会，掌握审计组成员的工作进展，及时解决审计过程中的方向性、阶段性问题；发现好的审计方法应通过组员贯彻落实，以提高审计效率。

6. 完善经济责任评价指标体系

一套科学合理的审计评价指标体系对于客观公正地评价领导干部的工作业绩和经济责任是十分必要的，同时，对于防范风险，实现审计目标和进一步深化内部经济责任审计工作具有重要的理论和现实意义。审计评价指标体系的建立应当结合企业的实际以及审计工作的开展，根据审计对象的职务来确定核心指标，例如，对董事长应当采用经济增加值进行评价，对总经理采用平衡计分卡等标准进行评价。

7. 审慎评价

内部经济责任审计的评价，必须明确范围，不能超越审计目的及应审的范围和内容，对非审计事项、未涉及的问题和审计范围以外的事项进行评价。审计过程中审计人员应遵循重要性原则，本着全面、历史、客观的原则，依据事实和规章制度，对被审计领导干部应负的主管责任和直接责任进行评价，得出恰当的审计结论。审计结论的措辞要准确，文字要简洁，不能引起误解和错觉。

8. 审帮结合，提出建设性的意见

对被审计单位的经营业务和内部控制等管理流程的审计，可以使审计人员深入了解企业管理的细节，对企业的运营管理做出较为准确、全面的评价。内部经济责任审计是一种查错防弊和改进管理相结合的增值性审计类型，具有综合性强、内容全面以及监督与服务并重等特点。在审计过程中，审计人员应针对发现的问题和不足，提出相应的改进建议，促进被审计单位加强管理，提升业绩；应当加强与被审计单位的沟通，使其认识到内部经济责任审计的服务职能，乐于接受和整改，使审计工作达到更好的效果。

9. 注重被审计单位后期整改和审计报告的利用

内部经济责任审计的根本目的是被审计单位对发现的问题拿出整改措施并加以改进。审计部门要关注被审计单位的整改结果和效果，并帮助解决整改过程中遇到的问题；不定期对被审计单位的整改结果进行抽查，关注企业的发展情况，为以后的审计工作积累宝贵经验。

28.6 L公司对子公司董事长经济责任审计的案例

1. 案例背景

L公司是地方大型综合性钢铁生产企业，其经营范围主要包括钢、铁冶炼及销售，钢材加工及销售等。L公司拥有完整的冶炼工艺，并凭借有竞争性的经营模式，能够根据市场需求，开发市场所需的新产品，并自行生产销售。近几年，钢铁行业形势严峻，L公司通过控制成本及建立以顾客需求为导向的开发营销模式，不断满足顾客的个性需求，不断降低产品成本，不断开发新产品，保持了产品的竞争力，并在当地市场居于主导地位。L公司近年来通过降低产品成本、增加市场竞争行为、灵活的产品结构、精干高效的员工队伍、良好的品牌影响力、创新的企业文化已形成公司的核心竞争力，帮助公司实现可持续的健康发展。L公司在不断完善法人治理结构，其组织结构如图28-1所示。由图28-1可知L公司组织结构划分细致，且已设立了审计委员会。

L公司始终坚持把内部审计监督同改善公司经营管理、提高经济效益结合起来，使公司内部审计工作实现了制度化、规范化。内部审计部门在加强公司管理、为管理层提供决策依据、提高经济效益、遵法守法和加强廉政建设等方面发挥了积极的作用。

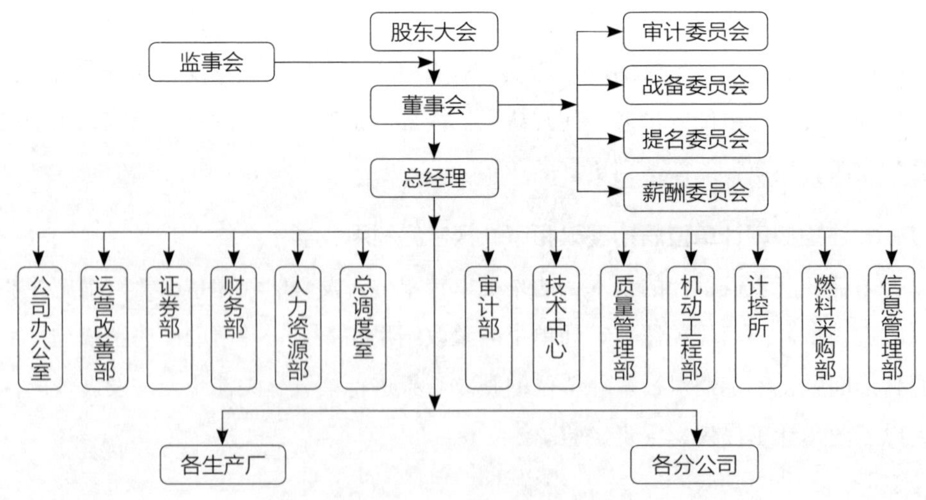

图28-1 L公司组织结构

A公司属于L公司二级核算单位，主要生产船体结构用钢、低合金汽车大梁用板、管线用钢、模具用钢、锅炉和压力容器钢板、桥梁用板、热轧工程用钢、高强度低合金钢板等40多个品种。现配置有3台加热炉、2台轧机、4台矫直机、4台剪机等主要设备以及高压水除磷、热处理装置，年产量160万吨。其下设加热、轧钢、精整、成品、动力、机电、检验、热处理8个车间及生技科、机动科、综合科、工会4个职能科室，现有在岗职工738人，其中定向实习生9人、返聘员工1人、劳务工147人。

B同志自2011年1月至2014年7月任A公司厂长，自2014年8月至2015年2月任A公司董事长。任职期间，B同志曾主持该厂行政全面工作，负责生产经营、财务、卓越绩效、人力资源工作，分管生产、劳资、职教、财务、物资、科协、档案等工作。B同志于2015年2月调离A公司。2015年4月L公司审计部门根据《L公司经济责任审计暂行办法》和公司人力资源部《经济责任审计委托书》的委托，派出审计项目组对B同志任职期间的经济责任履行情况开展了为期3日的审计工作。

2. 审计计划

（1）审计目标。对B同志的离任经济责任审计工作应通过到A公司走访调查，对会计凭证和相关资料抽审、抽查等方式，重点对B同志担任厂长期间落实经济责任制考核、重大经营决策、内部控制、关联交易、备品备件使用、成本费用控制和薪资分配等经济责任履行情况进行审计，并就审计结果做出客观评价，有针对性地提出合理建议。

（2）审计依据。审计项目组对L公司旗下二级公司A公司董事长实行经济责任审计的依据有《L公司内部审计制度》《审计工作实施细则》《L公司经济责任审计暂行办法》《经济责任审计委托书》等。

（3）审计内容。根据对B同志的离任经济责任审计制定的审计实施方案，确定的审计时间范围为2011年1月至2014年7月，即B同志担任A公司厂长的期间。审计实施方案确定的审计内容与审计重点具体包括：①任期内主要经济责任考核指标完成情况；②任期内重大决策情况及科学性、有效性；③内部控制制度建立健全及执行情况，了解内部管理中的薄弱环节，并对内部控制制度的健全性、有效性做出评价；④各项费用的开支与使用情况；⑤备品备件的情况；⑥薪资分配情况；⑦个人遵守财经法规和廉洁自律的情况。

（4）审计程序与方法。审计项目组对B同志的离任经济责任审计的工作分为以下四个阶段。

①审计准备阶段。其主要工作包括：召开审计进点会，制定审计工作方案。审

计人员所制定的审计工作方案中包括审计项目名称、审计依据、审计目标、审计范围、审计方式、审计项目组成员、重要性水平及审计风险评估、审计内容与重点、审计评价指标、审计程序及时间安排、审计组成员具体分工情况以及审计部门领导审批与意见等12项内容，审计工作方案符合L公司《审计工作实施细则》中规定的审计工作方案应包括的主要内容。

②审计实施阶段。其主要工作为现场进行就地审计工作并编制审计工作底稿。在开展审计工作的过程中审计人员根据经批准的审计工作方案开展工作，在综合考虑审计目标、审计重要性与审计风险和审计成本等因素后，通过访谈、巡查生产车间和业务科室了解B同志任职期间A公司内部控制制度的执行情况与管理运行情况；通过抽查会计凭证获取相关财务信息；通过审查相关资料等，获取相关、可靠和充分的审计证据。审计人员在开展审计工作的同时根据审计记录编制审计工作底稿，审计工作底稿的内容包括：底稿索引号、审计项目名称、审计时间范围、编制底稿的人员及日期、审计发现问题及其依据、审计组复核意见及日期，以及附件张数多项内容。审计工作底稿内容清晰、表述完整，并且符合《L公司内部审计制度》与《审计工作实施细则》对审计工作底稿的要求。

③审计报告阶段。其主要工作包括讨论分析审计情况和撰写审计报告。该项目审计报告的内容包括对审计依据、审计对象、审计范围、审计内容、审计方法等的综合概述段，A公司的基本情况，B同志的任职期间与分工，审计组与审计对象各自的责任范围，审计结果，审计发现的问题与处理建议，审计评价等7个方面的内容。

④后续审计阶段。其主要工作包括：检查审计发现问题的整改情况和审计建议的实施效果。

3.审计发现与建议

在审计过程中，审计人员获取了2011年至2014年期间A公司产量、累计成本、单位计划成本、单位实际成本、累计节约或超支成本等数据进行纵向比较，以对B同志产量成本控制情况进行评价。各年度的超支、节约差分别为360.81万元、−2 370.96万元、−576.07万元、1 658.33万元。审计人员获取了2011年至2014年期间A公司品种钢轧制命中率、品种钢完成率、品种板比率、高中档品种板比例、轧制一次合格率、优质率、普板、低合金比率；专用板类：专用板比率、毛边板交货率、工序能耗、设备维修费等数据指标的考核值与实际值。审计人员通过实际值与考核值的对比以及各年度数据的纵向比较，来评价主要技术经济指标完成情况。经过综合对比，大部分考核值均已实现，根据审计报告中的说明，少部分指标未完成公司考核的主要原因是市场因素导致多次停产、限产。审计过程中审计人员获取了2011年至2014年期间A公司制造费用数据，包括：人工成本、折旧费、辅助材料、备品备件、运输费、检验试验费、劳务费、其他支出及吨钢制造费用等。审计人员通过纵向比较以评价制造费用开支情况。上述制造费用中2012年10月收备件退库款836.61万元；其他支出主要包含安全生产费、办公费、劳动保护费、差旅费及其他杂费等。

审计人员获取了审计时间范围内A公司维修费用数据，包括材料费、废钢冲减、备件费、退库冲减、外委施工费、吨钢维修费等具体数据，用以评价B同志任期内维修费开支情况。审计人员获取了2011年至2014年期间A公司备品备件统一采购、零星采购及退库冲减数量，以评价备品备件的使用情况。审计人员获取了2011年至2014年7月期间工资总额、科级人均工资、员工人均工资数据，通过横向与纵向综合比较以评价B同志任期内薪资分配情况。审计人员对B同志任期内遵守廉洁自律规定的情况进行了审计，未发现B同志有违反财经法规和廉政纪律及其他违法违纪行为。

审计过程中发现的问题如下。

第一，公司工资分配问题。经审计发现以下问题：一是公司劳资管理部门利用审批工资权利，违规从二级单位领取奖金，不仅违反公司薪资分配制度，加大公司经营负担，同时也给公司带来较大管理风险；二是虚增二级单位工资总额，不利于公司分析决策；三是少数人员长期领取多份工资对公司其他职工显失公平。

审计建议：建议公司劳资部门严格规范薪资分配制度，特殊奖励应做到“一事一请示”，避免因管理漏洞使公司利益受侵害。同时，加大对违规违纪行为人的责任追究，使公司管理更加制度化、规范化。

第二，边角废料管理问题。在审计过程中，审计人员获取了2011年至2014年边角废料的相关资料，进行抽查后发现以下问题：一是A公司未建立边角废料生产、加工、销售及结余台账，也未有专人对此项业务进行监督和核对，存在一定管理漏洞；二是按该公司内部控制要求，凡移交给C厂的边角废料需有轨道磅过磅记录，但审计现场查看，电子轨道磅已损坏多时，且过磅记录并未与C厂实际销售量进行核对，未能有效发挥其监管作用；三是从审计数据分析角度看，边角废料的销售管理还有较大的潜力。

审计建议：建立健全边角废料生产、加工、销售台账及生产日报表，同时加强边角废料销售流程监管，确保公司财产安全。

4. 审计评价

审计项目组对B同志任期内工作做出以下综合性评价：B同志任职期间，团结带领广大干部职工，为A公司的生产经营和转型发展做了大量工作，取得较好成效。一是认真抓好安全生产工作，根据公司效益优先原则来组织协调生产，并持续推进安全标准化建设工作，强化各岗位安全职责，重大安全事故责任为零。二是积极推进优质增效，深挖潜力降成本。以降低能耗和提高产品成材率为重点，做好降成本工作，同时利用技术创新，提高机时产量和技术经济指标，抓好每道工序的成本管理，2014年实现降本降耗1 658.33万元。三是以市场需求为导向，加大品种钢开发生产力度，推行“传统制造商向技术服务商转型”的理念，品种钢生产作为转型发展主战场的地位得到强化，中高端品种钢生产取得了突破性进展。四是努力克服停产、限产或长时间双炉生产等困难，加强职工教育培训，正确引导职工认清形势，稳定职工思想，促进公司文化建设发展。

第 29 章 绩效审计

29.1 绩效审计概述

目前，国际上绩效审计的概念不尽相同，其常见的称谓有“3E”审计、价值为本审计、经营审计、管理审计等。

最高审计机关国际组织将绩效审计定义为“一种对被审计单位使用资源以及履行其职责的经济性、效率性和效果性的审计”，即“3E”审计。绩效审计包括对管理活动的经济性、资源的使用效率以及被审计单位的目标实现的有效性进行审计。

美国审计总署在 2003 年修订的《政府审计准则》中将绩效审计定义为：“绩效审计就是客观、系统地检查证据，以实现对政府组织、项目、活动和功能进行独立评价的目标，从而强化公共责任，为实施监督和采取纠正措施的有关各方决策提供信息。”绩效审计的目标不仅是对项目的效果和结果、经济性和效率性进行审计，也是对组织的内部控制系统有效性以及对法律法规的遵守情况进行评价。

我国 2013 年颁布的《第 2202 号内部审计具体准则——绩效审计》中明确规定：“绩效审计，是指内部审计机构和内部审计人员对本组织经营管理活动的经济性、效率性和效果性进行的审查和评价。经济性，是指组织经营管理过程中获得一定数量和质量的产品或者服务及其他成果时所耗费的资源最少；效率性，是指组织经营管理过程中投入资源与产出成果之间的对比关系；效果性，是指组织经营管理目标的实现程度。”

以上三种绩效审计的概念表述虽然不同，但都表明绩效审计是对经济性、效率性和效果性进行的审计，即目前使用广泛的“3E”审计。在实务中，根据实际情况的需要，可以同时对组织经营管理活动的经济性、效率性和效果性进行审查和评价，也可以只侧重其中某一方面进行审查和评价。

29.1.1 绩效审计分类

我国《第2202号内部审计具体准则——绩效审计》中明确规定：“内部审计机构和内部审计人员根据实际需要选择和确定绩效审计对象，既可以针对组织的全部或部分经营管理活动，也可以针对特定项目和业务。”在实务中，内审机构和内审人员在风险导向审计的思想和模式下，根据实际情况选择和确定绩效审计范围和对象。根据绩效审计范围的不同，绩效审计可以分为全面绩效审计、局部绩效审计和项目绩效审计。

1. 全面绩效审计

全面绩效审计的审计范围包括审计对象实现的经济效益的全部影响因素及其实现的全过程。全面绩效审计的优点是对审计对象进行了全面广泛的审计，有利于发现一些容易被忽略的问题，从而促进被审计单位从整体上提高经济效益。但是，审计过程中需要投入大量的人力、物力，消耗大量审计资源，这可能违反了成本效益原则。全面绩效审计主要适用于长期亏损，面临破产、倒闭的企业。

2. 局部绩效审计

局部绩效审计的范围包括审计对象的部分经济活动或经济效益的部分影响因素。局部绩效审计的目标是，通过发现经营管理过程中某个环节存在的问题，来改善被审计单位的经济效益。例如，对某产品的单位生产成本的成本效益、对存货和应收账款的周转情况、对流动资金周转和利用效率进行分析审查等。目前，局部绩效审计是我国内部绩效审计中应用最广泛的一种方式，适用于对组织日常的生产经营活动和业务活动的绩效评价。

3. 项目绩效审计

项目绩效审计是一次性的经济活动，其作用与局部绩效审计的作用类似，是对资源消耗、产生效果的速度等方面进行的审计，例如，对重大投资项目、新产品开发项目、固定资产建设项目等的绩效审计。在实务中，经常采用项目绩效审计这一绩效审计方式。

29.1.2　绩效审计的特点

绩效审计作为一种内部审计方式，具有审计目标的灵活性、审查范围的广泛性、审计标准的多样性、审计过程的延续性、审计方法的多样性以及审计结论的建设性等特点。

1. 审计目标的灵活性

绩效审计的目标是在被审计单位财务收支真实合规的基础上，对经营管理活动的经济性、效率性和效果性进行评价。既可以针对经济性、效率性和效果性的一个或者两个进行审查，也可以针对三者同时进行全面审查评价，其目标具有综合性和灵活性的特点。

2. 审查范围的广泛性

绩效审计的被审计单位含义比较广泛。就政府绩效审计而言，它不仅包括政府部门及其所属单位，还包括其他使用公共资金的单位，即绩效审计的对象既包括物质生产部门，也包括非物质生产部门，特定项目也可以作为审计对象。绩效审计的应用范围也非常广泛，可以针对企业或者单位的整体绩效情况，也可以评价其某一项经济管理活动的效益，既包括业务活动，也包括非经济范畴的管理活动。

3. 审计标准的多样性

绩效审计相比于财务审计往往缺乏明确的法律制度或指标作为评价的标准。绩效审计作为一种内部审计方法，审计人员可以根据企业内部的情况制定衡量的标准。绩效审计既包括经济效益，又包括社会效益。经济效益相对简单，可运用价值指标等进行评价，而社会效益则很难从数量上进行概括，需要运用定性的标准进行衡量。因此审计人员需要综合考虑分析各个被审计单位或项目的具体情况进行评定。

4. 审计过程的延续性

企业或单位的业务活动绩效，有的可以在短期内得到体现，有的则需要经过一段时间才能表现出来。例如，企业初始投资期长的项目，很难在短期内获得具体可以量化的效益等。因此，在进行绩效审计时，仅通过对当期业务活动短期内可获得的直接绩效进行审查，难以获得充分的审计证据来对绩效进行全面评价，审计人员要通过追踪审计对滞后性效益进行审查，以达到全面绩效评价的目的。

5. 审计方法的多样性

审计目标的灵活性和审查范围的广泛性决定了审计方法的多样性。绩效审计不仅需要采用常规的审计方法（如抽查法、顺查法、逆查法等），而且还需要大量使用经济活动分析、统计测量和管理会计等现代经济管理领域所使用的技术和方法，如分析法、论证法、评价法、模糊综合评判法等。审计人员应当根据不同的审计对象、目标来制定不同的审计方案，选择适当的审计方法。

6. 审计结论的建设性

绩效审计通过对被审计单位经营管理活动进行经济性、效率性和效果性的评价，揭示存在的不足和可以改进的地方，向被审计单位提出改善和提高绩效的建议，指出具体途径和办法，建设性作用尤为突出。绩效审计的全过程关注指出问题的所在和对潜力的挖掘，着眼于提高效率和增强效果。

29.1.3　绩效审计目标

绩效审计可以对被审计单位进行全面的审查评价，也可以有所侧重。根据企业性质的不同和审计的侧重点不同，可以从企业经营审计目标、企业管理审计目标和公共部门绩效审计目标三个方面对审计目标进行归纳。

1. 企业经营审计目标

经营审计主要针对被审计单位经营活动的经济性、效率性和效果性进行审计评价。通过对经营活动的绩效审计，可以检查和证明被审计单位管理层经济责任的履行情况，从而达到改善经营、提高经济效益的目标。企业经营审计的目标具体可以分为以下几点。

（1）对企业的经营水平进行审查，评价其经营能力。

（2）对企业的经营计划及目标的合理性进行审查，对其完成情况和具体影响因素进行分析评价。

（3）对生产要素和资源的利用情况以及对经营活动的保证程度进行审查，

对生产要素和资源利用的经济性、有效性进行分析评价。

（4）对经营活动各环节的组织与管理情况进行审查，重点关注影响经济效益的主要环节和因素，对其进行深入分析和潜力挖掘。

2. 企业管理审计目标

管理审计主要针对被审计单位管理活动的经济性、效益性和效果性进行审计评价。通过对管理活动的绩效审计，可以对被审计单位的管理水平、管理机构和人员的素质能力进行分析评价，从而达到加强管理、提高经济效益的目标。企业管理审计的目标具体可以分为以下几点。

（1）对管理活动的经济性、效率性和效果性进行审查，对受托管理责任的履行情况进行分析评价。

（2）对管理职能的确定和履行情况进行审查，对管理职能的行使情况进行分析评价，找出进一步改进管理的途径。

（3）对管理部门设置的合理性和运行的有效性进行审查，达到优化整体组织结构和功能的目的。

（4）对管理人员素质和能力进行评价，找出管理人员的不足并提出改进建议，实现提升管理团队能力的目标。

3. 公共部门绩效审计目标

公共部门绩效审计主要对公共资金和资源使用的经济性、效率性和效果性进行评价。通过对公共资金和资源的管理和使用过程进行审查，审计人员可揭露违法违规、资源损失浪费等问题，完善公共资金的管理制度并提出改进建议，以实现提高公共资金和资源使用效率的目标。公共部门绩效审计的目标具体可以分为以下几点。

（1）审查公共部门对公共资金和资源的管理和使用是否符合国家相关法律法规、规章制度以及现行政策的规定。

（2）对公共部门的资金和资源使用效率进行审查，应当选择使其效率最高的使用决策。

（3）对政府项目和政策是否达到预期的目标以及实现程度进行审查。

（4）对公共部门的职责履行情况进行审查。

29.2 绩效审计的内容

我国《第 2202 号内部审计具体准则——绩效审计》对绩效审计的内容规定如下。

（1）有关经营管理活动经济性、效率性和效果性的信息是否真实、可靠。

（2）相关经营管理活动的人、财、物、信息、技术等资源取得、配置和使用的合法性、合理性、恰当性和节约性。

（3）经营管理活动既定目标的适当性、相关性、可行性和实现程度，以及未能实现既定目标的情况及其原因。

（4）研发、财务、采购、生产、销售等主要业务活动的效率。

（5）计划、决策、指挥、控制及协调等主要管理活动的效率。

（6）经营管理活动预期的经济效益和社会效益等的实现情况。

（7）组织为评价、报告和监督特定业务或者项目的经济性、效率性和效果性所建立的内部控制及风险管理体系的健全性及其运行的有效性。

（8）其他有关事项。

绩效审计的内容非常广泛，是在传统财务审计基础之上的延伸，主要围绕经济性、效率性和效果性三点进行。例如，绩效审计内容中的相关资源的取得、配置和使用的合理性、恰当性和节约性是绩效审计经济性目标的体现；研发、财务、采购、生产、销售等主要业务活动的效率审计是效率性目标的体现；经营管理活动既定目标的适当性、相关性、可行性和实现程度，以及未能实现既定目标的情况及其原因的审计是效果性目标的体现。

由于企业和公共部门的绩效审计内容有一定的差异性，而企业绩效审计根据经营和管理活动的不同，其内容也有所不同。在实务中可以将绩效审计内容划分为企业经营活动审计内容、企业管理活动审计内容和公共部门绩效审计内容三类。

29.2.1 企业经营活动审计内容

经营审计的对象是企业供、产、销活动以及生产力要素运动的过程，一般可以从供应业务、生产业务、生产成本和销售业务四个方面对经营活动的绩效进行审计。

供应业务的审计内容主要包括对采购计划编制和执行情况，采购合同的可行性、合法性和执行情况，采购方式有效性和采购数量合理性，物资储备情况以及仓库设置和管理情况的审查。

生产业务的审计内容主要包括对生产计划的制定的合理性和完成情况，生产过程的连续性、合理性和及时性以及工艺流程的经济性和合理性的审查。

生产成本审计主要对产品成本计划、产品质量成本和成本控制三个方面进行审查，具体包括成本的确定、成本的构成、成本计划的执行及完成情况、成本的控制管理等方面的内容。

销售业务的审计内容主要包括对销售计划、销售合同、销售价格、销售活动以及销售利润的审查。具体来说，销售计划的审计内容包括对销售预测方法是否恰当、销售计划的制定是否科学及是否完成的审计；销售合同的审计内容包括对控制制度和销售合同的执行情况的审计；销售价格的审计内容主要包括对定价程序、市场占有率预测方法、定价策略以及定价方法是否科学合理的审计；销售活动的审计内容主要包括对销售费用的使用效率和销售服务质量的审计；销售利润的审计内容主要包括对目标利润制定的合理性、利润计划是否完成的审查和对利润变动的原因的分析。

29.2.2　企业管理活动审计内容

管理活动审计从管理活动的四个基本职能入手，主要包括计划职能审计、组织职能审计、领导职能审计和控制职能审计，还包括在企业管理中非常重要的人力资源管理审计。

计划职能审计主要是对以下几方面内容进行的审计：计划制定时是否遵循了统筹、发展、可控和重要性原则，计划制定的每一个程序是否恰当合理，计划目标的落实是否全面完整和计划执行的控制是否能够保证计划目标的实现。

组织职能审计主要是对组织结构设计的合理性、组织运行的有效性以及组织内部关系的协调性进行的审查。

领导职能审计主要是对领导素质和修养，对利润中心、成本中心和费用中心的授权管理机制，企业的激励机制以及信息沟通机制设计是否合理有效进行的审查。

控制职能审计的内容主要包括控制的设计是否符合本企业的实际以及是否符

合成本效益原则、控制的目标是否能够保证管理计划的实现并促进资源的使用、控制采用的方法是否科学合理以及对控制的监督是否有效。

人力资源管理审计主要包括对人力资源规划、员工招聘和培训、员工绩效考核以及薪酬设计与管理的审查。具体来说，人力资源规划审查包括对人力资源规划是否与企业的发展战略相吻合、是否考虑了企业现有的人力资源状况和外部市场的人力资源需要和变动情况、工作分析的内容是否全面合理等进行审查；员工招聘和培训审查主要包括对员工招聘的过程是否准备充分、是否符合规定程序的要求、是否能够招到符合企业需要的人才以及培训是否有效等内容进行审查；员工绩效考核的审查主要包括对考评的民主性、客观性和公正性以及考评结果的反馈和运用情况进行审查；薪酬设计与管理审查是对薪酬结构和形式是否合理以及是否发挥了激励功能进行的审查。

29.2.3 公共部门绩效审计内容

把政府或政府部门履行职责的绩效状况作为审计内容，即为公共部门绩效审计。它所评价的内容可以涉及公共部门的以下几方面：政府部门运转过程中对人、财、物资源的消耗利用状况；政府部门的公共事业规划能力；政府部门对公共事业的监管能力；政府部门对公共事业的约束制度和法律法规的选择与制定能力；政府部门从事公共管理活动方法的科学性和先进程度；政府部门工作人员的基本素质等。

29.3 绩效审计评价

29.3.1 绩效审计评价标准

1. 绩效审计评价标准的特征

根据我国《第 2202 号内部审计具体准则——绩效审计》的规定，绩效审计评价标准应当具有可靠性、客观性和可比性等特征。可靠性，指在相同的环境和条件下，不同的评价人员运用同样的标准能够得出同样的结论；客观性，指审计评价标准应该客观公正，不受任何单位和个人偏见或分歧的影响；可比性，指与针对其他类似机构或活动的绩效审计中应用的标准一致，且与以前针对审计对象开展的绩效审计所应用的标准一致。

2. 绩效审计评价标准的来源

内部审计机构和内部审计人员应当选择适当的绩效审计评价标准。绩效审计评价标准的来源主要包括以下方面。

（1）有关法律法规、方针、政策、规章制度等的规定。

（2）国家部门、行业组织公布的行业指标。

（3）组织制定的目标、计划、预算、定额等。

（4）同类指标的历史数据和国际数据。

（5）同行业的实践标准、经验和做法。

3. 确定绩效审计评价标准的原则

从绩效审计评价标准的来源可以看出，绩效审计的评价标准在满足公认会计准则和相关法律法规规定的基础上，更多地以被审计单位预先设定的绩效目标、行业标准或者公认的标杆企业的绩效等一些非法律形式的文件为依据。这些标准与财务审计的标准相比，具有一定的灵活性和多样性，审计人员在确定绩效审计评价标准时需要采用以下原则。

（1）评价标准具有权威性或公认性。

绩效审计评价标准的权威性和公认性是内部审计人员在选择绩效审计评价标准时最先考虑的问题。法律法规和企业的规章制度能够对经营管理活动的绩效进行评价的，应首选其作为评价标准，以满足权威性的要求。在不存在明确具体规定的情况下，审计人员应当尽可能使用社会公众认可的标准对相关活动的绩效进行评价，如同行业公认的一般标准和专家意见等，以满足公认性的要求。审计人员如果确实无法找到明确的评价标准，则应当通过对审计事实进行罗列，使用一些普遍适用的公理和原则作为依据进行分析，使审计结论和意见更具有客观性。

（2）定量标准和定性标准相结合。

绩效审计评价标准既包括定量标准又包括定性标准。定量标准与定性标准相比，具有精确度更高、说服力更强等优点，因此，内部审计人员应尽可能采用定量标准对被审计单位的绩效做出评价和判断。但是受客观条件和绩效性质等因素的限制，有时无法使用科学有效的定量指标对绩效进行衡量，此时，内部审计人员需要借助定性评价标准，依据被审计单位的特点，采用问卷调查、专家咨询等方法，将相关法律法规和利益相关者的要求融入评价标准中，使定性评价标准与定量评价标准具有相同的效果。

4. 加强与利益相关方的沟通

内部审计机构和内部审计人员在确定绩效审计评价标准时，应当与组织管理层进行沟通，在双方认可的基础上确定绩效审计评价标准，即对于拟采用的评价标准，内部审计人员要充分征求审计对象的意见，在得到审计对象的认可和理解之后才能采用。由于绩效审计评价标准具有灵活性和多样性的特点，采用不同的评价标准可能得出不同的审计结论，因此，内部审计人员应当在审计报告中说明绩效审计评价标准的来源、选择的依据、利益相关方沟通过程中的重要信息以及其他使报告使用者充分理解报告内容所需的信息。

29.3.2 绩效审计的专门分析评价方法

（1）数量分析法，即对经营管理活动相关数据进行计算分析，并运用抽样技术对抽样结果进行评价的方法。常用的数量分析法包括线性规划法、网络分析法、回归分析法和经济批量法等。

（2）比较分析法，即通过分析、比较数据间的关系、趋势或者比率获取审计证据的方法。比较分析法可以用于横向比较，即将不同企业在同一时期的数据进行比较；也可以用于纵向比较，即将同一企业不同时期的数据进行比较。用于比较的数据可以是相对数，也可以是绝对数。在使用比较分析法时，应当注意数据间是否具有可比性，即用于比较的数据在含义、内容、计算口径和计算基础等方面是否一致。

（3）因素分析法，是依据分析指标与其影响因素的关系，从数量上确定各因素对分析指标影响方向和影响程度的一种方法。因素分析法既可以全面分析各因素对某一经济指标的影响，又可以单独分析某个因素对经济指标的影响，在财务分析中应用颇为广泛。该方法适用于分析有较多关联性较强的因素的综合问题。

（4）本量利分析法，是在变动成本计算模式的基础上，以数学化的会计模型与图文来揭示固定成本、变动成本、销售量、单价、销售额、利润等变量之间的内在规律性的联系，为利润预测和规划、会计决策和控制提供必要的财务信息的一种定量分析方法。

（5）专题讨论会法，即通过召集组织相关管理人员就经营管理活动特定项目或者业务的具体问题进行讨论的方法。专题研讨会法可以用于绩效审计的各个阶段，通常对初步调查的结果和有关审计结论做出判断时，审计人员会召开专题讨论会，讨论分析发现的问题和观察到的现象以及可能采用的衡量方法，进行公开辩论，使审计人员获得专业领域的知识，达成一致的观点和立场。

（6）标杆法，即通过对经营管理活动状况进行观察和检查，与组织内外部相同或者相似经营管理活动的最佳实务进行比较的方法。在绩效审计中，审计人员将审计对象的绩效与内部或外部的标杆绩效对比分析，从而对其绩效进行评价。标杆法适用于有合适的标杆企业并且能够确定需要对照和借鉴的事项的情况。

（7）调查法，即凭借一定的手段和方式（如访谈、问卷调查等），对某种或者某几种现象、事实进行考察，通过对收集到的各种资料进行分析处理，进而得出结论的方法。调查法一般建立在抽样的基础之上，通过非交互式的方式获取信息，因此，审计人员需要对调查内容进行精心设计，并对反馈资料进行科学的整理分析，最终推断总体，形成审计结论。问卷调查法是常用的调查法之一，使用其可以收集大量的第一手资料，扩大审计的覆盖面，形成比较充分的审计证据和节约成本，但是这种方法容易受调查问卷的设计水平和调查人员或单位重视程度的影响。

（8）成本效益（效果）分析法，即通过分析成本和效益（效果）之间的关系，以每单位效益（效果）所消耗的成本来评价项目效益（效果）的方法。将无形的成本效益进行货币化，可以更加直观地对成本效益进行分析评价。但是，如果审计对象的成本效益难以货币化或者项目过于复杂，则这种方法的使用就会受到限制。而且在衡量成本效益时需要进行复杂的调整，容易被操纵。涉及货币时间价值时，折现率和相关风险的确定较为困难。

（9）数据包络分析法，即以相对效率概念为基础，以线性规划为工具，应用数学规划模型计算比较决策单元之间的相对效率，对评价对象做出评价的方法。这种方法不同于传统的成本效益评价方法，考虑了多种资源的运用和多种产品或服务的产生，不仅可以用于比较提供相同或相似产品和服务的多个企业之间的效率，而且可以用来研究多种投资项目方案之间的相对有效性，可以将每个单位或投资项目视为一个决策单元进行比较分析。

（10）目标成果法，即根据实际产出成果评价被审计单位或者项目的目标是否实现，将产出成果与事先确定的目标和需求进行对比，确定目标实现程度的方法。该方法可以帮助审计人员发现经营管理中存在的问题，从而提出建设性的建议。使用目标成果法要求被审计单位必须具有明确的目标，该目标是一贯执行的且执行过程中受到较少的干扰。但实际上，被审计单位的目标大多时候并不是明确和具体的，且最终成果的偏离是多种因素共同作用导致的，因此，在进行评价时要对各种因素的影响进行综合考虑。

（11）公众评价法，即通过专家评估、公众问卷调查及抽样调查等方式，获取具有重要参考价值的证据信息，评价目标实现程度的方法。公众评价法可以用于对公共部门行为效果和结果、服务质量以及政府形象的评价，也可以用于企业新产品市场评估、客户满意度评价等。

绩效审计的专门分析评价方法如图 29-1 所示。

图 29-1　绩效审计的专门分析评价方法

29.4　绩效审计程序

我国绩效审计的程序与一般财务审计的程序相似，主要包括审计项目立项、审计准备、审计实施、编写和提交绩效审计报告、后续审计监督五个主要阶段。其中，绩效审计中审计项目的选择较为重要和特殊。为了使绩效审计更好地发挥作用，内部审计人员一般会选择有较大绩效提升空间，并具有客观审计条件的项目进行审计。以保证在有限时间内，有重点地完成审计项目，及时改进经营管理薄弱的环节，一般应遵循效果性原则、风险适中原则和估算审计成本原则。

效果性原则是指内部审计人员选择预计审计效果最好的项目进行审计。审计效果主要包括促进被审计单位资源利用的经济性、效率性和效果性的提高；促进被审计单位更有效地行使计划、组织、领导和控制等管理职能。

风险适中原则是指内部审计人员由于各种条件的限制，会存在评价不当、建议不切合实际等可能性，即存在审计风险，为了降低这种风险，在进行项目选择时，仔细研究和分析各种可能的风险因素。

估算审计成本原则是指内部审计人员合理估算审计活动开展的成本，并根据现有资源情况做出合理安排，即一般选择合乎成本要求的项目进行审计。

29.5 绩效审计的要点

1. 评价标准合理

绩效审计的对象包括企业的全部生产经营活动，与财务收支审计相比，其审计内容更多、涉及面更广、情况也更为复杂，因此，很难形成像财务审计那样统一的评价标准。不同的行业、企业、部门和项目可能会出现多种不同的评价标准。如何选择一套评价标准可以科学合理地对审计对象的绩效进行评价，是绩效审计中需要解决的最关键的问题。采用的评价标准要尽可能权威，具有公认性，同时具有可操作性，符合市场运作规则，以保证评价相对客观准确，以对企业提出建设性的意见和建议。

2. 实施方案重点突出

在绩效审计计划阶段，审计人员应当找出对企业影响较大、绩效提升空间较大的项目进行重点审计。绩效审计的时间和人员以及可以利用的资源是有限的，因此，不可能对企业所有的经营管理相关的业务均进行审计。在绩效审计计划阶段，审计人员应合理进行人员和资源安排，在资源有限的情况下，突出审计重点，发挥最大的效用。

3. 人员专业素质高

在绩效审计的实施过程中，需要运用多种专业的方法，如回归分析法、线性规划法等数学分析方法，本量利分析法、预测分析法和决策分析法等现代管理方法，微观和宏观相结合的方法等进行判断和评价。因此，绩效审计需要审计人员具备多个学科的知识。目前，我国企业的内部审计人员大多具备财务或审计专业背景，而缺乏评价经济管理工作效益的意识、知识、技能和经验。因此，企业的内部审计机构应当在选择复合型人才的基础上，加强对内部审计人员专业素质的培养，定期对内部审计人员进行与内部审计相关的技能培训，聘请专家或学者对企业的内部审计工作提供技术支持。

4. 审计技术不断创新

绩效审计具有范围大、标准灵活等特点，其审计难度要高于传统的财务收支审计。内部审计人员需要突破以往较为单一的财务审计方法，将审计与统计学、经济学、管理学等学科相联系，借鉴多个学科的分析方法，同时借鉴外部先进经验，在审计技术上不断创新，在对企业的供、产、销等业务活动熟悉的基础上，结合企业的实际情况对经营管理活动的经济性、效率性和效果性进行审计。

5. 审计建议可行

内部审计人员在深入了解企业经营管理流程的基础上，通过专业的分析方法可以找出企业目前存在的问题。针对发现的问题，内部审计人员应当就如何改善目前状况和提高绩效提出具体的建议。提出的建议应当具有可操作性、建设性，能够切实可行地帮助企业加强经营管理，提升业绩。审计人员应当就提出的建议与具体负责人进行沟通，使其意识到存在的问题并乐于接受和整改，以达到提升企业绩效的目的。

29.6　S公司绩效审计案例

1. 案例背景

S公司是某汽车集团乘用车整车资源聚合和业务发展的平台，是当地政府重点支持和发展的企业。其主要经营范围包括制造、销售汽车，制造、销售汽车用内燃机、变速箱及各类动力总成和汽车配件，S公司是国内能够契合市场需求且具有高速增长潜力的乘用车制造商，其产品覆盖了合资豪华、合资中高端、自主品牌中高端和自主品牌经济型乘用车不同的细分市场，车型覆盖了中大型、中型、紧凑型及小型轿车、SUV、MPV和交叉型乘用车产品，可满足消费者对不同车型的要求。S公司合资品牌业务发展良好，2013年推出了首款自主品牌乘用车，之后相继推出了多款车型，部分车型市场表现很好，销量节节攀升，但单车利润较低。另外，部分高附加值产品销量不佳，成本规模效应未显现，导致公司总体效益不高。S公司自主品牌乘用车的研发由其研发中心实施，包括产品开发、质量控制和制造开发。S公司本部下设运营中心、规划中心、商品中心、采购中心、生技中心、质量中心和财经中心等七大中心，为自主品牌的战略规划、生产运营提供相应指导和支持。其在北京、重庆、广州等地共拥有四个生产基地，负责自主品牌乘用车的生产制造。单独设立销售公司负责客户开发、经销商网络建设以及产品销售和营销活动。

S公司自主品牌乘用车业务虽然取得了较快的发展，但盈利能力弱依然是其硬伤，2013—2014年自主品牌乘用车业务累计亏损达54.6亿元，严重影响S公司整体的健康发展。鉴于S公司的经营困境，集团高层责成集团审计部，围绕自主品牌乘用车业务亏损严重、价值链体系能力薄弱、经营风险较高等问题开展专项审计。审计部在对S公司经营现状和产品盈利能力分析的基础上进行审计项目的定位分析。此专项审计非传统的财务审计和内部控制审计，其目的是通过对S公司主要经营管理环节的经济性、效率性和效果性进行审查和评价，挖掘影响效益的因素，并针对发现的问题提出切实的改进建议，进而促进S公司加强价值链体系建设，尽快改变亏损状态，提高综合竞争力，实现企业价值增值。经过分析，审计部进行立项，对S公司自主品牌乘用车业务实施增值型绩效审计，并得到了批准。

2. 审计内容与重点

S公司为制造业企业，审计部根据审计定位，以风险为导向制定了详细的审计方案。审计人员首先对S公司主要产品的盈利能力和成本构成进行了绩效分析，根据基于价值链分析的绩效审计理论，结合S公司实际情况，对自主品牌乘用车业务的研发、采购到生产、销售等全价值链进行了识别和分析。然后，运用专业的流程风险分析方法对主要供应链流程及其风险进行了识别和评估，确定了S公司自主品牌乘用车业务的关键供应链环节，即研发、采购、生产和销售，并针对所识别出的主要风险设计了一套相对科学、合理的绩效评价指标体系。最后依据该体系中列举的绩效指标进行评价、打分，对经营管理过程的经济性、效率性和效果性给予综合评价，对风险给予适当揭示，并提出了切实可行的建设性意见。审计重点包括：第一，产品研发环节，包括设计开发、数据管理、开发质量、整车集成、试制试验以及标准化管理等；第二，采购环节，包括采购项目控制、供应商管理等；第三，生产环节，包括排产计划、过程管理、产品质量、设备能源管理等；第四，销售环节，包括市场调研、渠道管理、经销商管理、价格制定等；第五，各环节的协调反应能力。

3. 审计评价的标准与方法

考虑到S公司自主品牌乘用车业务与长安、长城等自主品牌业务成熟的汽车企业的业务相比，起步较晚，研发能力不足，供应链体系尚待完善，主要车型近两年才陆陆续续投放市场，多数车型规模效应尚未显现，各项业务都处于爬坡阶段等实际情况，且单就我国自主品牌乘用车的相关行业数据较难取得。因此，本次绩效审计的评价标准主要来源于S公司制定的目标、计划、预算等，并参考能够获取的同行业实践标准、经验和做法。此外，S公司管理层在年度内对同一指标的目标值可能会进行修正，审计组将对修正依据是否充分、修正后的目标值是否客观、修正程序是否合规等进行合理性判断，并就判断结果与S公司管理层进行沟通，达成一致后将其纳入评价指标体系。

审计组依据审计标准执行抽样、查阅、访谈、画流程图等审计程序，合理运用数量分析法、因素分析法、本量利分析法、专题讨论会法、标杆法、调查法、成本效益（效果）分析法、目标成果法等审计方法对S公司自主品牌乘用车业务实施绩效审计。

4. 建立绩效评价指标体系

审计组紧紧围绕增加价值的审计目标针对各个环节的主要业务流程进行审查和评价，力求突出重点，把握可靠、客观、可比性原则，以创造价值为目的，以风险评估为导向选取对主要供应链环节影响程度较大的、具有代表性的绩效指标，建立了一套较为科学、合理的绩效审计评价指标体系，同时依据重要性原则配以相应的权重，最终实现了对价值链管理的经济性、效率性、效果性进行量化评价。该体系分为五大部分，如表 29-1 所示。

表 29–1　S 公司绩效审计评价指标体系

供应链管理环节	关注重点	侧重点	绩效评价指标	权重（100%）
研发环节（25%）	研发项目论证是否充分	效果性	产品设计缺陷率、新产品开发完成率、研发成果转化率	6
	研发经费投入是否适当	经济性	技术投入比率	5
	研发过程管理是否完善	效率性	研发管理制度建设及执行情况、研发失败率、舞弊发现	3
	是否不存在研发周期过长导致产品错过市场良机或研发周期过短导致研发成本增加的情形	经济性	SOP 计划时间执行率、研发成本预算执行率、设计变更次数	5
	研发人员配备是否合理	效果性	研发人员数量、专业技术资格、工作经验年限	4
	研发结果验收制度执行是否严格	效率性	研发结果验收制度执行情况	2
采购环节（20%）	采购计划是否符合生产经营计划	效率性	库存短缺、库存积压、采购资金周转率	2
	物资储备定额是否合理	经济性	物资储备计划完成率	1
	采购批量是否合理	经济性	经济订货批量	1
	采购方式是否适当	效率性	采购流程执行情况、招标 / 比价记录	2
	采购价格是否合理	经济性	采购价格变化比率、采购指导价目录、招标 / 比价记录	2
	成本控制目标是否实现	经济性	采购预算执行率、成本控制完成率、零部件平台共用率	3
	供应商选择是否适当	效果性	采购预算执行率、成本控制完成率、潜在供应商清单、合格供应商目录	3
	供应商绩效评价覆盖率是否达标	效率性	供应商绩效评价覆盖率、供应商评审记录、供应商退出机制	2
	是否不存在供应市场短缺的情形	效率性	供应商数量、缺货率、缺货天数、生产预测差异	1
	是否不存在外购零部件未能达到设计要求的情形	经济性	采购需求变更次数	2
	验收程序是否规范	效率性	抽检率、质量合格率、退换货及时率	1

续表

供应链管理环节	关注重点	侧重点	绩效评价指标	权重（100%）
生产环节（20%）	生产效率的高低	效率性	整体设备效能	5
	资源耗费是否节约	经济性	能耗定额指标	2
	产品质量是否合格	效果性	产品质量标准	5
	废品率的高低	经济性	废品率	2
	产品产量是否满足销售需要	经济性	库存量	4
销售环节（25%）	产品销售过程中价格确定是否适当	经济性	销售价格与成本利率、市场价格对比	6
	销售费用是否节约	经济性	销售毛利率	5
	产品发运是否及时	效率性	产品出库时间	4
	包装是否安全	效果性	包装破损率、包装材料是否含有有害物质	2
	销售收入是否及时收回	经济性	应收账款	6
	售后服务是否周到	效果性	售后评价	2
供应链反应能力（10%）	战略规划与运营计划是否不存在严重脱节的情形	效果性	新产品导入市场的能力、KPI 完成率、内部配套增长率	4
	供应链环节间的衔接是否顺畅，协调机制运行是否有效	效率性	问题反馈及时性、重大会议决策的落实	6

绩效审计评价指标体系实行百分制，按照 S 公司价值链各环节对公司整体经营绩效的影响分配权重，研发环节权重 25%，满分 25 分；采购环节权重 20%，满分 20 分；生产环节权重 20%，满分 20 分；销售环节权重 25%，满分 25 分；供应链反应能力权重 10%，满分 10 分。评价结果级别分类如表 29-2 所示。

表 29-2　评价结果级别分类

类别	级次	评分区间	备注
优良	E-1 级	90 及以上	五类指标有一项未及格者（即单项评分低于该项满分的 50%）最高评级为 E-3
	E-2 级	85—90（不含）	
	E-3 级	80—85（不含）	
较好	G-1 级	75—80（不含）	五类指标有三项未及格者（即单项评分低于该项满分的 50%）最高评级为 G-3
	G-2 级	70—75（不含）	
	G-3 级	65—70（不含）	

续表

类别	级次	评分区间	备注
需关注	A-1 级	60—65（不含）	
	A-2 级	55—60（不含）	
	A-3 级	50—55（不含）	
低效	F 级	50（不含）以下	

5. 绩效审计评价结果

审计组依据绩效审计评价指标体系对 S 公司 2014 年度自主品牌乘用车业务的经济性、效率性、效果性的总体评分为 64.9 分，属于“需关注”级别中的 A-1 级，具体评分结果如图 29-2 所示。

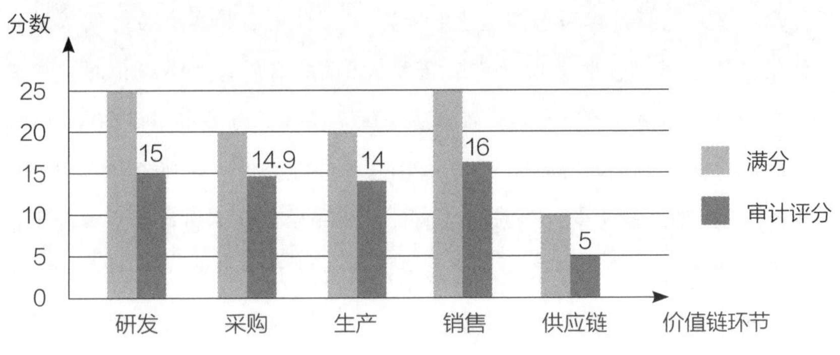

图 29-2　绩效审计评价得分情况

S 公司自主品牌乘用车业务严重亏损的主要原因包括研发资源分散，核心零部件及技术的自主掌控基本缺失，产品经济性差，目标市场定位不准确，价值链体系能力薄弱，经营风险较高。总体来看存在以下问题。

（1）研发环节：①研发资源较为分散，平台理念未得到充分贯彻，自主品牌乘用车平台达 13 个，布局 26 款产品，平台数量远高于长安集团的数量。②零部件和制造资源通用化不足，产品经济性与预期存在较大差距，目前，已上市的超过 50% 的产品盈利状况与立项预测目标相差甚远，在研产品也存在产品数量多、经济性差的问题，研发环节对产品经济性的重视和控制能力亟待提高。③核心零部件技术缺失。传统能源动力系统的升级缓慢，发动机技术性能难以满足日益严格的法规要求，自动变速箱、发动机电控等核心技术几乎没有，自动变速器资源受到牵制。各整车企业与零部件企业的合作深度也有待进一步加强。④个别项目立项阶段产品市场定位不准确，预计售价和销量等预期偏高，导致产品目标成本过高。部分项目后续试验、生产线验证及性能分析中出现较多设计变更，导致研发和采购成本增加，降本压力较大。⑤部分项目开发周期偏短，研发任务紧迫，加之项目进程中产品定位与技术路线变化较大，导致实际SOP时间出现多次调整。例如，D50主计划SOP时间先后调整4次，比初始计划推迟了15个月等。⑥专业试验试制能力不足，高端试验设备匮乏，设施老化，场所简陋，尚不能完全满足产品开发试验的需要。⑦设计开发阶段质量中心和生产基地质量部门的参与程度不够深入，产品设计和零部件供应商定点环节的质量控制有待加强。⑧高级研发人才储备不充足，截至2014年年底，研发中心五级以上工程师占总人数的比例仅为6%，研发队伍中青年工程师较多，经验相对不足，能力有待提高。

（2）采购环节：①零部件通用化率较低，如S公司自主品牌乘用车业务的一级供应商为560家，远超过旗下合资企业的240家，自主品牌各产品之间以及与合资企业间的供应商通用率也非常低，不到20%。②供应商质量体系评价覆盖率较低。2014年，S公司共完成了81家供应商的质量体系评价，覆盖率不足20%。③对综合评级排名靠后的供应商未明确退出机制。2015年D50的供应商评价结果中存在E级供应商9家、F级供应商5家，但对相应的供应商开发以及不合格供应商的退出机制尚未进行明确的规定。④部分采购的零部件质量未达标，虚焊、色差严重、零件变形等缺陷较多，影响生产效率和产品质量，例如，2014年重庆分公司累计停线时间约719小时，其中387小时的责任部门为采购执行部，占比近54%。⑤信息化水平不高，由于供应商寻源定点阶段的研发中心EBOM系统和采购中心PBOM系统尚不能实现数据实时传递，SRM系统未能充分利用，目前主要依靠人工开展供应商寻源定点及比价工作。

（3）生产环节：①生产计划的制定缺乏科学性、合理性。S公司年初下达的经营计划大纲目标偏高，例如，2014年大纲中重庆分公司的计划年产量为19.1万台，而当年实际产量为15.7万台，计划完成率约为82%。由于各分子公司以及供应商均依照经营大纲进行生产准备，年度计划准确性低，不仅可能造成呆滞存货过多，资金压力过大，还可能会引发供应商抱怨，甚至造成索赔。②个别分、子公司设备标准化程度较低，备品备件占用资金多、周转慢，维护成本较高。③设备方案论证和项目执行过程中缺乏设备专业人员的参与，部分技术方案不合理，前期技术方案审核不充分，存在设计缺陷，设备隐形故障点比较多。④信息化系统基础数据维护不善，基础数据输入的及时性和准确性较差，影响生产的连续性。

（4）销售环节：①目前自主品牌产品已超过20个，但月销量过万的产品只有两款，而长安集团同期有五款。②自主品牌业务整体同比增亏，而长安集团、广汽集团自主品牌同期已经实现扭亏为盈。③目标市场定位不准确，导致产品不够适销对路、营销资源浪费。④ 2014 年以来，经销商库存系数（当月库存数 ÷ 当月终端数）一直在 2.0 以上，其中 2014 年 2 月达到 7.9，远高于汽车行业的警戒水平 1.5，经销商库存压力非常大。⑤有效的市场开发渠道资源不足，潜在经销商质量不高。⑥经销商中问题店和冷冻店达 70 家，占经销商总数的 29%，经销商整体质量不高。⑦商务政策执行不到位，如对区域营销支持费用和建店补贴申请材料审核不够严格，导致出现较多的不合规票据；在协议期内退网的经销商，已支付的建店补贴未能全部追偿等。⑧汽车金融业务中，对融资车辆库存情况缺乏有力的监管。

（5）供应链反应能力：①虽然产品数量较多，但既缺少受市场欢迎的明星产品、走量产品，也缺少高附加值产品。②销售预测不准确导致生产计划较难执行。如销售公司周订单合计数能够同月计划保持一致，但具体车型的数量差异较大，给生产排产和零部件订货造成了较大困难。③公司战略层面的产销量、销售收入、销售利润等 KPI 与实际经营情况差距较大，年度内 KPI 经多次调整。④供应链上下游企业衔接、交流不畅，供应链管理成本较高。

6. 审计建议

对 S 公司自主品牌乘用车业务开展的绩效审计，反映出该公司在价值链及价值链各环节之间均存在较多问题，这在一定程度上影响了其经营绩效的提升。审计组结合 S 公司实际情况特提出以下审计改进建议。

（1）研发环节：①产品规划方面，坚持以市场为导向的产品规划原则，围绕打造精品和明星产品，探索运用尺寸定价、顾客之声的规划方法，提高产品规划水平，使产品线进一步丰富。②研发管理方面，加强立项管理，前期调研和论证要充分，建立并完善开发过程管控机制和项目后评价机制，将产品开发涉及的进度、技术、质量、经济性等指标纳入绩效考核体系，针对质量、目标成本等关键指标建立叫停机制。③平台化方面，要着眼于统筹重点平台的充分、有效利用，在产品规划阶段突出谋划平台的选择与发展，选择既有相对成本优势，又能满足大众化客户需求，且有产品衍生潜质的平台作为核心平台，并保证该平台的利用率，在新产品开发时，重点开发平台化衍生车。④核心零部件方面，夯实零部件核心技术能力建设，加强整车集成、动力总成等核心技术的吸收、转换与应用，提升整零同步开发、模块化开发的体系能力。⑤产品设计方面，强化开发过程中的质量评审与质量问题管控，保证节点开阀质量，提升试验试制能力，降低设计变更发生频率，狠抓设计成本控制，提高产品设计水平。⑥研发人才激励方面，制定创新力评价指标，完善“容错”激励机制。

（2）采购环节：①零部件通用化方面，要把零部件通用化纳入产品立项的主要考量指标体系中，从用户看不见的零件拓展到看得见的零件，从标准件通用拓展到按键、方向盘、挡把等内外饰件的通用。②成本方面，各整车企业联合制定大宗物资集中采购和集中谈判定价方案制度，打造大宗物资集中采购平台，有效降低采购成本。③供应商管理方面，完善并严格执行供应商业绩评价标准体系，把零部件质量优劣作为供应商准入的重要原则，对供应商的产品设计与开发、生产工艺与制造、开发费用与物料成本控制、供货与售后服务等能力进行综合评定，形成供应商管理数据库。

（3）生产环节：①质量管理方面，不断完善质量管理体系，各整车企业间加强合作，全面导入新车质量预告制，加强质量风险的预防和管控，改善质量管理薄弱环节，严密监控缺陷产品召回、质量风险信息，快速解决市场问题。②生产成本方面，以边际贡献率为基础，加强产品生产成本管控，改变传统产销策略，深化全价值链低成本管理，实现从规模经济向效益经济的转变。③精益生产方面，推进丰田生产系统（TPS）模式，加强现场管理，全面提升生产效率。

（4）销售环节：①产品结构方面，优化调整产品产销结构，增大高附加值产品比例，降低库存水平，提振经销商信心。②销售需求预测方面，进一步完善客户需求挖掘方法，应用“互联网＋大数据”手段细致分析市场趋势，准确定义客户需求，将具备市场前瞻性的新产品输入开发过程，确保新产品上市时的竞争力。③销售计划方面，建立和优化以客户为导向的柔性化订单管理体系，根据市场需求和客户要求迅速调整产销计划，增加畅销产品供应量，减少滞销产品生产，优化库存结构。④市场开拓方面，采取组织前移、区域下沉、经销商分类优化管理、三方融资及营销服务创新等手段，降低高库存带来的资金占用、经销商体系盈利状况恶化及退网等经营秩序波动风险，稳步推进销售网络的开拓、整合、调整和优化工作。⑤渠道开发方面，拓展海外市场，重点开拓南非、伊朗、墨西哥等国家或地区的市场，加快渠道开发，完善网络布局，打造跨区域综合商贸平台。⑥品牌认知度方面，通过承办车展、大型公益类活动、政府活动、参与品牌价值评选等途径提升企业形象和品牌形象。积极尝试和探索“互联网＋”模式，布局汽车后市场。⑦经销商管理方面，加大经销商前期入网资格审核及后期运营监控力度，提升经销商综合素质。⑧售后质量方面，以提升客户感知质量为出发点，依托互联网技术建立有效应对市场的质量快速响应系统，快速解决客户问题，提升客户满意度，并将客户感受转换成质量改善要求，为新车质量改善和问题解决提供支持。

（5）供应链反应能力：①对标其他优秀品牌升级路径和产品升级规律，聚焦打造销量和经济性并重、吸引客户、富有竞争力的产品。②统筹体系内外部资源，加快产品规划流程建设，确保信息充分共享、工作同步开展；加强与供应链上合作伙伴的谈判与沟通，降低零部件采购成本，增大产品盈利空间。③从全价值链角度实施成本管理，从研发、采购、生产和销售多个环节推动价值工程的开展，逐步搭建精益成本管理体系。④从全生命周期对产品经济性进行监控，加强对产品经济性的考核，尤其是对比上市后的市场表现和立项可研报告，引导各整车企业认真做好市场调研和经济性预测。⑤进一步完善研发、采购、生产、销售环节的供应链协调机制，加强各业务层面的交流和对接，提升决策效率。

第 30 章 公司治理审计

30.1 公司治理审计概述

随着公司财务丑闻事件的不断发生，内部审计受到前所未有的重视，其中公司治理审计也成为人们关注的热点。自 20 世纪 80 年代以来，公司治理问题就一直是理论界和实务界关注的焦点。国内外大量研究表明，内部审计对公司财务报告质量、公司业绩等方面可以产生积极的治理作用。

当前世界范围内的公司治理变革对内部审计提出了新的需求，将其推向了公司治理审计的层面，公司治理审计成为治理问题研究的新焦点。随着我国社会主义市场经济体系的不断完善以及现代企业制度的建立和发展，内部审计开始服务于公司自身的方向转变，在公司控制监督、经营管理等方面逐步发挥作用。但目前我国内部审计还处于管理层面，并未真正触及治理层面。公司治理从狭义看，是有关公司董事会的功能与结构、股东和利益相关者权力等方面的制度安排。广义地说，公司治理是公司控制权和剩余索取权分配的一系列法律、文化和制度性安排，这些安排决定公司的运营目标、控制权分配、收益和风险的分担等基本问题。

30.1.1 公司治理审计的概念

公司治理审计是指组织内部审计机构和人员依据国家法律、法规、政策和标准，独立、客观地对本组织治理环境、状况进行监督、评价和咨询，提出改善公司治理的意见或建议的行为。随着公司治理重要性的不断突出，内部审计部门应将公司治理列为优先审计的对象。

30.1.2　公司治理审计的特点

公司治理审计，是指公司内部审计师依据国家法律、法规、政策和标准，独立、客观地对本组织治理环境、状况进行审查和评价，并提出改善公司治理的意见或建议的行为。公司治理审计具有以下几方面的明显特征。

（1）重要性。公司治理审计将公司治理作为最终的评估和监督的对象，是基于所有者监督的审计，能够促进公司治理良好发展。良好的公司治理是公司长期健康、稳定发展的基本保证，公司治理作为公司的控制体系和机制，一方面，可以激励董事会和管理层实现公司和所有利益相关者的利益最大化目标；另一方面，也可以提供有效的监督，从而使公司更有效地利用资源。根据相关分析，资产收益率、股权收益率、托宾 Q 值等，均与公司治理水平的高低成正相关关系。

（2）高层次性。公司治理审计的主要审计对象涉及公司的股东、董事会、监事会以及高管层的运作，而且随着公司治理运动的蓬勃兴起，公司治理的内涵也从权力制衡转变到决策科学，从治理结构转变到治理机制，因此内部审计师还需要进一步关注公司决策及其治理机制等高层次的问题。

（3）制衡性。公司治理审计关注公司各权力机构的制衡效应，所以不能单从某一方面片面地看问题。

30.1.3　公司治理审计的目标

公司治理审计的目的是帮助组织提升公司治理能力，改善公司治理状况，合理地保证组织经营目标的实现，促进组织价值的增加。

国际内部审计师协会在《内部审计实务标准》中主要将公司治理审计的目标归为以下四点：①在组织内部推广恰当的道德和价值观；②保证有效的绩效管理和责任性；③向组织内部有关部门有效传达风险和控制信息；④有效协调董事会、外部审计师以及管理层与内部审计师之间的工作和信息沟通。

30.2 公司治理审计的内容

公司治理审计包括股东层面公司治理审计和董事会层面公司治理审计，涉及监事审计、独立审计、内部审计、政府审计等。在公司治理监督约束机制建立和运行过程中，审计网络成为监督约束机制的基础，因此公司治理必须考虑审计的作用。开展公司治理审计，有利于维护利害相关人的利益、健全公司经营管理基础、提高公司信用、改善经营管理组织、提高经营绩效。

30.2.1 股东层面公司治理审计

按照代理理论解释，经营者的利益目标与所有者可能不同。在经营者控制公司经营权、信息不对称的条件下，易发生道德风险、逆向选择，导致损害股东利益，股东开展治理审计是维护其利益的一种必然选择。股东层面公司治理审计的前提是股东会可以充分发挥其功能，以股东会为公司治理核心，由股东和其他利益相关者委托审计人对董事会、经营者责任进行审计，审计人获得的信息由审计传递给股东和其他利益相关者。

股东层面公司治理审计是由公司内部审计开展的治理审计，包括监事对董事会、经营者开展财务审计、绩效审计等，检查评价其财务活动和绩效并向股东会报告；由董事会领导或授权财务总监领导内部审计对经营者责任履行审计。

外部治理审计是由公司外部审计开展的治理审计，包括独立审计师审计、政府相关部门审计等。

股东层面公司治理审计存在的问题：目前缺乏股东层面对董事会代理责任审计这一制度安排。COSO 委员会在《内部控制结构》中提出独立审计师要调查控制环境，包含对董事会调查了解，但并未要求将董事会作为一个特定的实体，对其代理责任和绩效进行审计或考核评价。在法律上、制度安排上如果缺乏对董事会代理责任审计，则股东和其他利益相关者的利益容易受到损害。正因为如此，各国公司治理相关的准则均提出了对董事和董事会绩效评价的要求，这是公司治理不容忽略的问题。

30.2.2 董事会层面公司治理审计

股权分散的公司，股东会的控制力较弱，形成了以董事会为核心的治理结构。

董事会包括代表股东利益的董事和代表其他利益主体的独立董事，董事会上对股东会承担治理责任和管理责任，下对经营者代理责任审计。

董事会层面公司治理审计的前提是董事会在公司治理中具有核心作用，董事会的职能到位，董事会与经营者权力制衡合理。在以董事会为核心的控制体系中，可供选择的审计途径有：董事会直接领导内部审计、设立专职财务董事并开展财务审计、授权财务总监领导内部审计、建立审计委员会、聘请独立审计师等。

董事会层面公司治理审计主要开展财务审计和管理审计，财务审计是对经营者财务活动以及相关会计信息进行审计；管理审计是董事会对整个组织经营调研，以落实董事会的各种经营政策和要求是否成功地贯彻执行，促进组织与外部的联系更加紧密、经营更加有效、组织管理更有效率和更加稳定。

30.3　公司治理审计的要点

30.3.1　实地观察审计方法的运用

内部审计师不但要查阅公司文件，包括公司章程、季度报告、会议记录纪要、审计报告等，还应实地观察股东大会，两次或三次董事会会议，至少一次各委员会会议、监事会会议。内部审计师可以通过这种方法评价传递给董事会的书面材料和其他信息，评估董事会的团体动力和文化，判断董事会决议和会议纪要的质量，还可以让董事会有机会更好地了解审计师并与之相处得更自然。

30.3.2　关注对反舞弊控制的审计

相关调查表明，我国上市公司普遍没有采取反舞弊的措施。但是国际经验表明，设立独立的举报热线、制定专门的反舞弊制度、建立规范的反舞弊程序和举报系统，是公司增强风险控制的有效举措。而且，在法律法规变化的刺激下，反舞弊活动的重点从侧重于合规性和调查的反应性战略，转向侧重于舞弊预防和早期发现的主动性战略。在这样的环境下，内部审计人员需要确定公司是否具有这种有效治理所需的反舞弊的预防和调查程序。支持反舞弊控制的沟通和风险评估程序也是如此。

30.3.3 关注对报酬政策和相关流程的审计

不当的报酬政策常常引起对公司治理政策和程序的负面影响，给公司的声誉带来潜在的风险。因而，内部审计机构有必要对公司的报酬政策及其流程开展全面的、自上而下的检查。在进行报酬政策检查时，内部审计机构应当：检查实际执行的激励程序，延期报酬计划的透明度，与报酬相关的报告和监督，以及是否存在特殊安排等；评估并证实报酬委员会成员的独立性和他们用以得出总报酬及其结构的程序；确定报酬委员会的行动是否符合《萨班斯法案》中与报酬有关的规定；确定高级管理层的绩效评价是否包含了关键因素，是否有能力制定与公司责任有关的正式的高层基调，是否有能力清楚地表述公司的价值观、道德规范和行为期望等；确定公司是否使用定量的流程设计和改善技术来创造和衡量关键经营流程的价值、质量和有效性。

第 31 章 经营决策审计

31.1 经营决策审计概述

经营决策是决策者在占有大量信息和拥有丰富经验的基础上，对未来行动确定目标，并借助一定的计算手段、方法和技巧，对影响决策的诸多因素进行分析研究后，从两个以上可行方案中选取一个满意方案的运筹过程。经营决策是否正确，直接关系到企业的兴衰，因此开展经营决策审计十分必要。

31.1.1 经营决策审计的概念

经营决策审计是关于企业总体发展和重要经营活动的合理性，以及对决策是否科学合理所进行的审计。具体而言，企业内部经营决策审计是指由企业内部审计机构或人员，运用定性和定量分析的方法，对本企业的经营决策活动，包括经营决策的程序、经营决策的方法、基础资料及其结论进行审核检查，以评价经营决策行为及其结论的正确性、可行性和有效性。经营决策审计的目的在于通过对本企业经营决策的审计，以考核评价企业的经营决策方案是否切实可行，找出决策中存在的问题，积极提出建议，为企业领导制定、完善经营决策提供参考，以帮助企业领导实行最有效的管理。

31.1.2 经营决策审计的原则

经营决策审计作为非常规审计，审计人员在实施过程中应当遵循以下原则。

（1）方向性原则。经营决策必须符合党和国家方针、政策、法律，坚持社会主义经营方向。

（2）可行性原则。经营决策必须切实可行，依据充分。

（3）群众性原则。经营决策过程必须深入群众，集中集体智慧。

（4）开拓性原则。决策要体现开拓创新精神。

（5）效益性原则。决策始终要围绕效益，体现效益，包括企业的经济效益和社会的综合效益。

31.1.3 企业内部经营决策审计的方法

31.1.3.1 企业内部经营决策的审计方式

企业内部经营决策审计主要是围绕经营方案的制定或执行来进行的，审计方式一般有三种。一是事前审计。制定经营决策之前，内部审计人员对影响决策的主要经济因素进行审计、评价，并提出可行性方案的建议，该建议应作为企业制定经营决策的一项依据。二是事中审计。经营决策确立后，企业采取什么措施保证决策的贯彻落实、决策执行中存在什么问题、是否需要调整或修改，内部审计人员要开展事中审计，以监督经营决策正确实施。三是事后审计。年度终了，内部审计人员还应对企业经营决策的执行情况进行审计，通过对决策经营的检查、验证、评价，进一步了解决策的实现程度。

31.1.3.2 企业内部经营决策审计的一般方法

企业内部经营决策审计的一般方法是指内部审计人员在对本企业的决策活动进行检查、分析、评价时所采用的组织方法和技术方法。

1. 组织方法

企业经营决策审计的内容丰富，涉及面广，既涉及生产、技术、销售、财务等业务部门，又涉及财务、审计、生产技术、经营管理等诸多领域的理论、技术和知识。开展经营决策审计，目前仅靠企业内部审计机构还有一定的难度，审计必须由以内部审计机构为主体、组织有关部门选派专门的人员参加的联合审计组实施，这样可以发挥集体优势，扬长避短，保证经营决策审计的质量。

2. 技术方法

企业内部经营决策审计的复杂性，决定了其审计方法不能完全固定。经营决策审计的方法是多种多样的，首先采用财务审计的一般方法，例如核对法、对比法、查询测试法、因素分析法等以确定数据的真实性，并核实决策项目中有关的情况，作为开展经营决策审计的基础。其次，根据决策项目审计的需要适当地运用一些现代技术方法。如对实现同一目标的几个不同方案进行定量、定性的分析、比较，从中选出最优方案的方案比较法；用于企业新产品开发决策审计的价值工程法；用于投资决策审计的净现值法；以及用于产品品种决策，企业一些具体的短期经营决策的本量利分析法等。

31.1.3.3　企业内部经营决策审计的一般程序

实施企业内部经营决策审计，一般程序如下。第一步是确定审计项目。经营决策项目的确定依据：一是内部审计机构年初工作计划；二是企业领导临时布置的任务。第二步是组织审计力量。鉴于经营决策审计的复杂性，应组织以内部审计机构为主，企业生产、技术、财务等部门参加的联合审计组。第三步是掌握和收集有关资料，包括会计、统计计划、技术设备等资料，并对有关资料进行研究、消化。第四步是确定评审经营决策的标准。要提高企业经济效益，应将现实和可能相统一作为评价决策的基本标准。第五步是实施检查取证，进行分析、评价。第六步是得出审计结论。根据审计所取得的证据会同生产、技术、财务等部门共同分析、研究，提出切合实际的审计结论。

31.2　经营决策审计的内容

31.2.1　投资方向审计

投资方向是企业的重要经营决策，体现企业经济发展趋向，直接关系到企业经营决策能否达到预期目的及企业兴衰。因此，加强对投资方向的审计监督，对做好企业经营决策至关重要，应重点审计下列内容：①企业投资方向是否符合国家产业政策的规定。②确定投资方向有无盲目性，是否经过严密论证、科学分析。③投资方向是否充分考虑主观、客观因素，是否有利于企业经济发展和长远目标的实现。

31.2.2 环境分析和市场预测审计

企业的外部环境对企业经济发展有着重要影响，有的是有利的，有的是不利的，企业应自我调整去适应，否则不利于企业的发展。环境分析和市场预测审计应重点审计监督以下内容：审核企业外部环境对企业的影响；审核企业是否抓住或避开外部的环境因素，即是否充分考虑所面临的政治因素，经济因素，技术因素，社会因素，文化因素，自然因素及具体环境中的需用者、供应者、竞争者等对企业的影响；审核企业是否摸清外部环境，是否及时掌握环境变化的趋势，是否找出对自己有利的机会和不利的风险；审核市场调查、预测的内容是否全面、细致，市场调查、预测的程序是否有计划、有步骤地进行；审核市场调查、预测方法是否恰当科学。

31.2.3 市场营销决策审计

31.2.3.1 目标市场决策审核

目标市场决策审核包括以下内容。审核目标市场的确定及企业应为哪一类顾客服务，是开拓国内市场还是国际市场。审核市场、子市场和市场面的划分比例是否合理和符合社会需求，企业的产品是投放到一个或少数几个市场上，还是投放到整个市场上。审核企业是否正确选择无差异性策略、差异性策略和集中性策略。审核市场定位是否恰当，以及产品进入目标市场的时间和进度是否合理，对进入市场的方式和产品价格、销售渠道、促销方面做出的安排是否有利于该产品进入市场。

31.2.3.2 产品和定价决策的审核

产品决策审计主要是指对产品的商标、外观设计、产品包装、服务方面的审计。定价决策审核是审核影响价格的各项因素：一是直接因素，即产品成本的构成；二是市场需求；三是竞争者价格；四是国家规定价格；五是其他因素，如是否考虑价格制定的心理因素、浮动价格和季节性价格的制定是否合理、是否按值定价、所处生命周期的价格浮动是否合理。

31.2.3.3　销售渠道和促销策略审计

销售渠道审计是审核企业是选择直接销售渠道、间接销售渠道或中间商，哪一种销售渠道更适合企业的发展。促销策略的审核，即审核广告宣传的作用是否达到最佳效能、营业推广的方式和利用公共关系是否达到促销目的。

31.2.3.4　财务管理审计

财务管理审计包括以下内容。审核企业是否按照国家规定的渠道，筹集、分配、使用资金，有无损失浪费现象。审核企业财务收支是否符合国家有关政策、法规、财务制度的规定，财务管理体制是否完善，各项制度是否建立、健全及有效执行，并且能否适应企业经济发展的需要。审核固定资产是否安全完整，能否得到充分、合理的利用，能否达到最佳效能，能否及时处理闲置的固定资产盘活资金。审核固定资产日常维护、更新改造工作，能否适应企业生产经营活动。审核流动资金管理中的储备、生产、成品资金结算与货币资金的占用比例是否合理，专项资金是否按国家规定取得，是否遵循“专款专用，量入为出，节约使用”原则，是否实行计划管理、集中管理和归口分级管理相结合。审核企业利润计划指标的编制是否从企业的实际情况出发，是否能调动企业积极性，改善经营管理，以达到最好效益。审核利润分配是否兼顾国家、企业、职工个人三者利益。审核企业的经营方式与方法：产品是否更新换代，长远规划与经营目标等决策。

31.3　经营决策审计要点

31.3.1　经营决策审计的评价应坚持实事求是、客观公正的原则

由于在审计评价实践中，普遍存在经济责任难界定、评价标准难统一等问题，因此在经营决策审计评价时应注意以下方面。

1. 经营决策审计评价应与被审计单位所处行业和所处地区的经济环境相联系

如在评价决策目标实现程度时，不仅要与其前期情况和任务指标完成情况相比较，还要注意与其所在行业平均水平和所处地区经济发展状况这一大背景进行比较。审计人员通过横向和纵向比较，对决策事项公允、客观地进行评价。

2. 注意国家和上级政策对决策的影响

由于国家和上级有关政策的变化调整对被审计单位管理层来说，是不可控因素，如果政策调整对决策目标的实现程度影响较大，在对决策效果进行评价时应给予客观、真实、全面的陈述。如：对某些重大投资决策程序正常，且操作规范，但受国家宏观经济调控影响，项目投资效益差甚至投资失败的，审计人员可采用写实的方法进行评价。但对审计发现的管理层违反决策程序，擅自决定重大项目投资、对外经济担保或大额资金运作、大宗物资采购等事项，造成损失浪费、资产流失的，审计人员要如实披露，明确责任。

31.3.2 经营决策审计不仅要关注直接的审计效果，而且要关注可控的社会效果

在经营决策审计结束后，审计部门除了向组织部门汇报审计结果外，应通过信息、专报、综合报告等载体提升审计成果，扩大审计影响。对擅自决策造成损失浪费的相关责任人，要积极利用审计建议进行处理，以强化审计结果的运用，促进监督体系效果的发挥。此外，要进一步发挥经济决策审计在促进管理层决策效益方面的建设性作用，着力解决当前存在的权力不明、责任不清、评价不准、追究不力等现实问题。

31.4 M公司经营决策审计案例

一、案例背景

M公司是自主经营、自负盈亏、独立核算、具有法人资格的国有特大型企业，

集发电、供电、施工、设计、修造为一体。M公司主营电力及热力销售、电力设计和施工管理，负责对省电网实施统一规划、统一管理、统一建设和统一调度。M公司供电范围覆盖M省所有地级市。

2××3年至2××4年，A同志担任M公司总经理，负责公司全面工作。上述A同志任期期间，M公司的重大经营决策事项包括以下方面。

1.重大投资事项

2××3年，省公司决定开展多种经营，拓宽业务渠道，投资成立全资子公司**酒店、**培训中心、**商厦，上述三家公司截至年底累计亏损****万元。另外年参股大鹏证券公司****万元，后证券公司关闭清算，至年底M公司计提了****万元的减值准备，存在较大投资风险。

2××3年—2××4年M公司累计完成重大基建工程投资**亿元，完成国家重点国债资金建设农网改造工程**亿元。

2.重大担保事项

M公司对M水泥公司累计投资成本为***万元，拥有**%的股权比例，由于连年亏损，年底M公司股权投资账面余额减至***万元，减少32.8%。M公司累计为M水泥公司提供借款**万元（其中2××3—2××4年借款***万元，M公司应收委托贷款和借款利息**万元）。以上借款，M公司逾期未收回借款本金和利息。2××3年之前，M公司为M水泥公司提供借款担保5笔，共计****万元。2××3—2××4年，提供借款担保，共计****万元。以上担保，M公司均未按规定收取担保费用。

M公司全资子公司N开发公司2××3—2××4年为Q实业股份有限公司提供担保****万元，按照收取担保费最低标准计算，上述担保应收取担保费**万元，但公司无担保费收入。截至年底N开发公司对外担保期末余额为****万元，而该公司净资产经过2××3年清产核资后为负值，目前已资不抵债。

2××5年3月，重大担保事项作为对M公司领导人任期经济责任审计的重要组成部分，专项审计小组对M公司2××3年至2××4年的重大经营决策进行了审计。

二、审计过程

1.对外投资的决策审计

审计组主要审计的内容包括以下方面：对外股权投资决策是否经过法定的或公司内部的决策程序；对外投资收益情况，以及是否存在重大风险；有无因违反决策程序或决策失误造成重大损失、浪费或潜在损失的情况。

针对审计要点，审计组采取了以下审计实施步骤。

首先调查了解M公司投资决策程序和相关内部控制制度，编制投资决策实施流程图，并标注关键控制点。

其次抽选投资金额大、收益低或造成重大损失的典型投资项目进行符合性测试，检查决策程序是否合规、内部控制制度是否得到有效执行，并根据检查结果对投资决策相关内部控制制度的建立与执行效果做出评价。审查中，重点关注需要报批项目的报批程序履行情况、项目可研论证是否充分等。

最后审查投资项目的收益和风险情况。重点审查实际收益情况和存在的风险，有无重大损失或浪费等。对于对外投资项目需采取现场调查或报送财务报表及相关资料进行分析性复核等方式实施必要的延伸审计调查。

审计组认为投资项目在审批的各阶段是否有审议通过的会议记录和决策纪要是投资决策的关键控制点之一。审计中，审计组发现M公司制定了对外投资相关管理制度，内部投资决策程序也有书面规定，其投资决策程序简要流程为投资计划部出具对外投资项目计划、将可行性论证报告提交公司投资决策委员会审议，审议通过则上报公司总经理办公会决策，由总经理办公会集体讨论通过，确定投资目标，出具办公会会议纪要，通知投资计划部具体执行。

在本案例中，审计组发现虽然M公司对外投资实现收益从A同志上任前的亏损****万元到2××3年投资收益减少亏损至****万元、年实现投资收益盈利****万元，投资收益稳步上升，投资回报实现较大增长。但也关注到省公司投资的酒店、培训中心、商厦等公司累计亏损***万元，参股大鹏证券****万元，但由于大鹏证券关闭清算，公司浮亏达****万元。

审计组抽选了投资亏损的酒店、培训中心、商厦和参股的证券四个投资项目，对其内部控制制度执行情况进行了符合性测试，发现投资酒店、培训中心两个项目经过决策程序，制度执行情况较好。而投资商厦和参股大鹏证券两个项目经内部控制制度测试，审计组发现其未经过公司投资委员会审议，项目未提交可行性论证报告，其中投资商厦项目在总经理办公会会议记录中未有相关说明内容。

审计组随后又对投资商厦和参股证券进行了实质性测试。经了解，M公司对商厦的投资属严重违反决策程序行为，其为个别分管领导决策，且存在对商厦投资无项目投资评估报告等一系列问题，而且会计师事务所对商厦的财务报表也出具了无法表示意见的审计报告。

审计中还发现投资大鹏证券虽然经过总经理办公会审议，但没有事先交由投资委员会审议，且投资第二年证券公司即被证监会责令关闭清算，说明M公司对参股该证券公司的可行性研究不到位，未进行尽职调查和风险评估，属草率决策，且造成潜在重大损失。

2. 对外担保的决策审计

审计组主要从M公司对外提供担保是否符合法定条件，有无违规对外担保情况，是否存在由担保引起的或有负债并预计对公司财务状况和经营成果的影响几方面开展审计。

审计组在对M公司对外担保的决策方面主要开展了以下审计步骤。调查并分析A同志任期内发生的对外担保明细项目，了解对外担保整体状况，了解查阅相关制度，编制担保决策流程图，标注关键控制点。抽取担保样本，对担保决策和操作程序进行符合性测试，对相关内控制度的执行效果做出评价。审查对外担保事项是否存在违规情况。对部分担保项目开展实质性测试，重点关注担保对象是否合规、担保申请人条件是否具备、担保比例是否合规、担保和反担保合同签订情况、担保费收取情况等事项。最后抽取担保金额大、被担保方财务状况差、发生法律诉讼等担保样本，采取现场调查或报送财务报表及相关资料进行分析性复核等方式实施对被担保单位的延伸审计调查，评判是否存在潜在的连带偿债风险。

（1）经审计，审计组发现M公司领导班子在明知公司对M水泥公司提供借款担保共计****万元未收到对方担保费的情况下，仍在2××3—2××4年，向M水泥公司多次提供借款担保。以上均系超股权比例提供的担保，也未按《国网公司担保管理办法》的有关规定报电网公司批准和按规定收取担保费用，M公司也未采取反担保等风险控制措施，由于M水泥公司连年亏损，省公司存在连带偿债风险。

（2）由于N开发公司经清产核资后净资产为负数，已严重资不抵债，不再具备对外担保的条件，而对外担保数额巨大，M公司未能尽到应有的监督与控制职责，将承担连带赔偿责任。作为N开发公司的母公司，M公司为何会对N开发公司对外巨额担保视而不见呢？经调查，审计组发现N开发公司担保的Q实业股份有限公司为M公司集体持股企业，而Q实业股份有限公司的经营情况与M公司职工利益关系密切。另外，审计组发现M公司为R电力实业集团公司提供担保***万元，双方未签订担保合同，存在担保程序不规范现象，M公司也未向对方收取担保费。

三、审计结论

1. 审计发现问题汇总

M公司虽然制定了《对外投资管理办法》，但公司对外投资活动未完全执行办法的相关规定，存在未履行相应投资决策程序、对个别投资项目存在对外投资可行性研究不够等情形。由此导致的决策失误，造成的投资损失，作为主要决策人，A同志应负直接责任。

M公司对下属单位投资项目也缺乏有效监督，对长期投资亏损项目，如M水泥公司的投资未制定有效的管理措施加以控制，A同志应负主管责任。

2.审计意见和建议

M公司应进一步加强内部控制制度的建设和执行力度，完善内部控制机制，对内部控制薄弱环节加强管理和控制，增强对下属单位的控制力；应进一步规范内部控制流程与标准，完善内部监督机制，防范重大经营决策风险。

M公司应进一步加强对基层单位重大决策事项的检查和指导，对存在的问题应督促其尽快予以整改。

M公司应进一步加强工程项目管理，严格执行《对外投资管理办法》，规范业务管理流程与标准，客观反映工程建设投资情况。

第 32 章 内部审计报告

内部审计报告是指内部审计人员根据审计计划对被审计单位实施必要的审计程序后，就被审计事项得出审计结论，提出审计意见和审计建议的书面文件。内部审计人员通过内部审计报告完成审计目标、表达审计意见或得出审计结论。内部审计人员对出具的内部审计报告的真实性、合法性负责。内部审计人员所做的一切审计工作都在内部审计报告中体现，同时内部审计报告也是发挥内部审计的服务和监督作用的必要条件，是反映内部审计人员能力和业绩的证明文件。

32.1 编制内部审计报告的目的

32.1.1 向阅读者传递信息

收集、整理和记录企业管理当局控制下各类活动的真实可靠信息是内部审计人员日常工作的一个重要方面。内部审计报告就是汇集这些信息（包括令人满意的状况和不能令人满意的状况两个方面）并对之表述审计意见和建议的一种主要方式。一份反映真实情况的内部审计报告是赢得企业管理当局或董事会对内部审计工作的信任并依赖其工作成果的一种有效工具。一份成功的内部审计报告必须能够准确地传递有关被审计事项的真实可靠信息，向阅读者表明内部审计完成了哪些工作，还能够完成什么，管理部门应该关心而未能关心的是什么。管理人员，尤其是最高管理人员之所以对内部审计报告给予必要的关注，是因为他们认为内部审计报告作为企业内部一种相对独立工作的结果，其所收集的信息是在系统的检查和评价过程中产生的，能够较客观公正地反映事实，揭示事物的本来面目；他们通过审阅内部审计报告能够从不同角度进一步熟悉和掌握在实现企业目标过程中各种活动的效率和效果。不能准确传递信息的内部审计报告是毫无意义的。

32.1.2 说服阅读者接受并采纳审计意见和建议

任何一份内部审计报告都应该表述内部审计人员对被审查活动所持的观点和看法，包括针对一些有害于企业目标实现的错误、缺陷或不良管理方式下产生的不规范行为所提出的改进意见。只有当审计意见取得报告阅读者，尤其是那些有权对不良管理方式和不规范行为采取纠正行动的管理人员（包括对存在问题负直接责任的管理人员）的认同时，内部审计报告才能真正发挥其潜在的效用，成为推动实现企业目标的有效工具。事实上，审计意见，即便是正确的审计意见也未必都能得到应有的关注，内部审计报告不具说服力或说服力不强是其重要原因之一。因此，一份良好的内部审计报告在准确反映事实、传递信息的同时，还必须具有足够的说服力，能使报告的阅读者，甚至那些熟悉实情、做事谨慎的人们也能够通过阅读报告得出与审计人员相同的审计结论和建议，并充分意识到采纳审计意见的好处。

上述编制内部审计报告的两个目的，也是编制其他报告时应予达到的。只有这样，才能造就成功、有效的审计过程，实现内部审计作为一种职能活动的总目标。

32.2 内部审计报告的作用

内部审计报告对于不同的主体，其作用也不尽相同，表现如下。

1. 对内部审计人员的作用

内部审计报告总结了审计工作的目的、范围和结果，是评价内部审计人员工作的主要因素；内部审计报告能促使被审计单位采取行动，加强控制；内部审计报告能促进对内部审计人员的教育与培训；内部审计报告能为评价内部审计人员的工作业绩提供方便；内部审计报告能为后续审计提供便利条件。

2. 对管理层的作用

内部审计报告能提供一系列的行动计划，可以促进管理层采取必要的改善措施；内部审计报告有助于提醒管理层关注应注意的事项；内部审计报告有助于评价经营业绩。

3. 对高级管理者的作用

内部审计报告提供了其他报告不能提供的有关经营和控制的详细情况；内部审计报告能向高级管理者提供客观全面的信息；内部审计报告能提供有关审计活动的信息，使高级管理者了解正在进行的重要的或高风险事项是否正在进行审计；内部审计报告可以促进规范化的经营操作。

4. 对其他组织的作用

内部审计报告是一项重要的信息来源，可以为外部审计师提供方便，避免重复工作；内部审计报告有助于保障监管机构的利益。

32.3　内部审计报告的质量要求

内部审计报告应当客观、完整、清晰、及时，富有建设性、完整性和及时性，并体现重要性原则，与此同时，报告的编制应当符合下列要求。

（1）实事求是、不偏不倚地反映审计事项的事实。

（2）要素齐全、格式规范，不遗漏审计中发现的重大事项。

（3）逻辑清晰、用词准确、简明扼要、易于理解。

（4）充分考虑审计项目的重要性和风险水平，对于重点事项应当重点说明。

（5）应针对被审计单位业务活动、内部控制和风险管理中存在的主要问题或者缺陷提出可行的改进建议，促进企业目标的实现。

内部审计报告应及时编制，以便适时采取有效纠正措施；内部审计机构应当建立健全内部审计报告分级复核制度，明确规定各级复核人员的要求和责任。

32.4 编制内部审计报告的注意事项

内部审计报告没有公认的或固定的格式，不同组织的最终内部审计报告在格式上可能存在不同程度的差别，但最终内部审计报告必须是正式的书面报告，采用的格式应该经过认真仔细的设计，而且必须经过首席审计官或其委派者的检查、批准和签字后才能签发。在内部审计实务中，编制内部审计报告通常需要注意下列事项。

1. 条理清晰

一份内部审计报告中可能会包含很多信息和内容。内部审计报告的编制者应当对这些信息和内容进行合理的安排，做到条理清晰、主次分明。内部审计报告的编制应当始终遵循重要事项优先的原则；在编制内部审计报告时应当首先说明审计的目的和依据，执行的具体审计程序，审查的主要资料和内容，经过汇总、核对与分析发现的主要问题，事项的严重程度，涉及的金额数量和违反的法规、制度及工作程序，当事人及主管领导的解释，对当前管理与控制状况的归纳，以及对存在的问题提出的改进建议等。

条理清晰意味着内部审计报告各部分具有良好的组织安排，所说明的内容是容易理解的。一份表达清楚的内部审计报告应该使阅读者迅速准确地抓住报告的中心主题，理解报告的信息内容，明确编制者想要表达的思想。这要求报告必须用词准确，文字通顺流畅，逻辑性强，前后一致并突出重点。

2. 表达简明

内部审计报告应当表述清晰、用词准确、简明扼要、突出重点、易于理解。在内部审计报告中尽可能避免不必要的过于专业性、技术性的复杂语言，只有使用简单明了的语言才能使内部审计报告更易于理解和贯彻执行。

工作繁忙的高层管理人员一般不会有时间阅读一份冗长的内部审计报告。这就要求报告应言简意赅地阐明事实和结果，文风简洁明快，又抓住要害、突出重点。

3. 合理归纳

如果在内部审计项目中发现了较多的问题，在编制内部审计报告时应当对这些问题进行归纳，提炼出重要的事项，并对重要事项予以清楚的阐述，避免简单罗列问题。

4. 分析详尽

内部审计报告必须以事实和数据说话，通过对发现问题的汇总与分析揭示问题，以寻找原因和界定事实。为此，内部审计报告应当具体说明已经执行的具体审计程序以及收集到的具体资料。审计人员的分析思路要开阔，不要局限在被审计项目之内，也不要限于组织内部，应当将审计数据放在更深的深度与更大的广度中进行分析，通过多方位和多维度的对比分析可以获取更客观的结论。

5. 态度客观

客观意味着编写内部审计报告的人员的写作态度是实事求是，不带个人偏见的。事实的陈述是必须经过审计人员亲自观察和证实的，并非来源于道听途说。所揭示的问题和缺陷都是真实存在并有充分可靠的审计证据支持的；所提出的意见和结论是根据真实的审计发现，依据客观的评价标准做出的符合逻辑、能够反映事物本来面目的判断评价；对被审查者就审计结果发表的不同意见所做的说明是符合实际的，最好的表达方式是将其正式的书面答复作为报告的组成内容。若修正报告，则应该指明修改过的资料，对重大差错还需说明修改的原因，修正报告应该发送到所有接受过报告的人员。

6. 建议可行

内部审计报告的重点在于针对审计中发现的问题提出合理的、切实可行的整改意见和建议。如果说审计是为了发现问题，那么整改建议就是为了解决问题，整改意见和建议的优劣直接影响组织管理层对问题的整改速度和效果。编制内部审计报告提出改进建议时切忌针对性不强、分析问题及成因部分与整改建议之间缺乏相关性、整改建议泛泛而论、流于形式、缺少切实可行和便于操作的整改方案和具体措施。

现代内部审计的最终目的不在于发现问题、批评过去，而在于解决问题、指导未来。这就要求富有建设性的建议应该使内部审计报告的内容能够为高层管理人员把握其控制下活动的真实情况，为强化控制、统筹全局、科学决策提供有价值的参考信息；能够为督促和帮助被审计单位慎重考虑报告中所陈述的问题和建议，及时采取纠正行动，改变不良工作状况，提高绩效水平而提供有益的咨询服务。

7. 语调恰当

内部审计报告应该使用得体的语调，避免对所审查活动发表的意见和建议成为批评别人、指责别人的文字。内部审计报告的语调和审计人员的讨论态度往往是决定能否取得被审查者配合的关键。偏激或浮夸之词都将影响、破坏双方良好合作关系的建立，从而使审计人员作为被审查者的“敌人”出现在组织中。恰当的语调意味着内部审计报告是文雅、高尚和有礼貌的，表示了对被审查者的尊重，所涉及的内容主要针对事而不是人，即便含有批评之意，也应该是恰如其分并充分考虑了被审查者的意见及可能对其造成的不利影响。一份语调恰当的内部审计报告应该使阅读者感觉到各种说明是心平气和且不带感情色彩的，是客观求实且富有新意的。这要求报告的编制者具有客观公正的写作态度和踏实朴素的语言功底。

32.5 内部审计报告的复核

1. 复核人

复核工作应由内部审计机构的负责人或其指定的具有丰富经验的人员承担。内部审计报告的最终复核人应由内部审计机构的负责人担任。

2. 复核的基本内容

（1）检查是否实施所有必要的审计程序，运用的审计方法是否恰当有效，是否遗漏重要的事项。

（2）检查所收集的审计证据是否达到标准，审计依据是否恰当，审计判断是否准确，是否支持最终的审计结论、审计决定、审计建议。

（3）审计报告中的审计结论、审计决定、审计建议是否明确、恰当，是否存在错误表述。

（4）检查审计报告是否在整体上反映了审计工作的广度和深度。

32.6　内部审计报告的内容

32.6.1　内部审计报告的基本要素

内部审计报告的基本要素包括标题、收件人、正文、附件、签章、报告日期和其他事项等。

（1）标题。内部审计报告的标题应当能够反映审计项目的性质，力求言简意赅并有利于归档和检索。标题中通常包括被审计单位的名称、审计事项（类别）、审计期间和审计报告字样。

（2）收件人。内部审计报告的收件人应当是对审计项目有管理和监督责任的机构或人员。收件人可能是被审计单位的适当管理层、董事会或其下设的审计委员会，或者是组织中的主要负责人、组织最高管理层、上级主管部门等。内部审计人员应当考虑组织的法人治理结构、管理方式的差异，根据具体情况确定适当的审计报告的收件人。

（3）正文。内部审计报告的正文是内部审计报告的核心内容，主要包括审计概况、审计依据、审计发现、审计结论、审计意见和审计建议等内容。

（4）附件。内部审计报告的附件是对内部审计报告正文进行补充说明的文字和数字资料。附件应当包括针对审计过程、审计中发现问题所做出的具体说明、被审计单位的反馈意见等内容。例如，审计过程中相关问题的计算及分析程序；审计发现问题的详细说明；被审计单位及被审计责任人的反馈意见；记录审计人员修改意见、明确审计责任、体现审计报告版本的审计清单；需要提供解释和说明的其他内容等。

（5）签章。内部审计报告应当由主管的内部审计机构盖章，并由审计机构负责人、审计项目负责人以及其他经授权的人员签字。

（6）报告日期。内部审计报告的日期一般采用内部审计机构负责人批准送出日，但是在下列情形下则需要使用相关的日期：因采纳组织主管负责人的某些修改意见，内部审计人员在本机构负责人审批之后又发现被审计单位存在新的重大问题或者内部审计报告存在重大疏忽等。

（7）其他事项。内部审计报告应当声明内部审计是按照内部审计准则的规定实施的，若存在未遵循该准则的情形，应当做出解释和说明。内部审计报告中应当说明报告是针对被审计单位业务活动、内部控制和风险管理的适当性、合法性和有效性所做出的合理保证。

32.6.2 内部审计报告的正文内容

内部审计报告的正文内容包括审计概况、审计依据、审计发现、审计结论、审计意见和审计建议。

（1）审计概况。审计概况是对内部审计项目总体情况的介绍和说明，一般应当包括审计目标、审计范围、审计内容及重点、审计方法、审计程序及审计时间。

（2）审计依据。审计依据是实施内部审计所依据的相关法律法规、内部审计准则等规定，内部审计报告应当声明内部审计是按照内部审计准则的规定实施的，若存在未遵循该准则规定的情形，应当做出解释或说明。

（3）审计发现。审计发现是在对被审计单位的业务活动、内部控制和风险管理实施审计过程中所发现的主要问题的事实。内部审计报告应当对所发现的事实的具体情况、应遵照的标准、事实与标准的差异、已经或可能造成的影响以及产生原因做出说明。

（4）审计结论。审计结论是根据已查明的事实，对被审计单位业务活动、内部控制和风险管理所做的评价。内部审计人员提出的结论可以是对经营活动或内部控制的全面评价，也可以是对部分经营活动和内部控制进行评价。如果必要，审计结论还应当包括对出色业绩的肯定。

（5）审计意见。审计意见是针对审计发现的主要问题提出的处理意见。审计意见的权威性取决于组织适当管理层对内部审计机构的授权。

（6）审计建议。审计建议是针对审计发现的主要问题，提出的改善业务活动、内部控制和风险管理的建议。例如，如果现有系统需要全部或局部改变，审计建议可以包括改进的方案、方案实施的要求、方案实施效果的预计以及未实施改进方案的后果分析等。

内部审计报告内容详见表 32-1。

表 32-1　内部审计报告内容

类型	基本要素	正文内容
内容	标题	审计概况
	收件人	审计依据
	正文	审计发现
	附件	审计结论
	签章	审计意见
	报告日期	审计建议
	其他事项	

第 33 章 政府审计常用技术方法

33.1 询问技术

询问技术是指审计人员通过直接找有关人员进行面谈，以获取必要的资料或对某一问题给予证实的一种审计技术，有人也称之为面询。其主要包括：对知情人的询问、对当事人的询问、内部询问、外部询问、个别询问、集体询问。询问技术是极为重要的常用辅助审计技术之一。因为，通过运用审阅、核对批点、分析、推理等技术，可能发现许多问题，但这些问题最终都需要找有关方澄清，这就得运用询问技术。

按询问对象的不同，询向技术可分为对知情人的询问和对当事人的询问两种。对知情人的询问，是指通过找知晓某一问题具体情况的人员面谈，来获取资料或证实问题；对当事人的询问，是指找某一问题的直接责任人员面谈，以获取资料或核实问题。另外，若按询问地点的不同，询问技术还可分为内部询问和外部询问；若按询问方式的不同，询问技术又可分为个别询问和集体询问两种。在具体运用询问技术时，应根据需要选择不同的询问类型。

33.1.1 询问技术应用要点

审计人员要有效地运用询问技术，首先要选择恰当的询问方式，然后是适当地运用询问策略。

1. 选择询问方式

选择恰当的询问方式，是保证询问顺利进行、获取所需信息资料不可缺少的手段。询问方式有个别询问和集体询问。

（1）个别询问的运用。

个别询问，即单个交谈，是指找每一个人分别进行面谈，以获取所需资料的一种询问技术。由于个人对其他人员通常都有戒备心理，比如当心他人抓自己的把柄，或是怕他人打自己的小报告等。因此，在可能的情况下，应该尽可能多地采用个别询问，以下几种情形是必须采用个别询问的。

①询问内容极为重要，且需要控制扩散范围的。

②被询人知晓的情况可能对他人构成损害或威胁的。

③被询人是某些人的打击报复对象。

④被询人性格内向，不善交谈的。

⑤被询人提出要求，需要单个面谈的。

⑥对当事人的对质，以核实问题的。

⑦审计人员认为，询问将可能对被询人产生不利影响的。

（2）集体询问的运用。

集体询问，是指通过找多个有关人员一起进行面谈，以获取所需资料的一种询问方式。一般地，在以下场合应采用集体询问的方式。

①调查了解的只是一般情况或一般性问题。

②调查内容对有关人员不构成影响的。

③被询人性情活泼开朗，善于交谈的。

④审计人员认为询问内容对被询人不构成不利影响的。

⑤询问内容不存在保密问题的。

总之，应采用何种询问方式，要根据询问内容的具体情况，以及被询人的具体情况而定。

2. 询问策略的运用

（1）创造适宜的询问气氛。

①审计人员的态度。对知情人的询问，应表现出乐于接受被询人提供的情况，且容易接近的态度；对当事人的询问，则应表现出严肃的态度。

②被询人的陈述。

③审计人员的引导。

（2）恰当地提出问题。

①语词恰当。

②问题得体。

③依据事实。

④讲究条理。

（3）运用询问技巧。

①攻心。

②先发制人。

③侧面暗示。

④迂回进攻。

⑤巧设问。

⑥对质。

33.1.2 询问技术应用时应注意的问题

询问技术的应用场合是十分广泛的，既可用于对被审计单位有关情况的一般了解，也可用于审计证据的落实，如用于收集某些书面资料或财产物资等补充证据等。为了确保询问技术运用的有效性，在具体运用询问技术时应特别注意以下各点。

（1）在准备对有关人员进行询问之前，如果可以让被询人事先了解情况，则应预约询问的时间。这一点很重要，一是显示审计人员对被询人的尊重；二是可以让被询人做些必要的准备等。但应注意，接近下班或刚上班的时间一般不是最佳的询问时间。不过，对当事人的询问一般不能事先告知。

（2）在每一次询问中，应该有两名审计人员在场。

（3）为了便于询问的进行，审计人员应使自己的穿着显得特别有修养。这一点很重要，合适的穿着，便于拉近审计人员与被询人的关系，因此，审计人员一定要注意穿着，不应太随便，亦不应太庄重。

（4）在询问过程中，要注意听，使被询人意识到他所提供的信息是重要的。

（5）在询问过程中，应认真做好询问记录，并在询问完毕后交被询人查阅签名，以明确责任，尤其是对当事人的询问，一定要注意这一点。如果有可能，在询问时可以结合使用问题式调查表。

（6）列入计划的询问对象及询问内容应注意保密，不管是对当事人的询问，还是对知情人的询问，都应如此。

（7）涉及多个当事人的询问，应单独同时进行，以防相互串通。

（8）通过询问获得的证据，不能直接用来作证，只能用作重要证据的补充证据。因此，如果事先未能找到其他重要证据，而只通过询问获得了重要证据的线索时，应按提供的线索找到其他重要证据。

33.2　检查方法

检查是指注册会计师对被审计单位内部或外部生成的，以纸质、电子或其他介质形式存在的记录或文件进行审查，或对实物资产进行审查。

检查记录或文件的目的是对财务报表所包含或应包含的信息进行验证。

（1）检查记录或文件可提供可靠程度不同的审计证据，审计证据的可靠性取决于记录或文件的来源和性质。

（2）在检查内部记录或文件时，其可靠性则取决于生成该记录或文件的内部控制的有效性。将检查用作控制测试的一个例子，是检查记录以获取关于授权的审计证据。

（3）某些文件是表明一项资产存在的直接审计证据，如构成金融工具的股票或债券，但检查此类文件并不一定能提供有关所有权或计价的审计证据。

（4）检查有形资产可为其存在性提供可靠的审计证据，但不一定能够为权利和义务或计价认定提供可靠的审计证据。

33.2.1　顺查法

1. 顺查法的定义

顺查法又称“正查法”，是指根据会计业务处理程序进行分类，即按照所有原始凭证的发生顺序进行检查，逐一核对。

顺查法的审查顺序与会计核算程序的顺序完全一致。审查时首先审查原始凭证，着重审查和分析经济业务是否真实、正确、合法、合规，核对证证是否相符；其次，审查和分析记账凭证，查明会计科目处理和数据计算是否正确、合规；再次，审查各类会计账簿的记账和过账是否正确，核对账证是否相符；最后，审查和分析财务报表的各个项目是否正确、完整和合规，核对账表、表表是否相符。

顺查法适用于业务规模不大或者凭证较少的企业。大中型企业，可以根据实际情况对部分账簿选择顺查法。例如，我国不少企业采用分割式记账凭证，将收款、付款、转账等三种凭证分开，单独编号，分别装订，因此对于现金、银行存款等收付业务的分类记账凭证，可以选择顺查法。顺查法也适用于会计工作混乱的企业。

2. 顺查法的特征

（1）从审查原始凭证出发，着重审查和分析经济业务是否真实、正确、合法、合规，核对证证是否相符。

（2）审查记账凭证，查明会计科目处理、数额计算是否正确、合规，核对证证是否相符。

（3）审查会计账簿，查明记账、过账是否正确，核对账证、账账是否相符。

（4）审查和分析财务报表，查明报表各项目是否正确完整，核对账表、表表是否相符。

33.2.2 逆查法

33.2.2.1 逆查法的定义

逆查法就是审计取证的顺序与反映经济业务的会计资料形成过程相反的方法。逆查法是常用的重要方法，其审计功效较高而且涉及范围较广，逆查法对审计人员的要求比较高。

使用逆查法时，审计人员需要遵循一定的审计程序和方法，逆查法的一般程序方法如下：审计人员应首先分析检查财务报表，然后追查至相关的日记账、明细账和总账，接着核对记账凭证，最后再核对原始凭证。

33.2.2.2　逆查法的优缺点

逆查法有其优点和缺点。逆查法的优点是可从被审计事项的总体上把握重点，在发现问题的基础上明确主攻方向，目的性、针对性比较强；由于突出重点，因此可以节省人力和时间，提高审计工作效率。逆查法的缺点就是由于运用逆查法一般不要求对被审计事项进行全面的审查，因此可能遗漏重要错弊事项。此外，逆查法比顺查法要复杂，难度较大，因此，对审计人员业务素质要求也是比较高的。

逆查法一般适用于业务规模较大、内部控制系统比较健全、管理基础较好的被审计单位。

33.2.3　直查法

1. 直查法的定义

直查法是相对于顺查法和逆查法而言的，它是直接从有关明细账的审阅和分析开始的一种审计方法。

2. 直查法的步骤

（1）根据审计的具体目标，确定需要审查的明细账种类。

（2）审阅并分析明细账。

（3）核对记账凭证及其所附的原始凭证，或核对账账、账表。

（4）审阅分析凭证或账表。

（5）根据需要再对存有疑问的债权债务进行证实、对实物进行盘点，以核实全部内容，取得充分可靠的证据。

3. 直查法的优点

直查法最大的优点是，应用起来灵活方便，根据需要可以向两端延伸，又能抓住重点，从而较快地查出问题，提高工作效率。运用直查法既能克服顺查法事无巨细地审查所造成的低效率，又能避免不能从大处着手把握问题而使审计效果不佳的缺陷。

4. 顺查法、逆查法及直查法的应用选择

顺查法、逆查法和直查法不是彼此孤立地应用，而是几种方法结合运用的，这样有利于提高工作效率和工作质量。如果需要检查的资料内容众多，而且审查的时间范围又广，那就适宜采用逆查法或直查法，在采用逆查法或直查法的同时，还可以局部兼用顺查法；如果需要检查的资料内容不多，审查的时间范围又小，又希望获得非常具体的情况，则宜采用顺查法，在采用顺查法的同时，亦可局部兼用逆查法或直查法；直查法则在大多数情况下都能应用，并且在具体应用时，既要应用顺查法，又要应用逆查法。

33.3 分析技术

分析技术是常用的一种辅助审计技术。在审计过程中，常用的辅助审计技术有分析技术、推理技术、询问技术和调整技术等。分析技术，是指在审计时通过对被审项目有关内容的对比与分解，从中找出项目之间的差异以及各项目的构成因素，以揭示其中有无问题，从而为进一步审计提供线索或主攻方向的一种审计技术。在每一审计项目中，分析技术使用的频率往往最高，不仅可以在开始实施实质性审查前采用，在实质性审查过程中亦能采用。如果审计人员的分析恰当，通常能收到事半功倍之效；若分析不当，则可能使审计工作误入歧途。审计中的分析技术很多，如比较分析、平衡分析、相关分析、账户分析、制度分析、因素分析、趋势分析、数学分析、统计分析、技术经济分析等。下面介绍几种比较常用的分析技术。

33.3.1 比较分析技术

比较分析技术，是指直接通过对有关审计项目之间的对比，揭示其中的差异所在，并在此基础上分析判断差异是否正常及其形成的原因，从而判明经济活动是否合理、有效，被审计单位有无问题的一种分析技术。

按对比时采用的指标的形式不同，比较分析技术可分为绝对数比较分析和相对数比较分析两种。绝对数比较分析，是指直接以有关项目之间的总量或货币总额进行对比，揭示差异所在并进行判断的一种分析技术，如企业管理费或销售收入在各个不同时期的对比，产品、商品存销量在各个不同时期的对比。通过绝对数比较分析，审计人员可以揭示被审项目的增减变动情况有无异常，是否合情合理，是否存在问题。绝对数比较分析，更适合于对资产负债表、利润表中的某些项目的检查。而且，将被审项目在各个不同时期的总额变动情况进行综合分析，有时还可以揭示经济活动的发展趋势，从而有利于从整体上分析判明产生问题的可能性及其存在问题的方面。

相对数比较分析，又称比率分析，是指将通过计算出的被审项目的百分比、比率或比重结构等相对数指标进行对比，揭示其中的差异，并分析判断有无问题的分析技术，如对成本费用率、利税率、资金率、资金增长率、完成程度及比重等指标的计算与对比。有时使用相对数比较分析更容易发现问题，有时为了确保审计人员的分析判断正确，在使用了绝对数比较分析后，还应该用相对数比较分析。

比较分析技术可以广泛用于能够进行对比的被审项目的一般性检查。至于在什么场合应该用绝对数比较分析，或相对数比较分析，应视被审项目的具体情况而定。一般而言，两种比较分析技术都能采用的，应同时运用两种技术，以防判断出现差错。在具体应用比较分析技术时，应特别注意以下几点。

（1）对比之前，应对用于对比的被审项目资料的正确性予以认可。

（2）对比的各项目之间，必须具有可比性。也就是说，用来进行相互比较的有关项目，应该是同质的，若不同质就无法对比。

（3）应该对比哪些内容，应根据比较的目的而定。一般而言，可以是相关项目比，同一项目的不同时期比，同一项目的计划、定额比等。

（4）比较揭示的差异，应予以记录并附分析说明，以为决定采用何种其他审计技术提供依据。

33.3.2　平衡分析技术

平衡分析技术，是指根据复式记账原理和会计制度的规定，以及经济活动之间的内在依存制约关系，对相关项目进行计算或测定，以检视其制约关系是否存在，并揭示其中有无问题的一种分析技术。由于这一技术通常是通过对存在依存制约关系的数据计算或测定进行的，因此也称为制度数据制约法或控制计算法。

从会计原理的角度看，许多项目数量或金额指标之间，存在相互依存制约关系。若相互之间出现明显的不符现象，则有极大可能存在问题。因此，在审计过程中碰到较为复杂的问题，运用直接对比分析难以发现异常情况时，运用平衡分析技术将是极为有效的。

平衡分析技术实际上是比较分析技术的一种转化形式，主要应用于对存在内在依存制约关系的数量或金额指标的一般性审查，当使用比较分析技术难以奏效时，一般使用平衡分析技术。为了保证使用平衡分析技术的有效性，在具体运用时还应注意以下各点。

（1）对有关指标先进行复核，验证其是否正确。

（2）在分析前，应该找出有关项目之间存在哪些内在的依存制约关系，若找不到依存关系，或是不存在依存关系，则运用平衡分析技术是无效的。

（3）在运用平衡分析技术时，多数情况是对有关指标进行计算测定，因此，对使用的公式一定要注意其科学性，对计算过程一定要认真演算，以防结果出错。

（4）为了便于找出依存制约关系，审计人员应掌握一些生产经营活动方面的常识，否则，将难以发现被审计单位的问题。

33.3.3 相关分析技术

相关分析技术，是指将存在关联的被审项目进行对比，揭示其中的差异所在并判明可能存在的问题的一种分析技术。对被审计单位而言，一项经济业务的发生，必然会引起一连串的相关活动的变动，对于审计人员来说，只要掌握变动规律，就能发现问题所在。在具体应用相关分析技术时，应注意以下两点。

经济活动事项之间在哪些方面有关联，这些关联属于什么样的关联。经济活动事项之间的关联既包括直接的，又包括间接的，或逻辑的。找出经济活动事项之间的关联，是运用相关分析技术的关键，若没找到关联，会使分析不能揭示差异或导致分析判断失误。

审计人员应能够从相关事项的异常现象背后把握问题的实质。若明显有异常，而认为没有异常或无关紧要，这就使相关分析无效。

33.3.4 账户分析技术

账户分析技术，是指以会计制度为依据运用会计原理，按照账户对应关系及其发生额和余额的规律性，揭示账目中反映出的问题的一种分析技术。账户分析不直接检查报表和凭证，而直接审查账面记录，这样比较容易发现问题。运用账户分析技术的目的，在于揭示账目中存在的各种异常现象，为进一步审计提供线索，这些异常现象通常包括异常余额、异常的核算内容、异常的摘要、异常的对应关系、异常的发生额以及异常的发生时间等。账户分析的形式有多种，但在审计中经常采用的主要有科目分析技术和账龄（期龄）分析技术两种。

科目分析技术，是指根据科目对应关系的原理，按某一科目的借方或贷方的对方科目编制棋盘式对照表，或进行分别登记，然后分析其记录是否恰当、有无隐藏其他问题的一种账户分析技术。按照复式记账的原理或会计制度的规定，每个科目的增加或减少，必定会引起其相关科目的增减变动，因此，只要将某一科目的借方或贷方按对方科目编表或登记，再进行对照，就不难发现其中存在的错弊问题。科目分析技术对于发现会计原理上的错误、分录编制的错误及过账的错误是特别有效的，但使用时特别费时、费力。因此，在实际工作中，审计人员往往只对容易产生错误和舞弊问题的科目运用科目分析技术，如库存现金、银行存款等。在具体运用科目分析技术时，应特别注意以下几点。

（1）针对被审计单位的实际情况，找出需要运用科目分析技术的重点科目。

（2）在具体编制科目分析表时，应该特别谨慎细心，以防遗漏而导致做出错误的审计结论。

（3）在编制科目分析表时，应该将正常的对应科目列全，若未列全，将难以发现问题或得出错误的结论。

账龄分析技术，又称期龄分析技术，是指以账户中业务事项发生后延续时间的长短为标志编制账龄分析表，揭示其中有无异常或其他问题的一种账户分析技术。通过账龄分析，审计人员可以发现遗留问题，为确定重点提供依据，并有针对性地提出改进措施。账龄分析技术可以用于材料产成品、商品、应收应付账款、工程支出等业务的一般性检查。运用账龄分析技术的关键，是要找到一个恰当的标志对业务事项进行分类，并编制账龄分析表。这一恰当的标志就是延续时间的长短，如库存材料变为产成品的时间、库存商品的保管时间、应收应付账款的结算时间、工程项目的周期等。运用账龄分析技术时，应注意以下四点。

（1）首先应确定正常业务的期限，即有关业务延续的时间是否属于正常范围，这是确定有无问题的基础。

（2）应根据业务内容的具体情况划分不同档次，并确定每一档次的相应比重。

（3）通过账龄长短确定重点审查事项，进一步分析其形成的原因，或可能存在的问题，以便为进一步检查提供方向。对于形成的原因，可以先由被审计单位的当事人、知情人陈述。

（4）为了便于说明问题，对有问题的重点事项给单位造成的损失应进行实事求是的测算。如产品、商品积压而多付的保管费用，多占用资金而支付的利息，影响资金周转而浪费的资金等；对于应收账款，亦应测算因长期占用造成的利息损失，以及影响资金周转（增加贷款）而增加的利息支出等。

第 34 章 财政审计（一）

34.1 财政审计概述

34.1.1 财政审计的含义

财政审计是以国家法律法规为依据，对政府财政及其他预算执行部门分配、管理和使用公共资源，提供公共产品和公共服务等履行公共经济责任的行为，进行监督评价和报告的独立控制活动，是与市场经济条件下公共财政相联系的一种审计形式。《中华人民共和国宪法》规定，中央和地方各级审计机关负责对中央和地方各级人民政府财政收支的预算和执行情况，进行审计监督，向国务院和本级人民政府提交审计结果报告并代表政府向全国人民代表大会常务委员会和本级人民代表大会报告审计工作。因此，财政审计是宪法和法律赋予政府审计的基本职责，也是政府审计的永恒主题和首要任务。

财政审计的对象是国家财政收支，即国务院各部门和地方各级人民政府及其所属各部门的财政收支。政府的税收和非税收入、政府债务收入，以及社会保障基金、住房公积金等政府负责管理的资金都是政府应该管的资金，其形成的收支都是政府财政的范畴，因此，审计人员需要树立大财政审计观。除了财政预算执行审计和财政决算审计，与此相关的行政事业单位审计、社会保障审计、固定资产投资项目审计、农业资金审计、环境保护基金审计、税务审计、海关审计、国库审计等都是财政审计的重要组成部分。这些内容都属于审计机关对财政收支进行审计监督的职责范围，体现了政府审计领域的广阔性和财政审计大格局的广泛性。

34.1.2 财政审计的意义

财政审计开展之初，基本上是围绕国家经济工作重点和财政改革的进程而展开的，事后监督和为财政改革保驾护航是其主要特点。随着审计事业的发展和深化，财政审计的作用不仅体现在整肃经济秩序、严格财经纪律等方面。更重要的是对加强预算管理、深化财政体制改革、完善中央财政制度等方面起了很大的促进作用。近几年，党和政府对国家发展做出的重大战略部署使财政审计面临新的任务与挑战。

2011 年 6 月 30 日发布的《审计署“十二五”审计工作发展规划》明确提出，财政审计以维护国家财政安全、促进深化财政体制改革、推动完善公共财政和政府预算体系、增强财政政策有效性、促进依法民主科学理财和提高预算执行效果为目标，以深化预算执行审计为主线，坚持“评价总体、揭露问题、规范管理、推动改革、提高绩效、维护安全”的审计思路，这增强了财政审计的宏观性、整体性、建设性和时效性。随着目标和思路的确立，2013 年十八届三中全会在关于全面深化改革的系统部署中，以前所未有的历史高度定位财政，赋予财政以“国家治理的基础和重要支柱”的特殊定位。

2014 年 6 月 30 日中共中央政治局审议通过的《深化财税体制改革总体方案》进一步强调要完善立法、明确事权、改革税制、稳定税负、透明预算、提高效率，建立现代财政制度，发挥中央和地方两个积极性；要改进预算管理制度，完善税收制度，建立事权和支出责任相适应的制度。我国财政审计工作得到了进一步发展，财政审计工作在加强预算管理、完善中央财政制度、深化财政体制、推动国家治理能力现代化等方面，有效发挥了“免疫系统”功能和建设性作用，意义重大。

1. 促进经济健康发展，维护财政安全

财政审计通过调查了解中央制定的一系列保持经济平稳较快发展的措施的贯彻落实情况以及实施中存在的问题，对深层次的体制、机制进行评价和分析，并相应地提出改进和完善各项措施的意见和建议，确保国家积极财政政策等各项措施执行到位，促进社会经济健康发展。同时通过审计关注财政风险，维护财政安全。

2. 促进建立统一、完整的政府财政预决算管理制度

财政审计通过对预算编报、预算执行、国有资本经营预算执行等情况的审计调查，重点反映预算不完整、项目不细化、执行不严格等情况，向人民代表大会报告预算执行情况不全面等影响公共财政体系建设的体制性、机制性问题，揭示预算执行结果与人民代表大会批准的预算在规模及结构上存在的偏差，推动政府预算的公开透明，进一步提高预决算管理的规范性和完整性，促进规范政府预算会计制度和向人民代表大会报告制度，提高公共财政管理水平。

3. 促进建立科学规范的财政转移支付制度

财政审计通过审查涉及执行国家宏观政策的转移支付资金的分配、管理和使用等情况，揭露转移支付结构不合理、项目设置过多过散、资金多头管理交叉重复、专项转移资金设置不科学等问题，研究事权划分及其与财力相匹配问题，促进建立规范的转移支付制度，完善公共财政体制，使转移支付制度在促进公共服务均等化、构建和谐社会方面发挥应有的作用。

4. 促进规范和完善非税收入管理制度

财政审计通过对非税收入的征管情况的审计，揭示非税收入管理中存在未纳入预算管理违规减免、截留挪用等，造成政府财政收入不完整、脱离财政预算和人民代表大会监督的问题，并研究查找问题根源，进一步明确非税收入种类的范围，以及预算管理的要求，提出完善征管的审计建议，促进非税收入管理制度的建立。

5. 促进地方加强债务管理，防范财政风险

财政审计通过揭示地方政府性债务监督管理制度不健全或贯彻落实不到位，缺乏债务风险的监控和防范机制，政府投融资机构多而乱，部门或单位自行举债，缺乏统一的债务规划和预算，更缺乏人民代表大会监督，部分债务资金违规使用，效益不高等问题，促进地方政府关注债务风险，规范债务管理，建立政府债务预算、风险预警机制和债务风险责任制度，合理确定举债规模，减少地方财政风险。

6. 促进部门预算制度的有效运行

财政审计通过对部门预算执行情况的审计，揭示行政事业单位在部门预算执行中存在的问题，遏制公务支出中的公款消费和浪费现象，规范财政财务管理，从制度层面研究提出带有根本性和长远性的解决办法，规范支出行为，降低行政成本，提高行政效能，促进部门预算制度的健康有效运行。

7. 促进落实惠民政策的长效机制

财政审计通过对社会保障资金、住房公积金、廉租住房建设等民生资金和民生工程的审计，反映社会关注的民生问题的资金使用管理情况，揭露落实国家有关政策不到位，以及严重影响和损害群众利益的突出问题，提出完善政策、健全制度的建议，促进支农惠农政策的落实，促进贯彻落实节约资源和环境保护的基本国策，促进提升基层公共服务能力。

34.1.3 财政审计的法律依据

对于财政审计的监督和规范，我国的法律依据来源于《中华人民共和国审计法》（以下简称《审计法》）和《中央预算执行情况审计监督暂行办法》。

34.1.3.1 《审计法》（2006 年修订）

我国《审计法》（2006 年修订）明确规定，国家应当实行审计监督制度。国务院和县级以上地方人民政府设立审计机关；国务院各部门和地方各级人民政府及其各部门的财政收支，国有金融机构和企业事业组织的财务收支，以及其他依照《审计法》规定应当接受审计的财政收支、财务收支，依照《审计法》规定接受审计监督；审计机关对前款所列财政收支或者财务收支的真实、合法和效益，依法进行审计监督。《中华人民共和国审计法实施条例》（以下简称《审计法实施条例》）也明确规定，《审计法》所称财政收支，是指依照《中华人民共和国预算法》和国家其他有关规定，纳入预算管理的收入和支出，以及下列财政资金中未纳入预算管理的收入和支出：①行政事业性收费；②国有资源、国有资产收入；③应当上缴的国有资本经营收益；④政府举借债务筹措的资金；⑤其他未纳入预算管理的财政资金。《审计法》（2006 年修订）规定审计机关对本级各部门（含直属单位）和下级政府预算的执行情况和决算以及其他财政收支情况，进行审计监督。审计署在国务院总理领导下，对中央预算执行情况和其他财政收支情况进行审计监督，向国务院总理提出审计结果报告。地方各级审计机关分别在省长、自治区主席、市长、州长、县长、区长和上一级审计机关的领导下，对本级预算执行情况和其他财政收支情况进行审计监督，向本级人民政府和上一级审计机关提出审计结果报告。

《审计法实施条例》进一步明确了审计结果报告的内容，应当包括：①本级预算执行和其他财政收支的基本情况；②审计机关对本级预算执行和其他财政收支情况做出的审计评价；③本级预算执行和其他财政收支中存在的问题以及审计机关依法采取的措施；④审计机关提出的改进本级预算执行和其他财政收支管理工作的建议；⑤本级人民政府要求报告的其他情况。

《审计法》（2006 年修订）还规定国务院设立审计署，在国务院总理领导下，主管全国的审计工作。审计长是审计署的行政首长。地方各级审计机关对本级人民政府和上一级审计机关负责并报告工作，审计业务以上级审计机关领导为主。这就从法律的层面为审计机构的设置和职能的发挥做出了明确的规定，在中央和地方建立了两个层次的政府审计监督体系。财政审计在政府审计中处于重要的地位，而中央预算执行情况审计又是财政审计的重中之重。

34.1.3.2　《中央预算执行情况审计监督暂行办法》

《中央预算执行情况审计监督暂行办法》明确规定，审计署依法对中央预算执行情况，省级预算执行情况和决算，以及中央级其他财政收支的真实、合法和效益，进行审计监督。

1. 对中央预算执行情况进行审计监督的主要内容

（1）财政部按照全国人民代表大会批准的中央预算向中央各部门批复预算的情况、中央预算执行中调整情况和预算收支变化情况。

（2）财政部、国家税务总局、海关总署等征收部门，依照有关法律、行政法规和国务院财政税务部门的有关规定，及时、足额征收应征的中央各项税收收入、中央企业上缴利润、专项收入和退库拨补企业计划亏损补贴等中央预算收入情况。

（3）财政部按照批准的年度预算和用款计划、预算级次和程序、用款单位的实际用款进度，拨付中央本级预算支出资金情况。

（4）财政部依照有关法律、行政法规和财政管理体制，拨付补助地方支出资金和办理结算情况。

（5）财政部依照有关法律、行政法规和财政部的有关规定，管理国内外债务还本付息情况。

（6）中央各部门执行年度支出预算和财政、财务制度，以及相关的经济建设和事业发展情况，有预算收入上缴任务的部门和单位预算收入上缴情况。

（7）中央国库按照国家有关规定，办理中央预算收入的收纳和预算支出的拨付情况。

（8）国务院总理授权审计的按照有关规定实行专项管理的中央级财政收支情况。

2. 对中央级其他财政收支进行审计监督的主要内容

（1）财政部依照有关法律、行政法规和财政部的有关规定，管理和使用预算外资金和财政有偿使用资金的情况。

（2）中央各部门依照有关法律、行政法规和财政部的有关规定，管理和使用预算外资金的情况。

34.2 本级预算执行审计

34.2.1 本级预算执行审计的含义

本级预算执行审计是指国家审计机关依照法律法规规定，对本级政府主管财政预算执行的机关，以及其他预算执行机构，在财政预算执行过程中筹集、分配财政资金的活动和预算收支任务完成情况的真实性、合法性、有效性所进行的审计监督。

审计机关对本级人民政府财政部门具体组织本级预算执行的情况，本级预算收入征收部门征收预算收入的情况，与本级人民政府财政部门直接发生预算缴款、拨款关系的部门、单位的预算执行情况和决算，下级人民政府的预算执行情况和决算，以及其他财政收支情况，依法进行审计监督。审计机关对本级预算收入和支出的执行情况进行审计监督的内容如下。

（1）财政部门按照本级人民代表大会批准的本级预算向本级各部门（含直属单位）批复预算的情况、本级预算执行中调整情况和预算收支变化情况。

（2）预算收入征收部门依照法律、行政法规的规定和国家其他有关规定征收预算收入情况。

（3）财政部门按照批准的年度预算、用款计划，以及规定的预算级次和程序，拨付本级预算支出资金情况。

（4）财政部门依照法律、行政法规的规定和财政管理体制，拨付和管理政府间财政转移支付资金情况以及办理结算、结转情况。

（5）国库按照国家有关规定办理预算收入的收纳、划分、留解情况和预算资金的拨付情况。

（6）本级各部门（含直属单位）执行年度预算情况。

（7）依照国家有关规定实行专项管理的预算资金收支情况。

（8）法律法规规定的其他预算执行情况。

34.2.2 本级预算执行审计的意义

1. 有利于加大国家财政审计监督力度

监督作用是本级预算执行审计的基础作用。本级预算执行审计最基本的一点就是依据国家有关的政策、法律、法规，检查监督同级政府部门对这些政策、法规的贯彻落实情况，审查政府部门组织实施预算活动的真实性和合规性、合法性，严肃财经纪律，维护国家政令的统一。本级预算执行审计本身具有的特点，决定了其在综合审计体系中具有不可替代的主体地位，是国家较高层次的经济监督。这些特点包括：在审计对象上的特殊性，表现为专门对同级政府财政收支实施监督；在审计范围上的多面性，表现为涉及财税部门和行政、事业部门，甚至部分国有企业单位；在审计工作上的严肃性体现了国家和地方的财政方针、政策；在审计内容上的复杂性，表现为既监督收，又监督支，职责多，业务广；在审计层次上的完整性，表现为既能对微观经济审计对象实施审计监督，又可以从宏观上对经济活动进行再监督，体现了审计较高层次的经济监督地位。因此本级预算执行审计是带动其他专业审计全面进行的主体审计，是能够给监督者以再监督的高层次经济审计。

2. 有利于促进政府宏观调控

财政行为是国家实施宏观调控的主要方式和途径。财政资源的配置问题实质上是财政资金在国民经济各部门的流向和流量问题。而本级预算执行审计的主要任务正是对这一财政行为实施过程进行监督，不仅要将财税部门的财政、税务收支活动纳入法制运行的轨道，而且要对财政资源配置中的不足和过失做出评价，对经济失控现象和带有倾向性的问题予以督促纠正，使财政手段的宏观调控功能得到有效发挥，使整个国家的宏观调控体制不断得到完善，最终促进国民经济协调、稳定地发展。尤其是在市场经济条件下，建立社会主义市场经济体制，就是要使市场在国家宏观调控下，对资源配置起基础性作用。市场经济越发展，就越需要加强宏观调控，也就越要求强化财政审计监督。因此本级预算执行审计工作是国家宏观调控体系的重要内容之一，是建立社会主义市场经济体制必不可少的环节。

审计机关作为政府转变职能后的一个重要部门，主要以监督和服务的形式体现政府职能。而本级预算执行审计正是发挥这种职能的重要载体和途径。具体有三种体现方式。

（1）反馈方式。

主要是通过本级预算执行审计，为同级政府摸清财政的真实“家底”，及时向政府领导提供真实、准确的财务收支信息和情况，为政府进行宏观决策和加强财税管理提供重要依据。

（2）参谋方式。

主要是针对审计发现的问题，在综合分析的基础上，提出纠正问题、改进工作的建议和意见，为同级政府改善宏观管理、强化职能献计献策。

（3）助手方式。

主要是以审帮促相结合的方式，强化参与和介入的意识，依靠加大执法力度、加强帮促工作，促进同级政府各部门规范经济调节行为，促进国家宏观调控体系健康。

因此，从整个宏观调控的大系统来讲，财政行为和本级预算执行审计是两个主要承担运行与监控职能的分系统，是政府宏观调控的两个重要方面，是相互支撑和有机结合的统一体。由此可见，本级预算执行审计是各级审计机关充分体现政府职能，在推进市场经济进程中实现价值、有所作为的重要途径。

3. 有利于加强对政府财政收支的监督

《中华人民共和国预算法》（以下简称《预算法》）规定，全国人民代表大会及其常务委员会对中央预算、决算进行审查和批准，对中央和地方预算进行监督；县级以上地方各级人民代表大会及其常务委员会对本级预算、决算进行审查和批准，对本级和上级政府预算、决算进行监督。《审计法》（2006 年修订）规定，各级政府每年向各级人民代表大会常务委员会提出关于政府预算执行审计和其他财政收支审计的审计工作报告。这样的法律规定，使本级预算执行审计报告制度法制化、经常化。因此，本级预算执行审计成了人民代表大会监督政府财政管理的有力手段。通过审计工作，人民代表大会可以更好地了解政府预算的执行情况，从而加强对政府财政收支的监督。

4. 有利于健全和完善财政管理机制

《审计法》（2006 年修订）明确规定，各级审计机关不仅要对本级预算执行情况进行审计，而且要依法向本级政府报告审计结果，各级政府要向本级人民代表大会提出审计工作报告。这从法律上确立了审计监督在预算管理体系中的地位，使审计监督成为政府财政收支活动内在的制约和保障环节，使我国初步形成了与市场经济相适应的预算审查批准、预算执行和审计监督相互依存的财政预算管理体系，是对我国财政管理机制的健全和完善。

34.2.3　本级预算执行审计的指导原则和目标

1. 指导原则

本级预算执行情况审计监督作为国家财政管理不可或缺的重要环节，应当有利于政府对本级财政收支的管理和本级人民代表大会对本级财政收支的监督；有利于促进政府财税部门等参与预算执行的部门依法有效地履行预算管理职权，促进其他部门依法行政、严格执行预算；有利于实现本级预算执行和其他财政收支审计监督工作的法制化。这三个“有利于”，既是各级审计机关组织预算执行审计的指导原则，也是衡量和评价各级审计机关预算执行审计工作深度和水平的标准。

2. 目标

（1）核实财政收支。

通过审计，审查预算收支的真实性，为揭露违法违规问题打下基础，为综合评价预算执行情况提供依据。

（2）查处和揭露问题，制约权力。

既要查处财税等部门在预算分配、预算收入征收管理、支出资金拨付和使用中存在的问题，也要揭露和反映财政收支管理中存在的不合理、不规范的问题和资金使用效率低下的问题。

（3）综合分析评价。

根据审计发现的问题和掌握的情况，从总体上对预算的完成情况、宏观调控措施和财税等政策的贯彻执行情况等进行综合评价，并从政策制度和管理机制等方面，分析问题的成因，指明危害。

（4）提出建议，促进改革。

针对审计查出的问题分析问题的成因，从完善政策制度、健全财政收支管理机制、增强预算分配透明度、提高预算资金使用效益等方面提出对策性建议。

34.2.4 本级预算执行审计的时间和范围

1. 本级预算执行审计的时间

根据我国预算管理制度的规定，自年度政府预算编制完成并按法定程序批准后，直至年度决算编制完毕并按法定程序批准之前，属于预算执行的时间。人民代表大会对政府预算执行情况的审查监督，主要是监督政府的年度财政活动是否符合年度预算确定的范围和方向。这种监督应该是对预算执行全过程及年度预算收支结果（或称决算草案）的监督，而不是对其中某一阶段及其结果的监督。从政府加强对财政收支管理的需要来看，预算执行审计也应该是对预算执行全过程及其结果的监督，因此，预算执行审计的时间应该是人民代表大会批准预算后至人民代表大会审查年度财政决算之前这一阶段，这一时间段内政府财政收支活动的所有内容，都属于预算执行审计的范围。

2. 本级预算执行审计的范围

本级预算执行审计的范围可以根据本级预算的组成、本级预算执行的组织机构、本级预算资金运行的过程分别确定。

（1）根据本级预算组成确定。

《预算法》规定，一级政府预算是由本级各部门预算组成的，同时还包括下级政府向上级政府上缴的收入数额和上级政府对下级政府返还或者给予补助的数额。各部门预算是由列入部门预算的国家机关、社会团体和其他单位收支预算组成的。依据本级预算的组成，本级预算执行审计的范围包括三个层次：一是本级政府预算执行情况；二是本级部门预算执行情况；三是本级单位预算执行情况。

（2）根据本级预算执行的组织机构确定。

我国预算执行的组织机构及各机构的职责是：财政部门在本级政府的领导下，负责具体组织本级预算的执行；税务、海关、国库等国家指定的专门管理机关，参与组织预算执行工作。其中，税务机关主要负责各项税收的征收管理，以及本级政府交办的其他预算收入的征收管理；海关主要负责关税和进口环节税的征收管理，以及保税货物的监管；国家指定中国人民银行经营国家金库业务，主要负责预算收入的收纳划分、留解以及库款支拨工作。本级政府各主管部门在本级政府领导下，在同级财政部门的指导下，负责本部门的财务收支计划和单位预算执行。依据本级预算执行的组织机构界定，本级预算执行审计的范围包括：财政部门具体组织本级预算执行的情况，税务、海关、国库参与组织本级预算执行的情况，本级各部门、各单位预算执行的情况。

（3）根据本级预算资金的运行过程确定。

一级政府的财政行为主要表现为通过征税、发行公债等手段组织收入，供政府及其有关部门使用。这一过程可划分为五个阶段：一是预算资金的筹集，即组织预算收入；二是预算资金的分配，即财政部门根据本级人民代表大会批准的预算向本级各部门、各单位批复预算；三是预算资金的拨付或转拨，即财政部门向本级各部门拨付预算资金，本级各部门向所属单位拨付预算资金；四是预算资金的使用，即基层预算单位按照预算及有关财政财务制度规定使用；五是批复决算，即财政部门根据人民代表大会批准的决算进行批复。依据这一运行过程进行界定，本级预算执行审计的范围包括：组织预算收入情况、批复预算支出情况、拨付或转拨预算资金情况、预算资金的使用情况和决算批复情况。

34.2.5　本级预算执行审计的主要内容

预算执行的组织机构涉及财政、税务、海关、国库和其他部门，根据这些部门和单位在预算执行中所承担的职责的不同，本级预算执行审计的内容也各不相同。

1. 对财政部门的审计

（1）预算批复情况。

主要对财政部门向本级政府各部门批复预算情况、年终调整变化情况进行审计。其一般包括：核实年终预算调整数，审查有无改变预算使用方向；审查保留待分配预算数是否合理、适度；审查用当年超收安排的支出预算，是否符合全国人民代表大会关于预算收入超收部分使用方向的要求。

（2）预算收入情况。

主要对财政部门直接组织的非税性收入的征管情况和预算收入退库情况进行审计。其一般包括：审查各项专项收入是否依法计征、足额入库，有无隐瞒、转移预算收入；审查企业亏损补贴是否按预算、实际亏损情况办理收入退库，有无虚列企业亏损补贴，转移财政资金；审查办理国有企业所得税退库的依据是否合法，有无用非法手段转移预算资金，有无用冲退收入的办法解决应由支出预算安排的资金。

（3）预算支出情况。

主要对财政部门办理的本级预算支出情况进行审计。其一般包括：核实本级各项预算支出数同支出列报数依据是否一致；核实财政支持农业、教育、科学事业发展资金的投入情况，以及其他支出的主要内容和资金使用情况；重点检查财政部门是否严格按照批准的年度预算和用款计划拨款，是否有无预算、无计划、超预算、超计划的拨款以及随意改变支出用途的情况；审查有无向非预算单位拨款或越级办理预算拨款的情况；审查有无擅自增加对本机关、本系统拨付资金的情况。

（4）补助地方支出情况。

主要对税收返还、体制补助、专项补助、结算补助和其他补助的年终决算情况进行审计。其一般包括：核实每一个结算项目、文件依据是否准确，基础数据是否可靠，结算办法是否合理，审查有无随意性大，资金分配不公平、不合理的问题；审查有无将应由预算安排的支出，在年终通过结算解决的问题；审查有无采取不正当手法，通过结算为本机关、本系统拨付资金的问题。

（5）部门、企业决算批复情况。

主要对财政部门及其职能机构批复各部门行政事业经费决算和企业财务收支决算的情况进行审计。

（6）预算资金平衡情况。

主要对本级预算当年收支平衡和资金平衡情况进行审计。通过审计核实财政赤字或结余情况和年终资金结存情况，包括：审查财政赤字和债务规模是否突破预算，有无采取虚收虚支的办法人为调节赤字和债务规模的情况；审查资金结存是否真实，暂存暂付是否及时清理，有无将应作预算收入的资金长期挂在预算暂存的问题；审查有无通过预算暂存、暂付办理资金拨付，以此脱离预算监督的问题；审查有无以预留收入、虚列支出等方式，将预算内资金转入暂存或预算外，逃避各方面监督的问题等。

（7）财政转移支付资金情况。

转移支付项目主要包括税收返还收入、原体制补助、一般转移支付、专项拨款补助、结算补助和其他补助。对财政转移支付资金情况进行审计时，应主要关注以下内容：第一，转移支付项目的设置是否合法，是否执行了法定的审批程序；第二，各项转移支付结算是否合规、完整、真实；第三，财政部门有无通过转移支付向本部门、本系统安排行政事业经费。

2. 对税务系统的审计

（1）税收政策执行情况。

主要对税务部门执行国家统一税收政策的情况进行审计，一般包括：审查税务部门是否依照法律、行政法规的规定，及时、足额征收税收；审查有无随意变通或自定税收政策乱开减免税口子、变相扩大减免税范围等问题；审查有无受地方政府干预，改变法定税率和侵蚀税基，影响上一级政府税收的问题。

（2）税收征收管理情况。

主要对税务部门执行《中华人民共和国税收征收管理法》（以下简称《税收征管法》）及各项具体税收法律、行政法规和部门规章情况进行审计，一般包括：审查税务部门是否依照《税收征管法》严格税收征管，有无扭曲、变通征管办法，低率预征，以缓代免等造成税款流失的问题；审查有无税收计划完成后不征或缓征税款的问题；审查税收的征管范围和入库级次是否符合国家统一规定，有无混淆征管范围和入库级次挤占上级财政收入的问题。

（3）税收提退情况。

主要对税务部门执行税收提退政策及管理使用情况进行审计。其一般包括：审查税务部门的各项提退是否合法、合理，有无以“超收”“误收”为名，违规办理退税，人为调节税收收入的问题；审查有无违反规定，为本部门、本单位办理各项税收超收分成或增长分成退税的问题；审查有无多提退滞补罚收入和代征、代扣手续费的问题等。

（4）税收征管制度的运行情况。

主要审查各项税收政策和征管制度是否合理、完善，有无存在漏洞，造成国家税款流失方面的问题。

（5）税收收入计划完成情况。

主要对税务系统负责征收的各项税收的征收数、人库数、财政部门列报数以及企业主管部门决算汇总数等进行审计分析。其一般包括：审查税务部门负责征收的各项税收的征收数、金库入库数、财政部门列报数以及企业主管部门决算汇总数是否真实一致，分析超收或短收的主要原因，有无隐瞒、截留或挪用税收收入的问题；检查有关税收收入增长与构成主体税源的经济增长是否相适应，分析低于或高于经济增长的原因。

3. 对海关系统的审计

（1）关税、进口环节税及其他税费征管情况。

主要审计海关是否依法征收、及时足额缴纳税款；是否严格执行进口货物担保制度；是否严格依法办理缓税、退税；是否隐瞒、截留、挪用税收收入或罚没收入以及税收任务的完成情况等。

（2）关税及进口环节税的减免情况。

主要对各级海关执行国家的关税减免政策情况进行审计。重点审查海关批准的各类减免税，是否严格执行国家规定，有无违反规定、放宽条件、突击审批，以及擅自延长国家明令废止的关税优惠期限的问题。

（3）保税货物监管情况。

主要对海关办理各种到期加工贸易合同核销手续及监管保税仓库、保税货物情况等进行审计，重点审查各种加工贸易合同是否严格按政策制度规定及时办理核销手续，对实行进口许可证的货物有无无证放行的问题；保税仓库存放货物是否合规，有无将非保税货物存入保税仓库，或将保税仓库中的货物擅自转卖的问题。

4. 对国库的审计

（1）预算收入缴纳情况。

主要是对国库是否及时、准确地收纳各项预算收入，有无国库监督不力，审核把关不严，造成国库库款等预算收入缴库不及时的情况进行审计。

（2）预算收入划分情况。

主要是对国库是否根据国家财政管理体制的规定和上级财政机关确定的预算收入级次，将预算收入进行正确的划分，有无审核把关不严致使预算收入错入级次的情况进行审计。

（3）预算收入退库情况。

主要对国库部门办理预算收入退库的项目是否符合规定范围、审批程序和级次，有无办理违反规定退库，预算收入退库是否真实，有无弄虚作假的行为；国库是否严格把关，是否认真审计财政、税务部门批准的退库事项，有无超越国家规定范围和审批权限的退库；国库办理的退库项目是否确有缴款单位提出的退库申请，国库是否将所退库款直接给了申请单位，有无弄虚作假退给财务部门，以谋取小团体利益的问题；国库办理的预算收入退库有无财政机关自批自退的问题等情况进行审计。

（4）预算资金拨付情况。

主要对国库部门是否根据同级财政机关的预算拨款凭证办理；国库部门是否按照款项用途拨款，有无办理财政部门擅自改变支出用途的拨款，有无办理财政部门无预算、无计划、超预算、超计划和向非预算单位拨款等问题，或混淆预算内和预算外资金支出项目的问题；国库部门是否根据财政部门的国库存款情况拨款，有无为财政部门透支的问题；国库部门是否严格按照有关规定把关，对凭证要素不完整或存在问题的拒绝办理拨款等情况进行审计。

5. 对本级部门单位的审计

（1）预算批复情况。

在核实财政部门批复预算数的基础上，对主管部门向所属预算单位批复预算情况进行审计。主要检查主管部门是否向所属预算单位及时批复预算，有无层层预留待分配预算指标或将待分配预算转作其他用途的问题等。

（2）转拨预算资金情况。

主要检查主管预算单位是否按照预算和财政制度的规定转拨资金，有无资金不及时拨付到位，挤占、挪用的问题；有无超越预算级次拨款和向非预算单位拨款的问题等。

（3）预算资金使用情况。

主要检查基层预算单位和主管部门机关是否按照预算、财政制度所规定的支出用途使用预算资金；重点检查资金的使用方向是否合理，是否符合规定的开支范围和标准，有无挪用财政专项资金，资金的使用效益如何，是否达到应有的社会行政效果。

（4）部门或单位上缴预算收入情况。

主要审查有预算收入上缴任务的部门或单位是否依照法律、行政法规，及时足额地将应上缴的预算收入按规定的预算级次、科目、缴款方式和期限缴入国库；有无截留、挪用或者拖欠的问题。

（5）政府性债务收支情况。

《国务院关于修改〈中华人民共和国审计法实施条例〉的决定（征求意见稿）》在“审计机关职责”一章中新增了“审计机关对政府性债务的举借、使用、偿还、管理以及风险管控情况，依法进行审计监督”。这意味着政府债务审计从国务院特别组织的一次性审计变为“法定”的常规审计，纳入了审计部门例行监督的职责范围。

政府性债务收支指政府以各种方式从国内外取得的有偿性收入及本息的偿还，对政府性债务情况进行审计时，应主要关注以下内容。第一，关注举债资金的存量和增量。一方面要关注存量债务的问题，即对于已有的债务，特别是一些陈债是否做好清欠工作；另一方面要关注增量债务的问题，要摸清新增债务底数，摸清政府债务的成因及规模，摸清贷款的总体规模和用途，全面、彻底地揭示地方政府的显性债务、隐性债务以及或有债务等。第二，关注负债结构及偿还能力，揭示债务管理中存在的风险。通过考察负债结构、债务依存度、偿债能力等指标，从成本、效益和风险等多方面分析债务风险，发挥审计监督作用。第三，关注资金使用绩效，揭露资金使用方面存在的问题。结合部门预算执行审计、投资审计与经济责任审计等项目，关注部门使用举债资金的效益情况，揭示是否存在举债资金与项目建设进程用款不配套、举债手续不规范、资金投向不符合规定用途、举债资金闲置、影响资金使用效益等问题。

34.3　对下级政府预算执行与决算审计

34.3.1　对下级政府预算执行和决算审计的内涵

审计机关对下级政府预算的执行情况和决算以及其他财政收支情况，进行审计监督。《预算法》规定各级政府审计部门对本级各部门、各单位和下级政府的预算执行、决算实行审计监督。

对下级政府预算执行审计是审计机关依照国家法律、行政法规对下级政府预算执行的真实、合法和效益情况进行监督的行为，通常称为“上审下”。它与本级预算执行审计的不同之处在于：审计主体不同，对下级政府预算执行审计的主体是上级审计机关；审计时限不同，对下级政府预算执行审计的审计时限可根据工作需要进行划定。

对下级政府财政决算审计是上级审计机关对下级政府财政收支决算的真实、合法、效益情况进行监督的行为。根据《预算法》的规定，县级以上地方各级政府财政部门编制本级决算草案，报本级政府审定后，由本级政府提请本级人民代表大会常务委员会审查和批准，因此，对下级政府财政决算的审计一般限定为对下一级政府本级财政决算的审计。

34.3.2　对下级政府预算执行和决算审计的必要性

1. 是对本级预算执行审计的重要补充

我国实行统一领导、分级管理的财政管理方式，各级政府不仅负责组织本级预算的执行，而且对本地区的预算执行和财政管理工作担负领导责任。审计实践经验也充分证明，对下级政府财政收支审计发现的问题，往往与本级政府或财税部门的领导、管理有关。只审计本级政府预算执行而不审计下级政府预算执行和决算，本级政府在领导和管理财政收支工作中存在的问题往往得不到充分揭露；只审计下级政府预算执行和决算而不审计本级政府预算执行，属本级政府责任但暴露在下级政府的问题难以得到彻底纠正。因此，要对本级预算执行情况实施全面深入、充分有效的审计监督，就必须将对下级政府的预算执行和决算审计作为本级预算执行审计监督的有机组成部分和重要补充，形成一个统一的整体，这样才能全面反映本级政府及财税部门组织本级预算执行和领导、管理本地区财政工作全局情况以及存在的问题。

2. 有利于本级人民代表大会加强对财政收支管理的监督

《预算法》规定，各级人民政府向本级人民代表大会汇报预算执行情况的内容既包括本级政府预算执行情况，也包括汇总的下级政府的预算执行情况。将对下级政府预算执行和决算审计与本级预算执行情况审计相结合，能使审计工作报告的内容与政府向人民代表大会提出的预算执行情况报告的口径相吻合、内容相适应，便于各级人民代表大会全面了解和掌握本地区财政工作的总体情况，加强对政府财政收支管理的监督。

3. 是本级预算执行审计的深化

实行“分税制”财政体制后，上下级政府之间的财政利益连带关系仍然很紧密，必须坚持对下级政府预算执行和决算进行审计监督。一方面，我国的“分税制”财政体制还不完善，还不能对原有利益分配格局和分配办法做彻底调整，上下级财政之间存在利益连带关系，尤其是地方各级财政之间的有的利益连带关系还很紧密，而且对于违反统一政策、挖挤中央和上级财政收入等冲突问题，只靠“同级审”是难以解决或解决不了的。对下级政府预算执行情况和决算审计，具有相对高的权威性和超脱性，监督力度大，有利于维护国家政令统一和上级政策的严肃性，有利于维护中央和上级财政利益，是维护政令统一和全局利益的重要手段。另一方面，实施“分税制”财政体制后，各级政府向下级政府转移支付的力度在逐渐加大，这些资金，尤其是专项补助资金在下级政府的使用管理情况，是本级预算执行情况审计的必然内容。综上所述，对下级政府使用管理本级政府补助资金情况的审计，实际上是本级预算执行审计的延伸和深化。

34.3.3 对下级政府预算执行和决算审计应坚持的原则

1. 事权、财政管理权和审计监督权相统一的原则

从 1994 年起，我国实行的“分税制”财政管理体制突出强调事权和财政管理权的一致和统一性，提高了各级政府自主理财的积极性，也强化了各级政府自求平衡、加强管理和监督的责任。对下级政府预算执行和决算审计，也应当适应这一体制的要求，做到事权、财政管理权和审计监督权相统一，要依照上述原则来选择审计的内容，确定审计的重点。凡属下级政府事权和财政管理权范围内的财政收支事项，由下级政府的审计机关通过本级预算执行情况审计监督。下级政府在预算执行和决算中执行预算和税收法律制度的情况，以及上级补助资金的管理使用情况，既是下级政府预算执行情况审计的内容，也是“上审下”必须监督的内容；对属“同级审”监督范围但又监督不了的事关财政工作全局的情况和问题，“上审下”也应该进行监督。

2. 对下级政府预算执行和决算审计为本级预算执行审计服务的原则

《中央预算执行情况审计监督暂行办法》规定：“为了做好中央预算执行情况审计监督工作，对省级政府预算执行和决算中，执行预算和税收法律、行政法规，分配使用中央财政补助地方支出资金和省级预算外资金管理和使用情况等关系国家财政工作全局的问题，进行审计或者审计调查。”这一规定既明确了对省级政府预算执行和决算审计的主要内容，又明确界定了对省级政府预算执行和决算审计的地位。对省级政府预算执行和决算进行审计，是为了做好中央预算执行情况审计监督工作，是为中央预算执行情况审计服务的。这一规定实际上正是事权、财政管理权和审计监督权相统一原则的具体体现。各地方根据上述精神制定的预算执行情况审计监督办法，充分遵循了上述规定的要求。

34.3.4　对下级政府预算执行和决算审计的主要内容

对下级政府预算执行和决算审计侧重于检查违反国家政令统一、侵占上级财政利益和关系国家财政工作全局的问题，它主要包括对税收、非税性收入、财政收入退库、财政支出、财政结算资金、结转下年支出等的审计。

1. 税收审计

对下级政府预算执行和决算审计时，涉及的税收审计内容主要是税务局负责征收和管理的各项税收的征管情况，主要包括以下方面。

（1）税收计划执行及完成情况。

主要审计税收计划中各税种税收指标是否全面完成，分析各税种超收和短收的原因；税收计划的各项指标完成情况是否真实，有无采取各种方式虚列收入的问题。

（2）税收政策执行情况。

税收政策执行情况审计是税收审计的一项重要内容，重点审计严格执行国家税收法律、法规和各项制度的情况，内容主要包括：有无直接或与当地国家税务局联合批准减免税的问题；有无擅自规定从销售收入中征收各种基金、地方附加费的问题；有无违反税法规定、超越税收管理权限、随意增加减免税项目、扩大减免税范围、擅自延长减免税期限、停征应征税种、超额度多减免税收的问题；是否按照先征后退的原则办理减免税退付，有无采取抵扣或降低征税比例的办法减少税收收入的问题；有无自行设立各种名目税收周转金的问题。

（3）税收征管情况。

主要审计税务机关是否依照税收征管范围的规定依法及时组织税收，有无擅自改变征管范围的问题；有无自定政策将中央财政收入或上级财政收入，缴入本级金库作为本级财政收入的问题；税务机关是否严格按照税收征管办法的规定，及时为纳税人办理纳税登记手续，有无漏征、错征的问题；对纳税人的纳税申报是否进行严格的审查，有无审查不严，造成少计应纳税额，进而影响中央或上级财政收入的问题；税款收入是否及时征收并按规定缴库，有无以缓代免、应征不征的问题；税款入库级次划分是否正确，有无侵占中央财政收入或上级财政收入的问题；税务机关有无开设税款过渡账户，人为调节税收进度的问题。

（4）税收提退情况。

主要审计税务机关办理的各项提退是否属于国家规定的范围，是否符合其权限；税务机关提留的各类分成是否严格按规定、按比例、按范围提取，有无扩大范围随意提取、侵占税收收入的问题。

2. 非税性收入审计

非税性收入，是财政部门按照国家统一政策、制度的规定直接组织的收入。按照国家预算收支科目，由地方财政部门组织的非税性收入包括国有企业上缴利润、基本建设贷款归还收入、其他收入、罚没收入、行政性收费收入、债务收入等。上级审计机关对下级政府非税性收入审计时，重点检查政府各部门、各单位是否按照国家规定将非税性收入及时、足额地按规定的预算级次上缴财政，有无截留、坐支的问题；财政部门对各部门、各单位上缴的非税性收入，是否纳入预算管理，有无采取挂预算暂存、预算外暂存，在预算之外进行收付核算，逃避监督的问题。

3. 财政收入退库情况审计

地方退库项目主要是按规定可以从预算收入中退库拨补的国有企业计划亏损补贴和按照先征后退政策所退的增值税、消费税、企业所得税等各项税收，以及由于技术性差错需办理的退库和改变企业隶属关系办理财务结算所需要的退库。各级财政必须严格按照财政部批准的退库项目办理收入退库，不得擅自设立退库项目。其审计的重点包括以下内容。

（1）企业计划亏损补贴情况。

主要检查财政部门是否严格按照国家统一规定，办理企业计划亏损补贴；有无将不属于企业计划亏损补贴范围的开支项目，假借企业亏损补贴名义予以解决的问题；有无自行扩大政策性亏损补贴范围，提高补贴标准的问题；有无以弥补企业计划亏损为名，通过退库将财政资金转到预算外的问题；有无对计划外亏损和超计划亏损给予补贴的问题，有无将各种政策性价格补贴混入计划亏损补贴中，从收入中退库的问题。

（2）先征后退各项税收的退库情况。

先征后退是税制改革后，为了保证新旧税制的平稳过渡，维护政策的连续性，支持企业发展，在一定期限内对一些特定行业和项目实行的一项特殊政策。其做法是实行先征后退政策的企业，先按统一税收规定征税，后由财政部门或财政部门委托的征收机关根据国家有关政策规定，按原征税科目退税。按分税制财政体制的规定，所退税款属于中央预算收入的，由中央财政负担；属于中央与地方共享收入的，由地方财政负担。审计机关审计时，重点要检查先征后退的范围是否符合国家规定，退税的依据是否真实、完整，退税的级次是否符合财政管理体制的规定。

（3）预算收入项目更正情况。

主要审计财政部门更正预算收入科目的依据是否真实并符合制度规定，有无以差错更正为名，挖挤中央财政或上级财政收入的问题。

4. 财政支出审计

对下级政府财政支出情况的审计主要检查以下内容。

（1）支出列报是否真实。

通过审计核实各项预算支出数同支出列报依据是否一致，有无采取虚列支出的方式转移财政资金的问题。

（2）执行法律和财政政策情况。

重点检查财政对农业、教育、科技的投入是否高于经常性收入的增长，有无违反有关法律的规定，不能保证农业、教育、科技的财政投入正常增长的问题；预算收入超收部分是否用于减少财政赤字、解决历史遗留问题、增加对农业的投入、支援经济不发达地区和少数民族地区；是否贯彻国家有关财政政策，从严控制财政支出。

（3）转移支付资金的管理和使用情况。

转移支付资金主要有两大类型，即不规定使用方向和具体使用项目的一般性转移支付，以及规定使用方向或具体使用项目的专项转移支付。对一般性转移支付要重点检查是否按规定拨付资金，有无转作预算外管理的问题；对专项转移支付要检查是否坚持专款专用原则，有无挪作他用的问题。

5. 财政结算资金审计

财政结算资金是指中央财政和地方财政、上级财政和下级财政之间，在财政管理体制确定以后，由于客观情况变化，企业、事业单位隶属关系调整，财政收支转移等原因在年终需要统一结算的资金，主要内容包括：体制结算，专项拨款结算，企业、事业单位上划下结算，因国家采取的财经政策措施而影响上下级财力变动所需要的单项结算和上下级垫付往来款的结算。国家对各项结算均有明确具体的结算标准和结算办法，应按国家规定，重点从以下几个方面进行审计。

（1）审查每一结算事项文件依据是否准确，基础数据是否可靠，结算办法是否合规，结算数据是否真实，有无结算基础不实的问题。

（2）审查税收返还的结算。对结算事项应区分不同情况有重点地进行检查。如对分税制下税收返还收入结算的审计，应重点检查增值税、消费税两税收入有无虚增、虚减的问题。

（3）审查地方有无采取不正当手法，通过结算为财政、税务系统增加各项经费的问题。

6. 结转下年支出审计

结转下年支出，是预算安排的支出结余，按照专款专用的原则结转下年继续使用的资金。由于结转下年支出是否真实、合理、合规，对财政结余以至下年政府对财政资金的安排会产生直接影响，因此审计结转下年支出是否符合国家的政策规定，也是对下级政府预算执行情况和决算审计必不可少的内容。

34.3.5 本级预算执行审计与对下级政府预算执行和决算审计的结合

所谓本级预算执行审计与对下级政府预算执行和决算审计的结合，就是“本级审”和“上审下”的结合。《审计法》（2006 年修订）规定，各级审计机关要对本级预算执行情况进行监督，同时要“对下级预算执行情况和决算，以及预算外资金的管理和使用情况，进行审计监督”。虽然“本级审”与“上审下”的审计目的有所不同，但许多被审计单位认为它们是相同的，应避免这种误解，让“上审下”与“本级审”有机地结合起来，在审计的时间、内容、范围、方法上有一个明显的区别，从而消除误解，达到“上审下”与“本级审”各自的目的。

1. 在时间安排上应分清轻重缓急，“本级审”先行于“上审下”

对本级预算执行情况进行审计，是为了向政府报告本级预算执行结果，政府据此向人民代表大会常务委员会报告，为人民代表大会常务委员会批复本级财政决算提供依据，因为人民代表大会常务委员会两个月一次例行会议，所以每年在制定审计计划时，要优先考虑“本级审”的实施及报告完稿的时间。“本级审”的时间最好是在3月初，县区级“本级审”还可适当提前。向政府报告的时间应在4月底，5月份政府向人民代表大会常务委员会例行的第三次会议报告审计结果。由于“本级审”结果报告在客观上有一个时间要求，所以，在制定“上审下”的计划、项目、单位时，要让路于“本级审”。“上审下”最好是在六七月份开始。一般情况下，这时年度财政决算报表已编报完毕，“本级审”报告阶段也已全部结束。

2. 在审计内容上应各有侧重

“本级审”与“上审下”的审计内容既有联系又有区别，各有侧重。“本级审”主要是对本级预算执行和其他财政收支情况进行审计，审计内容主要是本级财政、税务部门以及各预算执行部门和单位组织本级财政预算内、预算外资金收支以及财政有偿使用资金的情况；审计的重点是部门、单位在组织预算收支中有无违纪违规行为，以及财政、财务管理方面存在的问题；审计目的是从中了解和分析本级预算执行结果及产生问题的原因，客观、公正地反映各预算执行部门、单位组织本级预算内、预算外资金收支的真实性、合理性、合法性，向政府和人民代表大会提供促进财政管理的知识和宏观决策依据，以便政府和人民代表大会加强对本级财政预算执行情况的管理与监督。

“上审下”在审计的重点内容上区别于“本级审”。“上审下”审计的目的是维护政府制定的财政法规的严肃性。其重点内容是：一是审查下级政府是否出台违反国家及上级政府财政法规的规定；二是审查是否有截留、隐瞒上级的财政收入；三是检查是否挤占、挪用上级财政拨付的专项资金。“上审下”侧重于对违纪违规的处理，“本级审”则侧重于向政府反映本级预算执行结果。

3.“本级审”中应注意收集与“上审下”审计内容相关联的资料

上下级财政作为不同层次的审计客体，彼此之间有着必然的联系。按照分税制财政体制的要求，上下级财政之间是通过往来结算下级财政上缴的收入和转移支付等事项的，上级追加、补助的一些专项支出都有一定的专门用途。在“本级审”中一要注意收集拨付下级专款的项目和数额；二要收集上级政府出台的有关财政方面的文件、法规，上级财政对下级财政追加、追减财政收支及上下级财政结算、决算批复等文件。

4. 充分利用“本级审”资料，避免重复审计

根据目前状况，对下级政府的财政审计，没有力量做到每年审一次，只能是2 ~ 3年轮审一遍，每年“上审下”只能选审一部分。对这一部分来说，“上审下”与“本级审”之间相隔很短，不论是上级审计机关还是本级审计机关，都是对同一审计客体履行监督职责，尽管在审计内容、重点上有所不同和侧重，但很容易被误认为是重复审计。为了避免重复审计，在“上审下”之前，上级审计机关要听取下级审计机关对“本级审”情况的汇报，要充分利用“本级审”的审计资料。

34.4 部门预算执行与决算审计

财政支出分为本级支出和补助下级支出，本级支出的主要对象是本级各部门，审计机关按照法律规定，不仅要对部门预算执行情况进行审计，而且要对部门预算执行结果，即部门决算进行审计，促进提高本级财政支出管理水平和财政资金使用效益。

34.4.1　部门预算执行审计

1. 部门预算执行审计的含义和意义

（1）部门预算执行审计的含义。

部门预算执行审计是指审计机关依照国家法律法规等规定，对本级各部门（含直属单位）预算执行的真实、合法和效益情况进行的审计监督。

2011 年 6 月 30 日发布的《审计署“十二五”审计工作发展规划》提出，应贯彻“严格查处，立足整改，规范提高，促进发展”的工作原则，着力规范一级预算单位的预算管理，深化二、三级预算单位的审计监督，完善部门决算草案审签制度，探索对部门预算执行整体情况发表审计意见；以社会关注热点问题和重大项目绩效评价为切入点，开展部门预算执行绩效审计，关注压缩公款出国（境）、公务用车、公务接待费用降低行政成本政策执行情况，促进提高财政资金使用绩效和政府绩效管理水平；坚持中央部门预算执行审计结果公告制度，促进预算公开的基础工作，推动部门预决算公开、透明；推进联网审计和中央部门与垂直管理京外单位“上下联动”审计，逐步扩大审计覆盖面，提高审计效率。

（2）部门预算执行审计的意义。

全面、深入地搞好部门预算执行审计，对于维护国家财政经济秩序、提高财政资金使用效益、促进廉政建设、保障国民经济和社会健康发展，具有十分重要的意义。实施部门预算执行审计有利于促进部门加强预算管理，提高财政资金的使用效益；有利于严肃财经法纪，防止和遏制各种违法违规问题的发生；有利于促进财政管理改革，为国家宏观决策服务。

2. 部门预算执行审计的内容

部门预算执行审计涉及的部门、单位多，各部门、各单位具体收支内容和财务管理制度有所不同，对不同部门和单位的审计内容也会存在一些差异。本书主要从部门收入、部门支出和部门结余的角度对部门预算的执行情况进行审计。

（1）部门预算管理情况。

主要是对部门管理本级及所属单位预算执行情况进行审查，审计的具体内容包括以下方面。

①部门预算管理体制。主要审查两个方面：一是部门与本级财政的预算管理关系，包括部门与本级财政部门、发展改革部门等的预算（项目）申报、审批程序、运行过程和要求，对有专门管理规定的预算项目要予以特别关注；二是部门

与所属单位的预算管理关系，主要包括部门对所属单位预算管理职责划分、管理权限赋予、预算执行具体过程的管理和控制情况等。对部门预算管理体制的审查，主要是掌握部门预算管理总体情况，找出预算管理体制中存在的缺陷和薄弱环节，并且据此确定进一步审查的方向和重点。

②部门预算管理制度。主要审查三方面内容。一是部门预算管理制度的健全性。主要审查部门对预算管理主要领域、主要环节、特定领域和特定要求等是否通过制度规定下来，以及相关制度与部门预算管理实际要求相符合的情况。二是部门预算管理制度的合法性。主要审查部门制定的预算、财务管理制度与国家法律法规等相符合的情况。三是部门预算管理制度执行的有效性。主要审查各项制度的实际执行情况和相关内部控制实施情况。对部门预算管理制度的审查，主要是进一步掌握部门预算管理总体情况，发现内部管理和控制的漏洞，揭露部门财务管理不到位、制度执行不严格等问题。

③部门银行账户管理情况。主要审查四方面内容。一是银行账户开设程序。主要审查部门遵守国家规定程序在相关银行开户情况，实行国库集中收付改革的部门按国库单一账户体系要求开设银行账户的情况。二是银行账户数量。主要审查部门基本账户、其他账户数量，揭露部门随意开立银行账户、银行账户过多等问题。三是银行账户中收支的内容。主要审查部门各银行账户管理的具体收支内容、银行账户年初余额、年度收支情况、年末余额，掌握部门收支总体规模和结构。四是银行账户使用的管理情况，揭露部门出租、出借银行账户，违反有关资金专户存储管理规定等问题。

（2）部门分配、批复、调整预算和拨付资金情况。

主要审查部门根据预算管理权限，分配、批复、调整预算和拨付资金情况，审计的具体内容如下。

①部门分配预算情况。主要审查部门按照预算管理权限和所属单位职责、任务机构、人员等，分配预算资金的情况，确保分配结构合理，促进职责履行和各项事业发展；审查部门预算落实到具体单位和项目的情况，促进预算分配的细化；审查部门按规定将本级和所属单位的所有资金纳入部门预算管理的情况，确保预算分配的完整性；审查部门违反《预算法》和其他有关规定，在部门预算中安排补助下级支出、非预算单位支出等不属于部门预算范围的事项，确保分配内容的正确性。

②部门批复预算情况。主要审查批复本部门预算后 15 日内向所属单位批复

预算情况，促进部门批复预算的及时性；审查部门根据财政部门批复本部门预算的科目和项目，如实向所属单位批复预算情况，揭露部门批复预算中随意调整预算科目和项目，调增、调减预算金额，擅自改变预算资金用途等问题；审查部门根据财政部门批复的本部门预算，足额向所属单位批复预算情况，反映部门批复预算不完整、预留预算资金等问题。

③部门调整预算情况。主要审查部门追加、追减预算的依据、申请，调整的预算占部门年度预算的比重，分析调整预算的原因和对资金管理、使用带来的影响，促进部门预算改革；审查部门遵守预算调整的程序和审批权限等规定的情况，揭露部门擅自调整预算等问题。

④部门向所属单位拨付资金情况，在部门向所属单位拨款的情况下，主要审查部门严格按照预算拨付资金情况，揭露无预算、超预算拨款，挤占、挪用预算资金等问题；审查部门按照预算级次拨付资金情况，揭露超越预算级次或向非预算单位拨款等问题；审查部门按项目进度拨款情况，反映资金拨付不及时，滞拨、欠拨、截留、克扣应拨预算资金等问题，以及未按项目实际进度预拨大量预算资金，影响资金使用效益、项目建设和事业发展等问题。

（3）部门基本支出情况。

根据部门预算制度的规定，部门预算支出划分为基本支出和项目支出两类。基本支出是为保障机构正常运转、完成日常工作任务而安排的预算支出，包括人员经费支出和日常公用经费支出两部分。基本支出实行定员定额管理。对部门基本支出审计的具体内容主要如下。

①部门基本支出预算的真实性。主要审查部门按照定员标准，即根据国家按该部门性质、职能、业务范围和工作任务所下达的人员配置标准和实际资产量，申请基本支出预算资金情况，揭露多报人员、资产，虚报、冒领预算资金等问题，确保基本支出预算的真实性。

②部门基本支出执行预算情况。主要审查部门根据财政部门所确定的人员定额、支出预算的真实性。资产费用定额和基本支出预算使用预算资金的情况，揭露部门未严格执行基本支出预算，挤占、挪用专项资金用于基本支出，或将基本支出预算资金用于非预算单位或其他非规定用途的开支等问题，反映基本支出定额不合理、不公平、不公开等问题。

③部门基本支出执行国家规定标准情况。主要审查部门人员工资、津贴补贴、奖金、社会保障缴费、医疗费、住房公积金、交通费、差旅费、会议费等人员经

费和日常公用经费执行国家规定标准情况，揭露擅自扩大支出范围、提高开支标准、超范围和超标准使用资金等问题。

④部门基本支出效益情况。主要审查部门贯彻厉行节约原则、加强日常公用经费等的管理和控制、有效使用资金情况，揭露经费使用中挥霍浪费、滥支乱用等问题，促进提高工作效率，保障部门有效履行职责。

（4）部门项目支出情况。

部门项目支出是为完成特定的行政工作任务或事业发展目标，在基本支出预算之外安排的专项支出，部门项目支出审计的具体内容如下。

①部门项目审核情况。主要审查部门对项目实施单位申报材料、申报条件、申算情况、申报程序、申报内容的真实性、可靠性进行审核的情况；审查部门聘请专家或委托中介机构对立项依据的充分性、项目目标的合理性、组织实施能力与条件、预期社会效益和经济效益、预算支出、资金筹措、项目风险等进行评审的情况，以及专家的评审意见。

②部门项目库建设和管理情况。主要审查部门对项目进行审核、评审后，按照预算支出、资金轻重缓急进行排序情况；审查部门项目库是否完备，能否满足编制项目支出预算的需要；审查部门对项目库进行集中管理、对已批复预算的项目进行清理以及项目库中的项目按年度实行滚动管理等情况。

③部门项目实施情况。主要审查项目实施方案、合同等符合法律法规规定和审批的内容和目标等，调增、调减项目的内容、原因及其合理性，调整项目内容按规定进行申报、审批情况；审查项目实施进度，分析未按规定进度实施的原因及对项目建设的影响；审查项目质量、项目技术的科学性和先进性、满足工作需要的情况等。

④部门项目预算执行和资金使用情况。主要审查四方面内容：一是严格执行项目预算情况；二是项目资金使用情况；三是项目结余资金管理情况；四是项目收支核算情况。

⑤项目实施和资金使用效果。主要审查项目完成后，组织项目验收和总结情况、项目行政工作和事业发展情况；审查部门和项目单位资金管理、使用情况，项目资金使用的经济性、效率性、效果性，使用项目资金取得的社会效益和经济效益等。

（5）部门收入情况。

部门及所属单位的收入包括一般财政预算拨款收入、纳入预算管理的政府性基金收入、预算外资金收入和其他收入。部门及所属单位收入审计的具体内容如下。

①收入取得的合法性。对财政拨入的一般预算拨款收入、纳入预算管理的政府性基金收入、纳入财政预算外资金专户管理的部分预算外资金收入，主要审查如实申报、申请预算资金情况，揭露弄虚作假、虚报冒领、骗取财政资金等问题。

②相关收入纳税情况。对部门所属单位应当纳税的收入，主要审查严格按照国家规定进行纳税申报情况，及时、足额缴纳税款情况，揭露隐瞒、转移收入和偷税、漏税等问题。

③收入管理情况。主要审查各项收入是否全部纳入部门预算，由财务部门统一管理，各项收入核算的完整性、准确性等，揭露收入预算不完整、私设“账外账”、私存资金、私放资金等问题。

（6）部门结余情况。

部门及所属单位结余是指其收支相抵后的差额，包括财政拨款结余和非财政拨款结余两部分。财政拨款结余又分为基本支出结余和项目支出结余。部门结余审计的内容主要如下。

①结余资金规模及形成原因，在审查部门及所属单位各项收支的基础上，核实结余资金规模和结构，保障结余资金的正式性和准确性；具体分析形成结余的原因，分清因预算编制不实、下达预算较晚、拨款不及时、预算执行进度缓慢、历史或政策性因素以及其他原因形成的结余数额，有针对性地提出加强管理的建议。

②结余资金管理情况。审查结余资金纳入部门年度决算情况，事业单位按国家规定比例用基本支出结余提取专用资金或结转事业资金情况，项目完成、中止或撤销形成的净结余资金纳入下年度预算重新申报、审批情况，非经营性基本建设项目竣工后结余资金管理、按规定比例分配和归还财政情况，实行国库集中支付资金结余的对账和按规定上报情况，结余资金核算情况等。

③结余资金使用情况。审查部门按规定方向使用基本支出结余情况，揭露用基本支出结余提高人员经费开支标准等问题；对项目完成、中止或撤销形成的净结余资金，审查按规定申报并按批准的预算予以使用的情况，揭露擅自动用净结余资金等问题；对项目当年已执行但尚未完成和项目因故当年未执行需要延迟到下年执行而形成的专项结余资金，审查按原用途使用和使用效益的情况，揭露长期闲置、挤占挪用专项结余资金等问题。

（7）部门征缴国家非税收入和执行“收支两条线”规定情况。

一些部门依照法律法规规定，履行执收执罚职责，负责征收和管理相关的行政事业性收费收入、罚没收入、国有资本经营收益、国有资源（资产）有偿使用收入等国家非税收入。对部门征缴非税收入情况的审计内容主要如下。

①非税收入征收的合法性。主要审查三方面内容：一是非税收入项目设立的合法性。审查部门的行政事业性收费等项目是否经有权部门审查批准，罚款是否具有法律法规依据，揭露擅自设立收费项目，征收国家明令禁止的收费，以及其他乱收费、乱罚款等问题。二是征收范围和标准的合法性。审查执行国家规定的征收范围和标准情况，揭露超范围、超标准征收，以及应征未征、随意减免国家非税收入等问题。三是征收管理情况。审查部门收费许可证、征收票据使用情况，揭露无证收费、收费票据不合规等问题。

②执行收缴分离制度情况。主要审查部门按规定取消自行开设的各类非税收入账户情况，揭露部门自行开设收费“过渡账户”等问题；审查部门严格执行相关非税收入征收和缴款相分离的制度，即由执收执罚单位做出征收决定，缴款人将应缴国家非税收入直接缴入财政部门指定的账户，避免部门自收自缴非税收入等问题。

③执行“收支两条线”规定情况。主要审查部门征收非税收入与部门支出脱钩情况，对纳入预算管理的非税收入及时足额上缴国库，对尚未纳入的非税收入及时足额缴入规定账户的情况；部门支出通过部门预算予以核定情况，揭露部门用收取的非税收入安排相关支出，截留、转移、坐支、挪用、私分国家非税收入等问题。

（8）部门执行政府采购制度情况。

《中华人民共和国政府采购法》（以下简称《政府采购法》）规定，部门及所属行政事业单位用财政资金采购政府采购目录以内或限额标准以上的货物、工程和服务，应当实行政府采购。对部门执行政府采购制度审计的具体内容主要如下。

①部门编报政府采购预算和计划情况。主要审查部门按照政府采购法律法规和年度预算编制要求，编制政府采购预算，审查部门根据下达的政府采购预算，全面、详细、及时编报政府采购计划情况，保障政府采购严格按照预算和计划执行。

②部门执行集中采购制度情况。主要审查部门依法将列入政府采购目录的货

物工程和服务委托集中采购机构进行采购的情况，揭露部门违反《政府采购法》规定，不委托或化整为零，擅自采购列入政府采购目录的货物、工程和服务，规避集中采购。

③部门执行采购方式和采购程序情况。对采购机构的集中采购和部门分散采购的活动，主要审查四方面内容。一是政府采购方式。审查部门依法采用公开招标、邀请招标、竞争性谈判、询价、单一来源采购方式的情况，揭露不执行规定采购方式规避公开描标等问题。二是招投标程序。审查招标文件制作，招标公告发布，投标和开标活动组织，评标委员会组成，评标专家选择的合规性，评标办法和评标过程的公正性、合理性，中标人确定和招标结果的合法性，依据法律，招投标文件和政府采购预算签订采购合同情况，以及采购合同全面履行情况。三是其他采购程序执行情况。审查竞争性谈判、询价等采购程序执行的合规性、规范性，揭露违反公开、公平、公正原则，未按规定方式和程序开展政府采购，违规操作、弄虚作假、行贿受贿、损害国家和采购人利益等问题。四是政府采购效果。审查组织采购的及时性和采购活动效率，采购物品价格和节约资金情况，采购物品质量，采购合同执行情况和供应商后续服务情况等。

（9）部门执行国库集中收付制度情况。

部门及所属单位正在推行国库集中收付制度，即其财政性资金通过国库单一账户体系（即由国库单一账户、财政部门零余额账户、财政部门预算外资金专户、预算单位零余额账户、预算单位小额现金账户、预算单位特设专户构成的账户体系）进行收缴、存储、支付和清算的制度。对部门财政性资金国库集中支付（含财政直接支付和财政授权支付）审计的具体内容主要如下。

①部门编制用款计划情况。主要审查部门严格按照批准的预算编制财政直接支付和财政授权支付资金用款计划情况，确保资金使用单位、项目、用途与预算相符；审查部门用款计划编制的科学性，即经常性支出用款计划按年度均衡性原则进行编制的情况，项目支出用款计划按项目实施进度编制的情况，保障用款计划的准确性和编报的及时性，避免资金滞留、闲置；审查部门按规定时间和程序要求编制用款计划的情况，保证资金使用的及时性和满足用款单位的需要。

②部门申请财政直接支付资金情况。主要审查部门对应实行财政直接支付的资金是否按照规定提出申请，由财政部门开具支付令，直接将财政资金支付到收款人；部门是否按规定程序和要求，提出支付申请；审查部门提出的支付申请和相关支付凭证的真实性，揭露弄虚作假，伪造、编造支付申请、相关合同文件，

提供虚假收款人、虚假账户和其他虚假信息，骗取预算资金，擅自扩大支出范围，挤占、挪用预算资金等问题。

③部门办理财政授权支付情况。主要审查预算单位按规定范围自行开具支付令，将财政资金支付到收款人情况，揭露通过财政授权支付方式办理应由财政直接支付的资金等问题；审查财政授权支付账户使用和管理情况，严格按财政授权支付额度和要求在预算单位零余额账户、预算单位小额现金账户、预算单位特设专户支付资金情况，揭露超额度、超范围支付资金，通过上述账户向本单位其他账户划转资金等问题；审查部门授权支付的真实性和正确性，揭露弄虚作假，骗取预算资金，擅自扩大支出范围，改变支出用途，挤占、挪用预算资金等问题。

④支付对账和核算情况。主要审查部门是否按规定及时与有关方面对账，确保支出的正确性；审查部门会计核算情况，保证支出核算的及时性、真实性和完整性。

（10）部门国有资产管理情况。

部门及所属单位国有资产包括由财政性资金形成的资产，国家划拨给的资产、按照国家规定组织收入形成的资产，以及接受捐赠和其他经法律确认为国家所有的资产。对部门国有资产审计的具体内容主要如下。

①部门国有资产配置情况。主要审查国有资产配置的合理性，执行国家规定标准等情况，揭露超标准配置、国有资产闲置浪费等问题；审查部门购置资产时按规定程序报经审批、执行预算和政府采购制度等情况，揭露无预算擅自购置资产、无偿占用企业等其他经济组织资产等问题。

②部门国有资产使用情况。主要审查部门违反规定用国有资产对外担保、投资举办经济实体、出租、出借以及相关收入管理情况；审查国有资产使用效益，防止资产低效运转、长期闲置以及使用中的不当损失和浪费，保障国有资产的安全、完整。

③部门国有资产处置情况。主要审查部门处置国有资产时履行审批手续情况，揭露部门擅自转让、出售、置换、报损、报废国有资产，特别是在机构变动过程中违规私分、调换或变卖国有资产等问题；审查资产处置过程中依法进行评估和采用公开拍卖等规定方式等情况，揭露未按规定进行评估，暗箱操作，低价转让国有资产，造成资产严重流失等问题；审查部门执行政府非税收入管理规定，对国有资产处置收入实行“收支两条线”管理情况，揭露截留、坐支、挪用国有资产处置收入等问题。

④部门国有资产管理情况。主要审查部门建立健全国有资产管理制度，加强监督检查情况，实行资产管理部门统一登记、管理，财务部门统一建账、核算的情况，定期清查盘点情况，以及按照规定真实、准确报告国有资产情况等。

（11）部门其他财务管理情况。

主要审查部门及所属单位负债情况，按规定偿还各项负债和负债核算情况；审查机构划转撤并或单位清算财务管理的情况，包括全面清理各项财产、债权、债务，按规定办理国有资产移交、接收、划转手续，妥善处理各种遗留问题等；审查部门及所属单位其他相关财务收支及管理情况。

3. 部门预算执行审计的组织实施方式

由于部门预算执行审计具有对象广泛、内容复杂等特点，在组织实施过程中主要采取统一组织管理的方式进行，具体包括以下几个环节。

（1）确定中长期滚动审计计划和审计目标。

（2）下达年度审计计划。

（3）编制年度审计工作方案。

（4）开展审计实施工作。

（5）形成审计结论并加以汇总。

（6）审计成果分析和利用。

（7）督促部门纠正审计发现的问题。

4. 部门预算执行审计的发展趋势

（1）开展财政支出效益审计，提高财政资金使用效益。

部门预算执行审计主要是对部门预算支出的审计，我国将在这一领域加大效益审计的力度。开展效益审计，可以揭露管理不善、决策失误造成的严重损失浪费和国有资产流失等问题。审计机构既可以将效益审计与预算执行审计相结合，在预算执行审计中反映部门履行职责不到位、编制的预算不科学、支出结构不合理、内部管理和控制薄弱、财政资金和国有资产使用效益不高等问题，也可以针对部门某项管理活动、某类资金或某一项目开展专门的效益审计。

（2）加强专项审计调查，为国家宏观管理服务。

各部门是政策的制定者和主要执行者，在部门中开展专项审计调查的意义重大，应当针对部门预算执行中的特定事项，加强专项审计调查，进一步增加专项审计调查的比重。部门预算执行审计中开展专项审计调查，首先应选好项目，围绕政府关心的重点问题和人民群众反映强烈的问题开展审计调查；其次要突出重点，通过审计调查，彻底摸清情况，提出针对性强的建议；最后应加强分析、提出建议，反映改革政策的落实、国家财经法律法规的执行中存在的不规范、不严格、不到位的情况，分析其形成的原因、危害，并提出推动改革发展、健全财经法规的建设性意见，为深化改革、加强宏观管理服务。

34.4.2 部门决算审计

1. 部门决算审计的内容

在部门预算执行审计的基础上，部门决算审计主要对各项决算收支和部门决算编制管理情况进行审计，主要内容如下。

（1）年终财务清理、结算的情况。

主要审查内容包括：部门及所属单位按规定清理、核对年度收支数字和各项缴拨款项、各项往来款项、各项财产物资情况，以及年终结账情况等。

（2）编制决算草案的情况。

主要审查内容包括：部门及所属单位按规定编制决算草案，有关账表、表表相符合情况；决算内容全面、完整情况；各项决算收支数额真实、准确情况，有无因虚列支出、随意结转造成决算不实等问题；有无因隐瞒、漏报而形成表外资金、资产，甚至造成国有资产流失等问题。

（3）部门汇总所属单位决算草案的情况。

主要审查内容包括：部门是否按规定汇总所属单位决算，将所属单位全部收支（含事业收支和事业单位的经营收支等）统一纳入汇总的决算报表，以及有无因漏汇、少汇，造成决算不完整等问题；部门是否以所属单位上报的会计数字为准汇总决算报表，以及有无因随意调整科目、弄虚作假、估列代编造成会计信息失真等问题。

（4）部门决算草案与预算差异的情况。

主要审查内容包括：部门及所属单位预算执行结果与批复预算数相符合情况；预算的追加、追减和各预算科目之间资金调剂的上报审批情况；年度预算内、预算外收入完成预算计划情况；各项支出按预算和用款计划拨付，预算资金结余、滞留情况及其原因。

（5）部门决算草案反映的资金使用效益情况。

主要审查内容包括：部门及所属单位贯彻执行增收节支的财政政策情况；各项资金使用达到预期计划目标和最终或阶段性的成果情况；部门决算反映的资金使用取得社会效益和经济效益，各项资金收支和事业发展与社会经济发展相适应情况等。

（6）部门决算草案反映预算执行审计结果的情况。

主要审查内容包括：预算执行审计发现的问题在决算中得到相应调整和纠正的情况；预算执行审计中未予审计或虽经审计但情况仍未查实的重要事项等。

2. 部门决算审计与预算执行审计的关系

部门决算审计实质上是审计机关依法对部门预算执行结果的真实、合法、效益情况进行的审计监督，是部门预算执行审计的延续。部门预算执行审计与部门决算审计有着密切的关系，表现为：第一，部门预算执行审计和部门决算审计是部门财政收支审计监督的两个不同阶段；第二，部门预算执行审计是部门决算审计的基础；第三，部门预算执行审计和部门决算审计工作可以相互促进。

34.5　案例分析

中央部门预算执行和决算草案审计结果

2014 年 6 月 24 日在第十二届全国人民代表大会常务委员会第九次会议上，刘家义审计长向全国人民代表大会常务委员会报告 2013 年度中央预算执行和其他财政收支的审计情况。其中，针对中央部门预算执行和决算草案情况，审计署主要审计了 38 个中央部门，延伸审计这些部门的 389 个所属单位；审计预算支出 1 538 亿元，占这些部门年度预算总额的 38%，审计结果表明，这些部门 2013 年度预算执行情况总体较好，年初预算到位率平均 95%，“三公”经费和会议费财政拨款支出比上年下降 93%。但至 2013 年底，仍有 14% 的部门预算未执行，有一些部门及所属单位未严格落实中央八项规定精神和“约法三章”要求，还有的部门违反财经制度规定。

1."三公"经费和会议费管理使用不严格

（1）因公出国（境）方面。

一是科技部、中科院生态环境研究中心、中国土木工程学会、中国建筑文化中心违规组织"双跨"（跨地区、跨部门）出国考察或营利性团组7个。如中科院生态环境研究中心在其2012年和2013年未经批准的"双跨"团组中，邀请自然科学基金会主管项目的1名工作人员持因私护照分别出访美国、加拿大，承担其费用4.12万元。二是7个部门本级和9个所属单位的总计149个团组存在擅自更改行程、延长境外停留时间问题，其中民航局及所属单位有113个团组、食品药品监管总局有9个团组。如中国地质调查局"美国和加拿大开展页岩气技术考察团"2013年1月改变在美行程，前往拉斯维加斯停留3天，回国后还报称当时在加拿大考察；海洋局2012年组织的跨部门"赴南极长城站考察慰问司长团"，批复出境时间为11天，实际行程为13天，其中6天在法国和智利（含2天转机时间）。三是14个部门本级和54个所属单位超标准、超预算或超范围列支出国（境）费用3 229.53万元，其中国资委及其30个所属单位918.66万元、中科院的4个所属单位891.05万元、海洋局及其2个所属单位37.26万元。四是9个部门本级和14个所属单位由企事业单位承担出国（境）费用1 568.75万元，其中卫生计生委的3个所属单位756.39万元、发展改革委157.03万元。如国资委2013年组织的19个出国（境）培训团组中，中央企业等承担国资委机关人员费用434.02万元。

（2）公务用车方面。

一是14个部门本级和13个所属单位公务用车配备超编制289辆、超标准123辆，其中新闻出版广电总局及所属单位超编53辆、超标18辆，税务总局超编20辆、超标30辆，发展改革委、农业部分别超编21辆、33辆。二是8个部门本级和32个所属单位长期占用下属单位和其他单位车辆145辆，还通过租赁等方式变相配备公务用车6辆，其中民航局及所属单位占用52辆、林业局的2个所属单位占用24辆、国土资源部的14个所属单位租赁44辆。三是6个部门本级和63个所属单位无预算、超预算列支公务用车费用1 094.15万元，其中国资委及其57个所属单位619.34万元。此外，还发现转嫁或摊派公车运行费用66.72万元。

（3）公务接待方面。

主要是：新闻出版广电总局、人民银行等4个部门本级和中国林业科学研究院、湖南证监局等6个所属单位转嫁或摊派、自行调剂项目或其他支出用于公务接待266.85万元，其中人民银行及其2个所属单位69.11万元、林业局的2个所属单位 62.71 万元。

（4）会议费方面。

一是交通运输部、民政部等 22 个部门在非定点饭店召开会议 384 次（87 次在五星级酒店），其中交通运输部在非定点饭店召开会议 114 次（43 次在五星级酒店）、民政部在非定点饭店召开会议 15 次（1 次在五星级酒店）、海洋局的 2 个所属单位在非定点饭店召开会议 48 次（20 次在五星级酒店）。二是发展改革委、文化部、卫生计生委等 23 个部门超标准、超范围或虚列会议费支出 135.85 万元，其中发展改革委 168.03 万元、文化部和 4 个所属单位 216.27 万元。三是卫生计生委、海洋局、国土资源部等 14 个部门向所属单位等转嫁摊派会议费 55.95 万元，如卫生计生委有关司局 2012 年和 2013 年有 3 次工作会议由其所属卫生部医院管理研究所具体承办，会议费 9.85 万元均由医药企业赞助。

2. 违规建设楼堂馆所或超标准占用办公用房

一是 2013 年 4 月，林业局所属大兴安岭林业集团公司投资 1.45 亿元建设三亚接待处项目，曾挪用 5 000 万元棚户区改造相关资金用于购置土地。二是 2013 年 5 月，民航局四川监管局违规开工建设办公用房 3 250 平方米，涉及投资 1 563 万元。三是 2013 年 8 月，民航局违规批复哈尔滨太平国际机场空管工程 6 250 平方米的综合业务楼初步设计，涉及投资 3 094 万元，其中 5 111 平方米是“搭车”建设的办公楼。四是中科院所属物理研究所、生态环境研究中心主要负责人办公用房实际使用面积共计 242 平方米，但向中科院上报为 49 平方米。

3. 预算申报和执行中存在违反财经制度规定问题

一是社保基金会、人民银行本级和中科院国家纳米科学中心、中国科学技术信息研究所等 24 个所属单位通过虚报人数、重复申报项目等方式多申领财政资金 3553.15 万元，主要用于房屋修缮和弥补人员经费等。如中国科学技术信息研究所虚报 188 人，多申领基本支出预算 71.69 万元用于弥补人员经费。

二是文化部本级和中国水利水电科学研究院、发展改革委能源研究所等 2 个所属单位挪用或套取财政资金等 1.04 亿元，其中 3 433 万元用于违规购买购物卡、礼品或发放劳务费等。如新闻出版广电总局广播电影电视设计研究院 2012 年至 2013 年以假发票套取 3 034.04 万元，用于发放奖金、购买预付卡等，其中 2013 年套取 1 662.9 万元。

三是卫生计生委本级和中国建筑文化中心、中国地质科学院矿产资源研究所等 34 个所属单位采取转移收入或虚列支出等方式，账外设立“小金库”1.94 亿元。如林业局调查规划设计院等 3 个单位 2012 年至 2013 年，套取资金 1 984.55 万元设立“小金库”，主要用于发放奖金、招待等支出；海洋局预报中心 2011 年至 2013 年，将 510.61 万元广告收入存放所属公司，其中 392.19 万元用于发放职工薪津补贴。

4. 一些中央部门主管的社会组织和所属单位依托行政资源不当牟利

至 2013 年底，卫生计生委、国土资源部、住房城乡建设部等 13 个部门主管的 35 个社会组织和 61 个所属事业单位利用所在部门影响，采取违规收费、未经批准开展评比达标、有偿提供信息等方式取得收入，共计 29.75 亿元，部分单位违规发放津补贴 1.49 亿元。如中华医学会在 2012 年至 2013 年召开的 160 次学术会议中，用广告展位医生通讯录和注册信息等作为回报，以 20 万元至 100 万元价格公开标注不同等级的赞助商资格，收取医药企业赞助 8.2 亿元；未经批准违规收取资格考试复训费 1 965.04 万元，将 618 个继续教育培训项目收入 1.14 亿元存放账外。卫生部医院管理研究所将受卫生计生委委托收集的医院用药数据，出售给医药市场调研公司，2011 年至 2013 年违规取得收入 3 527.1 万元。中国城市科学研究会 2013 年在受住房城乡建设部委托进行绿色建筑标志评价过程中，未经批准违规收取参评单位评审费 1 418.55 万元。

5. 部门决算草案编报和部分会计核算不准确

审计 38 个部门决算草案发现，商务部、教育部、中科院等 23 个部门账务处理不规范或报表填列错误，涉及金额 23.69 亿元，占审计资金总量的 1.53%。此外，审计还发现预算编报不规范、政府采购规定执行不严格、资产管理及会计核算不规范等问题金额 57.66 亿元。

对审计指出的问题，相关部门在审计过程中已采取 130 项措施，正在积极落实整改。

资料来源：中华人民共和国审计署发布的《国务院关于 2013 年度中央预算执行和其他财政收支的审计工作报告》。

第 35 章 财政审计（二）

35.1 税务审计

35.1.1 税务审计概述

1. 税务审计的含义

税务审计是在组织机构、经济利益、精神意识等各方面都完全独立于税务机关且具有法定审计权的审计机关，依照国家法律和法规对税务机关的税收工作、财务收支和内部管理进行强制性的全面检查和监督，提出较为公正、权威的评价意见，并做出具有法定效力评判的审计活动。就其本质来说，税务审计是一种针对税务机关工作所进行的具有极强独立性、权威性、强制性的法定监督、评价活动。

2. 税务审计的目标

税务审计的总体目标就是促使税务机关合法、高效地做好各项工作，具体目标包括：促使税务机关依法进行税收征收、管理、稽查，保证税款的及时足额入库；推动税务机关按照规定使用行政经费，努力降低行政成本，提高工作效益；激励税务机关全面加强内部建设，特别是对税务人员的专业知识和职业道德培训，不断提高他们的综合素质。

2011年6月30日发布的《审计署"十二五"审计工作发展规划》提出，应在促进税务部门、海关部门依法履职的基础上，加强对税收征管机制、专项优惠政策和重大税收制度运行情况及效果的调查、分析和评估，努力推动税制改革，促进税收政策制度更好地服务于经济发展方式转变和经济社会可持续发展。

3. 税务审计的职能

作为对税务机关各项活动的全面审计，税务审计的职能为对税务机关的全面监督、鉴证和评价。

首先，税务审计具有监督职能。审计机关审查被审计税务机关是否全面、切实地履行了其工作职责，各项活动是否合法有效，有无违法、违纪、违规和工作效率低、税收成本较高、内部管理混乱等现象，督促其各项活动按照合理适当的方式运作。

其次，税务审计具有评价职能。审计机关通过税务审计的方式，在对被审计税务机关的各项活动进行审核检查后会提出评判意见。评价的主要目的是促使税务机关改善税收工作，提高行政效益，加强机关内部建设。

最后，税务审计具有鉴证职能。审计机关在对被审计税务机关的各项活动和信息资料按照政府审计准则、规范、程序和财税法规进行审查后，对其活动和资料的真实性、合法性和效益性做出可信赖的、公正性的证明。

35.1.2 税务审计的内容

1. 税收计划完成情况审计

税收计划是财政预算的主要组成内容，是税务机关及征管人员组织税款入库的重要依据。对税收计划完成情况进行审计，主要是通过核对税务部门征收的各项税收的征收数、国库入库数、财政部门列报数是否一致，审查税收收入的实际完成情况及其真实性；分析税收超收或短收的原因；分析增值税、消费税、企业所得税等主体税种的收入情况，是否与相关的经济要素增长相适应。

2. 税源管理情况审计

税源管理既包括税务部门对纳税人应纳税情况的监管，也包括税务会计对税款申报、税款征收、税款减免、税款入库等核算的监管税源管理情况。审计的内容主要包括：审查税务部门是否按要求对纳税人进行登记管理，有无因工作不力造成对纳税人漏征、漏管或不按规定进行登记的问题；审查税务部门对纳税人的监控是否到位、是否有力，有无因对纳税人申报应纳税额严重失实情况、严重偷逃税款情况的失察，造成税收严重流失的问题，同时对纳税人的异常申报情况，是否及时进行纳税评估；审查税务部门在企业申报的基础上，对应征税金、入库税金、企业欠缴税金、税收减免等税源组成内容的核算是否合规，核算结果是否真实，有无人为留有余地而隐瞒少报税源等问题。

3. 税收政策执行情况审计

税法和税收政策是国家税收活动的法律规范，是国家调整税收分配关系的基本准则。税收筹集预算收入、调节国民经济等职能作用的发挥，都要通过执行税法和税收政策制度来实现。税收政策执行情况审计，就是审查地方政府和税务部门是否按照税法和税收政策等规定，及时、足额组织税收收入。

税收政策执行情况审计的内容主要包括：审查地方政府和税务部门有无侵蚀税基和改变法定税率，少征税款；审查地方政府和税务部门有无超越税收管理体制规定的权限，在国家规定之外制定减免税政策；审查地方政府和税务部门有无放宽国家统一税收政策规定的条件和范围，自定税收优惠政策，扩大减免税范围，增加减免税项目；审查有无层层下放减免税审批权限，将属于国家和省级的权限下放到基层政府和税务部门。

4. 征管制度执行情况审计

根据《税收征管法》的规定，我国的税收征收管理制度主要包括税务登记制度、纳税申报制度、账簿凭证管理制度、税款征收制度、税务检查制度、代扣代缴制度、违法处罚制度和税务复议制度等。

税收征管制度执行情况审计，就是审查税务部门是否按照《税收征管法》的规定，组织税收收入和管理税收业务，审计的主要内容如下。审查税务部门是否按规定为所有纳税人办理了纳税登记手续，登记的内容是否全面、清楚，纳税人发生变化是否及时办理变更登记、重新登记或注销登记等；审查税务部门是否及时为纳税人办理纳税申报，税款超过期限是否及时催缴入库，滞纳金是否按规定收缴，减免滞纳金有无经过审批，是否符合制度规定；审查地方政府或税务部门有无违规改变征税办法，对企业应缴税收实行承包或变相承包的办法，造成税收收入流失的问题；审查税务部门是否按规定办理企业缓税，有无以缓代免造成收入流失，或违规批准企业超期缓税的问题；审查地方政府和税务机关是否正确处理依法征税和完成税收计划的关系，有无为了完成税收计划，在企业当年没有应缴税收的情况下，预先征收属于下年的税收的问题；审查税务部门所征税款是否及时足额缴入国库，税款所属预算级次的划分是否正确，有无延压、截留、转移税款以及挤占上级财政收入等问题；审查税务部门对发票的印制、领用、保管、核销制度是否完善，手续是否齐全，有无因发票管理漏洞造成税收流失的问题；审查税务部门稽核检查制度是否健全和有效，内部控制是否合理、可靠，税务违法处理是否合法，定性是否准确，处理是否适度，有无以罚代税、以罚代刑的现象；审查税务部门对税务代理的管理是否有力，有无因代扣代缴义务人应扣未扣、应缴未缴税款，造成收入流失的问题。

5. 税收退库情况审计

税收退库就是将已入库的税款从国库中退还给纳税人或有关单位的过程。税收退库有出口货物退税、减免退税、误收退税、汇算清缴和结算退税、提取代征代扣手续费等几种。税收退库原则上通过转账办理，对特殊情况需要退付现金的，税务机关从严审核后，经法定程序令纳税人到指定的国库办理退付现金手续。税收退库直接关系和影响国库资金的安全。

对税收退库情况进行审计的主要内容包括：税务部门办理的税收退库内容是否符合国家规定，有无自定政策增加退税项目、违规办理超范围退库的问题；税务部门办理退库的预算级次是否符合财政体制的规定，有无混淆预算级次、多退上级财政收入的问题。

6. 税收报表审计

税收报表分税收会计报表和税收统计报表。通过税收报表审计，审计机构一方面可能会直接发现税务部门在执行税收政策和实施征管中存在的问题；另一方面可能会发现问题的疑点和线索。

对税收报表进行审计，主要审查：税收报表的完整性，报表是否齐全、完整，有无漏表、漏项；各报表数字的真实性，各项数字是否根据相关账簿的数字填列，汇总报表是否与基层单位报表的汇总数字一致；各报表数字的平衡关系是否正确；各报表之间的数字勾稽关系是否合理、是否成立。

7. 流转税审计

流转税是以流转额为计税依据的税种，主要包括增值税、消费税等。流转税审计包括税收征收、税收管理、税收减免和税收退库四个方面。税收征收情况审计的重点包括征税范围是否合法、计税依据是否正确、应纳税额是否正确等；税收管理情况审计的重点包括纳税人资格认定情况、增值税专用发票管理情况等；税收减免审计的重点包括税务部门是否正确执行税法和国务院有关减免税政策、有无越权自行制定减免税政策等；税收退库审计的重点包括税务部门办理税收退库的项目是否在国家规定范围之内、税收退库的级次是否与入库一致、税收退库的比例是否符合规定、税收退库的手续是否完备、税收退库的程序是否合规等。

8. 企业所得税审计

企业所得税是对企业生产经营所得和其他所得征收的一种税，其审计内容包括应纳税所得额、所得税减免、所得税汇算清缴、所得税缴库四个方面。应纳税所得额审计的主要内容包括收入总额的真实性、费用总额的真实性、纳税调整的真实性、亏损抵补的真实性。所得税减免审计的主要内容包括税务部门有无超越企业所得税管辖权，自立章法，减免企业所得税；税务部门是否按规定的程序和范围审批减免税，有无扩大范围、延长期限、提高幅度批准减免税。所得税汇算清缴审计的主要内容包括税务部门是否在规定的期限内进行所得税清缴；税务部门是否正确核定企业应纳税所得额及适用税率；对于少缴的所得税，税务部门是否在下半年如数补缴，多缴的是否在下年度抵缴或退回。所得税缴库审计的主要内容包括税款缴库级次是否正确，税款缴库是否及时足额，有无所征收税款存入过渡账户延迟缴库占用收入。

35.2　海关审计

35.2.1　海关审计概述

1. 海关审计的含义

海关是国家关境进出的监督管理机关，根据《中华人民共和国海关法》（以下简称《海关法》）的规定，国务院设立海关总署，统一管理全国海关。国家在对外开放的口岸和海关监管业务集中的地点设立海关，海关的隶属关系，不受行政区划的限制。海关依法独立行使职权，向海关总署负责。海关依照《海关法》和其他有关法律、行政法规，监管进出境的运输工具、货物、行李物品、邮递物品和其他物品（以下简称“进出境运输工具、货物、物品”），征收关税和其他税费、查缉走私，并编制海关统计和办理其他海关业务。

海关系统的税收征管具有重要性和敏感性，因此，需要针对海关税收征管情况进行审计。所谓海关审计，就是审计机关对海关总署及其所属各级海关的关税和其他税制海关统计和办理其他税费的征收管理活动，以及与税费征管有直接关系的海关监管活动进行的审计监督。总的来说，海关审计包括关税和进口环节税征收情况审计、关税和进口环节税减免情况审计和保税货物监管情况审计。

2. 海关审计的作用

（1）促进海关依法治税，强化海关税收征管。

关税收入是中央财政收入的一个重要组成部分。改革开放以来，随着我国扩大对外经济交往，海关进出口业务不断增长，关税和海关代征的收入逐年增加。但在进出口活动中，各种违反国家规定、逃避海关监督、偷税漏税的行为还比较多；有的海关执法不严，造成国家税收流失的问题也时有发生，加强海关审计监督，防范违规行为，促进严格执法，对保证国家财政收入具有重要作用。

（2）维护政令统一严肃，发挥关税杠杆作用。

国家通过制定不同的关税税率和实施各种不同的征收、减免政策，合理调节对外经济贸易中的各种国际经济关系和国内经济关系。加强海关审计监督，制止和纠正各种有法不依、执法不严、违法不纠以及随意变通国家统一政策的问题，有利于维护国家关税法律法规和政策的统一性及严肃性，有利于充分发挥关税调节经济的杠杆作用。

（3）维护国内市场秩序，保障我国经济利益。

促进海关认真执行国家进出口政策，加强对进出口货物的监管，充分发挥海关监管在维护我国政治经济利益中的作用。我国是发展中国家，对民族工业实行保护十分必要，关税及进出口政策就是重要的保护措施。加强对关税的审计监督，促进海关加强对进出口物资的监管，严厉打击走私、贩私行为，维护国内市场的正常秩序，有利于促进和保护我国经济的发展。

3. 海关审计的方法

（1）理解海关审计依据。

海关审计人员需要认真学习、掌握政策、熟悉法规，做好审前调查和准备。海关审计人员首先要了解海关的职能、任务、业务性质、特点和通关程序，熟悉并掌握有关关税、代征税征收、减免以及海关监管等方面的基本知识、规章制度和国家现行的政策法规。然后在具体审计过程中，理解并依据相关的法律法规进行海关审计的实施。

（2）分析确定审查重点。

海关审计人员需要结合审计对象的实际情况，搞好分析，确定审查重点。由于海关业务涉及面广、环节多，而且各主管海关所处地区不同，业务量和侧重点也有较大差异。因此，根据被审计海关的实际情况，分析有关报表和资料，确定下一步具体审查的重点内容、重点环节和部位是一种重要的审计方法。

（3）有效运用抽样调查。

海关审计人员需要充分运用审计抽样方法，同时重视审计延伸和调查。海关的业务资料除统计报表外，主要以单、证、批件等形式记录和反映，如报关单、减免税证明、企业登记手续和保税货物登记手册等。因业务资料数量巨大，在有限的时间内不可能全面逐一审查，所以海关审计人员应采用统计抽样或判断抽样的方法确定审计工作量和幅度，寻找审计线索，发现存在的问题和评价海关业务。另外，海关和财税部门存在的税收审计问题往往都具有隐蔽性和复杂性，所以从实践看，对有关企业和单位进行有目的的延伸审计调查是发现问题和核实问题的重要途径。

35.2.2　关税和进口环节税征收情况审计

1. 关税征收情况审计

关税征收包括海关收单审单、货物估价、税则归类、确定完税价格、计算税款、开出税款缴款书和税款入库等诸多程序。关税征收情况审计主要突出对货物估价、税则归类和单证审查三个环节的审计。

（1）海关估价情况审计。

根据2013年12月9日经海关总署署务会议审议通过的《中华人民共和国海关审定进出口货物完税价格办法》第五条、第六条的规定，进口货物的完税价格，由海关以该货物的成交价格为基础审查确定，并且应当包括货物运抵中华人民共和国境内输入地点起卸前的运输及其相关费用、保险费。进口货物的成交价格不符合规定的，或者成交价格不能确定的，海关经了解有关情况，并且与纳税义务人进行价格磋商后，依次以下列方法审查确定该货物的完税价格：①相同货物成交价格估价方法；②类似货物成交价格估价方法；③倒扣价格估价方法；④计算价格估价方法；⑤合理方法。纳税义务人向海关提供有关资料后，可以提出申请，颠倒上述第③项和第④项的适用次序。

审计时，首先要根据国家最新的估价规定，审查海关有无以过期的估价体系计征关税而减少国家收入的问题；其次要根据国家和所审关区进出口业务特点，选定国内外市场价格差异较大的敏感货物，做到有的放矢；最后还要核对报关单与购货发票和购货合同，审核报关单所列货物品种、价格和数量等项内容，是否与发票及合同一致，有无报价不实和谎报货物品名的问题。

（2）关税税则归类情况审计。

海关税则是国家通过立法程序公布实施的按货品的不同类别排列的关税税率表。税则归类就是海关部门将进口商品按其特性列入其最适合的税则项目（或税目），按照适用税率计征税款。

《海关法》规定，海关部门进行税则归类，应遵循以下基本原则：明确优先于统称原则、主要特征原则、比例原则、数值原则和最相类似原则。明确优先于统称原则是指当货品可归入两个或两个以上税目时，应以列明该货品具体名称的税目确定适用税率，因为只有重要商品才能在税目中列举出来；主要特征原则是指即使货品是不完整品、未制成品，只要构成了完整品或制成品特征，就应按完整品或制成品进行归类和确定适用税率；比例原则是指按货品各组成部分中占比例最大的那一部分归类，其中组合物可按价值比例归类，混合物可按价值比重或按度量衡比例归类；数值原则是指哪个货品数值大就按哪个货品所属的税目归类；最相类似原则是指当货品无法归入税则中任何一个税目时，应归入与该项货品最相类似的货品所适用的税目。

针对税则归类情况的审计，就是要对照以上原则，审查海关在计算征收关税时，有无因不严格按税则归类、随意选择税目、违规使用较低税率而少征税的现象，通过审计发现问题。

（3）报关单的审查情况审计。

进口货物报关单是海关审核货物进口是否合法和据以征税的重要依据。不同地区、不同贸易方式使用不同的报关单，如进料加工进出口货物使用粉红色的报关单；加工装配补偿贸易进出口货物使用绿色的报关单；过境货物和办理进口货物转关运输手续，进出经济特区的货物以及其他进出口货物，均使用白色的报关单。对海关审查报关单情况进行审计，是海关关税审计的一项重要内容。具体操作时，一要审查单证、单货是否相符，即报关单是否与进出合同、批文、许可证、发票装箱单相符，报关单所报内容与实际进出口货物是否相符；二要审查单证是否齐全、正确和全面，所填项目是否符合有关政策和法规规定；三要审查报关单有无混用，特别是对保税的粉红色报关单应重点审查，防止一些地区和单位擅自将一般贸易进出口货物混用粉红色的报关单，从而享受保税等一系列优惠政策的现象发生。

2. 进口环节税征收情况审计

依据相关税法和暂行条例，进口商品需依法缴纳进口关税、增值税及可能的消费税，合并简称"进口环节税"，由海关负责征收或代征。具体而言，根据《中华人民共和国进出口关税条例》（以下简称《进出口关税条例》）的第二条规定，中华人民共和国准许进出口的货物、进境物品，除法律、行政法规另有规定外，海关依照本条例规定征收进出口关税；依据《中华人民共和国增值税暂行条例》（以下简称《增值税暂行条例》）的规定，在中华人民共和国境内销售货物或者提供加工、修理修配劳务以及进口货物的单位和个人，为增值税的纳税义务人，应当缴纳增值税；依据《中华人民共和国消费税暂行条例》（以下简称《消费税暂时条例》）的规定，在中华人民共和国境内生产、委托加工和进口本条例规定的消费品的单位和个人，为消费税的纳税义务人，应当缴纳消费税。

对海关征管进口环节税情况的审计，主要包括以下内容。

（1）审查海关确定的进口环节增值税计税价格是否准确。

按规定，进口环节增值税不存在进项税额，不得抵扣任何税款；进口环节增值税的组成计税价格，包括关税税额。审计时，要着重审查海关有无未将关税计入计税价格或抵扣税款少征增值税的问题。

（2）审查海关确定的进口环节消费税征收范围和计税依据是否准确。

按规定，进口环节消费税依据进口商品性质的不同而采用从价计税和从量计税两种不同的征收方式。从价定率征收的进口环节消费税需要以进口商品总值作为课税对象；而从量定额征收的进口环节消费税应为进口应税的消费品数量与消费税单位数之积。审计时，要审查海关有无缩小征税范围、将应纳消费税的产品视同一般产品未征消费税的问题；审查有无未将关税税额计入组成计税价格少征税的问题。

（3）审查进口环节税收征收范围和计税依据是否正确。

我国现行关税只对少量出口商品，如高能耗产品，征收出口税；对进口商品按必需品、需用品、非必需品、限制进口品分别规定了不同的税率，对同种商品按国际惯例实行双税率（普通税率和最低税率）规定。审计时，应审查进口环节税收征收范围和计税依据是否遵守了相关规定。

35.2.3 关税和进口环节税减免情况审计

关税和进口环节税收（以下简称“进口税收”）减免是指海关根据国家政策和税法有关规定，按照关税管理权限，对享受关税优惠待遇的进出境货物减免税收的制度。

根据《海关法》的规定，我国现行进口税收减免分为法定减免、特定减免、临时减免和暂时免征四种类型。针对这一分类，在进行关税和进口环节税减免情况审计时要分别关注不同内容。

1. 针对法定减免的审计

法定减免是指在《海关法》《进出口关税条例》和《中华人民共和国海关进出口税则》等关税基本法中列举的减免税，依照《海关法》第五十六条规定，下列进出口货物、进出境物品减征或者免征关税：无商业价值的广告品和货样；外国政府、国际组织无偿赠送的物资；在海关放行前遭受损坏或者损失的货物；规定数额以内的物品；法律规定减征、免征的其他货物、物品；中华人民共和国缔结或者参加的国际条约规定减征、免征关税的货物、物品。

由于法定减免税范围小、项目少、比较固定，各地海关可以依法直接办理，不需要经特别批准。审计时，主要审计各地海关批准的减免税进口货物是否为法律规定的种类，减免的税额是否在法律规定的额度之内。

2. 针对特定减免的审计

特定减免是指根据进出口的特殊情况而专门规定的减免税，包括国务院制定的减免税办法、海关总署和财政部根据国务院政策制定的减免税办法规定的减免。特定减免税可以分为对特定区域的减免税、对有特定用途的进口货物的减免税、对特定项目的减免税等类型。特定减免税内容繁杂、政策变动频繁、涉及税额较大，是审计的重点。

（1）对特定区域减免税的审计。

对特定区域减免税的审计，主要包括：审查进口货物的单位是否在国家设立的经济特区和国家批准的其他特定区域内，海关有无对特定区域外的企业进口货物实行税收优惠的问题；审查进口货物是否属特定区域内的企业自用，海关有无对非企业自用物品给予税收优惠的问题；审查企业进口物资是否在核定的免税额度内，海关有无未经有关部门审核证明其进口货物在免税额度内就给予减免税优惠的问题。

（2）对有特定用途的进口货物减免税的审计。

根据现行政策规定，特定用途的货物主要是科教用品和残疾人用品。审计的重点内容包括：审查货物进口单位是否符合规定的条件，海关有无违规对不符合条件的单位的进口专用物资给予减免税优惠的问题；审查享受减免税政策进口的物品是否在规定的范围之内，海关有无违规对不属于优惠政策范围内的进口物品给予减免税优惠的问题；审查减免税进口的物品是否用于政策规定的用途，对于进口单位改变进口物品用途的问题，海关监管是否到位，有无倒卖进口物资、偷逃进口税收的问题。

（3）对特定项目减免税的审计。

国家规定，对符合国家产业政策鼓励发展的项目，企业进口的物资可享受减免税优惠政策。具体审计的主要内容包括：审查海关批准的企业减免税进口物资的项目是否符合国家产业政策规定，有无主管部门的证明或批准文件，有无没有文件依据、随意扩大范围给予减免税优惠的问题；审查减免税进口的物品是否用于国家鼓励发展的项目，有无用于其他项目甚至倒卖给其他企业、偷逃进口税收问题，进而审查海关对此类减免税进口物资的监管是否得力，有无监管不严格，造成税收流失或进口物资冲击国内市场的情况。

3. 针对临时减免的审计

在法定关税减免和特定关税减免之外，国家为照顾某些纳税义务人的特殊情况、临时困难或社会公益事业，给予关税的临时减免。例如，为了救灾而进口的专用物资、中外合作项目的外方无偿投入物资、国家特殊地区急需进口的生产和生活物资等情况，国家给予临时减免关税的优惠。

按照规定，地方政府和有关部门人员为需要临时减免关税的物资，应当报请国务院批准决定。因此，对临时减免关税的审计，主要审查地方政府和有关部门有无擅自决定临时减免关税的情况；审查纳税义务人是否在货物进出口前，向海关提交书面申请、说明理由，并带必要的证明材料，同时审查海关是否按照国家规定程序审查批准。

4. 针对暂时免征的审计

一般来说，暂时免征关税的情况主要包括两种：一是经海关批准暂时进出口的货物，且已缴纳相当的保证金或提供担保后免征关税；二是特许进口的保税货物，且货物发货人向海关缴纳相当于税款的保证金或提供担保后免征关税。

因此，审计中主要审查货物发货人是否提供了相对应的担保，审查暂时运入我国境内的货物是否符合相关的免征条件。

35.2.4　保税货物监管情况审计

保税货物监管，是指国家对国外进口的货物暂缓征收进口税收，由海关监管，于规定时间内，在海关许可的场所储存、加工、装配后复运出境，或批准内销并办理进口纳税。保税货物监管制度包括加工贸易保税货物监管制度、保税区监管制度、保税仓库监管制度、保税工厂监管制度和进料加工集团保税监管制度等。保税货物监管制度的核心是鼓励加工出口，防止擅自内销或走私，偷逃国家税收。

1. 对加工贸易保税货物监管情况的审计

对加工贸易保税货物的监管制度，主要是依靠加工贸易进口料件试行银行保证金台账制度。其主要内容包括：企业持当地外经贸委审批的进口合同批件到主管海关申请备案，海关审核后按备案的进口货物金额，向企业签发开设银行保证金台账联系单；企业凭此联系单到当地中国银行申请设立保证金台账，中国银行审核后按备案进口货物金额建账，并向海关签发该企业建立台账通知书，海关据此正式办理进口合同登记备案，核发加工贸易手册，允许企业经营进料加工业务。企业进口货物进行加工生产，若在规定的期限内出口产品，经海关进行核销后向银行签发台账核销联系单，银行据此核销台账；若产品不出口，企业必须向外经贸委申请办理内销批文（需要进口许可证的补办许可证），由海关补税核销后再由银行核销台账；若企业未按合同加工出口，又不及时缴纳税款，由海关、银行会同税务部门，在企业开户银行将税款直接划入国库；经营加工贸易单位逾期不向海关办理核销手续的，中国银行不再对其设立新的保证金台账，企业也就不得经营新的进料加工贸易业务。

对加工贸易保税货物监管情况进行审计的主要内容如下。第一，审查海关是否严格审核企业的有关资料，依照国家规定核发《加工装配和中小型补偿贸易进出口货物登记手册》和《进料加工登记手册》，确认申报单位的加工贸易资格、经营范围。第二，审查海关是否以当地外经贸委批准的加工贸易合同及批件为准，按合同备案金额向银行签发《开设银行保证金台账联系单》，有无对未批准的加工合同予以备案或人为压低合同备案金额向银行签发联系单的问题。第三，审查海关是否依法对企业的进口货物予以放行，有无越权放行国家限制经营的进口货物的问题；是否按照专用进（出）口货物报关单（加工转配贸易和补偿贸易使用浅绿色报关单、进料加工贸易使用粉红色报关单）的使用要求，对不同的加工贸易货物办理相应的进（出）口报关手续，有无混淆进口货物性质，违规受理报关，造成税收流失的问题；对加工贸易进口料件的跨关区调拨或加工出口事项的监管和进口料件专用性的监管是否严密，有无监管不严导致加工企业倒卖进口料件，随意串料或用国产料件顶替进口料件，偷漏税款的问题；对发生变更、转让、延长、撤销等情况的已备案合同，是否严格按照规定办理变更手续，以保证对保税货物的有效监管。第四，审查海关对核销逾期合同的加工单位是否按规定停止新合同备案，有无对这些单位备案新合同但未核销老合同，或对一个合同多次办理延期手续，致使保税料件脱离监管，造成税收流失的问题；是否将所有的保税进口料件、加工的产成品都纳入了核销的范围，有无遗漏项目；有无单证不全核销合同的问题；对不能出口的保税料件和加工产成品及余料的核销是否准确、对结案或补税的认定是否合规，有无不足额补税的问题。

2. 对保税区监管情况的审计

我国的保税区是指在靠近边境、交通便利的地方，通过设置封闭式的隔离设施划出一定的区域，形成的对保税进口货物进行监管的特定区域。保税区的设立必须由国务院批准，从非保税区运入保税区的货物，视同出口，海关应照章征出口税，区内货物经非保税区出口时，海关按转关运输货物的监管规定办理有关手续。区内生产企业进口的货物原则上不得运往非保税区委托加工，如遇特殊情况，应事先向海关申请并登记备案。出保税区加工的生产品应在合同执行完毕后30天内向海关办理核销手续，并将产品及剩余料件按规定期限全部运回区内。对保税区监管情况的审计，主要审查：海关是否按规定对从保税区运往非保税区的货物办理补税手续；海关对保税区内生产企业进口料件运往非保税区进行委托加工的监管是否合规，是否按照规定办理登记备案和核销手续；海关对保税区内生产企业之间互相转让、买卖、借用进口机器、设备和料件的事项，是否按规定办理备案手续；海关对保税区内外贸企业代理进口货物的监管是否合规、严密，有无区别企业代理非保税区企业进口货物偷逃税收的问题，是否存在将代理进口的保税货物擅自转让或销往非保税区未补税的问题。

3. 对保税仓库监管情况的审计

保税仓库是指专门存放经海关核准的保税货物的仓库，按规定，只有海关准许注册的有权经营进出口业务的具有法人资格的经济实体，才能建立保税仓库。保税仓库限于存放来料加工、进料加工复出口的货物，暂时存放再出口的货物，以及经海关批准缓办纳税手续进境的货物。一般贸易进口货物不允许存入保税仓库，其存放的货物不得进行加工，所存货物储存期为一年，如有特殊情况可向海关申请延期，但延期最长不得超过一年。如储存期满仍未转为进口也不复运出境的，由海关进行变卖处理。货物在储存期间发生短少，除由于不可抗力外，其短少部分应当由仓库经理人承担缴纳税款的责任。

对保税仓库监管情况的审计，主要审查：海关是否按规定核发《保税仓库注册登记证书》，是否依照规定程序严格审查申请人提交的营业执照、《保税仓库申请书》和经贸主管部门的批件等申请材料，有无对不符合条件的申请单位核发登记证书的问题；海关是否按期核查保税仓库报送的保存货物的收、付、存等情况，对查出问题的处理是否合规；海关对储存期满仍未转为进口也不复运出境的保税货物，是否按规定进行变卖等处理；海关是否按规定对保税仓库所存货物的短少部分办理补税手续等问题。

4. 对保税工厂监管情况的审计

保税工厂是指经海关批准专为生产出口产品进行保税加工的企业。经国家批准有权经营进出口业务的企业，或具有法人资格的承接进口料件加工复出口的出口生产企业，均可向主管地海关申报建立保税工厂。其进口的货物自进口之日起至出口之日止，未经海关许可，不得出售、转让、调换和转作他用，进口的料件同国产原材料混合加工时，必须如实向海关报告投入进口料件的比例和数（重）量。

对保税工厂监管情况的审计，主要审查：海关是否依照国家规定核发《加工贸易保税工厂登记证书》，有无对不具有进出口业务经营权或承接进口料件加工复出口法人资格的单位发放登记证书；海关对保税工厂不能加工出口部分的进口货物，是否严格按规定办理补税手续；海关是否根据规定期限，按时核查经营单位的原材料储存保管，加工、成品出口以及内销等情况，并对发现的问题进行处理。

5. 对保税集团监管情况的审计

保税集团是指经海关批准，由具有进出口经营权的企业牵头，组织关区内同行业若干个加工企业，对进口料件进行多层次、多道工序连续加工，并享受全额保税的企业联合体。保税集团进口的料件应专料专用，如需将进口料件与国内料件混合加工时，牵头企业应事先向海关申报投入进口料件的比例和数量。集团内各生产环节和工序所进口的料件存入指定的保税仓库，料件出库加工时，海关按保税仓库管理办法进行监管。使用的进口料件的消耗定额每年向海关报核，海关根据已核定的消耗定额分段核销。保税进口料件进入加工环节时，海关按保税工厂管理办法进行监管。以上货物未经海关许可，任何单位和个人不得将其出售、转让、调换、抵押或改作他用。保税进口的料件，应自进口之日起一年内加工成成品返销出口，如有特殊情况需要延长期限的，保税集团的牵头企业应向海关提出书面申请，但延长期不得超过一年，加工产品因故不能出口而需转内销的，保税集团的牵头企业应报经贸主管部门和海关核准，补缴关税、进口环节增值税和消费税。

对保税集团监管情况的审计，主要审查：海关是否依照国家规定核发《进料加工保税集团登记证书》；海关是否严格查验牵头企业报送的有关文件，办理保税集团合同登记备案手续，签发《进料加工登记手册》；海关对保税集团保税进口料件的监管是否合规、严密，进口料件是否存入指定的保税仓库，是否专料专用，进口料件与国内料件混合加工时，牵头企业是否事先向海关申报进口料件的比例和数量；海关是否按期及时对保税集团进口料件的储存、使用加工以及有关产品的实际流向等情况进行核查，是否严格审核牵头企业报送的登记手册和出口专用报关单等有关单证，并按规定办理核销手续；海关是否严格对内销的加工产品办理补征税手续，对保税进口料件期满仍未加工复出口的产品是否严格按规定处理。

35.3 国库审计

35.3.1 国库审计概述

1. 国库的基础知识

国家金库（以下简称“国库”），是办理国家预算收入的收纳、划分、留解和库款支拨的专门机构，是管理政府预算资金出纳环节的机构，负责办理国家预算资金的收纳和支拨，反映和监督预算收支的执行情况。在执行任务中，国库必须认真贯彻国家的方针、政策和财政制度，发挥国库的促进和监督作用。

国库机构按照国家财政管理体制设立，原则上一级财政设立一级国库。中央设立总库，由中国人民银行经理；省、自治区、直辖市设立分库，由中国人民银行分支机构经理；省辖市、自治州设立中心支库；县和相当于县的市、区设立支库。支库以下经收处的业务，由专业银行的基层机构代理。各级国库的主任由各级人民银行行长兼任，副主任由主管国库工作的副行长兼任。不设人民银行机构的地方，国库业务由人民银行委托当地专业银行办理，工作上受上级国库领导，受委托的专业银行行长兼任国库主任。国库业务工作实行垂直领导。各省、自治区、直辖市分库及其所属各级支库，既是中央国库的分支机构，也是地方国库。

国库的职责权限包括：办理国家预算收入的收纳、划分和留解；办理国家预算支出的拨付；向上级国库和同级财政机关反映预算收支执行情况；协助财政、税务机关督促企业和其他有经济收入的单位及时向国家缴纳应缴款项，对于屡催不缴的，应依照税法协助扣缴收入；组织管理和检查指导下级国库的工作；办理国家交办的同国库有关的其他工作。

2. 国库审计的含义及审计依据

国库是连接税收资金与财政预算资金的桥梁和纽带，是预算执行机构中的重要环节，需要对其进行审计。所谓国库审计，是指审计机关依据国家法律、行政法规和各种部门规章制度，针对国库部门办理预算资金收纳、划解和拨付的真实性、合法性进行的审计监督。由于国库在财政预算执行中处于关键位置，所以国库审计是财政预算执行审计的重要组成部分。

由于国库审计的重要性和敏感性，国库审计需要具备完善的审计依据，除《宪法》《审计法》《预算法》等有关法律外，还包括《中华人民共和国中国人民银行法》《中华人民共和国国家金库条例》（以下简称《国家金库条例》）《中华人民共和国国家金库条例实施细则》《国库会计核算业务操作规程》《中国人民银行国库资金清算业务处理手续》。

3. 国库审计的意义

（1）国库审计是预算执行情况审计的重要任务。

国库作为参与国家预算执行的一个专门机构，其负责的预算收入的收纳、划分、上缴以及库款的支拨等业务，是预算执行的基础性工作和重要内容，审计机关要依法全面开展预算执行审计，就要把本级国库按照国家有关规定办理预算收入的收纳情况和预算支出的拨付情况，作为主要的审计监督内容。

（2）国库审计是国家预算资金安全的重要保障。

国库审计可以促进对财税部门的预算执行审计，建立健全对国库的审计监督制约机制，促进国库强化预算控制职能，健全国库核算体系，逐步使国库成为预算管理体系中一个有效的制约环节，及时准确地反映收支预算执行情况，并对国库资金的收付全过程实施有效的监控，确保预算资金的安全。

（3）国库审计有助于充分发挥国库的监督作用。

国库作为国家财政的出纳机构，处于预算执行的第一线，是预算资金的出入口。国库通过正常收付业务，可以对国家预算执行的全过程进行全面监督。但在实际工作中，由于各种因素的制约，对一些预算收支的违规违纪问题，国库没能起到监督作用。国库审计，可以揭露和反映某些问题，可以促进国库认真行使其监督职权，有利于监督财税等部门接受国库监督，从而充分发挥国库在预算执行中的监管作用。

4. 国库审计范围的划分

根据国家规定，一级财政设立一级国库。各级审计机关都应该对其本级国库进行审计监督。中央总金库、省分库、市中心支库和县级基层支库以及国库经收处，都属于预算执行审计监督的范围。审计机关既要审计中央总金库，也要审计地方金库按照《审计法》关于审计管辖范围划分的规定，中央总金库和各级中央国库经理的国库业务，属于中央预算执行情况审计监督的范围，由审计署负责审计；各级地方国库经理的国库业务，属于地方预算执行情况审计监督的范围，由地方各级审计机关负责审计。

35.3.2 国库审计的内容

1. 预算收入的收纳、划分和上缴情况审计

《国家金库条例》规定国家的一切预算收入，应按照规定全部缴入国库，任何单位不得截留、坐支或自行保管；国家各项预算收入，分别由各级财政机关、税务机关和海关负责管理，并监督缴入国库。缴库方式由财政部和中国人民银行总行另行规定；国库收纳库款以人民币为限，以金银、外币等缴款，应当向当地银行兑换成人民币后缴纳。

预算收入的收纳、划分和上缴情况审计的主要内容如下。审查国库或国库经收处是否准确及时地收纳各项预算收入，有无国库监督不力、审核把关不严，造成国库经收处延迟上缴库款或收入征收机关开设收入过渡户延迟上缴库款等预算收入缴库不及时的问题；审查国库是否根据财政管理体制的规定，将预算收入在中央与地方以及地方各级财政之间进行正确的划分，有无审核把关不严致使预算收入错入级次，或变通收入划分办法将划分收入级次的职责交给财税部门，造成将中央收入划入地方或将上级收入划为本级收入等问题；审查支库及支库以上国库机构，向财政部门和上级国库报告和解缴库款是否及时，有无延迟上缴上级财政收入的问题；等等。

2. 预算收入退库情况审计

《国家金库条例》规定预算收入的退付，必须在国家统一规定的退库范围内办理。必须从收入中退库的，应严格按照财政管理体制的规定，从各该级预算收入的有关项目中退付。

预算收入退库情况审计的主要内容如下。审查国库办理的预算收入退库的项目是否符合规定范围，有无审核把关不严，办理财税部门审批的超越国家规定范围的退库；审查国库办理的预算收入退库事项，是否符合规定的审批权限，有无办理超越权限审批的退库；审查国库是否严格审核把关，有无违反规定办理下级财政或征收机关超越权限批准的冲退上级或中央财政收入的退库事项；审查国库办理的预算收入退库是否真实，是否确有缴款单位和个人提出的退库书面申请，所退库款是否直接退给了单位或个人，有无退给财税部门谋取小团体利益的问题；审查国库有无审核把关不严，办理财政机关自批自退的退库事项；等等。

3. 预算资金拨付情况审计

《国家金库条例》规定国家的一切预算支出，一律凭各级财政机关的拨款凭证，经国库统一办理拨付。中央预算支出，采取实拨资金和限额管理两种方式。中央级行政事业经费，实行限额管理。地方预算支出，采用实拨资金的方式；如果采用限额管理，财政应随限额拨足资金，不由银行垫款。各级国库库款的支拨，必须在同级财政存款余额内支付。只办理转账，不支付现金。

预算资金拨付情况审计的主要内容如下。审查国库是否按照规定的预算级次拨款，有无办理财政部门超越预算级次，或向无预算领拨关系的单位拨款；审查国库是否按照款项用途拨款，有无办理财政部门擅自改变支出用途，或混淆预算内和预算外资金界限的拨款；审查国库是否根据财政国库存款情况拨款，有无为财政部门透支的问题；审查国库办理预算拨款的方式和适用范围是否符合规定，预算用款和收款单位有无串通舞弊套取财政资金行为；审查资金拨付是否及时，支付账目使用的会计科目是否正确，数字是否真实、准确；等等。

35.4　案例分析

税收征管情况审计结果举例

（二〇一一年六月二十七日公告）

根据《中华人民共和国审计法》的有关规定，审计署对国家税务总局和北京市、天津市、山西省、辽宁省、黑龙江省、上海市、浙江省、安徽省、山东省、河南省、湖北省、广东省、重庆市、四川省、云南省、甘肃省、宁夏回族自治区、深圳市 18 个省区市国税系统 2009 年至 2010 年的税收征管情况进行了审计。现将审计结果公告如下。

1. 基本评价

审计结果表明，两年来，国税系统就认真贯彻执行国家的宏观调控政策，以税制改革为重点，紧紧围绕依法组织收入和调控经济职能，坚持依法行政、依法治税，税收执法规范化程度和税收征管质量明显提高。

（1）积极落实国家宏观调控政策，推动税制改革。

国家税务总局和各级国税部门认真贯彻国家宏观调控政策的各项要求，推动增值税转型改革，落实企业所得税改革配套措施，为企业扩大生产和自主创新提供了有力支撑。积极实行结构性减税，大力支持经济结构调整和教育、文化、卫生、社会保障等民生领域的发展。及时执行调整的出口涉税政策，促进进出口贸易平衡稳定发展。

（2）努力克服困难、提高税收征管质量，实现税收稳步增长。

为克服国际金融危机给经济带来的不利影响，近年来，国家税务总局和各级国税部门通过健全纳税服务体系，规范和简化办税程序，进一步加强税源管理、纳税评估，大力推进信息管税，努力提高税收征管质量，较好地完成了收入任务。18个省区市国税系统2009年组织国内税收收入23 258.07亿元，比上年增加1 260.76亿元，增长5.42%；2010年组织国内税收收入26 934.79亿元，增长15.81%。税收的稳步增长为国家实施宏观调控和保持经济社会平稳较快发展提供了财力保障。

（3）坚持依法治税，强化内部管理，优化税收环境。

近年来，国家税务总局和各级国税部门不断强化内部管理，着力推进依法行政、依法治税。通过集中清理和加强管理，国税系统较大幅度地减少了涉税审批事项，进一步规范了审批行为。两年来，国家税务总局共组织7次税收专项检查和124户重点税源企业的税务检查，开展打击制售假发票和非法代开发票专项整治行动，整顿税收秩序，促进了税收环境的优化。

但审计也发现，部分国税局人为调节税收进度，影响年度税收真实性的问题比较突出；部分国税局办理涉税审批事项不合规，对企业纳税申报审核不严，一些基层国税局违规代开发票，一些企业虚开增值税专用发票，购买、使用虚假发票，一些不符条件的企业享受高新技术企业税收优惠政策，还有个别税收管理办法不完善，造成税款流失。

2. 审计发现的主要问题

（1）有的地方人为调节税收收入进度，提前或延缓征收税款，影响年度税收真实性。

受税收计划影响或地方政府干预，2009年至2010年，15个省区市有62家国税局通过违规批准企业缓税、少预征税款、多退税款等方式，少征287户企业当期税款，影响年度收入263亿元（其中，2009年174.82亿元、2010年88.18亿元）；9个省区市有103家国税局通过违规提前征收、多预征税款等方式，向397户企业跨年度提前征税 33.57 亿元（其中，2009 年 30.33 亿元、2010 年 3.24 亿元）。

（2）有的涉税审批或涉税意见不合规，对企业不实申报审核不严，造成税款流失 34.05 亿元。

国家税务总局个别司 2009 年至 2010 年，以非正式公文“司便函”的形式，批准企业对超过认证期限的增值税发票进项税额 17.29 亿元予以抵扣。12 个省区市的 27 家国税局违规为 58 户企业办理减免退税 25.78 亿元。18 个省区市的 73 家国税局对企业少报收入、多报支出等问题审核不严格，少征税款 8.27 亿元。

（3）部分国税局违规代开发票，一些企业违法购买使用发票、虚开增值税发票，造成税款流失 14.33 亿元。

近几年，国税系统开展了一系列发票专项整治行动，但在发票管理和使用中仍然存在一些突出问题，有 10 个区县级国税局为没有真实贸易背景的小规模纳税人代开发票，造成税款流失 9.11 亿元；15 户企业虚开发票和使用假发票，造成税款流失 5.22 亿元。从审计情况看，违规代开、虚开或接受虚开发票主要发生在买卖煤炭等矿产资源、废旧物资和生产软件的企业。目前，审计署已向有关部门移送涉嫌发票违法犯罪案件线索 11 起。

（4）高新技术企业税收优惠政策执行不严的现象仍然存在，造成税款流失 26.6 亿元。

审计抽查了 18 个省区市的 148 户高新技术企业，不具备资格和不符合条件的企业违规享受优惠政策的问题与上次审计相比有明显下降，但仍有 9 个省市的认定管理机构将 17 户不符合条件的企业认定为高新技术企业，导致这些企业 2009 年至 2010 年享受高新技术企业减免税优惠 26.65 亿元。其中，5 户企业不拥有核心知识产权，2 户企业产品不属于《国家重点支持的高新技术领域》规定的范围，3 户企业申报的核心技术和主要产品收入没有相关性，3 户企业高新技术产品（服务）收入占企业当年总收入的比例未达到国家规定标准，3 户企业的研发费用占销售收入的比例低于规定比例，1 户企业的科技人员比例不符合规定要求。此外，审计还发现个别国税局对不在高新技术企业名单之内的企业给予了税收优惠 117.59 万元。

（5）跨地区经营汇总纳税企业所得税管理办法还不够完善，造成税款流失 1.34 亿元。

2008 年以来，国家税务总局相继出台了多项汇总纳税的管理制度和办法，要求汇总纳税企业分支机构所在地税务机关依法履行监管职责。审计抽查了 4 家实行跨地区经营汇总纳税企业的部分二、三级分支机构，有 56 个分支机构存在虚列支出、少计收入、违规税前扣除等问题，流失税款1.34亿元。汇总纳税企业税收征管办法不完善，分支机构所在地税务机关缺乏监管动力和压力，导致监管缺失，是造成上述问题的一个重要原因。审计还发现3个省市的有关税务机关近两年来对一些汇总纳税企业在本省市的三级分支机构没有开展过税务检查，这些分支机构也未向有关税务机关报送过相关资料。

3. 审计发现问题的整改情况

审计结束后，审计署向国税部门出具了审计报告，依法下达了审计决定，国家税务总局及各省级国税局对审计发现的问题很重视，多次专门召开会议研究部署整改工作。截至目前，有关国税局调节收入进度问题已整改完毕；一些国税局已追缴违规减免的税款3 007万元；部分国税局对企业申报不实、多列成本、少计收入等问题，已重新审核并追征税款入库2.4亿元；对于发票管理使用方面的问题，有的正在立案查处，有的责任人已受到处分；对于不符合条件企业享受高新技术税收优惠问题，有的国税局已提请认定机构对相关企业进行复核；相关政策不完善之处，国家税务总局正在研究解决。审计署将继续跟踪审计查出问题的整改情况。

资料来源：中华人民共和国审计署发布的《中华人民共和国审计署审计结果公告》（2011年第34号）——《国家税务局系统税收征管情况审计结果》。

第 36 章 财政审计（三）

36.1 社会保障审计

36.1.1 社会保障审计概述

36.1.1.1 社会保障制度概述

1. 社会保障制度的含义

社会保障制度是以国家或政府为主体，依据法律规定，通过国民收入再分配，对社会成员在暂时性或者永久性失去劳动能力以及由于各种原因生活发生困难时给予物质帮助，保障其基本生活的制度。社会保障制度是一个国家经济制度的重要组成部分，它在保证社会经济发展和社会稳定方面发挥着重要作用。

2. 社会保障制度的内容

社会保障制度主要是保障全社会成员基本生存与生活需要，特别是保障公民在年老、疾病、伤残、失业、生育、死亡、遭遇灾害、面临生活困难时的特殊需要，由国家通过国民收入分配和再分配体系实现保障目的。社会保险、社会福利、社会救助、社会优抚等各项不同性质和形式的社会保障制度构成了整个社会保障体系。现代国家必须制定社会保障法律规范，保证社会保障制度真正得到贯彻实施。

社会保障的制度体系具体包括以下内容。

（1）社会保险制度，指由国家依法建立的使劳动者在年老、患病、伤残、生育和失业时，能够从社会获得物质帮助的制度。

（2）社会福利制度，指国家或社会在法律和政策范围内向全体公民普遍地提供资金帮助和优化服务的社会性制度。

（3）社会救助制度，指国家通过国民收入的再分配对因自然灾害或其他经济、社会原因而无法维持最低生活水平的社会成员给予救助，以保障其最低生活水平的制度。

（4）社会优抚制度，指国家依法定的形式和政府行为，对有特殊贡献的军人及其眷属实行的具有褒扬和优待赈恤性质的社会保障制度。

3. 社会保障制度的意义

在市场经济条件下，社会保障制度在维护社会稳定和社会安全方面具有重大意义。第一，它能弥补市场分配存在的不足，维护社会收入分配的相对公平，同时能缓解社会矛盾，协调社会关系，维护社会稳定；第二，它能解除劳动者的后顾之忧，为他们创造安心工作的心理环境，调动劳动者的生产积极性，同时也体现社会主义福利保障的特色；第三，只有建立健全同市场经济发展水平相适应的社会保障制度，才能促进我国的改革开放和市场经济的发展，才能保证社会的稳定。

36.1.1.2　社会保障审计的含义

所谓社会保障审计，是指审计机关对政府部门管理的和社会团体受政府部门委托管理的社会保障资金财务收支的真实、合法、效益进行的审计监督。

社会保障基金包括社会保险、社会救助、社会福利基金以及发展社会保障事业的其他专项基金；社会捐赠资金包括来源于境内外的货币、有价证券和实物等各种形式的捐赠；其他有关基金、资金包括住房公积金、公共维修基金以及社会团体和民办非企业单位接受的社会捐赠、资助等公共资金。

有效开展社会保障审计工作，能够保障养老、医疗、失业等社会保险制度及住房制度改革的顺利实施；能够保护人民群众基本生活的权益，维护社会的稳定；能够促进我国现代社会保障体系的建立与完善；能够保证社会保障资金的安全与完整，充分发挥社会保障资金使用的社会效益与经济效益；能够促进接受社会捐赠的部门、单位加强财务管理，提高社会捐赠资金使用的社会效益与经济效益。

36.1.1.3　我国社会保障审计的起步和发展

我国社会保障审计的发展过程可以划分为两个阶段。

1. 社会保障审计起步阶段

社会保障审计起步阶段是从审计署成立到 1998 年。在这一期间，社会保障审计包含于其他专业审计监督之中，主要是根据审计业务部门的职能分工有选择地对有关社会保障资金进行审计。社会保障审计主要被认为属于农业和行政事业的审计范畴，在这一阶段先后组织过养老保险基金和失业保险基金审计、彩票发行和资金使用情况审计、住房资金审计及救灾资金审计。审计的主要目标是查错纠弊，揭露各种挤占、挪用、贪污和浪费问题，对树立审计权威和促进内部控制建设发挥了积极作用。这一阶段由于主观上对社会保障在整个社会经济协调发展中的重要性认识不足，客观上社会保障的各项制度还在试验之中，尚未定型，因此，我们对社会保障审计还不能从总体上把握，社会保障审计工作发挥的作用非常有限。

2. 社会保障审计的发展阶段

随着我国社会主义市场经济体制的建立和完善，社会保障作为市场经济的支柱逐渐被社会认识，社会保障审计的重要性也日益显现。1998 年，结合中央政府机构改革，国务院批准审计署新增加的四项职能中就包括审计监督社会保障资金。国务院批准审计署增设社会保障审计司，负责审计由国务院主管部门管理和受国务院委托由社会团体管理的社会保障资金的财务收支和管理使用情况，开展专项审计和审计调查，以及指导地方社会保障审计业务。随后，审计署社会保障审计司先后组织和指导驻地方特派办及地方审计机关开展了对下岗职工基本生活保障和再就业资金、失业保险基金、中国福利彩票赈灾专项募集、养老保险基金、医疗保险基金、养老保险财政专项补助、救灾资金、财政投入和管理的社会保障资金、企业欠缴养老保险费情况、养老保险征缴情况、城市居民最低生活保障资金等项目的审计和审计调查。审计工作主要围绕“摸清底数、揭示问题、促进规范”开展，对规范社会保障资金管理起到了积极作用。

党中央、国务院高度重视社会保障工作，“十一五”以来将社会保障作为以改善民生为重点的社会建设的重要内容，坚持“广覆盖、保基本、多层次、可持续”的方针，出台了多项法规、政策和措施。中央各相关部门和地方各级党委、政府采取有效措施，认真贯彻落实党中央、国务院的各项方针政策。我国社会保障事业健康快速发展，截至 2011 年底，党的十七大提出的“完善以社会保险、社会救助和社会福利为基础，以基本养老、基本医疗和最低生活保障制度为重点”的社会保障体系目标基本实现。

依据《审计署 2008 至 2012 年审计工作发展规划》，社会保障审计需要继续深化养老、失业、医疗、工伤、生育等五项保险基金审计，促进扩大社会保障资金规模和覆盖范围，提高养老保险统筹层次，推进建立社会保障预算制度，建立健全覆盖城乡的社会保障体系；加大救灾救济款物审计力度，注重从制度、机制和管理上揭示问题，促进完善灾害救助制度和机制；强化住房保障资金审计，促进完善住房保障制度，落实党和国家的惠民政策。

36.1.2 社会保障审计的主要内容

36.1.2.1 社会保险基金审计

社会保险基金由养老保险基金、失业保险基金、医疗保险基金和其他社会保险项目的基金构成。我国目前已建立的社会保险基金主要有企业职工基本养老保险基金、失业保险基金、职工基本医疗保险基金、企业职工工伤保险基金等。

1. 企业职工基本养老保险基金审计

我国社会保障审计的重点就是对企业职工基本养老保险基金的审计。企业职工基本养老保险基金是指按照国家规定，由企业和职工个人分别按工资总额及工资的一定比例缴纳，为保障职工离退休后的基本生活而筹集的专项基金。《社会保险费征缴暂行条例》中规定了基本养老保险费的征缴范围：国有企业、城镇集体企业、外商投资企业、城镇私营企业和其他城镇企业及其职工，实行企业化管理的事业单位及其职工。《国务院关于完善企业职工基本养老保险制度的决定》中提出了完善企业职工基本养老保险制度的主要任务：确保基本养老金按时足额发放，保障离退休人员基本生活；逐步做实个人账户，完善社会统筹与个人账户相结合的基本制度；统一城镇个体工商户和灵活就业人员参保缴费政策，扩大覆盖范围；改革基本养老金计发办法，建立参保缴费的激励约束机制。根据经济发展水平和各方面承受能力，合理确定基本养老金水平；建立多层次养老保险体系，划清中央与地方、政府与企业及个人的责任；加强基本养老保险基金征缴和监管，完善多渠道筹资机制；进一步做好退休人员社会化管理工作，提高服务水平。

企业职工基本养老保险基金审计的主要内容如下。

（1）基金征收审计。企业职工基本养老保险基金的来源主要有四个渠道：一是向职工所在企业征集；二是职工个人缴纳；三是政府补贴；四是基金增值收入。企业缴纳基本养老保险费的比例一般不得超过企业工资总额的 20%，确需超过的应报人力资源和社会保障部、财政部批准。

《国税地税征管体制改革方案》规定，自 2019 年 1 月 1 日起，将基本养老保险费、基本医疗保险费、失业保险费、工伤保险费、生育保险费等各项社会保险费交由税务部门统一征收。

企业职工基本养老保险基金征收审计的内容和重点如下。审计养老保险管理部门、社会保险经办机构是否按法定的项目和标准，及时、足额征收养老保险费；审计有无擅自提高或降低养老保险费的征收比例，擅自对企业减免征收养老保险费的问题；审计养老保险管理部门、社会保险经办机构有无转移或隐瞒基金收入，私设“小金库”的问题；审计养老保险管理部门、社会保险经办机构有无不按规定收取滞纳金，或未将滞纳金列入基金收入的情况；审计养老保险管理部门、社会保险经办机构有无向企业套购商品，并以此抵顶养老保险费，造成少征基本养老保险费的情况，对企业以实物抵缴的养老保险费，有无对实物管理不严，造成挪用、私分的情况；审计企业是否按规定缴纳基本养老保险费，有无隐瞒工资总额，造成漏缴，是否按规定为承包人员、租赁人员、停薪留职人员、流动作业人员及下岗职工缴纳基本养老保险费；审计企业有无将个人缴纳的养老保险费在成本中重复列支的情况；审计企业有无故意拖欠或拒绝缴纳养老保险费的情况，有无将应缴养老保险费截留，用于企业其他开支的情况。

（2）基金支出审计。养老保险管理部门按照参加养老保险企业实际发生的离退休费用支付基本养老保险金。目前支付的基本养老保险金项目有：离休费，退休费，退职生活费，退休职工死亡丧葬补助费，退休职工死亡后的供养直系亲属抚恤及救济费，退休职工的物价补贴、副食品价格补贴等。

企业职工基本养老保险基金支出审计的内容和重点如下。审计养老保险管理部门及社保经办机构是否依法及时、足额支付基本养老金，有无拖欠、截留的问题；审计养老保险基金的支出是否按规定编制预算、计划，调剂金的分配、使用是否合理合法，资金的调度和用款计划是否按规定的程序报批；审计养老保险管理部门及社保经办机构有无虚列支出，转移资金和挤占挪用等损害侵蚀养老保险基金的问题；审计养老保险管理部门及社保经办机构有无缩小或扩大开支范围，如拒绝支付应由养老保险基金支付的项目，或承担不属于养老保险基金开支的项目等问题；审计有无虚报冒领养老金的情况，领取养老金的人员是否已参加养老保险并符合离退休条件。

（3）基金管理审计。根据有关规定，基本养老保险基金必须存入财政部门在国有商业银行开设的社会保险基金财政专户，实行收支两条线管理，专款专用，任何部门、单位和个人均不得挤占挪用，也不得用于平衡财政收支。

企业职工基本养老保险基金管理审计的内容和重点如下。审计各级政府、财政部门、社保管理部门、社保经办机构和其他单位、个人有无以各种形式将养老保险基金用于对外投资、经商办企业、自行或委托金融机构放贷、参与房地产交易、弥补行政经费和平衡财政预算，为企业贷款担保、抵押等问题；审计养老保险管理部门、社保经办机构的年度决算和有关会计账簿、凭证是否真实合法；审计养老保险管理部门、社保经办机构的内部控制是否健全有效，养老保险基金是否安全、完整，其保值增值是否合法、合规。

2. 失业保险基金审计

失业保险基金是根据国家规定，按照工资总额的一定比例缴纳，为保障劳动者因非本人自愿的原因失去工作、中断收入，对其失业期间的基本生活和实现再就业，给予一定物质补助的专项基金。城镇企业事业单位按照本单位工资总额的2%缴纳失业保险费。城镇企业事业单位职工按照本人工资的1%缴纳失业保险费。

《失业保险条例》中规定了失业保险基金由下列各项构成：城镇企业事业单位、城镇企业事业单位职工缴纳的失业保险费；失业保险基金的利息；财政补贴；依法纳入失业保险基金的其他资金。

失业保险基金审计的主要内容如下。

（1）基金征收审计。失业保险基金的来源主要有四个渠道：一是城镇企业事业单位、城镇企业事业单位职工缴纳的失业保险费；二是失业保险基金的利息；三是财政补贴；四是依法纳入失业保险基金的其他资金。

失业保险基金征收审计的内容和重点如下。审计失业保险管理部门、社保经办机构是否存在未经有关部门批准，擅自提高或降低失业保险费征收比例的问题；审计失业保险管理部门、社保经办机构有无随意减免企业应缴纳失业保险费的问题；审计失业保险管理部门、社保经办机构有无隐瞒、转移基金收入，私设“小金库”的问题；审计企业有无隐瞒工资总额，少缴失业保险费的问题。

（2）基金支出审计。失业保险基金用于下列支出：失业保险金；领取失业保险金期间的医疗补助金；领取失业保险金期间死亡的失业人员的丧葬补助金和其配偶、直系亲属的抚恤金；领取失业保险金期间接受职业培训、职业介绍的补贴；国务院规定或者批准的与失业保险有关的其他费用。

失业保险基金支出审计的内容和重点如下。审计失业保险管理部门、社保经办机构是否依法及时、足额拨付失业保险金，发放失业保险金的标准是否符合规定，有无拖欠、截留的问题；审计失业保险管理部门、社保经办机构有无擅自扩大或缩小失业救济金支付范围，随意提高或降低支付标准的问题；审计失业保险管理部门、社保经办机构有无虚列支出、转移资金及挤占挪用等违纪问题；审计有无虚报冒领失业保险金的情况；审计企业下岗职工再就业服务中心，对其包括失业保险金在内的各项资金支出的真实性、合法性进行审核。

（3）基金管理审计。根据有关规定，失业保险基金必须存入财政部门在国有商业银行开设的社会保险基金财政专户，实行收支两条线管理，专款专用，任何部门、单位和个人均不得挤占挪用，也不得用于平衡财政收支。

失业保险基金管理审计的内容和重点如下。审计各级政府、财政部门、社保管理部门、社保经办机构和其他单位、个人有无以各种形式将失业保险基金用于对外投资、经商办企业、自行或委托金融机构放贷、参与房地产交易、弥补行政经费和平衡财政预算，为企业贷款担保、抵押等问题；审计失业保险基金管理部门、社保经办机构的年度决算和有关会计账簿、凭证是否真实合法；审计失业保险基金管理部门、社保经办机构的内部控制是否健全有效，失业保险基金是否安全、完整，其保值增值是否合法、合规。

3. 职工基本医疗保险基金审计

职工基本医疗保险基金是依照国家法律、法规的规定向用人单位和职工个人收缴的，以及通过其他方式形成的用于职工基本医疗保障的专项基金。1998 年 12 月国务院发出《国务院关于建立城镇职工基本医疗保险制度的决定》，要求建立城镇职工基本医疗保险制度工作从 1999 年初启动，1999 年底基本完成。职工基本医疗保险的覆盖范围有国有企业、城镇集体企业、外商投资企业、城镇私营企业和其他城镇企业、国家机关、事业单位、民办非企业单位、社会团体。

我国职工医疗保障制度改革的目标是适应社会主义市场经济和提高职工健康水平的要求，建立社会统筹与个人账户相结合的社会医疗保险制度，并使之覆盖城镇全体劳动者，形成包括基本医疗保险、企业补充医疗保险、商业医疗保险等多层次的医疗保险体系。

职工基本医疗保险基金审计的内容和重点如下。审计社保经办机构是否依法筹集职工基本医疗保险费，如按规定，基本医疗保险费应由用人单位和职工共同缴纳，用人单位缴费率应控制在职工工资总额的 6% 左右，职工缴费率一般为本人工资收入的 2%；审计用人单位是否存在少缴、漏缴医疗保险费问题；审计医疗保险基金的支付是否按个人账户和社会统筹基金规定的支付范围分别核算，有无互相挤占的问题；审计医疗服务待遇的落实情况，如治疗人数、服务项目、用药标准、费用估算方式、违反合同的责任等；审计社保经办机构有无虚列支出、转移资金和挤占挪用基本医疗保险基金等违纪问题。

4. 企业职工工伤保险基金审计

我国企业职工工伤保险制度的保障对象是因在工作中受到事故伤害和患职业病而需要获得医疗救治、经济补偿和职业康复的劳动者。1996 年制定并发布实施的《企业职工工伤保险试行办法》，把保险范围扩大到所有企业和职工，并由“企业保险”转变为“社会保险”，规范了工伤保险的操作程序，把工伤保险推向将经济补偿、预防和康复结合起来的适应市场经济体制的方向。工伤保险基金由下列项目构成：企业缴纳的工伤保险费；工伤保险费滞纳金；工伤保险基金的利息；法律、法规规定的其他资金。

企业职工工伤保险基金审计的内容和重点如下。审计工伤保险经办机构是否按以支定收、收支基本平衡的原则统一筹集基金，基金的征收是否符合国家标准；审计工伤保险经办机构对工伤范围的认定和工伤致残程度的鉴定是否按规定办理，工伤保险待遇是否符合国家标准；审计工伤保险基金是否按规定存入银行开设的工伤保险基金专户，是否专款专用，有无虚列支出、转移资金、挤占挪用工伤保险基金等违纪问题；审计工伤保险经办机构是否按规定留足风险储备金等问题。

36.1.2.2 住房公积金审计

住房公积金是指推行住房商品化后，通过货币分配方式，保障职工住房的一项制度。住房公积金的筹集方式是单位和个人按照规定的比例缴纳费用，全部计入个人账户，归个人所有。住房公积金实行专户管理，在职工购买住房时或退休后提取使用。具体住房公积金由单位所属地的住房公积金管理中心统一管理。

住房公积金审计主要包括以下内容。一是核实管理机构的资金资产是否安全完整，债权债务是否真实合规。二是审计住房公积金的缴存归集情况，有无管理混乱给资金安全完整带来隐患，如是否在规定的国有或国有控股商业银行开立账户并办理存款和委托贷款业务，有无违规开户、违规放贷等问题。三是审计住房公积金的保值增值情况。审计购买国家债券的品种、数额是否真实，入账价值是否准确，增值收益分配是否合规，贷款风险准备金、待分配增值收益数额是否真实准确，有无收不入账、公款私存等问题。四是审计住房公积金的清理回收情况。审计往来款项、委托贷款是否合规，数额是否真实，手续是否完备，逾期贷款是否如实反映，坏账贷款的核销是否合规及是否造成损失等问题。

36.1.2.3　社会保障专项资金审计

1. 主要社会保障专项资金的种类

（1）社会保障专项资金。社会保障专项资金主要是指由国家财政支撑的社会救济、城市居民最低生活保障、救灾、优抚安置、社会福利等社会保障项目的资金，这些专项资金政策性强、资金管理环节多、跨度大、保障对象涉及面广。

（2）城市居民最低生活保障资金。城市居民最低生活保障资金是指各级财政用于对城市贫困人口按最低生活保障标准进行差额补助所安排的资金。1999 年国务院颁布《城市居民最低生活保障条例》，标志着城市居民最低生活保障走上规范化、法制化的轨道。

（3）农村社会救济资金。农村社会救济资金是指国家和集体用于保障农村中各种原因造成生活困难的贫困对象基本生活的资金。

（4）优抚资金。优抚资金是指国家和集体用于中国人民解放军现役军人、革命伤残人员、烈士遗属、因公死亡军人遗属、因病死亡军人遗属、复员军人、退伍军人、现役军人家属等优抚对象抚恤和优待的资金。优抚资金主要包括：死亡抚恤金、伤残抚恤金、定期定量补助金、义务兵及义务兵家属优待金。

（5）安置资金。安置资金是指各级财政用于帮助退役军人获得生活安全的资金。主要包括退伍义务兵安置资金、专业志愿兵安置资金、伤残退伍义务兵安置资金、军队转业干部安置资金等。

（6）救灾资金。救灾资金是指政府及社会用于抵御自然灾害给人民群众生命、财产造成危害的资金。

（7）社会福利资金。社会福利资金是指各级财政用于给弱势老人、残疾人、孤儿和精神病人提供保障和服务方面的资金。

2. 社会保障专项资金审计的内容

社会保障专项资金审计不仅可以保障国家有功人员和弱势群体利益不受损害，维护经济发展和社会安定的需要，还可以揭露专项资金管理使用过程中存在的问题，规范管理和使用，促进专项资金管理体制和管理办法的健全和完善，促进提高资金的使用效益。审计的主要内容包括资金的分配、管理和使用三个方面。

（1）资金分配的审计。检查资金安排计划是否符合专项资金的使用范围和方向，分配依据是否充分合理，权限是否合理，分配公式是否公开透明，是否严格按照分配公式进行分配。在审计过程中要了解政府的社会保障资金筹集、分配和管理体制，研究分析现行政策、法规的合理性和有效性，注意揭示分配无依据、分配不科学、分配随意性强、随意动用调剂资金影响资金安全完整、分配中暗箱操作的寻租行为及保障不力影响社会稳定等问题。

（2）资金管理的审计。检查专项资金的内部控制是否健全有效，专户管理是否严格，资金是否及时、足额拨付到位，其他部门是否按规定转拨社会保障资金，编制年度决算时有无隐瞒收入，虚列支出，应收不收，应补未补及截留、滞留、挤占、挪用、贪污、私分社会保障资金等问题。

（3）资金使用的审计。检查资金是否按规定的时间和标准发放到保障对象手中，保障对象的确定是否合规合法，是否将资金用于已确定的保障项目，保障资金是否发挥了应有的效益；检查是否存在虚报冒领、侵吞社会保障专项资金、改变资金用途、挪用社会保障资金、分配不公、侵害保障对象权益等问题。

36.1.2.4 社会募集的社会保障资金审计

社会募集的社会保障资金是指有组织、有管理地通过一定渠道和方式，以自愿为基础，从社会筹集的用于社会保障的各项资金，可采用募捐的形式募集零散资金，也可以采用捐助基金的方式。我国目前有通过红十字会、慈善总会等机构筹集的各种基金、资金，通过发行福利彩票筹集的社会福利基金，通过社会各界募集的残疾人保障金，等等。

社会募集的社会保障资金审计的主要内容包括资金收入、管理和使用三个方面。除对上述三个方面的社会保障资金的相关内容进行审计外，还应重点审计以下内容。接收捐赠的手续是否完备，物资管理的制度是否健全，有无因保管不善造成捐赠物品损坏、丢失、调换、私分问题；物资的变价收入是否恰当、合理并全部入账；物资采购是否符合规定程序，是否存在价外加价设立账外账的问题，提取的管理费是否符合相关规定并且适当；资金是否按规定存入财政专户，分配是否合规；定向捐赠的资金是否严格按捐赠者的意愿使用，非定向捐赠的资金是否按规定的范围和用途分配使用；投资行为是否符合相关规定，有无因工作失职致使资金损失等问题。

36.2　农业审计

36.2.1　农业审计概述

36.2.1.1　农业审计的含义

农业资金是国家或地方各级人民政府支持农业和农村经济发展的资金。农业审计是审计机关依法对支持农业和农村发展的资金收支的真实、合法、效益进行监督的行为，它涉及农业部门筹集、投入、分配、管理、使用国家农业资金以及执行国家有关农业和农村经济政策的部门和单位。

36.2.1.2　农业审计的对象

1. 农业专项资金的管理单位

农业专项资金的管理单位主要有：第一，国务院农业、水利、国土资源、林业、气象、农业综合开发、扶贫、财政、发展改革等主管部门及其直属企事业单位；第二，地方各级人民政府农业、水利、国土资源、林业、气象、农业综合开发、扶贫、财政、发展改革等主管部门及其直属企事业单位；第三，受国务院委托管理农业专项资金的社会团体。

2. 农业专项资金的项目单位

农业专项资金的项目单位主要是指直接使用农业专项资金，并负责农业专项资金审计项目实施的单位。

3. 其他管理和使用农业专项资金的单位组织

农业专项资金的管理和使用单位主要是指一些地方政府或部门为强化农业专项资金管理而成立的专门负责一项或几项农业专项资金的单位组织。

36.2.1.3　农业审计的特点

1. 点多

所谓“点多”，一是指农业审计涉及的农业专项资金的种类繁多。据不完全统计，仅中央财政设立的农业专项资金就有60多项。不同的专项资金都按照“专款专用”的原则，有各自的管理规定和使用要求。二是指农业审计涉及的对象多。我国农业生产的规模效应较低，任何一项农业专项资金具体落实的项目单位和受益群体数量都很庞大且十分分散。

2. 面广

所谓“面广”，一是指农业审计涉及的管理部门众多。通常意义上的大农业包括农业、林业、水利、气象四大部门，而农业又包括农垦、农机、农业、畜牧、水产渔业、乡镇企业等众多生产部门。二是指农业审计既涉及国有、集体、民营等多种经济成分，又涉及行政部门、事业单位、企业公司和农村生产组织、农民个人等各类经济组织。

3. 政策性强

所谓“政策性强”，一是指农业专项资金的设立、管理和使用依据党和国家支持和服务“三农”的政策；二是指农业专项资金的最终受益群体是广大农村的基层群众。农业专项资金审计工作是审计机关执行和落实党和国家政策、服务“三农”的具体体现。

4. 重点工作在县

所谓“重点工作在县”，一是指农业专项资金属财政支出的“末端”，尽管点多、面广，但按规定，资金的最终流向必须通过县及县以下的财政和农业主管部门，投入农业生产中。二是从多年审计实践看，县级以上农业专项资金使用的安全性已基本得到保障，农业专项资金管理和使用过程中的违纪违规问题总体上有“下移”的趋势，主要存在于县及县以下的财政和农业主管部门、项目管理和资金使用单位。

36.2.1.4　农业审计的组织方式

农业审计的组织方式就是农业审计的实现形式。目前审计实践中主要采用的组织方式是：由上级审计机关“统一组织”驻地方特派员办事处和地方各级审计机关（包括省、市和县三级审计机关），对国家投入的某一项或某几项农业专项资金开展审计。这里的“统一组织”是指所有参加该项农业专项资金审计工作的各级审计机关，统一按照上级审计机关制定的审计工作方案所确定的审计目标、对象、内容、重点和相关要求，在统一时间段内，组织实施审计，上报审计报告，并按照统一的法规，对查出的违纪问题进行处理、处罚。

36.2.1.5　农业审计的意义

农业审计是国家审计机关特别是县级审计机关的一项重要业务工作，开展农业审计的主要目的是加强对农业资金的管理，保证农业资金发挥应有的效益。农业审计对我国农业的发展和管理具有重要的意义，具体如下。

1. 监督政府预算的农业配额

通过财政预算安排一定的支持农业和农村经济发展的资金，是加强农业基础地位所必需的。但是，各级财政部门实际安排财政预算时，有的不如数安排，有的年初如数安排，年中又调做他用，使人民代表大会通过的年度预算在执行中走样、落空，这是违反《预算法》等有关规定的行为。审计机关在预算执行审计中，对财政部门是否足额安排农业资金进行审计检查，可以纠正挤占挪用农业资金的行为，促使农业资金从源头上得到保证，同时也维护了预算的严肃性和人民代表大会制度的权威性。

2. 严格农业资金的拨付管理

使用分散、管理部门多、拨付途径长，是农业资金的特点。中央财政资金、地方财政资金、银行贷款或贴息，经过各级政府、各个部门拨付到使用单位，有的还要拨付到农户，需要经历多个环节，稍有不慎，农业资金就有流失的可能。审计机关通过对农业资金管理、拨付进行审计，促进有关部门加强管理，保证资金能够如数到达使用单位或农户手里；同时要监督有关部门，按照资金既定的用途分配使用，防止挤占挪用；另外还要严厉查处虚报冒领、贪污私分等违法行为。

3. 促进农业资金的合理使用

农业资金是在国家财政不十分富裕的情况下安排的专项资金，应当合理使用，保证其发挥应有的效益。审计机关通过对农业专项资金的审计，监督有资金安排分配权力的部门，按照经过批准的数额向计划内项目分配资金，不得层层截留抵扣，不得向计划外项目分配资金；监督资金使用单位厉行节约，加强管理；督促有关部门加强对农户的教育，确实将国家安排的资金用于指定的项目，保证项目目标的实现，最终达到农业发展、农民增收、农村繁荣的目的。

4. 落实党中央、国务院的农业决策

改革开放以来，我国农村改革极大地解放了生产力，粮食产量不断增加，农业发展创造了奇迹。但是，目前仍然存在一些困扰农业发展的问题，如生产环境恶化、水旱灾害频繁、农业基础设施薄弱、耕地逐年减少、经济的快速发展及人民生活水平的日益提高给农业造成了巨大压力等。解决农业面临的问题，一靠政策，二靠科技，三靠投入。审计机关对农业资金的审计，除保证投入的足额、稳定、合规合法之外，很重要的方面就是要检查党中央、国务院一系列农业政策的落实情况，如加强农业的基础地位政策、加快农业发展政策、加大农业投入政策、富民政策、减轻农民负担政策、开发性扶贫政策、保护耕地政策等，从而促进各级政府及其主管部门重视农业、重视农民、重视农村工作。

36.2.1.6 农业审计的发展趋向

依据《审计署 2008 至 2012 年审计工作发展规划》，农业审计需要在总体把握财政支农资金投入情况的基础上，重点审计新农村建设重点资金、重点项目，检查支农政策措施的落实情况，揭露和查处重大违法违规问题，依法维护农民利益，促进加强资金和项目管理，发展农村经济，增加农民收入，促进社会主义新农村建设。

在《审计署 2008 至 2012 年审计工作发展规划》基础上，审计署于 2011 年制定了《审计署“十二五”审计工作发展规划》，其中对农业资金审计的发展进行了明确的规划：加强对关系广大农民切身利益、关系农村生产生活、关系农业生产综合能力提升和国家粮食安全等强农惠农资金和项目审计，揭露和查处严重损害农民利益、造成财政资金流失和严重损失浪费等问题，促进农业资金整合，确保强农惠农政策落到实处。

36.2.2 农业审计的主要内容

农业审计的主要内容包括审查预算资金安排、预算外资金筹集安排、政策性贷款安排的合法性和合规性，资金拨付投放是否及时，资金管理是否严格，项目计划的完成情况，以及资金使用是否取得预期收益等。具体审计内容如下。

36.2.2.1　农业总体投入审计

1. 农业总体投入

增加农业投入，是建设现代农业、强化农业基础的迫切需要。必须不断开辟新的农业投入渠道，逐步形成农民积极筹资、政府持续加大投入、社会力量广泛参与的多元化投入机制。特别要抓住当前经济发展较快和财政增收较多的时机，继续巩固、完善、加强支农惠农政策，切实加大对“三农”的投入，实实在在为农民办实事。增加农业投入具体包括以下几个方面。

（1）大幅度增加对“三农”的投入。各级政府要切实把基础设施建设和社会事业发展的重点转向农村，国家财政新增教育、卫生、文化等事业经费和固定资产投资主要用于农村，逐步加大政府土地出让收入用于农村的比重。

（2）健全农业支持补贴制度。近几年实行的各项补贴政策，深受基层和农民欢迎，要不断巩固、完善和加强，逐步形成目标清晰、受益直接、类型多样、操作简便的农业补贴制度。

（3）建立农业风险防范机制。要加强自然灾害和重大动植物病虫害预测、预报和预警应急体系建设，提升农业防灾减灾能力。

（4）鼓励农民和社会力量投资现代农业。充分发挥农民在建设新农村和发展现代农业中的主体作用，引导农民发扬自力更生精神，增加生产投入和智力投入，提高科学种田和集约经营水平。

2. 农业总体投入审计的内容

农业总体投入审计就是要检查各级政府和资金主管部门是否认真贯彻了国家的农业投入政策，审计的范围是各级财政和政策性银行投入的农业资金，包括财政预算内直接对农业的投入、非经营性农业基本建设投资、银行发放的低息或财政贴息农业贷款、各级计委下达的以工代赈资金等。

农业总体投入审计的具体内容如下。农业资金的来源、投入总量、投向构成情况，上级拨款和本级实际投入的比例，本级农业投入占同级财政经常性收入比重的增减变化，农业基本建设投资在本地区基本建设总投资中比重的增减变化；本级农业发展基金的征集、分配、使用情况，财政和其他主管部门有无截留、挤占挪用支农资金的问题；专项贷款的投入总量，长期贷款所占数量和比重，农业贷款有无用于非农业项目；以工代赈的资金或物资的实际投入是否合理、适用，有无挪用或损失浪费。

近几年在农业总体投入审计方面发现的问题主要如下。财政预算内投入农业的资金总量不能保持稳定增长，有的地方甚至有较大幅度的下降；农业发展基金筹集政策执行不力，已征的农业发展基金有被财政占用或用于非农业的现象；相当一部分县未安排农业基本建设投资，中央关于县级政府机动财力应主要用于农业的要求贯彻不力；资金管理使用方面存在违纪违规和损失浪费。

36.2.2.2 农业综合开发资金审计

1. 农业综合开发

农业综合开发是党中央、国务院加强农业的重大决策，是国家支持和保护农业的重要举措，是进一步发展农村生产力的有效途径，是提升农业综合生产能力最直接、最有效、最快捷的一项措施。

农业综合开发的“综合”具有多重含义。首先是开发方式的综合，即对山水田林路实行综合开发与治理，农林牧副渔协调发展。其次是资金来源的综合，即实行财政资金、银行贷款、自筹资金综合投入；同时，也吸收社会各方面的投资。再次是治理措施的综合，即有针对性地采取工程、生物和技术措施相结合的综合治理措施。最后是治理效益的综合，即取得经济、社会和生态方面的综合效益。

目前，农业综合开发项目分为两大类：一类是土地治理项目，包括中低产田改造、生态综合治理和中型灌区节水配套改造；另一类是产业化经营项目，包括种植养殖基地、农产品加工和流通设施。在农业综合开发财政资金中，以省（区、市）为单位，原则上70%以上用于土地治理项目，30%以下用于产业化经营项目。农业综合开发项目管理程序分为前期准备、申报审批、项目实施、竣工验收和运行管护五个阶段。每个环节都有一套严格的程序和制度，基本上实现了农业项目建设决策科学化、立项程序化和管理规范化。

2. 农业综合开发资金审计的内容

农业综合开发资金审计的主要内容是：国家农业综合开发办公室立项批准项目的实施情况；地方财政按照要求的比例安排配套资金的数目，资金是否及时下拨，有无滞留占用或挤占挪用；专项贷款的数额、投向、利率是否严格执行了规定；项目按期完成情况，有无因管理不善造成损失浪费等问题。

36.2.2.3　扶贫资金审计

1. 我国扶贫的目标和相关政策

随着扶贫事业取得了巨大成就。农村贫困人口大幅减少，收入水平稳步提高，贫困地区基础设施明显改善，社会事业不断进步，最低生活保障制度全面建立，农村居民生存和温饱问题基本解决，探索出一条中国特色扶贫开发道路，为促进我国经济发展、政治稳定、民族团结、边疆巩固、社会和谐发挥了重要作用，为推动全球减贫事业发展作出了重大贡献。

扶贫开发事关巩固党的执政基础，事关国家长治久安，事关社会主义现代化大局。深入推进扶贫开发，是建设中国特色社会主义的重要任务，是深入贯彻落实科学发展观的必然要求，是坚持以人为本、执政为民的重要体现，是统筹城乡区域发展、保障和改善民生、缩小发展差距、促进全体人民共享改革发展成果的重大举措，是全面建设小康社会、构建社会主义和谐社会的迫切需要。必须以更大的决心、更强的力度、更有效的举措，打好新一轮扶贫开发攻坚战，确保全国人民共同实现全面小康。《扶贫开发纲要》提出了以下政策方面的保障措施。

第一，政策体系。完善有利于贫困地区、扶贫对象的扶贫战略和政策体系。发挥专项扶贫、行业扶贫和社会扶贫的综合效益。实现开发扶贫与社会保障的有机结合。对扶贫工作可能产生较大影响的重大政策和项目，要进行贫困影响评估。

第二，财税支持。中央和地方财政逐步增加扶贫开发投入。中央财政扶贫资金的新增部分主要用于连片特困地区。加大中央和省级财政对贫困地区的一般性转移支付力度。加大中央集中彩票公益金支持扶贫开发事业的力度。对贫困地区属于国家鼓励发展的内外资投资项目和中西部地区外商投资优势产业项目，进口国内不能生产的自用设备，以及按照合同随设备进口的技术及配件、备件，在规定范围内免征关税。企业用于扶贫事业的捐赠，符合税法规定条件的，可按规定在所得税税前扣除。

第三，投资倾斜。加大贫困地区基础设施建设、生态环境和民生工程等投入力度，加大村级公路建设、农业综合开发、土地整治、小流域与水土流失治理、农村水电建设等支持力度。国家在贫困地区安排的病险水库除险加固、生态建设、农村饮水安全、大中型灌区配套改造等公益性建设项目，取消县以下（含县）以及西部地区连片特困地区配套资金。各级政府都要加大对连片特困地区的投资支持力度。

第四，金融服务。继续完善国家扶贫贴息贷款政策。积极推动贫困地区金融产品和服务方式创新，鼓励开展小额信用贷款，努力满足扶贫对象发展生产的资金需求。继续实施残疾人康复扶贫贷款项目。尽快实现贫困地区金融机构空白乡镇的金融服务全覆盖。引导民间借贷规范发展，多方面拓宽贫困地区融资渠道。鼓励和支持贫困地区县域法人金融机构将新增可贷资金70%以上留在当地使用。积极发展农村保险事业，鼓励保险机构在贫困地区建立基层服务网点。完善中央财政农业保险保费补贴政策。针对贫困地区特色主导产业，鼓励地方发展特色农业保险。加强贫困地区农村信用体系建设。

第五，产业扶持。落实国家西部大开发各项产业政策。国家大型项目、重点工程和新兴产业要优先向符合条件的贫困地区安排。引导劳动密集型产业向贫困地区转移。加强贫困地区市场建设。支持贫困地区资源合理开发利用，完善特色优势产业支持政策。

第六，土地使用。按照国家耕地保护和农村土地利用管理有关制度规定，新增建设用地指标要优先满足贫困地区易地扶贫搬迁建房需求，合理安排小城镇和产业聚集区建设用地。加大土地整治力度，在项目安排上，向有条件的重点县倾斜。在保护生态环境的前提下支持贫困地区合理有序开发利用矿产资源。

第七，生态建设。在贫困地区继续实施退耕还林、退牧还草、水土保持、天然林保护、防护林体系建设和石漠化、荒漠化治理等重点生态修复工程。建立生态补偿机制，并重点向贫困地区倾斜。加大重点生态功能区生态补偿力度。重视贫困地区的生物多样性保护。

第八，人才保障。组织教育、科技、文化、卫生等行业人员和志愿者到贫困地区服务。制定大专院校、科研院所、医疗机构为贫困地区培养人才的鼓励政策。引导大中专毕业生到贫困地区就业创业。对长期在贫困地区工作的干部要制定鼓励政策，对各类专业技术人员在职务、职称等方面实行倾斜政策，对定点扶贫和东西部扶贫协作挂职干部要关心爱护，妥善安排他们的工作、生活，充分发挥他们的作用。发挥创业人才在扶贫开发中的作用。加大贫困地区干部和农村实用人才的培训力度。

第九，重点群体。把对少数民族、妇女儿童和残疾人的扶贫开发纳入规划，统一组织，同步实施，同等条件下优先安排，加大支持力度。继续开展兴边富民行动，帮助人口较少民族脱贫致富。推动贫困家庭妇女积极参与全国妇女“双学双比”活动，关注留守妇女和儿童的贫困问题。制定实施农村残疾人扶贫开发纲要（2011—2020年），提高农村残疾人生存和发展能力。

2. 扶贫资金审计的内容

扶贫资金审计是以扶贫开发投入为主要审计对象，以促进加强扶贫资金管理、提高扶贫资金使用效益、落实和完善扶贫开发政策为目标的一项重要审计工作。

在扶贫资金审计中要贯彻全面审计、突出重点的要求。一方面，在注重对管理、使用财政扶贫资金（含以工代赈资金）和扶贫贴息贷款进行审计的同时，也要将利用外资扶贫项目、东西部地区扶贫协作支持资金，以及各类非政府组织（如基金会、慈善组织等）募集的用于扶贫方面的资金纳入审计范围，不留审计空白和死角；审计的资金量、项目和农户数要达到一定的比例。

另一方面要从实际出发，针对扶贫资金管理的薄弱环节和使用中的突出问题，确定审计的重点，要把严重拖欠、挤占、挪用、贪污、私分和弄虚作假等违法违纪问题，作为审计查处的重点。要坚持扶贫资金审计重点在县、深入村户的做法，把审计与审计调查紧密结合起来，深化审计工作。要切实加强对乡、村两级扶贫资金管理和扶贫到户政策落实情况的审计调查。通过审计，力求做到凡从账面上应该发现的重大违法违纪问题，都能查出、揭露；对一些账外较深层次的问题，要加强调研，发现线索，重点延伸，一查到底。要注重监督、检查资金管理部门和使用单位内部控制的状况，促进建立健全制度，减少和杜绝违纪违规问题。根据国家有关法律法规的规定，对违法违规管理使用扶贫资金的行为和问题，要依法从重处理；对违法违纪责任人员，要依法追究责任，对应给予党纪、政纪处分的，必须建议有关主管机关给予相应处分，触犯刑律的，必须移送司法机关追究相应的刑事责任。

在对扶贫资金进行真实性、合规性审计的同时，要逐步向检查效益性和国家扶贫政策落实情况延伸，积极探索财务收支审计与效益审计相结合的途径和方法，不断提高审计工作质量和水平。另外，还要不断提高审计报告的质量，实事求是地评价被审计单位的扶贫开发工作，如实反映审计查出的问题，在深入分析主客观原因的基础上，有针对性地提出完善政策法规、改进工作、加强管理的意见和建议。要跟踪检查审计决定的落实情况，以维护审计决定的严肃性和有效性。要有选择地宣传、披露审计查出的典型案件，使审计监督与舆论监督、社会监督更好地结合。

36.2.2.4 水利建设资金审计

水利基本建设支出、水土保持、水资源工程建设等水利建设资金是中央和地方政府方面的专项资金。其资金来源主要有两个，一是财政安排的水利基本建设支出、水利事业费；二是中央及地方各级政府建立的水利建设基金。中央水利建设基金的来源是从车辆购置附加费等中央性政府基金中提取3%。地方水利建设基金的来源是从市场管理费、征地管理费等地方性政府基金中提取3%。中央水利建设基金主要用于关系国民经济和社会发展全局的大江大河重点工程的维护和建设，地方水利建设基金主要用于城市防洪和中小河流湖泊的治理维护和建设。水利建设与农业生产和人民生活有直接的关系，关系到人民群众的安危，因此水利资金必须专款专用。

水利建设资金审计的主要内容如下。审查评价水利建设资金的筹集、投入、管理和使用情况，监督国家相关政策的落实，促进各级政府及财政、计划、水利等部门和农业银行等金融机构、水利建设资金的使用单位各司其职，从而提高资金的使用效益和效率。审计水利基本建设支出、水利事业费，主要审查是否按照批准的预算足额安排了资金，有无用于其他方面或没有完成预算；资金是否用在了批准的项目上，有无擅自改变项目，将生产性资金用于建房购车、弥补行政经费等非生产性项目；项目支出是否真实、合法，有无虚列支出、挪用资金的问题；项目是否按照计划完成并能够正常发挥作用。审计水利建设基金，主要审查各级政府是否按照国务院的要求建立了水利建设基金征集制度，是否按规定足额筹集并纳入预算管理；使用方向是否符合要求，项目支出是否合规合法，本年结余资金是否全部结转下年使用等问题。

36.3　资源环境审计

36.3.1　资源环境审计概述

36.3.1.1　资源环境审计的含义

资源环境审计是指政府审计机关为落实科学发展观，促进可持续发展战略的实施，对政府和企事业单位有关资源开发、环境保护的管理及经济活动的真实、合法和效益性所进行的监督、评价或鉴证工作，其核心是政府审计机关要围绕可持续发展这个战略目标，促使政府和相关单位在资源环境管理方面以及经济活动对资源利用和环境影响方面对可持续发展问题做出承诺，并对承诺负责。具体而言，资源环境审计的工作目标：一是促进国家完善资源环保立法，提高法制建设和执法水平；二是促进完善资源环保治理监督体系和专业化工作标准建设，提高规范化管理水平；三是促进资源环保专项资金的合理有效使用，提高资金使用的真实、合法和绩效水平；四是促进企事业组织等微观经济单位承担社会责任，增强全社会的资源环保意识。

36.3.1.2　资源环境审计的主要特征

从资源环境审计的内涵及审计对象专业的特点来看，与其他类型审计相比，资源环境审计具有以下特征。

1. 审计范围十分广泛

纵向看，资源环境审计的范围包括自然、经济、社会三个层面，即在审计中要综合考量社会不断增长的物质需求，经济满足社会持续发展需求的能力，以及自然对社会和经济发展的承载能力。具体包括企业生产环境、居民生活环境、社会经济发展环境、国家资源开发环境、生态平衡环境等诸多方面，并可能逐步向人口控制、绿色食品、环保产业、健康卫生等领域拓展。横向看，资源环境审计的范围包括资源环境法规政策措施的执行及效果；资源环境专项资金征收、使用的真实、合法和效益；资源环境管理及相关机构设置的健全性、职能设定的科学合理性、监管实施的有效性及潜在资源环境风险评估；等等。

2. 审计对象涉及面广

资源环境审计的对象包括制定资源环保政策和措施的政府及有关部门；具体

承担治理和监督职能的各级资源环保部门；负责资源环保专项资金安排的发展改革、财政以及其他涉及资源环境保护的部门，如国土资源部门、环保部门等；还包括实施资源环境建设或治理的主体单位，如重要资源的开发、利用和保护单位，生产性企业、商业性企业、医疗卫生部门、城市公用事业单位以及相关基建项目的建设管理单位；等等。

3. 审计事项涵盖宽泛

资源环境审计的事项包括政府环保等行政管理部门的环境治理监督行为；国有资源的规划、开发、利用行为；国家环境保护的规划、实施、治理行为；工业企业及其他企事业单位的生产经营活动；改建扩建、技术改造、房地产开发、旧城区改造等基本建设项目的施工建造行为；交通运输部门、能源供给部门等公用事业单位的服务供给行为；人类作为群体在社会经济生活中的其他可能对资源环境造成破坏的具体行为和活动；等等。

以上特点决定了资源环境审计无法在相对封闭的工作环境中由一个部门组织完成，它涉及所有的审计业务板块。各部门都必须执行国家的资源环保政策要求，而这些政策具体体现在财政、信贷、产业升级以及投资等各个方面，在财政、金融、企业、投资审计中都有相应的工作任务，对领导干部任期内的环境效益进行评价也成为经济责任审计的必然内容。只有将资源环境审计作为一张工作网，嵌入各专业审计，同时，借助注册会计师审计和内部审计的力量，整合地方审计机关的资源，形成合力，才能让其发挥更大的作用。因此，资源环境审计在整个审计工作中，成为继财政审计之后又一个需要由审计署统筹计划管理、确定工作目标、协同组织实施，并建立健全行之有效的制度和协调机制的审计类别。

36.3.1.3 资源环境审计的产生及其作用

1. 资源环境审计的产生

现代工业技术革命在极大地促进世界经济发展和人们生活水平提高的同时，对资源环境的过度开发、利用及工业废物、废水、废气的高排放也带来了严重的环境问题和资源安全危机。不可否认，全球已对资源环境保护的重要性和紧迫性达成共识，但由于涉及不同群体、集团和政府的利益，资源环保问题成为反复磋商与协调的世界议题。根据我国经济社会发展需要，审计署于 1998 年专门成立了农业与资源环保审计司，专门负责对资源环境项目开展审计，促进了国家各项资源环保政策的贯彻落实。但是，由于受传统的审计思维、理念和方法的束缚，资源环境审计职能作用未充分发挥。近年来我们进一步认识到改革开放以来的粗放型的高投入、高消耗、高排放、高污染的增长方式，消耗了宝贵的资源并造成了严重的生态破坏和环境污染，为此政府出台了许多政策措施并投入了大量的财政资金加强资源环境保护与环境治理。资源环境问题的现实性与紧迫性进一步增加了对资源环境审计的需要，审计署于 2009 年专门出台了《关于加强资源环境审计工作的意见》，《审计署“十二五”审计工作发展规划》也从资源环境安全和推动生态文明建设的高度对资源环境审计提出新的要求。由此可见，资源环境审计已不再是原有的停留在资源环保资金真实性和合规性的审计，而是包括对资金、资源使用、管理等进行审计与绩效评价的复杂系统。

2. 资源环境审计的重要性和紧迫性

我国人均自然资源十分短缺，环境形势十分严峻。近年来，我国经济社会发展与资源环境约束的矛盾日益突出，环境污染情况严重，生态环境状况堪忧，长期以来的粗放型经济增长模式难以为继，严峻的资源环境形势已经严重制约我国经济社会的可持续发展。各级审计机关应当从全局和战略的高度，认真学习和贯彻党中央、国务院关于加强生态文明建设，建设资源节约型、环境友好型社会的战略方针，充分认识到随着我国工业化、城镇化和新农村建设进程的加快，经济社会发展与资源环境约束的矛盾会越来越突出。面对这一影响和制约我国现代化建设全局的关键问题，积极、主动、有效地加强资源环境审计工作，既是践行科学发展观的具体行动和措施，也是义不容辞的历史责任和义务。各级审计机关要通过积极履行审计监督职责，加强资源环境审计监督，维护资源环境安全，推动生态文明建设，促进经济社会可持续发展。

36.3.1.4　我国资源环境审计的现状

我国经济进入快速发展阶段，社会生产和人民生活水平有了很大的提高，但也引发了资源短缺、环境恶化等问题。为了实现国家富强、人民安康以及国民经济的持续发展，社会各界需要集中力量共同搞好资源环境保护工作，大力倡导开展资源环境审计工作。《审计署 2008 至 2012 年审计工作发展规划》，将资源环境审计作为一个重要的审计类型予以确立和强化。目前，我国资源环境审计的现状如下。

1. 审计类型以财务收支审计为主

我国目前资源环境审计的具体实践仍以财务收支审计和合规性审计为主，审计人员的知识背景多以财务会计为主导，且较多地选择分析性复核、座谈、调查等传统的审计方法。

2. 审计对象以环保资金使用为主

我国目前的资源环境审计仍以环境保护资金审计为主，对环保资金的管理和使用、环境保护项目计划和目标执行情况、专项资金使用的合法性和真实性等方面进行审计，以确保环保资金的合法合理使用，减少损失浪费。

3. 审计实施方式以强制审计为主

面对我国经济社会发展的不平衡和生态环境的日趋恶化，国家需要对自然环境实施宏观管理，但由于地方保护主义的存在和对环境问题认识的滞后，环境保护不力的情况时有发生。因而，完全依赖自主审计不现实，要真正确保环境管理的良性运转只能实施强制审计，通过强制性审计活动监督有关部门、企业是否遵循有关环境法律规定。

4. 审计项目确定线索以现实存在的重大环境问题为主

政府审计机构充分关注在环境方面发生的重大事故和已暴露的突出问题，如严重污染、浪费自然资源和决策失误等，以此为线索确定审计项目。自 1998 年至今，我国审计机关主要围绕当前国家环境保护的重点项目，先后完成了林业生态建设资金审计调查、4 个重点城市排污费审计、天然林资源保护工程资金审计、退耕还林试点工程资金审计等项目。

5. 法规政策和制度执行以合规性审计为主

由于我国经济和社会发展的不平衡、地方保护主义的存在和对环境问题认识的滞后，环境政策在执行中遭到抵制、执行不力的情况时有发生。因此，应将合规性作为现阶段资源环境审计的重点，揭示和反映存在的问题，促使地方相关部门遵守和执行。

36.3.1.5 我国资源环境审计的制约因素

目前我国已设立并不断完善资源环境审计机构，制定了资源环境审计工作发展规划，建立了资源环境审计工作协调机制，探索了资源环境合作审计模式，发挥了国家审计在国家治理中的“免疫系统”功能。但由于环境保护形势严峻，资源环境审计工作与可持续发展要求还存在较大差距，资源环境审计面临以下挑战。

1. 审计理念和工作思路有待进一步明确

对我国审计机关而言，资源环境审计毕竟是一个新兴领域，尚未形成成熟的审计理念和工作思路，在审计实践中表现为资源环境审计的广度和深度不够，审计范围不全面，仅涉及一些重要的领域，部分领域尚未涉足，如海洋资源审计、核安全与辐射审计、大气污染防治审计、生物多样性审计等，一些重要资源环境领域的审计重点不够突出，对较深层次问题的研究不够深入，潜在风险未被完全揭示。

2. 资源环境审计的依据问题需要逐步解决

就资源环境审计自身的专业规范建设而言，近年来我国在建设审计指标体系方面做了很多探索，如编制了水环境审计指南等，但真正具有权威性、普适性的审计体系和评价指标尚未建立，建成适合我国国情和资源环境状况、具有中国特色的资源环境审计体系和审计评价标准还需要一段历程。就外部依据而言，健全的资源环境审计依据应包括资源环保政策、方针和战略，资源环境法规体系，资源环境管理规范和环境标准，以及环境会计准则（包括环境会计政策和财务处理）等，目前这些依据都还处于建设和完善阶段。《审计法》《中华人民共和国环境保护法》《中华人民共和国水污染防治法》等专门法律中关于资源环境审计的内容缺乏明确的规定，都有待进一步实践、总结、建立和完善。

3. 全面开展绩效审计尚未进入实际操作层面

目前除对单项政策、单项资源环境保护工程等进行绩效评价外，资源环境审计领域绩效审计并未全面展开。原因有三方面。第一，从法律依据看，虽然法律对审计机关开展绩效审计做了规定，但仅限于财政财务收支，即资金的效益，而绩效审计应当涵盖的其他内容，如对资源环境政策和项目的评价、对政府环境管理绩效的评价等，未在法律条款中予以体现。第二，从资源环境保护资金的使用情况看，资金管理和使用中存在的问题还比较多，保证资金使用的真实、合法仍然是当前审计工作面临的首要任务，而资金使用的真实和合法是绩效评价的基础，目前这个基础尚不扎实。第三，从审计资源看，开展绩效审计需要运用资源环境管理领域的专业知识，目前审计人员的知识结构和工作能力还难以胜任，这需要利用外部专家经验来解决，但由于外聘审计专家队伍尚未建立等而缺乏来自“智库”的智力支持。

4. 审计队伍的能力素质有待提高

目前，审计机关从事资源环境审计的人员，一部分是有财务审计专业背景的人员，一部分是近年来新招录的有资源环境专业背景的人员。这两部分人员要充分发挥各自专长、优势互补、完全融合，以适应新形势下对资源环境审计工作的新要求。然而，这些人员尚处于磨合过程，加之工作任务繁重，资源环境审计队伍呈现总体力量不足和结构不合理并存的问题。

36.3.1.6　我国资源环境审计的发展趋势

依据《审计署 2008 至 2012 年审计工作发展规划》，我国的资源环境审计以落实节约资源和保护环境基本国策为目标，维护资源环境安全，发挥审计在促进节能减排措施落实以及在资源管理与环境保护中的积极作用。2009 年，审计署专门制定了《关于加强资源环境审计工作的意见》，指明资源环境审计的主要任务包括以下方面。一是检查资源环保政策法规的贯彻执行和战略规划的实施情况，分析政府履责绩效，促进落实和完善相关政策制度，规范资源开发利用管理和环境保护工作行为；二是检查资源环保资金的征收、分配、使用和管理情况，揭露存在的偷漏拖欠、挤占挪用、损失浪费等问题，分析评价资源环保资金使用绩效，促进规范资金管理，提高资金使用效益；三是检查资源环境相关项目的建设和运营效果，揭示和查处资源开发利用管理和环境保护工作中的浪费资源、破坏环境、资产流失等问题，促进加强资源环境管理，维护国家资源环境安全。

2010 年 6 月 8 日审计长刘家义表示，审计署将继续加大资源环境审计力度，积极探索中国特色资源环境审计，为促进改善环境、实现人与自然的和谐发展做出积极贡献。《审计署 2008 至 2012 年审计工作发展规划》提出着力构建符合我国国情的资源环境审计模式，2012 年初步建立起资源环境审计评价体系。同时逐步将资源节约和环境保护情况纳入领导干部经济责任审计，将资源节约和环境保护融入常规审计。具体的发展趋势如下。

1. 加强重要资源审计

对土地、矿产、森林、海洋等重要资源保护与开发利用情况的审计，重点揭露和查处破坏浪费资源、国有资源收益流失、危害资源安全等重大问题，从体制、机制和制度上分析原因，提出建议，促进资源保护和合理开发利用。

2. 加强生态资源审计

对水、大气、固体废弃物、生态保护等方面的审计，重点关注环保资金投入、管理、使用情况和环保政策落实、环保目标实现情况，揭露和查处破坏生态、污染环境、影响人民群众身体健康的重大环境问题，提出提高资金使用效益和完善环保政策措施的建议。

3. 加强土地资源审计

对土地出让金和土地开发整理资金的征收、管理和使用情况的审计，总体掌握和评价地方政府执行国家有关政策法规、实施土地开发整理的情况，关注、查处违法违规问题，提出进一步建立健全有关制度和政策措施的建议，促进国有土地有偿使用制度和耕地保护政策的贯彻落实。

4. 加强节能减排审计

对企业执行国家节能减排相关政策及采取具体措施情况进行专项审计调查，重点了解企业节能减排工作所取得的成效，关注各项措施的落实情况，查找存在的主要问题并分析原因，提出完善节能减排的政策意见及建议，促进企业进一步增强节能减排意识，自觉履行社会责任。

5. 创新审计技术方法

创新资源环境审计方法，利用资源环境主管部门在线监测系统提取数据进行分析，建立资源环境信息数据库，结合管理流程开展业务数据、财务数据等多渠道收集数据比对，发现数据间的关联关系，探索适应新形势下的资源环境审计方法。

6. 构建资源评价体系

逐步建立和完善资源环境绩效评价指标体系，促进资源环境审计的规范化和科学化。根据在工作实践中积累的经验和现阶段对资源环境审计理论研究的总结，普遍认为资源环境审计评价指标体系框架由纵向和横向指标组成，纵向指标体系包括综合分析、行业分析以及具体项目分析等指标体系，横向指标包括环境污染防治指标、资源指标、生态系统指标。

7. 履行国际环保职责

认真履行亚洲审计组织环境审计委员会主席的职责，积极开展环境审计国际交流，借鉴国际做法和经验，加强对资源环境审计经验和案例的总结提炼，推动资源环境审计实用技术方法的研究和推广运用，促进资源环境审计工作质量和水平不断提高。

36.3.2 资源环境审计的主要内容

对于资源环境审计，审计机关应深入贯彻落实科学发展观，以促进贯彻落实节约资源和保护环境基本国策为目标，紧紧围绕我国资源环保工作的中心，维护国家资源环境利益，防范资源环境风险，保障国家资源环境安全，充分发挥审计在促进资源开发利用管理和生态环境保护中的"免疫系统"功能。各级审计机关要按照"统筹规划、全面审计、因地制宜、突出重点"的要求，抓住资源环境领域的重点项目、重点部门、重点资金和重点内容，从以下几个方面开展审计。

36.3.2.1 资源开发利用审计

针对我国人均资源禀赋稀缺的现状，为推动转变单纯依靠资源消耗粗放型的经济发展方式，审计机关应加强对土地、矿产、森林、海洋等重要资源保护与开发利用情况的审计监督。

1. 揭露和查处损失浪费资源、影响国家资源安全等重大问题

要揭露和查处损失浪费资源、影响国家资源安全等重大问题，维护国家各种资源及收益的安全完整。重点关注国有土地使用权流转、耕地保护、矿业权出让转让、矿山地质、矿产资源专项资金收支等方面存在的问题，以及资源无序开发、低效利用、收益流失、破坏浪费、危害国家安全等重大问题。

2. 揭示国家资源管理与开发领域隐含或潜在的风险

要揭示国家资源管理与开发领域隐含或潜在的风险，关注各种重要资源领域政策不完善、法规不健全、现有制度不合理等问题，并从体制、机制和制度层面分析问题产生的原因，提出促进资源保护和合理开发利用以及进一步建立健全有关规章制度、政策措施的建议，促进国家有关土地、矿产、海洋等资源政策法规的贯彻落实，提高国有资源的利用水平和开发使用效益。

36.3.2.2 环境安全与保护审计

根据我国目前的环境容量和环境承载能力状况，审计机关应加强对水污染、大气污染、土壤污染、固体废弃物、重金属污染、农村水源污染等防治、治理和修复方面的审计监督。

1. 关注国家环境保护专项资金的征收、管理和使用情况

要关注国家环境保护专项资金的征收、管理和使用情况，加大对存在问题的揭示力度，反映排污费、污水处理费、垃圾处理费、水资源费等专项资金征收、

管理和使用过程中存在的截留、挤占、挪用等问题，促进加快整合上述收费项目的征收管理，推进开征环境保护税的工作进程；反映政府财政安排的饮用水安全保障、污水垃圾无害化处理设施、污泥和渗滤液处理和环保能力建设等专项资金分配、管理和使用中存在的各类问题，确保政府投入环保资金的安全、有效。

2. 关注国家环境保护政策法规的贯彻落实情况

要关注国家环境保护政策法规的贯彻落实情况，应加强对黄河、长江、松花江、珠江等重点流域污染防治治理情况的审计，确保流域治理规划落到实处，促进水环境质量的提高；应加强对空气质量标准、土壤环境保护标准、放射性物品安全管理标准以及重金属污染治理标准等落实情况的审计，关注标准要求不高、执行不到位等影响发展方式转变的突出问题；应加强对主要污染物排放总量控制目标落实情况的审计，关注各地区化学需氧量、氨氮总量、二氧化硫、氮氧化物等污染物减排工程建设、运行和实际效果，揭露和查处破坏污染环境、影响人民群众身体健康的重大环境问题，提出提高资金使用效益和完善环保政策措施的建议。

36.3.2.3　生态建设审计

为了兼顾代际利益，维护人类赖以生存的自然资源与环境的和谐，使子孙后代安居乐业、实现永续发展，审计机关应加强森林、湿地、草原、自然保护区、重点物种保护等生态方面的审计监督。

1. 关注专项工程资金分配、管理和使用情况

要关注国家投入生态恢复治理、水源涵养、保持水土、防风固沙等专项工程资金分配、管理和使用情况，重点揭示资金分配管理和使用过程中挤占挪用、虚报冒领、个人侵占等违规违法问题，揭示工程建设过程中招标、施工等环节存在的弄虚作假等问题，客观公正地评价工程建设和实施后的生态效果情况。

2. 关注国家生态建设领域的政策法规落实情况

要关注国家生态建设领域的政策法规落实情况，重点关注典型生态系统保护、重点生态功能区保护、重点物种保护、地质灾害治理等政策落实情况，揭示生态保护领域政策法规落实不到位或缺失、不完善等问题，揭示生态建设存在的风险和可能引发的危机，为维护我国生态安全提出建设性意见。

36.3.2.4 气候变化审计

单位国内生产总值二氧化碳排放大幅下降是我国政府对世界做出的庄严承诺，积极开展节能减排是应对气候变化、转变经济发展方式的重要抓手，审计机关应加强应对气候变化方面的审计监督工作。

1. 关注节能减排资金投入、管理和使用情况

要关注节能减排资金投入、管理和使用情况，重点揭示节能减排专项资金分配、管理和使用过程中存在的滞留闲置、挤占挪用、套取骗取等违规问题。

2. 关注节能减排工程项目建设情况

要关注节能减排工程项目建设情况，重点关注“十大节能工程”项目的实际运行情况，评估其真实节能量和节能效果；重点关注二氧化碳和主要大气污染物排放的统计、监测和考核体系建设情况，揭露谎报统计数据、监测不准确等问题；还要关注新能源、碳交易市场、合同能源管理等节能减排新措施建设情况。

3. 关注节能减排相关政策法规执行情况

要关注节能减排相关政策法规执行情况，重点关注抑制产能过剩、淘汰落后产能等有关政策法规落实以及差别电价、脱硫电价等价格杠杆政策执行情况，揭露和查处违规的高耗能高污染项目、淘汰落后产能进展滞后等问题。通过揭露国家节能减排相关政策落实过程中存在的问题，查找存在的主要问题并分析原因，提出完善节能减排的政策意见及建议，促进节能减排事业健康发展。

36.4 案例分析

36.4.1 社会保障资金审计结果

（二〇一二年八月二日公告）

2012年3月至5月，审计署根据《宪法》和《审计法》等相关法律规定，对31个省（区、市）、5个计划单列市本级及所属市（地、州、盟、区）、县（市、区、旗）三级政府（以下分别统称“省”“市”“县”）和新疆生产建设兵团管理的 18 项社会保障资金，以及人民银行、农业发展银行实施行业统筹管理的职工基本养老保险基金进行了审计，对地方试点或开展的其他社会保险进行了调查。这 18 项社会保障资金包括：基本养老保险（企业职工基本养老保险、新型农村社会养老保险、城镇居民社会养老保险）、基本医疗保险（城镇职工基本医疗保险、新型农村合作医疗、城镇居民基本医疗保险）、失业保险、工伤保险、生育保险等 9 项社会保险基金，城市居民最低生活保障、农村最低生活保障、城市医疗救助、特困人员供养、受灾人员救助、教育救助等 6 项社会救助资金，儿童福利、老年人福利和残疾人福利等 3 项社会福利资金。

根据审计署披露的《2012 年第 34 号公告：全国社会保障资金审计结果》相关情况来看，我国社会保障资金规模不断扩大，资金总体安全完整，基金运行平稳规范，有效保证了各项社会保障待遇支付，社会保障工作成效显著。具体体现在：第一，基本建成了覆盖城乡的社会保障体系，有力促进了社会公平；第二，稳步提高社会保障水平，人民群众生活得到了明显改善；第三，较好解决了历史遗留和特殊群体保障问题，促进了社会和谐稳定；第四，有力应对了特大自然灾害，切实保障了受灾群众的基本生活；第五，社会保障资金规模不断扩大，为经济社会科学发展提供了重要支持。

从审计情况看，有关部门和地方各级党委政府认真贯彻落实党中央、国务院的各项部署和国家各项社会保障政策，不断加强社会保障资金监管，管理逐步规范，各项社会保障资金总体安全，基金运行平稳。但由于我国社会保障制度建立时间不长，相关制度尚处于推进和完善过程中，社会保障在快速发展过程中还存在一些问题。

（一）一些地方和单位存在违纪违规问题

如部分地区扩大范围支出或违规运营社会保障资金共 17.39 亿元；部分经办机构审核不严格，向不符合条件的人员发放待遇或报销费用共 18.52 亿元；部分单位和个人违规牟取不正当利益等。

（二）制度执行和业务管理还不够严格

1. 部分地区资金管理不够规范

如 13 个省本级、96 个市本级和 392 个县 427.37 亿元社会保障资金未纳入财政专户管理；18 个省本级、170 个市本级和 795 个县的经办机构等部门和单位多头开户 4 704 个、违规开户 2 707 个；394.05 亿元社会保障资金存在会计记账和核算错误等问题。

2. 部分地区业务管理不够规范

如 13 个省本级、144 个市本级和 1 099 个县 565.31 亿元财政补助资金未及时足额拨付到位；12 个省本级、84 个市本级和 436 个县欠缴保费 370.76 亿元；部分地区存在以物抵费等其他业务管理不规范问题，涉及金额 235.60 亿元；个别地方还存在未按规定及时为参保人员建立基本养老保险个人账户的现象。

3. 部分人群相关保障政策尚未完全落实到位

截至 2011 年底，尚有 192.90 万名被征地农民未按规定参加社会保障；2011 年，127.57 万名被征地农民虽然参加了养老等社会保障，但待遇低于当地农村最低生活保障标准。审计抽查农民工较为集中的企业中，有 157.90 万名农民工参加了部分保险，有 26.61 万名农民工五项社会保险均未参加，五项均未参加的农民工占抽查人员的 9.52%。

4. 部分行业和单位社会保险基金仍封闭运行

截至 2011 年底，有 177 家单位仍自行管理社会保险基金 377.58 亿元；9 个省全省和 8 个省的 22 个地市，2011 年仍按照原建设部 20 世纪八九十年代出台的有关政策规定，由建设行政主管部门征收和管理建筑施工企业基本劳动保险基金 258.51 亿元，支出 152.26 亿元，其中 3.33 亿元用于建设行政主管部门经办机构工作经费，截至 2011 年底，这些地方建筑施工企业基本劳动保险基金累计结余 395.33 亿元。

5. 部分省份企业职工基本养老保险尚未完全实现省级统筹

国家规定，企业职工基本养老保险实行省级统筹，但截至 2011 年底，全国有 17 个省尚未完全达到省级统筹的“六统一”标准。

6. 业务管理信息化建设较为滞后

截至 2011 年底，各地累计投入并使用 89.57 亿元建成的社会保障信息系统，由于标准尚不统一、数据较为分散，不同程度地存在信息“孤岛”现象。部分信息系统数据质量不高，社会保障各相关部门之间的数据也未能充分共享，有 19 个省本级、226 个市本级和 1 823 个县社会保险经办机构尚未建立与工商、民政和公安等部门的信息沟通机制。审计抽查发现，由于信息未能共享，社会保障部门未及时掌握保障对象死亡信息，向 7.20 万死亡人员发放养老金、低保金等 1.75 亿元。

地方各级政府和相关部门高度重视审计发现的问题，坚持边审计、边整改、边规范，及时纠正违规问题，并健全完善相关制度。财政部、人力资源和社会保障部、卫生部、民政部等部门出台了《关于加强和规范社会保障基金财政专户管理有关问题的通知》等制度文件；各省已出台或完善社会保障相关制度 941 项。截至 2012

年 7 月 25 日，部分问题已整改到位。其中：归还扩大范围支出资金、清理违规投资运营资金，以及追回被骗取和多支付资金等 26.62 亿元；清退不符合条件和重复领取社会保险待遇 107.78 万人；财政补助资金拨付到位 78.66 亿元，补计社会保险基金利息收入 26.75 亿元，补缴社会保险费 85.83 亿元；规范社会保险基金账户 254 个，涉及资金 65.83 亿元；规范管理养老保险基金个人账户 967.78 万个，涉及金额 29.63 亿元；将符合参保条件的 105.15 万人纳入社会保障，向 100.37 万人补发社会保障待遇 2.47 亿元。对尚未整改到位的问题，有关部门和地方正在进一步整改中。对移送的案件，有关部门正在依法立案查处。

资料来源：中华人民共和国审计署发布的《中华人民共和国审计署审计结果公告》（2012 年第 34 号）——《全国社会保障资金审计结果》。

36.4.2 扶贫资金审计结果

2014 年 6 月 24 日在第十二届全国人民代表大会常务委员会第九次会议上，刘家义审计长向全国人民代表大会常务委员会报告 2013 年度中央预算执行和其他财政收支的审计情况，其中也披露了扶贫资金审计情况。

从审计 19 个国家扶贫开发工作重点县情况看，2010 年至 2012 年，各级财政扶贫投入共计 39.27 亿元，有效改善了当地贫困人口的生产生活条件，但扶贫资金使用管理还不够规范。此次审计发现违法违规问题金额 2.34 亿元，占抽查资金额的 18.4%。其中：1 595.71 万元扶贫资金被个人侵占，涉及公职人员 28 人；1.73 亿元扶贫资金被虚报冒领或挤占挪用，主要用于办公用房建设、对外出借及日常支出等；4 432.68 万元扶贫资金形成损失浪费，有的被用于修建形象工程，如宁夏同心县投入 391 万元建设了 17 座移民新村标志牌楼，其中动用扶贫资金 114 万元；有 5 个县的扶贫工作主管部门在中央八项规定出台后，在扶贫管理费等经费中违规列支吃喝、旅游费用 53.36 万元。此外，还有 2.27 亿元扶贫资金闲置 1 年以上。

为加强扶贫资金管理，中央下发了《关于创新机制扎实推进农村扶贫开发工作的意见》，国务院扶贫办及相关地方根据审计结果，出台或修订规范性文件 40 多项，归还和发放扶贫资金 1.38 亿元，清理消化闲置资金 1.45 亿元，查处 171 名责任人员。

资料来源：中华人民共和国审计署发布的《国务院关于 2013 年度中央预算执行和其他财政收支的审计工作报告》。

36.4.3 节能减排项目审计结果

（二〇一三年五月十七日公告）

根据《中华人民共和国审计法》的有关规定，2012年5月至9月，审计署对山西、内蒙古、辽宁、吉林、江苏、浙江、河南、广东、广西、宁夏10个省（自治区，以下简称“10个省”）2010年至2011年中央和省级财政投入的节能减排专项资金及1 139个节能减排项目进行了审计。现将审计结果公告如下。

（一）节能减排工作取得积极成效

从审计情况看，相关地方政府高度重视节能减排工作，加大资金投入力度，规范项目实施，取得较好成效。

1. 地方各级政府认真履行节能减排责任，强化目标考核

在完成“十一五”节能减排目标任务的基础上，10个省继续把节能减排作为加快转变经济发展方式的抓手，强化目标责任考核，注重法规制度建设，印发了“十二五”节能减排工作规划和综合性工作方案，将节能减排指标分解落实到各地市和区县政府；出台了40多项规章制度，有效地保障了节能减排工作规范有序开展。

2. 中央财政资金引导带动省级资金投入增加，示范效果明显

中央和10个省级财政两年共投入节能减排资金848.04亿元（中央财政696.71亿元，省级财政151.33亿元），其中2011年比2010年投入增长9.74%。审计重点抽查的846家单位（企业）实施的1 139个节能减排项目，中央和省级财政投入233.25亿元，带动了企业自有和银行贷款等资金投入409.5亿元（占总投入的63.7%）。

3. 财政资金支持的节能减排项目顺利实施，节能减排效果逐步显现

两年间，中央和10个省级财政共支持能源节约利用、可再生能源、资源综合利用、农村环境保护、主要污染物减排等方面项目20 301个，涉及17 111家单位（企业）。据10个省有关部门提供的数据，上述项目形成节能能力5 099.61万吨标准煤、减排化学需氧量124.34万吨、减排二氧化硫25.43万吨、减排氮氧化物2.12万吨、形成节水能力5.75亿吨、综合利用废弃物2.97亿吨。

（二）审计发现的主要问题及整改情况

审计结果表明，10个省节能减排专项资金总体管理比较规范，使用效益较好，节能减排工程项目进展顺利。但审计也发现在1 139个节能减排项目中，有42家单位（企业）实施的44个项目未达到预期节能减排效果，涉及专项资金15.87亿元，

分别占抽审项目数的3.86%和审计资金量的6.8%；35家主管部门和项目实施单位违规管理使用专项资金2.7亿元，占审计资金量的1.16%。具体情况如下。

第一，部分已完工节能减排项目因设计目标不符合实际、项目实施过程中监督管理不到位等原因达不到预期的节能减排效果，涉及专项资金15.87亿元。

审计指出上述问题后，辽宁、宁夏等省区地方政府责成有关部门积极整改，促使金太阳示范工程等项目投入运行并达到预期效果。截至2013年3月底，21家单位（企业）采取措施，促成22个已完工项目发挥效益，涉及资金6.88亿元。

第二，少数企业和项目实施单位通过提供虚假信息、伪造虚假资料等方式违规申请并获得1.41亿元专项资金，违规将1.29亿元专项资金用于日常办公、企业经营等非节能减排方面支出。

审计指出上述问题后，山西、河南等省有关财政部门按照审计要求，已收回13家单位（企业）违规获得的资金6 975.1万元；广东、吉林等省地方政府积极督促有关单位（企业）整改，截至2013年3月底，15家单位（企业）将未按规定用途使用的资金1.29亿元归还原资金渠道。

此外，审计还发现，部分节能减排专项资金未按预算要求拨付到位，部分项目建设进度缓慢、未按计划完工。审计指出问题后，有关部门加快了资金拨付和项目实施进度。对于审计发现的8起违法犯罪案件线索，移送有关部门处理后，已有3起案件的3名责任人员得到查处，其他问题正在进一步查处中。

资料来源：中华人民共和国审计署发布的《中华人民共和国审计署审计结果公告》（2013年第16号）——《10个省1 139个节能减排项目审计结果》。

第 37 章 固定资产投资审计

37.1 固定资产投资审计概述

37.1.1 固定资产投资审计的概念

固定资产投资审计是指审计机关运用一定的技术和方法，对国民经济各部门固定资产投资活动以及与之相联系的各项工作进行的审查、监督与评价。根据《审计法》的规定，审计机关对政府投资和以政府投资为主的建设项目的预算执行情况和决算进行审计监督，与国家建设项目直接相关的建设、设计、施工、监理、采购等单位的财务收支，也应当接受审计监督。由于固定资产投资项目一般具有建设周期长、消耗大、参与单位多等特点，且其投入产出是分阶段完成的，因此，对固定资产投资项目的审计，根据项目具体情况的差异，可以划分为投资项目管理审计、建设项目管理审计、工程价款结算审计、建设项目财务收支审计以及项目后评估等类型。

37.1.2 固定资产投资审计的意义

1. 有利于促进国家建设项目加强质量管理

审计机关依法加强对国家建设项目资金使用、工程质量等情况的审计监督，同时加大对建设、施工、勘察设计、监理、设备材料供应等相关单位财务收支活动的审计力度，严肃查处各种违法违规行为，并将审计结果予以公告，有利于促进国家建设项目加强管理，提高工程质量。

2. 有利于为政府完善投资决策提供重要依据

固定资产投资对于国民经济增长具有巨大的拉动作用，但同时极易造成经济过热，增加经济运行的系统风险，那些盲目投资、低水平重复建设的行为更是浪费社会资源，贻害无穷。固定资产投资审计可以加强对政府投资活动的监控，具体表现在通过对投资项目立项、论证过程的事前监督，阻止不合理投资项目的实施，还可以提供关于投资项目效益的重要信息，促使各级政府在投资活动中慎重行事，经济有效地使用公共资金。

3. 有利于减少损失浪费，提高投资效益

在建设项目管理中，有些项目虽然没有违反相关纪律，但执行结果可能是低效甚至是无效的，这会给国家造成重大损失。审计机关从项目财务收支审计入手，着重查处因决策失误、管理不善等原因造成的效益低下和严重损失浪费等问题；同时，通过对投资项目预算（概算）和决算进行审计，揭露高估冒算工程造价问题，可以有效地减少损失浪费、堵塞漏洞、提高投资效益。

4. 有利于完善制度，健全政策法规

通过对重点行业、重点资金和重点项目的审计，揭示投资决策不科学、政策法规不完善、体制和制度不健全等问题，并对审计中发现的违法违规问题，从预算管理、投资管理和建设管理体制以及运行机制等方面深入分析产生问题的主要原因，提出有针对性的审计建议，有利于完善管理制度、健全政策法规、推进社会经济的发展。

5. 有利于促进依法行政，加强廉政建设

投资领域是违法违纪问题的高发区，是很多腐败案件的高发领域。审计机关通过揭露违法违纪案件线索，依法移送纪检、监察和司法机关查处，同时充分发挥审计机关的优势，协助有关部门查处经济案件，有利于遏制建设领域中的腐败行为，促进廉政建设。

37.1.3 固定资产投资审计的特点

1. 审计内容的专业性和复杂性

固定资产投资审计涵盖投资项目管理审计、建设项目管理审计、工程价款结算审计、建设项目财务收支审计以及项目后评估等。审计机关不仅要审计投资计划安排、预算安排是否符合国家的投资政策和公共财政政策，而且要审计项目前期工作的合规性；不仅要审计资金筹集、管理和使用情况，而且要审计项目管理情况；不仅要审计建设项目工程造价的真实性，而且要审计和评价投资效益情况。因此，审计内容涉及的领域广、跨度大、专业性强。

2. 审计过程的阶段性

一般来说，国家建设项目的建设周期较长，为了及时、完整地反映国家建设项目的资金使用、建设管理等情况，审计机关需要分阶段对建设项目实施审计。一是项目在建阶段的审计，即在项目建设期间对其预算（概算）执行情况进行的审计；二是项目竣工决算的审计，即对已完工项目的决算报表、交付使用资产、尾工工程、结余资金、投资效益等进行的审计。

3. 审计对象的广泛性

国家建设项目数量多、分布广，无论是基础性项目、公益性项目，还是竞争性项目；也不论是国家重点建设项目，还是各部门或单位的一般项目，只要是以国有资产投资或融资为主的，都应当依法接受审计监督。固定资产投资审计的审计对象十分广泛，涉及固定资产投资建设各领域及各种性质的单位。

37.1.4 固定资产投资审计的发展方向

1. 走以效益审计为主的道路，促进提高建设资金的投资效益

《审计署“十二五”审计工作发展规划》中明确指出：“固定资产投资审计，围绕促进提高固定资产投资效益和反腐倡廉建设，加强对政府投资和以政府投资为主的建设项目的预算执行情况和竣工决算审计，积极开展关系国家利益和社会公共利益的重大建设项目跟踪审计，积极开展特定事项的专项审计调查。”以效益审计为主的发展道路，是深化固定资产投资审计工作的必然要求，有利于更好地适应建立社会主义公共财政体制和深化投资体制改革的需要，有利于更有效地监督政府部门履行对公共资金管理的责任，促进其依法高效管理财政性建设资金。

2. 进一步加大对重点环节的审计力度，促进深化投资体制改革

《审计署“十二五”审计工作发展规划》中指出，固定资产投资审计“督促相关单位加强资金和项目管理，完善法律、法规和制度，提高投资效益，推进廉政建设，促进深化投资体制改革”。根据深化投资体制改革的重点、方向和力度，审计机关应进一步加大对征地拆迁、工程招投标、设备材料采购、资金管理使用和工程质量管理等重点环节的审计力度，检查重大投资项目是否符合政策取向，投资结构是否合理，管理是否到位，是否能够实现预期建设目标，并将审计查出的问题与原因及时向各级政府反映，以促进完善有关政策，提高项目决策的科学化与民主化水平。

37.2　投资项目管理审计

37.2.1　投资项目计划管理审计

按照《国务院关于投资体制改革的决定》，国务院投资主管部门、行业投资主管部门和地方各投资主管部门分别对政府投资项目、财政补助资金进行审批，并据此编制和下达投资计划。对政府投资计划管理进行审计，需要从以下方面进行：检查各投资主管部门是否建立科学的决策规则和程序；是否及时组织编制本级的国民经济和社会发展的长期规划；是否严格执行项目审批程序；是否合理安排投资计划；是否对项目实施进行有效监管等。

37.2.1.1　政府投资项目规划编制审计

1. 国家发展和改革委员会规划编制的审计

国家发展和改革委员会是国务院规定的投资主管部门，其主要职责是拟定并组织实施国民经济和社会发展战略、中长期规划和年度计划，确定全社会固定资产投资总规模，规划重大项目和生产力布局，安排国家财政性建设资金，它是各类规划汇编的总协调部门。审计机关对此部门的规划编制审计主要包括以下方面：检查其是否履行了职责，是否组织本级及行业投资主管部门编制行业发展建设规划和各专项发展建设规划；检查其是否加强协调沟通、合理统筹、衔接各部门制定的同类或建设内容详尽的专项规划；检查其是否对规划编制的科学性和可操作性组织相关部门、专家进行充分论证；检查其是否按规划进行项目安排。

2. 行业投资主管部门规划编制的审计

行业投资主管部门主要负责组织相关行业的发展建设规划和各专项建设项目规划的编制工作。审计机关对此部门规划编制审计的内容主要包括：检查其是否履行了职责，是否组织本级的发展建设规划和各专项发展建设规划；检查其专项建设规划是否符合国家产业政策，是否符合行业规划的发展原则和建设重点；检查其是否进行了项目的可行性论证，内容是否翔实；检查主管部门对编制的规划是否充分征求各有关部门和专家意见；检查其是否在本级职责范围内进行规划的编制；检查其是否按规划进行项目安排等。

3. 地方政府投资主管部门规划编制的审计

地方政府投资主管部门的主要职责是：负责拟定并组织实施地方经济和社会发展战略、中长期规划和年度计划，负责本地区重大项目的规划编制，安排本地的财政性建设资金的使用等。审计机关对此部门规划编制审计的内容主要包括：检查其是否履行了职责，是否组织本地的发展建设规划和各专项发展建设规划；检查其规划是否符合国家产业政策、各行业发展规划和专项建设规则；检查其规划制定的程序是否公开、透明，并征求其他部门的意见；检查其是否在本级职责范围内进行规划的编制，有没有及时报批，是否按规划进行项目安排。

37.2.1.2 政府投资项目审批程序的审计

根据《国务院关于投资体制改革的决定》，对于企业不使用政府投资建设的项目，国家不再实行审批制，区别不同情况实行核准制和备案制。其中，政府仅对重大项目和限制性项目从维护社会公共利益角度进行核准，其他项目无论规模大小，均实行备案制。对于企业使用政府补助、转贷、贴息建设的项目，只审批资金申请报告。对于政府投资项目，采用直接投资和资本金注入方式的，政府从投资决策角度只审批项目建议书和可行性研究报告，除特殊情况外不再审批开工报告，同时严格政府投资项目的初步设计、概算审批工作。

1. 审查立项申请

立项申请是项目筹建单位或项目法人，根据国家和地方的中长期的发展规划、产业政策、生产力布局等提出的某一具体项目的建议文件，是对申请项目的一个长期的总体设想和规划。审计机关在对立项申请进行审计时，主要审查：是否符合党和国家经济发展的大政方针；与国家及地方制定的中长期发展规划是否相符；内容是否完整；是否按照规定权限报批；主管部门是否及时进行研究、审查并出具审查意见。

2. 审查可行性研究报告

可行性研究报告是指立项申请批准后，项目法人委托有相应资质的设计、咨询单位，对建设项目在技术、工程、经济和外部协作条件等方面的可行性进行全面的分析、论证后所形成的文件。审计机关对可行性研究报告的审计内容主要包括：是否符合国民经济和社会发展中长期规划和年度计划；是否符合国家法律、法规的规定；申报材料是否规范、齐全、有效；主管部门是否及时进行研究、审查并出具审查意见。

3. 审查初步设计

可行性研究报告批准后，项目建设单位或法人通过招投标选择有相应资质的设计单位，按照批准的可行性研究报告的要求，编制初始的设计文件。审计机关对初步设计的审计内容主要包括：报告的编制是否以批准的可行性研究报告为依据；是否委托有相应资质的工程咨询机构或专家，对勘探设计中的社会经济、重大技术、环境问题和工程方案进行咨询论证；是否包含所有必要的文件；主管部门是否按照规定及时出具审查意见。

37.2.1.3　政府投资项目年度计划编制和下达情况审计

政府投资项目年度计划，是根据国民经济和社会发展中长期规划和各专项规划的安排，结合年度的具体任务和情况，以及项目前期准备工作的落实情况，在充分考虑人力、财力、物力平衡的基础上编制的一年期实施计划。对其审计的内容主要如下。

1. 对政府投资项目年度计划编制情况的审计

在现行管理体制下，中央政府投资项目的年度计划编制实行上下结合同时相互平衡的办法，由各部门、各地区、各计划单列企事业单位与国家发展和改革委员会经过讨论协商，同时进行全面综合平衡，最终确定中央年度财政基建投资计划草案，经由全国人民代表大会审议通过后正式下达。

对政府投资项目年度计划编制情况审计的主要内容包括：编制是否符合国家中长期发展规划和产业政策的方向；编制程序是否公开透明，分配原则是否合理，分配标准是否公正；投资计划的内容是否合规，所选项目是否已经完成立项审批程序。对于国家发展和改革委员会，要审查其编制中央预算内投资计划和国债专项资金计划程序是否完善，制度是否健全，分配是否公平合理；对于行业投资主管部门和地方政府投资主管部门，则主要审查年度计划的编制依据是否充分，其资金申请是否合理，是否存在未经审查的计划项目等。

2. 对政府投资项目年度计划下达情况的审计

根据投资计划下达的时间，对政府投资项目年度计划下达情况的审计可分为年初投资计划下达审计及年中投资计划追加和调整情况审计。

首先，审查政府投资项目计划的年初下达情况。在中央层面，审查国家发展和改革委员会是否按照全国人民代表大会批准的预算及时把年度计划下达给有关部门和下级政府，年初投资计划的下达是否达到规定的比例，预留待分配的规模是否合适，是否存在改变投资方向的问题。在行业投资主管部门和地方政府投资主管部门层面，要审查其是否严格执行了中央的年度投资计划并及时下达到项目单位，有无随意调整计划的问题。

其次，审查年中投资计划的追加和调整情况。主要审查国家发展和改革委员会和地方政府投资主管部门投资计划的调整和追加是否合规，有无越权审批现象；是否存在调整、追加投资计划不透明、不合规、资金安排随意性较大，向本部门、本系统倾斜和暗箱操作等问题；应急工程安排的规模，其程序、制度、标准是否完善，有无扩大自主安排基建投资预算资金的问题。

37.2.2 投资项目预算管理审计

政府投资预算，即基本建设支出预算，作为财政预算的重要组成部分，是国家确定年度基本建设资金分配的财政计划，反映国家资金的投资方向、规模和范围，体现国家在一定时期内的投资政策倾向。加强对政府投资计划管理审计的同时，必须对政府投资预算的管理进行审计，保障资金的有效使用。

37.2.2.1　对政府投资项目投资预算下达的审计

国家预算内每年用于基本建设的支出，按预算级次划分为中央基本建设支出预算和地方基本建设支出预算两部分，分别由中央财政和地方财政安排。中央基本建设支出预算的确定，首先由财政部在国家年度基本建设计划和国家预算确定的投资指标范围内，统一拟定国务院各部、委、局的年度基本建设支出预算的控制指标，逐级下达到有关单位。各主管部门根据基本建设支出预算的控制指标和本年度的基本建设计划，编制年度基本建设财务预算，报送财政部门审查核定。

目前，中央财政预算内基本建设资金主要来源于国家预算中的一般预算基建支出和基金预算支出。其中一般预算基建支出包括基建拨款支出、国家资本金、基建贷款贴息支出和其他专项基建支出；基金预算支出主要是按照规定建立的专项用于建设的资金。

审计机关对政府投资项目预算下达的审计，总体上说，需要审计预算安排是否严格执行投资计划，年中预算调整和追加是否合规，资金安排是否透明，是否存在超计划安排预算和年中随意调整预算等问题。特别应关注目前存在的中央财政性建设资金投资预算管理体制。对于管理分散、缺乏统筹的问题，要通过审计，促进规范投资预算管理，建立科学的投资预算管理体制。

37.2.2.2　对预算资金拨付情况的审计

中央财政性资金由各主管部门在审定的财政预算的范围和额度内按规定分次向财政部门申请，财政部门根据年度计划和各单位报送的财务预算下拨项目基建基金。审计的内容包括：是否按规定程序申请和使用资金；支付凭证是否真实、合法，上报的资料、信息是否及时准确；是否存在利用报账单位转移、隐匿财政性资金的情况；是否提供虚假申请资料或信息骗取财政性资金；各地财政部专员是否切实履行职责，认真核实申请，据实出具审核意见；是否存在资金闲置影响资金使用效益、资金安排滞后影响工程建设，以及其他违反纪律造成财政性资金严重流失的问题。

37.2.2.3　对预算资金使用情况的审计

政府投资预算资金一般实行分级管理、分级负责的原则。对预算资金使用情况的审计需要对不同的部门分别进行审查。

1. 各级财政部门

检查其是否切实履行了本级的职责，是否严格监督检查预算资金的使用，能否对发现的问题及时做出处理；是否根据基本建设程序、年度基本建设支出预算、年度投资额、计划及工程进度及时核拨资金；是否按照规定组织地方配套资金并及时拨付到位，有无因资金拨付不到位影响项目建设问题；是否严格执行专款专用，有无挪用、滥用、转移项目资金问题。

2. 各级行业投资主管部门

检查其是否按照有关规定，严格管理和使用预算资金，有无截留、挤占、挪用、滥用预算资金问题；是否存在利用下属公司或关联单位侵占预算资金问题；是否及时审核所属预算单位上报的支付申请，有无超过期限审批影响工程建设等问题。

3. 建设单位

检查其是否建立健全建设资金内部管理制度；是否严格控制费用支出；有无藏留、挤占、挪用、滥用建设资金问题；有无管理不善造成重大损失等问题。

37.3 建设项目管理审计

37.3.1 建设项目招投标审计

为促进工程招投标的规范运作，确保国家财政性建设资金得到有效运用，防止经济活动中的无序状态和腐败行为的滋生、蔓延，审计部门应参与招投标的全过程，实行事前、事中、事后的全程同步监督，使招投标中的每一个环节都在审计部门的监督之下。

37.3.1.1 事前监督

审计人员应对招标准备进行审查，认真听取招标单位对招标范围、方式的解释，审核招标文件与招标通知书的一致性，审计标底的编制过程、编制质量，审查投标人的资格等。

1. 招标条件的审计

审计部门对招标条件的审计内容如下。一是审计建设项目是否经有关部门批准，是否具备完整的设计文件和工程概算，是否严格按基建程序办事，投资概算是否准确，有无缺口，设计标准有无超过规定，建设项目是否列入国家投资计划；二是审计招标前的准备工作是否充分，工程场地的征用、拆迁、现场交通、供水、供电等准备工作是否完成；三是审计建设项目总投资是否落实，资金来源是否正当，建设资金是否按投资计划及时拨付到位；四是审计建设项目招标工作机构设置是否完备，内部控制是否严密，组织形式是否合规。

2. 招标方式的审计

审计部门对招标方式的审计内容如下。一是关注是公开招标还是邀请招标。公开招标的招标人要在指定的报刊、电子网络或其他媒体上发布招标公告，招标公告应当载明招标人的名称、地址，招标项目的性质、数量、实施地点、时间和获得招标文件的办法，以及要求潜在投标人提供有关资质证明文件和业绩情况等内容，公告发布后应按规定时限要求及时对投标企业递交的投标文件进行登记工作；邀请招标应当同时向三个以上具备承担招标项目能力、资质信誉好的特定法人（或企业）发出招标邀请书。无论是公开招标还是邀请招标，都需要对相关的条件和资格进行详细的审查与核对。二是关注是自行办理招标事宜还是委托招标代理机构（中介组织）办理招标事宜。招标人若自行办理招标事宜，应审查招标人是否具有编制招标文件和组织评标的能力；如果是委托代理招标事宜，需要审查委托代理机构（中介组织）是否具备相关资质，相应委托代理关系和操作事宜是否符合相关规定。

3. 招标程序的审计

审计部门对招标程序的审计内容如下。一是审计工程招标工作中是否做到谈判、评标、决策相分离；是否坚持谈判者不决策、决策者不谈判的分工原则；参与标底的编制和审定人员、评标小组成员及相关当事人要接受统一安排，防止弄虚作假、“明标暗定”，不准事先组建评标小组，要在评标前采取随机抽签方法临时组建，防止贿赂评委操纵评标；对选聘的评委要进行资格审核，看是否有政治、业务素质不“达标”人员；评委平时不得对外公开自己的身份。二是审计招标单位编制的招标文件是否已经批准，是否按规定发布招标公告或发出招标邀请书，其内容是否合规、合法，是否与招标方式的相应规定一致。三是审计招标单位出售、分发的招标文件是否符合规定要求，是否组织投标单位勘察工程现场、解答疑难问题。

4. 标底的审计

标底的制定是招投标工作中非常重要的环节，也是中标与失标的主要衡量标准。因此，对标底的审计也是对招投标工作全过程审计的重要环节。对标底的审计主要包括以下内容。审计编制标底依据的招标文件、设计图纸及有关资料是否合规有效；审计工程量的计算、套用定额是否正确，是否严格按施工图和国家定额的有关规定编制，各项取费是否符合规定，取费标准是否正确；审计标底是否合理，是否控制在设计概算以内，有无提价压价，人为调整标底问题，同时，还要注意对标底的保密，不得以任何方式透露招投标的其他情况，不得向他人透露已获取招标文件的潜在投标人的名称、数量以及可能影响公开竞争的有关招投标的其他情况。

5. 投标单位资格的审计

审计投标单位是否具备投标资格，是否达到工程建设所要求的资质等级，是否具有良好的社会信誉和施工质量，是否拥有雄厚的技术力量和充分的机械设备，是否具备优良的施工和安全生产记录，还要结合该投标单位近年来所承建的其他工程项目中哪些项目取得过工程质量监督部门出具的工程评定的等级证明等。要深入实际考察，防止单位靠不正当关系取得资质蒙混入围，防止借用或者骗取高资质企业名义投标现象的发生。对弄虚作假、不符合要求和不具备应有能力的单位，应取消其投标资格。

37.3.1.2 事中监督

事中监督主要是加强对招投标现场程序的监督，监督程序方面的合理性和合法性，包括开标、评标、定标的审计。

1. 开标的审计

开标的审计主要是审计招标单位是否当众组织开标，有无违反规定搞暗箱操作问题，开标时是否邀请所有投标人代表参加，是否遵循由投标人或者其推选的代表检查投标文件的密封情况，或由招标人委托的公证机构检查并公证，经确认无误后，由工作人员当场拆封，宣读投标人名称、投标价格和投标文件的其他主要内容的固定流程；审计开标过程是否做好记录，是否存档备查。如果开标时发现投标文件破损，或授权委托书不是原件又无投标单位法人签章，应当众宣布为废标。

2. 评标的审计

评标的审计主要是审计评标过程是否坚持公开、公平、公正、科学、合理的原则，是否以招标文件为依据进行评标；评标是否由招标人依法组建的评标委员会（或评审小组）负责，评标委员会是否按照招标文件确定的评标标准和方法，对投标文件进行评审和比较；招标人是否授权评审小组确定中标人；评标委员会成员是否本着客观、公正的原则，遵守职业道德，是否不存在评标委员会成员私下接触投标人，透露对投标文件的评审和比较、中标候选人的推荐以及与评标有关的其他情况的情况。

3. 定标的审计

定标的审计主要是对经评审小组按照法律程序和评标的条件与标准，研究确定的中标单位与招标人履行承包施工合同订立之前的手续办理过程的审计。定标审计的主要工作内容包括：一是审计定标的程序、方法是否合规，是否切实做到优价中标，定标价格是否符合市场行情；二是审计投标单位是否持中标通知书到招标管理部门办理审计复核、盖章及有关手续；三是审计中标单位是否在规定时间（一般为 30 日之内）按照招标文件和中标人的投标文件订立书面合同，中标人是否按规定向招标人提交履约保证金。

37.3.1.3　事后监督

在建设项目招投标完成之后，审计部门还需要针对项目招投标的后续实施情况进行事后监督。主要的审计内容如下。调查了解对招投标的意见，听取、收集对招投标的建议，对发现的在招投标过程中的幕后交易、以权谋私等问题及时严肃处理，涉及违纪违法行为则要及时移送有关部门进行查处；审计施工合同的签订过程是否完整、手续是否齐全，合同是否以招标文件和投标书为依据，合同的内容是否与招标文件和投标书相一致，要防止签订“阴阳合同”，合同的基本内容是否完整、规范，合同条款是否符合经济法规等国家规定要求，合同中责任和奖罚是否明确等；还要从维护合同的严肃性出发，审计监督甲乙双方是否严格贯彻经济合同“实际履行和适当履行”的原则，是否全面履行合同内容，有无违法分包、层层转包等问题。

37.3.2 合同管理审计

37.3.2.1 合同管理概述

合同是平等的自然人、法人、其他组织之间设立、变更、终止民事权利义务关系的协议。建设工程合同包括工程勘探、设计、施工合同。建设工程合同为要式合同，应当采用书面形式订立。在现代建设工程项目管理中，合同管理相当重要，因为合同确定了工程项目的价格、工期和质量目标，规定了合同双方的责任、权利和义务。要实现工程建设的各项目标，必须对其实施有效的合同管理。

政府投资建设工程具有投入大、建设周期长、建设过程需要多个单位共同完成及工程专业性较强等特性，给建设工程合同的管理及审计监督带来了难度。由于建设工程合同内容的复杂性，合同签订难以完善，加之合同约定的内容与实际施工结果一般都存在差异，因此，工程合同纠纷普遍发生。同时国家建设项目的出资人是国家，存在国家、企业、个人三方面的利益关系，这种利益格局本身就存在损害国家利益的可能，加上建设领域存在的不规范行为及腐败现象，国家建设项目中存在着利用形式合法但内容或执行结果可能损害国家利益的建设工程合同。对此，审计机关要依法对国家建设项目合同进行审计，充分利用法律依据加强对国家建设项目的审计监督。

37.3.2.2 合同管理的审计内容

1. 对合同签订条件的审计

按照规定，签订施工合同应具备的条件包括：初步设计已经完成并经过批准，项目已列入年度建设计划，有充分满足实施工程需要的图纸和相关的技术资料，建设资金和主要材料，设备已基本到位等。因此，为了避免或减少合同纠纷的发生，审计部门要对上述条件逐一进行审计。

2. 对合同的主体进行识别性审计

在对主体资格进行识别审计时，应根据各主体所承担的工程项目，对主体资格的资质等级、信誉等级、财务状况等情况进行审计。在审计中对发包人应识别的情况主要有：发包人单位名称、工程立项批准文号、工程地点、工程内容、资金来源等。对总承包人和分包人应识别的情况主要有：单位名称、资质等级、注册资金、财务状况或融资情况等。

3. 对合同的内容进行实质性审计

在对合同的内容进行审计时，应当审查工程合同是否按《中华人民共和国民法典》和《建筑安装工程承包合同条例》的有关条款订立，审计合同是否缺少必不可少的法律条款，或者合同中的某些条款是否为无效条款，是否存在合同双方签字但不具备法律效力的问题，合同条款是否过于简单以致对未来可能发生的情况估计不足，合同中是否存在双方对同一条款理解不相同的问题。

4. 对合同标的、工期的审计

审计人员应将与合同标的相关的合同文件加以收集整理，通过鉴证、计算予以确认，审计合同条款与招标的内容是否符合，合同价与中标金额是否一致。

同时，建设工程的工期是依据工程的进度而定的。但有的工程由于合同中约定的和实际竣工的工期存在不一致的现象导致其工期存在待定状态。因此，在识别工期时一般应将合同约定的工期与实际竣工工期或者是发包人对总承包人提交的竣工验收报告的逾期答复验收的时间一并考虑。在工期确认时，应对开工时间、工期变更情况及其违约责任进行审查。通过审计，明确合同标的和工期的准确性以及工程逾期后过错方违约责任的确认或处理情况。

37.3.3　建设工程监理审计

37.3.3.1　建设工程监理概述

1. 建设工程监理的含义

所谓建设工程监理，是指具有相应资质的监理单位受工程项目建设单位的委托，依据国家有关工程建设的法律、法规，经建设主管部门批准的建设文件、建设工程委托监理合同及其他建设工程合同，对工程建设实施监督管理。建设工程监理是适应市场经济的产物，随着建筑市场的日益国际化而得到普遍推行。

2019 年修正的《中华人民共和国建筑法》（以下简称《建筑法》）第三十条至第三十五条，对建筑工程监理法律制度做了专门规定。此外，绝大多数地方政府或人民代表大会及各部门，也制定了本地区、本部门的建设监理法规和实施细则，形成上下衔接的法规体系，使监理工作基本上做到有章可循，保证固定资产投资的健康发展。

2. 建设工程监理的对象

依据2001年1月17日实施的《建设工程监理范围和规模标准规定》，下列建设工程必须实行监理：国家重点建设工程；大中型公用事业工程；成片开发建设的住宅小区工程；利用外国政府或者国际组织贷款、援助资金的工程；国家规定必须实行监理的其他工程。具体情况如下。

（1）国家重点建设工程，是指依据《国家重点建设项目管理办法》所确定的对国民经济和社会发展有重大影响的骨干项目。

（2）大中型公用事业工程，是指项目总投资额在3 000万元以上的下列工程项目：供水、供电、供气、供热等市政工程项目；科技、教育、文化等项目；体育、旅游、商业等项目；卫生、社会福利等项目；其他公用事业项目。

（3）成片开发建设的住宅小区工程，建筑面积在5万平方米以上的住宅建设工程必须实行监理；5万平方米以下的住宅建设工程，可以实行监理，具体范围和规模标准，由省、自治区、直辖市人民政府建设行政主管部门规定。为了保证住宅质量，对高层住宅及地基、结构复杂的多层住宅应当实行监理。

（4）利用外国政府或者国际组织贷款、援助资金的工程范围包括：使用世界银行、亚洲开发银行等国际组织贷款资金的项目；使用国外政府及其机构贷款资金的项目；使用国际组织或者国外政府援助资金的项目。

（5）国家规定必须实行监理的其他工程有两类。一类是指项目总投资额在3 000万元以上关系社会公共利益、公众安全的下列基础设施项目：煤炭、石油、化工、天然气、电力、新能源等项目；铁路、公路、管道、水运、民航以及其他交通运输业等项目；邮政、电信枢纽、通信、信息网络等项目；防洪、灌溉、排涝、发电、引（供）水、滩涂治理、水资源保护、水土保持等水利建设项目；道路、桥梁、地铁和轻轨交通、污水排放及处理、垃圾处理、地下管道、公共停车场等城市基础设施项目；生态环境保护项目；其他基础设施项目。另一类是指学校、影剧院、体育场馆项目。

3. 工程监理单位的质量责任和义务

工程监理单位应当依法取得相应等级的资质证书，并在其资质等级许可的范围内承担工程监理业务。禁止工程监理单位超越本单位资质等级许可的范围或者以其他工程监理单位的名义承担工程监理业务；禁止工程监理单位允许其他单位或者个人以本单位的名义承担工程监理业务。

工程监理单位不得转让工程监理业务。工程监理单位与被监理工程的施工承包单位以及建筑材料、建筑构配件和设备供应单位有隶属关系或者其他利害关系的，不得承担该项建设工程的监理业务；工程监理单位应当依照法律法规以及有关技术标准、设计文件和建设工程承包合同，代表建设单位对施工质量实施监理，并对施工质量承担监理责任。

工程监理单位应当选派具备相应资格的总监理工程师和监理工程师进驻施工现场。未经监理工程师签字，建筑材料、建筑构配件和设备不得在工程上使用或者安装，施工单位不得进行下一道工序的施工；未经总监理工程师签字，建设单位不得拨付工程款，不得进行竣工验收；监理工程师应当按照工程监理规范的要求，采取旁站、巡视和平行检验等形式，对建设工程实施监理。

37.3.3.2　建设工程监理审计的内容

针对建设工程监理的审计，主要内容包括以下方面。

第一，审查是否按《建筑法》《中华人民共和国招标投标法》的规定建立工程监理制度。

第二，对监理单位的资质进行审计，审查工程监理单位是否依法取得建立资格，有无未经批准、不具备监理资格进行监理活动的行为。

第三，对监理人员进行审查，监理人员包括总监理工程师、专业监理工程师和监理员，必要时可配备总监理工程师代表。总监理工程师应由具有三年以上同类工程监理工作经验的人员担任；总监理工程师代表应由具有两年以上同类工程监理工作经验的人员担任；专业监理工程师应由具有一年以上同类工程监理工作经验的人员担任。

第四，对监理规划进行审查，其规划的编制是否符合相关法律法规的要求；规划的内容是否全面，有无遗漏；规划修改是否及时报建设单位。

第五，审查有无超出批准业务范围从事工程监理活动的行为。

第六，审查是否存在因监理不到位，或故意与施工、建设单位串通降低工程质量，造成工程重大损失的情况。

第七，审查是否认真审核并签署开工令、停工令、复工令、付款凭证，提供监理月报、竣工资料。

第八，审查是否有效地开展“三控二管一协调”工作，即投资控制、进度控制、质量控制、合同管理、信息管理、组织协调。

第九，审查是否存在同体监理现象，是否转让工程监理业务。

第十，审查是否存在总监理工程师未签字，建设单位提付工程款和进行竣工验收的行为。

37.4 工程价款结算审计

工程价款结算审计，是建设项目审计中一项非常重要的内容，它不仅是节约工程造价、降低工程费用的重要手段，也是规范工程价款结算、节约工程投资、防止国有资产流失、查处贪污腐败的重要方法。它包括建设项目概预算编制审计、建筑安装工程费审计和对征地拆迁的审计三部分。

37.4.1 建设项目概预算编制审计

建设项目概预算是工程设计文件的重要组成部分，经批准的建设项目概预算，不仅是控制和确定工程造价、编制固定资产投资计划、签订建设项目总包合同和贷款合同的重要文件，还是控制基本建设拨款和施工图预算、考核设计经济合理性的依据。规范建设项目概预算编制工作，对正确确定工程造价、控制工程项目投资、提高经济效益，具有重要的意义。

37.4.1.1 建设项目概预算编制条件

1. 审计建设项目的立项审批情况

主要审计建设项目的可行性研究报告和项目建议书是否已经批准；初步设计是否已经完成；是否具有明确的建设地点；是否具有足够的建设资金；是否具备一定的生产能力；建设规模与建设标准是否符合投资估算与投资计划的要求。

2. 审计预算编制单位和人员的资质

主要审查项目设计单位的资质，或几个设计单位共同设计时主体设计单位的资质，是否符合国家有关规定的要求，尤其是分包给其他单位负责设计并编制工程项目概预算的，应对预算单位的资质和概预算编制人员的资质进行审查，看其是否符合相关法律法规的规定；审查有无存在层层转包勘探设计工作，勘察设计工作是否符合要求，勘察设计情况是否与实际情况严重脱节。

3. 审计概预算的编制情况

审查初步设计是否参照设计任务书及其估算编制，施工图设计是否应控制在标准的初步设计范围之内。采用两阶段设计的建设项目，审查其是否在初步设计阶段编制总概算，是否在施工图设计阶段编制预算。采用三阶段设计的，审查其是否在技术设计阶段编制修正总概预算。对于技术简单的技术项目，审查其是否在设计方案确定后就进行施工图设计，并编制施工图预算。

37.4.1.2　审计建设项目概预算编制的依据

1. 审计概预算编制依据的合规性

建设项目概预算编制采用的各种依据必须是经过国家和授权机关批准的，如施工图纸、有关标准图集必须由有资质的单位设计并符合项目的最初目标，并且要求采用适用本地区的定额；在不同的设计阶段要有足够的设计技术资料，保证预算编制的准确性。

2. 审计概预算编制依据的时效性

审查建设项目概预算的编制依据是否符合国家或相关部门的现行规定，审查概预算编制的时间是否与依据的文件资料的时间相吻合，不能使用过时的依据资料。

3. 审计概预算编制依据的适用性

各种概预算的编制依据都有其特定的适用范围，如主管部门规定的各种专业定额和取费标准，只适用于本部门的专业工程，在其他工程上则不适用，即使其工程名称一样；各地区的定额和取费标准也只在本地区范围内适用，反映本地区各种费用的平均水平，因此要检查概预算编制时是否使用了规定之外的依据资料。

37.4.1.3　审计建设项目概预算编制的内容

进行概预算编制所需的概预算文件主要包括：概预算编制说明及投资绩效分析，建设项目总概算，单项工程综合概算，单位工程概算，其他工程和费用的概算。此外，概算文件还应该包括钢材、木材、水泥等主要材料表，预算文件还包括钢材明细汇总表及补充单位估价表。

1. 审计建设项目总概算书

审计建设项目的总概算是否按照设计文件要求，编制了建设项目从筹建到竣工验收所需的全部建设费用，即建筑安装工程费用，设备、器具购置费用，工程建设其他费用，预备费，建设期贷款利息和固定资产投资方向调节税（注意：国家规定，该项税收从 2000 年 1 月 1 日起暂停征收，但并未取消）。总概算中所列的建设项目是否完整，设计文件内的项目是否遗漏，设计文件外的项目是否列入，是否符合建设项目前期决策批准的项目内容。项目的建设规模、建筑结构、生产能力、设计标准、建设用地、建筑面积、容积率、主要设计、配套工程、设计定员等是否符合批准的可行性研究报告或立项批文的标准，尤其是非生产性建设项目的建筑面积、投资额是否合规，各项费用是否有可能发生，费用之间是否重复，总投资额是否控制在批准的投资估算以内。有无设计深度不够、概算编制漏项、留有投资缺口等问题，有无提高建设标准、扩大建设规模、擅自改变建设内容、增加概算外投资、多列概算、重复计列投资等问题。如果设计概算超过批准的投资估算 10%，则应分析原因。

2. 审计单项工程综合概算和单位工程概算

审计单项工程综合概算和单位工程概算，重点审计在上述概算书中所列的各项费用的计算方法是否得当，概算指标或概算定额的标准选择是否适当，工程量计算是否正确。如建筑工程采用工程所在地区的计价定额、费用定额、价格指数和有关人工、材料、机械台班和辅助调整系数，是否按当时最新规定执行；设备材料的购置价格是否与市场价值相近，引进设备安装费率或计价标准、部分行业安装费率是否按有关部门规定计算等。尤其是工业建设项目设备投资较大，一般占总造价的 30% ~ 50%，所以生产性建设项目对设备费的审计也就显得十分重要。审查总图设计和工艺流程是否合理，“三废”（废水、废气、废渣）治理投资是否列足。

3. 审计其他工程费用

重点审计其他工程费用的内容是否真实、在具体的建设项目中是否有可能发生、费用计算的依据是否适当、费用之间是否重复等有关内容。其他工程费用的审计要点和难点主要是建设单位管理费、土地征地使用费等方面。

37.4.2　建筑安装工程费审计

2013 年，中华人民共和国住房和城乡建设部颁发了《建设工程工程量清单计价规范》。2003 年 10 月，建设部、财政部发出了《关于印发〈建筑安装工程费用项目组成〉的通知》（建标〔2003〕206 号），颁布了《建筑安装工程费用项目组成》。2013 年，为适应深化工程计价改革的需要，根据国家有关法律、法规及相关政策，在总结原建设部、财政部《关于印发〈建筑安装工程费用项目组成〉的通知》执行情况的基础上，住房城乡建设部和财政部修订完成了《建筑安装工程费用项目组成》（以下简称《费用项目组成》）。推行工程量清单计价、改革建筑安装工程费用组成，是工程计价改革工作的需要，是深化工程造价管理改革的重要内容，是规范建筑市场经济秩序的重要措施，有利于建立由市场形成工程造价的机制，有利于促进政府转变职能、业主控制投资、施工企业加强管理，有利于在公开、公正、公平的竞争环境中合理确定工程造价，提高投资绩效。

《费用项目组成》调整的主要内容如下。第一，建筑安装工程费用项目按费用构成要素组成划分为人工费、材料费、施工机具使用费、企业管理费、利润、规费和税金；第二，为指导工程造价专业人员计算建筑安装工程造价，将建筑安装工程费用按工程造价形成顺序划分为分部分项工程费、措施项目费、其他项目费、规费和税金；第三，按照国家统计局《关于工资总额组成的规定》，合理调整了人工费构成及内容；第四，依据国家发展改革委、财政部等 9 部委发布的《标准施工招标文件》的有关规定，将工程设备费列入材料费，原材料费中的检验试验费列入企业管理费；第五，将仪器仪表使用费列入施工机具使用费，大型机械进出场及安拆费列入措施项目费；第六，按照《社会保险法》的规定，将原企业管理费中劳动保险费中的职工死亡丧葬补助费、抚恤费列入规费中的养老保险费，在企业管理费中的财务费和其他中增加担保费用、投标费、保险费；第七，按照《社会保险法》《建筑法》的规定，取消原规费中危险作业意外伤害保险费，增加工伤保险费、生育保险费；第八，按照财政部的有关规定，在税金中增加地方教育附加。因此，对建筑安装工程费的审计主要包括以下方面。

1. 工程项目立项审批情况

审查项目立项审批程序是否合规，是否报经有权部门审批，有无越权审批或核准，以核准代替审批或以备案代替核准，未经审批、核准或备案等问题。审查项目是否符合国民经济发展规划、产业政策、行业发展建设规划的要求。对工业性建设项目，要注意其设计方案是否先进、合理，是否采用了最先进的技术，是否符合节能降耗，是否存在环境污染问题等。

2. 工程项目建设情况

审查项目建设是否按照设计文件和概预算安排的工程项目施工，有无超概算、超标准建设非生产性设施项目，或建设概算外项目问题。对施工过程中发生的各种施工洽商变更要进行分析，审查施工洽商变更的原因是否合规、处理方案是否合理。审查建设项目的建设进度是否满足合理工期的要求，有无工程建设进度缓慢、施工组织管理不力等问题，是否存在施工资质达不到要求、施工方案不合理、勘探设计不充分等问题。

3. 项目环境保护情况

审查工程项目是否通过环境影响评价审批；是否存在越权审批环境影响评价文件、未按环境保护分类管理名录要求审批环境影响报告书或报告表问题；是否存在应备案项目未备案，但已通过环境影响评价审批等其他问题。审查项目建设是否符合环境保护的要求，有无建筑垃圾随意丢弃，造成环境污染问题。审查项目用地情况，其用地审批是否合规，有无未办理农用地转用和土地征收审批、“以租代征”等问题。审查土地征用数量是否合规，有无超规定数量征用土地、改变土地使用性质、土地数量大幅下降情况。

4. 工程质量是否合规

重点审查建设单位是否有健全的质量管理制度，是否完善并得到有效执行，各种质量检查验收资料是否齐全、有效，是否符合有关规定。工程设计、施工、监理等单位对工程建设质量管理是否履行职责。必要时，应聘请有关质检部门对工程质量进行检测，确保工程质量达到要求。

审查监理单位是否对工程建设进行全过程、全方位监控，监理资料是否完整。抽查建设项目部分单项工程的施工情况，审查建设项目的长度、宽度、强度、厚度等是否符合工程质量的要求，其结算是否合规，有无偷工减料、虚报冒领工程款等问题。对建设管理造成的损失浪费、工程建设中发生的质量事故等，要调查其原因并分析损失情况，追查责任单位或个人的责任。

5. 工程量

不管是采用单价法，还是采用定额实物法，建筑安装工程费都是以各分项工程的工程量为基础加以确定的。显然，各分项工程的工程量正确与否，将对工程造价产生重要影响。所以建筑安装工程费的审计必须对以下项目的工程量进行重点审计。

（1）土方工程。

审查平整场地、挖地槽、挖地坑、挖土方工程量的计算是否符合定额计算规定和施工图纸标示尺寸，土壤类别是否与勘察资料一致，地槽与地坑放坡、带挡土板是否符合设计要求，有无重算和漏算。回填土工程应注意地槽、地坑回填土的体积是否扣除了基础所占体积，地面和室内回填土的厚度是否符合设计要求。运土方除了审查运土距离外，还要注意运土数量是否扣除了就地回填土方。

（2）打桩工程。

审查不同装料是否分别计算，施工方法是否符合设计要求，有无偷工减料的问题；审查桩料长度是否符合要求，桩料长度如果超过一般桩料长度需要接桩时，接头数是否正确。

（3）砖石工程。

审查墙与墙身的划分是否符合规定，按规定不同厚度的墙、内墙和外墙以及地下连续墙等是分别计算的，应扣除的门窗洞口及 0.3 平方米以外的孔洞、过梁、梁、柱所占体积是否已经扣除；不同砂浆标号的墙和定额规定按立方米或按平方米计算的墙，是否混淆、错算或漏算。

（4）混凝土及钢筋混凝土工程。

审查现浇构件与预制构件是否分别计算，是否混淆，现浇柱与梁、主梁与次梁及各种构件计算是否符合规定，有无重算或漏算。钢筋砼的含钢量与预算定额的含钢量发生差异时，是否按规定予以增减调整。

（5）木结构工程。

审查门窗是否按不同种类，按框外围面积计算；木装修的工程量是否按规定分别以延长米或平方米计算。

（6）地面工程。

审查楼梯抹灰是否按踏步和休息平台的水平投影面积计算；细石砼地面找平层的设计厚度与定额厚度不同时，是否按规定进行换算；细石砼地面层、找平层的设计厚度与定额厚度不同时，是否按其厚度进行换算。

（7）层面工程。

审查卷材层面工程是否与屋面找平层工程量相等，屋面保温层的工程量是否按屋面层的建筑面积乘保温层平均厚度计算，不做保温层的挑檐部分是否按规定不做计算。

（8）构筑物工程。

烟囱和水塔脚手架是以座编制的，地下部分已包括在定额内，按规定不能再另行计算。审查有无重复计算。

（9）装饰工程。

审查内墙抹灰的工程量是否按墙面的净高和净宽计算，有无重算或漏算。

（10）金属构件制作。

金属构件制作工程量多数以吨为单位，在计算时，型钢按图示尺寸求出长度，再乘以每米的重量；钢板要计算出面积，再乘以每平方米的重量。审查相关计算是否符合规定。

（11）水暖工程。

审查室内外排水管道、暖气管道的划分是否合规，各种管道的长度、口径是否按设计规定计算。室内给水管道不应扣除阀门、接头零件所占的长度，但应扣除卫生设备（浴盆、卫生盆、冲洗水箱、淋浴器等）本身所附带的管道长度。审查室外排水管道是否已扣除检查井、连接井所占的长度，暖气片的数量是否与设计一致。

（12）电气照明工程。

审查灯具的种类、型号、数量是否与设计图一致，线路的敷设方法、线材品种等是否达到设计标准，有无重复计算预留线的工程量。

（13）设备及其安装工程。

审查设备的种类、规格、数量是否与设计相符，需要安装的设备和不需要安装的设备是否分清，有无把不需要安装的设备作为需要安装的设备计算了工程量。

6. 建筑安装工程费计算程序

根据 2013 年 12 月 11 日中华人民共和国住房和城乡建设部令第 16 号发布的《建筑工程施工发包与承包计价管理办法》的规定，国家推广工程造价咨询制度，对建筑工程项目实行全过程造价管理。

全部使用国有资金投资或者以国有资金投资为主的建筑工程（以下简称“国有资金投资的建筑工程”），应当采用工程量清单计价；非国有资金投资的建筑工程，鼓励采用工程量清单计价。国有资金投资的建筑工程招标的，应当设有最高投标限价；非国有资金投资的建筑工程招标的，可以设有最高投标限价或者招标标底。最高投标限价及其成果文件，应当由招标人报工程所在地县级以上地方人民政府住房和城乡建设主管部门备案。工程量清单应当依据国家制定的工程量清单计价规范、工程量计算规范等编制。工程量清单应当作为招标文件的组成部分。最高投标限价应当依据工程量清单、工程计价有关规定和市场价格信息等编制。招标人设有最高投标限价的，应当在招标时公布最高投标限价的总价，以及各单位工程的分部分项工程费、措施项目费、其他项目费、规费和税金。

7. 工程价款结算

审查建设单位工程款支付审批的管理制度是否健全有效，工程款的支付是否合规、及时，各种结算手续、结算资料是否完整，有无故意拖欠施工企业工程款或超工程进度多支付工程款等不正常现象。审查预付备料款、预付工程款的支付及扣还是否符合规定，有无将预付备料款、预付工程款用于对外投资、借给他人使用等挪用资金行为。审查工程价款结算内容是否合理、合法，是否严格按照工程建设内容、经审核的工程结算书、工程质量验收报告等支付工程价款，有无多付工程价款、概算外投资挤入工程结算等问题。审查工程价款结算方式是否合理，有无大量使用现金交易问题。通过工程价款结算的审计，揭露建设项目结算过程中的各种损失浪费、违法违规行为，监督建设资金的合理使用。

37.4.3　对征地拆迁的审计

近年来，国家先后颁布了《中华人民共和国土地管理法》（以下简称《土地管理法》）、《中华人民共和国土地管理法实施条例》，发出《国务院关于将部分土地出让金用于农业土地开发有关问题的通知》《关于加强城市建设用地审查报批工作有关问题的通知》等，加快了土地管理的法制建设，规范了土地征用的程序和土地出让金的使用。各级政府和国土资源管理部门也通过加强征地管理，保证了国家经济建设用地，安置了被征地人民的生产和生活，维护了社会的稳定。但是，随着基本建设投资的加快，建设项目用地总量增长迅速，在建设项目审计中发现，项目建设用地审批把关不严、非法占用农民集体土地、征地拆迁补偿标准不透明、长期拖欠和挤占挪用征地拆迁补偿资金等损害农民利益的问题还比较突出。因此，加强对征地拆迁补偿安置工作的审计，既有利于促使有关单位严格按照法定程序审批、征用土地，按法定标准给予被征地、拆迁户合理补偿和妥善安置，也有利于维护国家的安定团结，切实履行审计机关的职责。为搞好建设项目征地拆迁审计，应重点从以下两个方面开展工作。

37.4.3.1 对土地征用程序的审计

1. 审查建设项目是否依法申请使用国有土地

审查建设项目需要使用土地前，建设单位是否根据建设项目的总体设计提出申请，办理建设用地审批手续；分期建设的项目，是否根据可行性研究报告确定的方案分期申请建设用地，分期办理建设用地有关审批手续。审查建设项目占用的土地，无论是土地利用总体规划确定的城市建设用地范围内的国有建设用地，还是土地利用总体规划外的农用地，是否在建设项目可行性研究论证时，由土地行政主管部门对建设项目用地有关事项进行审查，提出建设项目用地预审报告；可行性研究报告报批时，必须附土地行政主管部门出具的建设项目用地预审报告。审查用地单位是否在获得用地预审批准后，向市、县人民政府土地行政主管部门提出建设用地申请，有无自行征地、不办理报批手续的行为。

审查建设单位递交的《建设用地申请表》是否包含：建设单位有关资质证明；项目可行性研究报告或项目建议书批复及其他有关批准文件；土地行政主管部门出具的建设项目用地预审报告和年度土地利用计划指标文件；建设项目总平面布置图；占用耕地的，应提交补充耕地的途径和方式的方案；建设项目位于地质灾害易发生区的，应提供地质灾害危险评估报告；建设项目用地涉及环保、文物、林业等的，应提供相关行政主管部门的审查文件；城市规划行政主管部门签发的定点图及城市建设规划许可证、测绘部门的测量成果表等。

2. 审查农业用地转为建设用地是否办理了转批手续

审查建设占用土地，涉及农用地转为建设用地的，是否符合土地利用总体规划和土地利用年度计划中确定的农用地转用指标；城市和村庄、集镇建设占用土地，涉及农用地转用的，是否符合城市规划和村庄、集镇规划。审查除国家能源、交通、水利和军事设施等重点建设项目以外，其他非农业建设是否占用基本农田；确需占用基本农田并符合法律规定，涉及农用地转用和征用土地的，是否按法定程序报国务院批准。审查有无随意调整土地利用总体规划划定的基本农田保护区，通过调整县、乡（镇）级土地利用总体规划，擅自改变基本农田的数量与布局，规避报批占用基本农田。审查有无通过修改或调整城镇土地利用总体规划，降低基本农田保护的质量要求，把城镇周边和交通沿线大面积的基本农田调整到其他地区。审查有无擅自突破规划，增加建设用地总规模，以及有无不符合规定，违规批准农用地转为建设用地的问题。

3. 审查土地管理部门是否按照国家有关规定在职权范围内审批土地

根据国家有关规定，征用基本农田、基本农田以外的耕地超过 35 公顷，其他土地超过 70 公顷的，由国务院批准，地方土地管理部门无权审批。因此需审查地方政府有无越权审批问题。征用上述规定以外的土地，由省、自治区、直辖市人民政府批准，并报国务院备案。审查地方政府是否有将土地化整为零、分批审批问题。

审查建设单位是否有市、县级人民政府颁发的建设用地批准书。有偿使用国有土地的，由市、县人民政府土地行政主管部门与土地使用者签订国有土地有偿使用合同；划拨使用国有土地的，由市、县人民政府土地行政主管部门向土地使用者核发国有土地划拨决定书。

4. 审查经批准被征用的土地是否按照法定程序办理征地公告

征用土地方案依照法定程序批准后，是否由被征用土地所在地的市、县人民政府组织实施，并将批准征地机关，批准文号，征用土地的用途、范围、面积，以及征地补偿标准、农业人员安置办法和办理征地补偿的期限等，在被征用土地所在地的乡（镇）、村予以公告。

37.4.3.2　对土地征用补偿费的审查

1. 补偿费用的内容

征收农用地以外的其他土地、地上附着物和青苗等的补偿标准，由省、自治区、直辖市制定。对其中的农村村民住宅，应当按照先补偿后搬迁、居住条件有改善的原则，尊重农村村民意愿，采取重新安排宅基地建房、提供安置房或者货币补偿等方式给予公平、合理的补偿，并对因征收造成的搬迁、临时安置等费用予以补偿，保障农村村民居住的权利和合法的住房财产权益。

县级以上地方人民政府应当将被征地农民纳入相应的养老等社会保障体系。被征地农民的社会保障费用主要用于符合条件的被征地农民的养老保险等社会保险缴费补贴。被征地农民社会保障费用的筹集、管理和使用办法，由省、自治区、直辖市制定。

征收土地应当给予公平、合理的补偿，保障被征地农民原有生活水平不降低、长远生计有保障。

征收土地应当依法及时足额支付土地补偿费、安置补助费以及农村村民住宅、其他地上附着物和青苗等的补偿费用，并安排被征地农民的社会保障费用。

征收农用地的土地补偿费、安置补助费标准由省、自治区、直辖市通过制定公布区片综合地价确定。制定区片综合地价应当综合考虑土地原用途、土地资源条件、土地产值、土地区位、土地供求关系、人口以及经济社会发展水平等因素，并至少每三年调整或者重新公布一次。

2. 对补偿费的审查

对补偿费的审查包括：征地补偿费的标准是否遵循了土地法的标准，有无变相提高或降低补偿费问题；征地补偿款是否及时、足额下拨，有无侵占、截留、挪用被征用土地单位的征地补偿费用和其他有关费用的问题。

对征地补偿费的支付的审查包括：对征地补偿安置费用使用和管理的监管是否严格，是否专款专用，补偿款是否如实支付给被拆迁人；其安置成本、面积、用途是否真实、合规，严禁侵占、截留或挪作他用。需要安置的人员由农村集体经济组织安置或由其他单位安置的，征地补偿安置费用在依照有关规定支付给安置单位后，应要求该单位在一定期限内提供征地补偿安置费用分配和支付清单，并检查各项费用使用情况。凡采取征地包干的，严格按照国家有关规定确定征地包干费用。严禁以包干等名义收取其他费用和违反规定收取征地管理费，挤占征地补偿安置费用，侵犯被征地农民的合法权益。有无将滞压的房地产项目高价结算；有无用工程款搞房地产开发，虚报被拆迁安置户，或多报安置户数、安置面积等问题。

3. 对土地出让金缴付的审查

审查以出让等有偿使用方式取得国有土地使用权的建设单位，是否按照国务院规定的标准和方法，缴纳土地使用权出让金等土地有偿使用费和其他费用后使用土地。审查有无低价协议出让土地，协议出让的土地改变为经营性用地的，是否经城市规划部门同意，由国土资源行政主管部门统一招标拍卖挂牌出让。禁止将以征用方式取得的农民集体所有地用于农业园区开发。

37.5　建设项目财务收支审计

建设项目财务收支审计是检查建设财务收支的真实性和合法性，主要包含以下几个基本建设方面：对建设项目资金来源和使用情况的审计；对建设项目支出的审计；对基本建设收入、结余资金、债权债务的审计；竣工决算报表审计等。

37.5.1　建设项目资金来源和使用情况审计

37.5.1.1　建设项目的资金来源

1. 财政预算内基本建设资金

（1）预算拨款，是建设单位从中央或地方财政预算中取得的无偿用于基本建设的资金。

（2）项目资本金，是按项目资本金制度的规定和经营性项目的需要，以预算拨款作为国家资本金的基建资金。

（3）贷款贴息资金，是对能源、原材料、农林、水利等基础产业使用银行贷款和开发银行硬贷款项目给予的财政贴息资金。

（4）专项资金，是除以上预算内基建支出外，国家财政为解决一定时期内特殊经济建设需要安排的专项基建支出，以及各部门建立的专项基金原在预算内列收列支的资金。

2. 银行贷款和外资等债务性资金

（1）银行贷款，是建设项目按照有关规定，向国有商业银行贷款的银行信贷资金。

（2）国家开发银行投资借款，是建设单位按照规定从国家开发银行借入的基本建设投资贷款，包括软贷款和硬贷款。

（3）以国家信用担保的国外贷款，是按照政府间的协议，以政府信用为担保从外国政府获得的贷款，再由财政部转借给相关建设单位。

（4）利用外资，是根据国民经济的发展需要，有计划地从国外筹集资金或资本进行国内建设。

3. 自筹资金

（1）企业自筹资金，是企业主管部门和企业专用资金、基建收入留成等用于基建部分的资金。

（2）项目资本金，指按照项目资本金制度的规定和经营性项目的需要，由项目法人在项目总投资中筹集的一定比例的非负债资金。

37.5.1.2 对各项资金来源和使用的审计

1. 建设资金拨付情况

审计机关需审查财政预算拨款结构是否合理，是否符合国家产业政策规划的要求，安排资金是否留有缺口；有无违规挪用财政周转资金和专项资金情况；有无违规申请、使用基建贷款贴息资金；预算是否按基本建设计划、基本建设程序、基本建设支出预算、工程建设进度等进行；国有股本投资主体是否政企分离。

2. 建设资金来源、管理、使用情况

审查资金来源尤其是自筹资金是否符合国家财经制度的规定，是否有挤占、挪用其他资金的问题；有指定用途的资金，是否做到了专款专用；拨款是否按规定入账；资金在使用过程中是否有被各级管理部门和建设单位藏留、挪用的现象；资金有无闲置、使用效益不高的问题；有无项目资本金抽逃等问题。

37.5.2 建设项目支出审计

1. 对材料（物资）的采购、保管、领用和核算的审计

建设单位的材料是指为项目建设而储备的各种材料。对材料（物资）的采购、保管、领用和核算的审计主要包括以下内容。

（1）审查该建设项目是否按照规定编制采购计划，以及采购计划是否和批准的概算内容相符。

（2）审查建设项目是否按照规定进行了招投标。按照我国《招标投标法》等法律法规的规定，限额以上的工程项目主要材料（物资）的采购必须经过招投标，但部分单位经常以所购材料（物资）具有特殊性、市场供应紧张等原因规避实行招投标制度，而是直接找到供货商谈判或者采取邀请招标的形式选择供货商。这种情况下，审计人员首先应查阅相关资料、进行市场调研，以确定该项采购是否还存在潜在投标人，如果存在就要对建设单位未进行招投标进行深入的调查了解，以确定其动机，以及行为背后是否存在围标、商业贿赂等违法违规问题。

（3）审查订货合同的签订是否合理。订立合同双方有无用不正当的交往关系，为供货单位推销不合格的物资；有无签订假合同、骗取货款、从中贪污的情况；有无以个人名义，从中提取佣金或回扣的问题。

（4）审查建设单位材料（物资）的验收入库和报关制度是否健全。

（5）审查建设单位出包工程提供材料的情况。拨付材料（物资）的品种、规格、数量是否与合同的约定一致；是不是按时拨付；拨付的结算价格和当地材料的预算价格是否一致；有无任意抬高或降低结算价格的问题；如果建设单位将购入的材料由车站或码头直接拨付给施工企业，审计人员应审核建设单位是否按当地材料预算价格扣除部分采购保管费和规定的运杂费后的数额作为材料的结算价格；如果建设单位将购入的材料直接运到施工单位的工地仓库，审计人员应审查在结算价格中是不是包含采购保管费。

2. 对建筑安装工程投资的审计

对建筑安装工程投资的审计内容主要如下。

（1）审查工程款结算是否合规。建筑安装工程投资的账面记录和施工单位的工程价款结算清单是否一致；建设单位有无任意拖欠工程款问题；建设单位是否按工程的实际进度支付工程款。

（2）审核建设单位的会计核算资料是否完整、真实，投资完成额的计算是否和实际一致；账户设置是否和概算保持一致。

（3）审查会计期末预估的已完成投资额有无及时冲回和调整。

3. 对设备投资的审计

对设备投资的审计内容主要如下。

（1）审查该建设项目是否按规定进行了招投标，其采购计划的编制是不是符合规定。

（2）审查该建设项目是否按招标书要求设备的技术规格、型号、参数、性能选择了供应商。在供货商的确定环节，技术招标审核阶段，审计人员要重点审查各投标单位特别是中标单位提供的设备技术规格、型号、参数、性能是否符合招标文件的要求，一旦发现不同，审计人员一定要进一步审核这种差异产生的根本原因是什么。

（3）审查设备的收发、保管制度是不是健全。

（4）审查提供的设备材料质量、时间、型号等是否符合标书要求。审计人员要认真审查设备入库出库单、安装施工记录和质量检查报告等资料，以确定供货商提供的设备的型号、数量、供货时间、质量是否符合项目建设和标书的要求；另外还要对已经安装的设备进行实地勘察，审计是否存在安装、调试中实物形态存在缺损、缺陷而维持现状等问题。

（5）审查设备的投资完成额是否与合同内容相符。

4. 对待摊投资的审计

待摊投资审计是对建设单位按概算内发生并构成基本建设投资完成额的、按照规定应当分摊计入交付使用资产价值的各项费用支出的审计，主要包括对建设单位管理费、土地征用及迁移补偿费、勘察设计费、可行性研究费等进行的审计。具体审计内容如下。

（1）审查发生的待摊投资是否与设计文件中所规定的内容相符，建设单位必须严格按照国家规定的项目列支，未经财政部门同意，不得任意增加项目。

（2）审查待摊投资的分摊是否合理。

（3）审查待摊投资完成额的计算是否正确，核对待摊投资总账和各明细账，看其内容是否一致，各明细账户的金额之和是否与总账金额相等。对于不属于应计入的投资完成额要予以扣除。

5. 对其他投资的审计

其他投资是建设单位按项目概算内容发生的、构成基本建设实际支出的房屋购置和基本禽畜、林木购置、饲养、培育支出，以及取得各种无形资产和递延资产发生的支出。它是整个项目完成投资额的一个不可分割的组成部分，其他投资审计主要审查所发生的支出是否与概算核定的内容相符、账务处理是否正确。

6. 对应核销基建支出的审计

应核销建设支出是非经营性项目发生的江河清障、航道清淤、飞播造林、城市绿化、取消项目的可行性研究费、项目报废等不能形成资产部分的投资，在项目完工或取消后，报经同级财政部门审批，冲销相应的资金来源。对于能形成资产部分的投资，计入交付使用资产价值。审查应核销基建支出是否符合国家有关规定，是否纳入基本建设投资计划，审查建设单位的核算是否合规，有无擅自增加的项目。

7. 对预留尾工投资的审计

预留尾工是指建设项目的主要工程已经竣工投产，而一些非主要的工程由于尚未具备施工条件，还未建成，不妨碍主要项目投产，故将原概算所列该项目的投资留给生产单位继续施工或购置的预留投资额。因此需要审查以下内容：预留尾工的内容与概算内容是否一致，有无预留概算外投资；将预留尾工的具体内容和金额与实际完成的内容和金额进行核对，检查有无重复的内容；并对移交给生产单位继续建设的尾工工程做跟踪审计。

8. 对交付使用财产的审计

交付使用财产是建设单位已经完成建设与购置过程，并经交接验收手续，交付给生产单位或其他使用单位的各项财产。对该资产的审计内容包括以下方面。

（1）审查交付使用财产的交接验收手续是否完整，是否符合现行制度规定。

（2）审查交付使用财产的成本的计算是否正确，建设单位确定的交付使用财产成本组成是否合法，审查建设单位计算的交付使用财产实际成本是否正确。

（3）审查建设单位对交付使用财产的明细分类核算，是否按固定资产和流动资产的类别和名称分别进行。

（4）审查建设单位是否将未办理竣工交接手续，而生产（使用）单位已经使用的财产，记入“交付使用财产”账户。

37.5.3　基本建设收入、结余资金、债权债务审计

1. 对基本建设收入的审计

基本建设收入是建设单位在基本建设过程中所取得的临时性或一次性收入。对基本建设收入的审计包括以下内容。

（1）审查取得收入是否合法。国家规定以下情况下的收入均不得作为基本建设收入：已超过批准的试生产期，并已符合验收条件但未及时办理验收手续的工程，其费用不得从基建投资中支付，所实现的收入视同正式投产项目生产经营收入，不再作为基建收入并分成；边建设边生产的单位，先期投资项目的产品收入；建设项目已经按批准的设计文件设计完成，工业项目已经能够生产合格产品后取得的收入；非工业项目符合设计要求，能够正常使用后取得的收入。

（2）审查所得收入是否全部入账，有无私设小金库问题，账户处理是否正确。

（3）审查收入的纳税和分成是否符合国家的相关规定。

2. 对结余资金、债权债务的审计

对结余资金、债权债务主要审查库存物资、债权债务是否及时清理；报废的物资损失和坏账损失的审批手续是否齐全；清理收入是否全部入账；有无私分物资和营私舞弊的行为。审查结余资金是否按规定处理，其中：经营性项目的结余资金是否相应转入生产经营企业的有关资产；非经营性项目的结余资金是否首先用于归还项目贷款。审查项目建设单位是否将应交财政的竣工结余资金在竣工财务决算批复后 30 日内上缴财政。

37.5.4　竣工结算报表审计

（1）审查竣工决算报表是否按规定的期限编制。按照国家编报竣工决算的规定，竣工决算报表应在办理验收后一个月内报送有关部门。

（2）审查竣工决算各种报表是否填列齐全，有无漏报、缺报，已报的决算各表中项目的填列是否正确完整，各表之间是否具有勾稽关系，应一致的数额是否相符。如交付使用财产表的合计数是否与竣工财务决算表中的“交付使用财产”数额相符；交付使用财产明细表中的合计数是否与交付使用财产表中的数字相符；设备、材料明细表中设备价值和材料价值是否分别与竣工财务决算表中的“设备”金额和“材料”金额相符；应收、应付款明细表中的应收款合计数和应付款合计数是否分别与竣工财务决算表中的“预收及应收款”金额和“应付款”及“未交款项”的金额相符。

（3）审查核实报表中有关概算数和计划数是否与批准的概算数和计划数相一致。

（4）审查竣工决算表中的主要项目金额是否与其历年批准的财务决算报表中的主要项目金额相符。例如基本建设拨款、贷款、交付使用财产、转出投资、应核销投资、应核销其他支出等，如有不符应查明原因，并督促建设单位予以调整。

（5）审查竣工决算报表编制说明是否真实，主要内容如下。项目建设的依据，初步设计概算批准的日期；资金来源和占用情况；投资效果的简要；财务管理工作及执行财经纪律情况；结余设备、材料及处理情况等，主要审查竣工决算文字说明书和所叙述的事实是否全面系统，是否符合实际情况，有无虚假不实、掩盖问题等情况。

37.6　案例分析

37.6.1　案例一

案例背景：

审计署在开展国债专项资金审计时，对福建省某县渔港防波堤国债项目（该项目资金来源国债转贷资金 2 600 万元，占项目资金总额的 90%）进行了审计，发现该项目在招投标、工程管理中一些做法如下。

2008 年 5 月，渔港工程指挥部未经有关部门审核批准，擅自组织自家施工单位对该工程的防波堤项目进行邀请招标，标底价格为 3 588 万元，超出工程概算 955 万元。当月，福建省渔港建设工程公司以 3 031 万元的投标价格中标，中标价格比工程概算高出 398 万元。

随后，该公司将全部工程转包给下属临时成立的、没有任何施工人员和设备的东澳渔港项目部。据调查，东澳渔港项目部按该工程标的 2.5% 向中标单位上缴管理费。东澳渔港项目部承包到工程后，全部分包给北京中科力爆炸技术工程公司以及个体户卢圣文等 5 户临时拼凑的、无任何资质的农民施工队。

评标委员会由招标人直接确定，共由 7 人组成，其中招标人代表 2 人，本系统技术专家 2 人、经济专家 1 人，外系统技术专家 1 人、经济专家 1 人。开标会由市招投标办的工作人员主持，市公证处有关人员到会，各投标单位均到场。开标前，市公证人员对各投标单位的资质进行审查，并对所有投标文件进行审查，确认所有投标文件均有效后，正式开标。

问题：

（1）该项目施工招投标在哪些方面存在问题或不当之处？如果你是审计人员，请逐一指出并写出正确的做法。

（2）分析标底价格、投标报价、中标价、合同价之间的区别与联系。

（3）招投标审计的主要内容是什么？

（4）针对在该项目的审计中发现的问题，审计人员应该如何处理？

参考答案：

（1）①邀请招标最少应邀请 3 家施工单位来投标；②招标前必须向招投标管理部门申请招标；③标底价格一般不应超工程概算；④中标单位不能将工程转包给另

外施工单位；⑤中标单位也不能将主体和关键性的工程分包出去；⑥施工单位的资质不符合要求；⑦招标单位不应向中标单位收取管理费；⑧评标委员会不应由招标人直接确定；⑨开标会不应由招投标办主持，而应由招标人主持；⑩投标单位的资质应由招标单位审查。

（2）标底价格、投标报价、中标价、合同价之间的区别与联系如下。①标底价格是指由建设单位经批准自行编制或委托有编制标底资格和能力的咨询、监理单位代理编制，并经当地招投标管理部门或工程造价管理部门核准审定的发包造价。标底价格是招标工程的预期造价，是建设单位对招标工程所需费用的测算和控制，也是判断投标报价合理性的依据。②投标报价是指施工单位根据招标文件及有关计算工程造价的资料，计算工程预算总造价，在工程预算总造价的基础上，再考虑投标策略以及各种影响工程造价的因素，然后提出的投标总价格。③中标价是经过开标、评标、决标最后确定的中标单位的投标报价。④合同价是甲乙双方最后签订的合同的价款，合同价原则上应该等于中标价。

（3）招投标审计的主要内容为：①审计招投标条件是否具备；②审计招标文件内容是否完整，有关规定是否合规；③审计标底价格和投标报价是否真实、准确；④审计投标程序是否合规；⑤审计招投标管理工作是否规范。

（4）由于该项目审计属于事后审计，该项目的招投标工作已经完成，因此，审计人员只能向被审计单位提供一些建议和意见，以及今后在招投标过程中要注意规范的地方，不能对招投标结果进行更改。

37.6.2 案例二

案例背景：

某市外环高速路工程是国家重点建设项目，由市财政负责拨款、市高速路指挥部负责项目建设（以下简称“建设单位”）。2008 年 9 月，某路桥公司（以下简称“施工单位”）与建设单位签订了高速路段工程承包合同。工程完工后，市审计局依据《审计法》和市政府委托对建设单位实施工程决算审计，发现该单位被施工单位高估冒算、多计工程量，从而多付工程款 100 余万元的问题后，依法做出审计决定，要求建设单位迅速追回多付的款项。建设单位依据审计决定，多次催要款项无果，便采取后期资金不付给的办法来达到落实审计决定的目的。

问题：

（1）如果该案例中的施工单位对该审计决定不服，它可以采取什么措施来维护自己的利益？

（2）请分析工程决算审计的思路。

（3）在工程决算审计中，需要审计设计变更，设计变更审计的要点是什么？

参考答案：

（1）两种选择：一是选择行政复议，通过行政复议和行政诉讼维护自己的合法权益；二是直接诉诸人民法院进入民事审判程序。

（2）工程决算审计的思路：①审计工程的施工合同；②审计施工图预算；③审计设计变更；④审计现场签证；⑤审计施工进度；⑥审计工程管理行为。

（3）审计变更审计的要点：①审计设计变更手续是否合理合规；②审计设计变更及其数量的真实性。要点在于：审计设计变更部位的工程量增减是否正确；审计设计变更部位的定额套用是否合理；审计设计变更部位的增减是否得到了如实反映；审计设计变更计算过程是否规范。

第 38 章 金融审计

38.1 金融审计概述

38.1.1 金融及金融机构

金融就是资金的融通。金融是货币流通和信用活动以及与之相联系的经济活动的总称。广义的金融泛指一切与信用货币的发行、保管、兑换、结算、融通有关的经济活动，甚至包括金银的买卖。狭义的金融专指信用货币的融通。

金融的内容可概括为货币的发行与回笼，存款的吸收与付出，贷款的发放与回收，金银、外汇的买卖，有价证券的发行与转让，保险，信托，国内、国际的货币结算等。

从事金融活动的机构主要有银行、信托投资公司、保险公司、证券公司、投资基金，还有信用合作社、财务公司、金融资产管理公司、邮政储蓄机构、金融租赁公司，出营以及证券、金银、外汇交易所等。

38.1.2 金融审计的含义及任务

金融审计就是审计机关对国家金融机构财务收支的真实性、合法性和效益性进行审计监督的一种经济监督活动，主要是对国家金融机构执行信贷计划、财务计划以及与财务收支有关的各项经济活动及其经济效益等进行的审计监督。《审计署“十二五”审计工作发展规划》提出，金融审计“以维护安全、推动改革、促进发展为目标”。金融审计是我国政府审计的主要组成部分，按照政府审计是“国家治理”的制度安排、经济社会“免疫系统”的功能定位，“维护国家经济安全和金融安全”则是金融审计工作的重要战略目标。

金融审计的主要任务是依法加强对金融机构的审计监督，揭示金融机构资产、负债、损益的真实情况，揭露和纠正违规违法从事金融业务活动行为，促进金融机构加强管理、健全制度、依法合规经营、提高经济效益，为深化金融改革、稳定金融秩序、防范和化解金融风险、保障国民经济健康发展服务。

38.1.3　金融业务的审计特征

与一般企业审计相比，除业务内容的不同之外，金融审计还受到金融业务以下特征的影响。

1. 金融业务综合化

在我国，金融业务综合化经营主要是指商业银行不仅能经营传统业务，还能经营原属于证券公司、投资银行、保险公司、信托公司的业务，以及衍生金融业务。传统的金融业务经营内容出现了交叉，业务界限逐渐模糊，这种金融交易结构的复杂化使金融活动的透明度降低，增大了审计风险。

2. 金融活动国际化

金融活动国际化是经济全球化在金融领域的表现。信息、交通技术的发展，使一国金融活动越出国界与世界各国金融业务融合在一起成了现实。这就要求金融审计人员不仅要了解国内的有关情况，而且对国际形势也应有清醒的认识。

3. 金融交易电子化

目前我国各银行以网络为基础，在本系统内能够为客户提供跨行、跨地区的金融服务；证券行业经营机构已全部实现计算机网络化运营。这对从事金融审计的人员提出了比较高的计算机水平要求，必要时还需寻求专家的帮助。

4. 金融产品多样化

过去的几十年是环球金融市场借助信息技术急速扩张的阶段，另外全球贸易自由化的趋势和现实也使金融业在世界范围的竞争日趋激烈。商业银行业务除了传统的存贷业务外，新的金融产品，包括新形式的衍生产品、掉期合约、风险转移产品、资产抵押证券、外汇交易基金等纷纷登场，某些创新产品甚至成为金融市场的新兴主流金融工具。金融创新对金融审计的技术和方法提出了更高的要求。

5. 金融服务个性化

当社会财富积累和经济全球化发展到一定程度之后，企业和居民需要通过个性化金融服务实现资产保值增值，规避市场风险。这就要求金融审计也应对不同的业务采取更有针对性的审计操作。

38.1.4 金融审计与金融监管

随着几次较大的国际性金融风波的发生，国际上普遍采取了对金融业风险防范的监管，防范和化解金融风险、确保金融安全成为金融监管工作的主题。

在我国现阶段，能够对我国国有商业银行进行监管的机构主要有银保监会、国家审计机关、注册会计师审计组织、金融机构内部稽核部门、财政部、税务机关、司法部门等。银保监会主要对银行和非银行金融机构的市场准入、市场退出、日常业务及风险状况等进行审批和检查。注册会计师审计组织主要负责资产验证、机构年检以及确认年度会计报表的合法性、公允性和会计处理方法的适当性等。金融机构内部稽核部门即内部审计部门，主要检查和评价金融机构各部门内部控制的建立和执行情况。财政部主要是作为国家金融机构的出资人行使出资人的权利，作为社会管理者制定统一的金融财务会计政策并监督执行，同时承担国有金融机构的部分风险损失。税务机关主要对金融机构缴纳各项税费的情况进行检查。司法部门仅对金融机构及其人员的违法事件进行调查和处理。政府审计通过对金融机构的金融体系的完备性、结构的合理性、公司治理和经营机制建设情况的综合审计，确认资产负债表中和表外各个会计科目的真实性、合规性和效益性。

1. 金融审计与金融监管的联系

由以上对金融监管机构的解释可以看出，金融审计实际上是金融监管的一个组成部分。金融监管与金融审计的最终目标是一致的。金融审计应该在摸清被审计单位资产、负债、损益真实情况的基础上，以资产质量为主线，查找金融业经营管理中的漏洞和管理缺陷，为监管当局完善监管方式和监管政策服务，促进安全、高效、稳健的金融运行机制的建立。

2. 金融审计与金融监管的区别

金融审计和金融监管之间也具有显著的区别，具体如下。

首先，二者的监管职责不同。审计机关在经济活动中，既不参与政策法规的制定，也不参与经济活动和经济管理的过程，处在与各方没有利益关系的超脱地位，起到独立监督、鉴证、评价的作用。而金融监管机构的职能涵盖了从监管规章制度、办法的制定，到行业的准入、运营退出以及行业机构高层人员的任职资格审查等诸多方面，直接参与经营管理。

其次，二者监管的侧重点不同。金融监管是一项非常全面的工作，需要对行业整体实施监督和管理，以维护行业的合法、稳健运行，而政府金融审计是从财务的角度对行业资产、负债、损益的真实性、合法性和效益性，资产质量的安全性，内部控制的健全性、有效性及会计信息的真实性，经营行为的合规性等方面进行监管。

再次，二者涉及的范围不同。金融监管机构的监管范围是我国境内所有依法设立的银行金融机构和非银行金融机构，既包括含有国有成分的金融机构，又包括不包含国有成分的金融机构。而政府审计所涉及的只是含有国有成分的金融机构。

最后，二者监管方式和手段不同。金融监管的方式和手段与金融审计相比具有更强的专业性。金融审计所使用的方式和手段具有综合性。

通过以上分析我们可以得出这样的结论：金融审计与金融监管既不可等同，也不可割裂，更不能相互取代。金融审计应该充分发挥其独立、权威、综合的优势，在促进金融改革、维护金融安全、防范金融风险、揭露突出问题等方面，切实发挥其他监管机关不可替代的作用。

38.1.5　金融审计的发展趋势

金融审计需要以维护安全、推动改革、促进发展为目标，揭示和防范金融风险，完善金融监管，推动建立健全高效安全的现代金融体系和系统性风险防范机制。未来金融审计将呈现以下几个发展趋势。

第一，加强对国有及国有资本占控股地位或主导地位金融机构的审计和审计调查，关注货币市场、保险市场、资本市场运行中的突出问题，反映金融服务、金融创新和金融监管中的新情况，并从体制、机制上分析原因，提出建议，促进深化金融改革，推动金融市场可持续健康发展。

第二，在做好金融机构资产负债损益的真实、合法和效益情况等全面审计的基础上，关注其法人治理结构及内部控制的建立和执行效果，有效揭示内部管理薄弱环节和制度缺陷，促进依法经营，加强管理，提高企业核心竞争力。

第三，加大对金融机构执行货币政策和其他宏观调控政策措施情况的审计和审计跟踪调查力度，促进金融机构调整优化资产结构，转变经营管理方式，提高为实体经济服务的水平。

第四，加强对金融控股集团公司的审计，积极探索跨行业、跨市场金融活动的审计方法，揭示系统性风险隐患，促进建立健全防范系统性风险的预警体系和处置机制。

第五，建立综合数据分析平台，实现对银行业、证券业、保险业等金融行业的经常性审计或审计调查，完善金融审计组织方式和审计方法体系，进一步改进信息化条件下以总行（总公司）为龙头的审计管理模式，有效整合审计资源，不断提高“集中分析，分散核查，专题研究”的工作水平。

38.2 商业银行审计

38.2.1 商业银行概述

38.2.1.1 商业银行

商业银行是市场经济的产物，它是为适应市场经济发展和社会化大生产需要而形成的一种金融组织，它是以追求最大利润为目标，向客户提供多种金融服务的特殊的金融企业。盈利是商业银行产生和经营的基本前提，也是商业银行发展的内在动力。经过多年的发展演变，商业银行现在已经成为世界各国经济活动中最主要的资金集散机构，其对经济活动的影响居各类银行与非银行金融机构之首。

38.2.1.2　商业银行业务的特征

与其他行业的业务相比，商业银行的业务有以下特点。存在大量的货币性项目，包括现金和可转让的票据，容易发生挪用和舞弊；业务量大，交易次数多，涉及金额大，大量使用电子资金转账系统，会计系统复杂，对内部控制要求严格；经营网点众多、分散，操作规程和会计系统不统一；表外项目多，且由于该类业务属于承诺事项，一般不涉及资金转移，可能不包含会计分录，因而容易被疏忽，但这种业务具有潜在的损失；高负债经营，债权人众多，与社会公众利益密切相关，受到政府有关部门的严格监管和法规的严格约束，政策法规对银行业务和会计实务影响较大；金融创新不断推陈出新，由此可能对现有会计处理方式提出挑战。

38.2.1.3　商业银行的职能

商业银行在现代经济活动中具有信用中介、支付中介、信用创造、金融服务和调节经济等职能，并通过这些职能在国民经济活动中发挥重要作用。商业银行的业务活动对全社会的货币供给有重要影响，并成为国家实施宏观经济政策的重要基础。

1. 信用中介

信用中介是指商业银行充当将经济活动中的赤字单位和盈余单位联系起来的中介人的角色。信用中介是商业银行最基本的功能，它在国民经济中发挥着多层次的调节资金作用：将闲置货币转化为资本，使闲置资本得到充分利用，将短期资金转化为长期资金。

2. 支付中介

支付中介是指商业银行借助支票这种信用流通工具，通过客户活期存款账户的资金转移为客户办理货币结算、货币收付、货币兑换和存款转移等业务活动。商业银行发挥支付中介功能主要有两个作用：一是节约流通费用；二是降低银行的筹资成本，增加银行的资金来源。

3. 信用创造

信用创造是指商业银行通过吸收活期存款、发放贷款，增加银行的资金来源，扩大社会货币供应量。商业银行发挥信用创造功能的作用主要在于通过创造存款货币等流通工具和支付手段，节省现金使用，减少社会流通费用，也在于能够满足社会经济发展对流通手段和支付手段的需要。

4. 金融服务

金融服务是指商业银行利用在国民经济中联系面广、消息灵通等特殊地位和优势，利用其在发挥信用中介和支付中介功能的过程中所获得的大量信息，并借助电子计算机等先进手段和工具，为客户提供财务咨询、融资代理、信托租赁、代收代付等各种金融服务。通过金融服务功能，商业银行既提高了信息与信息技术的利用价值，加强了银行与社会的联系，扩大了银行的市场份额，同时也提高了银行的盈利水平。

5. 经济调节职能

调节经济是指商业银行通过其信用中介活动，调剂社会各部门的资金短缺，同时在央行货币政策和其他国家宏观政策的指引下，实现经济结构，消费比例投资，产业结构等方面的调整。此外，商业银行通过其在国际市场上的融资活动还可以调节本国的国际收支状况。

38.2.1.4　商业银行的经营原则

商业银行作为一种特殊的金融企业，具有一般企业的基本特征，即追求利润的最大化。商业银行合理的盈利水平不仅是商业银行本身发展的内在动力，也是商业银行在竞争中立于不败之地的激励机制。各国商业银行尽管在制度上存在一定的差异，但是在业务经营上通常都遵循盈利性、流动性和安全性原则。

1. 盈利性原则

盈利性原则是指商业银行作为经营企业，追求最大限度的盈利。盈利性既是评价商业银行经营水平的最核心指标，也是商业银行最终效益的体现。影响商业银行盈利性指标的因素主要有存贷款规模、资产结构、自有资金比例和资金自给率水平以及资金管理体制和经营效率等。坚持贯彻盈利性原则对商业银行的业务经营有十分重要的意义，具体表现在以下方面。第一，只有保持理想的盈利水平，商业银行才能充实资本和扩大经营规模，并以此增强银行经营实力，提升银行的竞争能力。第二，只有保持理想的盈利水平，才能增强银行的信誉。银行有理想的盈利水平，说明银行经营管理有方，可以提高客户对银行的信任度，以吸收更多的存款，增加资金来源，抵御一定的经营风险。第三，只有保持理想的盈利水平，才能保持和提升商业银行的竞争能力。当今的竞争是人才的竞争。银行只有不断增加盈利，才有条件利用高薪和优厚的福利待遇吸引更多的优秀人才，同时，只有保持较高的盈利水平，银行才有能力经常性地进行技术改造，更新设备，努力提高工作效率，增强其竞争能力。第四，银行保持理想的盈利水平，不仅有利于银行本身的发展，还有利于银行宏观经济活动的进行。商业银行旨在提高盈利的各项措施，不仅会反映到宏观的经济规模和速度、经济结构以及经济效益上，还会反映到市场利率总水平和物价总水平上。

2. 流动性原则

流动性是指商业银行能够随时应对客户提现和满足客户借贷的能力。流动性在这里有两层意思，即资产的流动性和负债的流动性。资产的流动性是指银行资产在不受损失的前提下随时变现的能力。负债的流动性是指银行能经常以合理的成本吸收各种存款和其他所需资金。一般情况下的流动性是指前者，即资产的变现能力。银行必须满足客户提取存款等方面的要求，因此在安排资金运用时，一方面要使资产具有较高的流动性；另一方面必须力求负债结构合理，并保持较强的融资能力。

影响商业银行流动性的主要因素有客户的平均存款规模、资金的自给水平、清算资金的变化规律、贷款经营方针、银行资产质量以及资金管理体制等。较高的流动性是实现安全性和盈利性的重要保证。

作为特殊的金融企业，商业银行保持适当的流动性是非常必要的，因为作为资金来源的客户存款和银行的其他借入资金要求银行能够保证随时提取和按期归还，这主要靠流动性资产的变现能力，企业、家庭和政府在不同时期产生的多种贷款需求，商业银行也需要及时组织资金来源予以满足；银行资金运动的不规则性和不确定性，需要资产的流动性和负债的流动性来保证；在银行业激烈的竞争中，投资风险也难以预料，经营目标不能保证能够完全实现，需要一定的流动性作为预防措施。因此在银行的业务经营过程中，流动性的高低非常重要。

事实上，过高的资产流动性会使银行失去盈利机会甚至出现亏损；过低的流动性可能导致银行出现信用危机、客户流失、资金来源丧失，甚至会因挤兑导致银行倒闭。因此，对于商业银行，关键是要保持适度的流动性。这就要求银行经营管理者及时果断地把握时机和做出决策。当流动性不足时，要及时补充和提高；在流动性过高时，要尽快安排资金运用，提升资金的盈利能力。

3. 安全性原则

安全性原则是指银行的资产、收益、信誉以及所有经营生存发展的条件免遭损失的可靠程度。安全性的反面就是风险性，商业银行的经营安全性原则就是尽可能地避免和减少风险。影响商业银行安全性的主要因素有客户的贷款规模的平均期限、贷款方式、贷款对象的行业和地区分布以及贷款管理体制等。

商业银行坚持安全性原则的主要意义在于以下方面。首先，风险是商业银行面临的永恒课题，但在银行经营活动中，由于确定性和不确定性等种种原因，存在多种风险，如信用风险、市场风险、政治风险等，这些风险直接影响银行本息的按时收回，必然会削弱甚至使银行丧失清偿能力，危及银行自身的安全。所以，银行管理者在风险问题上必须严格遵循安全性原则，尽力避免风险、减少风险和分散风险。其次，商业银行的资本结构决定其是否存在潜伏的危机。与一般工商企业经营不同，银行自有资本所占比重很小，远远不能满足资金的运用，它主要依靠吸收客户存款或对外借款用于贷款或投资，所以负债经营成为商业银行的基本特点。若商业银行经营不善或发生亏损，就要冲销银行自有资本来弥补，倒闭的可能性是随时存在的。最后，坚持稳定经营方针是商业银行开展业务所必需的，它有助于减少资产的损失，增强预期收益的可靠性。不顾一切地一味追求利润最大化，往往会适得其反。

由此可见，安全性原则不仅是商业银行盈利的客观前提，也是商业银行生存和发展的基础；不仅是商业银行经营管理本身的要求，也是社会发展和安定的需要。

38.2.2 商业银行审计概述

38.2.2.1 商业银行审计的意义

商业银行审计在各国现代金融风险监管活动中起着重要作用，它与金融法规、金融监管当局的监管、商业银行内部控制以及商业银行内部审计稽核等共同构成一国的银行大监管体系。有效的商业银行审计不仅能提高商业银行财务报表的可信度，促进商业银行加强内部管理，提高资产质量和效益，防范和化解金融风险，也为各国金融监管当局实施有效的风险监管提供可靠的第一手资料，大大提高监管效率，为监管当局实施重点监管打下基础。

38.2.2.2　我国商业银行审计模式发展轨迹及其问题

纵观我国商业银行审计 30 多年的发展历程，可知其审计模式发展的轨迹。作为金融审计重要组成部分的商业银行审计，其发展经历了三个阶段。

第一阶段是 1983—1994 年，审计署确立的审计目标是核实盈亏的真实性和财务收支的合规性，通过查错防弊、收缴罚款等，促进金融机构规范财经纪律。这一阶段商业银行审计模式基本属于账项基础审计模式，审计方法以全部业务和账目为基础，审计内容局限于银行的收入和支出。在这一期间，以我国历史上第一家向社会公众公开发售股票的商业银行——深圳发展银行的上市为标志，商业银行审计开始被纳入我国注册会计师审计业务范围，包括资产负债表和利润表在内的会计报表审计和制度基础审计模式在我国商业银行审计模式中开始得到应用。

第二阶段是 1995—2000 年，以《审计法》的颁布实施为标志，逐步探索完善对金融机构资产负债损益审计的新路子，金融审计向法制化、规范化逐步迈进。商业银行审计的审计内容从财务收支扩展到检查银行的业务经营、信贷资产质量，再到关注银行风险，审计内容不断扩大；审计手段从传统的手工审计逐步发展到计算机辅助审计；商业银行审计实务中开始重视对商业银行内控有效性进行测试评价，但受审计力量和人员素质的限制，制度基础审计模式难以全面推广使用。

第三阶段是 2001 年至今，在开展对金融机构资产负债损益审计的基础上，围绕风险、效益、管理，进一步深化审计内容，加大审计力度，对金融机构所从事的与财务收支有关的金融业务活动进行全面审计。随着上市银行数量由一家逐步增多，注册会计师审计中商业银行审计业务范围和内容不断扩大和深化，制度基础审计模式得到更广泛的运用，并且以《独立审计准则》和《商业银行审计指南》的出台为标志，风险导向的审计思想开始彰显。该阶段又分两步走：第一步是以防范金融风险为目标的风险审计。由于国有商业银行逐步上市，政府审计的主要任务是揭露金融领域存在的重大违法犯罪问题和风险隐患，维护正常的金融市场秩序，审计方式从摸清家底为目的的全面审计转向揭露问题、防范风险的重点审计。第二步是以提高效益为目标的绩效审计。在维护金融市场的正常秩序和有效控制金融经营风险的前提下，审计重点转向审计机构的组织结构、金融品种与服务、风险管理措施、人力资源政策等管理活动的效率和效果。

从总体上看，我国商业银行审计尚处在账项基础审计向制度基础审计和风险基础审计过渡的阶段。

38.2.2.3 我国商业银行审计制度的特点和不足

我国商业银行审计主要由审计署及各级审计机关承担。无论是《宪法》《审计法》，还是《中华人民共和国商业银行法》，均规定国有商业银行应接受审计署对其财务收支进行审计监督。对于专门针对商业银行的社会独立审计，2013年8月，中国注册会计师协会印发了《关于提升注册会计师行业服务金融业发展能力的若干意见》的通知，2014年制定了《商业银行审计指引》，以指导注册会计师执行商业银行财务报表和内部控制整合审计业务。此外，根据2002年2月1日施行的《中华人民共和国外资金融机构管理条例》第三十二条的规定："外资金融机构应当聘用中国注册会计师，并经所在地区的中国人民银行分行认可。"长期以来，金融审计除了对包括央行和金融监管机构加大审计力度外，资源主要集中在对国有资产占控股地位或者主导地位的银行业的审计上，而对证券、保险和其他非银行金融机构审计尚不足，虽然近几年这种状况有所改善，但仍存在许多审计盲区。这种以政府审计为主体的金融审计制度安排是由目前商业银行管理的二元结构所决定的，有其好的方面，但也存在不足，其不足主要体现在以下几个方面。

1. 信息严重不对称

信息披露不足，导致信息严重不对称。国家对金融机构的审计结果，并未要求向社会公众披露。广大存款人和投资者无法从市场上了解每家银行的真实财务状况和经营水平，无法准确判断各家银行的风险程度，这种信息的不透明导致垄断性竞争和金融资源的浪费。

2. 委托代理关系不明

委托代理关系不能公平地反映所有关系人的利益。政府审计主要是对国有金融机构的财务收支的真实性、合法性和效益性进行审计监督，它代表的是国家利益。而国有商业银行要按现代企业制度进行股份制改造，意味着必须自负盈亏，并以保护投资人和存款人的利益为其主要经营目标。政府审计不能很好地反映这种委托代理关系。

3. 审计力量缺乏连续性和系统性

审计力量满足不了社会要求，审计监督缺乏连续性和系统性，防范金融风险的能力有限。按照《审计法》规定的管辖范围，国有及国有控股商业银行都是审计署及其派出机构的审计范围。相对我国地域广阔、经济规模和众多的银行机构而言，审计力量薄弱，且间隔时间长。由于审计面窄和间隔时间长，不能及时发现和揭露商业银行经营中的问题和风险隐患，因此削弱了审计监督的作用。

38.2.2.4 商业银行审计的实施重点

1. 审查资产负债管理的有效性和真实性

国有商业银行资产质量不高是十分突出的问题。审计人员主要对流动资产、固定资产、长期资产、无形资产、流动负债、长期负债和所有者权益等项目进行审计。对商业银行资产负债质量、盈亏状况，尤其是对资产负债比例的高低、流动资产比例的大小、支付能力的强弱、信贷资产质量的优劣等主要指标做出准确的审计判断。了解资产负债表所反映的各项资料是否真实可靠，防止对资产的高估，确保资产质量，加强对不良资产的审计。了解负债结构的合理性，审查商业银行吸收的存款是否符合国家规定的范围，是否严格地执行了利率政策，有无违规拆借资金等。

2. 审查损益的真实性

针对国有商业银行存在的家底不清、损益不实、会计核算不真实、造假现象严重等问题，应审查商业银行是否严格执行国家和行业的有关法律、法规，是否严格核算财务收支等，主要包括对营业收入与支出、成本费用和损益等项目进行审计。

3. 审查有价证券业务的合法性、真实性

审查证券和长短期投资科目中有价证券发生额是否真实合法，有无利用信贷资金购买股票的现象；审计自营、代理或托管证券业务是否经过批准，有无超额代理发行，或以代理或托管之名行自营之实。尤其要审查代理股票买卖业务的操作是否符合国家的有关规定。

4. 审核财务报表填列的真实性、合法性

现行的金融企业会计制度采用国际上通用的财务报表体系，由资产负债表、利润表、财务状况变动表、有关附表及财务情况说明书等组成。金融审计重点审查商业银行的资产负债表是否真实、规范，有无隐瞒、虚报等人为调节数据的现象。中央银行通过商业银行的财务报表，了解整个金融业的运行状况，从而采取适当的调控措施。

5. 审查法定准备金制度和存贷款利率的真实性、合法性

法定准备金和利率政策是金融宏观调控的重要工具，因此应对法定准备金是否足额地缴纳进行审计。对存贷款利率的审计主要包括：存贷款利率是否正确、真实，有无为扩大存款而采取不正当竞争手段等行为。

6. 审计与评价商业银行的内部控制

商业银行的内部控制是商业银行为实现经营目标，通过制定和实施一系列制度的总程序和方法，对风险进行事前防范、事中控制和事后评价的动态过程和机制。内部控制是商业银行防范金融风险的第一道防线，审计部门在实施金融审计时，首先要对商业银行的内部控制，即对商业银行经营与管理有关的规章制度是否完善、有效进行评价。其次要对商业银行主要业务环节内部控制实施审计，包括授信业务、资金业务、存款及柜台业务、中间业务、会计业务、计算机信息系统等。

38.2.3 商业银行审计内容

实施商业银行的政府审计，可以按照商业银行的主要业务，如存款、贷款、承兑汇票、提供担保等划分审计的工作要点；同时，现金业务由于其流动频繁、金额巨大，也应纳入审计的重要内容。

38.2.3.1 现金业务审计

现金业务审计的内容包括对“库存现金”和“贵金属”科目的审计。之所以将贵金属归于此类，是因为贵金属的保存、流通特性与现金非常相似。

1. 基本风险

银行由于日常要处理大量的现金收付业务，因此会存在大量现金。另外，银行中也会保存黄金、白银等贵金属。现金控制体现在现金收付、运送和保管过程中，贵金属的控制主要体现在其计量、计价、保管的过程中。容易出现的问题包括：现金短失，相关账目出现错误，相关业务的责任制的缺陷甚至缺失，在办理相关业务的过程中违反国家法规。

2. 控制测试和评估内容

对银行内部控制的审计体现为以下内容。

（1）金库管理。在非营业时间里，所有的货币、贵金属是否都锁进金库或保险柜；金库是否装备有合格的防盗防抢报警等装置；金库的开启是否由定时锁控制，金库是否在每个营业日都最晚打开、最早锁闭；金库备用现金箱是否置于一个由双层锁保护的特别隔间内；金库中备用现金的动用是否由双人监管、共同记录等。

（2）出纳员岗位职责管理。各出纳员是否持有自己的现金并对该现金的货币名称和金额进行记录；出纳员是否在其经手的交易凭证和现金封条上签字或盖章；收到顾客现金时，出纳员是否向顾客提供收据；出纳员在工作上是否受到严格监督，是否实行出纳岗位轮换制度；出纳员的职责是否限制在办理出纳交易的范围内，是否禁止其办理自己私人支票的收付业务，是否允许其接收非本国货币作为其现金的一部分，是否禁止出纳员接触除现金日记账之外的其他会计账簿等。

（3）现金岗位安全管理。每位出纳员的工作岗位是否都装备了防盗报警装置；每位出纳员在金库中是否都拥有属于自己的隔间，以用来隔夜储存自己持有的现金；每位出纳员的工作岗位是否都备有上锁的现金保管设施，以供出纳员离岗时存放现金；顾客存取现金的营业网点是否装有防弹玻璃等防弹设施；对运钞出纳员和大额现金交易网点是否进行了特别的安全防护等。

（4）资金限额管理。对出纳员是否建立和实施了现金限额制度；各分支机构所持有的现金总额是否维持在合理的最低水准；出纳员对其持有的超额周转现金是否进行特别的防护。

（5）现金核查管理。所有出纳员的现金总额是否每天都与中央复核部门所加总的现金总额核对相符；出纳员所持有的现金是否定期由指定专人进行突击核点，对核点情况是否记录保存；在每个出纳员度假之前或突然离岗超过一天以后，是否对该出纳员的现金进行清点。

（6）长短款管理。出纳长短款项是否按日结清；是否记入按出纳员设置的出纳长短款账户，以反映各出纳员累计发生的出纳长短款总金额；出纳经理是否审核现金出纳长短款项账户。

（7）贵金属的计价、记账管理。贵金属是否全部入账；初始及期末按成本与可变现净值孰低计量时的计量、入账价值是否正确；期末按成本与可变现净值孰低计量时价格标准的判断依据是否充分。

3. 实施符合性和实质性测试

在对银行的内部控制进行测试之后，可以根据对内部控制的初步判断，开始安排符合性和实质性测试。符合性和实质性测试的内容和步骤如下。

（1）清点出纳系统的全部现金，对出纳员持有的现金及金库的贵金属进行突击清点，观察和验证出纳员是否遵守安全和控制制度。

（2）清点备用现金并将之与出纳员报告的现金总额及“库存现金”总账余额进行试算平衡；将金库中清查到的贵金属种类和数量与明细账及总账核对。

（3）全面评价现金控制制度的充分性、有效性和效率性以及出纳运作的质量。

38.2.3.2 存放同业和同业存放业务审计

“存放同业”科目核算银行存放于境内、境外银行和非银行金融机构的款项。“同业存放”科目核算银行吸收的境内、境外金融机构的存款。虽然另外一个科目“存放中央银行款项”核算的内容与前两个科目在性质上并不完全相同，但因为它们同属银行款项的对外存放，因此也归于这类业务，一起进行审计。

1. 基本风险

银行存放同业与同业存放业务中常常出现以下风险。挪用存放同业资金，并导致存放同业账户出现透支情况；账务上漏记存放同业资金或同业存放资金；备付金准备不足；存放同业账户上资金闲置过多；从同业存放账户或存放同业账户中错误付款或重复付款，且款项无法追回，导致资金损失；伪造汇票不能识别。

2. 内部控制审计

针对上述基本风险，审计机构应对以下内部控制进行审计。

（1）不相容职务及业务记录管理控制。是否指定专人负责支用存放同业账款；账户调节人员是否被禁止拥有支取存放同业账款的权利；是否禁止调节人员处理现金、现金项目或有价证券，是否禁止其进行账务处理；是否把资金调拨职责、授权职责和账户调节职责分离开来，一人一职，对空白汇票是否实行共同保管。

（2）业务授权管理控制。对各授权人员的身份及权限范围是否进行了明确的规定；所有汇票是否都进行事先连续编号，且根据不同的账户行（即汇票的付款行）编制不同序列的号码；在采用签字盖印机签署汇票的情况下，是否对签字机进行特别控制；本行关于存放同业事项的政策是否由董事会制定和批准执行；

本行的开户行是否经董事会批准指定。

（3）往来业务管理控制。在同业存放账户项下发生借记（即付款）事项时，是否向有关代理行（即在本行存入款项的其他银行）编发正式的借记通知书（即付款通知书）；在存放同业账户下是否向代理行提供贷记通知书（即收款通知书）。

（4）对账管理控制。存放同业账户的收付款通知书、已付汇票和对账单是否直接寄给本行独立的账户调节部门（或岗位）；定期向代理行寄发对账单，将对账单直接寄给代理行的对账部门；是否建立日常的账户调节制度；是否指定一名职员或监督员负责定期正确地调节账户；是否保持完整的账户调节记录，并由监督人员进行审核；对利息支付、收入的计算、记录、审核是否有专人负责；对本行的每开户行是否都设有一个明细存放同业账户与之对应；是否根据对账单定期对差异项目进行逐个调节，以列出每个差异项目的发生日期和金额；是否对对账单的更改进行审核。

（5）账户头寸分析管理控制。在存放同业账户中是否只存有有限的资金，以供代理行对盖印签字的汇票进行付款；是否由高级经理人员对本行头寸表进行审核，根据向代理行提供的服务范围对同业存放余额进行具体分析，确保本行从代理行账户中所获利益大于本行存放代理行资金的机会成本和本行的服务费用；是否在存放同业账户中保留必要的余额，并定期将余额情况向主管账户头寸的官员进行汇报，以便将多余的头寸进行投资，或对不足的头寸进行拆借补足；是否根据既定的频率计划，对存放同业账户定期进行调节；是否制定了账户平均余额方针，用以指导确定在每个开户行中存放的平均余额；对本行有关存放同业与同业存放的政策是否每年审议一次；是否按存款账户的控制制度来控制同业存放账户；是否对同业存放账户进行特别的控制；是否制定了有关核销调节项目的方针。

（6）汇票签发管理控制。审查汇票的签发、承兑签发后六个月未清偿的汇票是否置于特别控制之中；是否将已付汇票逐一或按总额与对账单进行比较核对。

3. 实施符合性和实质性测试

（1）通过分析内部控制决定实质性测试的范围和具体实施办法。

（2）确认“存放同业”“同业存放”及“存放中央银行款项”账户总账、明细账余额及各账户余额是否合乎要求。

（3）确认存放同业账户的调节表相关金额。

（4）审核存放同业账户和同业存放账户的活期余额。

（5）确认存放同业账户定期余额产生的利息收入和同业存放账户定期余额产生的利息支出的实际金额与计算金额是否相符。

38.2.3.3 投资和相关收入业务审计

与投资相关的科目比较多，商业银行用到的科目包括“交易性金融资产”“衍生金融资产”“买入返售金融资产”“可供出售金融资产”“持有至到期投资”“长期股权投资”“投资性房地产”“投资性房地产累计折旧（摊销）”“投资性房地产减值准备”“交易性金融负债”“衍生金融负债”“卖出回购金融资产”“利息收入”“投资收益”“公允价值变动损益”“长期股权投资减值准备”等。

1. 投资业务的基本风险

投资业务的基本风险包括：投资本金不能收回，甚至发生损失；对购入的有价证券保管不善，发生票券丢失或被盗的情况；对投资业务不按银行业或公认会计原则的要求进行会计处理，造成会计核算混乱；投资及其收益核算不规范，发生挪用、侵吞相关资金、利息的情况。挪用或侵吞用来购买有价证券的资金、出售有价证券所得的资金、证券到期收回的资金以及应收的证券利息。

2. 内部控制审计

银行应针对上述基本风险，确立有关投资业务的内部控制。

（1）授权制度管理。本行的总体投资战略和投资政策是否正式成文，并经董事会批准执行；董事会或其下属的投资委员会是否对投资证券的购买、出售和调换进行了正式授权；是否只有经董事会或投资委员会指定的人员才有权发起投资交易；在董事会或投资委员会的会议记录中是否记录了对投资交易的批准决定；本行投资业务的经纪人是否经董事会慎重选择和正式批准。

（2）不相容职务的管理控制。负责试算平衡的职员是否与投资证券的交易授权、收发保管、账务记录等职责没有直接关联；投资明细账的记账职责是否与投资业务的实际执行职责相分离，即负责记账的职员是否被禁止发起投资交易或被禁止接触投资证券；投资会计报告的编报人员是否被禁止拥有投资权限；报告的内容是否经过监督人员的复核和审查；每笔投资交易的原始凭证是否由不负责发起投资的职员进行审核。

（3）账务管理的控制。投资会计系统所记录的数据是否能满足合理确定应计利息收益和证券利得或损失的需要；上述数据是否有来自独立渠道的充分证据

（如经纪人开具的发票、代理行的通知等）进行证实；对投资证券是否进行了明细账记录，投资明细账是否按月与投资总账进行试算平衡；是否根据投资的性质将其记入相应的科目。

（4）证券安全管理的控制。购入的各种投资证券在可能的情况下是否都由代理行（或代保管机构）进行保管；在证券由代保管机构代为保管的情况下，本行是否持有代保管收据；存放在本行内的证券是否由双重锁锁存，并实行共同保管制度；对双重锁钥匙采取的防范措施是否达到任何一人都不可能同时拿到两把钥匙的安全程度；归本行拥有的证券是否与不归本行拥有但由本行持有的证券分开存放；对投资证券的移动是否实行了双重控制，如对证券的入库或出库是否由两人签字等。

（5）投资收益核算管理控制。是否对投资收益做出预算；投资收益是否由独立于投资授权和明细记账这两项职责的职员负责收取和存放；投资证券利得和损失是否在实现时进行计算和确认；对不能赎回的投资证券进行核销，是否经过董事会批准；对持有的投资证券，是否定期审查其信用级别和市场价值；公允价值的变动是否及时、准确地进行反映和披露；本行的投资业绩与其他投资机构相比，是否在证券的信用等级、到期期限和实际收益率上具有优势。

3. 实施符合性和实质性测试

在对内部控制进行分析判断的基础上，再进行符合性测试和实质性测试。测试内容包括以下方面。

（1）对有关的总账与所属的明细账进行试算平衡。

（2）核实已入账的各类投资实际存在情况及账务处理是否符合管理当局的投资意图。

（3）详细分析投资业务的处理过程是否符合新企业会计制度的相关规定，对账户的分类是否正确。

（4）审查投资交易的审批手续是否合法、合规。

（5）审查各项投资的成本价及按公允价值计价的投资公允价值变动的计算、处理是否合理。

（6）审查到期收回或售出的投资项目是否正确入账。

（7）审查投资利得和损失是否正确入账，与相关的投资记录是否相符。

（8）审查应收利息、累计折价摊销和累计溢价摊销金额是否正确，利息的相关计算与债券的相关账务是否相符。

（9）审查利息收益、折价摊销和溢价摊销金额是否正确。

（10）审查投资性房地产租金的计算是否正确，是否收回现金。

（11）审查双重控制是否有效，有关凭证是否健全，查证有关信息的准确性。

（12）存在长期股权投资的企业，其应收股利中因长期股权投资应收回利润部分计算、核算是否正确。

（13）涉及债权投资进行重分类时，注意入账价值的确定。

38.2.3.4 商业贷款和抵押品管理业务审计

商业贷款是商业银行的重要工作。与之相关的科目主要有："拆出资金""发放贷款和垫款""向中央银行借款""拆入资金""吸收存款""应收利息""应付利息""利息收入""利息支出"等。

1. 贷款主要流程

（1）一般贷款流程如下。

①受理贷款申请，调查借款人的信用状况。

②办理贷款支付，建立会计记录。

③负责收贷收息及本金。

④监控贷款的执行情况。

⑤建立和审查贷款档案。

（2）抵押贷款流程如下。

①受理贷款申请，调查借款人的信用状况，以及对抵押财产进行评估，据以做出贷款决策。

②办理贷款资金的支付，建立会计记录。

③办妥和保存与贷款有关的各种文件。

④负责贷款的会计核算和会计报告。

⑤监控贷款的执行情况。

⑥负责抵押品的收入、保管和发还工作。

2. 贷款及抵押品管理的主要风险

（1）贷款政策制定不完善，执行不力，造成信贷过于集中，贷款信息不准确和不完整，致使银行遭受较大的信贷损失。

（2）贷款使用监督不力或贷款发放监督不慎，致使贷款失去安全性。

（3）违法拆贷而受到处分、罚款或其他制裁。

（4）无法识别如借款人编制虚假的财务信息，以伪造的证券作为抵押品，以及对抵押品进行挪用或转换等外部欺诈行为而致使银行蒙受损失。

（5）因内部人员截留和挪用借款人归还的本息金额，侵吞抵押品，捏造虚假贷款，以及在贷款发放过程中收受回扣等内部欺诈行为而致使银行蒙受损失。

（6）个别职员为追求个人工作业绩而出现擅自更改与贷款账户有关的信息，隐瞒逾期贷款信息等情况。

（7）账务处理错误。

（8）对抵押财产的价值评审失误（尤其在贷款需求较旺的情况下），从而导致借款人不能偿还贷款而抵押财产价值又不够抵补贷款本息，使银行遭受损失。

（9）抵押契约出现错误，抵押财产的投保不当，抵押财产置留权税负由银行负担，以及抵押财产的产权不完整（即除银行外还有其他人也对抵押财产享有优选置留权或权益），由此使银行蒙受与抵押财产有关的损失。

（10）质押财产因保管措施不严造成质押财产的损害、灭失。

3. 相关内部控制审计

针对以上风险，审计人员应该对以下内部控制进行审计。

（1）贷款政策制定方面。董事会是否正式制定和批准了本行的总体贷款政策；是否有贷款限额、规模、地区、利率和费率、期限的相关规定及独立监督执行政策；对拖欠贷款是否有报告、催收制度；对信贷的集中情况是否进行定期报告；商业贷款政策每年是否至少审查一次；本行在办理商业贷款业务中是否遵守了有关的法律和法规，遵守情况是否有凭有据，是否经过检查；是否具有合适的不动产抵押贷款政策；每年是否至少审查一次不动产抵押贷款政策；是否制定了有关程序，以保证本行遵守国家和地方关于贷款限额、贷款信息披露以及反歧视和高利贷等内容的法律规定；是否制定了有关程序，以保证本行遵守贷款担保机构或贷款保险机构的要求；就建筑贷款来讲，本行是否要求承包商和主要分包商就其专业技能提交充分的证明文件；本行是否要求对各建筑阶段都要进行成本明细估算；建筑协议和贷款协议是否需要经本行律师和其他专家审查；对建筑协议的更改是否必须经过本行律师、长期贷款人、建筑设计商、项目管理工程师以及主要租户的书面批准；建筑协议和贷款协议是否规定了工程的完工日期，是否禁止在本行没有批准的情况下擅自开工，是否规定了本行对工程现场进行检查的权力和按工程进度支付贷款的权力，以及在发生违约的情况下，贷款人对工程进行及时全面控制的权力；是否只有在对工程的现场检查报告得到审查通过后，以及只有在承包商、借款人、现场检查官和信贷官员进行书面授权后，才能对贷款按事先安排好的计划进行支付；本行是否持有承包商支付代扣的员工税款、建筑险保险费、工人补偿保险费和公共义务保险费的凭证；在董事会或贷款贴现委员会的会议记录中是否记录了对抵押财产估价师进行授权的内容；本行的律师是否对长期贷款人所做出的赎回承诺的可接受性进行审查；本行是否审查长期贷款人的财务报表，以确定其承担财务责任的能力。

（2）有关票据的管理。对借款人提交的贷款票据是否进行连续编号，并记入票据登记簿；在营业时间内，对票据是否进行安全保护；在非营业时间内，是否将票据存入保管库中，妥善保管；所有的票据是否经贷款官员签署；是否禁止本行职员持有借款人已签字的空白票据。

（3）贷款支付的管理。贷款是否采用本票或采取转存借款人账户的方式进行支付。

（4）贷款人信息管理。对所发放的每笔贷款，是否都相应地保存有经借款人签字的借款申请书；是否为每个借款人建立了信贷档案并保证规定内容齐全（一般包括借款目的、支付方式的说明，偿还计划，调查报告，财务报表等）；对信贷档案中更新、补充信息（如借款人应提交最近一期的财务报表），是否有一定的控制程序予以保证；是否将已清偿贷款项下的票据或有关文件及时退给借款人；是否在退回的票据或有关文件上加盖了“已清偿”戳记，表示票据或文件已经注销；对去向不明的文件，是否制定了系统追查程序；是否指定专人负责检查贷款关闭账户后所有文件的起草、执行及存档情况。

（5）不相容职务管理。贷款的记账是否与票据签发分开；进行贷款明细账与总账之间的试算平衡与办理、记录商业贷款明细账的职能是否分开；对贷款余额进行查询的职员是否不接触现金；调整贷款的文件是否由不接触现金的职员进行核验；负责发出预期贷款通知的职员是否不接触收款；不动产抵押贷款明细账的建账和过账工作，是否由不接触现金或无权签发本票和汇票的职员负责进行；贷款明细账与总账之间的调节事项是否由不接触现金的职员进行查询；贷款明细账与总账之间的试算平衡是否经常进行，负责这项工作的职员是否不负责办理不动产抵押贷款业务和登记不动产抵押贷款明细账。

（6）账务处理管理。贷款利息是否按期计算入账并与贷款相核对；贷款明细账是否按日记账过账并与贷款总账进行核对调节；是否将商业贷款分录记入了日记账并每天与总账进行核对调节；对作为抵押品的证券所产生的利息，是否采取了及时、充分的会计处理；不动产抵押贷款明细账是否按日过账，是否按日与贷款总账进行核对调节；是否将不动产抵押贷款分录记入了日记账，是否将日记账每天与总账进行核对调节；本行已持有其产权证书的抵押财产是否在账务上转作本行拥有的其他不动产。

（7）抵押程序管理。不动产抵押贷款承诺是否以书面形式发出；在贷款文件档案中是否保存有经借款人签字的每笔不动产抵押贷款申请书；是否设有专人负责不动产抵押贷款文件的档案工作；是否编制文件清单以保证贷款文件按要求收妥和存档；本行是否持有抵押财产所有者支付不动产税和灾害保险费的文件凭证。

（8）抵押品管理。在收到借款人交来的抵押品时，是否开具一式多联和预编号码的抵押品记录单；记录单是否至少包括三联（一联作为客户的收据，一联作为抵押品的明细账记录，一联作为抵押品登记副本）；对可流通抵押品，是否由两人共同保管；两位保管员在抵押品的收发环节是否都在抵押品记录单上同时签字；是否把作为抵押品的股票与这种股票的授权转让书分开保存；从保管库里临时提取用来抵押的证券，是否采用了预编号码的出库单进行控制；对所有抵押品的价值和状况，是否采取了充分的程序进行监控；是否采取了充分的程序，以确保本行在必要时能立即对抵押品进行清算变现。

（9）逾期贷款管理。对逾期贷款，是否采取了由系统的和不断强化的程序进行跟踪催收，如及时向逾期借款人编发逾期通知书；对逾期贷款、有问题贷款和未清贷款承诺总额，是否采取了系统的程序向董事会进行报告。

4. 实施符合性和实质性测试

在对银行贷款内部控制分析评价的基础上，进行符合性和实质性测试。

（1）对贷款余额进行试算平衡，核对明细账、总账余额。

（2）选取具有代表性的贷款样本核对有关文件、支付凭证、跟踪记录、利息收取凭证、本金收回凭证等内容。

（3）直接与借款人确认抽样贷款余额。

（4）审查所有的非正常贷款（包括逾期贷款、利息未按期收回的贷款、重整贷款以及商业贷款部门认定的有问题的贷款）。

（5）对重要贷款项下的票据进行大比例抽查。

（6）盘点贷款抵押品并与抵押记录相核对。

（7）有重点地审查信贷档案。

除了对以上银行主要业务的审计之外，还要注意审计地方商业银行股份制运作的规范性。如组织机构中股东大会、董事会、监事会的设立和行长的任职资格问题，公司章程是否对公司股东、董事、监事、行长具有约束力的问题，以及股东大会的职权、议事方式、表决程序的合法、合规性问题；还有所有者权益中各项资本成分的数量及比重、资本充足率问题，资本公积、盈余公积、公益金的获得、提取、使用是否符合法定要求及利润分配的行为是否合法、顺序是否合规、未分配利润是否真实等问题。

38.3 保险业务审计

38.3.1 保险业务概述

38.3.1.1 保险与再保险

保险是指投保人根据合同约定，向保险人支付保险费，保险人对于合同约定的可能发生的事故因其发生所造成的财产损失承担赔偿保险金责任，或者当被保险人死亡、伤残、疾病或者达到合同约定的年龄、期限时承担给付保险金责任的商业保险行为。再保险是指保险公司将其承担的保险业务，部分转移给其他保险公司的经营行为。

38.3.1.2 保险公司及管理机构

保险业务一般由保险公司承担。保险公司是指经中国保险监督管理委员会批准设立，并依法登记注册的商业保险公司，包括直接保险公司和再保险公司。直接保险公司是指向投保人签发保单、直接承担保险责任的保险公司。再保险公司是指专门从事再保险业务、不直接向投保人签发保单的保险公司。再保险分出公司是指将其承担的保险业务，部分转移给其他保险公司的保险公司。再保险分入公司是指接受其他保险公司转移的保险业务的保险公司。分出业务是指再保险分出公司转移出的保险业务。分入业务是指再保险分入公司接受分入的保险业务。

38.3.1.3 保险业务

由于保险公司出售的是对投保人未来可能的损失予以赔偿或给付的承诺，因此，保险业务的性质有别于一般生产或商品销售企业的业务的性质。

1. 保险公司业务介绍

保险公司的业务范围包括保险业务和再保险业务。其中保险业务包括财产保险业务（包括财产损失保险、责任保险、信用保险等保险业务）和人身保险业务（包括人寿保险、健康保险、意外伤害保险等保险业务）。再保险业务包括分出保险业务和分入保险业务。因此，保险业务审计从内容来说就包括财产保险和人身保险业务的审计。

2. 保险业务的特点

除了一般业务与其他企业业务有共性之外，保险公司的业务还具有以下特点。保险机构处理大量交易，其中单笔或数笔交易可能涉及巨额资金，需要定期执行核算平衡和调节程序；许多交易受到会计核算特殊规定的限制，适用企业会计准则中的特别规定；有些交易不在资产负债表中列示，甚至不在会计报表附注中披露，保险公司必须采取控制程序保证这些交易以适当的方式被记录和监控，并及时确认因交易状况变化而产生的损益；保险机构的保险产品和服务更新频繁，需要及时更新会计系统和相关的内部控制；会计账面余额与发生的实际业务之间由于种种原因可能并不一致；对大多数交易的记录必须便于保险机构内部、保险机构与客户及交易对方核对；等等。

38.3.2 保险业务审计概述

38.3.2.1 保险业务审计的内容

保险业务审计是审计机关依法对保险公司的会计资料及其所反映的相应业务、财务收支情况进行的监督和审查核实。保险业务审计包括以下内容。

（1）审查保险展业、防灾和理赔工作是否做到合法、合理、真实和有效。

展业、防灾和理赔工作必须认真贯彻执行国家有关方针政策和法律法规以及保险合同的规定，这有利于提高保险企业自身的经济效益，也有利于充分发挥保险促进生产和保障人民生活安定的积极作用。

（2）审查财务收支和各项经济活动是否正确、真实与合法。查明各种凭证、账目、报表等资料所反映的经济活动是否存在虚假不实、营私舞弊或铺张浪费等情况。根据实际情况提出建议，改善保险业的经营管理。

（3）审查是否管好、用好流动资金。保险企业的流动资金是保证其履行补偿职能的保险基金。它必须在保险企业的全部资金中占相当的比重。只有管好、用好流动资金及有价证券，才能保证保险企业经营活动的正常进行。

（4）对固定资产管理进行审计监督。通过对固定资产的全面核算与监督，避免国有资产遭受损失，改进管理，提高保险企业的经济效益。

（5）对专项基金进行审计监督。保险企业专项基金有各种业务准备金、利润留成项目下的专项基金等。管好、用好各项专用基金有利于正确处理保险人与被保险人之间的经济利益关系，稳定保险事业的经营；有利于正确处理国家、企业和个人之间的经济利益关系；有利于调动职工的积极性，促进保险事业的健康发展。

（6）对保险企业偿付能力进行审计监督。保险企业只有具备较强的偿付能力，才能承担补偿义务。

（7）对内部控制的健全、有效及执行情况进行监督检查。

38.3.2.2 保险业务审计的主要风险

保险业务审计的风险源于保险公司业务的特点。

首先，由于保险公司的产品是保险合同，而与合同相关的是不确定性问题，这些问题一直到保险合同到期才有确定的答案。以寿险合同为例，寿险合同期限一般很长，与其相关的实际死亡率、投资回报率和通货膨胀率与订立保单时的预期常常会出现较大的差距，从而使保险公司的经营产生较大的风险；财险合同也面临预期损失率与实际损失率发生重大偏差的经营风险。这些业务的不确定性为审计判断带来了较大的风险。

其次，由于保险资金投资结构的不断变化，投资渠道也日益多元化，这在加大保险资金和保险公司经营风险的同时也增加了审计风险。

再次，由于保险行业有准备金、其他负债准备金和再保险准备金的要求，需要充足、可靠、客观地提取各类准备金，以具备较强的偿付能力，并实现风险转移的有效性，这也是保险公司业务审计中的一个重要风险点。

最后，保险公司复杂的管理体制和业务经营既增加了保险公司的经营风险，也加大了审计风险，形成审计难点。

38.3.3　保险业务审计的具体内容

38.3.3.1　保险业务内部控制审计

1. 产品开发审计

在产品开发方面，主要审计：是否成立产品开发领导和决策机构，并明确精算责任人和法律责任人的责任；是否建立并实施产品开发管理程序，并对新产品的开发、论证、审核等进行控制，对产品的销售、盈利和风险情况进行定期跟踪分析。

2. 销售管理审计

在销售管理方面，主要审计：是否建立并保持书面程序，对销售人员或机构的甄选、签约、解约、薪酬、考核、档案、品质管理、宣传材料管理等进行控制；是否定期对销售人员进行专业培训和职业道德教育，建立销售人员失信惩戒机制；是否对于销售过程中已识别的风险，建立并保持控制程序，并将有关程序和要求及时通报销售人员或机构，确保其遵守保险公司相关的控制要求；是否建立并实施客户回访制度，按照有关规定确定客户回访范围和内容，对客户反馈信息进行分析整改并定期跟踪。

3. 核保、核赔管理审计

在核保、核赔管理方面，主要审计：是否建立了明确的核保、核赔标准，并实施权责明确、分级授权、相互制约、规范操作的承保理赔管理机制；是否明确核保、核赔人员的适任条件，定期对核保、核赔人员进行培训，确保核保、核赔人员具有专业操守并勤勉尽职。

4. 服务质量管理审计

在服务质量管理方面，主要审计：是否建立并实施业务操作标准和服务质量标准，对销售、承保、保全、理赔等活动的服务质量进行规范管理，并建立客户服务质量考评机制和咨询投诉处理程序，对咨询投诉处理中发现的问题进行核实、分析、反馈，以进行整改和跟踪监督。

5. 再保险管理审计

在再保险管理方面，主要审计：是否建立并实施科学的分保管理流程，建立职责分明、互相制约的分保机制，合理确定自留额和分保方式，确保及时、足额进行分保。具体包括保险经纪人是否按照与再保险分出公司的约定，及时寄送账单、结算再保险款项以及履行其他义务，是否有挪用或者截留再保险费、摊回赔款、摊回手续费以及摊回费用的问题；保险经纪人是否按照与再保险分出公司的约定，将其知道的再保险分出公司的自留责任以及直接保险的有关情况及时告知再保险分入公司等。

6. 单证、印鉴、档案管理审计

在单证、印鉴、档案管理方面，主要审计：是否建立并保持控制程序，对保险单证的印刷、保管、领用、作废和核销，印鉴的刻制、保管、使用范围、使用审批、使用登记、作废和核销以及档案的保管实施控制；是否对假造重要单证、仿制印鉴等违法违规行为进行责任追究。

7. 业务处理系统审计

在业务处理系统方面，主要审计：是否建立了稳定、高效、能够对业务提供全面功能支持的业务处理系统；是否制定了业务处理系统的管理规章、操作流程、岗位手册和风险控制制度；是否实施操作权限管理，并及时根据业务和控制需要对业务处理系统进行改进。

8. 会计处理审计

在会计处理方面，主要审计：是否对不相容职务进行了规定并实施定期或不定期轮岗制度；是否保持了完整、准确的会计记录，并及时、完整、准确地提供会计信息，建立健全财务会计系统；是否妥善保管现金、有价证券、空白凭证、密押、印鉴等；会计处理是否遵循国家财政部门的统一规定；是否对资金进行了统一管理，严格控制费用开支，实行财务双签制度；是否定期核对现金和银行存款账户，保证现金和银行存款的安全；是否建立了独立的内部稽核审计部门，制定了完善的稽核审计制度，并配备一定比例的专职稽核审计人员。

38.3.3.2 实施符合性和实质性测试

在对保险业务内部控制分析评价的基础上，进行符合性和实质性测试，具体包括：对各账户余额进行试算平衡，核对明细账、总账余额；选取具有代表性的保险样本核对有关保险合同、保费收取凭证、理赔、退保支付凭证、跟踪记录、投资业务有关凭证等内容；直接与经纪人、客户确认保单相关金额；审查所有的大额非正常项目（包括退保、理赔及与客户发生纠纷的项目）；对重要保险项下的合同、单据进行大比例抽查；对保费收入、赔款支出、未决赔款、险种结构、责任限额、案均赔款、损失率等数据进行核实和分析，对经营状况、险种盈亏、业务流程的管理情况做出客观评价。

此外，对保险准备金的审计要作为一项专门的重要内容进行。在《企业会计准则》所规定的会计科目及报表中，对保险业务的准备金有比较详细的划分，包括“长期健康险责任准备金”科目、“应收分保未到期责任准备金”科目、“应收分保未决赔款准备金”科目、“应收分保寿险责任准备金”科目、“未到期责任准备金”科目、“未决赔款准备金”科目、“寿险责任准备金”科目、“应收分保长期健康险责任准备金”科目、“存出资本保证金”科目、“一般风险准备”科目。在对这些科目进行审计时，除了要注意科目金额的核对外，还应该计算、分析其提取比例，并与相关规定对照，审核其合规性。

38.4　证券业务审计

38.4.1　证券业务概述

38.4.1.1　证券的含义

证券是各类财产所有权或债权凭证的通称，是用来证明证券持有人有权依票面所载内容，取得相关权益的凭证。所以，证券的本质是一种交易契约或合同，该契约或合同赋予合同持有人根据该合同的规定，对合同规定的标的采取相应的行为，并获得相应收益的权利。

38.4.1.2　证券公司及其业务范围

根据我国 2019 年修订的《中华人民共和国证券法》（以下简称《证券法》）

的规定，与证券业务有关的机构包括证券交易所、证券公司和证券登记结算机构。投资者按规定与证券公司签订证券交易委托协议，并在证券公司开立证券交易账户，以书面、电话以及其他方式，委托该证券公司代其买卖证券。

证券公司是指依照《中华人民共和国公司法》和《证券法》的规定设立的经营证券业务的有限责任公司或者股份有限公司。证券公司的主要业务包括：证券经纪、证券投资咨询、与证券交易和证券投资活动有关的财务顾问、证券承销与保荐、证券自营、证券资产管理及其他证券业务。证券交易所是为证券集中交易提供场所和设施，组织和监督证券交易，实行自律管理的法人。证券登记结算机构是为证券交易提供集中登记、存管与结算服务，不以营利为目的的法人。因此，对证券业务的审计主要针对证券公司。

38.4.2 证券业务审计概述

38.4.2.1 证券业务审计的意义

实施市场经济，就必须要有证券市场。建立发展健康、秩序良好、运行安全的证券市场，对我国优化资源配置、调整经济结构、筹集更多社会资金、促进国民经济发展具有重要作用。但是，对于证券市场的消极因素和风险，需要有清醒的认识。证券业务的金融性特征使得国家需要对证券业务进行审核和监管，因此需要证券业务审计。

《证券法》规定："国家审计机关依法对证券交易所、证券公司、证券登记结算机构、证券监督管理机构进行审计监督。"证券业务审计是社会主义市场经济深化发展的必然要求。

38.4.2.2 证券业务审计的风险

1. 政策不完备引发的风险

我国证券业发展比较晚，证券业政策、法规不完善且相对变化频率较快，这不仅为证券公司的经营带来很大的风险，也为审计依据、方法、标准等方面带来风险。

2. 证券公司违规引发的风险

我国证券业发展的特殊历史条件、相关法律建设的现状及证券业巨大利润的诱惑，使得我国股市发育尚不成熟，证券公司有意无意地违规成为普遍现象。这势必会使审计人员面临更大的审计风险。

3. 证券业务本身的风险

根据《证券法》的规定，证券公司必须将其证券经纪业务、证券承销业务、证券自营业务、证券做市业务和证券资产管理业务分开办理，不得混合操作。由于证券公司内部管理薄弱，这一原则得不到完全、严格的遵循，因此也会产生风险。

4. 因规避各种税收产生的风险

由于我国各地有一定的税收优惠自主权，因此出现了一些证券公司出于纳税的原因将收入转到亏损的总部或营业部，或将收入转到对证券公司的所得税有优惠政策的城市的营业部，而在经营所在地不办理任何手续，以达到隐藏经营收入和其他应税收入的目的。

5. 计算机技术带来的审计风险

计算机在证券业务范围内的广泛覆盖，一方面对审计人员的计算机水平提出了较高的要求；另一方面也因程序本身的人为问题或程序缺陷造成的问题加大了审计风险。

38.4.3　证券业务审计的内容

按照财政部门的要求，从 2000 年起证券公司也应根据《企业会计准则》组织自己的会计工作。与原来相比，在新的准则之下，会计科目和各科目的核算内容都有了很大的改变。

38.4.3.1　证券业务内部控制审计

1. 公司经营的合规性审计

公司经营的合规性审计，主要包括以下内容。公司（包括证券营业部，下同）是否有经营经纪业务的许可；重要岗位（如证券营业部负责人、财务主管和计算机主管等）是否在回避的基础上实行委派制和定期轮换制；公司负责经纪业务管理的高级管理人员是否有相应的证券从业资格；公司拨付下属证券营业部营运资金总额是否超过其注册资本金的 80%；公司对所属营业部的客户交易结算资金的管理模式是否适合公司的实际经营状况、保证资金安全；公司的网络系统是否能随时反映或掌握所属营业部的交易情况（及时的或隔天的）；公司下属证券营业部是否以合资、合作方式设立，是否存在以承包、租赁方式经营的情况，是否有伪造、涂改、出租、出借、转让许可证的行为；公司下属证券营业部是否下设证券服务部，下设的证券服务部是否获得中国证监会的批复；公司是否下设其他远程服务终端，其远程服务终端是否以合资、合作方式设立，是否存在以承包、租赁方式经营的情况，其他远程终端是否有演变成营业场所的情况等。

2. 经纪业务控制情况审计

经纪业务控制情况审计，主要包括以下内容。

开户客户的开户证件是否合法，开户手续是否齐全；

客户资料的保存是否完备；

是否存在法人以个人名义开立账户的情况，是否存在个人开立多个股票账户或资金账户的情况，客户的股票账户和资金账户是怎样的对应关系，对应关系是否明确；

公司有无以个人名义开立账户的情况；

开户资金的存取程序和授权有无审批制度；

开户取款是否三证齐全；

公司有无为客户保密的具体措施，开户账户加密、清密程序；

公司银证通业务的运行方式；

公司办理经纪业务是否有统一制定的证券买卖委托书供委托人使用，采取其他委托方式的是否做出委托记录；

公司接受证券买卖的委托是否根据委托书载明的证券名称、买卖数量、出价方式、价格幅度等，按照交易规则代理买卖证券；

买卖成交后，是否按规定制作买卖成交报告单交付客户或定期寄送对账单并保证其真实性；

公司接受委托卖出证券是不是客户证券账户上实有的证券；

公司接受委托买入证券是否以客户资金账户上实有的资金支付；

公司办理经纪业务，有无接受客户的全权委托而决定证券买卖、选择证券种类、决定买卖数量或者买卖价格的情况；

公司有无以任何方式对客户证券买卖的收益或者赔偿证券买卖的损失做出承诺；

公司是否以交易佣金分成（返佣）等不正当竞争方式吸引投资者；

证券交易的收费是否合理，是否公开收费项目、收费标准和收费办法；

公司是否有不在规定时间内向客户提供交易的书面确认文件的情况，是否有挪用客户所委托买卖的证券或者客户账户上的资金的情况，是否有私自买卖客户账户上的证券，或者假借客户的名义买卖证券的情况；

公司是否有为牟取佣金收入，诱使客户进行不必要的证券买卖的情况；

交易是否如实进行记录，是否有虚假记载；

客户的证券买卖委托记录是否真实并按规定的期限保存于证券公司。

公司是否由交易经办人员以外的审核人员逐笔审核，保证账面与实际持有的证券相一致；

营业部是否存在向客户融资的行为；

网上交易有无证监会的批准；

公司是否与客户就网上交易安全问题签订协议；

公司网上交易有无保密措施；

公司对下属营业部是否实现法人集中清算；

公司清算是否及时；

客户的交易结算资金是否全额存入指定的商业银行，并单独立户管理；

客户交付公司代管的债券有无妥善保管；

公司是否存在将客户的证券借与他人或作为担保物的行为。

3. 投行业务控制情况审计

投行业务控制情况审计，主要包括以下内容。公司是否建立投行业务的风险责任制；公司投行业务的操作流程是否根据投行业务和证券品种的不同而制定不同的操作流程、作业标准和风险防范措施；公司投行业务是否存在内核程序；公司是否建立发行人质量评价体系；公司承揽业务时是否为客户提供资金或替客户贷款提供担保。

4. 自营业务控制情况审计

自营业务控制情况审计，主要包括以下内容。公司经纪业务是否与自营业务、资产管理业务严格分开，是否有制度保证；公司自营业务有无明确的授权、审批程序；公司自营业务的决策程序和操作程序，自营业务的管理部门、操作部门以及资金结算部门与会计核算部门是否相互分离、相互监督；公司自营业务所使用的账号，是否以个人账户进行；公司有无挪用客户交易结算资金用于自营业务；

公司自营业务的核算方法是否符合准则要求；公司转入下属营业部的自营资金和自营证券是否单独核算；公司有无做庄的情况；公司国债买卖是否通过公司自己的法人账户；公司有无出借法人账户为客户买卖国债的情况；公司自营业务有无保密措施；公司是否进行新股申购；公司是否从事过买入返售和卖出回购业务，是否还存在余额；公司是否从事过以发售代保管单等形式向个人融资业务，是否存在余额；公司有无从其他金融机构或公司拆借资金的情况。

5. 资产管理业务控制审计

资产管理业务控制审计，主要包括以下内容。公司有无专门部门负责资产管理业务，是否统一承揽业务；公司有无以任何方式对客户受托资产的收益或者赔偿代管理资产的损失做出承诺；受托资金的投资形式是否合法；公司受托资金投资是否有授权、审批程序；资产管理业务的管理部门、操作部门、资金结算部门与会计核算部门是否相互分离、相互监督；公司受托资产投资股票、债券所使用的账号，是否以个人账户进行受托资产投资业务；公司转入下属营业部的用于投资的受托资金和投资证券是否独立；公司有无利用受托资金做庄的情况；公司有无用受托资金对外拆借的情况；公司资产管理业务的收益分成方式，是否有保底收益；公司受托资金是否专户存放，并与股民保证金分开。

38.4.3.2 实施符合性和实质性测试

在对证券业务内部控制分析评价的基础上，进行符合性和实质性测试，具体包括：对各账户余额进行试算平衡，核对明细账、总账余额；选取具有代表性的业务样本核对开户、投资、保管、跟踪记录有关凭证等内容；直接与相关银行、经纪人及客户确认相关金额；审查所有的大额非正常项目（包括开户、交易项目）；对大额客户的交易单据、记录进行大比例抽查、核对；对证券承销业务收入、受托客户资产管理业务收入、利息收入、投资收益等收入的金额、结构进行核实和分析，对经营状况、业务盈亏、业务流程的管理情况做出客观评价。

对新准则下重新划定核算范围的专业性科目，包括“客户资金存款”“结算备付金”“拆入资金”“拆出资金”“衍生金融负债”“交易性金融资产”“卖出回购金融资产款”“衍生金融资产”“代理买卖证券款”“代理承销证券款”“存出保证金”“一般风险准备”“代理买卖证券业务净收入”“证券承销业务净收入”“受托客户资产管理业务净收入”“代理兑付证券”等进行重点核定。

38.5　案例分析

商业银行审计结果

（二〇一四年六月十八日公告）

按照《中华人民共和国审计法》规定，审计署2013年5月至8月对中国银行股份有限公司（以下简称“中国银行”）2012年度资产负债损益情况进行审计，重点审计了总行和北京、辽宁、江苏、河北、浙江、广东、深圳等7家分行和两家直属公司，涉及资产总额71 125.57亿元，占全行资产总额的56.09%，对审计范围内的重大事项做了必要延伸。

1. 基本情况及审计评价意见

中国银行2004年改制为股份有限公司，2006年先后在香港证券交易所、上海证券交易所上市。据合并财务报表反映，其2012年底资产总额为126 806.15亿元，负债总额为118 190.73亿元，所有者权益为8 615.42亿元；当年实现营业收入3 660.91亿元，净利润1 455.22亿元。

审计结果表明，中国银行积极贯彻执行中央经济金融政策，控制信贷投放规模，优化信贷投向及资产结构，进一步巩固海外业务品牌和国际结算等竞争优势，改进内部控制和风险管理，强化综合金融服务能力，经营业绩和整体实力持续提高。但审计也发现，该行信贷资金及财务收支管理等方面存在一些不规范问题。

2. 审计发现的主要问题

（1）违规发放贷款。

2004年以来，北京、辽宁、河北、江苏、浙江和广东6家分行违规发放贷款共计64.29亿元，其中2012年发生15.19亿元。具体情况：一是违规向不符合贷款条件的企业和项目发放贷款23.11亿元；二是违反程序发放贷款39.87亿元；三是违反国家差别化住房信贷政策办理个人住房贷款等1.31亿元。

（2）违规办理票据业务。

2009年以来，河北、浙江和广东3家分行违规办理无真实贸易背景的银行承兑汇票及开立信用证等共计32.49亿元，其中2012年发生31.49亿元。

（3）违规办理存款业务。

2011年至2012年，江苏分行为完成存款考核指标，要求4户企业将公司资金4 845万元转至其法定代表人及银行员工开设的个人账户，在存款考核过后再将资金退还。此外，河北分行还存在财政性资金未在代理国库存款科目核算的问题。

（4）收入确认和计列不准确。

一是2009年至2012年，中银保险有限公司和北京分行少计或延期确认收入2 121.16万元，其中2012年发生351.43万元。二是2010年至2012年，北京和河北分行将同业资产转让等取得的利息收入记作中间业务收入，金额共计5.26亿元，其中2012年发生1.2亿元。

（5）费用开支不规范。

2010年以来，中国银行总行和北京、江苏、河北、浙江、广东及深圳6家分行存在审批招待和宣传费不严格、在其他费用中额外列支奖金福利以及账外收支地方政府奖励等问题，涉及金额2.33亿元。

3. 审计处理及整改情况

对审计发现的问题，中国银行正在组织进行整改，目前已制定完善相关制度、流程165项，并对相关责任人进行了处理。具体整改结果由中国银行向社会公告。审计发现相关涉嫌违法违纪事项，已移送有关部门进一步调查处理。

资料来源：中华人民共和国审计署发布的《中华人民共和国审计署审计结果公告》（2014年第7号）——《中国银行股份有限公司2012年度资产负债损益审计结果》。

保险业务审计结果

（二〇一一年一月三十一日公告）

根据《中华人民共和国审计法》规定，审计署于2010年对中国人寿保险（集团）公司（以下简称“国寿集团”）及其所属5家子公司和16家分支机构2009年度的资产负债损益情况进行了审计。

1. 基本情况

国寿集团下属6家一级子公司和1家附属院校。据国寿集团财务报表反映，截至2009年底，集团合并资产总额15 546.45亿元，负债总额14 213.96亿元，所有者权益1 332.49亿元，当年营业收入3 895.04亿元，利润总额403.33亿元。

审计结果表明，2009年，国寿集团各项业务发展较快，集团化管控体系逐步完善，风险防范体系基本建立并不断加强。

一是各项业务快速增长，资金运用成效明显。根据国寿集团提供的数据及年报反映，2009年国寿集团合并保费收入为3 029.92亿元，境内寿险市场份额占38.1%，保持市场主导地位；合并减值前投资收益（含公允价值变动损益）为868.26

亿元，同比增长 43.39%，减值前总资产投资收益率为 6.12%。

二是积极化解历史包袱，盈利能力逐年增强。国寿集团通过推动寿险主业发展、提高资金运用收益率、加强对留存资产和留存业务资金的管理等措施，有效化解改制前留存业务和资产形成的巨额利差损问题。根据国寿集团年报反映，截至 2009 年底，国寿集团合并未分配利润比 2005 年底增加 825.52 亿元，实现由负转正。

三是建立多层次产品体系，集团化管理控制体系逐步完善。国寿集团在人身险、财产险、养老险等方面建立了多层次的产品体系，累计为 1.6 亿人次提供保险服务，同时加强对子公司的集团化管控力度，不断完善风险防范体系，信息系统能够较好满足业务发展需要。

2. 审计发现的主要问题及整改情况

（1）保险经营管理中存在违规问题 6.98 亿元。

①违规承保或退保 2.42 亿元，主要是将零散客户保费以单位名义投保、承诺固定收益或放宽条件承保、退保等问题。如国寿集团山东、安徽、四川、江苏等 4 个地区分支机构，2009 年以来将收取的零散客户保费以单位名义投保团体保险 2 790.17 万元。

针对上述问题，国寿集团下属分支机构全面停售了问题较为集中的永泰团体年金险种，将涉及问题保单逐步解除合同，对 30 名业务负责人及经办人员给予相应处分。

②虚增保费收入 2.78 亿元，主要是以循环投保或职工购买保险再退保的方式虚增保费收入。如国寿集团齐齐哈尔地区分支机构为完成保险业务年度计划，2009 年 12 月由职工个人购买“国寿瑞丰两全保险”1 055.4 万元，2010 年 1 月集中退保，虚增保费收入 1 055.4 万元。

针对上述问题，国寿集团下属分支机构修改了考核制度，建立跟踪机制，并对 8 名相关责任人给予处理和处分。

③违规给付及理赔 1.13 亿元，其中违规代领保险金、放宽给付条件 1.12 亿元，虚假理赔 77 万元主要用于投保人和保险公司的费用支出。如国寿集团无锡地区分支机构部分业务员工，2009 年代被保险人领取资金 1 580.16 万元。

针对上述问题，国寿集团下属分支机构已追回虚假理赔资金 70 万元，并对 7 名相关责任人给予处理和处分。

④违规支付手续费及佣金 6 506.53 万元，主要是违规支付高额手续费、向无资质的代理人支付手续费或向正式员工支付佣金等问题。如国寿集团重庆地区分支机

构，2009 年向 144 名正式员工支付佣金 159.62 万元。

针对上述问题，国寿集团下属分支机构已终止与问题中介机构的合作，多支付的手续费已调整相关账目，并对 24 名相关责任人给予处理和处分。

此外，国寿集团还存在超出保监会规定范围进行对外投资等问题。

（2）财务收支核算方面存在违规问题 3.80 亿元。

其中：会计核算不准确 3.75 亿元，设立“小金库”511.17 万元。如国寿集团武汉地区分支机构 2009 年将学生平安险保费收入 103.51 万元存入个人账户后，其中 25.47 万元资金去向不明。

针对上述问题，国寿集团下属分支机构已调整相关会计账目，补缴税款 1 846.13 万元，追回账外资金 26.25 万元，对 105 名相关责任人给予撤职等处分。

（3）内部管理存在薄弱环节。

在业务管理方面，部分所属机构存在业务操作不规范、应收保费管理不到位致使代理公司挪用保费以及一些规章制度不够健全等问题。在资料档案管理方面，部分所属机构存在会议纪要不完整、保单遗失、物品采购清单与实物验收单不一致等问题。针对上述问题，国寿集团下属分支机构对 4 名相关责任人给予处理和处分。

国寿集团对本次审计查出的问题高度重视，专门召开会议研究部署；组织全系统各级单位做好整改工作。国寿集团将审计发现问题的整改工作与增强依法合规经营意识、提高全系统经营管理和内部控制水平相结合，加强从业人员的合规经营教育，规范各项业务操作流程，再次组织开展自查工作，进一步完善内部规章制度，制定或修订《非银邮中介业务销售管理办法》等 150 余项制度。

3. 审计处理情况及建议

对上述问题，审计署已依法出具了审计报告。对国寿集团经营管理中存在的违规问题以及管理不规范问题，已移送保监会处理；对财务收支方面存在的违规问题，依法下达审计决定，做出审计处理，并建议国寿集团追究相关人员责任。同时，审计署建议国寿集团应进一步增强合规经营意识，完善公司治理结构，加强内部控制，充分发挥集团整体优势，推进保险业务发展。

对国寿集团未完成整改的事项，审计署将继续予以跟踪并适时公告。

资料来源：中华人民共和国审计署发布的《中华人民共和国审计署审计结果公告》（2011 年第 4 号）——《中国人寿保险（集团）公司 2009 年度资产负债损益审计结果》。

第 39 章
政府绩效审计

39.1 政府绩效审计的产生与发展

39.1.1 政府绩效审计的产生与发展概述

自 1983 年我国建立社会主义审计制度至今，政府绩效审计从思想萌芽、试点探索直至现在的全面推进，成效显著。政府绩效审计在提高财政支出绩效，促进高效、精干、廉洁政府机构的建设等方面起到了重要作用。政府绩效审计在我国的尝试探索取得了一定的成功，但是，由于政府绩效审计在我国起步较晚，无论是在理论上还是在实践上都很不成熟，还存在着诸多问题亟待解决。因此，我国政府绩效审计的发展任重而道远。

39.1.2 政府绩效审计概述

39.1.2.1 政府绩效审计的含义及内容

政府审计机关及其审计人员按照一定的法律和标准，对公共机构的财政经济管理活动的经济性、效率性和效果性进行审查，并做出独立、客观、系统的评价，以检查公共资源责任和提高绩效为目标的一种独立的经济监督活动。可见，政府绩效审计的主要内容就是“3E”审计，经济性、效率性和效果性是整个绩效审计的核心的价值判断标准。

绩效审计的基本内容可以概括为以下三方面。

1. 经济性审计

经济性审计指评价被审计单位资源的占用和耗费是否节约和经济，考虑在哪些环节出现了浪费资源或不经济的现象。重点检查被审计单位人力、财力、物力资源配置是否科学、合理，是否做到了量入为出，发挥资金的可支配效率，实现低投入、高产出。

2. 效率性审计

效率性审计指对投入与产出之间的关系进行审查，其审查内容主要是判断被审计单位的经济活动是否经济有效，查明低效率的原因。最终要评价被审计单位管理结构设置的合理性和管理职能发挥的有效性，寻求有利于提高效率的办法和措施，具体包括管理效率、工作效率和资源利用效率等三个方面。

3. 效果性审计

效果性审计指对计划完成情况进行的审查，即审计产出是否达到了预期的效果，是否获得了理想的效益，评价被审计单位经济活动是否符合预期要求，利用资源的具体方式和手段是否有效，是否实现了预期的经济效益和社会效益。

39.1.2.2 政府绩效审计的目标与范围

1. 政府绩效审计的目标

借鉴最高审计机关国际组织对政府绩效审计相关方面的规定，我们可以得出政府绩效审计的最终目标是检查公共资源责任和提高政府的管理绩效。审计的具体目标如下。

（1）为立法机构和政府对被审计单位是否经济、高效或有效执行有关政策进行独立审计检查服务，提供有关财政财务和资源管理绩效的独立的信息、咨询和建议。

（2）确定被审计单位的公共经济责任（最高审计机关国际组织提出确定较为适当的经济责任），并为完善我国经济责任审计制度提出建议。

（3）确定并分析显示政府项目在经济性、效率性和效果性方面存在的问题，帮助被审计单位或者政府部门整体改善经济性、效率性和效果性（最高审计机关国际组织，提出采用一定程序对绩效审计提出报告）。

2. 政府绩效审计的范围

由于政府绩效审计在我国刚刚经历了探索阶段，正在逐步推广，所以政府绩效审计范围的选择就应该抓住重点和主流。现阶段，我国开展政府绩效审计的范围应选择群众关心、政府关注、社会影响大、财政投入大的项目，主要如下。

（1）公共财政绩效审计。审查并评价政府和公共机构使用公共财政资金的经济性、效率性和效果性。细化财政审计目标，建立预算执行和财政资金使用效益的审计评价体系，促进政府正确决策，依法理财，有效履行职责，不断提高财政资金管理绩效。

首先，重点开展对公共财政支出的监督，检查财政支出的供给范围是否规范、支出结构是否优化合理、资金使用是否有效。重点审查评价财政部门、项目主管部门和项目使用单位财政专项资金管理绩效，有无挤占挪用、损失浪费等。

其次，开展对中央和地方专项支出的审计，促进健全中央补助资金的法规体系，规范转移支付制度，实现地区间公共服务的均等化，提高转移支付资金的使用效益。

最后，开展对重点资金的专项效益审计，主要是科技教育、社会保障、农业环保等专项资金的分配、使用和管理的效益监督，重点关注分配秩序是否规范，管理监督控制措施是否到位，对预算资金是否挤占挪用和损失浪费，是否产生经济与社会效益。

（2）公共投资绩效审计。公共投资是审计机关开展绩效审计的主要领域，要建立健全公共投资评审体系。我国的城镇基础设施建设、农业水利及文化教育卫生设施等社会公共事业的投入力度不断加大，其投入资金使用绩效日益为公众所关注，要从投资立项、招投标、资金拨付直至建成使用，全过程跟踪审计其支出经济性与产出效益性，并通过后评估与评审指标评价其投资绩效，提高建设项目管理水平，发挥投资效益。

（3）金融绩效审计。审计机关将面临如何强化金融监管和风险防范，如何提高金融资产质量的问题。金融绩效审计要加大对银行、证券和保险机构的监管，强化对银行互联网的监督，以提高信贷绩效与金融资产质量、防范金融风险为重点。

（4）政府采购绩效审计。重点对政府采购预算的合法性（采购项目必须列入预算，按规定用途使用，不得超过预算定额）、政府采购资产的真实性、政府采购资产的效益性（采购规模预算控制，项目采购合同的履行与采购程序的审查等）、政府采购资产的使用效率进行审计，以及对采购机构、人员素质、采购资金节约率等进行评估。

（5）政府环境绩效审计。开展政府环境政策绩效审计（包括环境经济政策和环境财政控制政策的效果评估）、环境项目绩效审计，披露环境绩效审计报告。

（6）经济责任审计。我国审计机关开展的领导干部经济责任审计是合规性、合法性审计与绩效审计的综合。通过审计来审查评价领导干部履行的经济责任，监督检查其运用权力的机制和效果。国外的管理审计、绩效审计主要也是针对权力人、责任人、行政官员进行的管理绩效审计。领导干部经济责任审计的内容包括预决算、专项基金固定资产保值增值、重大决策、工作目标、遵守财经法规和勤政廉政等审计，这是我国政府绩效审计的特色与创新。

39.2 政府绩效审计的程序

政府绩效审计活动是根据审计程序组织开展的，其程序是指从审计立项开始，直到完成项目审计全过程所经历的工作内容和顺序。审计程序一般是由权威的机构制定或发布的，如《审计法》《国家审计准则》等。政府绩效审计程序的特点是确定审计项目时要精心选择，综合考虑以下各方面的因素：战略性审计计划（方案）、审计实施与取证的复杂性、审计报告的风险与建设性、后续审计的重要性。严格遵循审计程序有利于绩效审计的规范化，有利于审计机关有效地防范审计风险等原则，保证政府审计质量。

从世界范围来看，较具代表性的国家是美国和澳大利亚，其绩效审计已分别占政府审计工作量的 85% 和 50% 以上，形成了一套比较成熟的审计程序。

美国绩效审计程序大致分为五个阶段。一是初步调查，收集项目实施单位的基本情况和资料，了解相关背景；二是审查监督管理系统，测试与审计项目相关的项目实施单位管理监督系统的健全性和有效性，并取得相关的证据，确定审计评价标准和初步审计目标；三是编制审计计划，确定审计范围，提示风险领域；四是实施详细检查，按照审计目标收集足够的相关、重要、充分的证据，以审查项目执行者是否按照项目规划的目标来组织实施，以及是否达到了预期结果；五是生成审计报告，提出审计结论，汇报管理层，实施跟踪审计。

澳大利亚绩效审计程序则分为四个阶段。准备阶段、计划阶段、实施阶段和报告阶段。在准备阶段，要掌握被审计单位的基本信息、审计的目的和规模，预估所需要的审计资源，评价审计风险。在计划阶段，要对审计项目的可审性进行充分评估，审计人员对找谁了解什么情况、需要查看什么资料、在何种范围进行管理测试等问题，均要在审计工作手册中做出回答。在实施阶段，最主要的工作是制定适合绩效审计评估的标准，并做出专业判断。在报告阶段，出具建设性的绩效审计报告，揭示发现的问题及提出改进管理的建议。

我国绩效审计程序设计本着体现依法审计的要求、体现审计工作效率的要求、体现绩效审计的建设性特点要求，主要包括准备阶段、实施阶段、报告阶段和后续审计阶段四个主要阶段。

39.2.1　准备阶段

政府绩效审计的准备阶段是指从接受或审计立项到审计人员进入被审计单位所进行的各项审计准备工作的过程。

1. 战略规划——选择绩效审计领域

绩效审计的对象和内容是广泛多样的。按照审计的管辖范围，可审核机构包括本级政府及所属下级政府、政府部门单位及其所属机构。根据这些众多机构繁杂的工作内容可以列出不计其数的审计项目，由于有的被审计单位业务活动具有广阔的辐射面，审计人员不得不相应扩大自己的工作范围和工作量。但审计资源是有限的，常常是缺乏的。因此，要尽可能合理、有效地使用审计资源，安排和分配好一定时间，如一个年度的工作量，做好政府绩效审计的战略规划。

审计部门应从以下两个方面选择审计项目。

首先，进行一般性考察，收集和评估被审计单位的有关资料，了解它们的主要活动及资源状况，以此为基础制定绩效审计的规划。除了被审计单位的基本情况，制定规划时还要充分考虑人民代表大会、政府以及媒体和公众的意见和要求，并参考以往的审计计划与执行。规划是滚动式的，可视为一个审计项目库。这样就为未来的审计工作提供了一个方向，准备了长期的任务，以此在年度和项目上进行合理的分配，也有利于用发展的眼光筹集和优化审计资源。

其次，在规划的基础上，制定每年的审计工作计划表。选择年度审计项目时应遵循以下五个标准：重要性，即政府管理、资源运用或社会需求等方面较为重要；风险性，即较有可能存在问题；时间性，即更需要及时解决；增值性，即可以改善或节约的空间比较大；可行性，即根据现有审计资源适当地安排审计工作，分配审计资源。按照这几个标准进行项目评分，排出项目的优先次序，形成下一个年度的项目计划。规划和年度计划自下而上提出，最后由审计机关的高级领导研究确定。

绩效审计的战略规划是适应内容比较广泛、未来不确定性较大以及时间较长的审计项目的安排与策划，所以需要做好与之相关的准备工作：一是考虑绩效审计项目立法内容和项目背景，了解审计授权人或委托人所关注的问题；二是进行审计立项的论证，确定战略计划首先要开发相关信息，获取被审计单位情况及所面临的问题，对潜在问题进行分析与排序（重要性、风险性、时间性、增值性、可行性），结合审计机关可利用资源确定年度审计重点和所需经费预算，制定战略计划书；三是审计机关与被审计单位讨论并确定绩效审计工作的目标与范围。

2. 进行审前调查

审前调查的目的是为编制具体的审计计划提供依据。应根据审计项目的规模和性质，安排适当的人员和时间，采取面谈、电话询问等方式对项目的基本情况进行审前调查，取得被审计项目的背景资料（内容包括被审计单位或项目的一般沿革），收集有关文件资料，了解熟悉有关政策法规以及业务管理和财政财务状况等。

审前调查应考虑成本效益因素，并找到最为合适的渠道。一般而言，审前调查的渠道主要包括：法律文件和政府方针政策文件、近期的审计报告和评估结果、科学研究和相关调查、项目可行性研究报告和机构章程、年度报告和管理层会议记录、与被审计单位的管理层或利益相关者讨论、相对应的管理信息系统等。

3. 编制审计计划

审计计划又称审计方案，一般由审计工作方案和审计实施方案组成。审计计划的内容主要包括审计的依据、审计的目标、审计的范围、审计的重要性、风险审计的方法、审计的标准、审计的时间安排、审计的人员要求（包括聘请专家）和审计证据等。当然，有些绩效审计项目由于审计范围较大、内容复杂多变，需要编制多层次的审计计划，审计计划可能细化为审计项目计划大纲、项目实施计划、项目现场作业计划等。

一般而言，在确定审计目标、掌握审计项目基本情况的基础上，进行初步分析性复核，编制审计计划，主要编写审计工作方案和审计实施方案。审计工作方案主要说明审计工作目标、审计范围、审计对象、审计内容和重点，审计组织与分工、审计工作要求等。审计实施方案主要说明编制依据、被审计项目基本情况、审计目标、重要性水平的确定和审计风险的评估、审计范围、审计内容、审计重点、对审计目标有重要影响的审计事项的审计步骤和审计方法、预定的审计工作起止时间、审计组组长、审计组成员及其分工、审计方案编制时间及其他有关内容，审计实施方案应在实施审计前经审计组所在部门领导和审计机关分管负责人的批准。

4. 初步研究并发出审计通知书

一旦审计项目选定并编制了审计计划，审计组就要进行初步研究以便进一步了解审计所要进行的活动，明确审计过程中应注意的重大事项（审计目标、范围和重点），估计可能产生的影响，制定时间表和资金预算等，出具一份及时、完善的审计方案，并正式发出审计通知书，进驻被审计单位。

39.2.2　实施阶段

政府绩效审计的实施阶段，又称执行阶段，是审计主体直接作用于审计客体，用审计标准衡量被审事实的关键阶段。它是指审计人员开始进点至完成审计方案提出的任务止的过程。这一阶段的工作占整个审计程序的 60% ~ 70%，在这一阶段审计人员要完成检查、取证、分析、评价等多项工作。

1. 详细调查、测试制度、核实资料

审计人员进入被审计单位后，一是要根据审计方案的要求，对审计对象的（包括准备阶段掌握的和被审计单位提供的）有关制度和数据资料进行调查审阅，并有重点地进行检验测试。使用的有关技术包括访谈、问卷调查、抽样方法、案例研究、文件研讨会、专家（或公众）听证会等。检查测试内容包括对公共管理控制制度测试，尤其对有关绩效控制的测试。二是对数据信息的可靠程度进行测试，以验证绩效审计所依据的财政财务与管理信息资料的真实性、准确性和可靠性。三是对客观实际情况，如决策与宏观调控程序执行等进行运行测试。测试可采用座谈会、个别了解、现场观察等形式收集补充新的信息资料。

2. 围绕专题，深入调查

专题是根据审计方案中确定的重点和初步调查测试的结果综合确定的，一般围绕审计重点展开。影响政府绩效的问题往往有多个重点，每个重点又由多个因素组成，在实施阶段，可根据审计判断围绕典型专题深入现场进行详尽调查。审计人员可将调查结果列成问题式调查表，分清内外、主次和因果，并针对审计目标做好审查取证工作，对关键因素与问题的检查取证要力求充分、详尽、准确。

3. 测试、分析与评价

审计人员在占有大量资料和分析证据的基础上，将调查的数据资料进行测试、计算对比，通过归纳、综合分析和对照标准，揭示矛盾，找出差距。一般的测试、分析的手段主要包括以下方面。

（1）程序分析，是按照既定的标准和合理的控制模式对管理程序进行检测，以确定其完整性、合规性、内部一致性和有效性等。

（2）利用现有数据和证据进行分析，是指对公共机构管理信息系统的数据或从单个项目收集的数据进行分析。

（3）结果分析，是指对被审计单位某一特定领域内一些活动的检查结果进行分析，评估其活动是否符合审计标准的要求，是否令人满意。

（4）案例研究，是指通过对某一特定案例进行深入理解来了解复杂事项，是在对整个领域宏观把握的前提下对某一案例进行的大量说明和分析。

（5）问卷调查，通过问卷调查可以对被审计单位活动的成因、分布和各种事项的相互关系进行评价。

（6）抽样评价，对抽样对象运用绩效审计程序，并对抽样结果进行评价，以便获得足够有效的审计证据。经过测试分析，将审计评价标准对照证据，得出各专题以及综合的评价意见。

4. 提出建议，实地检验

经过综合分析评价，找出了问题的症结，审计人员便可会同专家与被审计单位有关人员提出改进的建议和办法，比较理想的是进行公开的、建设性的对话，并协助被审计单位预测建议的可行性及其实施效果。

5. 准备要点式审计工作底稿

在实施阶段必须做好审计工作底稿记录，并根据审计专题进行小结，综合各专题的初步评价意见，形成要点式审计工作底稿。

39.2.3　报告阶段

政府绩效审计程序中的报告阶段是指审计任务完成之后，根据实施阶段检查评价的情况与问题，提出改进建议和措施，编写正式审计报告，做出审计决定的过程。审计报告阶段是形成和扩大审计成果、体现审计目的、总结审计工作的过程。

1. 归纳分析、综合提高

现场工作完成后，应对审计取得的数据和资料进行汇总，将各专题的调查分析、评价意见加以集中，进行综合归纳与分析，从中找出影响公共资金使用绩效的问题和公共事业管理绩效的薄弱环节，对照评价标准，并与被审计单位和有关专家交换意见形成政府绩效审计结果和初步的审计结论。在此基础上，由审计组准备开始撰写审计报告初稿。

2. 撰写审计报告

审计组在进行全面综合分析的基础上做出对被审计单位绩效现状的客观评价，提出切实可行的措施建议，撰写绩效审计报告。审计报告通常应包括内容摘要、被审计事项的背景、审计项目实施情况、审计评价意见或结论、审计发现的情况、发现的违法违规问题及处理处罚意见、审计建议、被审计单位的反馈意见等，具体而言，主要包括以下方面。

（1）内容摘要。它是绩效审计报告的第一部分，绩效审计一般都不会很短，很有必要在审计报告的前面专门编写一份报告的内容摘要，便于读者通过阅读摘要，了解审计报告的主要内容，并根据需要决定是否继续仔细阅读下面的内容。

（2）被审计事项的背景。其主要包括被审计事项或单位的基本情况、资金来源和使用情况、目前的状况等，目的是使读者对被审计事项有一个清晰的理解。

（3）审计项目实施情况。其主要是用于向读者说明审计的范围和性质，便于读者利用报告内容，并进行判断，它主要包括：审计依据，审计的目标、范围和方式、方法，审计起讫时间，审计准则的遵循情况，审计方和被审计方的责任等。

（4）审计评价意见或结论。它是针对审计目标，以审计发现的情况为基础，总括地发表审计意见或得出审计结论。

（5）审计发现的情况。它是审计评价意见或结论的证明，是所取得证据的汇总结果，它包括审计发现的事实、导致上述结果的原因、产生的影响。但是，它只是针对具体审计目标，说明得出审计评价意见或结论的根据，不说明发现的违反法律法规的具体事实。

（6）发现的违法违规问题及处理处罚意见。这是对审计过程中发现的具体违法违规问题及处理处罚意见的逐项列示，包括审计过程中查出的被审计单位违反国家法律法规规定的财政收支、财务收支行为的事实，定性，处理处罚决定，以及法律、法规规章依据，有关移送处理的决定，等等。

（7）审计建议。它是绩效审计项目的核心内容之一，是审计结论和审计发现的情况及分析的逻辑体现，一般应该针对产生问题的原因提出，在内容上与报告中的其他内容相呼应。审计建议应该有针对性、可操作性，便于检查和衡量。

（8）被审计单位的反馈意见。其主要包括：被审计单位对审计报告的看法、针对被审计单位的意见审计报告的修改情况、审计组织不同意被审计单位意见的理由、被审计单位拟采取和已经采取的改正措施。

当然，除上述八个方面以外，对于绩效审计过程中发现的优秀管理方法或实践，审计报告中还应单独对其进行评论和肯定，通过公开的审计报告，将好的做法或审计经验进行推广。

3. 审计报告的公开

绩效审计报告应向社会公开，在保证遵循国家相关保密制度的前提下，尽可能全文公开发布政府绩效审计报告，特别是注意公开被审计单位的目标实现情况和偏差以及被审计单位的反应。

审计报告的公开形式有多种：一是通过审计署主办的纸质媒体向社会披露；二是通过审计署网站或地方审计机关网站公布；三是在年度中期或期末汇编各地绩效审计报告并予以集中、公开的发布。

39.2.4 后续审计阶段

政府绩效审计程序中的后续审计阶段是指审计结论下达之后，对被审计单位执行审计结论的情况进行审查评估的过程。通过后续审计来检查审计结论的质量，检查审计建议是否为被审计单位所接受，是否切合实际，是否获得应有的绩效。

后续审计阶段又分为两个步骤。第一步，审计人员应确认被审计单位已经对报告中提出的意见采取了行动并评价这些行动的效果。第二步，当被审计单位对报告中某些或全部事项没有采取行动时，审计人员要确认被审计单位已经承担了不采取行动的风险，审计人员应及时出具报告向被审计单位的主管部门或有权监督被审计单位的部门反映，以有效保证报告中审计意见的落实。后续审计的程序通常是取得被审计单位的书面回复、通过面谈等方式与被审计单位探讨回复中的有关问题、对纠正行动和与重大发现有关的事项进行现场审计、报告后续审计发现。

39.3　政府绩效审计的方法

39.3.1　政府绩效审计方法的分类

合理选用审计方法是有效实施政府绩效审计的保证。由于政府绩效审计更多关注的是政府行为的合理性，绩效审计的内容和重点均不固定，在审计技术方法上，政府绩效审计具有跨学科的特性。它更多地需要依靠社会学、经济学和管理学等多学科的知识才能实现。因此，要想开展好政府绩效审计，必须学会运用科学、先进的审计方法。

政府绩效审计的方法按照绩效审计方法的用途，可以分为信息收集方法和信息评价方法；按照绩效审计方法的通用性，可以划分为一般方法和特殊方法。

39.3.2　政府绩效审计的常用方法

1. 文件查阅

文件查阅方法用来了解相关领域知识，查找资料，并寻求审计判断的法律依据。法律法规是该领域若干年历史经验的总结，审计人员通过对文件的学习，可以对本审计领域有一个整体把握，也就是从大量资料中摘取有用的资料，这类文件大多是对过去情况的记录或统计资料，可以用来说明情况，或作为某些事项的证明材料。

由于这类文件的层次一般较高，如国家或地区或部门颁布的法律法规，审计人员通常无权或没有义务进行检查评价。审计人员在开展一项绩效审计之前，搞清适用和参照的法律法规文件是非常重要的。这是我国政府绩效审计的特色，政府绩效审计与合法性审计交织在一起，无法分开。

2. 文件审阅

文件审阅是审计师对文件资料进行检查式阅读，这是任何审计的最基本也是最核心的方法。文件审阅的对象大多是被审计单位或其直接责任上级主管部门制定的，文件本身就是要审计的对象之一，或许存在某些不当之处。阅读的内容分为两类：第一，永久性文件，包括被审计单位制定的章程、制度，重大合约、合同。第二，临时性文件，指仅与本次审计有关的文件，包括计划、预算，合约、合同，会议记录，工作记录，凭证、账簿、财务报告等财务资料等。

文件审阅方法的用途如下。

（1）通过查阅有关资料，掌握审计对象的基本情况。

（2）分析制度建设和完善情况。

（3）对现行制度进行分析，指出制度本身存在的缺陷。

（4）取得事实证据，如数据、错误、不当或低效做法。

（5）通过对工作记录和结果文件资料的分析，搞清被审计单位和相关人员的现行做法，指出其不足之处。

与文件审阅有关的以下两点必须予以保证。

第一，审计人员接触任何资料的权利必须予以保证，加大对被审计单位可能发生的转移、隐匿、篡改、毁弃有关资料的行为的处罚力度；同时，应规定被审计单位主动提供资料的义务。

第二，必须要求被审计单位出具书面保证；所提供的资料是真实、全面和有效的。

绩效审计毕竟不是财务审计，不能浪费大量时间用于核实资料的真伪，同时审计师要向被审计单位负责人讲明，对绩效审计而言，尽管也要进行绩效评价，但关键是要提出可行的审计建议，帮助被审计单位改进工作，双方的利益是一致的。如果不能保证这一点，审计师将无法做出正确的绩效审计判断。

3. 访谈

访谈，有的国家和人员称之为“询问”，访谈有讨论之意，而“询问”过于居高临下，不太符合绩效审计探究问题的特性。访谈也是广泛使用的审计方法之一。到被审计单位进行审计，向被审计单位的有关领导和工作人员进行访谈是最自然不过的事情。

访谈大多采用面谈的方式进行。访谈方法的用途有：了解被审计单位的实际情况、被审计单位对所存在问题给出的理由或原因、被审计单位对某些不同看法的辩解；帮助审计师形成对某一事物的总体看法；发现进一步审计的线索；澄清、证实某些问题；帮助找到快速查阅相关文件或重要资料的途径；与被审计单位讨论和解释审计师的工作，达到沟通的目的。

访谈对象主要如下。

（1）被审计单位领导。一般首先要询问被审计单位领导，无论是关于被审计单位的整体审计还是局部审计，这都是要做的第一项工作。通过对其访谈，既可以了解被审计单位的整体情况，也便于就本次审计事宜与被审计单位进行必要的沟通和交流，取得被审计单位的理解和支持。

（2）相关部门负责人。

（3）相关知情人员。

（4）被审计单位的内部人员。

（5）与被审计单位有关联的外部人员，如公务员、注册会计师、律师或法律顾问等。

使用访谈方法应注意以下问题。

第一，与文件审阅一样，也要保证审计师向任何组织和个人进行调查的权利。《审计法》第三十三条规定："审计机关进行审计时，有权就审计事项的有关问题向有关单位和个人进行调查，并取得有关证明材料。有关单位和个人应当支持、协助审计机关工作，如实向审计机关反映情况，提供有关证明材料。"这一条对政府绩效审计同样适用。

对于不愿意接受询问或者故意提供虚假信息的被询问人和组织，要进行惩罚并追究责任。与接触文件的权利一样，国外审计法规要求被审计单位的任何人都必须接受询问否则就可能会被罚款。

第二，要对审计师的访谈技术进行训练，研究如何破除访谈中所遇到的阻碍。各国最高审计机关都有关于如何访谈的大量技术方法，尽管有些方法显得不很正规。有的事前进行问卷调查，然后再进行访谈。英国审计署和荷兰审计院曾经使用深入询问技术，以便对现有数据进行更深层次的解读。我国审计界也要运用心理学、行为科学等相关学科知识大力研究和推广访谈技术，形成审计规范，以指导审计师的工作。

第三，对于访谈中得到的信息，必须加以验证，或进行详细的分析，包括逻辑合理性分析和数值分析，并提出审计师自己的看法。对于无法验证的以及意见明显相悖的，审计师要慎重对待，必要时用审计报告附件的形式如实反映。

4. 调查

成功的绩效审计要求对被审计单位及其政策、目标、主要活动、主要资源以及效益的主要风险有充分的了解，这就要靠调查方法取得相关资料。调查主要采用发放调查表的形式，这是向众多对象收集资料的主要方法。我国审计界普遍认为调查表仅仅是发放给被审计单位的，其实不然。由于政府审计越来越受到各方面的关注，政府审计的对象也都是与公众利益休戚相关的，因此，审计师利用调查向他们收集关于某一问题的看法，是政府审计一种常见的方法。几乎所有国家审计机关都采用这种审计方法，只是格式和种类略有不同而已。例如，英国审计署的问卷设计好以后，通过面对面、电话、邮件等方式向有关方面，如博物馆、美术馆、海外大使馆的用户以及使用政府服务的公司征求意见和看法。瑞典国家审计局的使用方式更加灵活多样，只要认为有价值，就可以向处于各地的广大人群发放调查表。

调查范围可能是某个组织，也可能是一组相关的活动，或者是若干个相关组织或某一特定群体。从20世纪90年代中期开始，英国审计署使用了“关注团体”的方法。所谓“关注团体”，就是以某类人群作为调查研究的对象，从中总结出规律性的东西。以伦敦警察局处理公众来电为例，其通过这种“关注团体”方法的研究，制定了处理公共来电的若干种方式，列出了12个接待来电者的规则，并以此为起点制定了审计师使用“关注团体”的方法指南。

调查阶段一般首先要进行初步审计，评估是否有必要进一步进行全面调查，以及确定全面调查的目标、方法、任务以及时间安排。全面调查的基本目标是获取充分、相关及可靠的审计证据，以支持审计结论、意见、决定和建议。

5. 现场走访

现场走访是有目的的求证过程。与单独的观察一样，走访中可能要询问某些知情人员。走访可以到被审计单位，也可以到其他相关单位。

现场走访方法的用途有：求证某事、找原因、听取相关单位和人员的反映、了解相关单位的要求。

6. 观察

观察主要是针对被审计单位实施的。在正式实施审计之前或过程之中，审计师到被审计单位的办公室、工作现场、工地、车间、仓库、相关单位等进行巡视。观察的目的是希望从中发现蛛丝马迹，为下一步审计提供线索。这种方法虽然简单，但是非常有效，是开始进行实质调查的首选方法，如看看存货上有没有灰尘、设备是不是闲置、工作人员工作是否勤勉、工作流程是否井井有条等。试想一下，如果一个单位人浮于事、纪律松懈、管理混乱、到处乱糟糟，很难想象它会有好的效益。

观察方法的用途包括对被审计单位形成感性认识；了解被审计单位和相关人员的现行做法，如设备使用情况；了解现行制度的执行情况，如内部控制等；了解被审计单位对某一问题的态度和看法；发现需要进一步审计的线索。

观察经常是和访谈、调查等沟通类方法结合起来使用的。观察可以分为积极观察和被动观察。一般情况下，各国审计机关对使用这种方法是极为慎重的，通过该方法收集到的证据的证明力不是很强，如果没有直接证据支持，如照片，审计结论容易引起争议，况且被审计单位对审计师到处跑也比较反感。一般情况下，来自通信、电话或面对面调查取得的经验证据不足以构成审计师形成判断的基础，审计师的分析和结论更依赖于文件证据。

7. 比较

进行比较是人们极为自然的一种思维习惯，是对某一事物无法把握时，人们寻求思维定位的必然方法选择。在绩效审计中，无论是进行效益评价，还是找原因、提建议，都希望有个参照物，帮助审计师判断，因此，比较是绩效审计中经常使用的方法。财务审计也使用比较方法，但是比较的对象主要是财会制度，而绩效审计的比较对象要广泛得多，只要有利于形成审计判断，都可以用来进行比较。比较方法的用途如下。

（1）了解预期结果与实际结果的差异，如可行性研究和论证结果与实际使用情况的差异。

（2）现行法律法规、规章制度和标准的执行情况，如发现违法违规问题。

（3）与行业先进指标进行对比，找差距。

（4）与被审计单位同类型单位之间进行比较。

（5）同一审计对象的各被审计单位之间工作方法和效果的差异。

（6）核对不同来源资料的一致性。

（7）通过比较渲染审计结论。

然而，我们通过对绩效审计实践的研究发现，比较方法的使用并不像人们想象的那样多，而且主要集中在被审计单位之间的比较以及被审计单位与先进单位之间的比较这两个方面。因此，在使用比较方法时应格外慎重，特别是要选择好合适比较的对象，注意可比性，否则通过比较得出的结论就得不到被审计单位认可。当进行国际比较时，这个问题就更加突出。而且，比较方法非常容易变成一种纯粹的分析和讨论，而不能得出有意义的确凿结论。

8. 借鉴

借鉴方法的用途是发现不足，明确如何改进，并且避免犯同样的错误。借鉴与比较有相同之处，都要涉及另外一个单位，但是借鉴的主要目的是用相同或类似地区、行业或单位的做法作为本次绩效审计判断的依据，而不单纯是比较优劣。使用这种方法的关键是所借鉴的地区、行业或单位必须是令人信服的，比如先进的、发达的、有名的、公认的，或者是国外尤其是发达国家的相同或类似地区、行业或单位的理念和经验。借鉴方法就是利用人们的思维定式，达到传达审计师意图的目的，在审计报告中是非常有说服力的。

9. 二手资料的评价和使用

审计师要收集大量的被审计单位已经存在的资料，如内部审计报告、咨询师的意见等。审计师对收集到的二手资料一定要通过各种方法加以验证，或从新的角度去利用这些资料。有的国家使用计算机软件对二手资料进行研究，以便从中得出更多的信息。荷兰审计院和法国审计法院提出了一个新名词——综合分析，就是指对二手资料的综合深入分析，也有对以前做过的评价进行再评价的意思，或者对过去不同部门做的评价进行比较以解释其中的差异。审计评价如同学术评价，也要在参阅其他人所做研究的基础上，科学全面地对二手资料予以正式评价。

评价二手资料的标准有三个。

（1）真实性。对于真实性可以从资料的出处、提供者的可信度和权威性、信息系统内部控制状况等若干方面进行证实，必要时审计师可以采用抽查、访谈等方式进行核对。

（2）合理性。合理性是指对二手资料进行逻辑分析，对于逻辑上不矛盾、符合常理和一般规律的，可以认为是合理的。

（3）全面性。使用二手资料最忌讳以偏概全、以小见大、以东寓西。真实的、合理的不一定可用，对问题要进行全面分析，从整体上把握审计对象的真实性和合理性。

10. 分析

绩效审计与财务审计不同，财务审计重在查证，而绩效审计重在分析，找原因，提建议。分析法是绩效审计区别于其他审计的最具特色的方法之一，因此，分析方法是非常重要的。通过使用分析法，通常可以发现现象产生的深层次原因，得出总结性或结论性的观点。然而，在审计报告中，均不会明示这里使用的是分析方法，它往往潜藏在判断和结论性语言背后。

审计师在使用分析法时容易犯的第一种错误是习惯性地根据教材的原理或自己想当然地下结论，没有充分结合被审计单位当时、当地的实际情况，指手画脚。审计师易犯的第二种错误是分析的结论模棱两可，过多强调客观原因，掩盖主观故意，甚至为被审计单位开脱责任，对事分析较多而对人分析较少。审计师易犯的第三种错误是结论过于草率，给人一种缺乏严密的论证的感觉。

在使用分析法时，审计师要有广博的知识和经验，有很强的综合分析能力，要做大量深入细致的幕后研究工作。最关键的是必须有明确的分析判断依据，分析清楚什么是好的、什么是坏的、应该怎样、不应该怎样等。

分析方法的用途是利于进行效益评价，指出存在的问题，进行原因分析，并提出改进的建议。由于使用的分析技术和重点不同，分析方法可以进一步分为若干种，例如统计分析、管理分析、机构分析、可行性研究报告分析、成本效益分析、环境分析、体制 / 运营模式分析、固定成本分析、盈亏平衡分析、工程概预算评价等。具体情况不同，分析方法不同。这些方法大多是从其他学科借鉴的，它们可以帮助审计师搞清问题，这是绩效审计方法开放性的表现，也是它与财务审计的重大区别。下面介绍几种常用的具体分析方法。

（1）统计分析。

统计分析方法是解决数值问题的最好工具，尤其是绩效审计。其中总额分析、比例分析、结构分析、比率分析、设备完好率、使用率、毁损率、成新率、故障率、功能利用率、机时利用率、平均月收入、平均使用人次、公开招标率等指标，都是统计分析方法的应用。

统计分析方法的用途是从总体上对被审计单位的绩效进行评价并分析原因。对于更复杂的统计分析方法，我国审计部门也可以大胆地尝试一下，如时间序列分析、多元回归分析、相关分析、敏感分析、假设检验、建立模型等。

（2）管理分析。

管理不到位、简单粗放，缺少基本的程序性步骤和管理常识，是目前我国绩效审计发现的问题。这是管理部门和管理人员的懈怠所致。对这类问题的分析和揭露往往触目惊心、令人瞠目。审计机关应制定《管理评价指南》等相关文件。

（3）机构分析法。

机构分析法是瑞典国家审计局在进行绩效审计的开始几年，使用得相当广泛的方法。使用这种方法的目的主要是对被审计单位做广泛的了解。

①被审计单位的工作是否与国家上级部门或议会的方针政策一致。

②检查该机构的工作状况和能力。

③对该单位的内部控制进行评价。

在使用该方法时，可以分别从以下两个方面进行。

第一，功能分析，对该机构的各个功能，如计划、组织、检查、评价、具体业务、电子数据处理等进行分析。进行功能分析的有效方法是先分析这些功能是否发挥了有效的作用、实施的效果如何，然后再进一步对功能本身进行分析。

第二，制度分析，对适用于该机构的各项规章制度进行分析，并从总体上分析该机构工作的最终效果，把该机构放在更广泛的环境中，分析被审计单位的制度和组织是否与要达到的目标相一致，工作方式是否有利于完成应承担的任务。通过制度分析，可以为政策修订提供建设性意见。

（4）可行性研究报告分析法。

绩效审计主要是对财政资金支出效益的审计，而可行性研究报告审计是绩效审计的关键环节。我国财政支出低效的主要原因是可行性研究环节做得不彻底、不科学，甚至没有可行性研究。在编制可行性研究报告时，许多单位本末倒置，管理决策层先凭感觉断定该项目可行，然后再编制可行性报告，使可行性研究成为为项目获得批准编造理由的工具，弄虚作假、夸大效益、隐瞒缺点、报喜不报忧就不可避免地成为非常普遍的现象。一旦项目上马、完工，各种弊端便彻底暴露出来，实际效果与原先设想的相去甚远，但为时已晚。因此，对项目可行性研究报告进行详细分析是非常重要的。深圳市审计局在对深圳市海上田园旅游项目的审计中发现，该项目开工前未进行可行性研究，也未做初步设计和编制项目总概算，致使该项目一经投入使用就出现大面积亏损。同样，在对公益金进行审计时，对深圳市民政局拟建的老人综合服务中心提出了异议，认为“由于提供的可行性研究报告缺少详细的经济指标分析，项目建成后如何营运，是否需要财政补贴等问题，都应该对项目本身做进一步分析研究”。审计机关应制定《可行性研究报告审计评价指南》等相关文件。

（5）成本效益分析法。

成本效益分析是考核政府部门资金使用效率的方法，使用范围非常广泛，包括财务预算执行情况分析。成本效益分析可以只对财务或某一工作进行，也可以对整体成本与效益进行，甚至是分析对国家经济的影响。该方法可以在事前进行，也可以在事后进行。效益是个广义概念，是以被审计单位所确定的合理目标为基础的，有些效益可以用货币计量，有些则无法用货币计量，如自然环境改善、竞争力提高等。因此，成本效益分析可以使用货币性或非货币性评估方法。

（6）环境分析。

这里的环境是个广义的概念，可以是自然环境，也可以是经营环境、经济环境、政治环境或者是技术环境等。对环境状况有清醒的认识可以帮助审计师对被审计单位的现状给出合理的解释，并对未来的发展趋势做出客观的预测。

（7）体制 / 运营模式分析。

我国国有单位的问题大多可以从体制和运营模式上找到原因。审计师要在对被审计单位体制和运营模式进行详细分析的基础上，提出建议被审计单位改变现行体制和管理模式的审计意见。哪个模式更适合，对产权是出租、承包、招标还是拍卖，是出售使用权还是产权，是国有独资还是股份制，是合资还是合作，是集团化经营还是分散化经营，是增资还是减资，为什么现在的模式是失败的，对这些问题，审计师都要做出全面客观的分析论证，切忌想当然、论证不充分。

11. 咨询

绩效审计涉及大量审计师不熟悉的领域，学习是必要的。建立专家库，咨询专家是许多国家审计机关的首选做法。如医疗设备审计、污水处理审计、工程审计等专业性很强，审计师必然要请外部专家帮助。按照审计惯例，审计师必须对外部专家的工作进行监督，并且由审计师对审计工作总负责。

咨询方法的用途是咨询相关知识；帮助审计师做出审计判断；确保审计报告的权威性和精确性，减少公布前出错的可能性。

咨询的方式包括直接请教；邀请专家直接参与审计工作；召开包括专家在内的研讨会，共同讨论和测试审计小组的观察和结论是否正确；召开听证会，一般是在一项审计开始前进行，以便审计师能够尽快地获得被审计单位和相关领域的信息。

12. 抽查

抽查是审计的基本方法，但是与财务审计相比，抽查对象和证明目的是截然不同的。抽查方法也不同，财务审计中大多使用随机抽样，而绩效审计中较多使用判断抽样。

13. 财务审计

我国的绩效审计与国外不同，大多是合法性审计、真实性审计及绩效审计结合起来的综合审计，而且评价效益的最大方面是对被审计单位是否照章办事进行检查，如内部控制状况、财务管理是否到位。一个单位财会工作好坏是其他各项工作情况的综合反映。试想一下，如果一个国家投资近 10 亿元的单位连续两年连基本的现金日记账、银行存款日记账都不设置，其他各项工作的水平和状况就可想而知了，在这种情况下不可能有效益。对这样的单位，严格地讲，合法性问题比效益问题更重要，更应该是审计部门关注的重点。对内部控制和财务会计资料进行核实，是我国开展绩效审计时无法回避的一项重要工作。

在绩效审计中，财务数据是说明效益情况的重要资料，也是分析效益状况产生原因的重要证据。对于如此重要的资料，审计师必须使用财务审计方法予以核实。因此，在审计报告中，审计师有必要声明："根据审计核实……"除非该项审计涉及财务问题不多，否则一定会用到财务审计中常用的方法，如顺查、逆查、证账表核对、函证、调节、盘存等。

39.4　政府绩效审计案例分析

随着扶贫工作的不断开展，对扶贫成效的要求也越来越高。在精准扶贫政策的严格要求下，从仅仅依靠外部对贫困人口直接的经济利益援助，到结合扶贫对象与外部资源，给予贫困人口自主脱贫的能力。这使得扶贫工作的效率有了很大提高。依据外援扶贫的方式，可以在贫困村附近开展如种植养殖类的产业，带动贫困地区经济发展，还可以委派专业人员依据贫困人口的兴趣对他们进行技术培训，使得贫困人口也有一定的技能，降低返贫的可能性。为了能使脱贫攻坚的目标如期实现，社会各界对贫困工作的支持也是必不可少的，尤其是作为国家经济的保卫战士的审计等金融部门的加入。下文以Y县精准扶贫绩效审计为例展开详细的介绍。

39.4.1 案例背景

Y县所属的A市属于宁夏回族自治区规划的贫困地区，自身条件落后且自然地理位置差，且本身并无自然资源储备，使得Y县的贫困程度深且难以解决。在几代人的共同努力下，贫困地区人民的基本生活条件已经得到了大幅度的提高，人民生活幸福感增强，从最开始的饭都吃不上到现在温饱问题基本解决。但是由于其贫困程度高，地理位置也不占优势，干旱缺水问题极其严重，土地人口容量严重超过限制，经济水平低下，脱贫工作任务仍然艰巨。

Y县在2012年被国家评定为贫困县，近几年一直投身于脱贫扶贫事业。在国家各项扶贫政策的要求下，扶贫成效稳步上升。贫困户建档立卡工作开展以来，Y县之前确定的贫困人口超过6万人，贫困村至少120个，经过社会各界的不断努力，2017年贫困人口仅为3 210人，Y县贫困发生概率不到1%，贫困村的数量也从之前的百十个到现在的仅剩6个。由于扶贫事业的开展，Y县经济呈现稳步上涨趋势，2018年，全县财政收入达到10.3亿元，GDP超过了80亿元，增速有了大幅度提高。

本次对Y县的审计，主要关注其对于精准扶贫资金的使用管理、统筹分配的问题，对其效率性、效果性、效益性进行了评估。依据国家相关政策和审计署的要求，在2018年9月10日—2018年10月27日，XX审计局对Y县2016年至2018年9月的精准扶贫资金进行了绩效审计。

2016年—2018年Y县收到中央财政资金约为1 086万元，省级财政资金约为3 469万元，市级财政资金约477万元，县级财政资金约123万元。期末结余2 464万元。扶贫资金主要用于贫困村道路等基础设施建设项目、医疗文卫事业、社会科学技术推广以及贫困人口技能培训等其他项目。本次精准扶贫绩效审计涉及扶贫资金657万元。

39.4.2 审前准备阶段

1.审前初步调查

初步调查是审计准备阶段必不可少的一个重要环节，旨在提前熟悉了解被审计单位的大致情况，关乎审计目的能否实现。初步调查是审计人员在审计目标的指引下阅读相关文件以及实地考察的情况下对被审计单位初步状况摸排的一种方法，可以帮助审计人员收集被审计单位相关业务信息——目标、人员、程序和涉及的系统，其主要目的是确定审计重点领域。

由于扶贫资金管理严格，来源广，使用复杂。在审计实施前，不仅需要考虑国家关于扶贫政策的要求，还要考虑Y县相关扶贫规章制度、文件记录等相关资料，还有第三方控制下的与审计有关的相关资源，确保其对审计目标的实现起到积极作用。

2.编制审计业务工作方案

审计业务工作方案是审计工作有效开展的指导说明文件，包括完整的实施步骤与所应遵循的规章制度。在此之前，审计人员在初步调查完成后做了相应的审计风险评估，依据手头掌握的业务信息讨论出本次审计的重点环节，为实现审计目标提供合理保证。此外，还需要根据Y县审计业务的现实情况，确定实现审计目标所需要的适当、充分的资源；确保审计人员拥有开展业务所必需的技能、知识以及其他胜任能力。本次绩效审计的业务工作方案有以下几点。

（1）审计目标。

通过审计，审查被审计单位各项扶贫资金统筹管理以及使用方面的合规性、合法性、合理性，以及实施的各项扶贫项目所带来的各种经济效益。由于扶贫资金涉及项目多，持续时间长且使用范围广，应对资金方面的挪用、挤占、贪污、浪费以及套取资金等相关情况进行严格查处。在对初步调查中取得的各项数据进行分析之后，使用绩效评价体系中的各项指标得出精准扶贫资金的绩效情况。对影响扶贫开发工作的任何苗头都必须进行及时的汇报以及责令改正，毕竟预防胜于治理。扶贫事业无小事，审计人员要充分发挥自身的能动性，对扶贫事业提出建设性的建议，使得我国如期打赢脱贫攻坚战。

（2）审计调查的对象和范围。

此次审计的对象包含Y县扶贫办以及财政部门，还包括涉及的相关办公室，以及贫困村委会和部分农户。

（3）审计内容和审计重点。

精准扶贫资金绩效审计的重点主要是关注资金管理统筹部门是否及时、合规、合理地分配资金以及资金是否足额下发，有无违法违规等问题。对于项目资金的检查需要一一对应到每一个项目，根据支出的实际情况，注意发现资金使用中的违法违规情况，真实反映我国当前扶贫资金管理中存在的不足。审计内容主要包括以下方面。

①扶贫政策执行以及落实情况重点内容：检查Y县执行的扶贫制度是否符合《关于创新机制扎实推进农村扶贫开发工作的意见》，项目计划、立项、实施是否进行了公示且科学有效、是否符合民意；注意发现制度不健全或未执行的问题；检查是否按照规定改进扶贫机制以及管理资金使用问题。

②精准扶贫资金管理统筹重点内容：重点关注扶贫资金管理部门包括财政部门、扶贫地区经济开发办公室对于专项资金的使用拨付是否按照审批规定足额准确下发；资金支付是否及时，有无违法违规等浪费问题；针对扶贫项目所支出的资金，必须与项目一一对应，注意是否存在违法违规行为。

③精准扶贫项目实施和绩效管理重点内容：重点从精准扶贫“精准”二字关注项目立项是否科学；项目管理责任是否清晰；项目是否能够符合民意以及是否建立了监督机制以及对于不合规定的项目是否有惩罚机制；实施项目是否获得了应有的效益；是否提高了当地人民的生活水平以及生活质量。

④精准扶贫贴息贷款的统筹管理重点内容：重点关注贷款计划是否符合国家扶贫政策要求的各项规章制度；贷款贴息是否用于最需要的重点贫困地区；有无不按照规定的以贷还贷、多记利息及虚假贷款等问题。

（4）审计方法的选择。

审计人员在对Y县进行精准扶贫资金绩效审计的实际工作中，对于审计方法的选择具有多样性，一种方法往往是不够的，审计人员在使用一些基础方法，如实际调研法、查阅法以及召开讨论会法的基础上，在实际审计过程中，还对当地群众进行座谈、问询与问卷调查等。

（5）精准扶贫资金绩效审计评价指标的选取。

审计人员要根据国家相关政策文件，例如《财政专项扶贫资金绩效评价办法》、《中国农村扶贫开发纲要（2011—2020年）》以及《财政专项扶贫资金管理办法》结合Y县的实际情况对绩效指标进行选取，在此基础上，还需要结合审计目标与此次审计的重点。对评价指标的选取，是绩效审计中的核心环节，评价指标的正确性为绩效审计的成功提供了合理保证。此次审计中，初步确定了三类评价指标：在扶贫效益方面包括了扶贫对象减少率、扶贫对象收入增长率以及贫困人口人均纯收入增长率。在扶贫资金统筹管理方面包括了扶贫资金到位率、市县级财政资金统筹情况、扶贫项目完成情况以及贫困地区基础设施建设情况。在扶贫工作评估方面包括：扶贫对象建档立卡工作情况、贫困人口满意度情况以及是否合法、合规、合理等。

（6）评价指标考核标准。

在精准扶贫绩效审计中，审计目标必须是可衡量的，因此，需要识别或开发适当的评价标准。通常来讲，标准应当同审计目标相一致，缺少相应的标准可能会导致审计人员得出不恰当的结论。绩效审计评价标准是衡量审计结论的主要依据，也是社会大众对审计部门工作能力及结果进行评价的主要信息来源。审计人员在实际审计过程中，应具体问题具体分析，对评价指标进行确定，使指标具有代表性。每项指标的总分都是100分，由使用指标进行具体评估后的得分情况得出绩效审计结果，将审计结果划分为以下几个等级：优（≥90分）、良（≥80分，＜90分）、中（≥70分，＜80分）、差（≥60分，＜70分）、很差（＜60分）。

39.4.3 审计实施阶段

1.开展现场审计

在编制好审计方案并获得批准后，审计人员的所有工作必须以审计方案为准。绩效审计最重要的阶段就是现场审计的开展，这个环节是整个审计过程的最核心的一步。审计人员在进入审计现场后，一般会召集被审计单位负责人及相关管理部门、人员召开会议，明确各自工作范围与重点，并且要求得到被审计单位的配合。要求被审计单位如实提供所需资料，包括财政扶贫资金管理条例以及相关政策法规、被审计单位账目管理情况以及扶贫项目的开展、特色产业的开展及其他相关性资料。从市县级查起一直追查到贫困村的账目管理，实地考察开展的产业扶贫特色项目，在此期间，与有关管理人员与村民进行交流，最后取得原始数据与资料。

审计人员在取得审计证据后，为了证实证据的真实性必须进行相关测试，比较常用的测试方法是符合性测试与实质性测试，在测试过程中，也是对被审计单位资金管理合规性的二次检验，针对依旧存在的各项问题，提出相应建议，在此后监督被审计单位改正。对于不在审计管辖范围内的违法违规行为，审计人员按照规定移送相关单位。对精准扶贫资金的严肃审查，使得扶贫资金发挥出最大的效果，更使得贫困人民的衣食住行得到明显改善。

2. 绩效审计评价

（1）各指标权重的确定。

由于我国地域广阔，各个地区都根据自己经济发展水平的实际情况制定自己的发展规划，以及对绩效指标体系中指标的选取也是根据本地区的发展，所以绩效审计评价体系一直没有一个统一的标准，这使得审计人员对绩效进行评估时需要借助专家或者在本行业具有经验的人员的意见的基础上设计评价标准。本案例在确定评价标准的权重时，采取专家评审法，旨在借助专家专业性的基础上得到一个容易令大众信服的结果。由于专家评审法本身具有的局限性，即不够客观，容易带入个人主观思想，在对专家进行选择、专家的知识经验等方面必须具有全面性，尽量使评分标准尽可能公允地表示评分结果。各项指标权重如表 39-1 所示。

表 39-1　各项指标权重

一级指标	二级指标
精准扶贫成效 50%	扶贫对象人口减少率 扶贫对象家庭收入增长率 扶贫对象家庭人均纯收入增长率
精准扶贫资金监督管理使用情况 30%	贫困补助资金到位率 市县级扶贫资金统筹管理情况 扶贫项目实施完成率 贫困村基础设施建设情况
扶贫工作整体评估情况 20%	扶贫对象建档立卡工作实施情况 不合法、不合规问题 扶贫家庭对扶贫成效满意度

（2）评价结果分析。

Y 县审计人员经过紧张的工作，在对绩效审计评价指标进行选取后，最终得出了 Y 县精准扶贫资金绩效审计的结果，具体如表 39-2 所示。

表 39-2　2016—2018 年 Y 县财政扶贫各项指标考核得分情况

一级指标	二级指标	各项考核得分		
		2016	2017	2018
精准扶贫成效	扶贫对象人口减少率	55	65	70
	扶贫对象家庭收入增长率	50	50	50
	扶贫对象家庭人均纯收入增长率	100	100	100

续表

一级指标	二级指标	各项考核得分		
		2016	2017	2018
精准扶贫资金监督管理使用情况	贫困补助资金到位率	80	80	100
	市县级扶贫资金统筹管理情况	50	100	100
	扶贫项目实施完成率	80	80	80
	贫困村基础设施建设情况	50	50	80
扶贫工作整体评估情况	扶贫对象建档立卡工作实施情况	50	50	80
	不合法、不合规问题	50	80	80
	扶贫家庭对扶贫成效满意度	50	80	80

①计算出精准扶贫成果效益绩效评价得分。

精准扶贫成果效益绩效评价得分 = 扶贫对象人口减少率得分 ×1/3+ 扶贫对象家庭收入增长率得分 ×1/3+ 扶贫对象家庭人均纯收入增长率得分 ×1/3

②计算出精准扶贫资金监督管理使用情况绩效评价得分。

精准扶贫资金监督管理使用情况绩效评价得分 = 贫困补助资金到位率得分 ×1/4+ 市县级扶贫资金统筹管理情况得分 ×1/4+ 扶贫项目实施完成率得分 ×1/4+ 贫困村基础设施建设情况得分 ×1/4

③计算出扶贫工作整体评估情况绩效评价得分。

扶贫工作整体评估情况绩效评价得分 = 扶贫对象建档立卡工作实施情况得分 ×1/3+ 不合法、不合规问题得分 ×1/3+ 扶贫家庭对扶贫成效满意度得分 ×1/3

④计算出绩效评价总得分。

绩效评价总得分 = 精准扶贫成果效益绩效评价得分 ×50%+ 精准扶贫资金监督管理使用情况得分 ×30%+ 扶贫工作整体评估情况得分 ×20%

根据以上公式，我们可以对Y县2016—2018年精准扶贫资金绩效得出综合结果，如表39-3所示。

表39-3　Y县2016—2018年精准扶贫资金绩效评价分数

一级指标	2016	2017	2018
精准扶贫成果效益绩效评价得分	68.3	71.7	73.3
精准扶贫资金监督管理使用情况	65	77.5	90
扶贫工作整体评估情况得分	50	70	80
最终得分	63.7	73.1	80

根据得分可以看出Y县精准扶贫绩效评价分数在近几年稳步上升，表示Y县扶贫部门的工作取得了良好的效果。当地贫困人口的生活条件有了质的飞跃，在扶贫基础设施建设下，贫困人口生活的环境较以前也越来越舒适，这使得当地贫困人口离脱贫的目标更近了，我国打赢脱贫攻坚战的目标也可以如期实现。

虽然Y县绩效审计在近些年已有了很大程度的提高，但是在资金的使用和管理过程中还存在不少问题。有一些项目实施中资金的统筹不合理，以至于扶贫项目出现延期实施等不良影响；有一些精准扶贫项目立项不符合民意，没有优先考虑人民群众最根本的需要，使得扶贫资金没有发挥最大效用；还有一些扶贫资金管理部门，对于资金管理没有尽到应尽的义务，以至于扶贫资金监管不到位，致使一部分资金浪费严重，对国家脱贫事业造成不利影响。

此外，Y县建档立卡工作也没有达到期望的水平，全县仍有部分贫困人口没有完成建档立卡工作；部分贫困地区产业项目并没有发挥出应有的作用，严重影响国家脱贫事业的进展。

3. 审计建议

通过对Y县扶贫项目以及资金的取证、调研等一系列审计工作的开展，最终得到Y县精准扶贫绩效审计的结果，审计人员对目前Y县仍然存在的问题给出以下建议。

（1）对于贫困地区，保证按照国家相应政策标准，尽最大能力帮扶贫困人员。在这一过程中，扶贫资金管理分配的合规性都应得到足够重视。在扶贫立项中，保证资金链完整且有效率，不影响扶贫进度的开展。

（2）对于扶贫项目的开展，要因地制宜，符合当地生态环境，科学有效地使扶贫资金的作用得到最大限度发挥。

（3）对于精准扶贫资金的统筹管理，要有一套完善的规定与惩罚措施，全方位监管扶贫资金的使用与管理，避免在资金支出中，存在虚假冒领、挪用、截留等影响我国早日实现脱贫目标的事件。

①完善贫困地区基础设施建设项目以及特色产业扶持项目的管理机制。防止不法人员利用自身职权改变、修改原本通过计划的项目，导致项目管理中出现违规事件。

②提升扶贫地区管理人员的学习能力以及管理能力，使他们可以利用自身优势对扶贫事业中的一系列资金进行统筹管理，使扶贫工作更有效率。

39.4.4 审计报告阶段

1.编制提交审计报告

审计人员经过一段时间艰苦的工作，在对审计数据进行了一系列整合，并做了符合性测试与实质性测试之后，运用构建的精准扶贫资金绩效审计评价体系带入相应的数据分析整理后，得出Y县精准扶贫绩效审计的评价结果。

根据审计人员在审计过程中完成的审计工作底稿编制审计工作报告，其必须包含此次审计的业务目标、范围以及结果。在报告的前言部分，主要说明Y县被审计部门的组织结构、被检查的各项活动，并且提供一些解释性的说明文件。最终的审计报告，必须是正式的书面报告，格式必须经过仔细认真的设计，报告必须准确、客观、清晰、简洁且富有建设性。审计人员的审计报告必须由审计主管或安排其他人员进行检查，就报告中的观点与被审计单位进行交流，在对相关不足问题进行修改后，最终出具关于Y县财政扶贫资金绩效审计的报告。

2.审计整改情况

针对此次扶贫资金绩效审计发现的一系列问题，Y县相关管理部门十分重视，专门召开会议安排部署针对问题的解决措施。

第 40 章 政府信息系统审计

40.1 政府信息系统审计概述

40.1.1 政府信息系统审计的含义

信息系统是一个由人，计算机软件、硬件和数据及其他相关配套措施组成的，能够有效进行数据收集、加工、存储、传递的有机系统。针对政府信息系统进行的审计，所关注的不单纯是对电子数据的处理，更不仅仅是财务信息，而要对整个政府信息系统的可靠性、安全性进行了解和评价。实际上，政府信息系统审计是一项通过审查与评价信息系统的规划、开发、实施、运行和维护等一系列活动，以确定政府信息系统运行是否安全、可靠、有效，政府信息系统得出的数据是否可靠准确，以及数据能否有效存储的活动。

40.1.2 政府信息系统审计的目标

政府信息系统审计的目标是发现并揭示政府计算机信息系统设计、运行、管理和维护中存在的问题与风险，明确置信程度，促使其安全有效运行，正确处理业务，提供可靠的财务会计信息。通过评价政府信息系统本身结构设计及运行过程的安全性、可靠性，从而保证对审计对象资产安全、完整、效率性的恰当评价。这个目标的实现既需要对系统内部控制进行检查，又需要对其实施过程进行监控。

40.1.3 政府信息系统审计的内容

政府信息系统审计可以分为两大部分：政府信息系统内部控制审计和政府信息系统应用控制审计。

1. 政府信息系统内部控制审计

政府信息系统的内部控制一般包括：计算机信息系统开发或取得的控制、计算机信息系统的处理控制、不相容职务的分离和系统安全控制。

（1）计算机信息系统开发或取得的控制。

计算机信息系统取得的方式可以是外部购入，也可以是内部开发，还有由政府提出要求，开发企业针对这些要求进行开发的情况。下面主要针对自行开发的情况进行说明。

计算机信息系统的开发一般分为系统调查、需求分析和初始设计、系统开发、系统实施和系统维护几个阶段。

①系统调查。该阶段的任务包括对系统开发可行性的研究和对系统功能需要的调查。控制要点包括：行政事业单位对系统的需求与系统开发的能力是否匹配；系统开发成本与给政府管理可能带来的收益是否相称。

②需求分析和初始设计。该阶段主要收集、整理机关单位对信息系统的使用要求。

③系统开发。该阶段要根据需求进行软件开发。控制要点包括：系统使用者参与整个开发过程，以使开发过程不出现偏离，同时对使用者进行系统的使用培训；书面列出系统的具体要求；在编码之前对系统设计进行自行检查；在新系统投入使用之前进行处分测试。

④系统实施。该阶段是要把开发好的系统投入运行。控制要点包括：明确实施责任；建立执行标准；对初始运行进行有效控制；做好新旧系统转换；新系统投入使用应该经相关人员或部门的检验、认可。

⑤系统维护。系统维护开始于系统投入使用，包括日常对软硬件的维护以及为适应新情况对系统的修改。控制要点包括：建立修改、维护规范；确保所有的修改都经授权；明确修改授权制度；保证只有经过授权的修改才有效；应该有一套程序可以在异常情况下通知信息管理部门和最终用户。

（2）计算机信息系统的处理控制。

计算机信息系统的处理控制主要涉及对信息系统处理资源的优化和日常信息

的控制。

①优化资源配置。优化资源配置即最大限度满足使用者目前及未来的使用。控制要点包括：明确系统性质和要求；建立内部管理报告制度、信息设计者与使用者定期沟通制度、定期检验制度、更新审批制度。

②日常信息控制。日常信息使用的控制也是处理控制的重要内容。控制要点包括：建立授权下正常活动的标准；对所有的信息处理功能建立操作规范，包括数据转换和输入规范、计划安排和控制规范、数据资源管理规范、计算机操作规范等；对信息系统日常使用情况建立记录规范；对硬件、软件及存储介质的必要维护。

（3）不相容职务的分离和系统安全控制。

由于计算机操作中不会留下笔迹等操作痕迹，不相容职务的管理在信息系统中更为重要。因此需要建立一套有效的组织控制结构，以保证不相容职务的恰当分离。

需要分离的职务包括：信息系统使用者与系统开发、支持部门之间的分离；信息系统部门内部的角色分离；使用者内部角色的分离，常见的有授权与执行业务、记录与执行业务、保管与执行业务等。

系统安全的控制包括以下方面。①接近控制。在目前黑客攻击严重的情况下，需要严格控制接近系统的人员。信息接近控制的主要目标是保证系统内信息不被滥用和破坏，常用的方法是加强用户密码和严格授权。②物理安全控制。物理安全是要防止设备遭受外力攻击，主要方法就是选择合适的安全存放、管理制度。③备份、恢复和紧急处理控制。系统在使用过程中可能会出现断电、设备损坏等紧急情况，这就需要系统的使用者随时备份，以恢复并继续正常工作。控制要点包括；强制定期备份要求；备份、恢复设施配备；备份、恢复制度定期检查。

2. 政府信息系统应用控制审计

计算机信息系统的应用控制审计包括输入控制审计、处理控制审计和输出控制审计以及保持必要审计线索。

（1）输入控制审计。

输入数据是否已经过审查；数据输入准确性控制情况；审核措施的有效性；错误的更正措施及其有效性。

（2）处理控制审计。

对处理控制的审计多采用计算机辅助的方法，如测试数据法、平行模拟法等逻辑检查。

（3）输出控制审计。

主要审计输出资料的处理、分发和保管制度。审计机关应建立登记、签收制度，确保资料的安全。

（4）保留必要审计线索。

由于计算机审计本身不容易显示审计线索，而审计线索对审计判断非常重要，因此必须建立有效的控制程序来保证充分的业务处理线索。

常用的控制技术有：建立审计线索索引，按计划有序地存放审计线索；保留原始凭证副本；提供通过信息系统向前或向后追增数据的方法；记录资料的取得、保存过程；建立业务日记制度并严格执行；定期保存永久性副本；明确详细审查和分析数据等方法。

40.1.4　政府信息系统审计的效果

1. 提高政府信息系统的可靠性

实施政府信息系统审计，可以从以下方面着手提高政府信息系统的可靠性。对政府信息系统的计划、开发、实施和运营各方面进行审计，可以提高政府信息系统的品质；通过政府信息系统审计，能在早期发现信息系统的设计缺陷、程序错误等，最终防止系统死机或用户错误操作现象的发生；万一信息出现故障，政府信息系统审计可以将故障影响控制到最小，还能迅速地进行系统恢复。

2. 提高政府信息系统的安全性

实施政府信息系统审计，可以从以下方面着手提高政府信息系统的安全性。对自然灾害及不可抗拒灾害的应对措施进行审核和评价，一旦发生时能使损失和影响降至最低；从安全方面对政府信息系统进行审核和评价，防止数据外泄、破坏或修改、非法入侵等情况发生，保证政府机密不外泄。

3. 提高政府信息系统的效率性

实施政府信息系统审计，可以从以下方面着手提高政府信息系统的效率。以政府信息系统的资源是否最大限度地被利用为落脚点进行核查、评价，实现政府信息系统在业务和负载方面的均衡；对政府信息系统的计划、开发、实施和运营各阶段的（费用 / 效果）指标进行定性或定量的核查、评价，确保政府信息系统利益最大化。

40.2　计算机技术在政府审计中的应用

40.2.1　建设政府审计信息化系统

2001 年审计署提出，用五年左右时间建设审计信息化系统，其中，用前两年左右的时间建设第一期。建设目标和内容如下。

系统总体目标：用五年左右时间，建成对财政、银行、税务、海关等部门和重点国有企业事业单位的财务信息系统及相关电子数据进行密切跟踪，对财政收支或者财务收支的真实、合法和效益实施有效审计监督的信息化系统。逐步实现审计监督的三个“转变”，即从单一的事后审计转变为事后审计与事中审计相结合，从单一的静态审计转变为静态审计与动态审计相结合，从单一的现场审计转变为现场审计与远程审计相结合。增强审计机关在计算机环境下查错纠弊、规范管理、揭露腐败、打击犯罪的能力，维护经济秩序，促进廉洁高效政府的建设，更好地履行审计法定监督职责。

一期建设目标：通过审计信息化系统的建设与实施，提高审计效率，使审计覆盖面增加一倍左右；选择财政、金融、企业中的部分重点部门、重点领域和掌握使用重要资金的项目和单位，同他们的经济管理和会计信息系统实施联网，取得联网审计的试点经验；促进被审计单位的经济管理和会计核算规范化，重大违纪违规问题明显下降；在审计信息化建设中，进一步促进审计工作的规范化、标准化、制度化，加快“人、法、技”建设的步伐。

建立在计算机环境下“预算跟踪 + 联网核查”的审计模式。该模式是指，通过与财政、金融、企业中的重点被审计单位的经济管理和会计核算信息系统的联网，随时取得他们的财政财务预算计划、资金流向、资金使用情况的电子信息和有关资料，审计人员不仅可以在审计现场而且可以在审计机关随时跟踪、分析、审查这些电子信息和资料，及时反馈审计意见，有效地规范被审计单位的财政财务管理；可以发现手工作业环境下难以查出的问题，还可以通过积累的数据库资料进行历史的、横向的分析比较。

40.2.1.1 政府审计信息化系统建设内容

政府审计信息化系统建设的主要内容包括应用系统、网络系统、安全系统等三个部分，下面简要介绍各系统。

1. 应用系统

应用系统建设规划：建立四个子系统，包括计算机审计子系统、审计支持子系统、审计决策子系统和审计办公子系统。四个子系统包括的应用软件，在一期建设中分为推广应用的软件、开展需求调研的软件和建设购置的软件。

购置软件方式：依托 IT 企业的开发力量，审计部门和审计人员积极配合审计需求的调研，用委托 IT 企业开发的方式，审计部门购买应用软件版权，以便在审计系统推广应用。

2. 网络系统

依托政府电子政务工程网，建设审计系统内部专用网和系统外部网。内部专用网为适应项目建设需要，采用相适应的接入技术，先行租用国家公共通信网络，实现内部网络的连接，并在内部网设置政府部门共享数据子系统，用于与政府各部门的数据交换和资源共享；在政府电子政务工程网络与数据共享平台建成以后，按其统一要求、规范和标准，接入网络和数据共享平台。系统外部网包括：连接政府部门的信息网、重点被审计单位经济管理和财务会计核算系统的信息，以及向社会公众发布审计信息的互联网。

3. 安全系统

在系统实施过程中，安全系统是整个工程的核心内容之一。因此，随着审计业务对信息系统的普及和扩大，高技术犯罪、网络上的犯罪、业务环节上的犯罪及计算机病毒随之而来，必须采用各种安全技术，当发生来自系统内部或外部的意外或非法侵入时，系统能保证识别和抵制。

40.2.1.2　信息化系统的需求分析及设计

1. 信息化环境下的审计业务流程需求分析及设计

信息化环境下的审计通过调集、分析审计对象的相关业务数据，来发现管理、经营中存在的问题以及有关资金、资源的运用状况，其目的是为现场审计提供线索和资料，为制定审计计划、安排审计资源以及领导决策提供支持，以此提高现场审计的效率和降低现场审计的成本。

联网审计系统的设计和实现应遵循可靠、先进、安全、实用的原则，各子系统和功能按模块化设计组合的方式，以利于系统的平滑升级和扩展。系统的具体功能可主要分为以下几个部分：远程通信模块、数据采集模块、审计分析模块和系统管理模块。

（1）远程通信模块。

该模块的主要功能包括建立与被审计单位服务器或主机的线路对接，身份及密码确认，数据加密、解密，传输控制，实时通信以及解除连接等。其目的是建立一条安全可靠、稳定通畅的数据传输通道，保证审计资料传输的保密性和高效性。

（2）数据采集模块。

数据采集是远程审计的基础，被审计单位及审计部门通过已加密的传输通道来上传和接收数据。该模块将来自被审计单位的数据（例如财务报表、总账数据等）按照一定的审计要求和计划，导入审计部门的系统中，并经过整理和转化，形成便于审计人员分析和查询的数据格式。该模块还可将原始数据加入相应的数据库，以备核查与其他功能模块共享。

（3）审计分析模块。

该模块是远程审计系统的核心，主要功能是对从被审计单位采集来的数据进行分析，查找审计对象潜在的问题、疑点和异常情况，并得出初步意见。在分析、统计抽样等一些功能上，审计分析模块与现场审计软件有相似之处，但又有不同，远程审计更多的是提供现场审计的线索和决策参考，因而，该模块更侧重于潜在问题和可疑数据的提取和分析，而不是定下结论。

（4）系统管理模块。

该模块包括系统维护、参数修改、权限及密码设置（能防止非法用户进入系统和非授权用户进行非法操作）和身份管理等功能。

2. 信息化环境下的审计数据需求分析及设计

信息化环境下的审计数据结构分为三个部分：因审计项目实施需采集的输入数据，包括被审计单位的财政预算、财政收支、财务收支及其有关经济活动情况；审计项目实施过程中生成的数据，包括对被审计单位经济活动的评价，审计查出问题的工作记录，对有关问题做出审计处理、处罚、建议、移送等方面的建议等；审计项目终了后的输出数据，包括审计意见书、审计决定书、审计建议书、移送处理书、审计结果报告、审计工作报告以及各种专题审计报告等。

此外，审计项目的实施，需要有审计法律法规、被审计单位情况数据、审计项目档案等基础数据的支持。

审计数据逻辑结构见图 40-1。

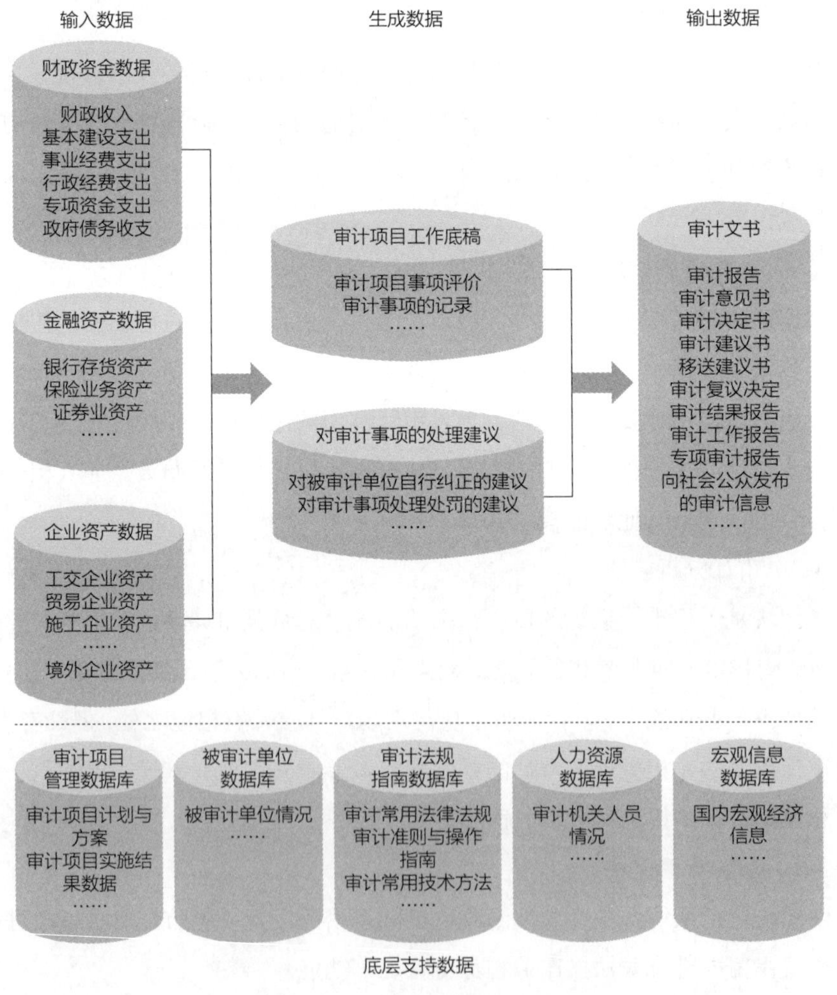

图 40-1 审计业务数据逻辑结构

预算计划和预算资金收支数据、预算单位财务资料数据、被审计单位情况和审计结果数据、常用审计法规数据、审计项目档案数据、审计机关人力资源数据等，既是审计分析的基础数据，也是审计决策的基础数据。

3. 审计软件功能需求分析及设计

要实现信息化环境下的审计目标，需要有相适应的审计软件，这些软件应包括数据采集功能、数据分析功能、审计决策功能和信息发布功能等。

（1）数据采集功能。

数据采集是面向数据的计算机审计的第一个环节，从被审计单位的信息系统中获取审计数据，需要通过被审计单位信息系统与审计软件间的审计接口来完成。由于审计的对象多种多样，被审计单位的信息系统种类繁多、互不相同，审计接口要能连接各种被审计单位信息系统，技术要求高，因此审计接口是面向数据的计算机审计的重要环节。

①审计数据采集接口的实现形式。

一是被审计单位信息系统和审计信息系统两者之间通过计算机网络直接相连。二是审计机关在被审计单位信息系统下设置托管服务器，下载对方系统的有关数据，并将该服务器与审计信息系统相连。三是审计机关与被审计单位通过交换磁盘介质文件采集审计数据。

②数据采集的访问接口。

数据库访问接口是审计数据采集的重要需求，需要对被审计单位信息系统使用的各种数据库进行访问。

（2）数据分析功能。

对整理后的各类数据进行审计分析处理，是计算机审计的重要工作内容，主要包括以下几方面。

①计算机数据分析技术。

采用计算机技术，是审计分析的重要手段。根据审计数据分析功能的需要，应当使用适用的分析工具和专用审计软件。

②数据分析的一般需求。

计算机审计中的一般数据分析主要包括重算、检查、核对、抽样、统计。

③数据分析的一般方法。

数据分析的一般方法包括：查询型分析、验证型分析、挖掘型分析。

（3）审计决策功能。

数据采集和分析之后，对审计事项的评价、查出问题的处理与处罚、建议处理与移送处理、审计结果和信息的发布、根据国家宏观经济形势与调控政策以及审计发现共性或倾向性问题的情况做出的审计规划和年度计划等各环节，都需要强化审计决策。根据《国家审计基本准则》关于作业准则、报告准则、审计报告处理准则等规定，在审计实施过程中，审计组、派出审计组的审计机构、上级审计机关都要进行各自的审计决策。

（4）信息发布功能。

①审计机关依法发布审计信息。根据《审计法》的规定，审计机关应对审计事项做出评价，出具审计意见书、做出审计决定、提出处理和处罚意见，向政府有关部门通报或者向社会公布审计结果等。

②对被审计单位反馈审计信息。

实施审计事项前，向被审计单位出具审计通知书；审计事项结束，出具审计意见书；根据审计情况，做出处理、处罚的审计决定；根据审计决定执行情况，向有关主管部门制发协助执行审计决定通知书；根据被审计单位的申请复议，做出复议决定等。

③向政府有关部门报告审计情况。

向政府报告审计结果；受本级政府委托向本级人民代表大会常务委员会提出对预算执行和其他财政财务收支的审计工作报告。

④向社会发布审计信息、审计情况和专项审计结果。

4. 数据存储需求分析及设计

数据的存储需求主要应用于以下几个方面。

（1）审计档案。

审计档案包括审计机关安排的年度审计项目、政府和人民代表大会等交办项目、专项审计和调查、受理的群众举报项目以及其他档案等。档案资料包括电子文字、报表、图像等。

（2）被审计单位资料数据。

被审计单位资料数据包括被审计单位基本情况、财务资料和审计结果等数据。

（3）审计法规数据。

审计法规数据包括有关国际条约、国家法律和政策、常用财政审计法规、部门规章、审计准则和审计操作指南、专用行业标准和技术规范等。

（4）审计机关人力资源数据。

审计机关人力资源数据包括审计机关情况，审计人员基本情况、学历与专业情况、从事审计工作的阅历与经历、审计业务专长、计算机知识技能、培训情况等。

（5）宏观经济信息数据。

宏观经济信息数据包括租用专业公司卫星发布的宏观经济信息、国家有关部门发布和交换的经济信息、审计部门收集的各种经济数据等。

（6）国际审计组织交流资料。

国际审计组织交流资料包括国际最高审计机构和组织、各国审计机构、我国审计机关与国外审计机构合作交流的信息资料数据。

（7）其他审计数据。

其他审计数据包括审计专家经验库数据、审计案例库数据、审计专用培训教材资料、审计年鉴等专业资料、审计报刊资料、审计机关财务等数据。

（8）审计作业数据区。

审计作业数据区是指主要用于审计局业务和综合处室收集、存储审计系统上报的各种审计项目报告、报表、专项资料等，整理、汇总、编写审计结果报告和工作报告等无纸化办公的工作数据区。

（9）审计人员工作文件夹。

审计人员工作文件夹是指主要用于审计人员负责的审计业务的各种计划、报告、报表、审计和经济数据，以及接收到的各种业务工作资料等的数据存储、处理区。

40.2.2　云计算技术在政府审计中的运用

40.2.2.1　云计算技术的含义、特征及分类

1. 云计算技术的含义

云计算技术诞生于谷歌和 IBM 等大型互联网公司处理海量数据的实践。2006 年 8 月 9 日，当时的谷歌公司首席执行官埃里克·施密特在搜索引擎战略大会上首次提出“云计算”的概念。谷歌公司“云计算”源于谷歌公司工程师克

里斯托弗·比希利亚所做的“Google 101”项目。2007 年 10 月，谷歌与 IBM 开始在美国大学校园推广云计算技术的计划，以期降低分布式计算技术在学术研究方面的成本，并为这些大学提供相关的软硬件设备及技术支持。

在互联网领域，云计算技术是基于互联网的相关服务的增加、使用和交付模式，通常涉及通过互联网来提供动态、易扩展且经常是虚拟化的资源。全世界关于云计算技术的定义有几十种，但以美国国家标准与技术研究院于 2009 年做出的关于云计算技术的定义最为权威，目前被广泛接受。美国国家标准与技术研究院的定义是：“云计算技术是一种按使用量付费的模式，这种模式提供可用的、便捷的、按需的网络访问，进入可配置的计算资源共享池（资源包括网络、服务器、存储、应用软件、服务等），这些资源能够被快速提供，企业只需投入很少的管理工作，或与服务供应商进行很少的交互。”

2. 云计算技术的特征

根据美国国家标准与技术研究院对云计算技术的定义，可以看到云计算技术的特征主要表现在以下方面。

（1）云计算技术是一种计算模式。

云计算技术是一种计算模式，应具备足够的计算时间和网络存储空间，而很少或不需要与任何服务提供商进行交互。

（2）云计算技术具有广泛的接入功能。

云计算技术通过网络获取计算能力，通过标准机制进行访问，通过异构的客户端平台（如移动电话、便携式计算机或掌上计算机）使用。

（3）云计算技术拥有资源池。

资源包括存储、处理、内存、网络宽带的虚拟机。云计算技术服务提供商的计算资源被池化，通过多租户模式为不同用户提供服务，并根据用户的需求动态提供不同的物理的或虚拟的资源。用户并不知道资源的确切位置，但是用户可以指定较高层次的位置，如国家、州或数据中心。

（4）云计算技术具有快速伸缩性。

计算能力可以快速、弹性获得。在自动化条件下，规模可以快速扩大或缩小。对于用户来说，提供的计算能力似乎是无限的，可以任意购买、随时购买。

（5）云计算技术提供可计量的服务。

云计算技术系统通过对服务的平衡计量，以自动控制和优化资源使用。资源的使用情况可以检测、控制、计量，为用户和服务商提供透明的服务使用量信息。

3. 云计算技术的分类

云计算技术的产业链特征可分为三个层次：一是基础设施即服务，这个层次中的企业负责提供基建，比如存储设备、网络设备等，通过云计算技术操作系统，使移动计算的变革得以实现；二是平台即服务，是一种部署在云基础设施之上的向客户提供开发语言和开发工具的能力，这个层次主要针对 IT 企业；三是软件即服务，是云软件的使用者使用云软件，比如现在有的手机上按流量收费的导航服务，消费者根据需要按流量付费使用。IT 产业开始从卖产品向卖服务转变。

40.2.2.2　云计算技术对政府审计的新挑战

随着信息技术的迅猛发展、各行业信息化程度的快速提高，云计算技术等计算机技术在审计管理、审计数据采集与存储、审计数据分析与处理等方面的应用越来越广，政府审计面临着严峻的挑战。

1. 评审云计算技术内部控制所面临的挑战

目前，在云计算技术建设过程中，存在着重视硬件和业务流程建设，而忽视内部控制建设的现象。其结果是数据的丢失和泄露、云计算技术资源的滥用和非法使用、不安全的服务接口和应用程序接口，恶意的内部用户、共享云设施带来的安全隔离、账户和服务的劫持、不能被用户感知的风险态势等问题的发生。云计算技术中的内部控制问题已经成为制约其顺利发展的瓶颈问题，是用户质疑和担忧的主要原因。

2. 建设云审计平台所面临的挑战

要实施云审计，审计组织应建设云审计平台。云审计平台主要包括云审计用户服务平台和云审计企业服务平台，既可提供面向云计算技术服务提供商的信息审计服务，提升云平台的安全保障能力，又可提供面向云计算技术服务用户的信息监管服务，消除用户对云计算技术服务平台安全性、可信性、合规性以及持续性等方面能力的担忧，提升云计算技术用户的信任度。

而在我国的现实情况下，要在各个不同的审计组织中建设云审计平台，不仅面临因审计经费不足而需要投入大量资金建设的严峻挑战，而且面临审计人员的知识水平不能满足要求和能力不能适应工作需要的严峻挑战。

3. 实施信息安全审计所面临的挑战

从云计算技术本身带来的风险来说，当前主要考虑两个层面：一是云基础设施的安全性；二是数据的安全性。审计云基础设施的安全性，是基于把数据资源放在云中，用户会担心数据的存储和使用的安全性。除了应审计数据的安全备份之外，还应审计云平台自身的效率。审计数据的安全性包括审计信息系统的安全性。云计算技术数据和信息系统的安全性对于运行维护、安全事件追溯、取证调查等方面来说极为重要。

目前在我国，云审计刚刚起步，云计算技术本身还在发展，审计人员要实施云计算技术信息安全审计，将面临重大的挑战。同时，云审计只有伴随着云基础设施的发展而不断发展，如果云审计没有跟上云计算技术平台和云审计平台的建设，会给云审计带来巨大的审计风险。

4. 收集审计证据所面临的挑战

审计人员在审计过程中，应根据充分、适当的审计证据发表审计意见，出具审计报告。但是，在云计算技术环境下，审计人员面临难以收集到充分、适当的审计证据的重大挑战。

首先，在云计算技术环境下，数据通过互联网存储和交付，审计证据也只能在互联网中取得。在一般情况下，数据在全球范围内流动，数据的拥有者不能控制数据的流动，也无法掌握数据的存储位置。审计人员在进行云审计时，可能无法确切地知道作为审计证据的数据到底被托管在什么地方，甚至不知道作为审计证据的数据存放在哪个国家。

其次，作为审计证据的数据通常处在云计算技术服务提供商和其他客户的数据共享的环境中，云计算技术服务提供商提供的证据有可能导致数据完全无法使用，也可能使数据的可用性变得相当复杂。

最后，审计人员常使用调查方法收集审计证据。但在云计算技术环境下，审计人员难以进行调查取证，因为多个客户的日志记录和数据可能存放在同一地点，也可能分布在不断变化的一组主机和数据中心。如果不能得到合同的承诺，以支持特定形式的调查，那么审计人员依靠调查方法收集审计证据将是不可能的。

5. 实施审计程序所面临的挑战

云计算技术应用的核心是信任，信任是云计算技术应用的基础。但是，信任却是有待验证的。企业应该让自身、管理者、客户、股东及其他利益相关者清楚地知道其是如何选择、实施、安排和管理云计算技术应用的，是如何降低风险并消除未来的不确定因素的。当前的云计算技术环境充满了不确定因素，如不进行审计，则只能完全相信云计算技术的服务供应商提供的各类信息。因此，针对云计算技术应用减少其不确定性的方法之一，就是实施有效的审计程序。

40.2.2.3　云计算技术在政府审计中的运用

云计算技术是网格计算、分布式处理、并行计算、效用计算、网络存储技术、虚拟化以及负载均衡等传统计算机和网络技术发展融合的产物。这种技术对目前政府审计中遇到的海量数据分析、跨系统跨行业数据分析、多层次多兵种联合审计的问题提出了很好的解决思路。根据云计算技术产业链特征的三个层次，结合目前政府审计中 IT 应用的实际情况，云计算技术可以通过下述三种方式应用于审计实践。

1. 基于基础设施即服务的审计应用

目前，审计信息不是保存在审计人员的个人计算机中，就是存储在各单位的审计服务器中。信息的分散存储给审计数据共享带来了很大的困难。为了存储并管理审计过程中产生的海量数据，审计部门只能不断地增加存储，配备更多的专业技术人员，但由于预算和编制的限制，这些问题对审计部门提出了巨大的考验。同时，为了分析越来越多的被审计单位数据，审计部门还要不断地采购性能更好的计算服务器以满足数据分析的需要，而成本的不断上升又给审计部门带来了巨大的资金压力。审计信息存储方式和计算资源的“云”化，可以使上述问题得到根本解决。云计算技术环境下，审计信息全部存储在云端，并由专业的技术团队进行维护，不但方便了信息共享，而且减少了运维成本；云计算技术平台不但提供了巨大的存储空间，而且计算资源可根据应用的需要动态扩展和分配，避免了以往有的单位资源严重不足而有的单位资源大量闲置浪费的难题，在提高资源利用效率的同时，还节约了建设维护成本。

2. 基于软件即服务的审计应用

目前，根据审计工作的需要，审计人员必须在自己的工作计算机中安装各种各样的审计应用软件和工具。安装了软件和工具后，审计人员就要经常根据软件版本的变化对软件进行升级维护，而上述安装和维护工作常常给审计人员带来很多意想不到的困难与问题。审计应用软件“云”化以后，租用云计算技术平台提供的审计应用软件，审计人员的计算机中只需安装一个浏览器或者一个专业的审计应用客户端平台。这时，审计人员的计算机已经退化为一台输入和输出设备，所有的处理工作都由云计算技术平台后端的处理资源来完成，前端应用平台则通过智能的自动服务机制进行自动更新维护。这种工作模式下，审计人员对计算机的维护工作量大大减少，可以把更多的时间和精力专注于审计业务的开展。

3. 基于平台即服务的审计应用

目前，国内的审计软件主要由专业的软件开发公司研发。由于缺乏充分的竞争，不但开发成本高昂，而且因为缺乏标准数据接口，各厂商开发的软件之间很难共享数据。云计算技术环境下，在国家审计机关提供的审计软件开发整合平台上，软件开发公司、社会团体或个人均可以开发并提交审计应用工具，根据最终用户的使用情况取得使用收益。这不但鼓励了竞争，降低了成本，而且由于各工具底层结构一致，也方便了不同软件系统之间的数据共享。

40.3 政府审计在大数据时代的新发展

随着信息时代的到来，我国社会各领域信息化高速发展，以电子数据为代表的信息资源集中模式逐渐成为信息化建设和发展的趋势。审计被各种信息包围，但是审计项目的时间又十分有限，因此，如何应对大数据时代的海量信息与审计时间的矛盾成为在信息化条件下开展政府审计工作的一个十分实际的问题。

40.3.1 大数据时代的基本特征

随着移动互联网、物联网、云计算技术等的快速发展，以及视频监控、智能终端、应用商店等的快速普及，全球数据量出现爆炸式增长，大数据正成为继云计算技术、物联网之后信息技术领域的又一热点。

大数据是指无法用现有的软件工具提取、存储、搜索、共享、分析和处理的海量的、复杂的数据集合，业界通常用 4V（即 volume、variety、value、 velocity）来概括大数据的特征。

一是数据体量巨大（volume），当前，典型个人计算机硬盘的容量为 GB 量级，而一些大型企业的数据量已经达到 PB 量级（1PB=1 486 576GB）或接近 EB 量级（1EB=1 024PB）。

二是数据类型繁多（variety），相对于以往便于存储的以文本为主的结构化数据，包括日志、音频、视频、图片、地理位置信息等在内的非结构化数据越来越多，多类型数据对数据的处理能力提出了更高的要求。

三是价值密度低（value），价值密度的高低与数据总量的大小成反向变动关系。如何通过强大的机器算法更迅速地完成数据的价值“提纯”是目前大数据背景下亟待解决的难题。

四是处理速度快（velocity），数据流成为高速实时数据流，需要快速、持续的实时处理。

40.3.2　大数据时代给政府审计带来的机遇和挑战

随着信息技术的不断发展，数据在社会管理、商业管理中起着越来越重要的作用。人们逐渐开始认同这样一句话：“所有人都要用数据来说话。”这种认识上的提高给审计工作带来了不可多得的机遇。

1. 审计工作的认同感大为加强

审计作为一个综合性的经济监督部门，一直秉承着用数据说话的传统。审计报告中无论是综合评价还是揭示问题，无一不是以数字为支撑的。在大数据时代，充分利用数据仓库、联机分析、数据挖掘和数据可视化等技术，把离散存储于不同系统中的海量数据彼此联系并进行深度挖掘分析，可以对财政性资金的使用情况、相关政策实施的效果进行评估，从而得出客观的审计结论。所有这一切都将会得到审计报告的使用者和被审计单位的高度认同，从而进一步提升审计自身的地位。

2. 基础数据的获取将变得更为便利

在破除了政府内部协同思想理念上的障碍后，随着大数据技术发展，跨越系统、跨越平台、跨越数据结构的技术将使政府内部纵向、横向部门得以流畅协同。审计部门不再需要分别获取各个部门的相关数据，不再需要分别点对点地与被审计单位进行联网，只要接入政府内部网络，所有审计所需的数据在获取一定的权限后都可以直接获取，大大节约了审计成本。同时由于利用大数据技术，数据处理及分析响应时间将大幅减少，审计工作的效率将明显提高，可以同时对多个类别、多个领域的数据进行分析、处理。

3. 更有效地服务于国家治理的理念

审计工作将更有利于提高政府决策的科学性和精准性，提升政府预测预警能力以及应急响应能力，更能有效地服务于国家治理的理念。审计工作可以通过对相关领域长年累月形成的数据的分析，挖掘出某种群体行为的特点，揭示某种社会现象的潜在规律，为政府制定政策提供关键依据，同时还可以评估政府政策的实施效果，从而帮助政府不断发现问题、改进问题。随着审计工作的进一步深化，审计工作还能超越传统的数据分析方法，不但对纯数据可以进行分析挖掘，而且对言论、图表等都可以进行深度挖掘、人工智能分析。

采用数据集中存储的信息资源配置模式有利于资源统一规划和使用，为我国社会全面实现信息化奠定了坚实的数据基础，但大数据的“4V”特征为数据的存储、传输、分析、处理等方面均带来本质变化，数据量的快速增长为归集、整理、存储及综合利用被审计单位电子数据带来了挑战：一是电子数据高度集成，传统的以审计小组为单位分散审查的审计模式难以有效发挥作用；二是数据量巨大，广泛存在的数字信息不利于审计人员找准审计重点并进行专业判断；三是数据结构复杂，审计人员在短时间内难以全面掌握和了解数据内涵及数据表间勾稽关系；四是数据类型多样，审计人员对非结构化数据进行综合分析和处理的能力有待提升。

40.3.3 大数据时代对政府审计提出的新要求

审计数据在大数据时代呈现出数据量大、数据类型繁多、数据价值密度低和处理速度快等特点，这就对计算机审计提出了新要求：更快地适应审计工作环境的变化，转变思维和方法，更迅速、更准确地处理数据，提供数据支持。审计人员必须紧跟形势，积极转变思维，提高审计信息化水平。

1. 实现原始数据全方位的采集和保存

审计人员经常采用“提出数据需求—转换为标准表—进行数据分析”的方式，而标准表转换的工作通常由被审计单位来做，这样就会产生一些问题。

第一，审计人员在对被审计业务不是很熟悉的情况下，容易造成关键字段选取不准确，影响审计结果。第二，由被审计单位提供标准表数据可能会出现信息损耗。比如一些非法的时间数据必须修正后才能导入，但这些数据的存在本身就代表着数据录入存在漏洞，所以对这些数据进行修改很可能就会掩盖数据问题。解决上述问题的最佳方式就是采集原始数据。目前主流的大型数据库是 Oracle 数据库，Oracle 数据库具有备份功能，应尽量获得该数据库的备份和设计数据库的数据字典，然后对此备份进行恢复，这样就可以得到被审计单位的原始数据。有了原始数据，审计人员就可以放心地分析数据、查找问题。

2. 适应大数据时代存在的数据模糊性和混乱性

在信息较为缺乏的时代，信息的准确性关系着审计结果，所以审计人员只有确保数据的精确性，才能减小分析结果的误差。但在大数据时代，所获取的数据中存在大量的错误，给数据的采集和转换造成了很大的困难和混乱。数据存在大量的错误，一方面需要审计人员耐心地与各种各样的混乱做斗争；另一方面需要审计人员转变思路，重新审视数据精确性。首先，数据存在错误就意味着数据录入存在漏洞，数据的混乱正反映出被审计单位信息系统的控制、管理存在问题。其次，存在错误、不合逻辑的数据并不代表它们不可用，对这些数据进行归类，如果问题数据都集中在几个字段或者比较小的范围内，就给审计提供了方向，从而精确地定位疑点，查找原因，而不必再面对海量的数据发愁。

3. 审计不仅面对数据库，还要敢于触碰新技术、高科技

从开始数据记录到大数据时代，数据的内容不断扩大，从简单的面积、体积和时间等扩展到图像、文字、视频，甚至地理坐标。闭目塞听只能使审计之路越走越窄。审计人员要敢于接触新生事物，创新审计手段和审计方式，将审计视野拓宽到原以为不可能企及的领域。

4. 大数据时代更要重视数据安全性

审计人员所掌握的数据的安全性关系到国家经济社会的稳定，要重视数据安全。在科技发达的今天，单纯依靠技术手段进行数据保护无异于痴人说梦，为了保护数据安全必须做到物理隔离。

5. 培养数据分析审计能手

审计数据越来越多，利用这些二维代码疏通数据之间的关系，反映数据代表的利益关系，分析数据，发现疑点，都需要审计人员具备较高的分析能力。如今的审计工作与数据充分接触，数据依赖度越来越高，这就要求审计要有一支数据分析的专家级队伍，既懂业务又懂数据，只有将两者充分结合起来，才能实现审计的飞跃，这也是审计的出路。

40.3.4 大数据时代开展政府审计的策略

国家“十四五”规划提出要发展数字经济，加强数字化智能化水平，而数据作为国家和企业的核心资产，在推进我国社会数字化建设的进程中发挥着基础性作用。工业和信息化部已经提出把信息处理技术作为四项关键技术创新工程之一，其中包括海量数据存储、数据挖掘、图像视频智能分析，这都是大数据的重要组成部分。审计署针对我国社会信息技术高速发展等外部环境发生的巨大变化提出了加强国家审计信息资源体系建设的工作目标，即以国家审计数据中心为核心，以省级分中心为重点，逐步建立完善中央和地方审计数据中心，构建审计管理、审计业务、审计方法和评价信息资源库，加快推进国家电子审计信息资源目录体系和交换体系建设。为充分应对大数据时代给审计工作带来的挑战，可从以下四个方面入手加强对大数据的分析、挖掘与利用，掌控数据审计的“金钥匙”。

1. 摸清信息系统运行特点，关注信息安全防护

通过召开座谈会、发放信息系统调查表、实地查看等方式全面了解被审计单位信息系统建设运行情况，包括信息系统的数量、名称、版本、功能模块、管理部门、访问模式、数据存储等。重点对信息系统的数据资源进行调研，详细了解后台数据库的种类、版本、数据量、存储及备份方式等信息。明确信息安全在大数据发展中的重要地位，加大对大数据安全形势的调查力度，明确大数据的重点保障对象，了解对敏感和要害数据的安全防护措施，加快面向大数据的信息安全审计技术的研究，推动基于大数据的安全审计技术研发，培养大数据安全审计的专业人才，建立并完善大数据信息安全审计体系。

2. 紧密围绕审计工作目标，开展数据基础式审计

打破传统的以审计小组为单位分散审查的审计模式，整合全体审计资源，在综合分析审计人员的计算机水平、工作经验、专业审计领域等情况的基础上，成立数据集中分析团队。以审计工作目标为导向，以数据为基础，按照“总体分析、重点审计业务分析、重点审计事项分析”逐层深入的思路，以“三个坚持”为原则（即坚持数据分析必须以审计业务需求为核心，坚持数据分析对审计实践的指导，坚持审计实践对数据分析的推动），运用信息系统审计技术方法全面分析被审计单位信息系统在建设运行过程中存在的缺陷和不足，明确数据分析的思路和方法，开展数据基础式审计，为审计工作的顺利开展提供技术支持和数据保障。

3. 全面分析后台数据结构，锁定重点信息资源

海量数据的汇集加大了对重点及敏感数据审计的难度，对大数据的无序使用也会耗费大量的审计资源。通过查阅被审计单位规章制度，审查单位内部对大数据的使用管理是否到位，是否制定完善的数据库管理和安全操作制度，对重点领域的数据库是否制定了严格的日常监管措施，是否制定了移动设备安全使用规程，是否规范了大数据的使用方法和流程；借助采集的数据库设计文档和数据字典，掌握后台数据结构，明确重点领域数据库的范围；通过采用穿行测试、代码审查、文档查阅等技术方法确定与审计业务紧密相关的核心信息资源，如重点表、重点字段、表间关联及字段含义等，为深入开展数据分析做好准备。

4. 依托国家审计数据规划，深入开展数据分析

为加强审计信息资源体系建设，实现审计数据获取、建设、运用等工作的规范化，审计署陆续出台了中央部门预算执行、地方财政、社保、中央企业、国家税收、外资、住房公积金、医保及定点医疗机构等行业或领域的审计数据规划，旨在通过制定标准逐步实现全国各级审计机关审计管理和审计业务数字化。依托国家审计数据规划，掌握好大数据的存储、分类、挖掘、快速调用和决策支撑等工作，整合大数据处理资源，协调大数据处理和分析机制，建立审计云数据存储平台，推动重点数据库之间的数据互通；共享审计云平台上的服务器运算能力资源，开发计算机审计方法和数据分析工具，运用数据挖掘、移动办公、云计算技术等技术远程开展海量数据审计分析，深度分析、挖掘出审计疑点及问题线索，以实现数据分析的精准化、深层化，掌控数据审计的“金钥匙”。

随着海量数据获取、存储与处理方法和技术的飞速发展，大数据时代已经来临，并对我国社会各个领域都造成了影响。社会对数据透明化与数据共享的日益强烈的需求，以及广泛兴起的数据关联运动、政府数据开放运动，使得数据在审计中的重要性更甚从前。面对大数据时代给审计工作带来的挑战，必须不断更新理念、夯实基础、筹划发展，以数据为核心实现信息技术与审计业务的有机融合，为建设国家电子审计体系奠定坚实的基础。

第 41 章 政府审计报告

41.1 政府审计报告概述

41.1.1 政府审计报告的含义

政府审计报告是审计组对政府审计事项实施审计后，就审计实施情况和审计结果向派出的审计机关提出的书面报告，经由审计机关按法定审计程序审议研究后，由审计机关出具的审计书面报告。政府审计报告是审计组工作的一种结论性文件。当然，非审计结论性文件材料除审计报告外，还包括审计决定书和移送处理书，不同的文件具有不同的作用。这里主要介绍审计报告。

41.1.2 政府审计报告的基本要素及其内容

审计机关的审计报告（审计组的审计报告）应当包括下列基本要素：①标题；②文号（审计组的审计报告不含此项）；③被审计单位名称；④审计项目名称；⑤内容；⑥审计机关名称（审计组名称及审计组组长签名）；⑦签发日期（审计组向审计机关提交报告的日期）。经济责任审计报告还应当包括被审计人员姓名及所担任职务。

政府审计报告的内容应当包括以下方面。

（1）审计依据，即实施审计所依据的法律法规规定。

（2）实施审计的基本情况，一般包括审计范围、内容、方式和实施的起止时间。

（3）被审计单位基本情况。

（4）审计评价意见，即根据不同的审计目标，以适当、充分的审计证据为基础发表的评价意见。

（5）以往审计决定执行情况和审计建议采纳情况。

（6）审计发现的被审计单位违反国家规定的财政收支、财务收支行为和其他重要问题的事实、定性、处理处罚意见以及依据的法律法规和标准。

（7）审计发现的移送处理事项的事实和移送处理意见，但是涉嫌犯罪等不宜让被审计单位知悉的事项除外。

（8）针对审计发现的问题，根据需要提出的改进建议。

审计期间被审计单位对审计发现的问题已经整改的，审计报告还应当包括有关整改情况。经济责任审计报告还应当包括被审计人员履行经济责任的基本情况，以及被审计人员对审计发现问题承担的责任。核查注册会计师审计机构相关审计报告发现的问题，应当在审计报告中一并反映。

41.1.3　政府审计报告的作用

政府审计报告是政府审计项目成果的体现，是做出审计评价和提出审计意见的重要书面材料，在政府审计工作中的重要性不言而喻。概括来说，审计报告的作用如下。

1. 说明审计结果，得出审计结论

政府审计组织对被审计单位进行审计后，形成政府审计的审计结果、审计意见或审计结论。政府审计报告是表达审计工作结果的重要手段。

2. 说明审计性质，标注审计范围

因为审计报告的使用者可能不熟悉审计工作的局限性，同时审计工作组与被审计单位之间也有沟通的需求，所以就需要在审计报告中添加解释性的内容，说明政府审计的性质，标注政府审计的工作范围，以此作为政府审计顺利工作的沟通保障。

3. 提出审计建议并作为后续审计依据

政府审计报告提出了政府审计的结果和建议，审计机关据此审核审计结果和建议，并进行跟踪调查，将报告作为后续审计的依据，以便于发挥审计的监督作用。

4. 公开审计报告，接受公众监督检查

政府审计报告向社会公开，这使审计机关的审计工作置于公众监督之下。审计报告可以成为公众了解政府审计结果的重要媒介，以此评判政府审计工作的质量，监督公共资源的使用以及管理情况。

41.1.4 政府审计报告的编制要求

政府审计报告是审计机关发布的正式书面材料。为了维护政府审计的权威性和严肃性，政府审计中对审计报告的格式有比较严格的规定。我国的政府审计采取的是详式审计报告。审计署对政府审计报告的基本格式有具体的规定，要求内容完整、事实清楚、结论正确、用词恰当、格式规范。除了这种形式上的规定，政府审计报告的编制还应遵循以下原则。

1. 客观公正、证据充分

政府审计报告应采取客观公正的态度，在证据充分的条件下，实事求是地反映审计的情况和结果，客观地表达审计意见，以向使用者传递真正有效的信息、提供决策的依据。

2. 要素齐全、结构规范

政府审计报告格式的严格性意味着在编制审计报告时，要将各要素按一定的形式逐一列出，不可或缺。结构方面在与规定不相违背的条件下，要做到清晰合理，便于报告使用者阅读和理解。

3. 观点明确、表述清晰

审计报告是审计机关的一种对外文书，文字表达应客观、准确、规范、严谨，以法律语言进行定性，避免使用日常口语，降低审计报告的权威性。对报告主题的表达应易于为报告使用者所公认和理解。

41.1.5 政府审计报告的审定

《审计法》及其实施条例以及《国家审计准则》等法规，就审计报告规定了政府审计报告的审定、编制和复核程序。

1. 审计组撰写审计报告

撰写审计报告要遵循民主集中制的原则，审计报告经审计会议审定后再由审计组组长定稿。对一般审计项目，由审计机关分管领导召集审计组所在部门负责人、法定机构负责人、审计组组长和其他有关人员，召开小型审计业务会议讨论审定；对重要审计项目，由审计机关分管领导提议，经审计机关主要负责人或其指定的其他负责人同意后，召开审计业务会议讨论审定。审计业务会议组成人员包括审计机关负责人、审计组所在部门和法定机构的负责人、审计组组长、有关专家和其他有关人员。审计业务会议应当在充分讨论的基础上形成审计业务会议决定。审计组组长应当对提出的审计报告的真实性负责。

2. 审计报告按照规定及时征求被审计单位意见

被审计单位对于审计报告而言不是被动接受者，审计报告在定稿之后应征求被审计单位的意见。审计组实施审计或者专项审计调查后，应当提出审计报告，按照审计机关规定的程序审批后，以审计机关的名义征求被审计单位、被调查单位和拟处罚的有关责任人员的意见。经济责任审计报告还应当征求被审计人员的意见；必要时，征求有关干部监督管理部门的意见。审计报告中涉及的重大经济案件调查等特殊事项，经审计机关主要负责人批准，可以不征求被审计单位或者被审计人员的意见。被审计单位、被调查单位、被审计人员或者有关责任人员对征求意见的审计报告有异议的，审计组应当进一步核实，并根据核实情况对审计报告做出必要的修改。审计组应当对采纳被审计单位、被调查单位、被审计人员、有关责任人员意见的情况和原因，或者上述单位或人员未在法定时间内提出书面意见的情况做书面说明。

3. 审计组组长对有关事项进行审核

审计组组长在起草审计报告前，对审计工作底稿的有关事项进行审核。审计组组长应当确认审计工作底稿和审计证据已经审核，并从总体上评价审计证据的适当性和充分性。审计组起草审计报告前，审计组组长应当对审计工作底稿的下列事项进行审核。

（1）具体审计目标是否实现。

（2）审计措施是否有效执行。

（3）事实是否清楚。

（4）审计证据是否适当、充分。

（5）得出的审计结论及其相关标准是否适当。

（6）其他有关重要事项。

审计组组长审核审计工作底稿，应当根据不同情况分别提出下列意见。

（1）予以认可。

（2）责成采取进一步审计措施，获取适当、充分的审计证据。

（3）纠正或者责成纠正不恰当的审计结论。

4. 审计机关复核机构对审计部门审定过的审计报告进行复核

审计机关复核机构应当对下列事项进行复核，并提出书面复核意见，内容包括以下方面。

（1）审计目标是否实现。

（2）审计实施方案确定的审计事项是否完成。

（3）审计发现的重要问题是否在审计报告中反映。

（4）事实是否清楚，数据是否正确。

（5）审计证据是否适当、充分。

（6）审计评价、定性、处理处罚和移送处理意见是否恰当，适用法律法规和标准是否适当。

（7）被审计单位、被调查单位、被审计人员或者有关责任人员提出的合理意见是否采纳。

（8）需要复核的其他事项。

5. 审理机构对复核过的审计报告进行审理

审计机关业务部门应当将复核修改后的审计报告、审计决定书等审计项目材料连同书面复核意见，报送审理机构审理。审理机构以审计实施方案为基础，重点关注审计实施的过程及结果，主要审理下列内容。

（1）审计实施方案确定的审计事项是否完成。

（2）审计发现的重要问题是否在审计报告中反映。

（3）主要事实是否清楚，相关证据是否适当、充分。

（4）适用法律法规和标准是否适当。

（5）评价、定性、处理处罚意见是否恰当。

（6）审计程序是否符合规定。

审理机构审理时，应当就有关事项与审计组及相关业务部门进行沟通。必要时审理机构可以参加审计组与被审计单位交换意见的会议，或者向被审计单位和有关人员了解相关情况。审理机构审理后，可以根据情况采取要求审计组补充重要审计证据或对审计报告、审计决定书进行修改等措施。审理过程中遇复杂问题的，经审计机关负责人同意后，审理机构可以组织专家进行论证。审理机构审理后，应当出具审理意见书。审理机构将审理后的审计报告、审计决定书连同审理意见书报送审计机关负责人。审计报告、审计决定书原则上应当由审计机关审计业务会议审定；特殊情况下，经审计机关主要负责人授权，可以由审计机关其他负责人审定。

41.1.6　审计结果公告

审计结果公告是指审计机关依法向社会公布审计报告所反映内容及相关情况的专项审计结果，公告是国际通行做法。我国除在《审计法》中明确要求公告之外，审计署还专门下达了《审计署审计结果公告办理规定》，要求审计署统一组织审计项目的审计结果，除个别涉及国家秘密或其他特殊情况不宜公告外，原则上都要对外公告。

1. 审计结果公告的审批程序

《审计署审计结果公告办理规定》要求凡对外公告的审计结果，必须填写《审计结果公告审批单》，履行规定的审批手续，经过审计长会议研究通过后，方能办理对外公告。未经批准擅自发布审计结果公告的，应当依法追究有关单位和个人的责任。审计结果公告应当符合下列审批程序。

（1）中央预算执行和其他财政收支的审计结果需要公告的，应当在每年向国务院总理提交的审计结果报告中说明，国务院在一定期限内无不同意见，才能公告。

（2）向国务院呈报的重要审计事项的审计结果需要公告的，应当在呈送的报告中向国务院说明，国务院在一定期限内无不同意见，才能公告。

（3）涉及重要任期经济责任的审计结果需要公告的，应在报送组织人事部门并征得被审计的领导干部本人同意后，才能公告。

（4）其他审计事项的审计结果需要公告的，由审计署审批决定。

2. 审计结果公告的条件

审计结果公告应当具备下列条件。

（1）事实清楚，证据确凿，定性准确，评价客观公正。

（2）在审计意见书、审计决定书等相关审计结论性文书生效后进行。

（3）保守国家秘密和被审计单位及相关单位的商业秘密，并遵守国务院的有关规定。

（4）涉及不宜公布内容的，必须对相关内容进行删除或者修改。

3. 审计结果公告的内容

审计机关公布的审计和审计调查结果主要包括下列信息。

（1）被审计（调查）单位基本情况。

（2）审计（调查）评价意见。

（3）审计（调查）发现的主要问题。

（4）处理处罚决定及审计（调查）建议。

（5）被审计（调查）单位的整改情况。

4. 审计结果公告不得公布的信息

在公布审计和审计调查结果时，审计机关不得公布下列信息。

（1）涉及国家秘密、商业秘密的信息。

（2）正在调查、处理的事项。

（3）依照法律法规的规定不予公开的其他信息。

对涉及商业秘密的信息，经权利人同意或者审计机关认为不公布可能对公共利益造成重大影响的，可以予以公布。

41.2 审计结果报告和审计工作报告

审计结果报告和审计工作报告也是政府审计中的审计结论性文件，但其又不同于审计报告。两种报告制度的建立对于完善预算管理制度、加强对预算执行和其他财政资金的审计监督具有重要作用。

41.2.1　审计结果报告

1. 审计结果报告概述

审计机关依照法律法规的规定，每年汇总对本级预算执行情况和其他财政收支情况的审计报告，形成审计结果报告，报送本级人民政府和上一级审计机关。审计署在国务院总理领导下，对中央预算执行情况和其他财政收支情况进行审计监督，向国务院总理提出审计结果报告。地方各级审计机关分别在省长、自治区主席、市长、州长、县长、区长和上一级审计机关的领导下，对本级预算执行情况和其他财政收支情况进行审计监督，向本级人民政府和上一级审计机关提出审计结果报告。

2. 审计结果报告的作用

审计结果报告为各级政府审定财政部门编制的财政决算草案提供重要资料和情况，有利于各级政府加强对本级财政收支的管理。各级审计机关是监督国家财政收支的专门机关，是各级政府财政监督的职能部门。它不仅对本级各部门和下级政府的预算执行情况和决算进行监督，而且监督本级预算执行情况。审计机关每年向本级政府行政首长提出对预算执行情况的审计结果报告，可以让各级政府比较全面、客观地了解预算执行情况及存在的主要问题，为各级政府做出科学决策、解决预算管理中存在的问题提供客观的依据，有利于各级政府在向本级人民代表大会常务委员会提交财政决算草案前，及时纠正预算执行中存在的问题。

3. 审计结果报告的主要内容

审计结果报告的主要内容包括以下方面。

（1）本级预算执行审计的基本情况及审计机关对其的总体评价。

（2）审计查出的问题及审计机关依法做出审计处理的情况。

（3）加强和改进预算管理工作的建议。

（4）本级政府要求报告的其他事项。

41.2.2　审计工作报告

1. 审计工作报告概述

审计机关依照法律法规的规定，代本级政府起草本级预算执行情况和其他财政收支情况的审计工作报告（稿），经本级政府行政首长审定后，受本级政府委托向本级人民代表大会常务委员会报告。国务院和县级以上地方人民政府应当每年向本级人民代表大会常务委员会提出审计机关对预算执行和其他财政收支的审计工作报告。审计工作报告应当重点报告对预算执行的审计情况。必要时，人民代表大会常务委员会可以对审计工作报告做出决议。国务院和县级以上地方人民政府应当将审计工作报告中指出的问题的纠正情况和处理结果向本级人民代表大会常务委员会报告。

2. 审计工作报告的作用

审计工作报告为各级人民代表大会常务委员会审查和批准财政决算提供客观依据，有利于人民代表大会常务委员会加强对预算执行和其他财政收支的监督。按照我国预算管理职权的划分，各级人民代表大会常务委员会审查、批准本级财政决算。按照《审计法》的规定，各级人民代表大会在审查批准财政决算之前不仅要听取财政工作报告，还要听取审计机关受政府委托所做的对本级财政预算执行和其他财政收支的审计工作报告。这样，有利于人民代表大会常务委员会全面、客观地掌握政府财政管理情况，加强各级人民代表大会常务委员会对预算执行和其他财政收支的监督，督促政府采取措施，解决预算执行中存在的问题，确保预算执行的严肃性。

3. 审计工作报告的主要内容

审计工作报告的主要内容包括以下方面。

（1）开展本年度预算执行审计工作的基本情况。

（2）对本级预算执行情况的总体评价。

（3）本级预算执行中存在的主要问题及纠正和处理情况。

（4）审计后政府各部门（单位）的整改情况。

（5）加强预算管理的意见。

（6）人民代表大会常务委员会要求报告的其他事项。

41.2.3 审计结果报告与审计工作报告的关系

审计工作报告是在审计结果报告的基础上形成的，它们既有联系又有区别。它们的联系在于，两种报告的核心内容都是相同的，审计结果报告是审计工作报告的有机组成部分，在一些基本数字、基本情况、对预算执行情况的评价以及主要问题等方面，具有一致性。它们的区别在于以下几点。

1. 报告对象和目的不同

审计结果报告的报告对象是本级政府行政首长，其目的在于促进各级政府加强对本级财政收支的管理；审计工作报告的报告对象是本级人民代表大会常务委员会，其目的在于强化各级人民代表大会常务委员会对本级预算执行和其他财政收支的监督。

2. 报告的主体不同

审计结果报告的报告人是各级审计机关；审计工作报告的报告人是各级政府，审计机关受政府委托向各级人民代表大会常务委员会做审计工作报告。

3. 报告内容的范围不同

审计结果报告主要报告预算执行审计的结果，审计工作报告的内容范围则相对广泛，不仅要报告预算执行审计的结果，还要报告在政府行政首长领导下开展预算执行审计工作的全面情况。

4. 报告的侧重点不同

审计结果报告侧重于向政府揭示和反映各部门单位在组织预算执行或预算中存在的问题和情况，以及加强和完善预算收支管理的建议；审计工作报告侧重于反映审计查出问题的处理情况，以及经审计后政府各部门单位采取的纠正和整改措施，充分体现在政府行政首长领导下预算执行审计工作的成效，以及政府接受人民代表大会对预算执行和其他财政收支进行监督的态度。

41.2.4　审计结果报告与审计工作报告的程序

关于两种报告的具体程序，审计法和其他有关法律法规没有明确规定，各级审计机关的做法也不尽一致。根据近几年我国中央预算执行审计和一些地方预算执行审计的经验，审计结果报告和审计工作报告的程序主要包括以下步骤。

第一，审计机关根据审计掌握的情况和查出的问题形成审计结果报告初稿，审计机关行政首长召集业务工作会议，在充分考虑被审计的本级各部门意见的基础上，对报告初稿进行讨论修改，定稿后报本级政府（政府行政首长）。

第二，政府（政府行政首长）根据审计结果报告反映的情况和揭露的问题，以及政府财政管理和人民代表大会监督的不同侧重点，决定如何向人民代表大会常务委员会报告预算执行审计工作，并提出预算执行审计工作报告的撰写要求，审计机关据此草拟审计工作报告初稿并提交政府办公会议讨论、修改。这是整个报告程序的关键环节，一方面，审计机关在政府领导之下，审计工作报告的报告内容应该符合政府要求；另一方面，审计机关要向人民代表大会讲实情、说实话，重点反映人民代表大会关心的情况和问题，突出人民代表大会监督的严肃性和权威性。

第三，政府征求人民代表大会财政经济委员会对审计工作报告初稿的意见，并做进一步修改，最后由政府行政首长审核定稿。审计工作报告定稿之前征求人民代表大会财政经济委员会的意见，使之尽可能贴近人民代表大会的要求，这样有利于争取主动，避免正式报告预算执行审计工作时出现偏差，更好地为人民代表大会常务委员会审查批准决算服务。

第四，审计机关行政首长受政府委托向人民代表大会常务委员会做审计工作报告，并在人民代表大会常务委员会审查批准后向社会公布，以发挥公众监督的作用。

实践证明，对预算执行情况审计要做好为政府和人民代表大会服务，要形成高质量的审计结果报告和审计工作报告。审计机关除了要做好预算执行审计的基础性工作外，还应该具备一套科学完整的预算执行审计报告程序。通过科学完整的报告程序，可以吸收各方面的合理意见，妥善处理审计机关与本级各部门、审计机关与政府、政府与人民代表大会以及上级审计机关与下级审计机关等方面的关系，从而变审计结果为行政和法律力量，有效发挥财政收支审计在国家财政经济生活中的作用。

41.3 专项审计调查报告

41.3.1 专项审计调查报告概述

专项审计调查报告是审计机关依法对预算管理或者国有资产管理使用等与国家财政收支有关的特定事项向有关地方、部门、单位进行专项审计调查所出具的结果报告。

审计机关可以依照审计法和实施条例规定的审计程序、方法以及国家其他有关规定对预算管理、国有资产管理使用、政府性基金缴纳使用、纳税人和扣缴义务人缴纳税款等与国家财政收支有关的特定事项，向有关地方、部门、单位进行专项审计调查。

41.3.2　专项审计调查范围

对于预算管理或者国有资产管理使用等与国家财政收支有关的特定事项，符合下列情形的，可以进行专项审计调查。

（1）涉及宏观性、普遍性、政策性或者体制机制问题的。

（2）事项跨行业、跨地区、跨单位的。

（3）事项涉及大量非财务数据的。

（4）其他适宜进行专项审计调查的。

41.3.3　专项审计调查的程序

专项审计调查的程序如下。

（1）成立专项审计调查组。

（2）制定专项审计调查方案。专项审计调查方案的主要内容应当包括调查的目标、范围、内容、程序、时间、人员分工等。

（3）向被调查单位送达专项调查通知书。审计机关进行专项审计调查，应当在实施调查前，向被调查单位送达专项审计调查通知书。专项审计调查通知书的内容包括以下方面。

①被调查单位名称。

②调查的依据、范围、内容和时间。

③对被调查单位配合调查工作的具体要求。

④调查组组长及成员名单。

⑤审计机关公章及签发日期。

（4）进行调查，调查过程中主要通过审计方法取得被调查单位的有关材料。审计机关结合项目审计开展专项审计调查的，可以只送达审计通知书，并在审计通知书中明确专项审计调查事宜。

（5）调查结束后提出专项审计调查报告。

（6）就专项审计调查报告征求被调查单位意见。专项审计调查报告报送审计机关前，可以征求被调查单位的意见。被调查单位应当自收到专项审计调查报告之日起10日内，提出书面意见，10日内没有提出书面意见的，视同无异议。

（7）将专项审计调查报告报送审计机关。

41.3.4 专项审计调查报告的内容

专项审计调查工作结束后，专项审计调查组应当及时向审计机关提出专项审计调查报告。为适应不同程度、不同规模的专项审计调查，并且简化程序，专项审计调查报告分为简式和完全式两种。

简式专项审计调查报告一般包括下列内容。

（1）调查的依据、范围、内容和起讫时间。

（2）被调查事项的基本情况。

（3）调查中发现存在的问题及原因分析。

（4）调查结论和改进建议。

（5）其他需要反映的情况和问题。

完全式专项审计调查报告除包括上面五项内容之外，还包括被调查单位的主要特点、本次调查发现的值得关注的其他问题、被调查单位是否重视审计建议、采取了哪些整改措施以及其他需要反映的情况。

41.4 政府审计报告举例

41.4.1 政府审计工作报告举例

关于西城区2016年度预算执行和其他财政收支情况的审计工作报告

发布时间：2017-07-17

一、审计工作的组织情况

根据《中华人民共和国审计法》《北京市审计条例》和《西城区预算监督条例》

的规定，区审计局对 2016 年度区级预算执行和其他财政收支情况进行了审计。审计工作深入贯彻习近平总书记视察北京重要讲话精神，以推动首都核心区建设为目标，充分发挥审计的监督和保障作用，重点关注财政管理质量、部门依法履职、民生资金使用、重点项目建设等情况。本次共组织开展审计项目 49 个，涉及一二级预算单位或资金使用单位 85 个。

审计工作呈现四个特点。一是从国家治理角度把握审计方向。党的十八届四中全会将审计工作纳入党和国家治理体系，要求加强对权力运行的制约。本次审计落实全会精神，拓宽工作视野，着力关注宏观政策落实效果，首次将京津冀协同发展任务完成情况纳入审计范围。着力关注领导干部遵纪守法和职责履行情况，揭示不作为、乱作为、慢作为问题。着力关注涉民事项和惠民工程完成质量，促进问题整改。二是从全面覆盖角度规划审计对象。2016 年是落实中办、国办《关于实行审计全覆盖的实施意见》的第一年。我们结合审计“十三五”规划，提出了在全区实现对公共资金、国有资产、国有资源和领导干部履行经济责任情况实行审计全覆盖的工作思路。从主要职责、重点资金、所属单位角度，按照“有重点、有步骤、有深度、有成效”的工作原则，建立健全与审计全覆盖相适应的工作机制。三是从促进管理角度深化审计内容。重点评价各部门、各单位主要业务工作质量和专项资金使用效果。检查部门职能完成、国有资产管理、存量资金使用等情况。每个审计项目均抽查专项资金的绩效情况，做到“逢审必问效”；对于存在绩效问题的，通过联合监督机制，做到“无效必问责”。注意发现和分析财务收支问题所反映出的制度建设、规则制定、业务管理等方面的漏洞，达到处理一个问题，规范一类工作的目的。四是从集约数据角度加强审计分析。继续开展联网审计试点工作，扩大试点范围。通过法规指标、专家经验和历史案例形成分析模型，标准化地进行财政大数据分析，形成疑点，下发各审计组进行现场核实，汇总后统一定性处理。逐步形成“集中分析，分散核查，统一处理”的审计组织新模式，规范执法行为，提高工作效率。

二、预算执行的总体评价

2016 年度，全区财政预算执行总体情况良好。主要表现在，一是完成财政收入调整任务。一般公共预算收入 4 138 061 万元，完成区人大常委会批准年度调整预算任务 4 100 000 万元的 100.93%。财政收入受“营改增”等政策性减收效应影响明显。二是财政支出倾向民生领域。一般公共预算支出 4 260 851 万元，主要用于城乡建设、社会保障和就业、教育、医疗卫生及计划生育、保障性住房等方面。其中，主要专项支出包括菜园街及枣林南里棚改项目、大栅栏北京坊项目、简易楼解危排险腾退项目、天桥盛世投资集团培育期政策性扶持项目等。支出结构进一步优化。三是继续盘活使用存量资金。盘活存量资金合计 1 247 644 万元，占 2015 年末存量资金总额的 90.19%，完成市财政局对各区政府消化存量资金 90% 的目标任务。存量资金主要用于偿还政府直接债务，地铁 19 号线征收、老楼通热方式无煤化等项目。四是财政管理加强制度引领。制订《预算编制风险内部控制办法》等 4 项制度，修订《区级部门预算编制管理办法》等 4 项制度。组织开展全区财政财务风险防控评估，各预算单位制度建设和管理水平明显提高。但是一些情况也值得关注，本次审计发现的主要问题在于部门职责履行、国有资产管理、预算执行效果等方面。共查出违规金额 2 218.72 万元，管理不规范金额 31 409.54 万元，处罚单位 5 个，罚款 6 万元，给予 5 个单位年度政府绩效考评审计扣分处理。

三、预算执行和其他财政收支的审计情况

（一）全口径预算审计

1. 公共财政预算

区财政局积极组织财政收入，调动街道协税护税积极性，加强重点税源企业监控，协调加大稽查补税力度，努力消化“营改增”等减收效应。按照统筹兼顾、突出重点、有保有压的原则，促进经济和社会事业协调发展。清理财政专户历年结余，保障重点项目建设支出，提高资金使用效益。贯彻落实简政放权工作部署，逐步优化调整政府采购程序，强化预算单位主体责任意识。开展全区行政事业单位对外出租房屋清理工作，保证疏解非首都功能任务顺利推进。但是，本次审计也发现一些问题。

一是政府投资项目预算执行率低。2016 年，区财政安排政府投资项目年初预算 787 779.88 万元，并通过政府网站予以公开，实际执行 366 358.38 万元，执行率 46.51%。其中全额未执行金额 177 066.8 万元，占年初预算的 22.48%。

二是个别预算审批不严谨。2016 年，申请离退休老干部活动经费 256.63 万元，批复金额 290 万元，与申报文本不符。西城区志愿者平台二期升级改造项目，2014 年已安排预算 34.20 万元，项目未实施，2016 年该单位再次申请等额预算，区财政审核不严予以批复。“《西城城市管理》杂志印刷费”等 4 个应实施政府采购的项目，在申报预算时选择非政府采购方式，区财政局审核不严予以批复。

2. 政府性基金预算

2016 年度，政府性基金预算上年结余 21 万元，本级收入 2 597 万元，收到上级转移支付资金 168 385 万元，调入资金 8 万元。本年支出 167 611 万元，上解上级支出 8 万元，调出资金 21 万元。年末结余 3 371 万元。本年收入全部为国有土地使用权出让收入。本年支出主要用于天桥演艺区北部平房区住房与环境改善项目、受壁街项目、丰盛胡同西段项目、百万庄西一路项目、手帕口南街64号土地一级开发项目等。政府性基金支出方向符合规定。

3. 国有资本经营预算

2016年度，国有资本经营预算上年结余5 900万元，本年收入30 902万元；本年支出24 458万元，调出资金5 759万元，年末结余6 585万元。主要支出方向为国有企业资本金注入23 150万元，解决历史遗留问题及改革成本支出1308万元，符合国有资本经营预算资金支持范围要求。

延伸审计发现，“非遗文创顺义基地二期改造工程项目”申报资金用途为工作基地建设和打造宫廷地毯精品，项目获得预算资金750万元。问题在于，一是作为预算的资本性支出，未按规定将资金记作“实收资本”。二是将其中的600万元作为华方地毯公司注册资金，与项目申报资金用途不符。三是项目中包含的外墙改造工程327.13万元、装修改造工程298.77万元、官毯基地建设工程178.79万元，未履行招标程序。

另外，社会保险基金预算自2017年起由本级编制，区审计局将在2018年实施审计。

（二）政府债务管理审计

截至2016年末，我区显性债务余额4 690万元，还款压力和风险低。隐性债务余额3 310 930万元，同比增长67.29%，其中，保障房建设类63.2亿元，涉及3个项目；土地一级开发类46.03亿元，涉及3个项目；文保修缮类38.48亿元，涉及2个项目；棚户区改造类183.38亿元，涉及3个项目。随着一批企业实施公益性项目的深入开展，我区隐性债务规模呈扩大趋势。

（三）预算单位审计

本次对19个单位2016年度部门预算执行情况进行了审计，占一级预算单位数量的22%，超额完成市审计局每年部门审计覆盖面达到20%的目标要求，力争利用5年的时间实现对全区一级预算单位审计全覆盖。本次审计结果表明，各单位责任意识不断提升，各司其职，在推进京津冀协同发展和疏解非首都功能工作中发挥作用。内控制度较为健全，落实情况良好。预算编制规范，预算执行较为严格，绝大部分项目资金能够做到专款专用，投资见效。但审计也发现以下问题。

（1）业务工作履行部门职责不到位。一是部分低保资金发放审核不严，造成参加低保人员同时享受养老等社会保险。二是已清理腾退的人防工程中，有两处存在居住“反弹”现象。三是有4个单位折子工程或为民办实事7个项目未按计划完成。

（2）国有资产资金管理使用不规范。一是个别单位将自有房产、办公设备等固定资产无偿提供给社会企业使用。二是个别单位收取外单位伙食费现金15.66万元未入账核算。款项直接用于厨师工资补助、伙食费等。三是个别单位不按要求撤销所属事业单位，并继续对外提供相关服务并收取费用。四是部分单位超限额使用现金支付劳务费80.05万元，涉及32笔业务。

（3）资金使用未遵循勤俭节约原则。一是1个单位以“移动执法终端卡”名义从联通公司购置65张4G移动终端卡，合同金额39.94万元，平均6 144元/卡，高于该公司同期产品资费。二是个别单位新购置的部分办公家具单价超过最高限价，合计金额63.31万元。三是个别单位签订的《物业服务合同》未包含财政预算规定的基础设施日常养护、设备维修项目。同年，双方又以房屋及办公设备维修为内容签订了服务合同，为此多安排资金46.94万元。另外，有6个单位在固定资产配置超标的情况下仍然新购置同类设备。

（4）部门预算执行项目管理不严格。一是2个单位多编报人数申领预算资金，涉及金额25.70万元。二是因预算编制不合理或项目实施进度缓慢造成预算执行率低。涉及金额8 708.98万元，平均执行率46%。三是12个单位1 116.73万元各类存量资金闲置未缴回财政，影响资金使用效益。四是7个单位在对方未全部完成服务事项的情况下支付全款，不符合合同约定的付款条件。

（5）项目组织不得力影响资金效益。8个单位的56个项目存在立项未实施或未达到预期目标的现象，项目资金合计2 867.02万元。

（四）大额专项资金审计

本次对5类项目资金2013年至2015年管理使用情况开展了绩效审计。从3年的资金规模看，公共文明引导员项目6 514.51万元，群众体育类项目3 398.89万元，军人抚恤优待项目15 394.64万元，中小学生特长兴趣培训项目市区两级6 664.12万元，促进就业政策落实项目市区两级107 547.75万元。审计结果表明，上述资金设立依据充分，主管部门拨款及时，项目单位资金管理规范，财务核算准确，支出程序合规，绝大部分资金实现了预期效果。但审计也发现以下问题。

在公共文明引导员项目中，一是2013年至2015年多申报人数964人，多申领预算资金1 646.54万元；2013年重复申领防暑降温费4.99万元。二是2013年至2015年非文明引导员31人次领取专项补贴67.08万元。

在群众体育类项目中，一是资金使用不规范。泥浆足球项目200万元未履行政府采购程序；25 笔项目支出合计 66.55 万元未签订服务合同；在全民健身经费中列支无关费用 96.26 万元。二是项目绩效不明显。7 个街道收到的项目资金 786 万元，实际执行率仅为 38%，沉淀资金 567 万元。价值 48 万元的“西城区科学健身指导网络测试分析系统”，大部分功能未启用。32.18 万元的健身器材闲置未使用。

在军人抚恤优待项目中，一是 101 笔单笔金额在 10 万元以上的一次性抚恤金，合计 2 591.02 万元，先支出后履行集体决策程序。二是有关街道给未在本区入伍或提前退伍的义务兵 3 人多发放优待金 9.63 万元。

在中小学生特长兴趣培训项目中，一是资金使用绩效不高。2014 年和 2015 年度拨付三大球扶持资金 1 250 万元，实际执行率为 53.58%。三所师范类学校的兴趣培训资金未全部使用，截至 2015 年末累计结余 712.87 万元。5 个学校支出 73 万元购置的器材、演出服、宣传品等未使用。二是 11 个学校未按批复使用专项资金，合计 237.16 万元。

在促进就业政策落实项目中，一是 153 名享受公益性就业组织岗位补贴的人员，基础资料过期或证明材料不足。二是 2013 年至 2015 年 15 个街道社区公益性就业组织在专项资金中列支节日慰问、职工探望、丧葬费等无关费用 147.24 万元。

（五）固定资产投资审计

2016 年完成南中轴路微循环改造、平房综合修缮等 11 个工程项目审计，涉及资金 705 225.29 万元，配合市审计局完成 2015 年城镇保障性安居工程跟踪审计。审计结果表明，建设单位能够按照基本建设程序，组织参建各方有序施工，力保各项目按计划实施。现场管理规范，验收工作到位。在完成的审计项目中，核减施工方多报工程造价 9 811.13 万元。

（六）国有企业审计

对一家区属国有企业进行的审计结果表明，公司能够根据相关经济政策制定企业发展战略目标并组织实施，能够完成区国资委下达的任务指标，基本实现了国有资产保值增值。

审计发现的主要问题，一是公司本部未将所得投资收益确认收入，由此调节年度利润，2013 年至 2015 年累计少实现利润 10 288.84 万元。二是所属单位在收购北京电器元件厂时取得房产一处，面积 1 144m^2，未登记入账。对其他单位投资 20 万元，未登记入账。装修建造工程 5 772.07 万元未履行招投标程序。三是所属单位 2013 年至 2015 年资金管理使用不规范。单笔超限额（1 000 元）使用现金 1 117 笔，累计金额 1 857.56 万元。抽查 32 笔现金支出均无手续及明细附件，金额 139.44 万元。

累计支付的咨询费、服务费199.15万元，无法提供经济合同或业务成果等证明材料。

四、初步整改情况

对于审计发现的问题，区审计局已出具审计文书予以处理。2016年审计涉及的问题，均已整改完毕。2017年审计涉及的问题，有关部门正在积极组织整改，有的已见成效。政府投资项目暂时无法安排的资金已收回，在2017年统筹使用。项目预算执行率低所形成的结余资金，以及各类存量资金，已全部收回，重新安排使用。个别单位已按要求清算撤销。对重复享受低保待遇的人员，已停发保险金。部分因条件不成熟而无法实施的项目已调整计划，进展缓慢的项目正在抓紧推进。审计整改的总体情况，将于今年9月做出专题报告。

五、几点工作建议

（1）提高依法履职的严谨性。各单位在贯彻落实上级政策精神和工作部署中，应坚持问题导向，强调规矩意识，更加敢于担当，更加主动作为。严格遵循部门职能、行业规范、法律规章、工作计划，全面履行职责，加强过程管理，积极兑现承诺，共同维护公平公正的工作秩序，增强社会认同感。

（2）提高预算执行的严肃性。各部门应根据实际需求准确编制预算，强调部门预算的刚性要求。执行中既要严格按照批复用途使用资金，又要积极推进项目实施，保证预算安排进度。按照工作条件和市场规律签订经济合同，保证项目实施进度与资金拨付进度匹配。

（3）提高资产管理的规范性。相关单位应全面梳理出租、出借资产情况，从保证国有资产资源安全、完整、效益的角度提出改进意见。严格控制行政成本，遵循勤俭、节约、高效的原则，加强部门运行管理。形成监督合力，加强国有企业特别是基层企业监管，增强法律意识，夯实财务基础，规范会计信息。

（4）提高资金使用的效益性。实施单位应充分发挥主体责任，科学论证项目可行性和资金预算，按照批复要求积极稳妥地推进项目，要主动应对客观情况变化，确保项目如期完成并实现绩效。各督查部门应协调联动，信息共享，采取措施加强对重点项目进度、质量和绩效情况的检查。

41.4.2　政府审计结果报告举例

北京市审计局关于进一步推进低收入农户增收及低收入村发展政策落实情况的审计结果

（2019 年 11 月 17 日公告）

总第 415 号

根据《中华人民共和国审计法》和《北京市审计条例》的规定，市审计局自 2018 年 7 月 26 日至 11 月 2 日，对 2016 年至 2018 年我市低收入农户增收及低收入村发展政策落实情况进行了专项审计。审计主要涉及 11 个市级部门以及 10 个有低收入农户的区，对 139 个区级部门、23 个乡镇的 74 个村进行了延伸审计，对 179 户低收入农户进行了入户调查。

一、基本情况和审计评价

2016 年 4 月，我市印发的《关于进一步推进低收入农户增收及低收入村发展的意见》（以下简称《发展意见》）明确了“十三五”时期低收入农户增收的目标任务和以精准帮扶为基本方略的“六个一批”分类帮扶措施。2016 年开始开展低收入农户识别工作，共认定低收入农户 7.27 万户 15.62 万人，低收入人口占比超过 50% 的 234 个村认定为低收入村。截至 2018 年末，全市低收入农户总量为 6.8 万户 14.5 万人。

审计结果表明，按照市级统筹、区负总责的领导机制，各区结合实际情况制定了相应的措施和制度，层层落实工作责任和任务分工，形成了市、区、镇、村多级帮扶体系。2016 年至 2018 年，市区两级财政投入 96 707.88 万元帮扶专项资金用于低收入农户增收和低收入村发展，涉及 577 个产业项目建设管护和实行教育帮扶补助、社会保障补贴等多类帮扶措施。目前，帮扶工作已取得初步成效。截至 2017 年末，5.23 万户低收入农户的家庭人均可支配收入超过了 11 160 元的认定标准，占当年低收入农户总数的 76.05%。促进就业、生态建设、社保兜底、产业扶持等帮扶措施收效明显，2017 年至 2018 年，低收入农户人均可支配收入较 2016 年累计增长 3 563 元，全部来源于工资性收入和转移性收入增长，且收入增速高于全市农民收入平均增长水平。

二、审计发现的主要问题

一是有的帮扶项目采取“直接输血”的方式，不具持续性。1 个产业帮扶项目将帮扶资金直接发放给低收入农户，6 个产业帮扶项目将帮扶资金支付给企业，由企业向低收入农户发放利息或本金，共涉及资金1 391.11万元。

二是部分资金使用效率不高。因项目审批周期长、未建立项目储备库，8个区2.23亿元帮扶资金未安排具体项目；10个区产业帮扶项目实施进度慢，4.3亿元资金滞留在区级主管部门或镇村。

三是少数低收入农户识别不精准。在低收入农户精准识别、建档立卡工作中，各级主管部门主要以镇、村两级认定结果为准，没有借助人力社保、工商、税务等部门数据信息对低收入人员收入和财产等情况开展全面查验和审核。部分农户申报的家庭财产和工资性收入数据与实际情况偏差较大，76名非低收入人员享受了帮扶政策。

三、审计处理和初步整改情况

针对上述发现的问题，市审计局建议完善部门沟通和反馈机制、夯实基础工作、协调推进分类帮扶措施、加强项目论证和管理、加快项目推进力度、提高资金绩效。

市农业农村局牵头，会同市民政局、市人力社保局、市卫生健康委、市园林绿化局、市医保局、市残联等多个主管部门积极组织整改，各区已对产业帮扶项目全面核查，对违反市级产业政策规定的“直接输血”式项目坚决叫停，收回帮扶资金；市农业农村局督促、指导各区进一步完善项目储备库建设，进一步简化了项目程序，缩短审批周期，加快资金落实进度。截至2019年7月底，未安排项目的产业帮扶资金已收回财政或落实项目共1.76亿元，剩余0.47亿元正在督促落实帮扶项目；各区加快资金拨付进度，项目资金拨付比例达到78%；各区按照审计提供的台账名单，对照低收入农户认定标准进行了逐一核查，对确有问题的予以退出，对认定标准模糊的事项予以明确。